세상의 속도를
따라잡고 싶다면

# Do it!

비전공자도 기초부터 확실하게!

# 오라클로 배우는
# 데이터베이스 입문

현업 프로그래머이자 강사인 저자가 잡아 주는 SQL, PL/SQL 기본기

이지훈 지음

이지스 퍼블리싱

세상의 속도를 따라잡고 싶다면 **Do it!**
변화의 속도를 즐기게 될 것입니다.

# Do it!
# 오라클로 배우는 데이터베이스 입문

**초판 발행** • 2018년 10월 30일
**초판 12쇄** • 2024년 07월 10일

**지은이** • 이지훈
**펴낸이** • 이지연
**펴낸곳** • 이지스퍼블리싱(주)
**출판사 등록번호** • 제313-2010-123호
**주소** • 서울시 마포구 잔다리로 109 이지스빌딩 3층(우편번호 04003)
**대표 전화** • 02-325-1722 / **팩스** • 02-326-1723
**홈페이지** • www.easyspub.co.kr | **페이스북** • www.facebook.com/easyspub
**Do it! 스터디룸 카페** • cafe.naver.com/doitstudyroom | **인스타그램** • instagram.com/easyspub_it

**총괄** • 최윤미 | **기획 및 책임 편집** • 대경미 | **IT 2팀** • 한승우, 신지윤, 이소연
**표지 디자인 및 본문 디자인** • 트인글터 | **교정교열** • 오유진 | **인쇄** • 보광문화사
**마케팅** • 이나리 | **독자지원** • 박애림, 오경신
**영업 및 교재 문의** • 이주동, 김요한(support@easyspub.co.kr)

ISBN 979-11-6303-030-0 13000
가격 25,000원

좋은 성과를 얻으려면
한걸음 한걸음이 힘차고 충실해야 한다.

단테
Alighieri Dante

# 기초가 탄탄해야 실무에서 인정받습니다!
# 실무에서 많이 쓰는 순서대로 기본기를 익히세요.

### 현업 프로그래머이자 강사 출신의 저자가 확실하게 잡아주는 기본기!

저는 매일 SQL문을 사용하여 데이터베이스의 가장 가까운 곳에서 일하는 프로그래머입니다.

이 책은 제가 지금까지 참여한 수많은 프로젝트에서 경험한 내용을 살려 구성했습니다. 첫째마당에서는 데이터부터 오라클 데이터베이스까지 기본 개념을 소개합니다. 어려운 말은 모두 빼고 전문 용어도 풀어 썼고, 학습에 흥미를 잃지 않도록 곳곳에 저의 실무 노하우를 실었습니다. 그리고 둘째마당과 셋째마당에서 이 책의 핵심인 오라클의 기본 문법을 배울 수 있습니다. 꼼꼼하고 쉬운 코드 설명과 코드의 이해를 돕는 도해로 문법을 하나씩 차근차근 배울 수 있습니다. 마지막으로 넷째마당에 PL/SQL 문법도 실었습니다. PL/SQL은 실무에서 필요할 수도 있는 내용이기 때문에 입문자라면 최소한 꼭 알고 있어야 하는 중요한 내용만 골라 상세한 설명과 함께 실었습니다.

### 없는 시간 쪼개서 공부해야 한다면 무조건 실무 중심으로 공부하자!

《Do it! 오라클로 배우는 데이터베이스 입문》은 오라클 데이터베이스를 처음 배우는 사람, 소프트웨어 전공자, 이미 IT 관련 업무를 하고 있지만 오라클 데이터베이스의 기초를 다지고 싶은 실무자들에게 구체적인 도움을 줍니다. 왜냐하면 현역 프로그래머로 일하고 있는 제가 실무에서 겪은 수많은 경험과 강의 진행을 하면서 데이터베이스를 처음 배우는 학생들의 어려움을 해소하기 위해 고민한 내용을 온전히 담았기 때문입니다.

상세한 설명을 담은 본문과 개념의 이해를 돕는 실습은 실무에서 가장 많이 사용하는 순서대로 진행됩니다. 또 본문 중에 나오는 '실무 꿀팁'은 제가 실무를 진행하며 부딪힌 문제들에서 얻어낸 진짜 팁을 담은 코너입니다. 바쁜 하루 속에서 잠깐 짬을 내 이 책을 볼 독자를 위해 단순히 데이터베이스만 공부하는 시간이 아닌 현장에서 사용할 수 있는 실속 팁까지 챙기면서 실무를 준비하는 시간이 되도록 심혈을 기울여 본문과 실습을 준비했습니다.

### 본문 속 SQL문을 꼭 직접 작성해 보고 내 것으로 만들자!

본문만 읽고 머리로만 이해하면 절대로 SQL문을 작성할 수 없습니다. 한두 줄의 짧은 SQL문이라도 이 책에 실린 실습은 모두 직접 작성하고 실행해 보세요. 본문만 읽고 헷갈렸던 개념도 실습해 보면 이해가 될 것입니다. 또 SQL문의 동작 순서와 원리를 확인할 수 있어서 해당 SQL문이 더 확실하게 기억에 남습니다. 그리고 실습 중간마다 나오는 '1분 복습'은 앞에서 배운 개념을 아주 간단한 문제로 확인하는 코너입니다. 효과적으로 공부하려면 꼭 풀고 넘어가세요. SQL문 학습의 자신감이 생길 것입니다. 마지막으로 본문의 개념과 실습을 충분히 이해한 독자라면 장 마지막에 있는 '잊기 전에 한 번 더' 코너의 문제도 도전해 보세요. 이 문제들을 풀어 보면 본문에 나온 개념을 다시 한 번 정리하고 마무리할 수 있습니다. 확실하게 기본기를 익히고 싶다면 '잊기 전에 한 번 더' 코너를 놓치지 마세요.

이 책은 지금까지 따분하고 딱딱하게만 느껴졌던 데이터베이스 학습 여정에 작은 이정표가 될 책이라 확신합니다. 《Do it! 오라클로 배우는 데이터베이스 입문》으로 프로그래밍과는 다른 데이터베이스의 매력과 재미에 한껏 빠져 보세요.

## 이 책으로 독학할 분과 강의할 교수님·강사님께

이 책은 오라클을 사용하여 응용 프로그램을 개발하는 저자가 실무에서 겪은 문제를 해결하며 쌓아온 경험과 프로그래밍을 처음 시작하는 학생들과 함께 호흡하며 강의한 내용을 온전히 담았습니다. 그래서 본문과 실습은 오라클 데이터베이스를 사용하기 위한 단순 학습에 그치지 않고 취업 후 실무에서도 활용도가 높은 내용을 담고 있습니다.

본문과 실습은 쉬운 개념부터 시작해 뒤로 갈수록 점점 어려워지고, 실무에서 가장 많이 사용하는 순서대로 내용을 구성하였습니다. 개념은 쉽게 풀어 썼으며 어렵거나 헷갈릴 수 있는 내용은 도해를 곁들여 독자가 더 쉽게 이해할 수 있게 도왔습니다. 그리고 다음과 같이 여러 가지 코너를 준비하였습니다.

- 1분 복습 : 본문에서 배운 내용을 간단하고 쉬운 문제로 복습하는 코너
- 한 발 더 나가기 : 본문 관련 내용 중 더 알아두면 좋은 내용을 따로 모아 놓은 코너
- 실무 꿀팁 : 실무에서 사용할 수 있는 유용한 팁을 적은 코너
- 잊기 전에 한 번 더 : 문제를 풀면서 각 장에서 배운 개념을 최종 확인하고 넘어가는 코너

이 책은 실습 위주로 학습을 진행합니다. 그래서 번거롭게 따로 실습용 데이터를 입력하지 않고, 오라클 데이터베이스를 설치하면 기본으로 제공되는 테이블과 계정들로 학습을 진행합니다. 그리고 실습 결과를 확인할 때 편의성과 가독성을 위해 토드 소프트웨어를 사용합니다. 토드는 실무에서 많이 사용하는 소프트웨어이기 때문에 실무에 더욱 가까운 학습을 진행할 수 있습니다.

## 감사합니다

초등학교 5학년이었던 아들을 위해 그 당시 거금을 들여야 살 수 있었던 컴퓨터를 생활비까지 아껴가며 마련해 주시고 지원을 아끼지 않으셨던 사랑하는 부모님께 감사의 말씀을 드립니다. 부모님은 모든 애정을 쏟아주시는 저의 든든한 후원자이십니다.
마지막으로 느린 작업 속도와 꺾지 않는 저의 고집에도 인내를 갖고 지켜봐 주시고, 훌륭한 책으로 만들기 위해 지원을 아끼지 않으신 이지스퍼블리싱 이지연 대표님과 대경미 편집자님께 진심으로 감사드립니다.

이지훈 드림

# 기본기가 무엇보다 중요한 데이터베이스!
# 그래서 어떤 입문서로 공부했는지가 중요합니다.

### 오라클 데이터베이스를 시작하는 모든 분들께 추천합니다

이 시대는 데이터 기반의 혁신(Data Driven Innovation)이 새로운 화두로 떠오르고 있습니다. 설비, 인력 등과 같은 기업의 물리적 자산이 중요한 시대에서 회사 안팎에 축적된 데이터를 정보로 가공, 분석하여 결과물로 나온 통찰력이 기업의 성공을 좌우하는 시대가 되었습니다.

이 책은 **관계형 데이터베이스 시장의 표준인 오라클 데이터베이스와 SQL 기본 문법, 한 발 더 나아가 데이터베이스의 핵심을 충실하게 다루고 있습니다.** 그리고 SQL을 처음 배우는 독자도 충분히 이해할 수 있는 쉬운 설명과 실습, 학습을 도와주는 여러 코너로 이루어져 있습니다. 새로운 시대에 발맞춰 자신에게 투자하는 것은 이제 더 이상 미룰 수 없는 일입니다. 여러분이 《Do it! 오라클로 배우는 데이터베이스 입문》으로 데이터베이스의 탄탄한 기본기를 쌓는다면 다음 단계로 도약할 수 있는 세상이 열릴 것이라 믿습니다.　　**기영삼** · 오라클 Cloud Enterprise Architect

### 사전 지식 없어도 데이터베이스의 기본 개념과 문법을 쉽게 이해할 수 있습니다

이 책은 오라클 데이터베이스 책이지만 데이터베이스를 이해하는 데 필요한 공통의 기본 개념과 문법을 다루고 있습니다. 군더더기 없는 설명과 실습으로 데이터베이스 개념을 쉽게 이해할 수 있기 때문에 **데이터베이스 기본 지식이 전혀 없는 독자라도 부담 없이 읽기 좋은 책입니다.** 데이터베이스를 쉽고 정확하게 이해하고 싶으신 분, 어려운 설명으로 가득한 다른 책들에 지친 분들께 이 책을 적극 추천합니다.　　**김은상** · KT DS

### 갑자기 실무에서 데이터베이스를 사용해야 할 일이 생긴다면 주저하지 말고 이 책을 잡으세요

IT 관련 업무를 하고 싶거나 이미 일하고 있는데 업무 중에 데이터베이스 기초를 빠르게 습득해야 하는 분은 당장 이 책으로 공부하세요. 이 책은 오라클 데이터베이스 내용을 실무에서 가장 많이 사용하는 순서대로 알기 쉽게 풀어 썼기 때문에 **전공자가 아닌 사람도 읽을 수 있고, 실무자라면 배운 내용을 바로 업무에 적용하기도 쉽습니다.** 자신이 마주하고 있는 문제에 늘 관심을 두고 해결하고자 할 때, 이 책은 당신에게 신속하고 적절한 도움을 주며 다음 단계로 넘어갈 수 있게 도와줄 것입니다.　　**윤형준** · SK C&C

### 데이터베이스 기본은 물론, 실무에서 사용할 수 있는 유용한 정보까지!

데이터베이스 기초가 탄탄한 사람만이 실무에서 데이터베이스를 설계하고 관리할 때 높은 업무 효율을 낼 수 있습니다. 이 책은 데이터베이스의 중요한 개념을 다양한 실습과 반복 학습으로 확실하게 짚어 가며 기초를 탄탄하게 잡아 줍니다. 또한 저자의 실무 경험이 녹아 있는 '실무 꿀팁', '한 발 더 나가기' 코너를 통해 실무에서 사용할 수 있는 유용한 정보도 얻을 수 있습니다. 이 책은 데이터베이스를 처음 접하고 공부하는 독자에게는 좋은 입문서가 되어줄 것이며, 실무에서 일하고 있는 독자에게는 든든한 바이블이 되어줄 것입니다.　　**이성수** · 쿠팡

## 복잡한 미로의 입구에서 친절한 안내인을 만난 기분이 드는 책입니다

시장에 존재하는 데이터베이스 가운데 압도적인 점유율을 차지하고 있는 오라클에 대해 기초부터 차근차근 배울 수 있는 좋은 책이 출간되어 추천합니다. 이 책은 데이터 개념부터 시작해 SQL문의 기초를 익혀 가도록 빈틈없이 구성되어 있습니다. 또 개념을 설명할 때 모호한 표현을 배제하고 명확하게 표현했으며, 이해를 돕기 위한 적절한 비유나 예시를 사용하고 삽화도 적극 활용하고 있습니다. 이 책은 이제 막 데이터베이스를 다루기 시작한 초급 개발자나 컴퓨터 및 프로그래밍을 전공하는 학생들에게 강력하게 추천할 만한 '입문서'이자 실무 개발자에게도 좋은 '오라클 레퍼런스'가 될 수 있습니다.

안종필 · 네이버 클로바

---

## 실무 개발자의 책상 위에 놓고 두고두고 펴볼 수 있는 책입니다

처음 데이터베이스를 접하는 분들은 본문을 충분히 읽어보길 권장합니다. 이 책은 **독자들의 이해를 돕기 위해 자세한 개념 설명과 더불어 다양한 도해**를 활용하고 있습니다. 이 책에서 무엇보다 마음에 든 내용은 실제 프로젝트에 투입되어 오랫동안 일한 저자의 실무 경험이 고스란히 녹아 있는 '실무 꿀팁' 코너입니다. 저 역시 이 부분을 읽어보며 제가 관리하는 시스템 속 SQL문을 다시 한 번 들여다보는 계기가 되었습니다. 이 책은 **훌륭한 입문서이자 고급 과정으로 자연스럽게 연결해 주는 좋은 징검다리 역할**을 하는 책입니다.

이동엽 · LG CNS

### 베타테스터의 한마디

이 책은 간단한 개념부터 실무에서 사용하면 좋은 팁까지 알려주는 친절한 선생님 같은 책입니다. 다양한 실습은 물론 상세하고 쉬운 설명으로 개념을 잡아줘서 저처럼 프로그래밍을 공부하는 학생이나 오라클 데이터베이스를 처음 접하는 모든 분께 도움이 될 것 같습니다. 앞으로도 좋은 책 많이 써 주세요!

임지혜(컴퓨터공학과 2학년)

책을 처음부터 끝까지 읽으면서 그동안 실무에서 자주 사용했지만 정확한 의미는 몰랐던 내용을 다시 한 번 배울 수 있었습니다. 예를 들어 지금까지 일하면서 많이 사용한 테이블, 함수, 프로시저, 패키지 개념과 사용법을 쉽게 배우며 머릿속에 정리할 수 있었습니다. 이 책은 입문자를 위한 책이지만 내용이 굉장히 알차서 실무자인 저에게도 많은 도움이 되었습니다. 입문자뿐만 아니라 신입 개발자들에게도 《Do it! 오라클로 배우는 데이터베이스 입문》을 적극적으로 추천합니다.

엄나윤(자바 웹 개발자)

이 책은 데이터베이스의 개념 용어부터 상세하게 정리하고 아주 간단한 코드라도 생략하지 않고 꼼꼼하게 설명하고 있습니다. 그래서 초보자도 쉽게 따라 할 수 있고 이해할 수 있습니다. 그리고 이 책은 실무에서 자주 사용하는 기능 위주로 정리되었고 책 곳곳에 실무에서 사용할 수 있는 팁이 있어서 초보 개발자가 실무에 적응하는 데 많은 도움이 됩니다.

안종필(소프트웨어 개발자)

## 이렇게 공부하세요!

**초보자 30일 코스**

데이터베이스를 처음 배우는 분을 위한 30일 코스입니다. 공부하기 전에 목표를 세워 보세요. 자신이 정한 날짜대로 공부하다 보면 뿌듯함과 함께 날로 늘어가는 SQL문 작성 능력을 경험할 수 있습니다.

| 1일 │ 월 일 | 2일 │ 월 일 | 3일 │ 월 일 | 4일 │ 월 일 | 5일 │ 월 일 |
|---|---|---|---|---|
| 01장 | 02장 | 03~04-1 | 04-2~04-6 | 05-1~05-2 |

| 6일 │ 월 일 | 7일 │ 월 일 | 8일 │ 월 일 | 9일 │ 월 일 | 10일 │ 월 일 |
|---|---|---|---|---|
| 05-3 ~05장 연습문제 | 06-1~06-3 | 06-4 ~06장 연습문제 | 07-1~07-3 | 07-4 ~07장 연습문제 |

| 11일 │ 월 일 | 12일 │ 월 일 | 13일 │ 월 일 | 14일 │ 월 일 | 15일 │ 월 일 |
|---|---|---|---|---|
| 08-1~08-2 | 08-3 ~08장 연습문제 | 09장 | 10장 | 11장 |

| 16일 │ 월 일 | 17일 │ 월 일 | 18일 │ 월 일 | 19일 │ 월 일 | 20일 │ 월 일 |
|---|---|---|---|---|
| 12장 | 13-1~13-2 | 13-3 ~13장 연습문제 | 14-1~14-4 | 14-5 ~14장 연습문제 |

| 21일 │ 월 일 | 22일 │ 월 일 | 23일 │ 월 일 | 24일 │ 월 일 | 25일 │ 월 일 |
|---|---|---|---|---|
| 15장 | 16-1~16-2 | 16-3 ~16장 연습문제 | 17장 | 18-1 |

| 26일 │ 월 일 | 27일 │ 월 일 | 28일 │ 월 일 | 29일 │ 월 일 | 30일 │ 월 일 |
|---|---|---|---|---|
| 18-2 ~18장 연습문제 | 19-1~19-2 | 19-3~19-4 | 19-5 ~19장 연습문제 | 어려웠던 연습문제 다시 한 번 풀어 보기 |

**중급자 15일 코스**

다른 데이터베이스를 공부했거나 IT 관련 실무자를 위한 코스입니다. 데이터베이스 개념을 이미 알고 있는 분은 바로 오라클 데이터베이스 설치(03장)부터 시작해도 좋습니다.

| 1일 │ 월 일 | 2일 │ 월 일 | 3일 │ 월 일 | 4일 │ 월 일 | 5일 │ 월 일 |
|---|---|---|---|---|
| 01~03장 | 04~05장 | 06장 | 07장 | 08장 |

| 6일 │ 월 일 | 7일 │ 월 일 | 8일 │ 월 일 | 9일 │ 월 일 | 10일 │ 월 일 |
|---|---|---|---|---|
| 09장 | 10장 | 11장 | 12장 | 13장 |

| 11일 │ 월 일 | 12일 │ 월 일 | 13일 │ 월 일 | 14일 │ 월 일 | 15일 │ 월 일 |
|---|---|---|---|---|
| 14장 | 15장 | 16장 | 17~18장 | 19장 |

## 여기서 다운로드하세요! — 실습 소스 코드 & '잊기 전에 한 번 더' 정답

본문 실습과 '잊기 전에 한 번 더' 정답 코드를 이지스퍼블리싱 홈페이지 및 저자 깃허브에서 다운로드할 수 있습니다.

> - 이지스퍼블리싱 홈페이지 : easyspub.com
> - 저자 깃허브 : github.com/GroovySunday/doit-oracle

## 저자에게 물어보세요! — Do it! 스터디룸

공부하다가 궁금한 내용이 생기면 Do it 스터디룸 카페(cafe. naver.com/doitstudyroom)로 오세요. [오라클 데이터베이스 입문] 게시판에 질문을 남기면 이 책을 먼저 본 분들이나 저자가 직접 답을 해줍니다. 또한 책 출간 이후 실습 환경 변화로 인해 환경설정이 어려울 경우 게시판 공지사항을 참고해 주세요.

> - 실습 환경설정 안내 : cafe.naver.com/doitstudyroom/27099

## 책 선물 받으세요! — Do it! 스터디룸 공부단 상시 모집

Do it! 스터디룸에서 운영하는 공부단에 지원한 후 '스터디 노트'를 작성하며 책을 완독한 분께 자신이 원하는 책 1권을 선물로 드립니다. 공부단 지원 및 진행 방법은 아래 설명을 참고하세요.
**참고** : Do it! 스터디룸 카페 회원 가입 필수, 회원 등급 업 필수

### 1. 공부단 지원하기

Do it! 스터디룸 카페를 방문하면 '■ Do it! 공부단 ■' 메뉴에 [공부단 신청] 게시판이 있습니다. 게시판에 입장하여 [글쓰기]를 누른 다음 글 양식에 맞춰 공부단에 지원하세요. 자세한 방법은 카페 공지를 참고하세요.

### 2. 스터디 노트 작성하기

스터디 노트는 [공부단 스터디 노트] 게시판을 이용해 주세요.

차례

첫째
마당

데이터베이스
개념 잡기

둘째
마당

실무에서
가장 많이 사용하는
SQL, 조회

**셋째 마당**

**데이터를 조작, 정의, 제어하는 SQL 배우기**

넷째
마당

## PL/SQL 배우기

온라인 부록 — 오라클 데이터베이스 삭제하는 방법 PDF 제공

오라클 데이터베이스를 삭제하는 방법은 복잡하고 까다롭습니다. 그래서 오라클 데이터베이스를 삭제하는 방법을 정리하여 독자들께 PDF로 제공합니다. 자료는 이지스퍼블리싱 홈페이지(easyspub.com)에 접속하여 무료 회원 가입 후 자료실에서 받을 수 있습니다.

첫째 마당

# 데이터베이스 개념 잡기

오라클 데이터베이스를 사용하기 전에 데이터베이스 기본 내용을 먼저 살펴봅니다. 데이터베이스와 관련된 여러 용어 및 개념을 설명한 후에 오라클 데이터베이스를 설치하고 오라클 데이터베이스를 더 편리하게 사용할 수 있는 도구를 소개합니다. 이미 데이터베이스 기본 개념을 이해하고 있어서 학습 시간을 줄이고 싶다면 01장과 02장을 건너뛰고 바로 03장부터 시작해도 좋습니다.

# 데이터베이스

오라클 데이터베이스는 미국 오라클 사의 객체 관계형 데이터베이스 관리 시스템으로서 세계에서 가장 많이 사용되고 있는 데이터베이스 관리 시스템입니다. 01장에서는 오라클 데이터베이스 학습에 필요한 데이터베이스의 기본 내용과 용어에 대해 알아보겠습니다.

이 장에서 꼭 익혀야 할 것

- 데이터와 정보의 차이 살펴보기
- 데이터베이스와 DBMS 개념 살펴보기
- 관계형 데이터베이스 의미 알아보기

# 01-1 데이터와 데이터베이스, DBMS

데이터베이스는 데이터(data)와 베이스(base)의 합성어이며 DBMS는 Database Management System의 약자로 '데이터베이스 관리 시스템'을 의미합니다. 그러면 이들 용어의 의미를 살펴보겠습니다.

## 데이터와 정보

어학 사전에서 '데이터'를 찾아보면 '자료', '정보'라는 두 가지 의미가 있습니다. 그러나 데이터베이스 분야에서 데이터(data)와 정보(information)는 다른 의미로 해석합니다. 흔히 데이터를 원석, 정보를 보석으로 비유합니다. IT업계에서 도시 전설처럼 전해지는 다음 글을 읽어보고, 굵게 표시된 두 항목에서 데이터와 정보를 구별해 봅시다.

> A카드사는 최근 몇 년간 급증한 커피 소비 동향을 파악하기 위해 **A카드사에서 발급한 카드를 사용한 커피 전문점 결제 내역**을 성별과 나이 대별로 분류하였다.
>
> 이 분류 작업과 관련하여 A카드사는 커피 전문점 결제 분포에서 20대 또는 30대 여성이 압도적으로 우위에 있을 것이라 예상했다.
>
> 그러나 결과는 뜻밖이었다. **커피 전문점 결제 분포의 최상위 순위를 30~40대 남성이 차지**하고 있었던 것이다. 20~30대 여성의 결제 비율을 가볍게 넘어설 정도의 차이가 벌어진 것은 아니지만 예상을 뒤집는 결과였다.

아직 제련되지 않은 원석과 그 원석을 가공하여 새로운 가치를 지니게 된 보석, 이 두 단어의 관계가 의미하는 바를 파악했다면 그리 어렵지 않게 데이터와 정보를 구별할 수 있습니다. 위 글에서 데이터는 A카드사에서 발급한 카드를 사용한 커피 전문점 결제 내역이고, 정보는 커피 전문점 결제 분포의 최상위 순위를 30~40대 남성이 차지했다는 결과라고 볼 수 있습니다.

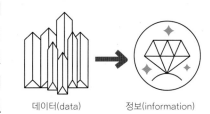

데이터(data)      정보(information)

즉 데이터는 어떤 필요에 의해 수집했지만 아직 특정 목적을 위해 평가하거나 정제하지 않은 값이나 사실 또는 자료 자체를 의미합니다. 그리고 정보는 수집한 데이터를 어떠한 목적을 위해 분석하거나 가공하여 가치를 추가하거나 새로운 의미를 이끌어 낼 수 있는 결과로 볼 수 있습니다. 다소 어렵게 느낄 수 있는 내용이지만 '잘 수집된 데이터를 분석하고 가공하면 새로운 가치를 만들어 낼 수 있는 정보를 얻을 수 있다' 정도로만 기억해 두세요.

◎ 데이터 개론처럼 이론을 깊이 있게 다룰 때에는 정보의 의미를 더 높은 단계로 체계화하여 지식(knowledge) 또는 지혜(wisdom) 개념으로 발전시켜 사용하기도 합니다. 이 책에서는 데이터와 정보의 관계 그리고 이를 사용하는 데 필요한 기술에 집중하겠습니다.

 **1분 복습** 다음 빈칸을 채우면서 복습해 보세요.

> $^1$ 데 [       ] 는 어떤 필요에 의해 수집했지만 아직 특정 목적을 위해 정제하지 않은 값, 사실 또는 자료를 의미합니다. $^2$ 정 [       ] 는 수집된 $^1$ 데 [       ] 를 어떤 목적을 위해 분석, 가공하여 가치를 추가하거나 새로운 의미를 부여한 결과입니다.

정답 1. 데이터 2. 정보

그러면 앞에서 이야기한 커피 결제 내역 데이터의 보관 방법에 대해 살펴보겠습니다. 데이터 중 일부는 엑셀 같은 스프레드시트 파일에 나누어 저장하고, 일부는 어떤 특정 프로그램으로 관리하는 파일에 저장하고, 또 다른 일부는 실제 종이 문서에 기록하여 캐비닛에 보관한다고 가정해 보죠.

데이터의 여러 보관 방법

위 그림과 같이 여러가지 방법으로 수집한 데이터는 분석을 위한 통합 작업만으로도 시간과 비용이 많이 듭니다. 데이터가 여기저기 흩어져 있다면 최신 데이터를 정확하게 찾아내는 게 쉽지 않겠죠.

◎ 실제로 IT업계에서는 새로운 전산화 작업을 시작하기 전에 이렇게 여러 방식으로 보관한 데이터의 일괄 정리 작업을 대대적으로 시행하기도 합니다.

만일 데이터가 누락되거나 중복된다면 정확한 분석을 기대할 수 없고 결국 비싼 비용과 많은 시간을 투자한 분석이 실패하게 됩니다. 따라서 가치 있는 정보를 얻으려면 다음 조건에 맞게 데이터를 효율적으로 수집 · 통합하고 체계적으로 관리 · 분석해야 합니다.

> **효율적인 데이터 관리를 위한 조건**
> - 데이터를 통합하여 관리
> - 일관된 방법으로 관리
> - 데이터 누락 및 중복 제거
> - 여러 사용자(응용 프로그램 포함)가 공동으로 실시간 사용 가능

위 조건을 만족하면서 특정 목적을 위해 여러 사람이 공유하여 사용할 수 있으며, 효율적인 관리와 검색을 위해 구조화한 데이터 집합을 '데이터베이스'라고 합니다.

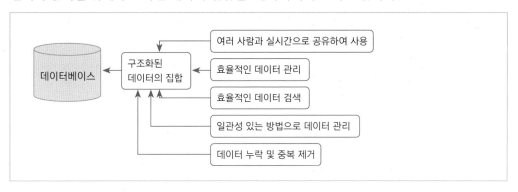

## 파일 시스템과 DBMS

데이터베이스 개념이 등장하기 전에는 주로 파일 시스템 방식을 사용하여 데이터를 관리하였습니다. 그러면 지금부터 파일 시스템에서 데이터 관리 방식을 먼저 살펴보고 이어서 데이터베이스 개념을 활용한 DBMS 데이터 관리 방식을 비교하여 살펴보겠습니다.

### 파일 시스템을 통한 데이터 관리

파일 시스템은 서로 다른 여러 응용 프로그램이 제공하는 기능에 맞게 필요한 데이터를 각각 저장하고 관리합니다. 따라서 각 파일에 저장한 데이터는 서로 연관이 없고 중복 또는 누락이 발생할 수 있습니다.

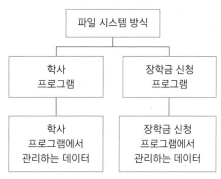

파일 시스템의 예

😊 파일 시스템을 단층 파일 구조(flat file structure)라고 합니다.

다음 예를 통해 파일 시스템 방식으로 여러 응용 프로그램들이 각자 데이터를 관리하면 어떤 문제점이 발생하는지 살펴보겠습니다. 어떤 대학에 학사 프로그램과 장학금 신청 프로그램이 있다고 가정해 보죠. 이 두 프로그램은 학생의 졸업 여부에 관련된 데이터를 각 파일에 저장하고 있습니다. 만약 이수선 학생이 학사 프로그램에는 졸업생으로 등록되어 있지만 장학금 신청 프로그램에서는 졸업했다는 내용이 누락되어 있다면, 실제로는 졸업생으로 분류된 학생도 장학금을 신청할 수 있는 상황이 발생할 수 있습니다.

학사 프로그램

| 학번 | 이름 | 학과 | 학년 | 학기 | 상태 |
|---|---|---|---|---|---|
| 2018-00001 | 홍길동 | 철학과 | 1 | 2 | 군휴학 |
| 2018-00002 | 이수선 | 컴퓨터공학과 | 4 | 2 | 졸업 |
| 2018-00003 | 이지수 | 경영학과 | 2 | 1 | 재학 |
| 2018-00004 | 김연아 | 사회체육학과 | 3 | 1 | 휴학 |

장학금 신청 프로그램

| 신청 장학금 종류 | 신청 일자 | 학번 | 재학 상태 | 장학금 신청 가능 여부 |
|---|---|---|---|---|
| 국가 | 20180409 | 2018-00001 | 군 휴학 | 신청 불가 |
| 성적 | 20180310 | 2018-00002 | 재학 | 신청 가능 |
| 동문 | 20180223 | 2018-00003 | 재학 | 신청 가능 |
| 근로 | 20180213 | 2018-00004 | 휴학 | 신청 불가 |

장학금 신청 프로그램에 졸업 정보가 누락된 경우

이러한 현상은 학생의 재학 상태를 관리하는 데이터가 각 응용 프로그램별로 흩어져 있기 때문에 발생합니다. 따라서 오른쪽 그림과 같이 학생과 관련된 일련의 데이터를 한곳에 모아 관리하고, 이렇게 한곳에 모아둔 데이터를 각각의 응용프로그램이 함께 사용하면 응용 프로그램별로 데이터를 직접 관리할 때 발생할 수 있는 데이터의 오류, 누락, 중복 등의 문제를 해결할 수 있습니다. 이렇게 여러 응용 프로그램이 사용할 데이터를 한곳에서 관리하기 위해 데이터베이스를 활용합니다.

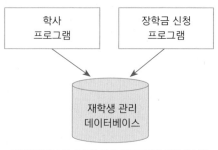

데이터베이스를 사용한 학사 프로그램과 장학금 신청 프로그램

## DBMS를 통한 데이터 관리

효율적인 데이터 관리 조건을 만족하며 서비스 제공의 효율성을 높이기 위해 데이터베이스 관리 시스템이 등장했습니다. 데이터베이스 관리 시스템은 데이터베이스의 데이터 조작과 관리를 극대화한 시스템 소프트웨어입니다.

데이터베이스 관리 시스템은 보통 '디비엠에스(DBMS : DataBase Management System)'라고 많이 부르며, 실무에서는 데이터베이스와 데이터베이스 관리 시스템을 따로 구별하지 않고 '디비(DB)' 또는 '데이터베이스'라고 부릅니다.

ⓖ 이 책에서는 별다른 언급이 없다면 데이터베이스 관리 시스템을 DBMS 또는 데이터베이스로 표기하겠습니다.

데이터베이스를 통한 데이터 관리란 여러 목적으로 사용할 데이터의 접근·관리 등의 업무를 DBMS가 전담하는 방식을 말합니다. 다시 말해 응용 프로그램이 필요한 데이터 작업을 DBMS에 요청하면, DBMS는 자신이 관리하는 데이터베이스로 관련 작업을 수행하고 결과값을 제공합니다.

DBMS의 역할

이러한 작업 영역의 분리는 응용 프로그램의 서비스 제공과 데이터 관련 작업 효율을 높입니다. 또한 여러 응용 프로그램이 하나의 통합된 데이터를 같은 방식으로 사용·관리할 수 있으므로 데이터 누락이나 중복을 방지할 수 있습니다.

◎ 포털 사이트가 하나의 아이디로 로그인하면 이메일, 블로그, 카페, SNS(소셜 네트워크 서비스) 같은 각각의 프로그램을 사용할 수 있게 한 것도 같은 맥락입니다.

DBMS는 다음 표와 같이 파일 시스템 기반 방식의 문제를 해결하면서 데이터 관리의 패러다임을 바꾸었습니다.

| 파일 시스템 방식의 문제 | DBMS를 통한 데이터 관리 |
|---|---|
| 데이터 중복 | 하나의 소프트웨어가 데이터를 관리하므로 데이터 중복을 피할 수 있음 |
| 응용 프로그램이 개별 데이터를 직접 관리 | 여러 응용 프로그램이 하나의 DBMS를 통해 데이터를 사용하므로 데이터를 동시에 공유할 수 있음 |
| 응용 프로그램이 데이터를 쓰는 방식이 각각 다름 | 하나의 DBMS를 통해 데이터를 관리하기 때문에 각각의 응용 프로그램이 데이터를 관리하는 방식이 통합됨 |
| 데이터가 특정 응용 프로그램에 종속되어 있으므로 응용 프로그램을 변경하면 기존 데이터를 사용할 수 없음 | 응용 프로그램과는 별도로 데이터가 DBMS에 의해 관리·보관되기 때문에 응용 프로그램의 업데이트 또는 변경과 관계없이 데이터를 사용할 수 있음 |

### ○ 한 발 더 나가기! 데이터베이스 용어의 등장과 최초의 DBMS

데이터베이스라는 용어는 1963년 SDC(System Development Corporation)에서 개최한 'Development and Management of Computer-Center DataBases' 심포지엄 제목에서 처음 사용되었습니다. 최초의 DBMS는 제너럴 일렉트릭(GE : General Electric) 사의 찰스 바흐만(Charles Bachman)이 1963년에 만든 IDS(Integrated Data Store)로서 데이터베이스 개념을 확립한 소프트웨어라고 할 수 있습니다.

# 01-2 데이터 모델

데이터 모델의 개념과 종류를 알아본 후 앞으로 배울 관계형 데이터베이스와 관련된 기본 내용을 살펴보겠습니다.

데이터 모델이란 컴퓨터에 데이터를 저장하는 방식을 정의해 놓은 개념 모형입니다. 대표 데이터 모델에는 계층형, 네트워크형, 관계형, 객체 지향형 등이 있습니다.

◎ 이 책에서 공부할 오라클 데이터베이스는 관계형 데이터 모델을 기반으로 한 객체 관계형 DBMS입니다.

## 계층형 데이터 모델과 네트워크형 데이터 모델

계층형 데이터 모델(hierarchical data model)과 네트워크형 데이터 모델(network data model)은 1960년대 말부터 1980년대 말까지 상업용 데이터베이스 시장에서 많이 사용한 데이터 모델입니다.

### 계층형 데이터 모델

계층형 데이터 모델은 나뭇가지 형태의 트리(tree) 구조를 활용하여 데이터 관련성을 계층별로 나누어 부모 자식 같은 관계를 정의하고 데이터를 관리합니다. 계층형 데이터 모델을 이해하기 위해서는 일대다(1:N) 관계의 데이터 구조를 파악해야 합니다.

이 모델에서 데이터가 저장된 파일은 다음 그림과 같이 상위 개념에 하위 개념이 포함되어 있는 특징이 있습니다. 기본적으로 하나의 부모 개체가 여러 자식을 가질 수 있는 반면에 자식 개체는 여러 부모 개체를 가질 수 없다는 제약이 있습니다. 따라서 일대다 구조의 데이터를 표현하기에는 알맞지만 자식 개체가 여러 부모를 가진 관계는 표현할 수 없습니다.

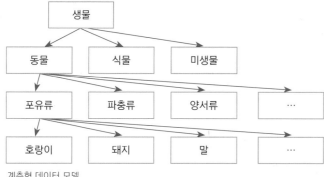

계층형 데이터 모델

## 네트워크형 데이터 모델

네트워크형 데이터 모델은 망형 데이터 모델이라고도 하며 그래프(graph) 구조를 기반으로 합니다. 다시 말해 개체 간 관계를 그래프 구조로 연결하므로 자식 개체가 여러 부모 개체를 가질 수 있다는 점에서 계층형 데이터 모델과 차이가 있습니다.

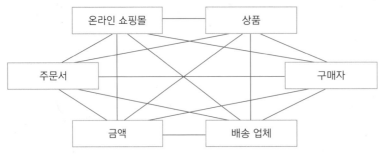

네트워크형 데이터 모델

**다음 빈칸을 채우며 복습해 보세요.**

> <sup>1</sup> 계          데이터 모델은 나뭇가지 형태의 <sup>2</sup> 트          구조를 활용하여 데이터 관련성을 계층별로 나누어 <sup>3</sup> 부          와 <sup>4</sup> 자          같은 관계를 정의하고 데이터를 관리합니다.

정답 1. 계층형 2. 트리 3. 부모 4. 자식

## 객체 지향형 데이터 모델

객체 지향형 데이터 모델(object-oriented data model)은 1980년대 후반에 등장한 모델로 객체 지향 프로그래밍에서 사용하는 객체 개념을 기반으로 한 데이터 모델입니다. 그리고 객체 지향 프로그래밍처럼 데이터를 독립된 객체로 구성하고 관리하며 상속, 오버라이드 등 객체 지향 프로그래밍에 사용되는 강력한 기능을 활용할 수 있습니다.

하지만 이러한 객체 지향형 모델 개념을 완전히 데이터베이스에 적용하는 것은 쉽지 않기 때문에 이를 적용한 상용 DBMS는 많지 않습니다. 다만 오라클 데이터베이스와 같은 여러 DBMS 제품군이 바로 뒤에 설명할 관계형 데이터 모델을 바탕으로 객체 개념을 도입하여 '객체 관계형(object-relational data model) DBMS'로 영역을 확장하고 있습니다.

◎ 객체 지향 프로그래밍은 컴퓨터 프로그램을 하나의 독립된 '객체'로 바라보는 관점의 프로그래밍 기법입니다. 자바, C++, 파이썬 등 최근에 많이 사용하는 여러 프로그래밍 언어가 객체 지향 프로그래밍을 지원합니다.

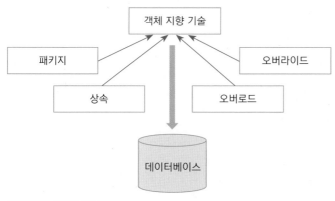

객체 지향형 데이터 모델

## 관계형 데이터 모델

관계형 데이터 모델(relational data model)은 1970년 에드거 프랭크 커드(E. F. Codd)가 제안한 모델로서 현대에 가장 많이 사용하는 관계형 데이터베이스의 바탕이 되는 모델입니다. 관계형 데이터 모델은 다른 모델과 달리 데이터 간 관계(relationship)에 초점을 둡니다.

예를 들어 회사의 사원 정보와 사원이 소속된 부서 정보를 데이터로 관리하는 경우를 생각해 보죠. 사원 정보와 부서 정보를 하나의 묶음으로 관리하면 데이터 구조가 간단해집니다. 하지만 같은 부서 사원들은 부서 정보가 중복되므로 효율적인 관리가 어려워집니다. 왜냐하면 부서 이름이 바뀌면 해당 부서 사원들의 부서 정보를 일일이 찾아서 모두 변경해 주어야 하기 때문이죠.

| 사원 정보 | 사원 번호 | 사원 이름 | 사원 직급 | 부서 이름 | 위치 | |
|---|---|---|---|---|---|---|
| 사원 번호 | 0001 | 홍길동 | 과장 | 회계 | 서울 | |
| 사원 이름 | 0002 | 성춘향 | 대리 | 연구 | 인천 | 데이터 중복 발생 |
| 사원 직급<br>부서 이름 | 0003 | 박문수 | 사원 | 운영 | 분당 | |
| 위치 | 0004 | 심청이 | 사원 | 회계 | 서울 | |

사원 정보와 부서 정보를 하나의 데이터로 관리할 경우

따라서 관계형 데이터 모델에서는 각 데이터의 독립 특성만을 규정하여 데이터 묶음을 나눕니다. 그리고 다음 그림과 같이 중복이 발생할 수 있는 데이터(여기에서는 부서 정보)는 별개의 릴레이션(relation)으로 정의한 후 사원 정보에 소속된 부서를 식별하는 '부서 코드'를 포함하여 사원 정보 데이터와 부서 정보 데이터를 연결하는 것이죠.

◎ 데이터 묶음은 개체 집합(entity set)을 의미하며 관계형 데이터베이스에서 테이블(table), 릴레이션(relation)으로 표기합니다. 데이터 묶음 간의 관계는 관계(relationship)라고 합니다.

| 사원 정보 | 사원 번호 | 사원 이름 | 사원 직급 | 부서 코드 |
|---|---|---|---|---|
| 사원 번호<br>사원 이름<br>사원 직급<br>부서 코드 | 0001 | 홍길동 | 과장 | 10 |
| | 0002 | 성춘향 | 대리 | 20 |
| | 0003 | 박문수 | 사원 | 30 |
| | 0004 | 심청이 | 사원 | 10 |

| 부서 정보 | 부서 코드 | 부서 이름 | 위치 |
|---|---|---|---|
| 부서 코드<br>부서 이름<br>위치 | 10 | 회계 | 서울 |
| | 20 | 연구 | 인천 |
| | 30 | 운영 | 분당 |

부서 코드로 연결된 사원 정보 데이터와 부서 정보 데이터

관계형 데이터 모델에서는 이렇게 데이터를 일정 기준으로 나누어 관리합니다. 이를 위해 다양한 개념과 여러 구성 요소가 존재합니다. 다음은 관계형 데이터 모델의 핵심 구성 요소를 간단히 표로 정리한 내용입니다.

| 이름 | 설명 |
|---|---|
| 개체<br>(entity) | 데이터베이스에서 데이터화하려는 사물, 개념의 정보 단위입니다. 관계형 데이터베이스의 테이블 (table) 개념과 대응되며 테이블은 릴레이션(relatioin)으로 표기하기도 합니다. |
| 속성<br>(attribute) | 개체를 구성하는 데이터의 가장 작은 논리적 단위로서 데이터의 종류·특성·상태 등을 정의합니다. 관계형 데이터베이스의 열(column) 개념과 대응됩니다. |
| 관계<br>(relationship) | 개체와 개체 또는 속성 간의 연관성을 나타내기 위해 사용합니다. 관계형 데이터베이스에서는 테이블 간의 관계를 외래키(foreign key) 등으로 구현하여 사용합니다. |

이 핵심 구성 요소를 활용하여 데이터의 독립성(independency)과 무결성(integrity)과 같은 데이터를 안전하게 관리하기 위해 필요한 개념들을 정의하게 됩니다.

지금까지 어려운 개념이 많이 나왔지만 여기에서는 오라클 데이터베이스를 포함한 여러 관계형 데이터베이스가 관계형 데이터 모델을 바탕으로 하고 있다는 정도만 기억하면 됩니다.

# 01-3 관계형 데이터베이스와 SQL

지금까지 데이터 개념과 여러 데이터 모델에 대해 알아보았습니다. 이제 관계형 데이터베이스의 특징을 알아보겠습니다.

## 관계형 데이터베이스란?

관계형 데이터베이스는 앞에서 살펴본 관계형 데이터 모델 개념을 바탕으로 데이터를 저장·관리하는 데이터베이스를 의미합니다. 01-1절에서 데이터베이스를 관리하는 시스템을 DBMS라고 불렀습니다. 관계형 데이터베이스를 관리하는 시스템은 DBMS에 데이터 간의 관계를 강조하기 위한 'relational'을 앞에 붙여 RDBMS(Realational Database Management System), 즉 관계형 데이터베이스 관리 시스템이라고 부릅니다. RDBMS는 1980년 후반부터 지금까지 가장 많이 사용하는 데이터베이스입니다.

◎ 실무에서는 보통 오라클 데이터베이스와 같은 RDBMS를 가리켜 '디비' 또는 '데이터베이스'라고 부릅니다. 이 책에서도 별다른 언급이 없을 경우 RDBMS를 데이터베이스라고 표기하겠습니다.

데이터 분야에 관심을 가지고 있는 분들은 한 번쯤 들어 보았을 엠에스에스큐엘(MS-SQL), 마이에스큐엘(MySQL), 마리아디비(MariaDB), 포스트그리에스큐엘(PostgreSQL), 디비투(DB2) 그리고 이 책에서 학습할 오라클 등 유명한 DBMS 제품은 대부분 관계형 데이터베이스 관리 시스템이거나 최소한 부분적으로 관계형 데이터베이스를 사용하고 있습니다. 실무에서 이야기하는 DB 또는 데이터베이스는 보통 DBMS를 가리키는데 이 중 대부분이 RDBMS라고 보아도 무방합니다.

◎ 오라클 데이터베이스는 보통 관계형 데이터베이스라고 부르지만 더 정확하게 표현한다면 관계형 데이터베이스에 객체 개념을 도입한 객체 관계형 데이터베이스라고 부르는 것이 맞습니다.

| | Rank | | | DBMS | Database Model | Score | | |
|---|---|---|---|---|---|---|---|---|
| Jun 2018 | May 2018 | Jun 2017 | | | | Jun 2018 | May 2018 | Jun 2017 |
| 1. | 1. | 1. | Oracle ➕ | | Relational DBMS | 1311.25 | +20.84 | -40.51 |
| 2. | 2. | 2. | MySQL ➕ | | Relational DBMS | 1233.69 | +10.35 | -111.62 |
| 3. | 3. | 3. | Microsoft SQL Server ➕ | | Relational DBMS | 1087.73 | +1.89 | -111.23 |
| 4. | 4. | 4. | PostgreSQL ➕ | | Relational DBMS | 410.67 | +9.77 | +42.13 |
| 5. | 5. | 5. | MongoDB ➕ | | Document store | 343.79 | +1.67 | +8.79 |
| 6. | 6. | 6. | DB2 ➕ | | Relational DBMS | 185.64 | +0.03 | -1.86 |
| 7. | 7. | ↑9. | Redis ➕ | | Key-value store | 136.30 | +0.95 | +17.42 |
| 8. | ↑9. | ↑11. | Elasticsearch ➕ | | Search engine | 131.04 | +0.60 | +19.48 |
| 9. | ↓8. | ↓7. | Microsoft Access | | Relational DBMS | 130.99 | -2.12 | +4.44 |
| 10. | 10. | ↓8. | Cassandra ➕ | | Wide column store | 119.21 | +1.38 | -4.91 |

*343 systems in ranking, June 2018*

RDBMS는 세계 DBMS 시장에서 매우 높은 점유율을 차지하고 있습니다. 그중에서도 오라클 데이터베이스 순위는 1위입니다.

## SQL이란?

SQL은 Structured Query Language의 약자로서 '에스큐엘' 또는 '시퀄'이라고 부릅니다. SQL은 RDBMS에서 데이터를 다루고 관리하는 데 사용하는 데이터베이스 질의 언어입니다. 지금은 SQL 정의를 'RDBMS에게 데이터에 관해 물어보고 결과를 얻는다' 정도로만 기억하면 됩니다.

◎ 학계에서는 '시퀄'이라는 단어를 많이 사용하고 IT업계에서는 '에스큐엘'이라는 단어를 더 많이 사용하는 경향이 있습니다.

예를 들어 어떤 사용자가 응용 프로그램에 SQL을 사용하여 '우리 회사 각 부서별 사원이 몇 명 있는지 가르쳐 줘', '현재 접속한 사용자가 구매한 내역을 저장해 줘'와 같이 데이터 관련 내용을 데이터베이스에 물어보면 데이터베이스는 그 결과를 제공합니다. 즉 우리는 SQL을 통해(정확히 말하자면 SQL을 사용해야만) 데이터베이스에서 여러 데이터 관련 작업을 수행할 수 있습니다. SQL은 사용 목적에 따라서 다음과 같이 나뉩니다.

| 종류 | 설명 | 다루는 장 |
|---|---|---|
| DQL(Data Query Language) | RDBMS에 저장한 데이터를 원하는 방식으로 조회하는 명령어 | 04~09장 |
| DML(Data Manipulation Language) | RDBMS 내 테이블의 데이터를 저장·수정·삭제하는 명령어 | 10장 |
| DDL(Data Definition Language) | RDBMS 내 데이터 관리를 위해 테이블을 포함한 여러 객체를 생성·수정·삭제하는 명령어 | 12~14장 |
| TCL(Transaction Control Language) | 트랜잭션 데이터의 영구 저장·취소 등과 관련된 명령어 | 11장 |
| DCL(Data Control Language) | 데이터 사용 권한과 관련된 명령어 | 15장 |

둘째마당, 셋째마당에서 오라클 데이터베이스에서 SQL을 사용하는 방법을 알아보겠습니다.

---

### ○ 한 발 더 나가기! SQL : 에스큐엘? 시퀄?

SQL은 1970년대 IBM에서 도널드 D. 챔벌린과 레이먼드 F. 보이스가 SEQUEL(Structured English Query Language)이라는 이름으로 개발한 DBMS 관리 언어입니다. System R라는 준관계형 데이터베이스 프로젝트에서 데이터 관리 목적으로 제작하였는데 SEQUEL이 그 당시 영국의 항공기 업체 호커 시들리에서 상표로 등록한 단어였기 때문에 상표권 위반으로 현재의 SQL로 이름을 바꾸게 되었습니다.

---

**잊기 전에 한 번 더!** ┈┈┈┈┈┈┈┈┈┈┈┈┈● 이 장에서 배운 내용을 실습하며 정리하세요.

**Q1** 효율적인 데이터 관리를 위한 조건에 해당하는 핵심 단어를 적어 보세요.

- 데이터를 <sup>1</sup> 통 ▢ 하여 관리
- <sup>2</sup> 일 ▢ 방법으로 데이터를 관리
- 데이터 <sup>3</sup> 누 ▢ 및 <sup>4</sup> 중 ▢ 을 제거
- 여러 사용자(응용 프로그램 포함)가 <sup>5</sup> 공 ▢ 으로 <sup>6</sup> 실 ▢ 사용 가능

정답 1. 통합 2. 일관된 3. 누락 4. 중복 5. 공유 6. 실시간

**Q2** 데이터 관리를 위한 두 가지 방식에 해당하는 단어를 적어 보세요.

<sup>1</sup> 파 ▢ 을 사용한 데이터 관리는 서로 다른 응용 프로그램에 필요한 데이터를 각자 독립적인 방법으로 저장·관리하는 방식입니다.

<sup>2</sup> 데 ▢ 를 통한 데이터 관리는 데이터의 접근 및 관리를 위한 유일한 프로그램인 DBMS가 데이터 관련 작업을 전담하는 방식입니다.

정답 1. 파일 시스템 2. 데이터베이스

**Q3** 다음은 어떤 데이터 모델에 관한 설명일까요?

- 1970년 에드거 프랭크 커드가 제안한 모델
- 현대에 가장 많이 사용하는 모델
- 데이터 간의 관계(relation)에 주안점을 둠

정답 관계형 데이터 모델

# 02

# 관계형 데이터베이스와 오라클 데이터베이스

이 장에서는 관계형 데이터베이스의 구성 요소에 대해 자세히 살펴보겠습니다. 그리고 오라클 데이터베이스에 대해서도 간략하게 알아보겠습니다.

02-1 관계형 데이터베이스의 구성 요소
02-2 오라클 데이터베이스

이 장에서 꼭 익혀야 할 것

- 테이블과 행, 열 의미 알아보기
- 기본키, 외래키 의미 알아보기
- VARCHAR2, NUMBER, DATE 자료형 익히기

# 02-1 관계형 데이터베이스의 구성 요소

먼저 관계형 데이터베이스를 구성하는 주요 요소를 살펴보겠습니다. 개념적인 구성 요소를 간단히 살펴본 후에 나머지 장에서 자세한 내용과 사용법을 익혀 나갈 것입니다.

## 테이블

관계형 데이터베이스는 기본적으로 데이터를 2차원 표 형태로 저장하고 관리합니다. 이 표 형태의 데이터 저장 공간을 테이블(table)이라고 합니다. 테이블은 2차원 형태이므로 가로줄과 세로줄로 구성되는데요. 이때 가로줄을 행(row, 로), 세로줄을 열(column, 칼럼)이라고 부릅니다.

학생 정보 테이블

| 학번 | 이름 | 생년월일 | 전화번호 | 집 주소 | 학년 | 학기 | 학과 코드 | 졸업 여부 | … |
|------|------|----------|----------|---------|------|------|-----------|-----------|---|
| 16031055 | 홍길동 | 971210 | 010-1111-1111 | 서울시… | 1 | 2 | COM | | |
| 12071632 | 성춘향 | 940424 | 010-2222-2222 | 부산시… | 4 | 2 | BNS | 졸업 | |
| | | | … | | | | | | |
| 15022655 | 박문수 | 960605 | 010-3333-3333 | 광주시… | 2 | 2 | MTH | | |

테이블      열      행

## 행

행은 저장하려는 하나의 개체를 구성하는 여러 값을 가로로 늘어뜨린 형태입니다. 예를 들어 대학교에서 사용하는 학생 관리 프로그램에서 학생 데이터를 관리할 경우에 다음과 같이 학생을 구성하는 여러 값을 나열할 수 있습니다. 이때 테이블을 구성하는 하나의 행은 학번, 이름과 같은 여러 값으로 이루어진 학생 한 명의 데이터를 의미합니다.

◎ 실무에서는 행을 로우라고 많이 부릅니다.

| 16031055 | 홍길동 | 971210 | 010-1111-1111 | 서울시… | 1 | 2 | COM | | |
|----------|--------|--------|----------------|---------|---|---|-----|--|--|

테이블 행

## 열

열은 저장하려는 데이터를 대표하는 이름과 공통 특성을 정의합니다. 예를 들어 다음과 같이 각 학생의 데이터를 구성하는 학번과 이름, 그 외에 필요한 정보를 정의해 두면 각 학생의 학번, 이름, 학과 코드 등을 통일성 있게 저장할 수 있습니다. 그리고 열은 저장 정보의 종류(자료형)와 저장 가능한 값의 최대 길이 그리고 값의 중복을 허용하지 않는 등의 저장 조건과 범위를 지정할 수 있습니다. ⊙ 실무에서는 열을 칼럼이라고 많이 부릅니다.

| 학번 열 | 이름 열 | 학과 코드 열 |
|---|---|---|

| 학번 |
|---|
| 16031055 |
| 12071632 |
| ⋮ |
| 15022655 |

| 이름 |
|---|
| 홍길동 |
| 성춘향 |
| ⋮ |
| 박문수 |

| 학과 코드 |
|---|
| COM |
| BNS |
| ⋮ |
| MTH |

학생 데이터 열

## 관계형 데이터베이스와 테이블

관계형 데이터베이스에서 관계란 행과 열의 특성에 맞추어 데이터를 저장한 테이블 하나하나를 의미합니다. 여러 테이블의 구성과 관계를 잘 규정하고 관리하는 것이 관계형 데이터베이스에서 데이터를 관리하는 핵심입니다.

---

### ◯ 한 발 더 나가기!  테이블, 행, 열

정확히 말하면 테이블, 행, 열은 이후에 배울 관계형 데이터베이스의 SQL에서 사용합니다. 관계형 데이터베이스에서 테이블은 관계(relation), 행은 튜플(tuple) 또는 레코드(record) 그리고 열은 속성을 의미하는 애트리뷰트(attribute) 또는 필드(field)라고 합니다.

---

## 특별한 의미를 지닌 열, 키

키(key)는 단어 뜻 그대로 '열쇠'라는 의미에서 비롯된 용어입니다. 어떤 문에 꼭 맞는 열쇠가 하나씩 있듯이 수많은 데이터를 구별할 수 있는 유일한 값이라는 뜻이지요. 키는 하나의 테이블을 구성하는 여러 열 중에서 특별한 의미를 지닌 하나 또는 여러 열의 조합을 의미합니다.

종류별로 데이터를 구별하거나 테이블 간의 연관 관계를 표현할 때 키로 지정한 열을 사용합니다. 키는 기본키(primary key), 후보키(candidate key), 외래키(foreign key), 복합키(composite key) 등으로 구분할 수 있습니다. 지금부터 각각의 키가 어떤 의미를 가지고 있는지 살펴보겠습니다.

## 기본키

기본키(PK : Primary Key)는 여러 키 중에서 가장 중요한 키로서 한 테이블 내에서 중복되지 않는 값만 가질 수 있는 키입니다. 기본키의 속성을 정리하면 다음과 같습니다.

---

**기본키의 속성**

1. 테이블에 저장된 행을 식별할 수 있는 유일한 값이어야 한다.
2. 값의 중복이 없어야 한다.
3. NULL 값을 가질 수 없다.

---

기본키는 중복되지 않는 유일한 값이라는 특성을 가졌기 때문에 하나 또는 여러 열의 조합으로 만들 수 있습니다.

예를 들어 다음과 같이 학생을 관리하는 학생 정보 테이블이 있다고 가정해 봅시다. 학생별로 특정 서비스를 제공하려면 각 학생을 구별할 수 있는 데이터가 반드시 필요합니다. 이 경우에 학번, 아이디, 주민등록번호가 각 학생을 구별할 수 있는 데이터가 될 수 있습니다. 이들 중 한 열을 기본키로 지정합니다. 대부분의 경우에 개인 정보 노출이 가장 적은 데이터를 선정하기 때문에 여기에서는 학번을 기본키로 지정했습니다.

☺ 널(NULL)은 특정 열 값이 존재하지 않는다는 의미입니다. 지금은 '비어 있는 값' 정도로 생각해 주세요. NULL에 대한 자세한 내용은 04장과 05장에서 알아보겠습니다.

| 학번 | 아이디 | 주민등록번호 | 이름 | … |
|------|--------|--------------|------|---|
| 16031055 | baby | 971210-1XXXXXX | 홍길동 | |
| 12071632 | onemore | 940424-2XXXXXX | 성춘향 | |
| └─ 기본키 | | … | | |
| 15022655 | time | 960605-1XXXXXX | 박문수 | |

학생 테이블의 기본키

☺ 웹 서비스를 비롯한 대부분의 프로그램은 가입 회원을 관리하기 위해 회원 번호 같은 특수한 데이터를 따로 정의하여 관리합니다. 이러한 데이터는 내부 관리 목적으로만 사용하므로 일반적으로 사용자에게는 공개하지 않습니다.

다음 내용이 참인지 거짓인지 판단해 보세요.

> **기본키의 속성**
> 1. 테이블에 저장된 행을 식별할 수 있는 유일한 값이어야 한다.
> 2. 값의 중복이 없어야 한다.
> 3. NULL 값을 가질 수 있다.

정답 1. 참 2. 참 3. 거짓

## 보조키

보조키는 대체키(alternate key)라고도 부르며 후보키(candidate key)에 속해 있는 키입니다. 그리고 후보키 중에서 기본키로 지정되지 않은 열입니다.

◎ 엄밀한 의미의 후보키는 기본키가 될 수 있는 모든 키를 의미합니다. 즉 기본키 역시 후보키에 속합니다. 이 후보키 중 기본키로 지정되지 않은 키를 보조키 또는 대체키라고 합니다. 그 밖에 이 책에서 다루지는 않지만, 행 식별이 가능한 키의 모든 조합을 의미하는 슈퍼키(super key) 개념도 존재합니다.

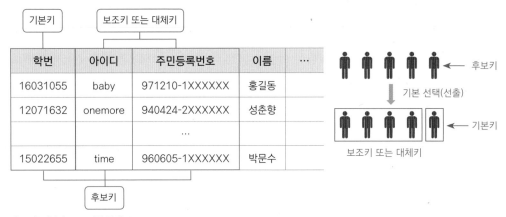

후보키, 기본키, 보조키의 관계

위의 테이블을 살펴보면 유일한(중복되지 않은) 데이터를 가지고 있고 빈 값(NULL)이 없는 열 (학번, 아이디, 주민등록번호)은 기본키가 될 수 있는 후보키입니다. 그리고 후보키 중에서 기본키로 선택한 학번을 제외한 아이디와 주민등록번호가 보조키가 됩니다.

## 외래키

외래키(FK : Foreign Key)는 특정 테이블에 포함되어 있으면서 다른 테이블의 기본키로 지정된 키를 의미합니다.

◎ 외래키는 외부키로도 부릅니다. 하지만 실무에서는 외부키나 외래키보다 포린키(foreign key)라고 부르는 경우가 더 많습니다. 이 책에서는 '외래키'로 통일하겠습니다.

다음 테이블을 살펴보면 학과 정보 테이블은 학과 코드, 학과 이름, 개설 날짜, 대학 구분, 대표 전화번호 등의 열로 구성되어 있습니다. 그리고 각 학과를 구별할 수 있는 유일한 데이터인 학과 코드를 기본키로 지정했습니다.

학생 정보 테이블을 보면 열 중에 학과 정보 테이블의 기본키인 '학과 코드'가 있습니다. 이 학과 코드가 바로 학생 정보 테이블과 학과 정보 테이블을 이어 주는 '외래키' 역할을 합니다. 즉 학생 정보 테이블은 학과 코드를 통해 학과 정보 테이블의 세부 정보를 찾아갈 수 있습니다. 이를 학생 정보 테이블이 학과 코드를 '참조'한다고 표현합니다. 학생 정보 테이블에서 학과 코드를 참조하여 학과 정보를 얻어 낼 수 있다는 의미죠.

학생 정보 테이블

| 학번 | 이름 | … | 학과 코드 | 졸업 여부 | … |
|---|---|---|---|---|---|
| 16031055 | 홍길동 | … | COM | | |
| 12071632 | 성춘향 | … | BNS | 졸업 | |
| | | … | | | |
| 15022655 | 박문수 | … | MTH | | |

학과 정보 테이블

| 학과 코드 | 학과 이름 | 개설 날짜 | 대학 구분 | 대표 전화번호 | … |
|---|---|---|---|---|---|
| COM | 컴퓨터공학과 | 19861021 | 공과대학 | 070-0000-0000 | |
| BNS | 경영학과 | 19730201 | 경상대학 | 070-1111-1111 | |
| | | … | | | |
| MTH | 수학과 | 19730201 | 과학대학 | 070-2222-2222 | |

예를 들어 성춘향 학생이 학과 대표 전화번호를 알아내기 위해 학사 정보 프로그램에 접속한다고 가정해 봅시다. 학사 정보 프로그램은 입력된 학번(학생 정보 테이블의 기본키)을 통해 학생 정보 테이블에서 성춘향 학생을 찾아냅니다. 그리고 성춘향 학생 행에 저장된 학과 코드(학과 정보 테이블의 기본키, 학생 정보 테이블의 외래키)를 활용해서 '학과 정보 테이블'을 찾아갑니다. 그러면 성춘향 학생이 속해 있는 해당 학과의 '대표 전화번호' 정보에 접근할 수 있습니다.

언뜻 보면 외래키는 테이블을 두 개로 따로 나누어 데이터를 사용하므로 번거로워 보일 수 있습니다. 만약 학과 코드를 외래키로 쓰지 않고 모든 정보를 하나의 학생 정보 테이블(기본키는 학번)에 저장한다고 생각해 봅시다. 다음 그림을 보면 학생 정보 테이블 옆에 학과 정보 테이블을 붙여 버린 것 같은 느낌이 듭니다.

학생 정보(학과 정보를 포함한) 테이블

| 학번 | 이름 | … | 졸업 여부 | … | 학과 이름 | 개설 날짜 | 대학 구분 | … |
|---|---|---|---|---|---|---|---|---|
| 16031055 | 홍길동 | | | | 컴퓨터공학과 | 19861021 | 공과대학 | |
| 12071632 | 성춘향 | | 졸업 | | 경영학과 | 19730201 | 경상대학 | |
| | | | | … | | | | |
| 15022655 | 박문수 | | | | 수학과 | 19730201 | 과학대학 | |

학생 정보　　　　　　　　　　　　　　학과 정보

외래키 없이 학생 정보 테이블과 학과 정보 테이블을 합쳐 놓았을 때

'이 정도는 별로 문제 될 것이 없어 보이는데?'라고 생각할 수도 있지만 다음 테이블의 학생들이 모두 같은 학과 학생이라면 이야기가 조금 달라집니다. 학생 정보 테이블에는 당연히 같은 학과 학생들이 존재하기 때문에 같은 학과의 데이터가 학생 정보 테이블에 저장되면 다음과 같은 형태를 가지게 될 것입니다.

| 학번 | 이름 | … | 졸업 여부 | … | 학과 이름 | 개설 날짜 | 대학 구분 | … |
|---|---|---|---|---|---|---|---|---|
| 16031055 | 홍길동 | | | | 컴퓨터공학과 | 19861021 | 공과대학 | |
| 12071632 | 성춘향 | | 졸업 | | 컴퓨터공학과 | 19861021 | 공과대학 | |
| | | | | … | | | | |
| 15022655 | 박문수 | | | | 컴퓨터공학과 | 19861021 | 공과대학 | |

데이터 중복이 일어난 학생 정보 테이블　　　　데이터 중복

위의 테이블에서 확인할 수 있듯이 학생 한 명의 데이터에 학과 데이터(학과 이름, 개설 날짜, 대학 구분 등)를 저장하면 같은 학과 학생인 경우에 똑같은 내용의 학과 데이터가 저장되기 때문에 엄청난 양의 중복 데이터가 저장되는 현상이 벌어집니다.

데이터 중복을 왜 주의해야 하는지 위의 학생 정보 테이블을 예로 설명하겠습니다. 만약 학과 데이터 종류가 100개 정도 있고 학교에 학생은 매년 몇 천 명씩 입학한다고 가정할 때, 졸업생 데이터까지 고려한다면 해마다 중복 데이터가 빠른 속도로 늘어날 것입니다.

또한 학과 정보를 변경해야 한다면 해당 학과에 소속된 학생 데이터 수만큼 데이터를 바꿔야 하므로 시간이 지날수록 데이터 중복에 따른 처리 비용이 증가하게 됩니다. 저장 공간 크기와 관리는 비용과 밀접한 관련이 있기 때문에 데이터 중복은 어쩔 수 없는 상황이 아닌 이상 반드시 피해야 합니다.

**실무 꿀팁!**

**실무에서 사용되는 테이블 규모**

실무에서는 데이터베이스를 활용하여 프로그램 및 서비스를 구축할 때 테이블 개수는 많게는 몇백, 몇 천 개에 이릅니다. 또 하나의 테이블이 가진 열 수 또한 몇 백 개를 넘나드는 일도 종종 있습니다. 그리고 행 수는 조금 규모가 있다 싶으면 억 단위를 웃도는 게 흔한 일입니다.

엑셀에 익숙한 분이라면 중복 데이터의 저장을 해결하기 위해 다음과 같이 학과 정보와 관련된 내용을 병합하는 방법을 생각할 수도 있습니다.

| 학번 | 이름 | … | 졸업 여부 | … | 학과 이름 | 개설 날짜 | 대학 구분 | … |
|---|---|---|---|---|---|---|---|---|
| 16031055 | 홍길동 | | | | | | | |
| 12071632 | 성춘향 | | 졸업 | | | | | |
| | | | | … | 컴퓨터공학과 | 19861021 | 공과대학 | |
| 15022655 | 박문수 | | | | | | | |

중복되는 열의 데이터를 세로로 변환

관계형 데이터베이스에서는 엑셀처럼 여러 행에 걸쳐 특정 열을 병합하는 것이 기본적으로 불가능합니다. 하지만 외래키를 사용하면 이러한 병합과 유사한 효과를 얻을 수 있어 데이터 중복을 최소화할 수 있습니다.

| 학번 | 이름 | … | 학과 코드 | … | | 학과 코드 | 학과 이름 | 개설 날짜 | 대학 구분 | … |
|---|---|---|---|---|---|---|---|---|---|---|
| 16031055 | 홍길동 | | COM | | | | | | | |
| 12071632 | 성춘향 | | COM | | | | | | | |
| | | … | | | | COM | 컴퓨터공학과 | 19861021 | 공과대학 | |
| 15022655 | 박문수 | | COM | | | | | | | |

외래키의 사용

### 🔵 한 발 더 나가기! 응용 프로그램 개발과 외래키

외래키는 데이터의 중복을 피하기 위해 테이블 사이의 관계를 규명하기 위한 필수 요소입니다. 하지만 실무에서 데이터베이스를 활용하여 응용 프로그램을 만들 때 데이터의 구조 및 설계가 외래키를 사용해 너무 엄격하게 정의하면 응용 프로그램의 제작과 테스트 진행에 걸림돌이 되기도 합니다.

따라서 테이블 사이의 관계에서 개념적으로 외래키가 필수인 상황일지라도 응용 프로그램 제작의 효율 및 편의를 위해 외래키를 따로 정의하지 않고, 테이블 사이의 관계를 '느슨하게' 설계하여 이를 응용 프로그램 영역에서 처리하는 경우도 종종 발생합니다.

## 복합키

복합키(composite key)는 여러 열을 조합하여 기본키 역할을 할 수 있게 만든 키를 뜻합니다. 복합키를 만들 때 적게는 두세 개, 많게는 열 개가 넘는 열을 조합하기도 합니다. 왜냐하면 하나의 열만으로 행을 식별하는 것이 불가능하여 두 개 이상의 열 값을 함께 사용해야 각 행이 유일한 데이터로서 가치를 지니기 때문이죠.

예를 들어 학생들의 수강 과목 데이터를 생각해 봅시다. 수강 과목 데이터는 앞에서 살펴본 학과 코드와 마찬가지로 과목 코드 열을 가진 과목 정보 테이블로 표현할 수 있습니다. 과목 정보 테이블을 다음과 같이 과목 코드, 담당 교수, 전공 여부, 과목 이름 등의 열로 구성한다고 가정해 봅시다.

과목 정보 테이블

| 과목 코드 | 담당 교수 | 전공 여부 | 과목 이름 | ... |
|---|---|---|---|---|
| C3655 | 이순신 | 교양 | 논리와 비판적 사고 | |
| C3655 | 김유신 | 교양 | 논리와 비판적 사고 | |
| E0134 | 이몽룡 | 전공 | 모바일 프로그래밍 | ... |
| | | ... | | |
| E0021 | 이몽룡 | 전공 | 네트워크 프로그래밍 | |

복합키

> 과목 코드와 담당 교수를 합쳐서 새로운 복합키 탄생!

만약에 같은 과목을 여러 교수가 가르친다면 어떤 열을 기본키로 지정해야 할까요?

과목 정보 테이블에서 과목 코드를 기본키로 정한다면 같은 과목 코드(C3655)에 담당 교수가 다른 경우(이순신, 김유신)가 생깁니다. 그렇다고 담당 교수를 기본키로 정한다면 한 교수(이몽룡)가 서로 다른 과목(E0134, E0021)을 가르치는 경우에 테이블 행을 정확히 구분하는 것이 불가능합니다. 바로 이때 각 과목별 과목 코드와 담당 교수 열을 조합하여 하나의 키로 지정한다면 과목 정보 테이블의 행을 정확히 구분하는 것이 가능합니다. 즉 '과목 코드 + 담당 교수'가 기본키 역할을 하게 됩니다.

또 다른 예로 한 과목을 한 교수님이 가르치는데 강의 시간이 '화요일 3교시 반', '목요일 1교시 반'으로 나뉜다면 어떻게 해야 할까요?

기존 복합키에 '강의 시간'까지 포함하면 테이블의 각 행을 구분할 수 있습니다. 다양한 키는 결국 관계형 데이터베이스에서 테이블 행을 구분하기 위해 그리고 여러 테이블 간의 관계를 정의하기 위해 사용한다는 점을 꼭 기억해 주세요.

◎ 열에 키를 지정하는 방법은 14장에서 명령어와 함께 알아보겠습니다.

## ○ 한발 더 나가기! 개인정보보호법과 주민등록번호 보관

개인 정보 유출 피해를 최소화하기 위해 2014년 8월 7일 개인정보보호법이 개정되어 모든 공공 기관 및 민간 사업자의 주민등록번호 수집이 원칙적으로 금지되었습니다. 그렇기 때문에 아마 이 책을 읽고 있는 여러분이 IT 업계에 발을 들인다면 개발 작업을 하면서 암호화된 주민등록번호 데이터를 보게 될 것입니다.

# 02-2 오라클 데이터베이스

오라클 데이터베이스는 대표적인 상용 관계형 데이터베이스 제품입니다. 여기에서는 오라클 데이터베이스를 소개하고 오라클의 특징을 간단히 살펴보겠습니다.

## 오라클 데이터베이스와 버전

오라클 데이터베이스는 오라클 사가 만든 DBMS 제품입니다. 오라클 사는 전 세계 소프트웨어 시장에서 윈도우와 MS오피스로 유명한 마이크로소프트 사를 포함해 세 손가락 안에 꼽힐 정도로 큰 기업입니다.

오라클 데이터베이스는 1977년 래리 엘리슨(Larry Ellison), 밥 마이너(Bob Miner)와 에드 오츠(Ed Oates)가 자본금 2,000달러로 창업한 SDL(Software Development Lab)에서 시작했습니다. 이후 IBM 사의 System R 프로젝트 및 에드거 프랭크 커드(E. F. Codd)의 관계형 데이터베이스 이론에 착안하여 SQL 기반의 RDBMS 오라클 2.0을 선보입니다. 오라클 데이터베이스는 1980년대에 이르러 데이터베이스 시장에서 본격적인 입지를 다지게 되었습니다. 오라클 데이터베이스의 버전과 버전별 이슈는 다음 그림을 참고하세요.

ⓔ 오라클 1 버전은 공식 발표되지 않았습니다.

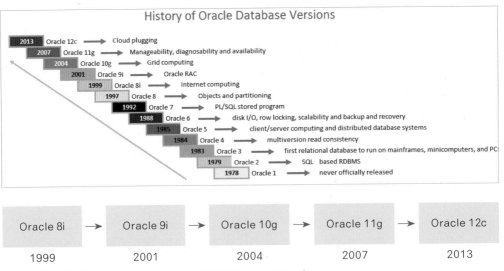

오라클 데이터베이스 버전(www.oracleocean.com/2016/05/blog-post.html)

오라클 데이터베이스의 가장 최신 버전은 2018년에 출시된 18c 버전입니다(2018년 6월 기준). 이 책에서는 11g 버전을 기준으로 설치 및 학습을 진행합니다. 이 버전을 사용하는 가장 큰 이유는 대부분 기업에서 11g를 사용하고 있기 때문입니다. 일반적으로 현업에서 데이터베이스를 한번 구축하면 버전 업그레이드가 쉽지 않기 때문에 아직도 많은 기업에서 11g를 사용하고 있습니다.

### 🔵 한 발 더 나가기! 데이터베이스의 버전 업그레이드가 어려운 이유

여러분은 혹시 스마트폰 운영체제인 iOS나 안드로이드 버전을 업데이트한 후 잘 사용하던 모바일 앱이 제대로 동작하지 않는 경우를 겪어 본 적 있나요? 비슷한 맥락으로 서비스의 바탕이 되는 데이터베이스를 최신 버전으로 바꾸면 데이터 관리에 문제가 생길 수 있습니다. 심지어 전체 서비스의 마비를 초래할 수도 있습니다. 이런 이유로 현업에서는 데이터베이스의 최신 버전이 나와도 현재 사용하고 있는 버전에 큰 문제가 없다면 기존 데이터베이스 버전을 그대로 유지하는 경우가 많습니다.

## 자료형

데이터베이스에 저장하는 데이터는 다양한 형태를 가지고 있습니다. 숫자만으로 표현 가능한 데이터도 있고 여러 가지 문자를 포함한 데이터도 있습니다. 이렇게 데이터가 어떤 형태의 데이터인지를 말할 때 IT 분야에서는 보통 '자료형(data type)'이라는 용어를 사용합니다. 오라클 데이터베이스는 여러 자료형을 제공하고 있으며 이 중 대표적인 자료형은 다음과 같습니다.

| 자료형 | 설명 |
|---|---|
| VARCHAR2(길이)★ | 4000byte만큼의 가변 길이 문자열 데이터를 저장할 수 있습니다(최소 크기는 1byte). |
| NUMBER(전체 자릿수, 소수점 이하 자릿수)★ | ±38자릿수의 숫자를 저장할 수 있습니다.<br>NUMBER(p, s)와 같이 표기할 경우 s자리만큼 소수점 이하 자릿수를 표현하고, 이 소수점 자리를 포함한 전체 p자리만큼 숫자 데이터를 저장합니다. |
| DATE★ | 날짜 형식을 저장하기 위해 사용하는 자료형으로 세기, 연, 월, 일, 시, 분, 초 저장이 가능합니다. |
| CHAR(길이) | 4000byte만큼의 고정 길이 문자열 데이터를 저장할 수 있습니다(최소 크기는 1byte). |
| NVARCHAR2(길이) | 4000byte만큼의 가변 길이 국가별 문자 세트 데이터를 저장할 수 있습니다(최소 크기는 1byte). |
| BLOB | 최대 크기 4GB의 대용량 이진 데이터를 저장할 수 있습니다. |
| CLOB | 최대 크기 4GB의 대용량 텍스트 데이터를 저장할 수 있습니다. |
| BFILE | 최대 크기 4GB의 대용량 이진 데이터 파일을 저장할 수 있습니다. |

자료형은 테이블을 구성하는 열에 지정합니다. 예를 들어 NUMBER(4)로 지정한 열이 있다면 네 자리 숫자만 저장할 수 있습니다. 이 열에는 문자열을 저장할 수 없고 다섯 자리 숫자를 저장할 수도 없습니다. 이렇게 하나의 자료형에 맞춰 한 종류의 데이터를 저장할 수 있는 자료형을 스칼라(scalar)형이라고 합니다.

자료형은 여러 종류가 있으며 한 번에 여러 데이터를 저장할 수 있는 VARRAY, NESTED TABLE 같은 컬렉션(collection)형도 있습니다. 8 버전 이후의 오라클 데이터베이스는 객체 관계형 데이터베이스를 지원하기 위해 여러 자료형을 추가했습니다. 하지만 여전히 가장 많이 사용하는 자료형은 VARCHAR2, NUMBER, DATE입니다.

필자 역시 업무를 진행하며 이 세 가지 자료형을 가장 많이 사용했고 특수한 경우를 제외하고는 그 밖의 다른 자료형을 다룬 적이 별로 없습니다. 그렇기 때문에 자료형 종류가 너무 많다고 부담을 가질 필요는 없습니다. 물론 복잡한 여러 데이터를 다루어야 하는 경우라면 좀 더 많은 자료형을 이해하고 활용해야 할 상황이 있을 수 있습니다. 하지만 지금 우리 목표는 오라클 데이터베이스에 익숙해지고 SQL문을 익히는 것임을 명심하세요. 지금은 자료형 중에서 VARCHAR2, NUMBER, DATE 정도만 기억해도 충분합니다.

 다음 빈칸을 채우며 복습해 보세요.

> 오라클 데이터베이스에서 가장 많이 사용하는 자료형은 숫자, 문자열, 날짜입니다.
> 숫자 데이터는 ¹ N       , 문자열 데이터는 ² V       , 날짜 데이터는 ³ D       
> 자료형을 사용합니다.

정답 1. NUMBER 2. VARCHAR2 3. DATE

## 객체

객체는 오라클 데이터베이스 내에서 데이터를 저장하고 관리하기 위한 논리 구조를 가진 구성 요소입니다. 오라클 객체의 종류는 다음 표를 참고하세요.

| 객체 | 설명 | 다루는 부분 |
|---|---|---|
| 테이블(table) | 데이터를 저장하는 장소 | 전체 |
| 인덱스(index) | 테이블의 검색 효율을 높이기 위해 사용함 | 13장 |
| 뷰(view) | 하나 또는 여러 개의 선별된 데이터를 논리적으로 연결하여 하나의 테이블처럼 사용하게 해 줌 | |

| 시퀀스(sequence) | 일련 번호를 생성해 줌 | 13장 |
| --- | --- | --- |
| 시노님(synonym) | 오라클 객체의 별칭(다른 이름)을 지정함 | |
| 프로시저(procedure) | 프로그래밍 연산 및 기능 수행이 가능함(반환 값 없음) | 넷째마당 |
| 함수(function) | 프로그래밍 연산 및 기능 수행이 가능함(반환 값 있음) | |
| 패키지(package) | 관련 있는 프로시저와 함수를 보관함 | |
| 트리거(trigger) | 데이터 관련 작업의 연결 및 방지 관련 기능을 제공함 | |

이 외에도 오라클에서 제공하는 객체는 여러 종류가 있지만 이 책에서는 일반적으로 가장 많이 사용하고 있는 객체를 중점적으로 다룹니다.

## PL/SQL

오라클 데이터베이스를 포함한 여러 관계형 데이터베이스에서 데이터를 관리하기 위해 복잡한 기능이 필요할 때 기존 SQL만으로 이를 구현하는 것은 다소 한계가 있습니다. 그래서 오라클 데이터베이스는 데이터를 관리를 위해 별도의 프로그래밍 언어를 제공하는데 이를 PL/SQL(Procedural Language extension to SQL)이라고 합니다.

보통 오라클 데이터베이스 프로그래밍이라고 하면 SQL문과 PL/SQL을 사용하여 프로그램을 제작하는 것을 의미합니다. PL/SQL을 사용하면 변수, 조건문, 반복문 등 프로그래밍 언어에서 제공하는 요소를 사용하여 데이터를 관리할 수 있습니다. 따라서 SQL문만 사용하는 것보다 강력한 데이터 관리 기능을 구현할 수 있습니다. 이 책에서는 SQL을 먼저 학습하고 PL/SQL에 대해 알아보겠습니다.

실무에서는 몇 년 이상 근무한 사람들에게 PL/SQL 업무가 할당되는 경우가 많습니다. 그 이유는 PL/SQL에서 제공하는 다양한 프로그래밍 요소를 사용할 줄 알아야 하고 구현하려는 프로그램이 다루는 데이터의 관계도 이해해야 하기 때문입니다.

 **다음 빈칸을 채우며 복습해 보세요.**

> 테이블의 검색 효율을 높이기 위해서 ¹인        을 사용합니다. ²        은 하나 또는 여러 개의 선별된 데이터를 논리적으로 연결하여 하나의 테이블처럼 사용하게 해줍니다. ³프      는 프로그래밍 연산 및 기능 수행이 가능하며 반환 값이 없습니다.

정답 1. 인덱스 2. 뷰 3. 프로시저

## ● 한 발 더 나가기! 변수, 조건문, 반복문이란?

- **변수** : 변수는 특정 값을 저장하는 메모리 공간입니다. 예를 들어 로그인을 위해 사용자가 아이디와 비밀번호를 입력하면 입력된 값이 정확한지 확인하기 전까지 일시적으로 저장하는 공간이 있는데 이것이 바로 변수입니다.

- **조건문** : 특정 조건에 따라 다른 기능을 수행하는 코드를 작성할 때 사용합니다. 예를 들어 '로그인하지 않은 사용자는 이메일 열람이 불가능하다'라는 기능을 만들 때 사용자의 '로그인 여부'가 바로 조건문이 됩니다.

- **반복문** : 특정 기능을 반복하여 수행할 때 사용합니다. '문서를 10번 인쇄하라'라고 명령할 때 문서 출력이 10번 반복되는 것이 바로 반복문입니다.

이 장에서 배운 내용을 실습하며 정리하세요.

**Q1** 다음 문장의 빈칸을 채워 보세요.

관계형 데이터베이스는 데이터를 2차원 표 형태로 저장·관리하는데 이를 <sup>1</sup> 테 [           ] 이라고 합니다. <sup>1</sup> 테 [           ] 은 하나의 개체를 구성하는 여러 값을 가로로 늘어뜨린 <sup>2</sup> [           ] 과 저장할 데이터를 이루는 각 값의 공통 특성을 정의하기 위해 세로줄 <sup>3</sup> [           ] 로 구성됩니다.

정답 1. 테이블 2. 행 3. 열

**Q2** 다음 문장의 빈칸을 채워 보세요.

<sup>1</sup> 기 [           ] 는 테이블의 행을 구분하는 유일한 값으로 사용하는 키이며 테이블에 단 하나만 지정할 수 있습니다. <sup>1</sup> 기 [           ] 를 포함한 데이터를 식별할 수 있는 모든 키의 집합을 <sup>2</sup> 후 [           ] 라고 합니다. <sup>2</sup> 후 [           ] 중 <sup>1</sup> 기 [           ] 로 선정되지 못한 나머지 키는 <sup>3</sup> 보 [     ] / 대 [     ] 라고 합니다. 또 특정 테이블에 포함되어 있으면서 다른 테이블의 <sup>1</sup> 기 [           ] 로 지정된 키를 <sup>4</sup> 외 [           ] 라고 합니다.

정답 1. 기본키 2. 후보키 3. 보조키 / 대체키 4. 외래키

02 • 관계형 데이터베이스와 오라클 데이터베이스 **43**

# 오라클 데이터베이스와 도구 프로그램 설치

이 장에서는 오라클 데이터베이스와 사용 편의성을 높이기 위한 도구 프로그램을 설치합니다.
그리고 앞으로 사용할 실습 테이블도 간단히 살펴봅니다.

03-1  오라클 데이터베이스 설치 및 접속
03-2  Toad for Oracle 설치 및 실행

이 장에서 꼭 익혀야 할 것

- 오라클 데이터베이스 설치하기
- SQL*PLUS로 오라클 데이터베이스 접속하기
- SYSTEM 계정으로 SCOTT 계정 사용 허가하기
- Toad 설치하기

# 03-1 오라클 데이터베이스 설치 및 접속

오라클 데이터베이스를 사용하기 위해서는 홈페이지에 접속하여 계정을 생성하고 관련 파일을 다운로드해야 합니다. 오라클 데이터베이스를 정상적으로 설치하면 접속하여 데이터 관련 작업을 시작할 수 있습니다.

## 오라클 데이터베이스 설치 전 준비 사항

오라클 데이터베이스는 오라클 홈페이지에서 다운로드하여 개인용 PC에 설치할 수 있습니다. 오라클 데이터베이스는 용도에 따라 스탠더드(Standard), 엔터프라이즈(Enterprise), 익스프레스(Express) 등 여러 에디션을 제공하고 있으며 비상업 용도로 사용할 경우 개인이 다운로드하여 설치 및 사용이 가능합니다. 이 책에서는 엔터프라이즈 에디션을 사용합니다.

오라클 데이터베이스를 설치하기 위해서는 하드웨어, 소프트웨어, 운영체제에 최소 사양을 맞추어야 합니다. 다음은 오라클에서 제공하는 Oracle Database Online Documentation 11g Release 2 (11.2)의 Microsoft Windows Installation Guides의 일부를 발췌한 것입니다. 이 책에서는 Windows 10 버전을 기준으로 설치를 진행합니다. 다른 운영체제에서의 설치나 자세한 내용은 다음 주소를 참고해 주세요(docs.oracle.com/cd/E11882_01/nav/portal_11.htm).

오라클을 설치하기 위해서 RAM은 최소 1GB(GB : GigaByte)가 필요하지만 Windows 7 이상 버전에서는 일반적으로 2GB 이상의 RAM이 필요합니다.

| Table 1    Hardware Requirements | |
| --- | --- |
| Requirement | Minimum Value |
| Physical memory (RAM) | 1 GB minimum |
| | On Windows 7, Windows 8, and Windows 8.1, 2 GB minimum |
| Virtual memory | ■ If physical memory is between 2 GB and 16 GB, then set virtual memory to 1 times the size of the RAM |
| | ■ If physical memory is more than 16 GB, then set virtual memory to 16 GB |
| Disk space | Total: 5.39 GB |
| | See Table 2 for details. |
| Processor Type | AMD64, or Intel Extended memory (EM64T) |
| Video adapter | 256 colors |
| Screen Resolution | 1024 X 768 minimum |

오라클 데이터베이스 하드웨어 설치 사양

하드디스크의 크기는 기본적으로 6.22GB 정도 필요하다고 명시되어 있지만 1~2GB 정도의 추가 여유 공간을 고려하는 것이 좋습니다.

**Table 2    Disk Space Requirements on NTFS**

| Installation Type | TEMP Space | C:\Program Files\Oracle | Oracle Home | Datafiles * | Total |
|---|---|---|---|---|---|
| Typical Install | 500 MB | 4.0 MB | 3.80 GB | 1.9 GB | 6.22 GB |

오라클 데이터베이스를 설치할 때 필요한 하드디스크 용량

OS는 일반적으로 사용하는 Windows XP부터 Windows Server 2012까지 폭넓게 사용할 수 있습니다. Windows 10은 Oracle 11g 이후 출시되어 공식 문서에 언급되어 있지 않지만 사용에 문제는 없습니다.

**Table 3    Software Requirements**

| Requirement | Value |
|---|---|
| System Architecture | Processor: AMD64, and Intel EM64T<br>**Note:** Oracle provides limited certification for 32-bit Oracle Database Client on 64-bit Windows x64. For additional information, visit My Oracle Support (formerly Oracle*MetaLink*) at<br>https://support.oracle.com/ |
| Operating System | Oracle Database for Windows x64 is supported on the following operating systems:<br>■ Windows Server 2003 - all x64 editions<br>■ Windows Server 2003 R2 - all x64 editions<br>■ Windows XP Professional x64 Edition<br>■ Windows Vista x64 - Business, Enterprise, and Ultimate editions<br>■ Windows Server 2008 x64 - Standard, Enterprise, Datacenter, and Web editions.<br>■ Windows Server 2008 R2 x64 - Standard, Enterprise, Datacenter, Web, and Foundation editions.<br>■ Windows 7 x64 - Professional, Enterprise, and Ultimate editions<br>■ Windows 8 x64 - Pro and Enterprise editions<br>■ Windows 8.1 x64 - Pro and Enterprise editions<br>■ Windows Server 2012 x64 and Windows Server 2012 R2 x64 - Standard, Datacenter, Essentials, and Foundation editions<br>Windows Multilingual User Interface Pack is supported.<br>The Server Core option is not supported for all Windows Server operating systems.<br>**Note:** For information about Hyper-V support, visit My Oracle Support (formerly Oracle*MetaLink*) at<br>https://support.oracle.com/epmos/faces/DocumentDisplay?id=1563794.1 |

오라클 데이터베이스 소프트웨어 설치 사양

## 오라클 데이터베이스를 설치할 때 주의 사항

필자의 컴퓨터는 C 드라이브 외에 하드디스크가 더 있어서 D 드라이브가 기본 경로로 설정되었는데요. 하드디스크가 하나만 있는 컴퓨터에 오라클 데이터베이스를 설치한다면 C 드라이

브가 기본 설치 경로로 설정될 것입니다.

◎ 간혹 대용량 USB 외장 하드가 연결되어 있을 때 설치를 진행하면, 해당 외장 하드디스크가 설치 경로로 설정될 수도 있기 때문에 설치 중에는 USB 외장 하드를 잠깐 해제해 두는 것이 좋습니다.

## 오라클 데이터베이스 설치

### 1. 계정 생성하고 로그인하기

오라클 데이터베이스를 다운로드하기 위해서는 오라클 홈페이지(oracle.com/kr) 계정이 있어야 합니다. 홈페이지의 오른쪽 위에 [로그인] 메뉴가 있고 그 안에 '계정 만들기'가 있습니다.

오라클 홈페이지(oracle.com/kr)

학생이라면 계정을 만들 때 회사 이름은 적당하게 적고 진행하면 됩니다.

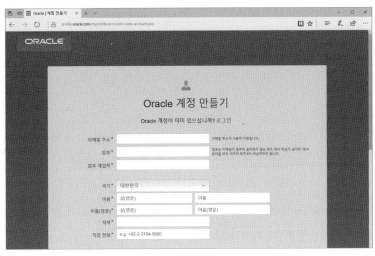

계정 만들기

◎ 해외 사이트 기반이기 때문에 계정을 생성할 때 비밀번호 기준이 조금 더 까다롭습니다.

## 2. 다운로드하기

계정 만들기가 끝났다면 다음 주소에 접속하여 우리가 설치할 파일을 다운로드합니다.

다운로드 주소 : oracle.com/technetwork/database/enterprise-edition/downloads/

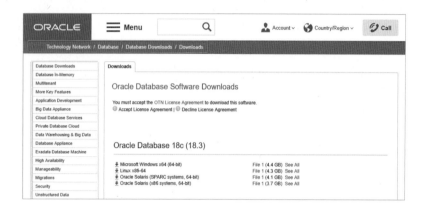

먼저 위쪽에 있는 Oracle Database Software Downloads 화면에서 라이선스 동의(Accept License Agreement)에 체크합니다.

◎ Window XP와 같이 32bit 버전의 OS를 사용하고 있다면 32bit 버전의 오라클을 다운로드해야 합니다.

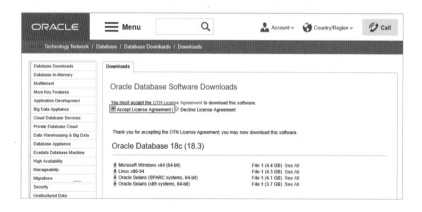

스크롤을 아래로 내리면 이 책에서 사용할 11g 버전을 선택할 수 있습니다. Oracle Database 11g Release 2를 찾아서 여러분의 OS에 맞는 버전의 File1, File2를 모두 다운로드합니다. 다운로드 파일 크기가 커서 1 of 2, 2 of 2로 나뉘어 있습니다. 두 압축 파일은 하나의 폴더에 압축을 풀 예정이고, 압축을 풀 폴더 이름은 한글이 포함되어도 상관없습니다. 또한 폴더 위치는 어떤 경로도 상관없으며 바탕화면에 만들어서 사용해도 무관합니다.

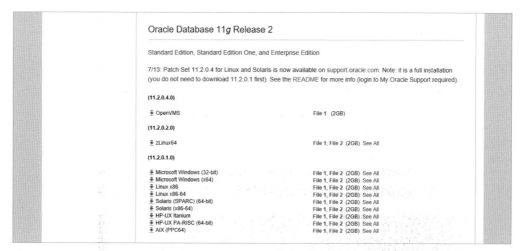

Oracle Database 11g Release 2

Standard Edition, Standard Edition One, and Enterprise Edition

7/13: Patch Set 11.2.0.4 for Linux and Solaris is now available on support.oracle.com. Note: it is a full installation (you do not need to download 11.2.0.1 first). See the README for more info (login to My Oracle Support required).

**(11.2.0.4.0)**

⬇ OpenVMS                                    File 1  (2GB)

**(11.2.0.2.0)**

⬇ zLinux64                                   File 1, File 2  (2GB) See All

**(11.2.0.1.0)**

⬇ Microsoft Windows (32-bit)                 File 1, File 2  (2GB) See All
⬇ Microsoft Windows (x64)                    File 1, File 2  (2GB) See All
⬇ Linux x86                                  File 1, File 2  (2GB) See All
⬇ Linux x86-64                               File 1, File 2  (2GB) See All
⬇ Solaris (SPARC) (64-bit)                   File 1, File 2  (2GB) See All
⬇ Solaris (x86-64)                           File 1, File 2  (2GB) See All
⬇ HP-UX Itanium                              File 1, File 2  (2GB) See All
⬇ HP-UX PA-RISC (64-bit)                     File 1, File 2  (2GB) See All
⬇ AIX (PPC64)                                File 1, File 2  (2GB) See All

☺ 오라클은 새로운 버전이 업데이트된 후 일정 기간이 지나면 이전 버전 오라클 데이터베이스의 개인용 다운로드 기능을 폐쇄합니다. 버전 업데이트 후에도 11g 버전을 유지하고 싶다면 다운로드한 파일을 반드시 백업해 두세요.

## 3. 파일 압축 풀기

하나의 폴더에 두 개의 zip 파일을 놓고 각 파일의 압축을 풉니다. 이때 주의할 것은 압축을 풀때 반드시 '현재 폴더에 압축 풀기' 또는 '여기에 압축 풀기' 등의 옵션으로 두 압축 파일을 하나의 폴더에 풀어야 한다는 것입니다. 두 파일의 용량을 확인한 후 압축을 풀면 설치 파일은 database 폴더 아래에 놓입니다. 만약 각 압축 파일의 폴더 이름으로 따로 압축을 풀면 설치가 제대로 진행되지 않습니다.

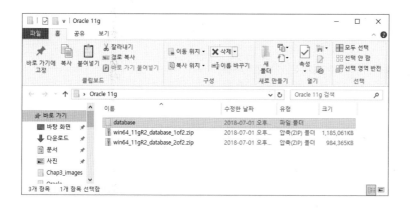

---

### ◯ 한 발 더 나가기!  Oracle 11g Enterprise Edition의 신규 다운로드 및 설치

오라클의 정책에 따라 Oracle 11g Enterprise Edition의 신규 다운로드 및 설치가 어려워지는 경우가 발생할 수 있습니다. 이 경우 Do it! 스터디룸 공지사항(cafe.naver.com/doitstudyroom/27099)을 확인해 주세요.

---

## 4. 설치 프로그램 실행하기

압축을 정상적으로 하나의 폴더에 풀었다면 생성된 database 폴더로 들어가서 setup.exe 파일을 실행합니다. Oracle Universal Installer 명령어 프롬프트 창(검은색 창)이 표시되고 잠시 후 설치 프로그램이 다음과 같이 시작됩니다.

◎ 설치 중에 윈도우 방화벽 설정이나 사용 백신 제품에 따라 방화벽을 허용할 것인지 여부를 묻는 경고 창이 나올 수 있습니다. 이때 반드시 방화벽을 허용하여 설치를 진행해 주세요.

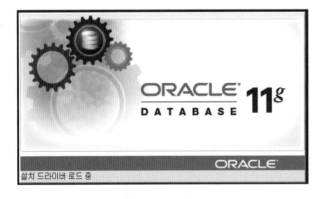

Windows 10에서 오라클 데이터베이스를 설치할 경우에 앞에서 살펴본 '오라클 데이터베이스 설치 전 준비 사항'에 명시된 최소 사양을 만족함에도 불구하고 간혹 최소 요구 사항을 충족하지 않는다는 오류 메시지 창이 나타날 수 있습니다. 이는 Windows 10 버전이 Oracle

11g 이후 출시되어 나타나는 현상이므로 최소 사양을 확인한 후 문제가 없다면 [예]를 누르고 설치를 진행해 주세요.

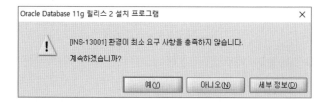

## 5. 보안 갱신 구성 설정하기

설치 화면이 나타나면 첫 화면에서 보안 갱신 메일을 등록하라는 내용이 나옵니다. 우리는 학습을 목적으로 오라클 데이터베이스를 설치하기 때문에 보안 갱신 메일은 등록하지 않고 진행합니다. 'My Oracle Support'를 통해 보안 갱신 수신'을 체크 해제한 후 [다음]을 누릅니다.

ⓒ 보안 갱신 메일은 오라클 데이터베이스의 보안 이슈가 발생했을 경우에 담당자에게 관련 메일을 발송한다는 의미입니다. 학습을 진행할 때는 필요가 없으므로 등록하지 않습니다.

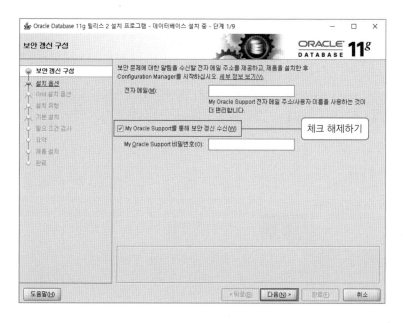

다음과 같은 경고 창이 나타나도 보안 문제 알림을 받지 않겠다고 [예]를 클릭하여 설치를 진행합니다.

## 6. 설치 옵션 설정하기

실습할 컴퓨터에 오라클 데이터베이스를 직접 설치하고 사용하기 때문에 설치 옵션은 '데이터베이스 생성 및 구성(c)'으로 선택한 후 [다음]을 누릅니다.

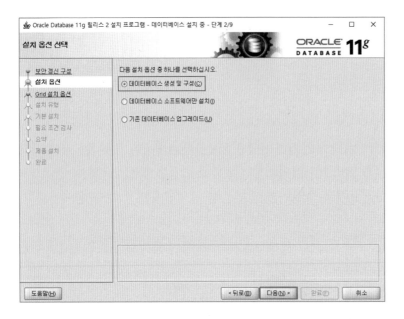

## 7. 시스템 클래스 옵션 지정하기

시스템 클래스는 데이터베이스가 설치된 시스템의 수준을 정하는 부분입니다. 우리는 개인용 데스크톱이나 노트북에 오라클 데이터베이스를 설치하기 때문에 '데스크톱 클래스(D)' 옵션을 그대로 지정한 후 [다음]을 누릅니다.

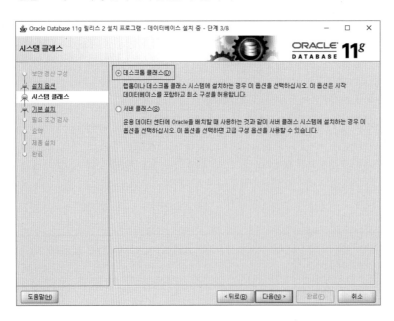

## 8. 일반 설치 구성하기

파일 경로와 데이터베이스 버전 및 문자 집합은 이미 작성하고 선택한 기본 설정을 그대로 사용합니다. '전역 데이터베이스 이름(G)'에 orcl을 입력하고 '관리 비밀번호(P)'와 '비밀번호 확인(C)'에 비밀 번호를 oracle을 입력합니다.

◎ 전역 데이터베이스 이름은 현재 오라클이 설치되고 있는 컴퓨터를 포함한 여러 컴퓨터가 이 데이터베이스에 접근하여 데이터 관련 기능을 수행하고자 할 때 사용하는 고유 이름입니다.

메시지 상자에 '입력한 ADMIN 비밀번호는 Oracle 권장 표준을 따르지 않습니다'라는 경고 메시지가 표시되지만 그대로 진행합니다. 오라클 데이터베이스는 엄격한 비밀번호 규정을 가지고 있지만 우리는 학습 목적이므로 되도록 기억하기 쉬운 암호를 사용합니다.

## 9. 내용 확인하고 설치 시작하기

다음 그림과 같이 설치 조건 검사를 수행한 후 [완료]를 누르면 설치가 시작됩니다.

## 10. 설치 끝내고 데이터베이스 정보 확인하기

설치가 완료되면 다음과 같이 생성 완료 화면이 나타납니다. [확인]을 누른 후 [닫기]를 누르면 설치가 끝납니다.

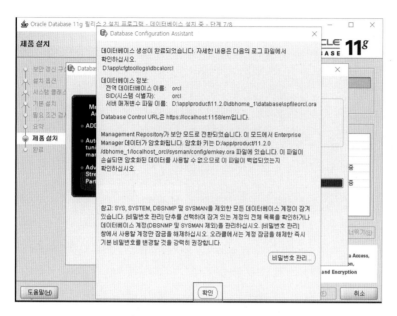

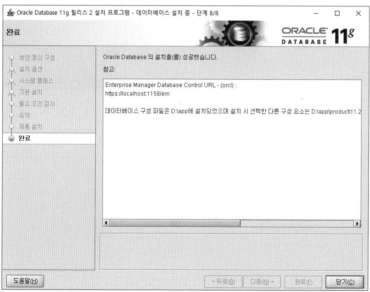

## 오라클 데이터베이스 접속 및 SCOTT 계정 설정

### 1. 접속하기

이제 설치한 오라클 데이터베이스에 접속해 보겠습니다. 윈도우의 [시작 → Windows 시스템 → 명령 프롬프트]를 실행합니다.

명령 프롬프트 화면이 나타나면 다음과 같이 명령어를 입력합니다.

```
sqlplus system/oracle
```

명령 프롬프트 - sqlplus  system/oracle

```
Microsoft Windows [Version 10.0.17134.137]
(c) 2018 Microsoft Corporation. All rights reserved.

C:\Users\easyspublishing>sqlplus system/oracle
```

sqlplus는 오라클 데이터베이스 접속용 프로그램으로 오라클 데이터베이스를 설치할 때 함께 설치됩니다. 그리고 system은 앞에서 설치한 오라클 데이터베이스에 접속하는 계정(아이디)입니다. oracle은 오라클 데이터베이스를 설치하면서 설정한 비밀번호입니다. 즉 여러분은 오라클 데이터베이스를 설치할 때 관리자 계정의 비밀번호를 설정한 것이죠.

system 계정은 오라클 데이터베이스에서 최고 권한을 가진 SYS 계정의 데이터베이스 관리 권한을 위임받은 관리용 계정입니다. 사실 데이터베이스 관리자(DBA : DataBase Administrator)를 제외하면 사용할 일이 거의 없는 계정입니다. 이번에 system으로 접속한 이유는 학습용 계정인 SCOTT 계정을 사용할 수 있는 상태로 만들기 위해서입니다.

접속용 명령어(sqlplus system/oracle)를 입력한 후 Enter 를 누릅니다. 별다른 오류 문구 없이 다음과 같이 출력되었다면 오라클 데이터베이스에 성공적으로 접속한 것입니다.

```
명령 프롬프트 - sqlplus  system/oracle
Microsoft Windows [Version 10.0.17134.137]
(c) 2018 Microsoft Corporation. All rights reserved.

C:\Users\easyspublishing>sqlplus system/oracle

SQL*Plus: Release 11.2.0.1.0 Production on 금 7월 6 12:31:55 2018

Copyright (c) 1982, 2010, Oracle.  All rights reserved.


다음에 접속됨:
Oracle Database 11g Enterprise Edition Release 11.2.0.1.0 - 64bit Production
With the Partitioning, OLAP, Data Mining and Real Application Testing options

SQL>
```

◎ 이 상태가 되면 오라클 데이터베이스에 진입한 상태입니다. 프롬프트 창에서 오라클 데이터베이스 접속이 해제되기 전까지는 윈도우 또는 도스 명령어를 사용할 수 없습니다.


## 2. SCOTT 계정을 사용할 수 있도록 설정하기

오라클 데이터베이스에서는 기본 학습을 위한 테이블과 데이터가 미리 구현되어 있는 SCOTT 계정을 제공합니다. 이 계정은 오라클 데이터베이스 설치 직후에는 잠겨 있는 상태이므로 사용 가능 상태로 전환해 주어야 합니다.

◎ 오라클 데이터베이스 9i 버전까지는 오라클 데이터베이스를 설치하자마자 SCOTT 계정을 사용할 수 있었습니다. 하지만 보안 이유로 10g 버전부터는 설치할 때 따로 지정하지 않으면 계정이 잠금 상태로 되어 있어서 사용 가능한 계정으로 지정해 주어야 합니다.

---

### ● 한 발 더 나가기! 학습용 계정 SCOTT에 대해

오라클 데이터베이스를 다루는 사람들에게 SCOTT은 오라클 창업자들보다 더 유명한 이름입니다. SCOTT은 오라클 사가 창립되던 때의 회사 이름 SDL(Software Development Lab) 시절 처음 입사한 프로그래머인 브루스 스콧(Bruce Scott)의 이름을 딴 계정입니다. 그리고 SCOTT 계정의 비밀번호는 기본적으로 TIGER로 지정되어 있는데 이것은 브루스 스콧의 딸이 키우던 고양이 이름이었다고 합니다.

---

다음 명령어를 입력한 후 (Enter)를 눌러 실행하여 SCOTT 계정을 사용 가능 계정으로 설정합니다.

실습 3-1 SCOTT 계정 잠금 풀기

```
01  ALTER USER SCOTT ─❶
02  IDENTIFIED BY tiger ─❷
03  ACCOUNT UNLOCK; ─❸
```

:: 결과 화면

```
다음에 접속됨:
Oracle Database 11g Enterprise Edition Release 11.2.0.1.0 - 64bit Production
With the Partitioning, OLAP, Data Mining and Real Application Testing options

SQL> ALTER USER SCOTT
  2   IDENTIFIED BY tiger
  3   ACCOUNT UNLOCK;
사용자가 변경되었습니다.

SQL>
```

| 번호 | 설명 |
|------|------|
| ❶ | scott 계정을 변경하겠다는 의미입니다. |
| ❷ | 접속 비밀번호를 소문자 tiger로 지정한다는 의미입니다. |
| ❸ | 계정을 사용 가능 상태(잠기지 않은 상태로) 전환한다는 의미입니다. |

①~③의 명령어는 한 줄에 길게 작성한 후 실행해도 같은 기능을 수행합니다. 따라서 문장이 끝났다는 의미의 세미콜론(;)을 반드시 넣어야 오류가 나지 않습니다. 위와 같이 '사용자가 변경되었습니다.'라는 메시지가 출력되면 이제 SCOTT 계정으로 접속할 수 있습니다.

**3. SCOTT 계정에 접속 후 간단한 명령어 실행해 보기**

SCOTT 계정에 접속하기 위해 다음 명령어를 실행합니다. SQL*PLUS에 정상 접속해 있는 상태에서 CONN 명령어를 사용하여 다른 계정으로 재접속할 수 있습니다.

☺ 비밀번호는 대·소문자를 구별하므로 반드시 정확히 확인하고 지정한 대로 입력해야 합니다.

**실습 3-2** SCOTT 계정으로 재접속하기

```
01   CONN scott/tiger;
```

:: 결과 화면

```
다음에 접속됨:
Oracle Database 11g Enterprise Edition Release 11.2.0.1.0 - 64bit Production
With the Partitioning, OLAP, Data Mining and Real Application Testing options

SQL> ALTER USER SCOTT
  2   IDENTIFIED BY tiger
  3   ACCOUNT UNLOCK;

사용자가 변경되었습니다.

SQL> CONN scott/tiger;
연결되었습니다.
SQL>
```

'연결되었습니다.'라는 메시지가 출력되면 SCOTT 계정으로 접속에 성공한 것입니다. 이제 SCOTT이 소유하고 있는 EMP 테이블의 구성을 확인해 보겠습니다. 다음과 같이 desc 명령어를 실행해 봅시다.

◎ desc 명령어는 describe의 줄임말입니다. 특정 테이블이 어떤 열로 구성되어 있는지 확인하는 데 사용합니다. desc 대신 describe 명령어도 사용할 수 있으며 이 둘은 같은 기능을 수행합니다.

**실습 3-3** EMP 테이블 구성 확인

```
01   DESC EMP;
```

:: 결과 화면

```
다음에 접속됨:
Oracle Database 11g Enterprise Edition Release 11.2.0.1.0 - 64bit Production
With the Partitioning, OLAP, Data Mining and Real Application Testing options

SQL> ALTER USER SCOTT
  2   IDENTIFIED BY tiger
  3   ACCOUNT UNLOCK;

사용자가 변경되었습니다.

SQL> CONN scott/tiger;
연결되었습니다.
SQL> DESC EMP;
 이름                                      널?       유형
 --------------------------------------- -------- -----------------------
 EMPNO                                   NOT NULL NUMBER(4)
 ENAME                                            VARCHAR2(10)
 JOB                                              VARCHAR2(9)
 MGR                                              NUMBER(4)
 HIREDATE                                         DATE
 SAL                                              NUMBER(7,2)
 COMM                                             NUMBER(7,2)
 DEPTNO                                           NUMBER(2)

SQL>
```

결과 값이 위와 같다면 명령어가 성공적으로 실행된 것입니다.

◎ EMP 테이블은 어떤 회사에 근무하는 사원들의 정보를 저장하는 테이블입니다. SQL을 공부하면서 가장 자주 사용할 테이블이지요. EMP 테이블에 대한 더 자세한 내용은 04장에서 소개하겠습니다.

## 4. 데이터베이스 연결 종료하기

명령 프롬프트를 종료하거나 exit 명령어를 사용하면 오라클 데이터베이스 연결이 종료됩니다.

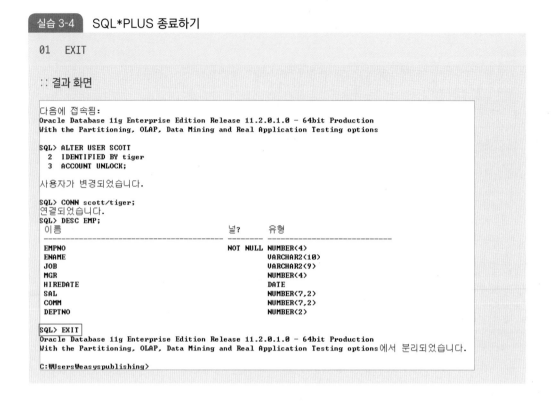

```
01   EXIT
```

:: 결과 화면

```
다음에 접속됨:
Oracle Database 11g Enterprise Edition Release 11.2.0.1.0 - 64bit Production
With the Partitioning, OLAP, Data Mining and Real Application Testing options

SQL> ALTER USER SCOTT
  2  IDENTIFIED BY tiger
  3  ACCOUNT UNLOCK;

사용자가 변경되었습니다.

SQL> CONN scott/tiger;
연결되었습니다.
SQL> DESC EMP;
 이름                              널?        유형
 ---------------------------------- --------- ---------------------------
 EMPNO                             NOT NULL  NUMBER(4)
 ENAME                                       VARCHAR2(10)
 JOB                                         VARCHAR2(9)
 MGR                                         NUMBER(4)
 HIREDATE                                    DATE
 SAL                                         NUMBER(7,2)
 COMM                                        NUMBER(7,2)
 DEPTNO                                      NUMBER(2)

SQL> EXIT
Oracle Database 11g Enterprise Edition Release 11.2.0.1.0 - 64bit Production
With the Partitioning, OLAP, Data Mining and Real Application Testing options에서 분리되었습니다.

C:\Users\easyspublishing>
```

## 5. SCOTT 계정으로 연결하기

데이터베이스 연결 종료 후에 다시 오라클 데이터베이스에 접속해서 SCOTT 계정을 사용하고 싶을 때 다음과 같이 입력합니다. SCOTT 계정을 사용 가능하도록 설정을 바꿔 놓았으므로 바로 sqlplus 명령어를 사용할 수 있습니다.

01  SQLPLUS scott/tiger

:: 결과 화면

```
SQL> CONN scott/tiger;
연결되었습니다.
SQL> DESC EMP;
 이름                                    널?        유형
 ---------------------------------------- -------- ----------------------------
 EMPNO                                   NOT NULL NUMBER(4)
 ENAME                                            VARCHAR2(10)
 JOB                                              VARCHAR2(9)
 MGR                                              NUMBER(4)
 HIREDATE                                         DATE
 SAL                                              NUMBER(7,2)
 COMM                                             NUMBER(7,2)
 DEPTNO                                           NUMBER(2)

SQL> EXIT
Oracle Database 11g Enterprise Edition Release 11.2.0.1.0 - 64bit Production
With the Partitioning, OLAP, Data Mining and Real Application Testing options에서  분리되었습니다.

C:\Users\easyspublishing>sqlplus scott/tiger

SQL*Plus: Release 11.2.0.1.0 Production on 금 7월 6 12:48:39 2018

Copyright (c) 1982, 2010, Oracle.  All rights reserved.


다음에 접속됨:
Oracle Database 11g Enterprise Edition Release 11.2.0.1.0 - 64bit Production
With the Partitioning, OLAP, Data Mining and Real Application Testing options

SQL>
```

◎ 이 명령어는 SQL> 프롬프트가 아닌 C:\…\>에서 실행되는 명령어이니 헷갈리지 않도록 주의하세요.


여기까지 완료했다면 오라클 데이터베이스 학습을 위한 기본 준비는 끝났습니다. 이 책에서는 SCOTT 계정에 있는 데이터를 주로 활용합니다. 또 학습에 추가로 필요한 요소는 그때그때 직접 생성하며 진행합니다.

# 03-2 Toad for Oracle 설치 및 실행

오라클 데이터베이스에서 기본으로 제공하는 SQL*PLUS만으로도 우리가 다룰 데이터와 관련된 대부분의 기능을 수행할 수 있습니다. 하지만 SQL*PLUS는 텍스트 기반의 콘솔 응용 프로그램이므로 대용량 데이터 조회나 복잡한 문장의 명령어를 실행할 때 편의성이나 가독성이 떨어지는 면이 있습니다.

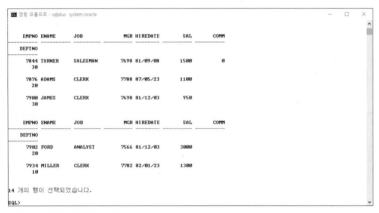

SQL*PLUS에서 데이터 조회

| | EMPNO | ENAME | JOB | MGR | HIREDATE | SAL | COMM | DEPTNO |
|---|---|---|---|---|---|---|---|---|
| ▶ | 7369 | SMITH | CLERK | 7902 | 1980/12/17 | 800 | | 20 |
| | 7499 | ALLEN | SALESMAN | 7698 | 1981/02/20 | 1600 | 300 | 30 |
| | 7521 | WARD | SALESMAN | 7698 | 1981/02/22 | 1250 | 500 | 30 |
| | 7566 | JONES | MANAGER | 7839 | 1981/04/02 | 2975 | | 20 |
| | 7654 | MARTIN | SALESMAN | 7698 | 1981/09/28 | 1250 | 1400 | 30 |
| | 7698 | BLAKE | MANAGER | 7839 | 1981/05/01 | 2850 | | 30 |
| | 7782 | CLARK | MANAGER | 7839 | 1981/06/09 | 2450 | | 10 |
| | 7788 | SCOTT | ANALYST | 7566 | 1987/04/19 | 3000 | | 20 |
| | 7839 | KING | PRESIDENT | | 1981/11/17 | 5000 | | 10 |
| | 7844 | TURNER | SALESMAN | 7698 | 1981/09/08 | 1500 | 0 | 30 |
| | 7876 | ADAMS | CLERK | 7788 | 1987/05/23 | 1100 | | 20 |
| | 7900 | JAMES | CLERK | 7698 | 1981/12/03 | 950 | | 30 |
| | 7902 | FORD | ANALYST | 7566 | 1981/12/03 | 3000 | | 20 |
| | 7934 | MILLER | CLERK | 7782 | 1982/01/23 | 1300 | | 10 |

토드에서 데이터 조회

그래서 실무에서는 오라클 데이터베이스를 더 편리하게 사용하기 위해 여러 도구 프로그램을 사용하고 있습니다. 이 책에서는 실무 프로젝트에서 높은 빈도로 사용되는 Toad for Oracle(이후 토드로 표시)을 소개합니다.

◎ 토드 외에도 SQL Developer, Oragne, Golden, SQL Gate 등 여러 제품이 시중에 나와 있으며, 대부분 한정 기간 또는 한정된 기능으로 무료로 사용해 볼 수 있는 버전을 제공합니다. 여유가 된다면 다른 프로그램도 사용해 보세요.

## 토드 설치 및 실행

델 소프트웨어(Dell Software) 사의 토드는 오라클 데이터베이스를 좀 더 간편하게 다루는 기능을 제공합니다. 기본 데이터 조회를 비롯한 오라클 내 여러 구성 요소의 열람이나 데이터의 관리 등 오라클 데이터베이스를 다루는 기능을 대부분 사용할 수 있습니다. 토드는 SQL*PLUS와 같은 텍스트 기반의 프로그램에 비해 시각적인 인터페이스를 사용하기 때문에 좀 더 효과적으로 데이터를 다룰 수 있어 실무에서도 높은 빈도로 사용합니다.

---

### ◯ 한발 더 나가기! 토드에 대해서

델 소프트웨어 사의 토드는 Tools for Oracle Application Development의 약자로 오라클 DBMS의 관리와 분석을 위해 1990년대 짐 맥대니얼(Jim McDaniel)이 개발하여 처음엔 셰어웨어(shareware)로 공개한 후 프리웨어(freeware) 소프트웨어로 배포하였습니다.

토드는 1998년 퀘스트 소프트웨어(Quest Software) 사에 인수 후 유료화를 거쳐 2012년 델 소프트웨어 사에 인수되었습니다. 현재는 오라클 외에도 다양한 DBMS를 지원하고 있으며, 업계에서는 "오라클보다 오라클을 더 잘 안다"라는 농담이 오갈 정도로 오라클 데이터베이스와 관련된 유용한 기능을 제공합니다. 토드는 자주 쓰는 기능 위주로만 사용해도 충분히 편리한 프로그램입니다. 가벼운 마음으로 설치하고 실행해 봅시다.

---

◎ 셰어웨어는 간단하게 샘플 프로그램이라고 보면 됩니다. 제품을 판매하기 전에 일부 기능을 일정 기간 동안 사용할 수 있도록 배포하는 것을 의미합니다. 프리웨어 소프트웨어는 사용 및 복사 등의 제한이 없는 무료 소프트웨어를 의미합니다.

### 1. 다운로드

토드는 홈페이지(toadworld.com)에서 간단한 인증을 거친 후 설치 파일을 다운로드해 사용할 수 있습니다. 이전에는 토드를 다운로드하기 위해 토드 홈페이지에 회원 가입하고 로그인을 해야 하는 과정이 있었지만, 최근에는 몇몇 정보를 입력 후 바로 다운로드할 수 있도록 정책에 변화가 있었습니다.

토드 홈페이지는 비교적 자주 리뉴얼되는 편이고, 다운로드 정책 또한 수시로 변경되는 경향이 있으므로 책에서 소개하고 있는 다운로드 및 설치 과정이 약간 다를 수도 있습니다. 하지만 기본적으로 학습용으로 사용할 수 있는 간단한 버전의 토드는 항상 제공되고 있으므로 다운로드해 사용하면 됩니다.

우선 토드 홈페이지에 접속하여 홈페이지 위쪽의 [Downloads]를 누르면 토드의 제품군이 나옵니다.

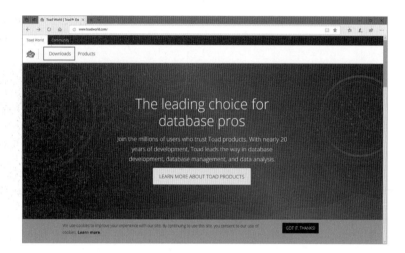

우리가 사용할 프로그램은 Toad for Oracle입니다.

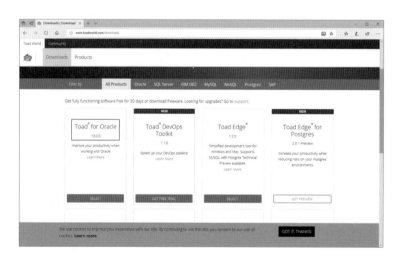

Toad for Oracle을 선택하면 다음과 같이 다운로드할 버전을 선택하는 화면이 나옵니다. 여기에서는 30일간 제약 없이 사용 후 30일이 지나면 기능에 제한이 생기는 LIMITED FREEWARE를 선택합니다.

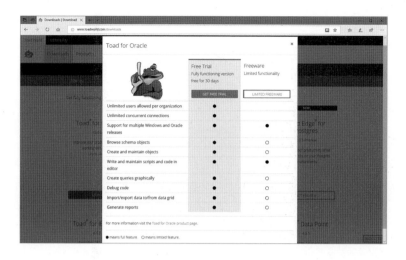

몇몇 정보를 입력하고 제출하면 토드를 다운로드할 수 있습니다.

## 2. 토드 설치하기

다운로드가 끝나면 ToadForOracle_Trial_13.0.0.80_x64_En.msi 파일을 실행하여 설치합니다.

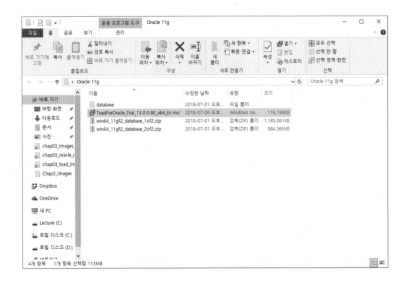

## 3. 설치 프로그램 실행 후 라이선스 동의 및 경로를 지정하는 등의 간단한 절차가 끝나면 설치가 진행됩니다.

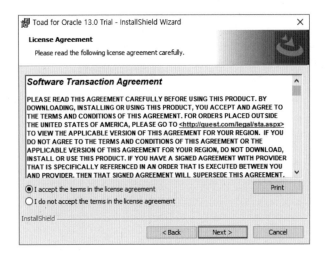

## 4. 토드 접속하기

토드를 실행하면 로딩·피드백·사용 기한과 관련된 화면 등을 거친 후 데이터베이스 접속을 위한 입력 창이 나타납니다.

'Database:'에서 ORCL을 선택합니다. 이제 오라클 데이터베이스 설치 후 사용 가능 계정으로 전환한 scott/tiger 계정을 입력하여 접속하면 됩니다. 'User / Schema:'에 scott을 입력하고 'Password:'에 비밀번호 tiger를 입력합니다. 그리고 접속 화면 창 왼쪽 아래의 Save passwords를 선택하면 현재 계정의 접속 정보가 저장되어 이후 접속할 때 계정 및 비밀번호를 다시 입력하지 않고 편하게 사용할 수 있습니다. 모든 정보를 입력한 후 [Connect] 버튼을 누릅니다.

## 5. 간단한 명령어 실행하기

데이터베이스에 정상적으로 접속되었다면 다음과 같이 작업 창이 활성화됩니다.

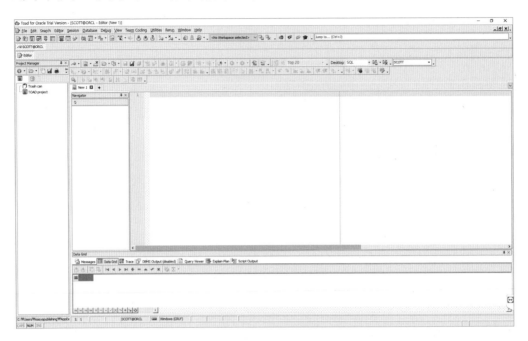

앞의 SQL*PLUS에서 실행한 DESC EMP 명령어를 실행해 보겠습니다. 명령어 실행은 [F9] 를 누르거나 실행하고자 하는 명령어를 드래그하여 선택한 후 [Ctrl] 과 [Enter] 를 사용하여 실행할 수 있습니다. 또한 초록색 화살표 모양의 아이콘을 클릭해서 실행할 수도 있습니다.

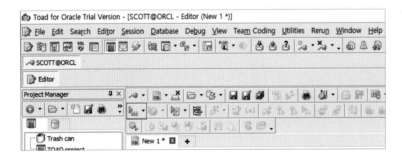

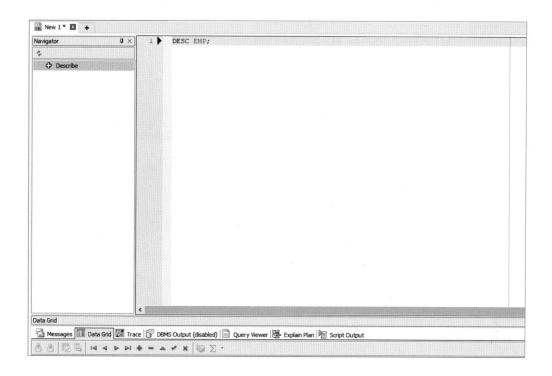

다음 그림과 같이 SCOTT 계정이 소유한 EMP 테이블의 구성 요소와 관련된 내용이 새 창으로 생성되어 나옵니다. SQL*PLUS보다 실행 결과를 보기 좋게 출력해 줍니다.

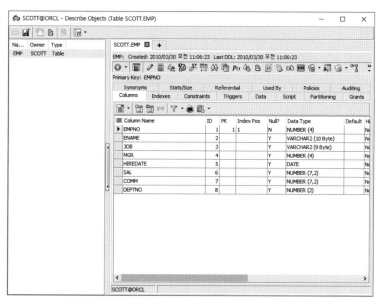

◎ 오라클 데이터베이스에서 SQL 및 PL/SQL 사용에 익숙해지는 것이 가장 중요하지만 실무에서는 이렇게 작업 효율을 높여 주는 도구 프로그램을 능숙하게 사용하는 것도 매우 중요합니다. 실무에서는 똑같은 일을 하더라도 작업에 걸리는 '시간'이 중요하기 때문이죠.

# 오라클 삭제하는 방법

특별부록

### 삭제 전 유의점

오라클 데이터베이스의 삭제는 다른 윈도우 응용 프로그램의 삭제보다 진행이 까다로워 애를 먹는 경우가 많습니다. 특히 레지스트리를 직접 삭제하는 부분은 어렵기도 하지만 굉장히 위험한 작업입니다. 자칫 상관없는 레지스트리를 잘못 건드리면 다른 프로그램이나 윈도우가 잘 동작하지 않을 수도 있기 때문에 꼼꼼히 살펴보고 삭제를 진행해야 합니다.

만약 이런 부분이 너무 어렵다면 오라클 데이터베이스의 서비스를 중지시키고 deinstall.bat를 사용하여 오라클 데이터베이스를 삭제한 후 오라클 데이터베이스 관련 폴더만 삭제하고 레지스트리 부분은 시중에 나와 있는 레지스트리 청소 프로그램을 사용하는 것도 하나의 방법입니다.

### 삭제하는 방법

오라클 데이터베이스의 삭제 과정은 Window 10 환경이 아니어도 크게 다르지 않습니다. 따라서 먼저 학습을 진행한 후 오라클 데이터베이스를 삭제할 계획이라면 이번 과정은 건너뛰어 주세요. 오라클 데이터베이스는 윈도우에 설치되는 다른 프로그램과 달리 삭제 과정이 더 복잡합니다. 일반적인 삭제 순서는 다음과 같습니다.

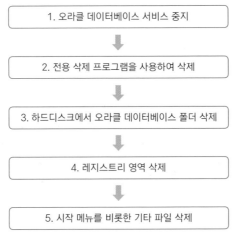

◎ 오라클 데이터베이스의 삭제는 컴퓨터 포맷이 가장 안전하고 간편합니다. 데이터베이스의 신규 설치 역시 사용해야 하는 프로그램이 반드시 필요한 경우가 아니라면 컴퓨터를 포맷하고 OS만 설치되어 있는 상태에서 시작하는 것이 일반적입니다.

오라클 데이터베이스의 자세한 삭제 방법은 이지스퍼블리싱 홈페이지 자료실에서 PDF 파일로 다운로드할 수 있습니다. 이지스퍼블리싱 홈페이지의 검색 창에 '오라클'로 검색해 보세요.

둘째
마당

# 실무에서 가장 많이 사용하는 SQL, 조회

둘째마당에서는 오라클 SQL에서 가장 핵심이 되는 SELECT문의 다양한 사용법을 알아봅니다. SELECT문은 데이터베이스에 저장되어 있는 데이터를 용도에 맞게 조회하는 데 사용합니다. 데이터의 단순 조회부터 다양한 서비스의 통계 및 분석에 이르기까지 데이터베이스를 활용하는 모든 IT 서비스에서 SELECT문을 사용합니다.

**04**

# SELECT문의 기본 형식

이 장에서는 오라클 데이터베이스에 보관되어 있는 데이터를 꺼내 오기 위해 사용하는 SELECT
문의 가장 기본적인 형식을 먼저 살펴보겠습니다. 본문에 나오는 SQL문 예제를 눈으로만 확인하
지 말고 반드시 직접 입력하여 결과를 확인해 봅시다.

이 장에서 꼭 익혀야 할 것

- DESC 명령어로 테이블 구성 살펴보기
- SELECT, FROM을 사용하는 SELECT문의 기본 형식 익히기
- DISTINCT를 사용하여 중복되는 출력 데이터 제거하기
- 별칭을 사용하여 출력 데이터의 내용 한눈에 나타내기
- ORDER BY를 사용하여 원하는 순서로 데이터를 정렬하는 방법 익히기

# 04-1 실습용 테이블 살펴보기

SQL문을 배우기 전에 앞으로 실습하며 자주 사용하게 될 테이블을 가볍게 살펴보겠습니다. SCOTT 계정으로 접속하여 DESC 명령어를 사용해 EMP, DEPT, SALGRADE 테이블의 구성을 확인해 봅시다.

## 사원 정보가 들어 있는 EMP 테이블

EMP는 employee의 약어이며 사원 데이터를 보관 및 관리하는 테이블입니다. DESC 명령어를 사용하여 EMP 테이블의 구성을 살펴봅시다.

**실습 4-1** EMP 테이블 구성 살펴보기

```
01  DESC EMP;
```

:: 결과 화면

| Column Name | ID | PK | Index Pos | Null? | Data Type | Default | Histogram | Num Distinct | Num Nulls | Density |
|---|---|---|---|---|---|---|---|---|---|---|
| ▶ EMPNO | 1 | 1 | 1 | N | NUMBER (4) | | None | | | |
| ENAME | 2 | | | Y | VARCHAR2 (10 Byte) | | None | | | |
| JOB | 3 | | | Y | VARCHAR2 (9 Byte) | | None | | | |
| MGR | 4 | | | Y | NUMBER (4) | | None | | | |
| HIREDATE | 5 | | | Y | DATE | | None | | | |
| SAL | 6 | | | Y | NUMBER (7,2) | | None | | | |
| COMM | 7 | | | Y | NUMBER (7,2) | | None | | | |
| DEPTNO | 8 | | | Y | NUMBER (2) | | None | | | |

EMP 테이블을 구성하는 열을 살펴보겠습니다.

| 열 이름 | 열 의미 | 데이터 종류 | 설명 |
|---|---|---|---|
| EMPNO | 사원 번호 | 네 자리 숫자 | EMP 테이블에서 각 사원의 데이터를 구분할 수 있는 유일한 값을 저장하는 열이며 기본키로 사용합니다. |
| ENAME | 사원 이름 | 10byte 크기의 가변형 문자열 | SCOTT, JONES 등 |
| JOB | 사원 직책 | 9byte 크기의 가변형 문자열 | MANAGER, CLERK 등 |
| MGR | 직속 상관의 사원 번호 | 네 자리 숫자 | MGR는 manager의 약어로 현재 행에 해당하는 사원의 상급자의 네 자리 사원 번호를 저장하는 열입니다. |

| | | | |
|---|---|---|---|
| HIREDATE | 입사일 | 날짜 데이터 | HIREDATE는 입사일을 나타내는 날짜 데이터입니다. |
| SAL | 급여 | 두 자리 소수점을 포함하는 일곱 자리 숫자 | 800, 1600, 5000 등 |
| COMM | 급여 외 추가 수당 | 두 자리 소수점을 포함하는 일곱 자리 숫자 | COMM은 commission의 약어로 월 급여 외 추가 수당을 의미합니다. |
| DEPTNO | 사원이 속한 부서 번호 | 두 자리 숫자 | DEPTNO는 department number의 약어이며 사원이 속해 있는 부서의 고유번호를 의미합니다. |

◎ 날짜 데이터는 06장에서 자세히 살펴보겠습니다.

위에서 살펴본 여러 자료형 중에서 가변형 문자열을 간단하게 살펴보겠습니다. 그 전에 먼저 byte(바이트) 크기와 문자의 관계에 대해 살펴보겠습니다. 10byte 크기일 경우에 영문은 10 글자, 한글은 5글자가 들어갈 수 있습니다. 즉 영문은 한 글자당 1byte, 한글은 한 글자당 2byte를 차지합니다.

가변형 문자열이란 여러 문자가 모여 있는 문자열입니다. 만약 출력하려는 문자열이 가변형 문자열이라면, 문자열 데이터가 10byte보다 작은 공간을 차지할 경우에 데이터가 차지하는 공간만큼만 저장 공간을 할당합니다.

◎ 가변형 문자열과 반대로 저장 공간을 무조건 할당하는 방식인 '고정형' 저장 방식도 있습니다.

## 회사 부서 정보가 들어 있는 DEPT 테이블

DEPT는 department를 약어이며 회사를 구성하는 부서 데이터를 관리하는 테이블입니다. 이 테이블도 DESC 명령어를 사용하여 구성을 확인할 수 있습니다.

**실습 4-2** DEPT 테이블 구성 살펴보기

```
01   DESC DEPT;
```

:: 결과 화면

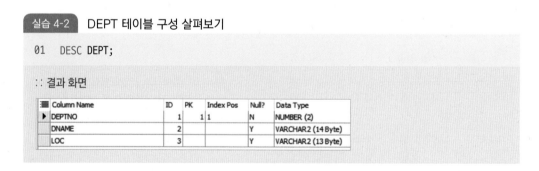

| Column Name | ID | PK | Index Pos | Null? | Data Type |
|---|---|---|---|---|---|
| DEPTNO | 1 | 1 | 1 | N | NUMBER (2) |
| DNAME | 2 | | | Y | VARCHAR2 (14 Byte) |
| LOC | 3 | | | Y | VARCHAR2 (13 Byte) |

DEPT 테이블을 구성하는 각 열의 의미는 다음과 같습니다.

| 열 이름 | 열 의미 | 데이터 종류 |
|---|---|---|
| DEPTNO | 부서 번호 | 두 자리 숫자 |
| DNAME | 부서 이름 | 14byte 크기의 가변형 문자열 |
| LOC | 부서가 위치한 지역 | 13byte 크기의 가변형 문자열 |

DEPT 테이블의 DEPTNO 열은 각 부서 데이터를 구분하는 유일한 값이며 기본키입니다.
EMP 테이블을 구성하는 DEPTNO 열이 DEPT 테이블의 DEPTNO 열을 참조하여 부서 관련 데이터를 확인할 수 있습니다. 즉 DEPT 테이블의 DEPTNO 열은 EMP 테이블의 외래키로 사용할 수 있습니다.

## 사원들의 급여 정보가 들어 있는 SALGRADE 테이블

SALGRADE 테이블은 EMP 테이블에서 관리하는 사원들의 급여와 관련된 테이블입니다.
SALGRADE 테이블도 DESC 명령어를 사용하여 구성을 살펴보겠습니다.

**실습 4-3** SALGRADE 테이블 구성 살펴보기

```
01  DESC SALGRADE;
```

:: 결과 화면

| Column Name | ID | PK | Index Pos | Null? | Data Type |
|---|---|---|---|---|---|
| ▶ GRADE | 1 | | | Y | NUMBER |
| LOSAL | 2 | | | Y | NUMBER |
| HISAL | 3 | | | Y | NUMBER |

SALGRADE 테이블을 구성하는 각 열의 의미는 다음과 같습니다.

| 열 이름 | 열 의미 | 데이터 종류 |
|---|---|---|
| GRADE | 급여 등급 | 숫자 |
| LOSAL | 급여 등급의 최소 급여액 | 숫자 |
| HISAL | 급여 등급의 최대 급여액 | 숫자 |

SQL문을 작성할 때 테이블 이름과 열 이름은 대문자로 쓰기를 권장합니다. 많은 프로그래밍 언어에서는 대·소문자를 확실하게 구분해 사용할 수 있지만 SQL문은 대·소문자를 구분하지 않습니다. 그래서 대·소문자가 섞여 있는 프로그래밍 언어와 SQL문을 구분하고 가독성을 높이기 위해 실무에서는 SQL문 전체를 대문자로 사용하는 경우를 흔하게 볼 수 있습니다. 이 책에서도 테이블 이름과 열 이름을 명시할 때 대문자를 사용해서 표기합니다.

# 04-2 데이터를 조회하는 3가지 방법 – 셀렉션, 프로젝션, 조인

데이터베이스에 보관되어 있는 데이터를 조회하는 데 사용하는 SELECT문은 출력 데이터를 선정하는 방식에 따라 크게 세 가지 방식으로 나뉩니다. SELECT문을 본격적으로 공부하기에 앞서 이 세 가지 방식을 간단히 살펴보겠습니다.

### 행 단위로 조회하는 셀렉션

셀렉션(selection)은 행 단위로 원하는 데이터를 조회하는 방식입니다. 테이블 전체 데이터 중 몇몇 가로줄의 데이터만 선택할 때 사용합니다.

| 열 1 | 열 2 | ... | 열 N |
|---|---|---|---|
| 행 1 | | | |
| 행 2 | | | |
| ... | | ... | |
| 행 N | | | |

> SELECT문을 사용하여 특정 행만 선별하여 조회하는 방식이 셀렉션

02장에서 살펴본 학생 정보 테이블을 예로 들어 설명하면 셀렉션을 사용하여 전체 학생 중 졸업생들의 데이터만 골라 출력할 수 있습니다.

| 학번 | 이름 | ... | 학과 코드 | 졸업 여부 | ... |
|---|---|---|---|---|---|
| 16031055 | 홍길동 | | COM | | |
| 12071632 | 성춘향 | | BN5 | 졸업 | |
| ... | ... | | | | |
| 15022655 | 박문수 | | MTH | | |

> 학생 중 졸업한 학생만 조회

| 학번 | 이름 | ... | 학과 코드 | 졸업 여부 | ... |
|---|---|---|---|---|---|
| 12071632 | 성춘향 | ... | BN5 | 졸업 | ... |

## 열 단위로 조회하는 프로젝션

프로젝션(projection)은 열 단위로 원하는 데이터를 조회하는 방식입니다.

| 열 1 | 열 2 | ... | 열 N |
|------|------|-----|------|
| 행 1 | | | |
| 행 2 | | | |
| ... | | ... | |
| 행 N | | | |

SELECT문을 사용하여 특정 열만을 선별하여 조회하는 방식이 프로젝션

예를 들어 학생 테이블을 구성하는 전체 항목 중 학번과 이름, 학과 코드만을 조회할 때 프로젝션을 사용합니다.

| 학번 | 이름 | ... | 학과 코드 | 졸업 여부 | ... |
|------|------|-----|-----------|-----------|-----|
| 16031055 | 홍길동 | | COM | | |
| 12071632 | 성춘향 | | BN5 | 졸업 | |
| ... | | ... | | | |
| 15022655 | 박문수 | | MTH | | |

전체 학생 데이터에서 학번, 이름, 학과 코드만을 조회

| 학번 | 이름 | 학과 코드 |
|------|------|-----------|
| 16031055 | 홍길동 | COM |
| 12071632 | 성춘향 | BN5 |
| ... | ... | ... |
| 15022655 | 박문수 | MTH |

## 셀렉션과 프로젝션 함께 사용하기

특정 테이블에서 조회하려는 행과 열을 모두 선별할 때 셀렉션과 프로젝션을 함께 사용할 수 있습니다.

| 열 1 | 열 2 | ... | 열 N |
|------|------|-----|------|
| 행 1 | | | |
| 행 2 | | | |
| ... | | | |
| 행 N | | | |

> 셀렉션과 프로젝션을 함께 사용하면 원하는 행의 특정 열만 조회가 가능!

예를 들어 전체 학생 중 졸업생만을 조회하되 학번, 이름, 학과 코드 항목만 출력되도록 선택하는 것이죠. 이와 같이 셀렉션과 프로젝션을 함께 사용하면 더욱 상세한 데이터 조회가 가능합니다.

| 학번 | 이름 | ... | 학과 코드 | 졸업 여부 | ... |
|------|------|-----|-----------|-----------|-----|
| 16031055 | 홍길동 | | COM | | |
| 12071632 | 성춘향 | | BN5 | 졸업 | |
| ... | | ... | | | |
| 15022655 | 박문수 | | MTH | | |

| 학번 | 이름 | 학과 코드 |
|------|------|-----------|
| 12071632 | 성춘향 | BN5 |

## 두 개 이상의 테이블을 사용하여 조회하는 조인

조인(join)은 두 개 이상의 테이블을 양옆에 연결하여 마치 하나의 테이블인 것처럼 데이터를 조회하는 방식입니다. 02장에서 외래키를 알아보며 학생 정보와 학과 정보를 하나의 테이블처럼 연결하여 사용하는 예를 살펴보았습니다. 그 예와 같이 조인은 관계형 데이터베이스에서 흔히 사용하는 방식으로 여러 테이블의 데이터를 하나의 테이블처럼 조회할 수 있습니다.

| 열 1 | 열 2 | … | 열 N | 열 1 | 열 2 | … | 열 N |
|------|------|------|------|------|------|------|------|
| 행 1 | | | | 행 1 | | | |
| 행 2 | | | | 행 2 | | | |
| … | | | | … | | | |
| 행 N | | | | 행 N | | | |

사이좋게 하나의 테이블인 것처럼 붙여서 사용하면 조인

실무에서 SELECT문을 사용할 때 2개 이상의 테이블을 조인하여 사용하는 경우를 흔히 볼 수 있습니다. 테이블은 아니지만 테이블과 같이 행과 열로 구성된 다른 '요소'를 활용하거나 같은 테이블을 여러 번 사용하여 SELECT문의 조인에 활용할 수도 있습니다. 08장에서는 이런 다양한 조인 기법에 대해 알아볼 것입니다.

**다음 빈칸을 채우며 복습해 보세요.**

관계형 데이터베이스에서는 데이터를 조회하기 위해 다음 세 가지 방식을 사용합니다.
[1] 셀          은 조회하려는 가로 데이터, 즉 행을 선별하는 방식을 의미합니다.
[2] 프          은 조회할 테이블의 세로 영역, 즉 출력 테이블의 열을 선택하는 방식을 의미합니다.
[3] 조          은 두 개 이상의 테이블을 옆으로 연결하여 하나의 테이블처럼 데이터를 조회하는 방식입니다.

정답 1. 셀렉션 2. 프로젝션 3. 조인

# 04-3 SQL의 기본 뼈대, SELECT절과 FROM절

SELECT문은 데이터베이스에 보관되어 있는 데이터를 조회하는 데 사용합니다. SELECT절과 FROM절을 기본 구성으로 SELECT문을 작성하는데요. FROM절은 조회할 데이터가 저장된 테이블 이름을 명시합니다. 그리고 SELECT절은 FROM절에 명시한 테이블에서 조회할 열이나 여러 열에 저장된 데이터의 조합 또는 연산식을 지정할 수 있습니다.

```
SELECT  [조회할 열1 이름], [열2 이름], ..., [열N 이름] —❶          기본 형식
FROM    [조회할 테이블 이름]; —❷
```

| 번호 | 키워드 | 필수 요소 | 선택 요소 | 설명 |
|------|--------|-----------|-----------|------|
| ❶ | SELECT | 조회할 열 이름 또는 출력할 데이터를 하나 이상 지정 또는 애스터리스크(*)로 전체 열을 지정 | - | SELECT절, 조회할 열을 지정함 |
| ❷ | FROM | 조회할 테이블 이름 | - | FROM절, 조회할 테이블을 지정함 |

ⓒ 문장 끝에 세미콜론(;)을 넣는 것을 잊지 마세요.

## *로 테이블 전체 열 출력하기

> **실습 4-4** EMP 테이블 전체 열 조회하기

```
01  SELECT * FROM EMP;
```

:: 결과 화면

| EMPNO | ENAME | JOB | MGR | HIREDATE | SAL | COMM | DEPTNO |
|-------|-------|-----|-----|----------|-----|------|--------|
| ▶ 7369 | SMITH | CLERK | 7902 | 1980/12/17 | 800 | | 20 |
| 7499 | ALLEN | SALESMAN | 7698 | 1981/02/20 | 1600 | 300 | 30 |
| 7521 | WARD | SALESMAN | 7698 | 1981/02/22 | 1250 | 500 | 30 |
| 7566 | JONES | MANAGER | 7839 | 1981/04/02 | 2975 | | 20 |
| 7654 | MARTIN | SALESMAN | 7698 | 1981/09/28 | 1250 | 1400 | 30 |
| 7698 | BLAKE | MANAGER | 7839 | 1981/05/01 | 2850 | | 30 |
| 7782 | CLARK | MANAGER | 7839 | 1981/06/09 | 2450 | | 10 |
| 7788 | SCOTT | ANALYST | 7566 | 1987/04/19 | 3000 | | 20 |
| 7839 | KING | PRESIDENT | | 1981/11/17 | 5000 | | 10 |

일부 데이터만 표시했습니다.

실습 4-4를 실행해 보면 EMP 테이블에 14명의 사원 데이터가 저장된 것을 확인할 수 있습니다.

## 테이블 부분 열 출력하기

EMP 테이블에서 사원 번호, 이름, 사원이 속한 부서 번호만 조회하고 싶다면 어떻게 하면 될까요? 오른쪽 예제를 통해 그 방법을 알아봅시다.

 드문 경우이지만 직접 실행한 실습 결과의 데이터 순서가 책의 실습 결과와 다를 수 있습니다. SELECT문은 기본적으로 출력되는 데이터의 정렬 순서를 보장하지 않기 때문입니다. 이후 SELECT문에 ORDER BY절을 사용하여 출력 순서를 설정할 수 있습니다.

> **실습 4-5  열을 쉼표로 구분하여 출력하기**
>
> ```
> 01   SELECT EMPNO, ENAME, DEPTNO
> 02      FROM EMP;
> ```
>
> :: 결과 화면
>
> | EMPNO | ENAME | DEPTNO |
> |---|---|---|
> | 7369 | SMITH | 20 |
> | 7499 | ALLEN | 30 |
> | 7521 | WARD | 30 |
> | 7566 | JONES | 20 |
> | 7654 | MARTIN | 30 |
> | 7698 | BLAKE | 30 |
> | 7782 | CLARK | 10 |
> | 7788 | SCOTT | 20 |
> | 7839 | KING | 10 |
> | 7844 | TURNER | 30 |
> | 7876 | ADAMS | 20 |
> | 7900 | JAMES | 30 |
> | 7902 | FORD | 20 |
> | 7934 | MILLER | 10 |

**1분 복습** 실습 4-5를 참고하여 다음 SQL문의 결과가 사원 번호와 부서 번호만 나오도록 코드를 채워 보세요.

```
SELECT [1          ] , [2          ]
    FROM EMP;
```

정답 1. EMPNO 2. DEPTNO

실습 4-5의 SELECT절을 살펴보면 EMP 테이블의 전체 열 중 사원 번호(EMPNO), 사원 이름(ENAME), 부서 번호(DEPTNO)를 쉼표(,)로 구분하여 사용하고 있습니다.

**실무 꿀팁!**

**띄어쓰기와 줄 바꿈을 적극 사용하자!**

실습 4-4와 4-5의 차이점은 SELECT절 이후 줄을 바꾸어 FROM절을 작성한 점입니다. 데이터를 제외한 SQL문의 띄어쓰기와 줄 바꿈은 명령 수행에 영향을 주지 않습니다.

실무에서 사용하는 SQL문은 훨씬 복잡하고 길어서 A4 용지 한 장을 빼곡하게 가득 채우는 경우를 흔하게 볼 수 있습니다. 따라서 나중에 자신이 확인하거나, 다른 개발자들이 코드를 검토할 때 한눈에 보이면서 사용하기 편리하도록 띄어쓰기와 줄 바꿈을 활용할 것을 권장합니다.

# 04-4 중복 데이터를 삭제하는 DISTINCT

SELECT문으로 데이터를 조회한 후 DISTINCT를 사용하여 중복을 제거합니다. DISTINCT는 SELECT절에 열 이름을 명시하기 전에 선택적으로 사용할 수 있습니다.

DISTINCT를 설명하기 전에 EMP 테이블을 살펴보겠습니다. 오른쪽에 있는 SQL문의 결과 화면에서 알 수 있듯이 SELECT문을 사용하면 EMP 테이블에 존재하는 사원 수, 즉 행 수만큼 DEPTNO 열의 데이터가 조회됩니다. 결과 화면을 살펴보면 부서 번호 종류는 몇 가지 없지만 같은 데이터가 중복되어 출력되고 있음을 알 수 있습니다. DISTINCT는 조회한 데이터의 내용에서 불필요한 중복을 제거하고 특정 데이터 종류만 확인하고 싶을 때 유용합니다.

```
SELECT DEPTNO
FROM EMP;
```

| DEPTNO |
|--------|
| 20 |
| 30 |
| 30 |
| 20 |
| 30 |
| 30 |
| 10 |
| 20 |
| 10 |
| 30 |
| 20 |
| 30 |
| 20 |
| 10 |

## DISTINCT로 열 중복 제거하기(열이 한 개인 경우)

실습 4-6과 같이 DISTINCT를 사용하면 SQL문의 출력 결과로 SELECT절에 명시한 열 중에서 같은 내용이 두 개 이상일 경우, 중복 행은 한 개만 남겨 두고 그 밖의 행은 모두 제거합니다.

◎ DISTINCT를 사용하면 중복이 제거되어 특정 열을 구성하는 데이터의 종류를 편하게 확인할 수 있습니다.

**실습 4-6** DISTINCT로 열의 중복 제거하기

```
01  SELECT DISTINCT DEPTNO
02      FROM EMP;
```

:: 결과 화면

| DEPTNO |
|--------|
| 30 |
| 20 |
| 10 |

## DISTINCT로 열 중복 제거하기(열이 여러 개인 경우)

실습 4-7의 결과를 보면 JOB 열의 값이 MANAGER인 데이터가 세 번 출력되고 있습니다. 하지만 각 MANAGER들의 부서 번호는 20, 30, 10으로 다르기 때문에 중복 데이터가 아닙니다. 그래서 세 행이 모두 출력되었습니다.

😊 직책(JOB)과 부서 번호(DEPTNO)가 모두 중복된 데이터는 한 번만 출력됩니다.

**실습 4-7** 여러 개 열을 명시하여 중복 제거하기

```
01   SELECT DISTINCT JOB, DEPTNO
02       FROM EMP;
```

:: 결과 화면

| JOB | DEPTNO |
|-----|--------|
| ▶ MANAGER | 20 |
| PRESIDENT | 10 |
| CLERK | 10 |
| SALESMAN | 30 |
| ANALYST | 20 |
| MANAGER | 30 |
| MANAGER | 10 |
| CLERK | 30 |
| CLERK | 20 |

## ALL로 중복되는 열 제거 없이 그대로 출력하기

ALL은 DISTINCT와 반대로 데이터 중복을 제거하지 않고 그대로 출력합니다. 오른쪽 결과에서 알 수 있듯이 ALL을 사용하여 데이터를 조회한 결과는 DISTINCT와 ALL을 사용하지 않고 직책과 부서 번호 열만을 조회한 결과와 같습니다. 즉 SELECT절에서 중복 설정이 없을 경우에 ALL을 기본으로 사용하기 때문에 내용이 같아지는 것입니다. 실습 4-8의 결과를 살펴보면 EMP 테이블에는 14명의 사원 데이터가 저장되어 있습니다.

**실습 4-8** 직책, 부서 번호 출력하기(ALL 사용)

```
01   SELECT ALL JOB, DEPTNO
02       FROM EMP;
```

:: 결과 화면

| JOB | DEPTNO |
|-----|--------|
| ▶ CLERK | 20 |
| SALESMAN | 30 |
| SALESMAN | 30 |
| MANAGER | 20 |
| SALESMAN | 30 |
| MANAGER | 30 |
| MANAGER | 10 |
| ANALYST | 20 |
| PRESIDENT | 10 |
| SALESMAN | 30 |
| CLERK | 20 |
| CLERK | 30 |
| ANALYST | 20 |
| CLERK | 10 |

# 04-5 한눈에 보기 좋게 별칭 설정하기

앞에서 배운 SELECT문의 결과를 보면 SELECT절에 명시한 열 이름이 결과 화면의 위쪽에 출력되는 것을 확인할 수 있습니다. SQL문에서는 최종 출력되는 열 이름을 임의로 지정할 수도 있습니다. 이렇게 본래 열 이름 대신 붙이는 이름을 별칭(alias)이라고 합니다.

그러면 별칭을 사용하기 위해 지금까지의 SELECT문과는 조금 다른 형식으로 SELECT절을 작성해 보겠습니다. 출력하려는 열 이름을 하나씩 지정하는 방법 외에 열에 연산식을 함께 사용해 보겠습니다.

## 열과 연산식

빨간색으로 표시한 부분은 다른 열과는 다르게 하나 이상의 열, 숫자, 연산식을 함께 사용하고 있습니다. 연산식에서 사용하는 *는 곱하기를, +는 더하기를 의미합니다.

SAL 열은 EMP 테이블의 급여 데이터를, COMM 열은 급여 외 추가 수당을 저장합니다. 즉 연산식 SAL*12+COMM은 급여에 12를 곱하고 급여 외 추가 수당을 더한 값을 출력하라는 뜻입니다. 이렇게 계산된 내용은 사원의 '연간 총 수입'입니다. 연산식을 포함한 SQL문의 실행 결과는 오른쪽과 같습니다.

| 실습 4-9 | 열에 연산식을 사용하여 출력하기 |
|---|---|

```
01  SELECT ENAME, SAL, SAL*12+COMM, COMM
02      FROM EMP;
```

:: 결과 화면

| ENAME | SAL | SAL*12+COMM | COMM |
|---|---|---|---|
| SMITH | 800 | | |
| ALLEN | 1600 | 19500 | 300 |
| WARD | 1250 | 15500 | 500 |
| JONES | 2975 | | |
| MARTIN | 1250 | 16400 | 1400 |
| BLAKE | 2850 | | |
| CLARK | 2450 | | |
| SCOTT | 3000 | | |
| KING | 5000 | | |
| TURNER | 1500 | 18000 | 0 |
| ADAMS | 1100 | | |
| JAMES | 950 | | |
| FORD | 3000 | | |
| MILLER | 1300 | | |

실습 4-9의 결과에서 가장 윗부분 이름을 잘 살펴봅시다. ENAME, SAL, COMM과 같이 SELECT절에서 명시한 열이 윗쪽 이름에 그대로 출력됩니다. 그리고 SAL*12+COMM으로 작성한 열 역시 동일하게 SAL*12+COMM으로 이름이 출력되는 것을 확인할 수 있습니다.

SELECT절에 *를 하나만 사용했을 경우에는 모든 열을 조회하라는 의미입니다. 하지만 숫자나 다른 열과 함께 사용한다면 곱하라는 뜻이 됩니다. 연산 관련 내용은 WHERE절을 배울 05장에서 자세히 다루겠습니다.

## 🗨 한 발 더 나가기!  왜 열의 데이터가 출력되지 않을까?

실습 4-9의 결과를 살펴보면 네 사람(ALLEN, WARD, MARTIN, TURNER) 외에 사원들은 SAL*12+COMM 열에 데이터가 출력되지 않았습니다. 이는 COMM 열에 NULL 값이 들어 있기 때문입니다. NULL 값이 들어간 열은 값이 존재하지 않는다는 뜻이며 자세한 내용은 05장에서 살펴보겠습니다.

그러면 실습 4-9를 활용하여 다음 예제의 괄호 안을 직접 작성해 보고 실행 결과를 살펴봅시다.

```
SELECT ENAME, SAL, [곱하기를 쓰지 않고 사원의 연간 총 수입 출력하기], COMM
    FROM EMP;
```

위 내용을 다음과 같이 덧셈 기호로 표현하면 SAL 열 값을 12번 더함으로써 같은 결과를 출력할 수 있습니다.

**실습 4-10**  곱하기를 사용하지 않고 사원의 연간 총 수입 출력하기

```
01    SELECT ENAME, SAL, SAL+SAL+SAL+SAL+SAL+SAL+SAL+SAL+SAL+SAL+SAL+SAL+COMM, COMM
02        FROM EMP;
```

:: 결과 화면

| ENAME | SAL | SAL+SAL+SAL+SAL+SAL+SAL+SAL+SAL+SAL+SAL+SAL+SAL+COMM | COMM |
|-------|-----|-----|------|
| SMITH | 800 | | |
| ALLEN | 1600 | 19500 | 300 |
| WARD | 1250 | 15500 | 500 |
| JONES | 2975 | | |
| MARTIN | 1250 | 16400 | 1400 |
| BLAKE | 2850 | | |
| CLARK | 2450 | | |
| SCOTT | 3000 | | |
| KING | 5000 | | |
| TURNER | 1500 | 18000 | 0 |
| ADAMS | 1100 | | |
| JAMES | 950 | | |
| FORD | 3000 | | |
| MILLER | 1300 | | |

출력 결과는 곱하기를 사용한 실습 4-9의 결과와 정확히 일치합니다. 하지만 덧셈만으로 사원의 연간 총 수입을 계산한 연산식이 그대로 열 이름으로 출력되었기 때문에 조회하려는 데이터에 비해 열 이름이 너무 길어집니다. 이렇듯 긴 열 이름을 '짧고 간단한 다른 이름'으로 알기 쉽게 출력할 때 별칭을 사용합니다.

## 별칭을 지정하는 방식

오라클에서 별칭을 지정하려면 다음과 같이 4가지 방식 중 하나를 선택하여 SELECT절에 사용합니다. 그러면 실습 4-9의 세 번째 열 SAL*12+COMM의 별칭을 annual salary(연봉)의 약어인 ANNSAL로 하여 별칭을 지정하는 4가지 방식을 알아보겠습니다.

| 사용 방법 | 설명 |
| --- | --- |
| SAL*12+COMM ANNSAL | 연산 및 가공된 문장 이후 한 칸 띄우고 별칭 지정 |
| SAL*12+COMM "ANNSAL" | 연산 및 가공된 문장 이후 한 칸 띄우고 별칭을 큰따옴표(" ")로 묶어 지정 |
| SAL*12+COMM AS ANNSAL | 연산 및 가공된 문장 이후 한 칸 띄운 후 'AS', 한 칸 뒤에 별칭 지정 |
| SAL*12+COMM AS "ANNSAL" | 연산 및 가공된 문장 이후 한 칸 띄운 후 'AS', 한 칸 뒤에 별칭을 큰따옴표(" ")로 묶어 지정 |

이번에는 별칭을 지정하는 4가지 방식 중 세 번째 방식으로 실습 4-9를 수정해 보겠습니다.

---

**실습 4-11** 별칭을 사용하여 사원의 연간 총 수입 출력하기

```
01   SELECT ENAME, SAL, SAL*12+COMM AS ANNSAL, COMM
02      FROM EMP;
```

:: 결과 화면

| ENAME | SAL | ANNSAL | COMM |
| --- | --- | --- | --- |
| SMITH | 800 | | |
| ALLEN | 1600 | 19500 | 300 |
| WARD | 1250 | 15500 | 500 |
| JONES | 2975 | | |
| MARTIN | 1250 | 16400 | 1400 |
| BLAKE | 2850 | | |
| CLARK | 2450 | | |
| SCOTT | 3000 | | |
| KING | 5000 | | |
| TURNER | 1500 | 18000 | 0 |
| ADAMS | 1100 | | |
| JAMES | 950 | | |
| FORD | 3000 | | |
| MILLER | 1300 | | |

실습 4-11 결과 화면의 세 번째 열의 이름을 살펴보면 별칭으로 지정했던 ANNSAL로 출력되고 있는 것을 확인할 수 있습니다. 그리고 이러한 출력 결과는 연간 총 수입 계산을 덧셈으로만 해도 마찬가지입니다. 이와 같이 별칭은 최종적으로 출력되기를 원하는 열 이름을 직접 지정할 때 주로 사용합니다.

또 단순히 긴 열 이름의 불편함 외에도 보안이나 데이터 노출 문제 때문에 별칭을 사용해야 할 때도 더러 있습니다. 예를 들어 위 예제에서 ANNSAL은 사원의 연간 총 수입을 의미하는 데이터로 활용됩니다. 그런데 별칭을 사용하지 않는다면 연간 총 수입 데이터가 어떻게 도출되는지 계산식 자체가 열 이름에 노출되어 버리겠죠. 따라서 현재 데이터가 나오기까지의 진행 과정을 숨기는 용도로 별칭을 사용할 수 있습니다.


## 실무에서의 별칭 지정

실무에서는 별칭을 지정하는 4가지 방식 중 세 번째 방식을 선호하는 경향이 있습니다. 우선 'AS'가 붙는 형식을 선호하는 이유는 조회해야 할 열이 수십, 수백 개일 경우에 어떤 단어가 별칭인지 알아보기 편하기 때문입니다.

그리고 다른 한 가지 이유는 큰따옴표를 사용하지 않으려는 프로그래머들 습관 때문입니다. SELECT문을 비롯한 여러 SQL문은 프로그래밍 코드에서 그대로 사용하는 경우가 많습니다. 그런데 대부분 프로그래밍 언어에서 큰따옴표는 문자열 데이터의 시작과 끝을 알리는 기호로 이미 사용되고 있습니다.

따라서 코드에서 사용한 큰따옴표가 SQL문에 사용한 건지 아니면 기존 프로그래밍 코드에서 문법으로 사용한 건지를 구별하는 추가 작업이 필요합니다. 예를 들어 프로그래밍 언어 중 하나인 자바(Java)에서는 실습 4-11의 SQL문을 사용할 때 다음과 같이 SELECT문 전체를 큰따옴표로 묶어서 처리합니다.

```
String sql = "SELECT ENAME, SAL, SAL*12+COMM AS ANNSAL, COMM FROM EMP";
```

만약 별칭을 지정할 때 다음과 같이 큰따옴표를 사용한다면

```
String sql = "SELECT ENAME, SAL, SAL*12+COMM AS "ANNSAL", COMM FROM EMP";
```

프로그래밍 언어는 "SELECT ENAME, SAL, SAL*12+COMM AS "까지를 하나의 문장으로 해석하기 때문에 프로그래머가 의도하지 않은 상황, 즉 오류(error)나 예외 상황(exception)이 발생합니다. 물론 이러한 문제를 해결하는 방법을 여러 프로그래밍 언어에서 제공하고 있지만 추가 작업을 해야 하므로 작업 효율이 떨어지게 됩니다.

# 04-6 원하는 순서로 출력 데이터를 정렬하는 ORDER BY

---

SELECT문을 사용하여 데이터를 조회할 때 시간이나 이름 순서 또는 어떤 다른 기준으로 데이터를 정렬해서 출력해야 하는 경우가 종종 생깁니다. 이때 데이터를 정렬된 상태로 출력하기 위해 ORDER BY절을 사용합니다. 그리고 ORDER BY절은 SELECT문을 작성할 때 사용할 수 있는 여러 절 중 가장 마지막 부분에 씁니다.

```
SELECT  [조회할 열1 이름], [열2 이름], ..., [열N 이름]      기본 형식
FROM    [조회할 테이블 이름]
 ‥ (그 밖의 절)
ORDER BY [정렬하려는 열 이름(여러 열 지정 가능)] [정렬 옵션]; ─❶
```

| 번호 | 키워드 | 필수 요소 | 선택 요소 | 설명 |
|------|--------|-----------|-----------|------|
| ❶ | ORDER BY | 정렬하려는 열 이름을 하나 이상 지정 | 정렬하는 열마다 오름차순(ASC), 내림차순(DESC) 지정 | ORDER BY절에 지정한 열은 먼저 지정한 열을 우선으로 정렬합니다. 만약 정렬 옵션을 지정하지 않을 경우 기본값으로 오름차순(ASC)이 설정됩니다. |

◎ 내림차순을 뜻하는 desc는 descending의 약자이고, 오름차순을 뜻하는 asc는 ascending의 약자입니다.

## 오름차순 사용하기

ORDER BY절에는 정렬 기준이 되는 열 이름을 지정합니다. 그리고 열 이름은 하나 또는 여러 개의 열을 지정할 수 있습니다.

> 실습 4-12  EMP 테이블의 모든 열을 급여 기준으로 오름차순 정렬하기

```
01  SELECT *
02    FROM EMP
03  ORDER BY SAL;
```

:: 결과 화면

| EMPNO | ENAME | JOB | MGR | HIREDATE | SAL | COMM | DEPTNO |
|---|---|---|---|---|---|---|---|
| 7369 | SMITH | CLERK | 7902 | 1980-12-17 | 800 | | 20 |
| 7900 | JAMES | CLERK | 7698 | 1981-12-03 | 950 | | 30 |
| 7876 | ADAMS | CLERK | 7788 | 1987-05-23 | 1100 | | 20 |
| 7521 | WARD | SALESMAN | 7698 | 1981-02-22 | 1250 | 500 | 30 |
| 7654 | MARTIN | SALESMAN | 7698 | 1981-09-28 | 1250 | 1400 | 30 |
| 7934 | MILLER | CLERK | 7782 | 1982-01-23 | 1300 | | 10 |
| 7844 | TURNER | SALESMAN | 7698 | 1981-09-08 | 1500 | 0 | 30 |
| 7499 | ALLEN | SALESMAN | 7698 | 1981-02-20 | 1600 | 300 | 30 |
| 7782 | CLARK | MANAGER | 7839 | 1981-06-09 | 2450 | | 10 |
| 7698 | BLAKE | MANAGER | 7839 | 1981-05-01 | 2850 | | 30 |
| 7566 | JONES | MANAGER | 7839 | 1981-04-02 | 2975 | | 20 |
| 7788 | SCOTT | ANALYST | 7566 | 1987-04-19 | 3000 | | 20 |
| 7902 | FORD | ANALYST | 7566 | 1981-12-03 | 3000 | | 20 |
| 7839 | KING | PRESIDENT | | 1981-11-17 | 5000 | | 10 |

결과 화면을 보면 ORDER BY절에 명시한 SAL 열을 기준으로 EMP의 모든 열이 급여가 낮은 사원부터 급여가 높은 사원으로, 즉 오름차순으로 정렬되는 것을 알 수 있습니다.

 실습 4-12를 참고하여 다음 SQL문의 결과가 사원 번호 기준으로 오름차순이 되도록 코드를 채워 보세요.

```
SELECT *
  FROM EMP
ORDER BY        ;
```

정답 1. EMPNO

## 내림차순 사용하기

급여가 높은 사원부터 낮은 사원 순으로 내림차순 정렬이 되도록 출력하려면 어떻게 해야 할까요?

실습 4-13  EMP 테이블의 모든 열을 급여 기준으로 내림차순 정렬하기

```
01  SELECT *
02    FROM EMP
03  ORDER BY SAL DESC;
```

:: 결과 화면

| | EMPNO | ENAME | JOB | MGR | HIREDATE | SAL | COMM | DEPTNO |
|---|---|---|---|---|---|---|---|---|
| ▶ | 7839 | KING | PRESIDENT | | 1981-11-17 | 5000 | | 10 |
| | 7902 | FORD | ANALYST | 7566 | 1981-12-03 | 3000 | | 20 |
| | 7788 | SCOTT | ANALYST | 7566 | 1987-04-19 | 3000 | | 20 |
| | 7566 | JONES | MANAGER | 7839 | 1981-04-02 | 2975 | | 20 |
| | 7698 | BLAKE | MANAGER | 7839 | 1981-05-01 | 2850 | | 30 |
| | 7782 | CLARK | MANAGER | 7839 | 1981-06-09 | 2450 | | 10 |
| | 7499 | ALLEN | SALESMAN | 7698 | 1981-02-20 | 1600 | 300 | 30 |
| | 7844 | TURNER | SALESMAN | 7698 | 1981-09-08 | 1500 | 0 | 30 |
| | 7934 | MILLER | CLERK | 7782 | 1982-01-23 | 1300 | | 10 |
| | 7521 | WARD | SALESMAN | 7698 | 1981-02-22 | 1250 | 500 | 30 |
| | 7654 | MARTIN | SALESMAN | 7698 | 1981-09-28 | 1250 | 1400 | 30 |
| | 7876 | ADAMS | CLERK | 7788 | 1987-05-23 | 1100 | | 20 |
| | 7900 | JAMES | CLERK | 7698 | 1981-12-03 | 950 | | 30 |
| | 7369 | SMITH | CLERK | 7902 | 1980-12-17 | 800 | | 20 |

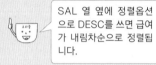

SAL 열 옆에 정렬옵션으로 DESC를 쓰면 급여가 내림차순으로 정렬됩니다.

ⓒ VARCHAR2 같은 문자 데이터 역시 알파벳순(사전 순서)으로 정렬할 수 있으며, 날짜 데이터를 의미하는 DATE 역시 이전 날짜, 이후 날짜로 크기를 부여하여 정렬할 수 있습니다.

 실습 4-13을 참고하여 다음 SQL문의 결과가 사원 번호 기준으로 내림차순이 되도록 코드를 채워 보세요.

```
SELECT *
  FROM EMP
ORDER BY  ①          ②          ;
```

정답 1. EMPNO 2. DESC

## 각각의 열에 내림차순과 올림차순 동시에 사용하기

ORDER BY절에는 우선순위를 고려하여 여러 개의 정렬 기준을 지정할 수 있습니다. 예를 들어 부서 번호(DEPTNO)를 오름차순으로 정렬하고, 부서 번호가 같은 사원일 경우 급여(SAL)를 기준으로 내림차순으로 정렬할 수도 있습니다. 다음과 같이 ORDER BY절에 부서 번호 열과 급여 열을 명시하고 각각의 열에 정렬 옵션을 지정해 봅시다.

EMP 테이블의 전체 열을 부서 번호(오름차순)와 급여(내림차순)로 정렬하기

```
01  SELECT *
02    FROM EMP
03  ORDER BY DEPTNO ASC, SAL DESC;
```

:: 결과 화면

|  | EMPNO | ENAME | JOB | MGR | HIREDATE | SAL | COMM | DEPTNO |
|---|---|---|---|---|---|---|---|---|
| ▶ | 7839 | KING | PRESIDENT |  | 1981-11-17 | 5000 |  | 10 |
|  | 7782 | CLARK | MANAGER | 7839 | 1981-06-09 | 2450 |  | 10 |
|  | 7934 | MILLER | CLERK | 7782 | 1982-01-23 | 1300 |  | 10 |
|  | 7788 | SCOTT | ANALYST | 7566 | 1987-04-19 | 3000 |  | 20 |
|  | 7902 | FORD | ANALYST | 7566 | 1981-12-03 | 3000 |  | 20 |
|  | 7566 | JONES | MANAGER | 7839 | 1981-04-02 | 2975 |  | 20 |
|  | 7876 | ADAMS | CLERK | 7788 | 1987-05-23 | 1100 |  | 20 |
|  | 7369 | SMITH | CLERK | 7902 | 1980-12-17 | 800 |  | 20 |
|  | 7698 | BLAKE | MANAGER | 7839 | 1981-05-01 | 2850 |  | 30 |
|  | 7499 | ALLEN | SALESMAN | 7698 | 1981-02-20 | 1600 | 300 | 30 |
|  | 7844 | TURNER | SALESMAN | 7698 | 1981-09-08 | 1500 | 0 | 30 |
|  | 7654 | MARTIN | SALESMAN | 7698 | 1981-09-28 | 1250 | 1400 | 30 |
|  | 7521 | WARD | SALESMAN | 7698 | 1981-02-22 | 1250 | 500 | 30 |
|  | 7900 | JAMES | CLERK | 7698 | 1981-12-03 | 950 |  | 30 |

(SAL 열: 2순위 / DEPTNO 열: 1순위)

ORDER BY절에 첫 번째로 명시된 부서 번호 열을 기준으로 먼저 오름차순으로 정렬한 후에 부서 번호 열 값이 같은, 즉 같은 부서에서 근무하고 있는 사원들끼리는 급여가 높은 사원부터 낮은 사원으로 내림차순으로 정렬하여 출력합니다.

## ORDER BY절을 사용할 때 주의 사항

ORDER BY절을 사용한 정렬은 꼭 필요한 경우가 아니면 사용하지 않는 것이 좋습니다. 여기 저기 흩어져 있는 데이터를 특정 기준에 따라 가지런히 순서를 맞추는 것은 많은 자원, 즉 비용을 소모하기 때문입니다. 특정 기준에 따라 두 개 데이터를 정렬하는 시간보다 열 개 데이터를 정렬하는 데에 시간이 더 많이 필요합니다.

ORDER BY절이 존재할 경우 SELECT문을 통해 조회할 데이터를 모두 확정한 상태에서 ORDER BY절의 명시된 기준에 따라 정렬합니다. 이때 데이터의 양 또는 정렬 방식에 따라 출력 데이터를 선정하는 시간보다 정렬하는 데 시간이 더 걸릴 수도 있습니다. 즉 정렬을 하지 않으면 결과를 더 빨리 출력할 수 있다는 이야기입니다. SQL문의 효율이 낮아지는 것은 서비스 응답 시간이 느려진다는 것을 뜻합니다. 따라서 정렬이 꼭 필요한 경우가 아니라면 ORDER BY절을 넣지 않도록 주의하세요.

잊기 전에
한 번 더!  •----------------------------•  이 장에서 배운 내용을 실습하며 정리하세요.

**Q1** 다음 문장의 빈칸을 채워 보세요.

SELECT문의 기본 구성 중 하나인 ¹ S       절에는 조회할 열 또는 여러 열의 조합, 연산식을 지정합니다. 그리고 ² F       절에는 조회할 데이터가 저장된 테이블 이름을 명시합니다. 만약 명시된 열 이름이 너무 길다면 별도 이름을 지정할 수 있으며 이를 ³ 별       이라고 합니다.

정답 1. SELECT 2. FROM 3. 별칭

**Q2** 오른쪽과 같은 결과가 나오도록 EMP 테이블의 JOB 열 데이터를 중복 없이 출력해 보세요.

:: 결과 화면 ::

| JOB |
| --- |
| ▶ CLERK |
| SALESMAN |
| PRESIDENT |
| MANAGER |
| ANALYST |

**Q3** 다음의 모든 조건을 만족하는 SQL문을 작성해 보세요.

조건 1) 조회할 테이블은 EMP 테이블이며 모든 열을 출력합니다.
조건 2) 출력되는 열의 별칭은 다음과 같습니다.

           EMPNO 열   ▶  EMPLOYEE_NO
           ENAME 열   ▶  EMPLOYEE_NAME
           MGR 열      ▶  MANAGER
           SAL 열       ▶  SALARY
           COMM 열   ▶  COMMISSION
           DEPTNO 열 ▶  DEPARTMENT_NO

조건 3) 부서 번호를 기준으로 내림차순으로 정렬하되 부서 번호가 같다면 사원 이름을 기준으로 오름차순 정렬합니다.

정답 Q2, Q3은 이지스퍼블리싱 홈페이지에서 확인하세요.

05

# 더 정확하고 다양하게 결과를 출력하는
# WHERE절과 연산자

이 장에서는 WHERE절과 연산자를 사용하여 다양한 방식으로 데이터를 조회하는 방법을 알아보겠습니다. 이 장부터는 좀 더 많은 예제를 다루니 SQL문을 눈으로만 확인하지 말고 반드시 직접 작성하여 결과를 확인하기 바랍니다.

05-1 필요한 데이터만 쏙 출력하는 WHERE절
05-2 여러 개 조건식을 사용하는 AND, OR 연산자
05-3 연산자 종류와 활용 방법 알아보기

이 장에서 꼭 익혀야 할 것

• WHERE절 조건식의 결과(true, false)에 따른 출력 알아보기
• 다양한 연산자의 사용법 살펴보기

# 05-1 필요한 데이터만 쏙 출력하는 WHERE절

WHERE절은 SELECT문으로 데이터를 조회할 때 특정 조건을 기준으로 원하는 행을 출력하는 데 사용합니다. 그리고 여러 연산자를 함께 사용하면 더욱 세밀하게 데이터 검색을 할 수 있습니다.

**실습 5-1**   EMP 테이블의 모든 열 출력하기

```
01   SELECT *
02     FROM EMP;
```

:: 결과 화면

| EMPNO | ENAME | JOB | MGR | HIREDATE | SAL | COMM | DEPTNO |
|-------|-------|-----|-----|----------|-----|------|--------|
| 7369 | SMITH | CLERK | 7902 | 1980/12/17 | 800 | | 20 |
| 7499 | ALLEN | SALESMAN | 7698 | 1981/02/20 | 1600 | 300 | 30 |
| 7521 | WARD | SALESMAN | 7698 | 1981/02/22 | 1250 | 500 | 30 |
| 7566 | JONES | MANAGER | 7839 | 1981/04/02 | 2975 | | 20 |
| 7654 | MARTIN | SALESMAN | 7698 | 1981/09/28 | 1250 | 1400 | 30 |
| 7698 | BLAKE | MANAGER | 7839 | 1981/05/01 | 2850 | | 30 |
| 7782 | CLARK | MANAGER | 7839 | 1981/06/09 | 2450 | | 10 |
| 7788 | SCOTT | ANALYST | 7566 | 1987/04/19 | 3000 | | 20 |
| 7839 | KING | PRESIDENT | | 1981/11/17 | 5000 | | 10 |
| 7844 | TURNER | SALESMAN | 7698 | 1981/09/08 | 1500 | 0 | 30 |
| 7876 | ADAMS | CLERK | 7788 | 1987/05/23 | 1100 | | 20 |
| 7900 | JAMES | CLERK | 7698 | 1981/12/03 | 950 | | 30 |
| 7902 | FORD | ANALYST | 7566 | 1981/12/03 | 3000 | | 20 |
| 7934 | MILLER | CLERK | 7782 | 1982/01/23 | 1300 | | 10 |

04장에서 살펴보았듯이 FROM절에 출력할 EMP 테이블을 명시하고 SELECT절에 * 기호를 사용함으로써 EMP 테이블의 모든 데이터를 조회할 수 있었습니다. 그러면 실습 5-1의 내용에 다음과 같이 WHERE절을 추가하여 실행해 봅시다.

**실습 5-2**   부서 번호가 30인 데이터만 출력하기

```
01   SELECT *
02     FROM EMP
03    WHERE DEPTNO = 30;
```

:: 결과 화면

| ≡ | EMPNO | ENAME | JOB | MGR | HIREDATE | SAL | COMM | DEPTNO |
|---|-------|-------|-----|-----|----------|-----|------|--------|
| ▶ | 7499 | ALLEN | SALESMAN | 7698 | 1981-02-20 | 1600 | 300 | 30 |
| | 7521 | WARD | SALESMAN | 7698 | 1981-02-22 | 1250 | 500 | 30 |
| | 7654 | MARTIN | SALESMAN | 7698 | 1981-09-28 | 1250 | 1400 | 30 |
| | 7698 | BLAKE | MANAGER | 7839 | 1981-05-01 | 2850 | | 30 |
| | 7844 | TURNER | SALESMAN | 7698 | 1981-09-08 | 1500 | 0 | 30 |
| | 7900 | JAMES | CLERK | 7698 | 1981-12-03 | 950 | | 30 |

WHERE절을 추가한 실습 5-2의 결과를 살펴보면 출력된 행 수가 실습 5-1보다 줄었다는 것
을 알 수 있습니다. 그리고 출력 결과의 DEPTNO 열 값이 모두 30임을 확인할 수 있습니다.
WHERE절에 작성한 DEPTNO = 30은 'EMP 테이블에서 부서 번호 값이 30인 행만 조회하
라'는 뜻입니다. 즉 실습 5-2는 부서 번호가 30인 사람들의 데이터만 출력한 것입니다.

😊 WHERE DEPNO = 30에서 사용한 = 기호는 기호 양쪽의 대상이 같은 값을 가지고 있는지 검사하는 비교 연산자입니다.
양쪽의 값이 같다면 '참', 같지 않다면 '거짓'이 됩니다.

 **1분 복습** 다음 SQL문의 결과로 사원 번호가 7782인 사원 정보만 나오도록 코드를 채워 보세요.

```
SELECT *
  FROM EMP
 WHERE  [1]      =  [2]        ;
```

정답 1. EMPNO 2. 7782

이렇게 WHERE절은 많은 데이터 중에서 어떤 조건에 일치하는 행만을 골라내어 조회하는
데 사용합니다. WHERE절을 사용한 SELECT문의 기본 형식은 다음과 같습니다.

기본 형식

```
SELECT [조회할 열1 이름], [열2 이름], ..., [열N 이름]
FROM    [조회할 테이블 이름]
WHERE   [조회할 행을 선별하기 위한 조건식]; —❶
```

| 번호 | 키워드 | 필수 요소 | 선택 요소 | 설명 |
|------|--------|-----------|-----------|------|
| ❶ | WHERE | 조건식 | - | 조회 조건 지정 |

WHERE절이 포함된 SELECT문을 실행하면 조회할 테이블의 각 행에 WHERE절의 조건식을 대입하여 결과가 '참'인 경우에만 출력됩니다. 이 논리적 의미의 '참'을 true로, '거짓'인 경우를 false로 표현합니다. WHERE절에 조건식(DEPTNO = 30)을 사용한 SELECT문은 다음과 같이 EMP 테이블의 각 행에 부서 번호 열 값을 검사한 후 결과 값이 true인 데이터만 출력합니다. 즉 부서 번호 열 값이 30인 6개 행만 결과로 나오게 되는 것이죠.

| ≡ | EMPNO | ENAME | JOB | MGR | HIREDATE | SAL | COMM | DEPTNO |
|---|-------|-------|-----|-----|----------|-----|------|--------|
| ▶ | 7369 | SMITH | CLERK | 7902 | 1980/12/17 | 800 | | 20 |
| | 7499 | ALLEN | SALESMAN | 7698 | 1981/02/20 | 1600 | 300 | 30 |
| | 7521 | WARD | SALESMAN | 7698 | 1981/02/22 | 1250 | 500 | 30 |
| | 7566 | JONES | MANAGER | 7839 | 1981/04/02 | 2975 | | 20 |
| | 7654 | MARTIN | SALESMAN | 7698 | 1981/09/28 | 1250 | 1400 | 30 |
| | 7698 | BLAKE | MANAGER | 7839 | 1981/05/01 | 2850 | | 30 |
| | 7782 | CLARK | MANAGER | 7839 | 1981/06/09 | 2450 | | 10 |
| | 7788 | SCOTT | ANALYST | 7566 | 1987/04/19 | 3000 | | 20 |
| | 7839 | KING | PRESIDENT | | 1981/11/17 | 5000 | | 10 |
| | 7844 | TURNER | SALESMAN | 7698 | 1981/09/08 | 1500 | 0 | 30 |
| | 7876 | ADAMS | CLERK | 7788 | 1987/05/23 | 1100 | | 20 |
| | 7900 | JAMES | CLERK | 7698 | 1981/12/03 | 950 | | 30 |
| | 7902 | FORD | ANALYST | 7566 | 1981/12/03 | 3000 | | 20 |

WHERE절 조건식에서 true인 행만 출력

이 책을 통해 처음으로 true, false란 용어를 접했다면 WHERE절의 조건식을 통한 조회가 조금은 어렵게 느껴질 수도 있습니다. 이후 나오는 SQL문에서 조회 대상 테이블의 각 행을 WHERE 조건식에 대입해 보고, 조건식에 맞는 행인지 아닌지를 직접 확인해 보면 WHERE절을 통한 조회 방식을 이해하는 데 많은 도움이 될 것입니다. 단순 반복 작업이 되겠지만 익숙해질 때까지 몇 번 확인해 보면 WHERE절의 true와 false의 의미를 알 수 있습니다.

# 05-2 여러 개 조건식을 사용하는 AND, OR 연산자

WHERE절에서는 조건식을 여러 개 지정할 수 있습니다. 이때 사용하는 것이 바로 논리 연산자 AND, OR입니다.

---

**실습 5-3**  AND 연산자로 여러 개의 조건식 사용하기

```
01   SELECT *
02     FROM EMP
03   WHERE DEPTNO = 30
04     AND JOB = 'SALESMAN';
```

:: 결과 화면

| EMPNO | ENAME | JOB | MGR | HIREDATE | SAL | COMM | DEPTNO |
|---|---|---|---|---|---|---|---|
| 7499 | ALLEN | SALESMAN | 7698 | 1981-02-20 | 1600 | 300 | 30 |
| 7521 | WARD | SALESMAN | 7698 | 1981-02-22 | 1250 | 500 | 30 |
| 7654 | MARTIN | SALESMAN | 7698 | 1981-09-28 | 1250 | 1400 | 30 |
| 7844 | TURNER | SALESMAN | 7698 | 1981-09-08 | 1500 | 0 | 30 |

ⓒ WHERE절에서 비교하는 데이터가 문자열일 경우에는 작은따옴표(' ')로 묶어 줍니다. 앞뒤에 공백이 있으면 공백도 문자로 인식하기 때문에 주의해야 합니다.

---

실습 5-3의 결과를 살펴보면 실습 5-2의 결과보다 출력된 데이터 수가 더 적은 것을 알 수 있습니다. 그리고 부서 번호 열 값이 30이고 직업 열 값이 SALESMAN인 데이터만 출력되었습니다. 만약 결과 데이터가 하나도 나오지 않았다면 JOB = 'SALESMAN' 조건식을 확인해 주세요. 직업 열을 비교하는 문자열 데이터는 반드시 대문자(SALESMAN)로 작성해야 합니다. SQL문에 사용하는 기본 형식은 대 · 소문자를 구별하지 않고 사용할 수 있지만 테이블 안에 들어 있는 문자 또는 문자열 데이터는 대 · 소문자를 구별하기 때문입니다.

다음은 AND 연산자를 사용했을 때 각각의 결과를 정리한 내용입니다.

| 피연산자 1 \ 피연산자 2 | true | false |
|---|---|---|
| true | true | false |
| false | false | false |

AND 연산자

AND 연산자 표에서 확인할 수 있듯이 AND 연산자를 사용한 실습 5-3의 SELECT문은 DEPTNO = 30 조건식과 JOB = 'SALESMAN' 조건식의 결과 값이 모두 true인 행만 출력합니다.

| ≡ | EMPNO | ENAME | JOB | MGR | HIREDATE | SAL | COMM | DEPTNO |
|---|---|---|---|---|---|---|---|---|
| ▶ | 7369 | SMITH | CLERK | 7902 | 1980/12/17 | 800 | | 20 |
| | 7499 | ALLEN | SALESMAN | 7698 | 1981/02/20 | 1600 | 300 | 30 |
| | 7521 | WARD | SALESMAN | 7698 | 1981/02/22 | 1250 | 500 | 30 |
| | 7566 | JONES | MANAGER | 7839 | 1981/04/02 | 2975 | | 20 |
| | 7654 | MARTIN | SALESMAN | 7698 | 1981/09/28 | 1250 | 1400 | 30 |
| | 7698 | BLAKE | MANAGER | 7839 | 1981/05/01 | 2850 | | 30 |
| | 7782 | CLARK | MANAGER | 7839 | 1981/06/09 | 2450 | | 10 |
| | 7788 | SCOTT | ANALYST | 7566 | 1987/04/19 | 3000 | | 20 |
| | 7839 | KING | PRESIDENT | | 1981/11/17 | 5000 | | 10 |
| | 7844 | TURNER | SALESMAN | 7698 | 1981/09/08 | 1500 | 0 | 30 |
| | 7876 | ADAMS | CLERK | 7788 | 1987/05/23 | 1100 | | 20 |
| | 7900 | JAMES | CLERK | 7698 | 1981/12/03 | 950 | | 30 |
| | 7902 | FORD | ANALYST | 7566 | 1981/12/03 | 3000 | | 20 |
| | 7934 | MILLER | CLERK | 7782 | 1982/01/23 | 1300 | | 10 |

DEPTNO는 30이고 JOB이 'SALESMAN'인 행만 true

WHERE절에서 AND 연산자를 사용했을 때 여러 조건이 모두 true인 행만 출력

 실습 5-3를 참고하여 다음 SQL문의 결과로 사원 번호가 7499이고 부서 번호가 30인 사원 정보만 나오도록 코드를 채워 보세요.

```
SELECT *
  FROM EMP
 WHERE ¹               = ²
      ³            ⁴         = ⁵                ;
```

정답 1. EMPNO 2. 7499 3. AND 4. DEPTNO 5. 30

그러면 이번에는 WHERE절 조건식에 OR 연산자를 사용해 보겠습니다. 다음 SELECT문을 실행하고 결과를 확인해 봅시다.

실습 5-4  OR 연산자로 여러 개의 출력 조건 사용하기

```
01   SELECT *
02     FROM EMP
03    WHERE DEPTNO = 30
04      OR JOB = 'CLERK';
```

:: 결과 화면

| EMPNO | ENAME | JOB | MGR | HIREDATE | SAL | COMM | DEPTNO |
|---|---|---|---|---|---|---|---|
| 7369 | SMITH | CLERK | 7902 | 1980-12-17 | 800 | | 20 |
| 7499 | ALLEN | SALESMAN | 7698 | 1981-02-20 | 1600 | 300 | 30 |
| 7521 | WARD | SALESMAN | 7698 | 1981-02-22 | 1250 | 500 | 30 |
| 7654 | MARTIN | SALESMAN | 7698 | 1981-09-28 | 1250 | 1400 | 30 |
| 7698 | BLAKE | MANAGER | 7839 | 1981-05-01 | 2850 | | 30 |
| 7844 | TURNER | SALESMAN | 7698 | 1981-09-08 | 1500 | 0 | 30 |
| 7876 | ADAMS | CLERK | 7788 | 1987-05-23 | 1100 | | 20 |
| 7900 | JAMES | CLERK | 7698 | 1981-12-03 | 950 | | 30 |
| 7934 | MILLER | CLERK | 7782 | 1982-01-23 | 1300 | | 10 |

실습 5-4의 결과를 살펴보면 AND 연산자를 사용했을 때와 달리 부서 번호 값이 30인 행과
직업이 CLERK인 행 모두 출력되는 것을 알 수 있습니다. 이것은 OR 연산자의 특성 때문입니
다. 다음은 OR 연산자를 사용했을 때 각각의 결과를 정리한 내용입니다.

| 피연산자 1 \ 피연산자 2 | true | false |
|---|---|---|
| true | true | true |
| false | true | false |

OR 연산자

따라서 OR 연산자를 사용한 SELECT문의 결과는 부서 번호 열 값이 30이거나 직업 열 값이
CLERK인 사원을 모두 출력한 것입니다.

 실습 5-4를 참고하여 다음 SQL문의 결과로 부서 번호가 20이거나 직업이 SALESMAN인 사원
정보만 나오도록 코드를 채워 보세요.

```
SELECT *
  FROM EMP
 WHERE 1_____ = 2_____
       3_____ 4_____ = 5_____ ;
```

정답 1. DEPTNO 2. 20 3. OR 4. JOB 5. 'SALESMAN'

132쪽에 대해 보고서 제출하고,
06장 연습 문제도 풀어서 제출하세요.

132쪽에 대해 보고서를 제출하거나,
06장 연습 문제를 풀어서 제출하세요.

AND

OR

AND는 피연산자가 둘 다 true여야 하고, OR는 피연산자가 둘 다 또는 둘 중 하나 true이면 결과 값이 true가 됩니다.

## WHERE절 조건식의 개수

오른쪽과 같이 WHERE절에 사용할 수 있는 조건식의 개수는 사실상 제한이 없다고 보아도 무방합니다. 조건식을 두 개 이상 사용할 경우에도 각 조건식 사이에 AND 또는 OR 연산자를 추가하여 사용할 수 있습니다. 이후 더 많은 AND, OR 연산자를 사용한 조건식을 사용하는 예제도 살펴볼 것입니다.

```
SELECT *
  FROM EMP
 WHERE [조건식 1]
   AND [조건식 2]
   OR  [조건식 3]
   ...
   AND [조건식 N]
```

## 실무에서의 AND, OR 연산자

보통 실무에서 사용하는 SELECT문은 OR 연산자보다 AND 연산자를 많이 사용하는 경향이 있습니다. 이는 다양한 조건을 한 번에 만족시키는 데이터만을 추출해야 할 때가 많기 때문입니다. 예를 들어 은행 계좌의 이체 내역 중 최근 **1개월 이내의 출금 데이터**만 보고자 할 경우, 기간이 1개월 이내라는 조건과 출금 내역 데이터라는 조건을 모두 만족시켜야 합니다. 또 다른 예로 인터넷 쇼핑몰에서 신발을 검색할 때 신발 크기뿐만 아니라 가격대나 무료 배송 같은 조건도 함께 검색 조건에 넣어 자신이 원하는 신발을 찾는 경우가 많습니다.

# 05-3 연산자 종류와 활용 방법 알아보기

여기에서는 논리 연산자 외에 다른 연산자들을 살펴보겠습니다.

## 산술 연산자

더하기, 빼기 같은 수치 연산에 사용하는 산술 연산자는 04장 SELECT절의 별칭 예제에서 이미 살펴본 적이 있는데요. 더하기는 +, 빼기는 −, 곱하기는 *, 나누기는 /을 이용합니다.

◎ IT 관련 여러 기술 명령어에서 제공하는 나머지 연산자(숫자를 나눈 나머지를 구하기 위한 연산자)는 SQL문에서 제공하지 않습니다. 다만 오라클에서는 mod 함수를 통해 나머지 연산 같은 기능을 사용할 수 있습니다.

다음 SELECT문은 EMP 테이블에서 급여 열에 12를 곱한 값이 36000인 행을 출력하는 SQL 문입니다.

**실습 5-5** 곱셈 산술 연산자를 사용한 예

```
01  SELECT *
02    FROM EMP
03   WHERE SAL * 12 = 36000;
```

∷ 결과 화면

| EMPNO | ENAME | JOB | MGR | HIREDATE | SAL | COMM | DEPTNO |
|-------|-------|---------|------|------------|------|------|--------|
| 7788 | SCOTT | ANALYST | 7566 | 1987/04/19 | 3000 | | 20 |
| 7902 | FORD | ANALYST | 7566 | 1981/12/03 | 3000 | | 20 |

이와 같이 WHERE절의 조건식에도 산술 연산자를 사용할 수 있습니다.

## 비교 연산자

### 대소 비교 연산자

비교 연산자는 SQL문을 작성할 때 자주 사용하는 연산자로 연산자 앞뒤에 있는 데이터 값을 비교하는 데 사용합니다. 다음 실습은 급여가 3000 이상인 사원을 조회하고 있습니다.

**실습 5-6** 대소 비교 연산자를 사용하여 출력하기

```
01   SELECT *
02     FROM EMP
03    WHERE SAL >= 3000;
```

:: 결과 화면

| EMPNO | ENAME | JOB | MGR | HIREDATE | SAL | COMM | DEPTNO |
|-------|-------|-----|-----|----------|-----|------|--------|
| ▶ 7788 | SCOTT | ANALYST | 7566 | 1987-04-19 | 3000 | | 20 |
| 7839 | KING | PRESIDENT | | 1981-11-17 | 5000 | | 10 |
| 7902 | FORD | ANALYST | 7566 | 1981-12-03 | 3000 | | 20 |

이 외에도 초과, 미만, 이하 여부를 비교하는 대소 비교 연산자가 있습니다. 다음 표를 참고하여 실습 5-6의 WHERE절에 다른 연산자도 적용해 보고 어떤 결과가 나오는지 확인해 주세요.

| 연산자 | 사용법 | 설명 |
|--------|--------|------|
| > | A > B | A 값이 B 값을 초과할 경우 true |
| >= | A >= B | A 값이 B 값 이상일 경우 true |
| < | A < B | A 값이 B 값 미만일 경우 true |
| <= | A <= B | A 값이 B 값 이하일 경우 true |

다음 SQL문의 결과로 급여가 2500 이상이고 직업이 ANALYST인 사원 정보만 나오도록 코드를 채워 보세요.

```
SELECT *
  FROM EMP
 WHERE SAL  [1]        2500
      [2]        [3]        =  [4]              ;
```

정답 1. >= 2. AND 3. JOB 4. 'ANALYST'.

대소 비교 연산자는 비교 대상인 데이터가 숫자가 아닌 문자열일 때도 사용할 수 있습니다. 다음 두 SELECT문을 각각 실행해 봅시다.

**실습 5-7** 문자를 대소 비교 연산자로 비교하기(비교 문자열이 문자 하나일 때)

```
01   SELECT *
02     FROM EMP
03    WHERE ENAME >= 'F';
```

> 사원 이름의 첫 문자가 F와 같거나 뒤쪽인 것만 검색합니다.

:: 결과 화면

| | EMPNO | ENAME | JOB | MGR | HIREDATE | SAL | COMM | DEPTNO |
|---|---|---|---|---|---|---|---|---|
| ▶ | 7369 | SMITH | CLERK | 7902 | 1980-12-17 | 800 | | 20 |
| | 7521 | WARD | SALESMAN | 7698 | 1981-02-22 | 1250 | 500 | 30 |
| | 7566 | JONES | MANAGER | 7839 | 1981-04-02 | 2975 | | 20 |
| | 7654 | MARTIN | SALESMAN | 7698 | 1981-09-28 | 1250 | 1400 | 30 |
| | 7788 | SCOTT | ANALYST | 7566 | 1987-04-19 | 3000 | | 20 |
| | 7839 | KING | PRESIDENT | | 1981-11-17 | 5000 | | 10 |
| | 7844 | TURNER | SALESMAN | 7698 | 1981-09-08 | 1500 | 0 | 30 |
| | 7900 | JAMES | CLERK | 7698 | 1981-12-03 | 950 | | 30 |
| | 7902 | FORD | ANALYST | 7566 | 1981-12-03 | 3000 | | 20 |
| | 7934 | MILLER | CLERK | 7782 | 1982-01-23 | 1300 | | 10 |

문자열을 비교할 때 영어 사전처럼 알파벳 순서로 문자열의 '대소'를 비교합니다. 조건식 ENAME >= 'F'는 ENAME 열 값의 첫 문자와 대문자 F를 비교했을 때 알파벳 순서상 F와 같거나 F보다 뒤에 있는 문자열을 출력하라는 의미입니다.

실습 5-8   문자열을 대소 비교 연산자로 비교하기(비교 문자열이 문자 여러 개일 때)

```
01   SELECT *
02     FROM EMP
03    WHERE ENAME <= 'FORZ';
```

:: 결과 화면

| | EMPNO | ENAME | JOB | MGR | HIREDATE | SAL | COMM | DEPTNO |
|---|---|---|---|---|---|---|---|---|
| ▶ | 7499 | ALLEN | SALESMAN | 7698 | 1981-02-20 | 1600 | 300 | 30 |
| | 7698 | BLAKE | MANAGER | 7839 | 1981-05-01 | 2850 | | 30 |
| | 7782 | CLARK | MANAGER | 7839 | 1981-06-09 | 2450 | | 10 |
| | 7876 | ADAMS | CLERK | 7788 | 1987-05-23 | 1100 | | 20 |
| | 7902 | FORD | ANALYST | 7566 | 1981-12-03 | 3000 | | 20 |

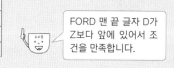

FORD 맨 끝 글자 D가 Z보다 앞에 있어서 조건을 만족합니다.

그리고 ENAME <= 'FORZ'는 ENAME 열 값이 FORZ를 포함한 문자열보다 알파벳 순서로 앞에 있는 행을 출력하라는 의미입니다. 예를 들어 ENAME에 'FIND' 문자열이 있다고 가정해 봅시다. FIND의 첫 문자는 F로 FORZ와 같지만, 두 번째 문자 I가 FORZ의 O보다 알파벳 순서상 빠르므로 WHERE절의 조건식에 해당하는 값이 됩니다. 문자열의 대소 비교는 숫자 데이터 비교보다는 자주 사용되는 내용은 아니기 때문에 가볍게 이해하는 정도로만 기억해도 됩니다.

### 등가 비교 연산자

연산자 양쪽 항목이 같은 값인지 검사하는 연산자가 바로 등가 비교 연산자입니다. 지금까지 WHERE절의 조건식에서 사용한 = 기호가 대표적인 등가 비교 연산자입니다. 등가 비교 연산자는 연산자의 양쪽 항목 값이 같으면 true가 반환됩니다. 이와는 반대로 연산자 양쪽 값이 다를 경우 true를 반환하는 연산자도 있습니다.

◎ 많은 프로그래밍 언어에서 = 기호는 대입의 의미로 사용하지만, SQL문에서는 본래 기호 의미 그대로 '양쪽 데이터가 같은지 다른지'를 확인하는 데 사용합니다.

등가 비교 연산자의 종류는 다음과 같습니다.

| 연산자 | 사용법 | 의미 |
|---|---|---|
| = | A = B | A 값이 B 값과 같을 경우 true, 다를 경우 false 반환 |
| != | A != B | A 값과 B 값이 다를 경우 true, 같을 경우 false 반환 |
| <> | A <> B | |
| ^= | A ^= B | |

만약 급여가 3000이 아닌 사원의 데이터를 조회할 때 다음과 같이 SELECT문을 작성할 수 있습니다. '같지 않다'는 의미로 사용할 수 있는 세 가지 방식 모두 같은 결과 값을 출력합니다.

실습 5-9   등가 비교 연산자(!=)를 사용하여 출력하기

```
01  SELECT *
02    FROM EMP
03   WHERE SAL != 3000;
```

실습 5-10   등가 비교 연산자(<>)를 사용하여 출력하기

```
01  SELECT *
02    FROM EMP
03   WHERE SAL <> 3000;
```

실습 5-11   등가 비교 연산자(^=)를 사용하여 출력하기

```
01  SELECT *
02    FROM EMP
03   WHERE SAL ^= 3000;
```

:: 결과 화면(실습 5-9, 5-10, 5-11의 실행 결과가 같음)

| EMPNO | ENAME | JOB | MGR | HIREDATE | SAL | COMM | DEPTNO |
|-------|-------|-----|-----|----------|-----|------|--------|
| 7369 | SMITH | CLERK | 7902 | 1980/12/17 | 800 | | 20 |
| 7499 | ALLEN | SALESMAN | 7698 | 1981/02/20 | 1600 | 300 | 30 |
| 7521 | WARD | SALESMAN | 7698 | 1981/02/22 | 1250 | 500 | 30 |
| 7566 | JONES | MANAGER | 7839 | 1981/04/02 | 2975 | | 20 |
| 7654 | MARTIN | SALESMAN | 7698 | 1981/09/28 | 1250 | 1400 | 30 |
| 7698 | BLAKE | MANAGER | 7839 | 1981/05/01 | 2850 | | 30 |
| 7782 | CLARK | MANAGER | 7839 | 1981/06/09 | 2450 | | 10 |
| 7839 | KING | PRESIDENT | | 1981/11/17 | 5000 | | 10 |
| 7844 | TURNER | SALESMAN | 7698 | 1981/09/08 | 1500 | 0 | 30 |
| 7876 | ADAMS | CLERK | 7788 | 1987/05/23 | 1100 | | 20 |
| 7900 | JAMES | CLERK | 7698 | 1981/12/03 | 950 | | 30 |
| 7934 | MILLER | CLERK | 7782 | 1982/01/23 | 1300 | | 10 |

SAL 열 값이 3000, 즉 급여가 3000인 SCOTT와 FORD만 출력 결과에서 제외됩니다.

☺ 필자가 여러 프로젝트에서 SQL문을 접해 본 경험을 비추어 볼 때 실무에서는 ^=보다 !=와 <>를 많이 사용하고 있습니다.

## 논리 부정 연산자

비교 연산자는 아니지만 앞의 실습(5-9, 5-10, 5-11)과 똑같은 결과를 출력하기 위해 사용할 수 있는 연산자가 하나 더 있습니다. 그것은 바로 논리 부정 연산자(NOT 연산자)입니다. 만약 A 값이 true일 경우 논리 부정 연산자의 결과 값은 false가 됩니다. 그리고 반대로 A 값이 false인 경우에 논리 부정 연산자의 결과 값은 true가 됩니다.

예를 들어 실습 5-9의 내용을 NOT 연산자로 표현하면 = 기호를 사용하여 '[급여가 3000과 같은 경우]가 아닌 경우'에 true를 반환하여 출력 데이터를 선별하기 때문에 결과적으로 같은 출력 결과 값을 얻을 수 있습니다. 다음 SELECT문을 실행하여 실습 5-9와 출력 결과 값이 같은지 확인해 보세요.

**실습 5-12** NOT 연산자를 사용하여 출력하기

```
01  SELECT *
02    FROM EMP
03   WHERE NOT SAL = 3000;
```

:: 결과 화면

| EMPNO | ENAME | JOB | MGR | HIREDATE | SAL | COMM | DEPTNO |
|---|---|---|---|---|---|---|---|
| 7369 | SMITH | CLERK | 7902 | 1980/12/17 | 800 | | 20 |
| 7499 | ALLEN | SALESMAN | 7698 | 1981/02/20 | 1600 | 300 | 30 |
| 7521 | WARD | SALESMAN | 7698 | 1981/02/22 | 1250 | 500 | 30 |
| 7566 | JONES | MANAGER | 7839 | 1981/04/02 | 2975 | | 20 |
| 7654 | MARTIN | SALESMAN | 7698 | 1981/09/28 | 1250 | 1400 | 30 |
| 7698 | BLAKE | MANAGER | 7839 | 1981/05/01 | 2850 | | 30 |
| 7782 | CLARK | MANAGER | 7839 | 1981/06/09 | 2450 | | 10 |
| 7839 | KING | PRESIDENT | | 1981/11/17 | 5000 | | 10 |
| 7844 | TURNER | SALESMAN | 7698 | 1981/09/08 | 1500 | 0 | 30 |
| 7876 | ADAMS | CLERK | 7788 | 1987/05/23 | 1100 | | 20 |
| 7900 | JAMES | CLERK | 7698 | 1981/12/03 | 950 | | 30 |
| 7934 | MILLER | CLERK | 7782 | 1982/01/23 | 1300 | | 10 |

보통 NOT 연산자를 IN, BETWEEN, IS NULL 연산자와 함께 복합적으로 사용하는 경우가 많고, 실습 5-12와 같이 대소·등가 비교 연산자에 직접 사용하는 경우는 별로 없습니다. 하지만 복잡한 여러 개 조건식이 AND, OR로 묶여 있는 상태에서 정반대 결과를 얻고자 할 때에는 유용하게 사용할 수 있습니다. 복잡한 조건식에서 정반대의 최종 결과를 원할 때, 조건식을 일일이 수정하여 작성하는 것보다 NOT 연산자로 한 번에 뒤집어서 사용하는 것이 간편하고 SQL문 작성 시간도 줄일 수 있기 때문입니다.

## IN 연산자

= 기호는 WHERE 조건식에서 특정 열 데이터 값만을 조회하고자 할 때 사용합니다. 앞에서 살펴본 예제에서 급여 열이 3000인 사원, 직업 열이 CLERK인 사원, 부서 번호 열이 30인 사원 등으로 조회한 SELECT문이 이에 해당합니다. 만약 지금까지 배운 연산자를 사용하여 직책 열이 SALESMAN이거나 MANAGER 또는 CLERK 중 하나인 데이터를 조회하려면 다음과 같이 논리 연산자 OR를 사용해서 출력할 수 있습니다.

**실습 5-13** OR 연산자를 사용하여 여러 개 조건을 만족하는 데이터 출력하기

```
01  SELECT *
02    FROM EMP
03   WHERE JOB = 'MANAGER'
04     OR JOB = 'SALESMAN'
05     OR JOB = 'CLERK';
```

:: 결과 화면

| EMPNO | ENAME | JOB | MGR | HIREDATE | SAL | COMM | DEPTNO |
|---|---|---|---|---|---|---|---|
| 7369 | SMITH | CLERK | 7902 | 1980/12/17 | 800 | | 20 |
| 7499 | ALLEN | SALESMAN | 7698 | 1981/02/20 | 1600 | 300 | 30 |
| 7521 | WARD | SALESMAN | 7698 | 1981/02/22 | 1250 | 500 | 30 |
| 7566 | JONES | MANAGER | 7839 | 1981/04/02 | 2975 | | 20 |
| 7654 | MARTIN | SALESMAN | 7698 | 1981/09/28 | 1250 | 1400 | 30 |
| 7698 | BLAKE | MANAGER | 7839 | 1981/05/01 | 2850 | | 30 |
| 7782 | CLARK | MANAGER | 7839 | 1981/06/09 | 2450 | | 10 |
| 7844 | TURNER | SALESMAN | 7698 | 1981/09/08 | 1500 | 0 | 30 |
| 7876 | ADAMS | CLERK | 7788 | 1987/05/23 | 1100 | | 20 |
| 7900 | JAMES | CLERK | 7698 | 1981/12/03 | 950 | | 30 |
| 7934 | MILLER | CLERK | 7782 | 1982/01/23 | 1300 | | 10 |

실습 5-13과 같이 출력하고 싶은 열의 조건이 여러 가지일 때 OR 연산자로 여러 조건식을 묶어 주는 것도 하나의 방법이지만, 조건이 늘어날수록 조건식을 많이 작성해야 하기 때문에 조금 번거롭습니다.

이때 IN 연산자를 사용하면 특정 열에 해당하는 조건을 여러 개 지정할 수 있습니다. IN 연산자의 기본 형식은 다음과 같습니다.

```
SELECT  [조회할 열1 이름], [열2 이름], ..., [열N 이름]
FROM    [조회할 테이블 이름]
WHERE   열 이름 IN (데이터1, 데이터2, ... 데이터N); ─①
```
기본 형식

| 번호 | 키워드 | 필수 요소 | 선택 요소 | 설명 |
|---|---|---|---|---|
| ① | IN | 열 이름<br>조회할 열의 데이터 목록 | - | 특정 열에 포함된 데이터를 여러 개 조회할 때 활용 |

실습 5-13을 IN 연산자로 표현하면 다음과 같은 SELECT문을 작성할 수 있습니다. 즉 직책 열 값이 MANAGER, SALESMAN, CLERK 중 하나라면 모두 조회합니다. 실습 5-14의 출력 결과는 실습 5-13과 같습니다.

실습 5-14  IN 연산자를 사용하여 출력하기

```
01   SELECT *
02     FROM EMP
03    WHERE JOB IN ('MANAGER', 'SALESMAN', 'CLERK');
```

이번에는 실습 5-14와 반대되는 경우를 생각해 봅시다. 직책 열 값이 MANAGER도 아니고 SALESMAN, CLERK도 아닌 데이터를 찾을 때, 앞에서 배운 등가 비교 연산자와 AND 연산자를 사용하여 세 값 모두가 '아닌' 데이터를 찾기 위해서 SELECT문은 다음과 같이 작성할 수 있습니다.

**실습 5-15** 등가 비교 연산자와 AND 연산자를 사용하여 출력하기

```
01  SELECT *
02    FROM EMP
03   WHERE JOB != 'MANAGER'
04     AND JOB <> 'SALESMAN'
05     AND JOB ^= 'CLERK';
```

실습 5-15와 출력 결과는 같지만, IN 연산자 앞에 논리 부정 연산자 NOT을 사용하면 좀 더 간단하게 반대 경우를 조회할 수 있습니다. 이는 앞에서 설명했듯이 NOT 연산자를 적용하면 true, false로 나오는 최종 결과의 반대 값을 반환해 주기 때문입니다.

**실습 5-16** IN 연산자와 논리 부정 연산자를 사용하여 출력하기

```
01  SELECT *
02    FROM EMP
03   WHERE JOB NOT IN ('MANAGER', 'SALESMAN', 'CLERK');
```

실습 5-16의 결과 화면은 다음과 같습니다. 결과를 살펴보면 EMP 테이블에서 직책 열이 위세 데이터를 제외한 ANALYST, PRESIDENT인 데이터만 출력되고 있습니다.

:: 결과 화면(실습 5-15, 5-16의 실행 결과가 같음)

| EMPNO | ENAME | JOB | MGR | HIREDATE | SAL | COMM | DEPTNO |
|---|---|---|---|---|---|---|---|
| 7788 | SCOTT | ANALYST | 7566 | 1987/04/19 | 3000 | | 20 |
| 7839 | KING | PRESIDENT | | 1981/11/17 | 5000 | | 10 |
| 7902 | FORD | ANALYST | 7566 | 1981/12/03 | 3000 | | 20 |

IN 연산자를 사용하여 다음 SQL문의 결과로 부서 번호가 10, 20번인 사원 정보만 나오도록 코드를 채워 보세요.

```
SELECT *
  FROM EMP
 WHERE ¹        IN ( ²        , ³        );
```

정답 1. DEPTNO 2. 10 3. 20

## BETWEEN A AND B 연산자

급여 열 값이 2000 이상 3000 이하, 즉 급여가 2000~3000인 사원 데이터를 조회해야 한다
고 가정해 봅시다. 이 SELECT문을 작성할 때 WHERE절 조건에 급여 열 값이 2000 이상인
조건과 3000 이하인 조건이 필요합니다. 앞에서 배운 대소 비교 연산자와 AND 연산자를 사
용하면 다음과 같이 SELECT문을 만들 수 있습니다.

---

**실습 5-17** 대소 비교 연산자와 AND 연산자를 사용하여 출력하기

```
01   SELECT *
02     FROM EMP
03    WHERE SAL >= 2000
04      AND SAL <= 3000;
```

:: 결과 화면

| | EMPNO | ENAME | JOB | MGR | HIREDATE | SAL | COMM | DEPTNO |
|---|---|---|---|---|---|---|---|---|
| ▶ | 7566 | JONES | MANAGER | 7839 | 1981/04/02 | 2975 | | 20 |
| | 7698 | BLAKE | MANAGER | 7839 | 1981/05/01 | 2850 | | 30 |
| | 7782 | CLARK | MANAGER | 7839 | 1981/06/09 | 2450 | | 10 |
| | 7788 | SCOTT | ANALYST | 7566 | 1987/04/19 | 3000 | | 20 |
| | 7902 | FORD | ANALYST | 7566 | 1981/12/03 | 3000 | | 20 |

---

실습 5-17과 같이 특정 열 값의 최소·최고 범위를 지정하여 해당 범위 내의 데이터만 조회
할 경우에 대소 비교 연산자 대신 BETWEEN A AND B 연산자를 사용하면 더 간단하게 표현
할 수 있습니다.

---

기본 형식

```
SELECT  [조회할 열1 이름], [열2 이름], ..., [열N 이름]
FROM    [조회할 테이블 이름]
WHERE   열 이름 BETWEEN 최솟값 AND 최댓값; ─❶
```

---

| 번호 | 키워드 | 필수 요소 | 선택 요소 | 설명 |
|---|---|---|---|---|
| ❶ | BETWEEN A AND B | 열 이름, 최솟값, 최댓값 | - | 일정 범위 내의 데이터를 조회할 때 사용 |

---

실습 5-17을 BETWEEN A AND B 연산자를 사용하여 SELECT문을 작성하면 다음과 같습
니다.

```
01   SELECT *
02     FROM EMP
03    WHERE SAL BETWEEN 2000 AND 3000;
```

:: 결과 화면

| EMPNO | ENAME | JOB | MGR | HIREDATE | SAL | COMM | DEPTNO |
|-------|-------|-----|-----|----------|-----|------|--------|
| 7566 | JONES | MANAGER | 7839 | 1981/04/02 | 2975 | | 20 |
| 7698 | BLAKE | MANAGER | 7839 | 1981/05/01 | 2850 | | 30 |
| 7782 | CLARK | MANAGER | 7839 | 1981/06/09 | 2450 | | 10 |
| 7788 | SCOTT | ANALYST | 7566 | 1987/04/19 | 3000 | | 20 |
| 7902 | FORD | ANALYST | 7566 | 1981/12/03 | 3000 | | 20 |

실습 5-18의 결과 화면을 살펴보면 실습 5-17과 같은 결과가 출력되는 것을 확인할 수 있습니다. IN 연산자와 마찬가지로 NOT 연산자를 앞에 붙이면 SAL 열이 2000~3000 사이 외의 값을 가진 데이터만 출력할 수 있습니다.

실습 5-19  BETWEEN A AND B 연산자와 NOT 연산자를 사용하여 출력하기

```
01   SELECT *
02     FROM EMP
03    WHERE SAL NOT BETWEEN 2000 AND 3000;
```

:: 결과 화면

| EMPNO | ENAME | JOB | MGR | HIREDATE | SAL | COMM | DEPTNO |
|-------|-------|-----|-----|----------|-----|------|--------|
| 7369 | SMITH | CLERK | 7902 | 1980/12/17 | 800 | | 20 |
| 7499 | ALLEN | SALESMAN | 7698 | 1981/02/20 | 1600 | 300 | 30 |
| 7521 | WARD | SALESMAN | 7698 | 1981/02/22 | 1250 | 500 | 30 |
| 7654 | MARTIN | SALESMAN | 7698 | 1981/09/28 | 1250 | 1400 | 30 |
| 7839 | KING | PRESIDENT | | 1981/11/17 | 5000 | | 10 |
| 7844 | TURNER | SALESMAN | 7698 | 1981/09/08 | 1500 | 0 | 30 |
| 7876 | ADAMS | CLERK | 7788 | 1987/05/23 | 1100 | | 20 |
| 7900 | JAMES | CLERK | 7698 | 1981/12/03 | 950 | | 30 |
| 7934 | MILLER | CLERK | 7782 | 1982/01/23 | 1300 | | 10 |

## LIKE 연산자와 와일드 카드

LIKE 연산자는 이메일이나 게시판 제목 또는 내용 검색 기능처럼 일부 문자열이 포함된 데이터를 조회할 때 사용합니다.

**실습 5-20** LIKE 연산자 사용하여 출력하기

```
01  SELECT *
02    FROM EMP
03   WHERE ENAME LIKE 'S%';
```

:: 결과 화면

| EMPNO | ENAME | JOB | MGR | HIREDATE | SAL | COMM | DEPTNO |
|-------|-------|-----|-----|----------|-----|------|--------|
| ▶ 7369 | SMITH | CLERK | 7902 | 1980/12/17 | 800 | | 20 |
| 7788 | SCOTT | ANALYST | 7566 | 1987/04/19 | 3000 | | 20 |

실습 5-20에서 ENAME LIKE 'S%' 조건식은 ENAME 열 값이 대문자 S로 시작하는 데이터를 조회하라는 뜻입니다. 이 조건식에서 사용한 % 기호를 와일드 카드(wild card)라고 합니다. 와일드 카드는 특정 문자 또는 문자열을 대체하거나 문자열 데이터의 패턴을 표기하는 특수 문자입니다. LIKE 연산자와 함께 사용할 수 있는 와일드 카드는 _와 %입니다.

| 종류 | 의미 |
|------|------|
| _ | 어떤 값이든 상관없이 한 개의 문자 데이터를 의미 |
| % | 길이와 상관없이(문자 없는 경우도 포함) 모든 문자 데이터를 의미 |

와일드 카드 종류

앞에서 사용한 LIKE S%는 시작 문자가 S면 그 뒤에 어떤 문자 몇 개가 오든 상관없이 LIKE 연산자를 사용한 조건식의 결과 값은 true가 됩니다. 만약 사원 이름의 두 번째 글자가 L인 사원 데이터를 조회하고 싶다면 다음과 같이 LIKE 연산자에 와일드 카드를 활용할 수 있습니다.

**실습 5-21** 사원 이름의 두 번째 글자가 L인 사원만 출력하기

```
01  SELECT *
02    FROM EMP
03   WHERE ENAME LIKE '_L%';
```

:: 결과 화면

| EMPNO | ENAME | JOB | MGR | HIREDATE | SAL | COMM | DEPTNO |
|-------|-------|-----|-----|----------|-----|------|--------|
| ▶ 7499 | ALLEN | SALESMAN | 7698 | 1981/02/20 | 1600 | 300 | 30 |
| 7698 | BLAKE | MANAGER | 7839 | 1981/05/01 | 2850 | | 30 |
| 7782 | CLARK | MANAGER | 7839 | 1981/06/09 | 2450 | | 10 |

 두 번째 문자는 반드시 'L'이고, L 앞에는 반드시 한 문자가 와야 합니다.

_L%의 의미는 데이터의 첫 번째 문자가 와일드 카드(_)이기 때문에 문자 종류와 상관없이 L 앞에는 단 하나의 문자가 오는 것을 의미합니다. 그리고 두 번째 글자가 L이고 L 이후 와일드 카드(%)를 지정하였기 때문에 L 뒤에 올 문자는 어떤 종류의 문자가 몇 개가 오든지 상관없습니다.

즉 사원 이름 중에 두번째 문자가 L인 데이터를 가리키게 됩니다. 실습 5-21의 결과를 살펴보면 EMP 테이블에서 사원 이름 열의 데이터 중 두 번째 문자가 'L'인 ALLEN, BLAKE, CLARK 데이터가 조회되었음을 확인 할 수 있습니다.

어떤 단어가 포함된 제목 또는 본문 검색과 같은 기능을 구현할 때는 원하는 문자열 앞뒤 모두 와일드 카드(%)를 붙여 줄 수 있습니다. 이름에 AM이라는 단어를 포함하는 사원을 조회할 때 SELECT문은 다음과 같이 작성할 수 있습니다.

**실습 5-22** 사원 이름에 AM이 포함되어 있는 사원 데이터만 출력하기

```
01   SELECT *
02     FROM EMP
03   WHERE ENAME LIKE '%AM%';
```

:: 결과 화면

| ≡ | EMPNO | ENAME | JOB | MGR | HIREDATE | SAL | COMM | DEPTNO |
|---|-------|-------|-----|-----|----------|-----|------|--------|
| ▶ | 7876 | ADAMS | CLERK | 7788 | 1987/05/23 | 1100 | | 20 |
| | 7900 | JAMES | CLERK | 7698 | 1981/12/03 | 950 | | 30 |

실습 5-22의 결과를 살펴보면 사원 이름의 열 값에 AM이라는 단어가 포함되어 있고, AM 앞 뒤에 몇 글자가 오건 어떤 종류의 문자가 오건 상관없이 사원 데이터가 출력되는 것을 알 수 있습니다.

만약 위와는 반대로 AM이라는 단어가 포함된 데이터를 제외한 결과를 얻고자 할 경우에는 다음과 같이 LIKE 연산자 앞에 NOT을 붙여 사용할 수 있습니다.

**실습 5-23** 사원 이름에 AM이 포함되어 있지 않은 사원 데이터 출력하기

```
01   SELECT *
02     FROM EMP
03   WHERE ENAME NOT LIKE '%AM%';
```

:: 결과 화면

| | EMPNO | ENAME | JOB | MGR | HIREDATE | SAL | COMM | DEPTNO |
|---|---|---|---|---|---|---|---|---|
| ▶ | 7369 | SMITH | CLERK | 7902 | 1980/12/17 | 800 | | 20 |
| | 7499 | ALLEN | SALESMAN | 7698 | 1981/02/20 | 1600 | 300 | 30 |
| | 7521 | WARD | SALESMAN | 7698 | 1981/02/22 | 1250 | 500 | 30 |
| | 7566 | JONES | MANAGER | 7839 | 1981/04/02 | 2975 | | 20 |
| | 7654 | MARTIN | SALESMAN | 7698 | 1981/09/28 | 1250 | 1400 | 30 |
| | 7698 | BLAKE | MANAGER | 7839 | 1981/05/01 | 2850 | | 30 |
| | 7782 | CLARK | MANAGER | 7839 | 1981/06/09 | 2450 | | 10 |
| | 7788 | SCOTT | ANALYST | 7566 | 1987/04/19 | 3000 | | 20 |
| | 7839 | KING | PRESIDENT | | 1981/11/17 | 5000 | | 10 |
| | 7844 | TURNER | SALESMAN | 7698 | 1981/09/08 | 1500 | 0 | 30 |
| | 7902 | FORD | ANALYST | 7566 | 1981/12/03 | 3000 | | 20 |
| | 7934 | MILLER | CLERK | 7782 | 1982/01/23 | 1300 | | 10 |

### 와일드 카드 문자가 데이터 일부일 경우

데이터에 와일드 카드 기호로 사용되는 _나 % 문자가 데이터로 포함된 경우가 간혹 있습니다. 이 경우에 _ 문자나 % 문자를 포함한 데이터를 조회하기 위해서 와일드 카드 문자를 쓰는 것은 애매해집니다. 하지만 ESCAPE절을 사용하면 _, %를 와일드 카드 기호가 아닌 데이터로서의 문자로 다루는 것이 가능합니다. 예를 들어 LIKE문을 사용하여 데이터 앞에 A_A 문자를 가지고 있는 데이터를 찾으려면 다음과 같이 SQL문을 작성하면 됩니다.

```
SELECT *
  FROM SOME_TABLE
 WHERE SOME_COLUMN LIKE 'A₩_A%' ESCAPE '₩';
```

A₩_A%에서 ₩ 문자 바로 뒤에 있는 _는 와일드 카드 기호로서가 아닌 데이터에 포함된 문자로 인식하라는 의미입니다. ESCAPE 문자 ₩는 ESCAPE절에서 지정할 수 있습니다. 그리고 ₩ 외 다른 문자도 지정하여 사용할 수 있습니다.

ⓒ ESCAPE 문자를 지정하는 방식은 실무에서 그리 자주 사용하지는 않으므로 참고만 하세요.

### LIKE 연산자와 와일드 카드 문자의 성능

LIKE 연산자와 와일드 카드를 사용한 SELECT문은 사용하기 간편하고 기능 면에서 활용도가 높지만 데이터 조회 성능과 관련된 의견은 다양합니다.

우리가 이 책에서 실습을 위해 사용하는 데이터는 아주 작은 규모이기 때문에 데이터 조회 속도가 문제되는 경우는 없을 것입니다. 하지만 실제 업무에서는 행 수가 어마어마한 테이블을 여러 개 조합하여 데이터를 조회하는 경우가 많습니다. 데이터 조회 속도는 제공하려는 서비스 질과 직접적으로 연관되는 일이 빈번하기 때문에 데이터 조회 속도는 매우 중요합니다. LIKE 연산자와 와일드 카드를 활용한 SELECT문은 와일드 카드를 어떻게 사용하느냐에 따라 데이터를 조회해 오는 시간에 차이가 난다고 알려져 있고, 데이터베이스 관련 인터넷 커뮤니티나 블로그 글 등에서 이와 관련된 이야기가 많이 오갑니다. SELECT문의 조회 성능을 논하는 것은 이 책의 범위를 넘어서므로 다루지 않겠지만 이러한 조회 성능 관련 부분도 나중에는 주요 이슈가 될 수 있다는 점을 참고해 주세요.

## IS NULL 연산자

IS NULL 연산자를 살펴보기 전에 NULL에 대해서 살펴보겠습니다. NULL은 데이터베이스에서 중요한 의미가 있는 특수한 데이터 형식입니다. 04장에서 별칭을 학습할 때 사용한 SELECT문을 다시 살펴보겠습니다.

실습 5-24 별칭을 사용하여 열 이름 출력하기

```
01    SELECT ENAME, SAL, SAL*12+COMM AS ANNSAL, COMM
02        FROM EMP;
```

:: 결과 화면

| ENAME | SAL | ANNSAL | COMM |
|---|---|---|---|
| SMITH | 800 | | |
| ALLEN | 1600 | 19500 | 300 |
| WARD | 1250 | 15500 | 500 |
| JONES | 2975 | | |
| MARTIN | 1250 | 16400 | 1400 |
| BLAKE | 2850 | | |
| CLARK | 2450 | | |
| SCOTT | 3000 | | |
| KING | 5000 | | |
| TURNER | 1500 | 18000 | 0 |
| ADAMS | 1100 | | |
| JAMES | 950 | | |
| FORD | 3000 | | |
| MILLER | 1300 | | |

실습 5-24 결과를 살펴보면 SAL열에 12를 곱하고 추가 수당 열 값을 더한 결과는 나오는 경우도 있고 나오지 않는 경우도 있습니다. 결과가 나오지 않는 현상은 연산에 사용한 추가 수당 열 값이 비어 있는 행에서만 나타납니다.

이렇듯 NULL은 데이터 값이 완전히 '비어 있는' 상태를 말합니다. 숫자 0은 값 0이 존재한다는 뜻이므로 NULL과 혼동하지 않도록 주의해야 합니다. NULL의 의미를 예를 들어 설명하면 다음과 같습니다.

| 의미 | 예 |
|---|---|
| 값이 존재하지 않음 | 통장을 개설한 적 없는 은행 고객의 계좌 번호 |
| 해당 사항 없음 | 미혼인 고객의 결혼기념일 |
| 노출할 수 없는 값 | 고객 비밀번호 찾기 같은 열람을 제한해야 하는 특정 개인 정보 |
| 확정되지 않은 값 | 미성년자의 출신 대학 |

NULL의 의미

따라서 NULL은 '현재 무슨 값인지 확정되지 않은 상태'이거나 '값 자체가 존재하지 않는 상태'를 나타내는 데이터에 사용합니다. 이 때문에 앞에서 살펴본 연산자는 대부분 연산 대상이 NULL일 때 연산 자체가 무의미해지는 현상이 발생합니다.

예를 들어 두 피연산자 값이 같은 지 확인하는 데 사용하는 등가 비교 연산자를 NULL에 대입한 다음 SELECT문을 실행해 봅시다.

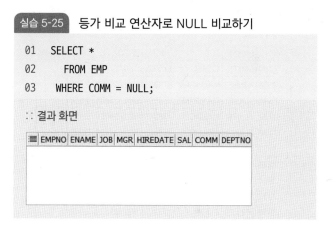

실습 5-25  **등가 비교 연산자로 NULL 비교하기**

```
01   SELECT *
02     FROM EMP
03    WHERE COMM = NULL;
```

:: 결과 화면

| EMPNO | ENAME | JOB | MGR | HIREDATE | SAL | COMM | DEPTNO |
|---|---|---|---|---|---|---|---|

얼핏 보기에 추가 수당 열 값이 NULL인 행이 나와야 할 것 같지만 실제로 출력되는 데이터는 없습니다. 실습 5-25와 같은 결과가 나온 것은 NULL은 산술 연산자와 비교 연산자로 비교해도 결과 값이 NULL이 되기 때문입니다. 어떤 값인지 모르는 값에 숫자를 더해도 어떤 값인지 알 수 없고, 어떤 값인지 모르는 값이 특정 값보다 큰지 작은지 알 수 없는 것과 같은 이치입니다. 마치 수학에서 사용하는 무한대(∞) 또는 의문 부호인 물음표(?) 같은 의미로 이해해도 무방합니다.

- NULL + 100 = NULL
- NULL > 100 = NULL
- ∞ + 100 = ∞
- ? > 100 = ?

WHERE절은 조건식의 결과 값이 true인 행만 출력하는데 이처럼 연산 결과 값이 NULL이 되어 버리면 조건식의 결과 값이 false도 true도 아니게 되므로 출력 대상에서 제외됩니다. 따라서 지금까지 살펴본 연산자로는 특정 열의 데이터가 NULL인 경우를 구별해 낼 수 없습니다.

특정 열 또는 연산의 결과 값이 NULL인지 여부를 확인하려면 IS NULL 연산자를 사용해야 합니다. 예를 들어 실습 5-25의 SELECT문에서 본래 의도한 의미대로 추가 수당 열 값이 NULL인 데이터를 출력하고 싶다면 다음과 같이 IS NULL 연산자를 사용하면 됩니다.

**실습 5-26** IS NULL 연산자를 사용하여 출력하기

```
01  SELECT *
02    FROM EMP
03   WHERE COMM IS NULL;
```

:: 결과 화면

| EMPNO | ENAME | JOB | MGR | HIREDATE | SAL | COMM | DEPTNO |
|-------|-------|-----|-----|----------|-----|------|--------|
| 7369 | SMITH | CLERK | 7902 | 1980/12/17 | 800 | | 20 |
| 7566 | JONES | MANAGER | 7839 | 1981/04/02 | 2975 | | 20 |
| 7698 | BLAKE | MANAGER | 7839 | 1981/05/01 | 2850 | | 30 |
| 7782 | CLARK | MANAGER | 7839 | 1981/06/09 | 2450 | | 10 |
| 7788 | SCOTT | ANALYST | 7566 | 1987/04/19 | 3000 | | 20 |
| 7839 | KING | PRESIDENT | | 1981/11/17 | 5000 | | 10 |
| 7876 | ADAMS | CLERK | 7788 | 1987/05/23 | 1100 | | 20 |
| 7900 | JAMES | CLERK | 7698 | 1981/12/03 | 950 | | 30 |
| 7902 | FORD | ANALYST | 7566 | 1981/12/03 | 3000 | | 20 |
| 7934 | MILLER | CLERK | 7782 | 1982/01/23 | 1300 | | 10 |

위 결과에서 알 수 있듯이 IS NULL 연산자를 사용하면 추가 수당 열 값이 존재하지 않는 데이터만 출력합니다.

반대의 경우, 즉 추가 수당 열 값이 NULL이 아닌 데이터만 조회하려면 IS NOT NULL을 사용하면 됩니다. 직속 상관의 사원 번호 열에는 사원의 상급자 사원 번호가 담겨 있습니다. KING은 최고 직급인 PRESIDENT이므로 직속상관이 존재하지 않습니다. 그렇기 때문에 직속 상관 열 값이 NULL입니다. 직속 상관 열이 NULL이 아닌 사원만 조회할 경우 다음과 같이 IS NOT NULL 연산자를 사용하면 됩니다.

**실습 5-27** 직속 상관이 있는 사원 데이터만 출력하기

```
01  SELECT *
02    FROM EMP
03   WHERE MGR IS NOT NULL;
```

::결과 화면

| EMPNO | ENAME | JOB | MGR | HIREDATE | SAL | COMM | DEPTNO |
|-------|-------|-----|-----|----------|-----|------|--------|
| 7369 | SMITH | CLERK | 7902 | 1980/12/17 | 800 | | 20 |
| 7499 | ALLEN | SALESMAN | 7698 | 1981/02/20 | 1600 | 300 | 30 |
| 7521 | WARD | SALESMAN | 7698 | 1981/02/22 | 1250 | 500 | 30 |
| 7566 | JONES | MANAGER | 7839 | 1981/04/02 | 2975 | | 20 |
| 7654 | MARTIN | SALESMAN | 7698 | 1981/09/28 | 1250 | 1400 | 30 |
| 7698 | BLAKE | MANAGER | 7839 | 1981/05/01 | 2850 | | 30 |
| 7782 | CLARK | MANAGER | 7839 | 1981/06/09 | 2450 | | 10 |
| 7788 | SCOTT | ANALYST | 7566 | 1987/04/19 | 3000 | | 20 |
| 7844 | TURNER | SALESMAN | 7698 | 1981/09/08 | 1500 | 0 | 30 |
| 7876 | ADAMS | CLERK | 7788 | 1987/05/23 | 1100 | | 20 |
| 7900 | JAMES | CLERK | 7698 | 1981/12/03 | 950 | | 30 |
| 7902 | FORD | ANALYST | 7566 | 1981/12/03 | 3000 | | 20 |
| 7934 | MILLER | CLERK | 7782 | 1982/01/23 | 1300 | | 10 |

KING은 직속 상관 열 값이 NULL이므로 출력 대상에서 제외되었습니다.

데이터가 NULL인지 아닌지를 확인하는 용도로만 사용하는 IS NULL과 IS NOT NULL 연산자는 매우 자주 사용되므로 사용법을 꼭 기억해 두세요.

그러면 IS NULL 연산자와 AND, OR 연산자의 관계에 대해 잠깐 살펴봅시다. AND 연산자는 양쪽 항목이 모두 true일 때를 제외하면 false를 반환하고, OR 연산자는 양쪽 항목이 모두 false인 경우를 제외하면 true를 반환하는 논리 연산자입니다. 만약 AND, OR 연산자가 적용되는 데이터 중 한쪽 데이터가 NULL이라면 연산의 결과 값이 true인지 false인지, 연산자가 AND인지 OR인지, 그리고 다른 한쪽 데이터 결과 값이 무엇이냐에 따라 달라집니다. 다음 두 SELECT문을 각각 실행해 보고 결과 값을 확인해 보세요.

**실습 5-28** AND 연산자와 IS NULL 연산자 사용하기

```
01  SELECT *
02    FROM EMP
03  WHERE SAL > NULL
04    AND COMM IS NULL;
```

::결과 화면

| EMPNO | ENAME | JOB | MGR | HIREDATE | SAL | COMM | DEPTNO |
|-------|-------|-----|-----|----------|-----|------|--------|
| | | | | | | | |

OR 연산자와 IS NULL 연산자 사용하기

```
01   SELECT *
02     FROM EMP
03   WHERE SAL > NULL
04     OR COMM IS NULL;
```

:: 결과 화면

| EMPNO | ENAME | JOB | MGR | HIREDATE | SAL | COMM | DEPTNO |
|---|---|---|---|---|---|---|---|
| 7369 | SMITH | CLERK | 7902 | 1980/12/17 | 800 | | 20 |
| 7566 | JONES | MANAGER | 7839 | 1981/04/02 | 2975 | | 20 |
| 7698 | BLAKE | MANAGER | 7839 | 1981/05/01 | 2850 | | 30 |
| 7782 | CLARK | MANAGER | 7839 | 1981/06/09 | 2450 | | 10 |
| 7788 | SCOTT | ANALYST | 7566 | 1987/04/19 | 3000 | | 20 |
| 7839 | KING | PRESIDENT | | 1981/11/17 | 5000 | | 10 |
| 7876 | ADAMS | CLERK | 7788 | 1987/05/23 | 1100 | | 20 |
| 7900 | JAMES | CLERK | 7698 | 1981/12/03 | 950 | | 30 |
| 7902 | FORD | ANALYST | 7566 | 1981/12/03 | 3000 | | 20 |
| 7934 | MILLER | CLERK | 7782 | 1982/01/23 | 1300 | | 10 |

결과는 OR 연산자를 사용한 SELECT문에서만 출력됩니다.

이렇듯 결과 값이 다른 이유는 AND 연산자와 OR 연산자의 특징 때문입니다. AND 연산은 양쪽 항목이 모두 true인 경우에만 결과 값을 true로 반환하여 결과 데이터가 출력 대상이 되는 반면, OR 연산은 양쪽 항목 중 어느 항목만 true여도 결과 값을 true로 반환합니다.

즉 한쪽 항목이 true이건 false이건 NULL이건 다른 한쪽 항목이 true이면 출력 대상에 포함됩니다. OR를 사용한 SELECT문을 살펴보면 SAL > NULL 조건의 결과 값은 NULL이지만 추가 수당이 NULL 값인지 알아보는 IS NULL 연산을 통해 추가 수당 열 값이 NULL인 경우는 true가 되므로 결과가 출력됩니다. 즉 AND 연산과 OR 연산은 각 항목이 true, false, NULL일 때 다음과 같은 연산 결과가 나온다는 것을 참고해 주세요.

| 피연산자 1 \ 피연산자 2 | true | false | NULL |
|---|---|---|---|
| true | true | false | NULL |
| false | false | false | false |
| NULL | NULL | false | NULL |

AND 연산

| 피연산자 1 \ 피연산자 2 | true | false | NULL |
|---|---|---|---|
| true | true | true | true |
| false | true | false | NULL |
| NULL | true | NULL | NULL |

OR 연산

## 집합 연산자

관계형 데이터베이스 개념은 집합론에서 시작되었습니다. SQL문에서는 SELECT문을 통해 데이터를 조회한 결과를 하나의 집합과 같이 다룰 수 있는 집합 연산자를 사용할 수 있습니다. 그리고 두 개 이상의 SELECT문의 결과 값을 연결할 때 사용합니다.

**실습 5-30  집합 연산자(UNION)를 사용하여 출력하기**

```
01  SELECT EMPNO, ENAME, SAL, DEPTNO
02    FROM EMP
03   WHERE DEPTNO = 10
04  UNION
05  SELECT EMPNO, ENAME, SAL, DEPTNO
06    FROM EMP
07   WHERE DEPTNO = 20;
```

∷ 결과 화면

| EMPNO | ENAME | SAL | DEPTNO |
|---|---|---|---|
| 7369 | SMITH | 800 | 20 |
| 7566 | JONES | 2975 | 20 |
| 7782 | CLARK | 2450 | 10 |
| 7788 | SCOTT | 3000 | 20 |
| 7839 | KING | 5000 | 10 |
| 7876 | ADAMS | 1100 | 20 |
| 7902 | FORD | 3000 | 20 |
| 7934 | MILLER | 1300 | 10 |

실습 5-30의 SELECT문은 지금까지 사용한 SELECT문과는 다른 형태를 띠고 있습니다. 두 개의 SELECT문 사이에 사용된 UNION 연산자가 바로 집합 연산자입니다. 이 연산자는 합집합을 의미하는 연산자입니다. 결과 화면을 살펴보면 10번 부서에 근무하는 사원과 20번 부서에 근무하는 사원 정보가 합쳐져 출력된 것을 알 수 있습니다.

여기에서 주의할 점은 집합 연산자로 두 개의 SELECT문의 결과 값을 연결할 때 각 SELECT문이 출력하려는 열 개수와 각 열의 자료형이 순서별로 일치해야 한다는 것입니다. 예를 들어 다음의 집합 연산자를 사용한 두 SELECT문은 모두 실행되지 않습니다. 실행 오류 메시지를 함께 확인해 주세요.

집합 연산자(UNION)를 사용하여 출력하기(출력 열 개수가 다를 때)

```
01  SELECT EMPNO, ENAME, SAL, DEPTNO
02    FROM EMP
03   WHERE DEPTNO = 10
04  UNION
05  SELECT EMPNO, ENAME, SAL
06    FROM EMP
07   WHERE DEPTNO = 20;
```

:: 결과 화면 : ORA-01789: 질의 블록은 부정확한 수의 결과 열을 가지고 있습니다.

집합 연산자(UNION)를 사용하여 출력하기(출력 열의 자료형이 다를 때)

```
01  SELECT EMPNO, ENAME, SAL, DEPTNO
02    FROM EMP
03   WHERE DEPTNO = 10
04  UNION
05  SELECT ENAME, EMPNO, DEPTNO, SAL
06    FROM EMP
07   WHERE DEPTNO = 20;
```

:: 결과 화면 : ORA-01790: 대응하는 식과 같은 데이터 유형이어야 합니다.

만약 연결하려는 두 SELECT문의 열 개수와 자료형이 같다면 서로 다른 테이블에서 조회하거나 조회하는 열 이름이 다른 것은 문제가 되지 않습니다. 다소 이상해 보이는 결과가 나오겠지만 집합 연산자를 다음과 같이 사용할 수도 있습니다.

집합 연산자(UNION)를 사용하여 출력하기(출력 열 개수와 자료형이 같을 때)

```
01  SELECT EMPNO, ENAME, SAL, DEPTNO
02    FROM EMP
03   WHERE DEPTNO = 10
04  UNION
05  SELECT SAL, JOB, DEPTNO, SAL
06    FROM EMP
07   WHERE DEPTNO = 20;
```

:: 결과 화면

| EMPNO | ENAME | SAL | DEPTNO |
|---|---|---|---|
| 800 | CLERK | 20 | 800 |
| 1100 | CLERK | 20 | 1100 |
| 2975 | MANAGER | 20 | 2975 |
| 3000 | ANALYST | 20 | 3000 |
| 7782 | CLARK | 2450 | 10 |
| 7839 | KING | 5000 | 10 |
| 7934 | MILLER | 1300 | 10 |

> 열 이름은 맨 앞에 작성한 SELECT절의 열 이름을 사용합니다.

EMPNO와 SAL 열은 다른 열이지만 양쪽 다 숫자가 저장된 데이터이기 때문에 문제없이 연결되고 있습니다. 다른 열도 마찬가지입니다. 다만 최종 출력되는 열 이름은 먼저 작성한 SELECT문의 열 이름으로 표기된다는 것에 주의하세요.

오라클 데이터베이스에서 사용하는 집합 연산자는 다음과 같이 4가지 종류가 있습니다.

| 종류 | 설명 |
|---|---|
| UNION | 연결된 SELECT문의 결과 값을 합집합으로 묶어 줍니다. 결과 값의 중복은 제거됩니다. |
| UNION ALL | 연결된 SELECT문의 결과 값을 합집합으로 묶어 줍니다. 중복된 결과 값도 제거 없이 모두 출력됩니다. |
| MINUS | 먼저 작성한 SELECT문의 결과 값에서 다음 SELECT문의 결과 값을 차집합 처리합니다. 먼저 작성한 SELECT문의 결과 값 중 다음 SELECT문에 존재하지 않는 데이터만 출력됩니다. |
| INTERSECT | 먼저 작성한 SELECT문과 다음 SELECT문의 결과 값이 같은 데이터만 출력됩니다. 교집합과 같은 의미입니다. |

만약 연결하려는 SELECT문의 결과 값이 같을 경우 UNION과 UNION ALL 연산자를 사용한 결과 값은 달라집니다. 자세한 내용은 다음 실습을 통해 살펴보겠습니다.

**실습 5-34** 집합 연산자(UNION)를 사용하여 출력하기(출력 결과 데이터가 같을 때)

```
01  SELECT EMPNO, ENAME, SAL, DEPTNO
02    FROM EMP
03   WHERE DEPTNO = 10
04  UNION
05  SELECT EMPNO, ENAME, SAL, DEPTNO
06    FROM EMP
07   WHERE DEPTNO = 10;
```

05 · 더 정확하고 다양하게 결과를 출력하는 WHERE절과 연산자  **121**

:: 결과 화면

| EMPNO | ENAME | SAL | DEPTNO |
|---|---|---|---|
| 7782 | CLARK | 2450 | 10 |
| 7839 | KING | 5000 | 10 |
| 7934 | MILLER | 1300 | 10 |

실습 5-35 집합 연산자(UNION ALL)를 사용하여 출력하기(출력 결과 데이터가 같을 때)

```
01  SELECT EMPNO, ENAME, SAL, DEPTNO
02    FROM EMP
03   WHERE DEPTNO = 10
04  UNION ALL
05  SELECT EMPNO, ENAME, SAL, DEPTNO
06    FROM EMP
07   WHERE DEPTNO = 10;
```

:: 결과 화면

| EMPNO | ENAME | SAL | DEPTNO |
|---|---|---|---|
| 7782 | CLARK | 2450 | 10 |
| 7839 | KING | 5000 | 10 |
| 7934 | MILLER | 1300 | 10 |
| 7782 | CLARK | 2450 | 10 |
| 7839 | KING | 5000 | 10 |
| 7934 | MILLER | 1300 | 10 |

UNION은 데이터 중복을 제거한 상태로 결과 값을 출력하고 UNION ALL은 중복 데이터도 모두 출력합니다. 둘 다 합집합을 의미하는 연산자이지만 결과 값이 달라지므로 사용할 때 주의해야 합니다.

MINUS 연산자는 차집합을 의미하는데요. 다음과 같이 두 SELECT문을 MINUS 연산자로 묶어 주면 두 SELECT문의 결과 값이 같은 데이터는 제외하고 첫 번째 SELECT문의 결과 값이 출력됩니다.

실습 5-36 집합 연산자(MINUS)를 사용하여 출력하기

```
01  SELECT EMPNO, ENAME, SAL, DEPTNO
02    FROM EMP
03  MINUS
04  SELECT EMPNO, ENAME, SAL, DEPTNO
05    FROM EMP
06   WHERE DEPTNO = 10;
```

:: 결과 화면

| ≡ | EMPNO | ENAME | SAL | DEPTNO |
|---|---|---|---|---|
| ▶ | 7369 | SMITH | 800 | 20 |
| | 7499 | ALLEN | 1600 | 30 |
| | 7521 | WARD | 1250 | 30 |
| | 7566 | JONES | 2975 | 20 |
| | 7654 | MARTIN | 1250 | 30 |
| | 7698 | BLAKE | 2850 | 30 |
| | 7788 | SCOTT | 3000 | 20 |
| | 7844 | TURNER | 1500 | 30 |
| | 7876 | ADAMS | 1100 | 20 |
| | 7900 | JAMES | 950 | 30 |
| | 7902 | FORD | 3000 | 20 |

EMP 테이블 전체 행을 조회한 첫 번째 SELECT문의 결과에서 10번 부서에 있는 사원 데이터를 제외한 결과 값이 출력됩니다.

INTERSECT 연산자는 교집합을 의미하므로 두 SELECT문의 결과 값이 같은 데이터만 출력됩니다.

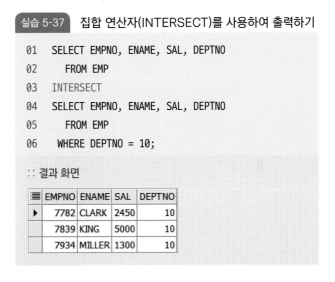

실습 5-37  집합 연산자(INTERSECT)를 사용하여 출력하기

```
01   SELECT EMPNO, ENAME, SAL, DEPTNO
02     FROM EMP
03   INTERSECT
04   SELECT EMPNO, ENAME, SAL, DEPTNO
05     FROM EMP
06    WHERE DEPTNO = 10;
```

:: 결과 화면

| ≡ | EMPNO | ENAME | SAL | DEPTNO |
|---|---|---|---|---|
| ▶ | 7782 | CLARK | 2450 | 10 |
| | 7839 | KING | 5000 | 10 |
| | 7934 | MILLER | 1300 | 10 |

지금까지 WHERE절의 사용법과 다양한 연산자를 알아보았습니다. WHERE절은 수많은 데이터 중 원하는 데이터만 출력하는 방법을 다양하게 제공하고 있으며 이를 위해 연산자를 활용합니다. 이러한 연산자의 사용 방법을 꼭 숙지하세요.

◎ 연산자는 WHERE절 조건식에서 가장 많이 활용하지만 WHERE절 외에 SELECT절, HAVING절 및 여러 함수에서도 사용할 수 있습니다.

## 연산자 우선순위

지금까지 WHERE절 조건식에 사용한 여러 연산자는 우선순위(priority)를 가지고 있습니다. 우리는 어떤 수학식에 더하기와 곱하기가 함께 있고 괄호가 없다면 곱하기를 먼저 계산한다는 것을 알고 있는데요. 이때 곱하기가 더하기보다 우선순위가 높다고 표현합니다. 즉 연산자 우선순위는 여러 연산자 중 먼저 실행하는 순위를 의미합니다.

앞에서 살펴본 연산자의 우선순위는 다음과 같습니다.

| 우선순위 | 연산자 | 설명 |
|---|---|---|
| ↑ (높음) | *, / | 산술 연산자 곱하기, 나누기 |
| | +, - | 산술 연산자 더하기, 빼기 |
| | =, !=, ^=, <>, >, >=, <, <= | 대소 비교 연산자 |
| | IS (NOT) NULL, (NOT) LIKE, (NOT) IN | (그 외) 비교 연산자 |
| | BETWEEN A AND B | BETWEEN 연산자 |
| | NOT | 논리 부정 연산자 NOT |
| (낮음) | AND | 논리 연산자 AND |
| ↓ | OR | 논리 연산자 OR |

수학식에서와 마찬가지로 먼저 수행해야 하는 연산식을 소괄호( )로 묶어 주면 연산자의 기본 우선순위와는 별개로 괄호 안의 연산식을 먼저 수행합니다.

**Q1** EMP 테이블을 사용하여 다음과 같이 사원 이름(ENAME)이 S로 끝나는 사원 데이터를 모두 출력하는 SQL문을 작성해 보세요.

:: 결과 화면

| | EMPNO | ENAME | JOB | MGR | HIREDATE | SAL | COMM | DEPTNO |
|---|---|---|---|---|---|---|---|---|
| ▶ | 7566 | JONES | MANAGER | 7839 | 1981/04/02 | 2975 | | 20 |
| | 7876 | ADAMS | CLERK | 7788 | 1987/05/23 | 1100 | | 20 |
| | 7900 | JAMES | CLERK | 7698 | 1981/12/03 | 950 | | 30 |

**Q2** EMP 테이블을 사용하여 30번 부서(DEPTNO)에서 근무하고 있는 사원 중에 직책(JOB)이 SALESMAN인 사원의 사원 번호, 이름, 직책, 급여, 부서 번호를 출력하는 SQL문을 작성해 보세요.

:: 결과 화면

| | EMPNO | ENAME | JOB | SAL | DEPTNO |
|---|---|---|---|---|---|
| ▶ | 7499 | ALLEN | SALESMAN | 1600 | 30 |
| | 7521 | WARD | SALESMAN | 1250 | 30 |
| | 7654 | MARTIN | SALESMAN | 1250 | 30 |
| | 7844 | TURNER | SALESMAN | 1500 | 30 |

**Q3** EMP 테이블을 사용하여 20번, 30번 부서에 근무하고 있는 사원 중 급여(SAL)가 2000 초과인 사원을 다음 두 가지 방식의 SELECT문을 사용하여 사원 번호, 이름, 급여, 부서 번호를 출력하는 SQL문을 작성해 보세요.
- 집합 연산자를 사용하지 않은 방식
- 집합 연산자를 사용한 방식

:: 결과 화면

| | EMPNO | ENAME | JOB | SAL | DEPTNO |
|---|---|---|---|---|---|
| ▶ | 7566 | JONES | MANAGER | 2975 | 20 |
| | 7698 | BLAKE | MANAGER | 2850 | 30 |
| | 7788 | SCOTT | ANALYST | 3000 | 20 |
| | 7902 | FORD | ANALYST | 3000 | 20 |

**Q4** 이번에는 NOT BETWEEN A AND B 연산자를 쓰지 않고, 급여(SAL) 열 값이 2000 이상 3000 이하 범위 이외의 값을 가진 데이터만 출력하도록 SQL문을 작성해 보세요.

:: 결과 화면

| EMPNO | ENAME | JOB | MGR | HIREDATE | SAL | COMM | DEPTNO |
|---|---|---|---|---|---|---|---|
| 7369 | SMITH | CLERK | 7902 | 1980-12-17 | 800 | | 20 |
| 7499 | ALLEN | SALESMAN | 7698 | 1981-02-20 | 1600 | 300 | 30 |
| 7521 | WARD | SALESMAN | 7698 | 1981-02-22 | 1250 | 500 | 30 |
| 7654 | MARTIN | SALESMAN | 7698 | 1981-09-28 | 1250 | 1400 | 30 |
| 7839 | KING | PRESIDENT | | 1981-11-17 | 5000 | | 10 |
| 7844 | TURNER | SALESMAN | 7698 | 1981-09-08 | 1500 | 0 | 30 |
| 7876 | ADAMS | CLERK | 7788 | 1987-05-23 | 1100 | | 20 |
| 7900 | JAMES | CLERK | 7698 | 1981-12-03 | 950 | | 30 |
| 7934 | MILLER | CLERK | 7782 | 1982-01-23 | 1300 | | 10 |

**Q5** 사원 이름에 E가 포함되어 있는 30번 부서의 사원 중 급여가 1000~2000 사이가 아닌 사원 이름, 사원 번호, 급여, 부서 번호를 출력하는 SQL문을 작성해 보세요.

:: 결과 화면

| ENAME | EMPNO | SAL | DEPTNO |
|---|---|---|---|
| BLAKE | 7698 | 2850 | 30 |
| JAMES | 7900 | 950 | 30 |

**Q6** 추가 수당이 존재하지 않고 상급자가 있고 직책이 MANAGER, CLERK인 사원 중에서 사원 이름의 두 번째 글자가 L이 아닌 사원의 정보를 출력하는 SQL문을 작성해 보세요.

:: 결과 화면

| EMPNO | ENAME | JOB | MGR | HIREDATE | SAL | COMM | DEPTNO |
|---|---|---|---|---|---|---|---|
| 7369 | SMITH | CLERK | 7902 | 1980/12/17 | 800 | | 20 |
| 7566 | JONES | MANAGER | 7839 | 1981/04/02 | 2975 | | 20 |
| 7876 | ADAMS | CLERK | 7788 | 1987/05/23 | 1100 | | 20 |
| 7900 | JAMES | CLERK | 7698 | 1981/12/03 | 950 | | 30 |
| 7934 | MILLER | CLERK | 7782 | 1982/01/23 | 1300 | | 10 |

정답 이지스퍼블리싱 홈페이지에서 확인하세요.

# 데이터 처리와 가공을 위한 오라클 함수

오라클에서는 연산자만으로 다루기 어려운 복잡한 데이터 처리와 다양한 결과를 얻기 위해 많은 함수를 제공하고 있습니다. 이들 함수는 05장에서 살펴본 연산자와 마찬가지로 WHERE절에서 조회할 행을 선별하는 데 사용할 수 있습니다. 또 SELECT절에서 데이터를 원하는 형태로 가공하거나 의미 있는 값을 출력할 때에도 많이 사용합니다. 06장과 07장에서는 수많은 오라클 함수 중 실무에서 자주 사용하는 함수를 살펴보겠습니다.

┌─ 이 장에서 꼭 익혀야 할 것 ─────────────────────────┐

- 함수 의미 알아보기
- 문자열 함수(LENGTH, SUBSTR, INSTR, REPLACE, TRIM) 사용법
- 숫자 함수(ROUND) 사용법

- 날짜 함수(SYSDATE)와 날짜 연산
- 문자열 및 날짜 자료형 간 변환 함수 사용법
- NULL 관련 함수(NVL, NVL2) 사용법
- DECODE, CASE 사용법

└──────────────────────────────────────────────┘

# 06-1 오라클 함수

## 함수란?

함수(function)는 수학에서 정의한 개념으로 x와 y 변수가 존재하고 x 값이 변하면 그 변화에 따라 어떤 연산 또는 가공을 거쳐 y 값도 함께 변할 때 이 y를 함수라고 합니다. x 값의 변화에 따라 y 값이 종속적으로 변하기 때문에 '따름수'라고도 합니다.

◎ 수학에서 유래한 변수라는 용어는 간단히 '변하는 수'를 의미합니다. 프로그래밍 언어 같은 IT 관련 여러 기술에서도 수학의 변수와 유사한 의미로 어떤 상황이나 명령어에 따라 변할 수 있는 데이터를 저장하는 공간을 변수(variable)라고 합니다.

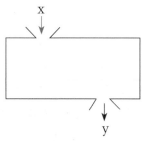

Y 값은 X 값에 종속됩니다.

오라클을 비롯한 여러 IT 관련 기술에서도 함수를 사용합니다. 오라클에서 사용할 수 있는 함수 역시 수학 함수와 크게 다르지 않습니다. 오라클 함수에서는 특정 결과 데이터를 얻기 위해 어떤 값이나 데이터를 입력하는데 그 값에 따라 가공 또는 연산의 과정을 거쳐 결과 값이 나옵니다. 즉 오라클 함수는 특정한 결과 값을 얻기 위해 데이터를 입력할 수 있는 특수 명령어를 의미합니다.

◎ 수학 함수에서 x와 비슷하게 동작하는 함수 입력 값 또는 데이터를 보통 매개변수, 입력 파라미터(input parameter), 인자(arguments) 등으로 부릅니다. 사실 각 단어를 명확히 구별하면 의미하는 바가 조금씩 다르지만 대개 함수를 실행할 때 사용하는 입력 값의 의미로 사용한다는 정도만 이해해 두세요.

## 오라클 함수의 종류

오라클 함수는 함수를 제작한 주체를 기준으로 오라클에서 기본으로 제공하고 있는 내장 함수(built-in function)와 사용자가 필요에 의해 직접 정의한 사용자 정의 함수(user-defined function)로 나뉩니다.

◎ 함수를 직접 제작하는 내용은 16장에서 PL/SQL을 알아본 후 19장에서 진행할 것입니다.

내장 함수를 뜨거운 물만 부어 바로 먹을 수 있는 컵라면으로 비유한다면 사용자 정의 함수는 약간의 레시피를 활용하여 직접 만들어 먹는 스파게티라고 비유할 수 있습니다. 내장 함수는 이미 모두 만들어져 있는 상태이므로 원하는 기능을 간편하게 바로 사용할 수 있습니다. 하지만 사용자 정의 함수는 구성 요소의 선별과 제작에 시간이 필요하기 때문에 바로 사용할 수는 없지만 내 입맛에 맞는 적절한 기능을 직접 구현해서 사용할 수 있습니다.

내장 함수와 사용자 정의 함수

## 내장 함수의 종류

내장 함수는 입력 방식에 따라 데이터 처리에 사용하는 행이 나뉩니다. 데이터가 한 행씩 입력되고 입력된 한 행당 결과가 하나씩 나오는 함수를 단일행 함수(single-row function)라고 합니다. 반면에 여러 행이 입력되어 하나의 행으로 결과가 반환되는 함수를 다중행 함수(multiple-row function)라고 합니다. 단일행 함수와 다중행 함수는 다루는 자료형에 따라 조금 더 세분화됩니다.

### 단일행 함수

| 열 1 | 열 2 | ... | 열 N |
|------|------|-----|------|
| 행 1 | | | |
| 행 2 | | | |
| ... | | | |
| 행 N | | | |

| 열 1 | 열 2 | ... | 열 N |
|------|------|-----|------|
| 행 1 | | | |
| 행 2 | | | |
| ... | | | |
| 행 N | | | |

### 다중행 함수

| 열 1 | 열 2 | ... | 열 N |
|------|------|-----|------|
| 행 1 | | | |
| 행 2 | | | |
| ... | | | |
| 행 N | | | |

| 열 1 | 열 2 | ... | 열 N |
|------|------|-----|------|
| 행 1 | | | |

06장에서는 실무에서 많이 사용하는 단일행 함수부터 먼저 살펴보겠습니다.

# 06-2 문자 데이터를 가공하는 문자 함수

문자 함수는 문자 데이터를 가공하거나 문자 데이터로부터 특정 결과를 얻고자 할 때 사용하는 함수입니다. 실무에서 자주 사용하는 데이터는 문자, 숫자, 날짜 데이터입니다. 여기에서는 이 데이터 중에서 문자 함수 사용법을 배워 보겠습니다.

## 대 · 소문자를 바꿔 주는 UPPER, LOWER, INITCAP 함수

| 함수 | 설명 |
|------|------|
| UPPER(문자열) | 괄호 안 문자 데이터를 모두 대문자로 변환하여 반환 |
| LOWER(문자열) | 괄호 안 문자 데이터를 모두 소문자로 변환하여 반환 |
| INITCAP(문자열) | 괄호 안 문자 데이터 중 첫 글자는 대문자로, 나머지 문자를 소문자로 변환 후 반환 |

다음 실습을 통해 각 함수의 결과 화면을 살펴봅시다.

**실습 6-1** UPPER, LOWER, INITCAP 함수 사용하기

```
01   SELECT ENAME, UPPER(ENAME), LOWER(ENAME), INITCAP(ENAME)
02     FROM EMP;
```

:: 결과 화면

| ENAME | UPPER(ENAME) | LOWER(ENAME) | INITCAP(ENAME) |
|-------|--------------|--------------|----------------|
| SMITH | SMITH | smith | Smith |
| ALLEN | ALLEN | allen | Allen |
| WARD | WARD | ward | Ward |
| JONES | JONES | jones | Jones |
| MARTIN | MARTIN | martin | Martin |
| BLAKE | BLAKE | blake | Blake |
| CLARK | CLARK | clark | Clark |
| SCOTT | SCOTT | scott | Scott |
| KING | KING | king | King |
| TURNER | TURNER | turner | Turner |
| ADAMS | ADAMS | adams | Adams |
| JAMES | JAMES | james | James |
| FORD | FORD | ford | Ford |
| MILLER | MILLER | miller | Miller |

UPPER, LOWER, INITCAP 함수를 사용하려면 입력 데이터에 열 이름이나 데이터를 직접
지정해야 합니다. 대·소문자를 바꿔 주는 함수는 기능이 비교적 간단하므로 '이걸 도대체 어
디에 쓴다는 거지?'라고 의아해하는 독자들도 있을 겁니다.

◎ 05장에서 WHERE절을 다룰 때 SQL문은 대·소문자 상관없이 사용할 수 있지만 문자열 데이터는 대·소문자를 구별하
므로 조건식에 문자열 데이터를 사용할 때 주의가 필요하다고 언급했던 것을 상기해 주세요.

예를 들어 게시판의 글 제목이나 글 본문과 같이 가변 길이 문자열 데이터에서 특정 문자열을
포함하는 데이터를 조회하는 경우를 생각해 봅시다. 즉 제목이나 본문에 'Oracle' 문자열이
포함된 데이터를 검색하는 기능을 구현할 때 다음과 같이 LIKE 연산자를 와일드 카드와 함께
사용할 수 있습니다.

```
SELECT *
  FROM 게시판테이블
 WHERE 게시판 제목 열 LIKE '%Oracle%'
    OR 게시판 본문 열 LIKE '%Oracle%
```

LIKE 연산자를 사용하여 문자열 데이터의 패턴을 %Oracle%로 지정하였기 때문에 'Oracle'
문자열이 포함된 데이터가 모두 출력됩니다. 하지만 이 조건식에서 사용하는 문자열 데이터
패턴은 ORACLE, oracle, OrAcLe과 같이 대·소문자가 다른 여러 가지 경우의 'Oracle' 단
어를 찾아내지는 못합니다.

이때 조건식 양쪽 항목의 문자열 데이터를 모두 대문자나 소문자로 바꿔서 비교한다면 실제
검색어의 대·소문자 여부와 상관없이 검색 단어와 일치한 문자열을 포함한 데이터를 찾을
수 있습니다. 예를 들어 EMP 테이블에서 사원 이름이 대·소문자 상관없이 scott인 사람을
찾으려면 다음과 같이 문자 함수를 사용하면 됩니다.

실습 6-2　UPPER 함수로 문자열 비교하기(사원 이름이 SCOTT인 데이터 찾기)

```
01   SELECT *
02     FROM EMP
03    WHERE UPPER(ENAME) = UPPER('scott');
```

실습 6-3　UPPER 함수로 문자열 비교하기(사원 이름에 SCOTT 단어를 포함한 데이터 찾기)

```
01   SELECT *
02     FROM EMP
03    WHERE UPPER(ENAME) LIKE UPPER('%scott%');
```

:: 결과 화면(실습 6-2, 6-3의 실행 결과가 같음)

| | EMPNO | ENAME | JOB | MGR | HIREDATE | SAL | COMM | DEPTNO |
|---|---|---|---|---|---|---|---|---|
| ▶ | 7788 | SCOTT | ANALYST | 7566 | 1987/04/19 | 3000 | | 20 |

찾으려는 문자열 데이터는 scott으로 명시했지만 양쪽 항목을 모두 UPPER 함수를 통해 대문자로 변환한 후 비교하기 때문에 대·소문자 상관없이 SCOTT 데이터가 출력되는 것을 결과 화면에서 확인할 수 있습니다.

◎ 실무에서는 일반적으로 대·소문자가 다른 문자열 데이터를 검색할 때 INITCAP 함수보다 UPPER나 LOWER 함수를 많이 씁니다.

**1분 복습**

사원 이름이 대문자로 출력되도록 코드를 채워 보세요.

```
SELECT _____
    FROM EMP;
```

정답 UPPER(ENAME)

## 문자열 길이를 구하는 LENGTH 함수

특정 문자열의 길이를 구할 때 LENGTH 함수를 사용합니다.

### LENGTH 함수 사용하기

오른쪽 결과 화면의 두 번째 열이 LENGTH 함수를 사용한 열입니다. 내용을 살펴보면 입력 데이터로 사원 이름 열을 사용하여 각 행별 사원 이름이 몇 글자인지 출력하고 있습니다.

**실습 6-4** 선택한 열의 문자열 길이 구하기

```
01  SELECT ENAME, LENGTH(ENAME)
02      FROM EMP;
```

:: 결과 화면

| | ENAME | LENGTH(ENAME) |
|---|---|---|
| ▶ | SMITH | 5 |
| | ALLEN | 5 |
| | WARD | 4 |
| | JONES | 5 |
| | MARTIN | 6 |
| | BLAKE | 5 |
| | CLARK | 5 |
| | SCOTT | 5 |
| | KING | 4 |
| | TURNER | 6 |
| | ADAMS | 5 |
| | JAMES | 5 |
| | FORD | 4 |
| | MILLER | 6 |

## WHERE절에서 LENGTH 함수 사용하기

LENGTH 함수를 WHERE절에 사용하면 문자열 길이를 비교하여 행을 선별하는 것도 가능합니다.

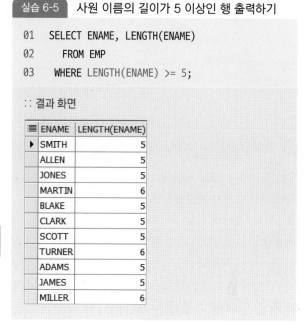

**실습 6-5** 사원 이름의 길이가 5 이상인 행 출력하기

```
01   SELECT ENAME, LENGTH(ENAME)
02     FROM EMP
03    WHERE LENGTH(ENAME) >= 5;
```

:: 결과 화면

| ENAME | LENGTH(ENAME) |
|-------|---------------|
| ▶ SMITH | 5 |
| ALLEN | 5 |
| JONES | 5 |
| MARTIN | 6 |
| BLAKE | 5 |
| CLARK | 5 |
| SCOTT | 5 |
| TURNER | 6 |
| ADAMS | 5 |
| JAMES | 5 |
| MILLER | 6 |

LENGTH 함수는 숫자 비교도 가능합니다.

## LENGTH 함수와 LENGTHB 함수 비교하기

LENGTH 함수와 사용 방식은 같지만 문자열 데이터 길이가 아닌 바이트 수를 반환하는 LENGTHB 함수도 존재합니다. 오른쪽 예제를 직접 실행해 보고 LENGTH 함수와 LENGTHB 함수의 결과를 확인해 보세요.

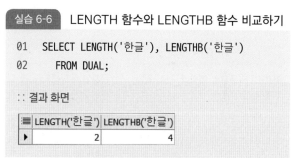

**실습 6-6** LENGTH 함수와 LENGTHB 함수 비교하기

```
01   SELECT LENGTH('한글'), LENGTHB('한글')
02     FROM DUAL;
```

:: 결과 화면

| LENGTH('한글') | LENGTHB('한글') |
|--------------|----------------|
| ▶ 2 | 4 |

LENGTH 함수는 문자열 길이를 반환하기 때문에 LENGTH('한글')은 2, LENGTHB 함수는 문자열의 바이트 수를 반환하기 때문에 LENGTHB('한글')은 4로 결과가 출력되는 것을 확인할 수 있습니다.

ⓒ 한글은 한 문자당 2byte로 처리됩니다.

**직책 이름이 6글자 이상인 데이터만 출력되도록 코드를 채워 보세요.**

```
SELECT *
  FROM EMP
 WHERE                          ;
```

정답 LENGTH(JOB) >= 6

---

💬 **한 발 더 나가기!**  DUAL 테이블은 어떤 테이블인가요?

실습 6-6에서 EMP 테이블이 아닌 DUAL 테이블을 처음 사용했는데요. DUAL 테이블은 오라클의 최고 권한 관리자 계정인 SYS 소유의 테이블로 SCOTT 계정도 사용할 수 있는 더미(dummy) 테이블입니다. 데이터 저장 공간이 아닌 실습 6-6처럼 임시 연산이나 함수의 결과 값 확인 용도로 종종 사용됩니다. 앞으로도 특정 연산 또는 함수의 단일 결과만을 확인할 때 사용할 것입니다.

---

## 문자열 일부를 추출하는 SUBSTR 함수

주민등록번호 중 생년월일 앞자리만 필요하거나 전화번호의 마지막 네 자리 숫자만 추출하는 경우와 같이 문자열 중 일부를 추출할 때 SUBSTR 함수를 사용합니다. 다음 표는 SUBSTR 함수를 사용하는 방법입니다.

| 함수 | 설명 |
|---|---|
| SUBSTR(문자열 데이터, 시작 위치, 추출 길이) | 문자열 데이터의 시작 위치부터 추출 길이만큼 추출합니다. 시작 위치가 음수일 경우에는 마지막 위치부터 거슬러 올라간 위치에서 시작합니다. |
| SUBSTR(문자열 데이터, 시작 위치) | 문자열 데이터의 시작 위치부터 문자열 데이터 끝까지 추출합니다. 시작 위치가 음수일 경우에는 마지막 위치부터 거슬러 올라간 위치에서 끝까지 추출합니다. |

### SUBSTR 함수 사용하기

**실습 6-7**  SUBSTR 함수를 사용하는 예

```
01  SELECT JOB, SUBSTR(JOB, 1, 2), SUBSTR(JOB, 3, 2), SUBSTR(JOB, 5)
02    FROM EMP;
```

:: 결과 화면

| JOB | SUBSTR(JOB,1,2) | SUBSTR(JOB,3,2) | SUBSTR(JOB,5) |
|-----|-----------------|-----------------|---------------|
| ▶ CLERK | CL | ER | K |
| SALESMAN | SA | LE | SMAN |
| SALESMAN | SA | LE | SMAN |
| MANAGER | MA | NA | GER |
| SALESMAN | SA | LE | SMAN |
| MANAGER | MA | NA | GER |
| MANAGER | MA | NA | GER |
| ANALYST | AN | AL | YST |
| PRESIDENT | PR | ES | IDENT |
| SALESMAN | SA | LE | SMAN |
| CLERK | CL | ER | K |
| CLERK | CL | ER | K |
| ANALYST | AN | AL | YST |
| CLERK | CL | ER | K |

JOB 값이 SALESMAN일 때를 예로 들어 SUBSTR 함수의 내용을 자세히 살펴봅시다.

· SUBSTR(JOB, 1, 2) 의미    · SUBSTR(JOB, 3, 2) 의미    · SUBSTR(JOB, 5) 의미

위의 같이 SUBSTR 함수의 입력 데이터가 (JOB, 1, 2)인 경우는 JOB 열 데이터의 첫 글자부터 두 자리가 추출되었고 (JOB, 3, 2)인 경우는 세 번째 글자부터 두 글자, 마지막 (JOB, 5)의 경우 다섯 번째 글자부터 끝까지 출력됩니다.

SUBSTR 함수를 사용하여 EMP 테이블의 모든 사원 이름을 세 번째 글자부터 끝까지 출력되도록 코드를 채워 보세요.

```
SELECT
    FROM EMP;
```

정답 SUBSTR(ENAME, 3)

## SUBSTR 함수와 다른 함수 함께 사용하기

다른 함수의 결과 값을 SUBSTR 함수의 입력 값으로 사용할 수도 있습니다. SUBSTR 함수 안에 다음과 같이 LENGTH 함수를 사용하는 경우도 종종 있습니다. 실습 6-8의 내용 중 음수로 시작 위치 값을 사용한 것에 주의하며 결과를 확인해 봅시다.

**실습 6-8** SUBSTR 함수 안에 다른 함수(LENGTH) 함께 사용하기

```
01  SELECT JOB,
02         SUBSTR(JOB, -LENGTH(JOB)),
03         SUBSTR(JOB, -LENGTH(JOB), 2),
04         SUBSTR(JOB, -3)
05   FROM EMP;
```

∷ 결과 화면

| JOB | SUBSTR(JOB,-LENGTH(JOB)) | SUBSTR(JOB,-LENGTH(JOB),2) | SUBSTR(JOB,-3) |
|---|---|---|---|
| CLERK | CLERK | CL | ERK |
| SALESMAN | SALESMAN | SA | MAN |
| SALESMAN | SALESMAN | SA | MAN |
| MANAGER | MANAGER | MA | GER |
| SALESMAN | SALESMAN | SA | MAN |
| MANAGER | MANAGER | MA | GER |
| MANAGER | MANAGER | MA | GER |
| ANALYST | ANALYST | AN | YST |
| PRESIDENT | PRESIDENT | PR | ENT |
| SALESMAN | SALESMAN | SA | MAN |
| CLERK | CLERK | CL | ERK |
| CLERK | CLERK | CL | ERK |
| ANALYST | ANALYST | AN | YST |
| CLERK | CLERK | CL | ERK |

실습 6-8의 결과를 다음 그림을 보면서 더 자세히 살펴봅시다.

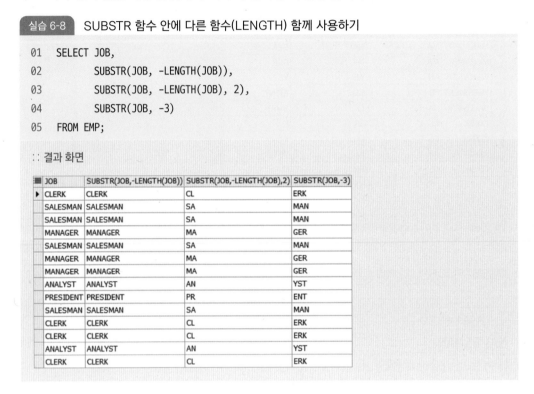

- SUBSTR(JOB, -LENGTH(JOB))

-5 -4 -3 -2 -1

C L E R K

└─ -5자리(CLERK의 -LENGTH(JOB))부터 끝까지 출력

- SUBSTR(JOB, -LENGTH(JOB), 2)

-5 -4 -3 -2 -1

C L E R K

└─ -5자리(CLERK의 -LENGTH(JOB))부터 두 글자 출력

- SUBSTR(JOB, -3)

-5 -4 -3 -2 -1

C L E R K

└─ -3자리(CLERK의 -LENGTH(JOB))부터 끝까지 출력

◎ 자주 사용하지는 않지만 부분 문자열을 추출할 때 바이트 수로 시작 위치나 길이를 지정할 수 있는 SUBSTRB 함수도 존재합니다.

## 문자열 데이터 안에서 특정 문자 위치를 찾는 INSTR 함수

문자열 데이터 안에 특정 문자나 문자열이 어디에 포함되어 있는지를 알고자 할 때 INSTR 함수를 사용합니다. INSTR 함수는 총 네 개의 입력 값을 지정할 수 있으며 최소 두 개의 입력 값, 즉 원본 문자열 데이터와 원본 문자열 데이터에서 찾으려는 문자 이렇게 두 가지는 반드시 지정해 주어야 합니다.

```
INSTR([대상 문자열 데이터(필수)],                              기본 형식
      [위치를 찾으려는 부분 문자(필수)],
      [위치 찾기를 시작할 대상 문자열 데이터 위치(선택, 기본값은 1)],
      [시작 위치에서 찾으려는 문자가 몇 번째인지 지정(선택, 기본값은 1)])
```

### 특정 문자 위치 찾기

**실습 6-9** INSTR 함수로 문자열 데이터에서 특정 문자열 찾기

```
01   SELECT INSTR('HELLO, ORACLE!', 'L')  AS INSTR_1,
02          INSTR('HELLO, ORACLE!', 'L', 5) AS INSTR_2,
03          INSTR('HELLO, ORACLE!', 'L', 2, 2) AS INSTR_3
04     FROM DUAL;
```

:: 결과 화면

| INSTR_1 | INSTR_2 | INSTR_3 |
|---|---|---|
| 3 | 12 | 4 |

실습 6-9의 내용을 그림으로 표현하면 다음과 같습니다.

- INSTR('HELLO, ORACLE!', 'L') : 시작 위치와 몇 번째 L인지 정해지지 않음

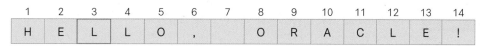

처음부터 검색

- INSTR('HELLO, ORACLE!', 'L', 5) : 다섯 번째 글자 O부터 L을 찾음

여기에서부터 검색

검색 시작 위치부터 첫 번째로 등장한 L

- INSTR('HELLO, ORACLE!', 'L', 2, 2) : 두 번째 글자 E부터 시작해서 두 번째 L을 찾음

INSTR_1은 필수 입력 데이터 두 개만 입력했습니다. 'HELLO, ORACLE!' 문자열 데이터에서 L 위치를 찾으라는 뜻입니다. 시작 위치와 몇 번째 L을 찾을지 지정하지 않았기 때문에 문자열 데이터의 처음부터 왼쪽에서 오른쪽 방향으로 L을 찾게 됩니다. L이 세 번째 문자에서 가장 먼저 발견되므로 실행 결과로 3이 출력됩니다.

INSTR_2는 세 번째 항목에 5를 작성했으므로 'HELLO, ORACLE!' 문자열에서 다섯 번째 글자인 O 위치부터 L을 찾게 됩니다. 따라서 맨 마지막 L이 있는 위치인 12가 출력되는 것이죠.

마지막 INSTR_3은 두 번째 글자 E부터 L을 찾되 두 번째로 찾은 L의 위치를 반환하라고 지정했으므로 4가 출력됩니다.

◎ INSTR 함수에서 찾으려는 대상 문자열은 'HELLO, ORACLE!' 과 같이 직접 문자열 데이터를 작성해 줄 수도 있고 문자열 데이터가 저장되어 있는 열을 지정할 수도 있습니다.

INSTR 함수의 세 번째 입력 데이터, 즉 위치 찾기를 시작하는 위치 값에 음수를 쓸 때 원본 문자열 데이터의 오른쪽 끝부터 왼쪽 방향으로 검색합니다. 만약 찾으려는 문자가 문자열 데이터에 포함되어 있지 않다면 위치 값이 없으므로 0을 반환합니다. 따라서 INSTR 함수를 LIKE와 비슷한 용도로 사용할 수도 있습니다. 예를 들어 사원 이름에 S가 포함된 사원을 출력하고 싶다면 LIKE 연산자나 INSTR 함수를 WHERE절에 다음과 같이 적용하기도 합니다.

특정 문자를 포함하고 있는 행 찾기

실습 6-10 INSTR 함수로 사원 이름에 문자 S가 있는 행 구하기

```
01  SELECT *
02    FROM EMP
03   WHERE INSTR(ENAME, 'S') > 0;
```

실습 6-11 LIKE 연산자로 사원 이름에 문자 S가 있는 행 구하기

```
01  SELECT *
02    FROM EMP
03   WHERE ENAME LIKE '%S%'
```

:: 결과 화면(실습 6-10, 6-11의 실행 결과가 같음)

| EMPNO | ENAME | JOB | MGR | HIREDATE | SAL | COMM | DEPTNO |
|---|---|---|---|---|---|---|---|
| 7369 | SMITH | CLERK | 7902 | 1980/12/17 | 800 | | 20 |
| 7566 | JONES | MANAGER | 7839 | 1981/04/02 | 2975 | | 20 |
| 7788 | SCOTT | ANALYST | 7566 | 1987/04/19 | 3000 | | 20 |
| 7876 | ADAMS | CLERK | 7788 | 1987/05/23 | 1100 | | 20 |
| 7900 | JAMES | CLERK | 7698 | 1981/12/03 | 950 | | 30 |

실습 6-10의 WHERE절에 있는 INSTR 함수의 결과 값이 0보다 크다면 사원 이름에 S가 존재한다는 의미입니다. 그리고 실습 6-11의 LIKE 연산자를 사용하여 사원 이름 열의 패턴이 %S%인 문자열을 찾는 것과 같은 효과를 볼 수 있습니다. 이처럼 INSTR 함수를 LIKE 연산자처럼 사용하는 방식은 자주 사용하는 표현은 아니지만 이런 형태로 응용할 수 있다는 점도 눈여겨봐 주세요.

## 특정 문자를 다른 문자로 바꾸는 REPLACE 함수

REPLACE 함수는 특정 문자열 데이터에 포함된 문자를 다른 문자로 대체할 경우에 유용한 함수입니다.

> REPLACE([문자열 데이터 또는 열 이름(필수)], [찾는 문자(필수)], [대체할 문자(선택)])    기본 형식

만약 대체할 문자를 입력하지 않는다면 찾는 문자로 지정한 문자는 문자열 데이터에서 삭제됩니다.

**실습 6-12** REPLACE 함수로 문자열 안에 있는 특정 문자 바꾸기

```
01   SELECT '010-1234-5678' AS REPLACE_BEFORE,
02          REPLACE('010-1234-5678', '-', ' ') AS REPLACE_1,
03          REPLACE('010-1234-5678', '-') AS REPLACE_2
04     FROM DUAL;
```

:: 결과 화면

| REPLACE_BEFORE | REPLACE_1 | REPLACE_2 |
|---|---|---|
| 010-1234-5678 | 010 1234 5678 | 01012345678 |

별칭 REPLACE_1은 - 문자를 한 칸 공백으로 바꾸어 출력하고 있고 별칭 REPLACE_2는 대체할 문자를 지정하지 않아 010-1234-5678에서 - 문자가 삭제된 상태로 출력됩니다. REPLACE 함수는 카드 번호나 주민 번호, 계좌 번호, 휴대전화 번호 또는 2017-12-25이나 13:59:23과 같이 날짜나 시간을 나타내는 데이터처럼 특정 문자가 중간중간 끼어 있는 데이터에서 해당 문자를 없애 버리거나 다른 문자로 바꾸어 출력할 때 종종 사용하므로 기억해 두세요.

## 데이터의 빈 공간을 특정 문자로 채우는 LPAD, RPAD 함수

LPAD와 RPAD는 각각 Left Padding(왼쪽 패딩), Right Padding(오른쪽 패딩)을 뜻합니다. 데이터와 자릿수를 지정한 후 데이터 길이가 지정한 자릿수보다 작을 경우에 나머지 공간을 특정 문자로 채우는 함수입니다. LPAD는 남은 빈 공간을 왼쪽에 채우고 RPAD는 오른쪽에 채웁니다. 만약 빈 공간에 채울 문자를 지정하지 않으면 LPAD와 RPAD 함수는 빈 공간의 자릿수만큼 공백 문자로 띄웁니다.

기본 형식

```
LPAD([문자열 데이터 또는 열이름(필수)], [데이터의 자릿수(필수)], [빈 공간에 채울 문자(선택)])
RPAD([문자열 데이터 또는 열이름(필수)], [데이터의 자릿수(필수)], [빈 공간에 채울 문자(선택)])
```

☺ 공백 문자란 키보드의 [Spacebar]를 눌렀을 때 아무 문자도 없는 상태로 띄어 있는 것을 말합니다.

그러면 다음 SELECT문을 통해 LAPD 및 RPAD 함수의 사용법을 확인해 보겠습니다.

실습 6-13 　LAPD, RPAD 함수 사용하여 출력하기

```
01    SELECT 'Oracle',
02           LPAD('Oracle', 10, '#') AS LPAD_1,
03           RPAD('Oracle', 10, '*') AS RPAD_1,
04           LPAD('Oracle', 10) AS LPAD_2,
05           RPAD('Oracle', 10) AS RPAD_2
06      FROM DUAL;
```

:: 결과 화면

| 'ORACLE' | LPAD_1 | RPAD_1 | LPAD_2 | RPAD_2 |
|---|---|---|---|---|
| Oracle | ####Oracle | Oracle**** | Oracle | Oracle |

실습 6-13의 결과를 다음 표와 설명을 보면서 확인해 보겠습니다.

| | 1 | 2 | 3 | 4 | 5 | 6 | 7 | 8 | 9 | 10 |
|---|---|---|---|---|---|---|---|---|---|---|
| LPAD('Oracle', 10, '#') | # | # | # | # | O | r | a | c | l | e |
| RPAD('Oracle', 10, '*') | O | r | a | c | l | e | * | * | * | * |
| LPAD('Oracle', 10) | | | | | O | r | a | c | l | e |
| RPAD('Oracle', 10) | O | r | a | c | l | e | | | | |

모두 10칸을 확보하여 채웁니다.

위부터 차례로 살펴보면 데이터의 자릿수에 10을 지정하여 데이터가 10자리가 되므로 'Oracle'이란 여섯 글자를 제외한 남은 자리는 함수에 따라 왼쪽과 오른쪽에 각각 지정한 #, * 문자로 채워져 있음을 알 수 있습니다. LPAD_2와 RPAD_2는 3번째 입력 값이 없기 때문입니다. 빈 공백 문자열로 띄어쓰기 처리가 되어 자릿수를 맞추고 있는 것도 확인해 보세요.
이러한 문자열 데이터의 특정 문자로의 채움, 즉 패딩 처리는 데이터의 일부만 노출해야 하는 개인정보를 출력할 때 다음과 같이 사용하기도 합니다.

### 특정 문자로 자릿수 채워서 출력하기

**실습 6-14**  RPAD 함수를 사용하여 개인정보 뒷자리 * 표시로 출력하기

```
01   SELECT
02         RPAD('971225-', 14, '*') AS RPAD_JMNO,
03         RPAD('010-1234-', 13, '*') AS RPAD_PHONE
04    FROM DUAL;
```

:: 결과 화면

| RPAD_JMNO | RPAD_PHONE |
|---|---|
| 971225-******* | 010-1234-**** |

## 두 문자열 데이터를 합치는 CONCAT 함수

CONCAT 함수는 두 개의 문자열 데이터를 하나의 데이터로 연결해 주는 역할을 합니다. 두 개의 입력 데이터 지정을 하고 열이나 문자열 데이터 모두 지정할 수 있습니다. 다음 SELECT 문을 통해 간단히 사용법만 확인하세요.

```
01   SELECT CONCAT(EMPNO, ENAME),
02          CONCAT(EMPNO, CONCAT(' : ', ENAME))
03     FROM EMP
04    WHERE ENAME = 'SCOTT';
```

:: 결과 화면

| CONCAT(EMPNO,ENAME) | CONCAT(EMPNO,CONCAT(':',ENAME)) |
|---|---|
| 7788SCOTT | 7788 : SCOTT |

실습 6-15와 같이 CONCAT을 사용한 결과 값은 다시 다른 CONCAT 함수의 입력 값으로 사용하는 것도 가능합니다.

### ○ 한 발 더 나가기!  문자열 데이터를 연결하는 || 연산자

|| 연산자는 CONCAT 함수와 유사하게 열이나 문자열을 연결합니다. 실습 6-15에 사용된 CONCAT 함수 대신 || 연산자를 사용하면 다음과 같습니다.

```
SELECT EMPNO || ENAME,
       EMPNO || ' : ' || ENAME
  FROM ...
```

## 특정 문자를 지우는 TRIM, LTRIM, RTRIM 함수

TRIM, LTRIM, RTRIM 함수는 문자열 데이터 내에서 특정 문자를 지우기 위해 사용하는데요. 세 함수의 사용법을 살펴보겠습니다. 원본 문자열 데이터를 제외한 나머지 데이터는 모두 생략할 수 있습니다. 삭제할 문자가 생략될 경우에 기본적으로 공백을 제거합니다. 그리고 삭제 옵션은 왼쪽에 있는 글자를 지우는 LEADING, 오른쪽에 있는 글자를 지우는 TRAILING, 양쪽의 글자를 모두 지우는 BOTH를 사용합니다.

### TRIM 함수의 기본 사용법

TRIM([삭제 옵션(선택)] [삭제할 문자(선택)] FROM [원본 문자열 데이터(필수)])   기본 형식

TRIM 함수의 삭제할 문자는 필수가 아니므로 지정하지 않아도 됩니다. 앞서 말한 대로 삭제할 문자가 없으면 공백이 제거되는 것을 확인하세요.

## TRIM 함수 사용하기(삭제할 문자가 없을 때)

**실습 6-16** TRIM 함수로 공백 제거하여 출력하기

```
01  SELECT '[' || TRIM(' _ _Oracle_ _ ') || ']' AS TRIM,
02         '[' || TRIM(LEADING FROM ' _ _Oracle_ _ ') || ']' AS TRIM_LEADING,
03         '[' || TRIM(TRAILING FROM ' _ _Oracle_ _ ') || ']' AS TRIM_TRAILING,
04         '[' || TRIM(BOTH FROM ' _ _Oracle_ _ ') || ']' AS TRIM_BOTH
05    FROM DUAL;
```

:: 결과 화면

| TRIM | TRIM_LEADING | TRIM_TRAILING | TRIM_BOTH |
|------|--------------|---------------|-----------|
| [ _ _Oracle_ _] | [ _ _Oracle_ _] | [ _ _Oracle_ _] | [ _ _Oracle_ _] |

◎ 공백 문자가 제거되었는지를 확인하기 위해 || 연산자를 사용하여 대괄호 [ ]로 문자열을 감싸도록 했기 때문에 SQL문 코드가 다소 복잡해 보일 텐데요. 정확한 데이터의 변화를 보기 위한 부분이므로 주의를 기울여 꼼꼼히 작성해 주세요.

다음은 삭제할 문자를 직접 지정한 경우의 예입니다. 삭제 옵션에 따라 각각 다른 위치의 _ 문자가 삭제됩니다.

## TRIM 함수 사용하기(삭제할 문자가 있을 때)

**실습 6-17** TRIM 함수로 삭제할 문자 _ 삭제 후 출력하기

```
01  SELECT '[' || TRIM('_' FROM '_ _Oracle_ _') || ']' AS TRIM,
02         '[' || TRIM(LEADING '_' FROM '_ _Oracle_ _') || ']' AS TRIM_LEADING,
03         '[' || TRIM(TRAILING '_' FROM '_ _Oracle_ _') || ']' AS TRIM_TRAILING,
04         '[' || TRIM(BOTH '_' FROM '_ _Oracle_ _') || ']' AS TRIM_BOTH
05    FROM DUAL;
```

:: 결과 화면

| TRIM | TRIM_LEADING | TRIM_TRAILING | TRIM_BOTH |
|------|--------------|---------------|-----------|
| [ _Oracle_ ] | [ _Oracle_ _] | [ _ _Oracle_ ] | [ _Oracle_ ] |

## LTRIM, RTRIM 함수의 기본 사용법

LTRIM, RTRIM 함수는 각각 왼쪽, 오른쪽의 지정 문자를 삭제하는 데 사용합니다. TRIM과 마찬가지로 삭제할 문자를 지정하지 않을 경우 공백 문자가 삭제됩니다. TRIM 함수와 다른 점은 삭제할 문자를 하나만 지정하는 것이 아니라 여러 문자 지정이 가능하다는 것입니다.

LTRIM([원본 문자열 데이터(필수)], [삭제할 문자 집합(선택)]) ─❶        기본 형식
RTRIM([원본 문자열 데이터(필수)], [삭제할 문자 집합(선택)]) ─❷

| 번호 | 설명 |
|---|---|
| ❶ | 원본 문자열의 왼쪽에서 삭제할 문자열을 지정합니다(삭제할 문자열을 지정하지 않으면 공백이 삭제됨). |
| ❷ | 원본 문자열의 오른쪽에서 삭제할 문자열을 지정합니다(삭제할 문자열을 지정하지 않으면 공백이 삭제됨). |

다음 SELECT문을 실행하여 삭제할 문자를 지정하지 않았을 때와 지정했을 때의 결과를 비교해 주세요.

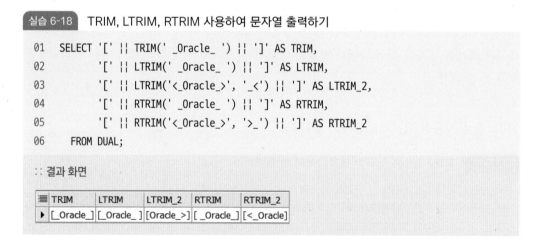

실습 6-18    TRIM, LTRIM, RTRIM 사용하여 문자열 출력하기

```
01  SELECT '[' || TRIM(' _Oracle_ ') || ']' AS TRIM,
02         '[' || LTRIM(' _Oracle_ ') || ']' AS LTRIM,
03         '[' || LTRIM('<_Oracle_>', '_<') || ']' AS LTRIM_2,
04         '[' || RTRIM(' _Oracle_ ') || ']' AS RTRIM,
05         '[' || RTRIM('<_Oracle_>', '>_') || ']' AS RTRIM_2
06    FROM DUAL;
```

:: 결과 화면

| TRIM | LTRIM | LTRIM_2 | RTRIM | RTRIM_2 |
|---|---|---|---|---|
| [_Oracle_] | [_Oracle_] | [Oracle_>] | [ _Oracle_] | [<_Oracle] |

삭제할 문자를 지정하지 않을 경우 각각 함수 종류(TRIM, LTRIM, RTRIM)에 따라 양쪽, 왼쪽, 오른쪽 공백이 제거됩니다. LTRIM, RTRIM을 사용한 예시에서 삭제 대상이 문자일 경우 해당 문자의 순서와 반복을 통해 만들어 낼 수 있는 모든 조합이 각각 왼쪽, 오른쪽부터 삭제되어 갑니다. LTRIM_2의 경우 <_ 문자열이 _, < 문자의 조합으로 표현 가능한 문자이므로 삭제됩니다. 하지만 그다음에 이어지는 Oracle의 O문자에서(RTRIM_2의 경우 e) _<로 조합할 수 없는 문자가 시작되므로 이 단계에서 LTRIM을 통한 삭제 작업은 끝나게 됩니다. 즉 <_를 삭제할 문자로 지정하고 원본 문자열이 <_<_Oracle일 경우 결과는 Oracle만 남게 됩니다. 하

지만 〈_O〈_racle 문자열은 LTRIM의 결과로 O〈_racle이 남게 됩니다.

**실무 꿀팁!**

### LTRIM, RTRIM, TRIM 옵션까지 모두 다 외워야 하나요?

문자 삭제를 위한 TRIM, LTRIM, RTRIM 함수는 사용하는 옵션이 많아 까다로워 보일 수 있습니다. 만약 옵션을 모두 외우기가 어렵다면 우선 LTRIM, RTRIM 함수가 존재하고 있다는 것과 TRIM 함수는 경우에 따라서 문자열 데이터 양쪽의 공백을 제거할 때 사용한다는 것을 기억하면 됩니다.

보통 실무에서 TRIM 함수는 검색 기준이 되는 데이터에 혹시나 들어 있을지도 모르는 양쪽 끝의 공백을 제거할 때 많이 사용합니다. 예를 들어 유저가 로그인을 하려고 아이디를 입력했을 때 사용자 실수로 Spacebar 가 눌러져 공백이 함께 입력되는 경우입니다.

# 06-3 숫자 데이터를 연산하고 수치를 조정하는 숫자 함수

이번에는 숫자 데이터를 다루는 함수를 알아보겠습니다. 오라클에서 제공하는 여러 숫자 함수 중 비교적 많이 사용되는 함수 위주로 살펴볼 텐데요. 다음 표를 참고해 주세요.

| 함수 | 설명 |
| --- | --- |
| ROUND | 지정된 숫자의 특정 위치에서 반올림한 값을 반환 |
| TRUNC | 지정된 숫자의 특정 위치에서 버림한 값을 반환 |
| CEIL | 지정된 숫자보다 큰 정수 중 가장 작은 정수를 반환 |
| FLOOR | 지정된 숫자보다 작은 정수 중 가장 큰 정수를 반환 |
| MOD | 지정된 숫자를 나눈 나머지 값을 반환 |

## 특정 위치에서 반올림하는 ROUND 함수

ROUND 함수는 TRUNC 함수와 함께 가장 많이 사용하는 숫자 함수 중 하나입니다. 특정 숫자를 반올림하되 반올림할 위치를 지정할 수 있습니다. 반올림할 위치를 지정하지 않으면 소수점 첫째 자리에서 반올림한 결과가 반환됩니다.

```
ROUND([숫자(필수)], [반올림 위치(선택)]) ─❶                          기본 형식
```

| 번호 | 설명 |
| --- | --- |
| ❶ | 특정 숫자를 반올림한 결과를 출력하는 데 사용합니다. 반올림 위치를 지정하지 않으면 소수점 첫 번째 자리에서 반올림이 수행됩니다. |

다음 ROUND 함수를 사용한 SELECT문을 실행하고 결과를 확인해 봅시다.

실습 6-19 ROUND 함수를 사용하여 반올림된 숫자 출력하기

```
01  SELECT ROUND(1234.5678) AS ROUND,
02         ROUND(1234.5678, 0) AS ROUND_0,
03         ROUND(1234.5678, 1) AS ROUND_1,
04         ROUND(1234.5678, 2) AS ROUND_2,
05         ROUND(1234.5678, -1) AS ROUND_MINUS1,
06         ROUND(1234.5678, -2) AS ROUND_MINUS2
07    FROM DUAL;
```

:: 결과 화면

| ROUND | ROUND_0 | ROUND_1 | ROUND_2 | ROUND_MINUS1 | ROUND_MINUS2 |
|---|---|---|---|---|---|
| 1235 | 1235 | 1234.6 | 1234.57 | 1230 | 1200 |

반올림 위치를 지정하지 않은 반환값은 반올림 위치를 0으로 지정한 것과 같은 결과가 출력됩니다. 반올림 위치 값이 0에서 양수로 올라가면 반올림 위치가 한 자리씩 더 낮은 소수점 자리를 향하게 되고, 0에서 음수로 내려가면 자연수 쪽으로 한 자리씩 위로 반올림하게 됩니다. 보통 소수점 첫째자리에서 반올림하는 것이 일반적이지만 위치 값에 따른 반올림 기준 위치를 지정할 수도 있습니다.

| 1234.5678 | | | | |
|---|---|---|---|---|
| 자연수 둘째자리<br>반올림<br>1234.5678 | 자연수 첫째자리<br>반올림<br>1234.5678 | 소수점 첫째자리<br>반올림<br>1234.5678 | 소수점 둘째자리<br>반올림<br>1234.5678 | 소수점 셋째자리<br>반올림<br>1234.5678 |
| -2 | -1 | 0 | 1 | 2 |
| 1200 | 1230 | 1235 | 1234.6 | 1234.57 |

## 특정 위치에서 버리는 TRUNC 함수

TRUNC 함수는 지정된 자리에서 숫자를 버림 처리하는 함수입니다. ROUND 함수와 마찬가지 방식으로 버림 처리할 자릿수 지정이 가능합니다. TRUNC 함수 역시 반올림 위치를 지정하지 않으면 소수점 첫째자리에서 버림 처리됩니다.

TRUNC([숫자(필수)], [버림 위치(선택)]) —❶                           기본 형식

| 번호 | 설명 |
|---|---|
| ❶ | 특정 위치에서 숫자를 버림한 결과를 출력하는 데 사용합니다. 버림 위치를 지정하지 않을 경우 소수점 첫 번째 자리에서 버림이 수행됩니다. |

**실습 6-20**  TRUNC 함수를 사용하여 숫자 출력하기

```
01  SELECT TRUNC(1234.5678) AS TRUNC,
02         TRUNC(1234.5678, 0) AS TRUNC_0,
03         TRUNC(1234.5678, 1) AS TRUNC_1,
04         TRUNC(1234.5678, 2) AS TRUNC_2,
05         TRUNC(1234.5678, -1) AS TRUNC_MINUS1,
06         TRUNC(1234.5678, -2) AS TRUNC_MINUS2
07    FROM DUAL;
```

:: 결과 화면

| TRUNC | TRUNC_0 | TRUNC_1 | TRUNC_2 | TRUNC_MINUS1 | TRUNC_MINUS2 |
|---|---|---|---|---|---|
| 1234 | 1234 | 1234.5 | 1234.56 | 1230 | 1200 |

**1분
복습**  다음 SQL문의 TRUNC_EX1, TRUNC_EX2, TRUNC_EX3의 결과는 각각 무엇일까요?

```
SELECT TRUNC(1539.125023, 4) AS TRUNC_EX1,
       TRUNC(4586.89453, 2) AS TRUNC_EX2,
       TRUNC(2560.48522, -1) AS TRUNC_EX3
  FROM DUAL;
```

정답 TRUNC_EX1 : 1539.125, TRUNC_EX2 : 4586.89, TRUNC_EX3 : 2560

## 지정한 숫자와 가까운 정수를 찾는 CEIL, FLOOR 함수

CEIL 함수와 FLOOR 함수는 각각 입력된 숫자와 가까운 큰 정수, 작은 정수를 반환하는 함수
입니다.

```
CEIL([숫자(필수)])
FLOOR([숫자(필수)])
```
기본 형식

다음 실습을 통해서 입력된 숫자가 양수일 때와 음수일 때의 결과를 확인해 봅시다.

**실습 6-21**  CEIL, FLOOR 함수로 숫자 출력하기

```
01  SELECT CEIL(3.14),
02         FLOOR(3.14),
03         CEIL(-3.14),
04         FLOOR(-3.14)
05    FROM DUAL;
```

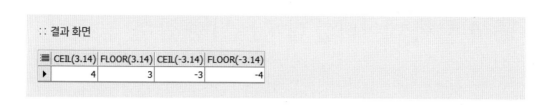

실습 6-21의 결과 화면에서 알 수 있듯이 CEIL 함수는 입력된 숫자에 가장 가까운 큰 정수를 반환하므로 CEIL(3.14), CEIL(-3.14)의 결과 값이 각각 4(3.14보다 큰 정수 중 가장 작은 정수), -3 (-3.14보다 큰 정수 중 가장 작은 정수)으로 출력되었습니다.

반면에 FLOOR 함수는 입력된 숫자에서 가장 작은 정수를 반환하므로 FLOOR(3.14), FLOOR(-3.14)의 결과 값이 각각 3(3.14보다 작은 정수 중 가장 큰 정수), -4(-3.14보다 작은 정수 중 가장 큰 정수)로 출력된 것을 확인할 수 있습니다.

## 숫자를 나눈 나머지 값을 구하는 MOD 함수

숫자 데이터를 다루다 보면 간혹 숫자 데이터를 특정 숫자로 나눈 나머지를 구해야 하는 경우가 생기는데요. 오라클에서는 나머지를 구하는 함수를 제공합니다.

MOD([나눗셈 될 숫자(필수)], [나눌 숫자(필수)]) —❶                    기본 형식

| 번호 | 설명 |
| --- | --- |
| ❶ | 특정 숫자를 나누고 그 나머지를 출력하는 함수입니다. |

MOD 함수는 다음과 같이 나눗셈이 될 숫자와 나눌 숫자 두 개의 입력 값을 지정합니다.

실습 6-22 MOD 함수를 사용하여 나머지 값 출력하기

```
01   SELECT MOD(15, 6),
02          MOD(10, 2),
03          MOD(11, 2)
04     FROM DUAL;
```

:: 결과 화면

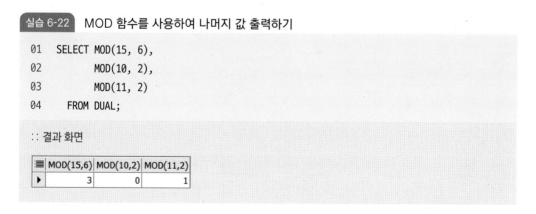

두 번째, 세 번째 열의 결과와 같이 2로 나눈 결과를 통해 첫 번째 입력 데이터의 숫자가 짝수인지 홀수인지 구별하는 용도로도 사용할 수 있습니다.

# 06-4 날짜 데이터를 다루는 날짜 함수

오라클은 날짜 데이터를 다루는 함수도 다양하게 제공합니다. 오라클에서 날짜 데이터, 즉 DATE형 데이터는 다음과 같이 간단한 연산이 가능합니다. 날짜 데이터끼리의 더하기는 연산이 되지 않는 점도 눈여겨봐 주세요.

| 연산 | 설명 |
| --- | --- |
| 날짜 데이터 + 숫자 | 날짜 데이터보다 숫자만큼 일수 이후의 날짜 |
| 날짜 데이터 - 숫자 | 날짜 데이터보다 숫자만큼 일수 이전의 날짜 |
| 날짜 데이터 - 날짜 데이터 | 두 날짜 데이터 간의 일수 차이 |
| 날짜 데이터 + 날짜 데이터 | 연산 불가, 지원하지 않음★ |

오라클에서 제공하는 날짜 함수 중 가장 대표 함수는 SYSDATE 함수입니다. SYSDATE 함수는 별다른 입력 데이터 없이, 오라클 데이터베이스 서버가 놓인 OS(Operating System : 운영체제)의 현재 날짜와 시간을 보여 줍니다.

**실습 6-23** SYSDATE 함수를 사용하여 날짜 출력하기

```
01  SELECT SYSDATE AS NOW,
02         SYSDATE-1 AS YESTERDAY,
03         SYSDATE+1 AS TOMORROW
04    FROM DUAL;
```

:: 결과 화면

| NOW | YESTERDAY | TOMORROW |
| --- | --- | --- |
| ▶ 2018-07-13 오후 11:47:43 | 2018-07-12 오후 11:47:43 | 2018-07-14 오후 11:47:43 |

실습 6-23 결과에서 알 수 있듯이 SYSDATE 함수는 입력 데이터 없이 현재 날짜 및 시간 정보를 구해 줍니다. 1을 빼거나 더했을 때 결과 날짜가 하루 이전이나 이후 날짜로 출력됩니다.

## 몇 개월 이후 날짜를 구하는 ADD_MONTHS 함수

ADD_MONTHS 함수는 특정 날짜에 지정한 개월 수 이후 날짜 데이터를 반환하는 함수입니다. 다음과 같이 날짜형 데이터 그리고 더할 개월 수를 정수로 지정하여 사용합니다.

ADD_MONTHS([날짜 데이터(필수)], [더할 개월 수(정수)(필수)]) —❶                    기본 형식

| 번호 | 설명 |
|:---:|---|
| ❶ | 특정 날짜 데이터에 입력한 개월 수만큼의 이후 날짜를 출력합니다. |

실습 6-24  SYSDATE와 ADD_MONTHS 함수로 3개월 후 날짜 구하기

```
01   SELECT SYSDATE,
02          ADD_MONTHS(SYSDATE, 3)
03     FROM DUAL;
```

:: 결과 화면

| SYSDATE | ADD_MONTHS(SYSDATE,3) |
|---|---|
| ▶ 2018-07-13 오후 11:49:32 | 2018-10-13 오후 11:49:32 |

단순히 날짜 데이터에 몇 개월 더한 결과를 반환하는 간단한 기능이라 ADD_MONTHS 함수가 별로 사용되지 않을 것이라 여길 수도 있습니다. 하지만 사실 은근히 자주 사용되는 함수입니다. 왜냐하면 윤년 등의 이유로 복잡해질 수 있는 날짜 계산을 간단하게 만들어 주기 때문입니다. 예를 들어 EMP 테이블에서 사원이 입사한 지 10주년이 되는 날짜를 구하고 싶다면 오른쪽과 같이 ADD_MONTHS 함수에 120개월, 즉 10년만큼의 개월 수를 입력하여 날짜를 구하는 것도 가능합니다.

실습 6-25  입사 10주년이 되는 사원들 데이터 출력하기

```
01   SELECT EMPNO, ENAME, HIREDATE,
02          ADD_MONTHS(HIREDATE, 120) AS WORK10YEAR
03     FROM EMP;
```

:: 결과 화면

| EMPNO | ENAME | HIREDATE | WORK10YEAR |
|---|---|---|---|
| ▶ 7369 | SMITH | 1980/12/17 | 1990/12/17 |
| 7499 | ALLEN | 1981/02/20 | 1991/02/20 |
| 7521 | WARD | 1981/02/22 | 1991/02/22 |
| 7566 | JONES | 1981/04/02 | 1991/04/02 |
| 7654 | MARTIN | 1981/09/28 | 1991/09/28 |

일부 데이터만 표시했습니다.

만약 입사한 지 32년(384개월)이 되지 않은 사원을 출력하고자 한다면 ADD_MONTHS 함수를 오른쪽과 같이 WHERE절에 사용하는 것도 가능합니다.

😊 SCOTT 계정의 EMP 테이블은 오래전에 만들어진 테이블이라 대부분의 사원이 근속년수가 32년이 넘게 나옵니다. 아마 이 책이 출간되고 얼마 지나지 않아 오른쪽 두 사람 역시 입사 32년이 지나기 때문에 실습 날짜에 따라 결과가 아예 나오지 않을 수도 있습니다. 이 경우에는 개월 수를 좀 더 늘려서 입력하면 결과를 확인할 수 있습니다.

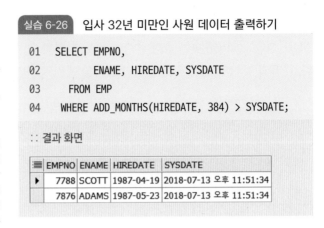

실습 6-26    입사 32년 미만인 사원 데이터 출력하기

```
01  SELECT EMPNO,
02         ENAME, HIREDATE, SYSDATE
03    FROM EMP
04   WHERE ADD_MONTHS(HIREDATE, 384) > SYSDATE;
```

:: 결과 화면

| EMPNO | ENAME | HIREDATE | SYSDATE |
|---|---|---|---|
| 7788 | SCOTT | 1987-04-19 | 2018-07-13 오후 11:51:34 |
| 7876 | ADAMS | 1987-05-23 | 2018-07-13 오후 11:51:34 |

SYSDATE와 ADD_MONTHS 함수를 사용하여 현재 날짜와 6개월 후 날짜가 출력되도록 SQL 문의 빈칸을 채워 보세요.

```
SELECT  ¹                    ,
        ²
  FROM DUAL;
```

정답 1. SYSDATE, 2. ADD_MONTHS(SYSDATE, 6)

## 두 날짜 간의 개월 수 차이를 구하는 MONTHS_BETWEEN 함수

MONTHS_BETWEEN 함수는 두 개의 날짜 데이터를 입력하고 두 날짜 간의 개월 수 차이를 구하는 데 사용합니다.

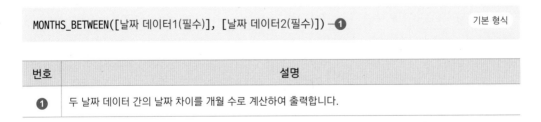

MONTHS_BETWEEN([날짜 데이터1(필수)], [날짜 데이터2(필수)]) —❶        기본 형식

| 번호 | 설명 |
|---|---|
| ❶ | 두 날짜 데이터 간의 날짜 차이를 개월 수로 계산하여 출력합니다. |

다음 SELECT문을 통해 MONTHS_BETWEEN 함수의 사용법을 익혀 봅시다.

HIREDATE와 SYSDATE 사이의 개월 수를 MONTHS_BETWEEN 함수로 출력하기

```
01  SELECT EMPNO, ENAME, HIREDATE, SYSDATE,
02         MONTHS_BETWEEN(HIREDATE, SYSDATE) AS MONTHS1,
03         MONTHS_BETWEEN(SYSDATE, HIREDATE) AS MONTHS2,
04         TRUNC(MONTHS_BETWEEN(SYSDATE, HIREDATE)) AS MONTHS3
05    FROM EMP;
```

:: 결과 화면

| | EMPNO | ENAME | HIREDATE | SYSDATE | MONTHS1 | MONTHS2 | MONTHS3 |
|---|---|---|---|---|---|---|---|
| ▶ | 7369 | SMITH | 1980-12-17 | 2018-07-13 오후 11:54:07 | -450.90309401135 | 450.90309401135 | 450 |
| | 7499 | ALLEN | 1981-02-20 | 2018-07-13 오후 11:54:07 | -448.806319817802 | 448.806319817802 | 448 |
| | 7521 | WARD | 1981-02-22 | 2018-07-13 오후 11:54:07 | -448.741803688769 | 448.741803688769 | 448 |
| | 7566 | JONES | 1981-04-02 | 2018-07-13 오후 11:54:07 | -447.386964979092 | 447.386964979092 | 447 |
| | 7654 | MARTIN | 1981-09-28 | 2018-07-13 오후 11:54:07 | -441.548255301673 | 441.548255301673 | 441 |
| | 7698 | BLAKE | 1981-05-01 | 2018-07-13 오후 11:54:07 | -446.419223043608 | 446.419223043608 | 446 |
| | 7782 | CLARK | 1981-06-09 | 2018-07-13 오후 11:54:07 | -445.161158527479 | 445.161158527479 | 445 |
| | 7788 | SCOTT | 1987-04-19 | 2018-07-13 오후 11:54:07 | -374.838577882318 | 374.838577882318 | 374 |
| | 7839 | KING | 1981-11-17 | 2018-07-13 오후 11:54:07 | -439.90309401135 | 439.90309401135 | 439 |
| | 7844 | TURNER | 1981-09-08 | 2018-07-13 오후 11:54:07 | -442.193416591995 | 442.193416591995 | 442 |
| | 7876 | ADAMS | 1987-05-23 | 2018-07-13 오후 11:54:07 | -373.709545624253 | 373.709545624253 | 373 |
| | 7900 | JAMES | 1981-12-03 | 2018-07-13 오후 11:54:07 | -439.354706914576 | 439.354706914576 | 439 |
| | 7902 | FORD | 1981-12-03 | 2018-07-13 오후 11:54:07 | -439.354706914576 | 439.354706914576 | 439 |
| | 7934 | MILLER | 1982-01-23 | 2018-07-13 오후 11:54:07 | -437.709545624253 | 437.709545624253 | 437 |

MONTHS1, MONTHS2에서 알 수 있듯이 비교 날짜의 입력 위치에 따라 음수 또는 양수가 나올 수 있습니다. 개월 수 차이는 소수점 단위까지 결과가 나오므로 MONTHS3과 같이 TRUNC 함수를 조합하면 개월 수 차이를 정수로 출력할 수도 있습니다.

## 돌아오는 요일, 달의 마지막 날짜를 구하는 NEXT_DAY, LAST_DAY 함수

NEXT_DAY 함수는 날짜 데이터와 요일 문자열을 입력하는데요. 입력한 날짜 데이터에서 돌아오는 요일의 날짜를 반환합니다.

### NEXT_DAY 함수의 기본 사용법

기본 형식

NEXT_DAY([날짜 데이터(필수)], [요일 문자(필수)]) —①

| 번호 | 설명 |
|---|---|
| ① | 특정 날짜를 기준으로 돌아오는 요일의 날짜를 출력해 주는 함수입니다. |

LAST_DAY 함수는 하나의 날짜 데이터만을 입력 데이터로 사용하며 해당 날짜가 속한 달의
마지막 날짜를 반환해 주는 함수입니다.

### LAST_DAY 함수의 기본 사용법

LAST_DAY([날짜 데이터(필수)]) ─❶                                              기본 형식

| 번호 | 설명 |
|------|------|
| ❶ | 특정 날짜가 속한 달의 마지막 날짜를 출력해 주는 함수입니다. |

두 함수를 사용한 SELECT문은 다음과 같습니다. 함수별로 돌아오는 요일에 해당하는 날짜
와 달의 마지막 날짜를 자동으로 계산해 주어 편리하게 사용할 수 있습니다.

실습 6-28  NEXT_DAY, LAST_DAY 함수를 사용하여 출력하기

```
01   SELECT SYSDATE,
02        NEXT_DAY(SYSDATE, '월요일'),
03        LAST_DAY(SYSDATE)
04     FROM DUAL;
```

:: 결과 화면

| SYSDATE | NEXT_DAY(SYSDATE,'월요일') | LAST_DAY(SYSDATE) |
|---------|--------------------------|-------------------|
| ▶ 2018-07-13 오후 11:55:11 | 2018-07-16 오후 11:55:11 | 2018-07-31 오후 11:55:11 |

## 날짜의 반올림, 버림을 하는 ROUND, TRUNC 함수

숫자 데이터의 반올림, 버림 처리에 사용한 ROUND, TRUNC 함수는 날짜 데이터를 입력 데
이터로 사용할 수도 있습니다. 이때는 소수점 위치 정보를 입력하지 않고 반올림, 버림의 기
준이 될 포맷(format) 값을 지정해 줍니다.

| 입력 데이터 종류 | 사용 방식 |
|------------------|-----------|
| 숫자 데이터 | ROUND([숫자(필수)], [반올림 위치]) |
| | TRUNC([숫자(필수)], [버림 위치]) |
| 날짜 데이터 | ROUND([날짜데이터(필수)], [반올림 기준 포맷]) |
| | TRUNC([날짜데이터(필수)], [버림 기준 포맷]) |

오라클에서 날짜 데이터를 사용할 때 기준 포맷 값은 다음과 같습니다.

| 포맷 모델 | 기준 단위 |
|---|---|
| CC, SCC | 네 자리 연도의 끝 두 자리를 기준으로 사용<br>(2016년이면 2050 이하이므로, 반올림할 경우 2001년으로 처리) |
| SYYYY, YYYY, YEAR, SYEAR, YYY, YY, Y | 날짜 데이터의 해당 연·월·일의 7월 1일을 기준<br>(2016년 7월 1일 일 경우, 2017년으로 처리) |
| IYYY, IYY, IY, I | ISO 8601에서 제정한 날짜 기준년도 포맷을 기준 |
| Q | 각 분기의 두 번째 달의 16일 기준 |
| MONTH, MON, MM, RM | 각 달의 16일 기준 |
| WW | 해당 연도의 몇 주(1~53번째 주)를 기준 |
| IW | ISO 8601에서 제정한 날짜 기준 해당 연도의 주(week)를 기준 |
| W | 해당 월의 주(1~5번째 주)를 기준 |
| DDD, DD, J | 해당 일의 정오(12:00:00)를 기준 |
| DAY, DY, D | 한 주가 시작되는 날짜를 기준 |
| HH, HH12, HH24 | 해당일의 시간을 기준 |
| MI | 해당일 시간의 분을 기준 |

◎ 날짜 데이터 기준에 대해 조금 더 자세한 내용을 알고 싶다면 ISO 공식 웹사이트(iso.org/iso/home/standards/iso8601.htm)를 참조하세요.

날짜 기준 포맷의 종류가 꽤 많아 종류별를 포맷을 다 외워야 하나 걱정하는 분도 있을 수 있습니다. 날짜 데이터를 사용한 TRUNC, ROUND 함수의 사용은 날짜를 기준으로 삼아야 하는 일부 업무에서 제한적으로 사용되기 때문에 필요할 때 찾아볼 수 있을 정도만 기억해 두어도 괜찮습니다. 다만 ROUND 함수를 이용한 반올림과 TRUNC 함수를 이용한 버림이 날짜 데이터에도 적용 가능하다는 것만은 꼭 기억해 주세요.

다음 예제를 통해서 ROUND 함수와 TRUNC 함수를 사용한 각 SELECT문을 실행하고 각 포맷 기준별 반올림, 버림 결과가 어떻게 나오는지 확인해 봅시다. SELECT문을 실행하는 시점의 날짜가 결과에 영향을 미치므로 다음 결과 내용은 여러분의 SELECT문 실행 결과와는 다르게 나오는 것에도 주의해야 합니다.

```
01  SELECT SYSDATE,
02        ROUND(SYSDATE, 'CC') AS FORMAT_CC,
03        ROUND(SYSDATE, 'YYYY') AS FORMAT_YYYY,
04        ROUND(SYSDATE, 'Q') AS FORMAT_Q,
05        ROUND(SYSDATE, 'DDD') AS FORMAT_DDD,
06        ROUND(SYSDATE, 'HH') AS FORMAT_HH
07    FROM DUAL;
```

:: 결과 화면

| SYSDATE | FORMAT_CC | FORMAT_YYYY | FORMAT_Q | FORMAT_DDD | FORMAT_HH |
|---------|-----------|-------------|----------|------------|-----------|
| 2018-07-13 오후 11:56:28 | 2001-01-01 | 2019-01-01 | 2018-07-01 | 2018-07-14 | 2018-07-14 |

```
01  SELECT SYSDATE,
02        TRUNC(SYSDATE, 'CC') AS FORMAT_CC,
03        TRUNC(SYSDATE, 'YYYY') AS FORMAT_YYYY,
04        TRUNC(SYSDATE, 'Q') AS FORMAT_Q,
05        TRUNC(SYSDATE, 'DDD') AS FORMAT_DDD,
06        TRUNC(SYSDATE, 'HH') AS FORMAT_HH
07    FROM DUAL;
```

:: 결과 화면

| SYSDATE | FORMAT_CC | FORMAT_YYYY | FORMAT_Q | FORMAT_DDD | FORMAT_HH |
|---------|-----------|-------------|----------|------------|-----------|
| 2018-07-13 오후 11:57:27 | 2001-01-01 | 2018-01-01 | 2018-07-01 | 2018-07-13 | 2018-07-13 오후 11:00:00 |

실습 6-29와 실습 6-30을 실행한 시간이 2018-07-13 오후 11시 50분을 넘긴 시점이므로 HH를 기준으로 ROUND 함수를 사용한 결과는 2018-07-14 00:00:00이 되어, 실습 6-29의 FORMAT_HH 열의 결과에는 시간이 표시되지 않고 있습니다. 반면에 실습 6-30에서는 HH를 기준으로 TRUNC 함수를 사용하여 11시 이후의 분/초가 버림 처리되어 2018-07-13 오후 11:00:00으로 출력됩니다.

# 06-5 자료형을 변환하는 형 변환 함수

오라클에서는 저장할 데이터 종류, 즉 자료형을 다양하게 제공합니다. 이렇게 지정된 자료형을 필요에 따라 바꿔 주어야 하는 때가 있습니다. 각 데이터에 지정된 자료형을 바꿔 주는 함수를 형 변환 함수라고 합니다.

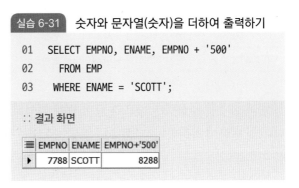

**실습 6-31** 숫자와 문자열(숫자)을 더하여 출력하기

```
01  SELECT EMPNO, ENAME, EMPNO + '500'
02    FROM EMP
03   WHERE ENAME = 'SCOTT';
```

:: 결과 화면

| EMPNO | ENAME | EMPNO+'500' |
|-------|-------|-------------|
| 7788 | SCOTT | 8288 |

실습 6-31의 결과를 보면 숫자형인 사원 번호에 문자열인 500을 더한 결과는 사원 번호에 숫자 500을 더한 결과 값으로 출력됩니다. 작은따옴표로 묶인 500은 분명 문자 데이터이지만 숫자 자료형인 사원 번호 열 값과 수치 연산이 가능했던 것은 '자동 형 변환'이라고도 불리는 암시적 형 변환(implicit type conversion)이 발생했기 때문입니다. 숫자로 인식 가능한 문자 데이터가 자동으로 숫자로 바뀐 후 연산이 수행된 것이죠.

☺ EMPNO 열의 자료형은 명령어(DESC EMP;)를 사용하여 확인할 수 있습니다.

이와 반대 경우인 오른쪽의 SELECT 문도 실행해 봅시다.

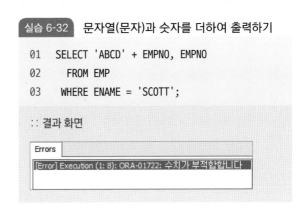

**실습 6-32** 문자열(문자)과 숫자를 더하여 출력하기

```
01  SELECT 'ABCD' + EMPNO, EMPNO
02    FROM EMP
03   WHERE ENAME = 'SCOTT';
```

:: 결과 화면

```
Errors
[Error] Execution (1: 8): ORA-01722: 수치가 부적합합니다
```

실습 6-32의 실행 후 ORA-01772 수치 부적합 오류가 발생합니다. 숫자처럼 생긴 문자 데이터는 숫자로 바꿔 주지만 그 외의 경우는 잘 동작하길 기대하기 어렵습니다.

오라클에서 자료형이 자동으로 변환되는 방식이 아닌 사용자, 즉 우리가 자료형을 직접 지정해 주는 방식을 명시적 형 변환(explicit type conversion)이라고 합니다. 형 변환 함수를 사용하여 자료형을 변환해 주는 방식이 바로 명시적 형 변환에 해당합니다. 형 변환 함수의 종류는 다음과 같습니다.

| 종류 | 설명 |
|---|---|
| TO_CHAR | 숫자 또는 날짜 데이터를 문자 데이터로 변환 |
| TO_NUMBER | 문자 데이터를 숫자 데이터로 변환 |
| TO_DATE | 문자 데이터를 날짜 데이터로 변환 |

형 변환 함수를 사용하면 다음과 같이 숫자 데이터와 문자 데이터, 문자 데이터와 날짜 데이터 간의 변환이 가능합니다. 문자를 중심으로 숫자 또는 날짜 데이터의 변환이 가능하다는 것을 기억하세요.

## 날짜, 숫자 데이터를 문자 데이터로 변환하는 TO_CHAR 함수

TO_CHAR 함수는 날짜, 숫자 데이터를 문자 데이터로 변환해 주는 함수입니다. 주로 날짜 데이터에서 문자 데이터로 변환하는 데 많이 사용하며 다음과 같이 작성합니다.

```
TO_CHAR([날짜데이터(필수)], '[출력되길 원하는 문자 형태(필수)]') ─①          기본 형식
```

| 번호 | 설명 |
|---|---|
| ① | 날짜 데이터를 원하는 형태의 문자열로 출력합니다. |

◎ 이 책에서는 TO_CHAR 함수로 가장 많이 사용하는 위 형식을 주로 소개할 텐데요. 더 다양한 옵션은 오라클 홈페이지의 공식 문서(docs.oracle.com/cd/E11882_01/server.112/e41084/functions200.htm#SQLRF06129)를 참조하세요.

### 원하는 출력 형태로 날짜 출력하기

예를 들어 현재 날짜와 시간을 '연/월/일 시:분:초' 형태로 출력하려면 다음과 같이 SELECT 문에 TO_CHAR 함수를 사용할 수 있습니다.

```
01    SELECT TO_CHAR(SYSDATE, 'YYYY/MM/DD HH24:MI:SS') AS 현재날짜시간
02      FROM DUAL;
```

:: 결과 화면

| 현재날짜시간 |
| --- |
| ▶ 2018/07/13 23:59:01 |

실습 6-33의 SELECT문에서 'YYYY/ MM/DD HH24:MI:SS'는 날짜 데이터를 '연/월/일 시:분:초'로 표현하기 위해 사용하는 형식(fmt : format)입니다. 자주 사용하는 날짜 표현 형식은 오른쪽과 같습니다.

| 형식 | 설명 |
| --- | --- |
| CC | 세기 |
| YYYY, RRRR | 연(4자리 숫자) |
| YY, RR | 연(2자리 숫자) |
| MM | 월(2자리 숫자) |
| MON | 월(언어별 월 이름 약자) |
| MONTH | 월(언어별 월 이름 전체) |
| DD | 일(2자리 숫자) |
| DDD | 1년 중 며칠 (1~366) |
| DY | 요일(언어별 요일 이름 약자) |
| DAY | 요일(언어별 요일 이름 전체) |
| W | 1년 중 몇 번째 주 (1~53) |

월과 요일의 표기는 사용 언어에 따라 출력을 달리할 수 있는데요. 기본적으로는 현재 사용하고 있는 언어에 맞게 오른쪽과 같이 출력됩니다.

실습 6-34  월과 요일을 다양한 형식으로 출력하기

```
01  SELECT SYSDATE,
02         TO_CHAR(SYSDATE, 'MM') AS MM,
03         TO_CHAR(SYSDATE, 'MON') AS MON,
04         TO_CHAR(SYSDATE, 'MONTH') AS MONTH,
05         TO_CHAR(SYSDATE, 'DD') AS DD,
06         TO_CHAR(SYSDATE, 'DY') AS DY,
07         TO_CHAR(SYSDATE, 'DAY') AS DAY
08    FROM DUAL;
```

:: 결과 화면

| SYSDATE | MM | MON | MONTH | DD | DY | DAY |
| --- | --- | --- | --- | --- | --- | --- |
| ▶ 2018-07-14 오전 12:00:13 | 07 | 7월 | 7월 | 14 | 토 | 토요일 |

특정 언어에 맞춰서 날짜 출력하기

만약 이 결과를 특정 언어에 맞는 월, 요일 이름으로 출력하려면 다음과 같이 기존 TO_
CHAR 함수에 날짜 출력 언어를 추가로 지정해 줄 수 있습니다.

```
TO_CHAR([날짜 데이터(필수)], '[출력되길 원하는 문자 형태(필수)]',
'NLS_DATE_LANGUAGE = language'(선택)) ─❶
```

| 번호 | 설명 |
|---|---|
| ❶ | 날짜 데이터를 출력할 문자 형태를 지정하고 원하는 언어 양식을 지정합니다. |

예를 들어 월과 요일을 한국어, 일본어, 영어로 각각 출력한다면 다음과 같이 사용할 수 있죠.

실습 6-35  여러 언어로 날짜(월) 출력하기

```
01   SELECT SYSDATE,
02          TO_CHAR(SYSDATE, 'MM') AS MM,
03          TO_CHAR(SYSDATE, 'MON',   'NLS_DATE_LANGUAGE = KOREAN'  ) AS MON_KOR,
04          TO_CHAR(SYSDATE, 'MON',   'NLS_DATE_LANGUAGE = JAPANESE') AS MON_JPN,
05          TO_CHAR(SYSDATE, 'MON',   'NLS_DATE_LANGUAGE = ENGLISH' ) AS MON_ENG,
06          TO_CHAR(SYSDATE, 'MONTH', 'NLS_DATE_LANGUAGE = KOREAN'  ) AS MONTH_KOR,
07          TO_CHAR(SYSDATE, 'MONTH', 'NLS_DATE_LANGUAGE = JAPANESE') AS MONTH_JPN,
08          TO_CHAR(SYSDATE, 'MONTH', 'NLS_DATE_LANGUAGE = ENGLISH' ) AS MONTH_ENG
09     FROM DUAL;
```

:: 결과 화면

| SYSDATE | MM | MON_KOR | MON_JPN | MON_ENG | MONTH_KOR | MONTH... | MONTH_ENG |
|---|---|---|---|---|---|---|---|
| ▶ 2018-07-14 오전 12:01:24 | 07 | 7월 | 7月 | JUL | 7월 | 7月 | JULY |

실습 6-36  여러 언어로 날짜(요일) 출력하기

```
01   SELECT SYSDATE,
02          TO_CHAR(SYSDATE, 'MM') AS MM,
03          TO_CHAR(SYSDATE, 'DD') AS DD,
04          TO_CHAR(SYSDATE, 'DY',  'NLS_DATE_LANGUAGE = KOREAN'  ) AS DY_KOR,
05          TO_CHAR(SYSDATE, 'DY',  'NLS_DATE_LANGUAGE = JAPANESE') AS DY_JPN,
06          TO_CHAR(SYSDATE, 'DY',  'NLS_DATE_LANGUAGE = ENGLISH' ) AS DY_ENG,
07          TO_CHAR(SYSDATE, 'DAY', 'NLS_DATE_LANGUAGE = KOREAN'  ) AS DAY_KOR,
08          TO_CHAR(SYSDATE, 'DAY', 'NLS_DATE_LANGUAGE = JAPANESE') AS DAY_JPN,
09          TO_CHAR(SYSDATE, 'DAY', 'NLS_DATE_LANGUAGE = ENGLISH' ) AS DAY_ENG
10     FROM DUAL;
```

| SYSDATE | MM | DD | DY_KOR | DY_JPN | DY_ENG | DAY_KOR | DAY_JPN | DAY_ENG |
|---------|----|----|--------|--------|--------|---------|---------|---------|
| ▶ 2018-07-14 오전 12:02:33 | 07 | 14 | 토 | 土 | SAT | 토요일 | 土曜日 | SATURDAY |

ⓒ 실무에서는 월과 일에 대한 숫자 표기를 주로 사용합니다.

연도를 표기하기 위해서는 YYYY, RRRR, YY, RR 형식을 사용합니다. Y를 사용하는 연도와 R을 사용하는 연도는 둘 다 기본적으로 연도를 표기하는 형식이지만, 두 자리로 연도를 출력할 때 1900년대 또는 2000년대로 상이하게 출력되는 현상이 발생할 수 있습니다. 이현상은 4자리 연도 형식에서는 발생하지 않고 대부분 업무에서 연도를 표현할 경우 4자리형식을 사용하므로 참고하면 됩니다. 이 내용에 대해서는 TO_DATE 함수에서 다시 알아보겠습니다.

### 시간 형식 지정하여 출력하기

시간을 출력하기 위한 형식은 오른쪽과 같습니다.

| 형식 | 설명 |
|------|------|
| HH24 | 24시간으로 표현한 시간 |
| HH, HH12 | 12시간으로 표현한 시간 |
| MI | 분 |
| SS | 초 |
| AM, PM, A.M., P.M. | 오전, 오후 표시 |

날짜 데이터에 비해 시간 출력은 형식이 간소한 편인데요. 다음 SELECT문을 통해 시간 출력 사용 방법을 확인하세요.

**실습 6-37** SYSDATE 시간 형식 지정하여 출력하기

```
01  SELECT SYSDATE,
02      TO_CHAR(SYSDATE, 'HH24:MI:SS') AS HH24MISS,
03      TO_CHAR(SYSDATE, 'HH12:MI:SS AM') AS HHMISS_AM,
04      TO_CHAR(SYSDATE, 'HH:MI:SS P.M.') AS HHMISS_PM
05  FROM DUAL;
```

:: 결과 화면

| SYSDATE | HH24MISS | HHMISS_AM | HHMISS_PM |
|---------|----------|-----------|-----------|
| ▶ 2018-07-14 오전 12:03:39 | 00:03:39 | 12:03:39 오전 | 12:03:39 오전 |

TO_CHAR 함수로 숫자 데이터를 문자 데이터로 변환하는 방식은 그리 자주 사용하는 방식은 아니므로 간단히 사용법만 소개하겠습니다. 숫자 데이터로 출력할 때 지정할 수 있는 형식은 오른쪽과 같습니다.

| 형식 | 설명 |
|---|---|
| 9 | 숫자의 한 자리를 의미함(빈 자리를 채우지 않음) |
| 0 | 빈 자리를 0으로 채움을 의미함 |
| $ | 달러($) 표시를 붙여서 출력함 |
| L | L(Locale) 지역 화폐 단위 기호를 붙여서 출력함 |
| . | 소수점을 표시함 |
| , | 천 단위의 구분 기호를 표시함 |

## 숫자 데이터 형식을 지정하여 출력하기

**실습 6-38** 여러 가지 숫자 형식을 사용하여 급여 출력하기

```
01  SELECT SAL,
02         TO_CHAR(SAL, '$999,999') AS SAL_$,
03         TO_CHAR(SAL, 'L999,999') AS SAL_L,
04         TO_CHAR(SAL, '999,999.00') AS SAL_1,
05         TO_CHAR(SAL, '000,999,999.00') AS SAL_2,
06         TO_CHAR(SAL, '000999999.99') AS SAL_3,
07         TO_CHAR(SAL, '999,999,00') AS SAL_4
08    FROM EMP;
```

:: 결과 화면

| SAL | SAL_$ | SAL_L | SAL_1 | SAL_2 | SAL_3 | SAL_4 |
|---|---|---|---|---|---|---|
| 800 | $800 | ₩800 | 800.00 | 000,000,800.00 | 000000800.00 | 8,00 |
| 1600 | $1,600 | ₩1,600 | 1,600.00 | 000,001,600.00 | 000001600.00 | 16,00 |
| 1250 | $1,250 | ₩1,250 | 1,250.00 | 000,001,250.00 | 000001250.00 | 12,50 |
| 2975 | $2,975 | ₩2,975 | 2,975.00 | 000,002,975.00 | 000002975.00 | 29,75 |
| 1250 | $1,250 | ₩1,250 | 1,250.00 | 000,001,250.00 | 000001250.00 | 12,50 |
| 2850 | $2,850 | ₩2,850 | 2,850.00 | 000,002,850.00 | 000002850.00 | 28,50 |
| 2450 | $2,450 | ₩2,450 | 2,450.00 | 000,002,450.00 | 000002450.00 | 24,50 |
| 3000 | $3,000 | ₩3,000 | 3,000.00 | 000,003,000.00 | 000003000.00 | 30,00 |
| 5000 | $5,000 | ₩5,000 | 5,000.00 | 000,005,000.00 | 000005000.00 | 50,00 |
| 1500 | $1,500 | ₩1,500 | 1,500.00 | 000,001,500.00 | 000001500.00 | 15,00 |
| 1100 | $1,100 | ₩1,100 | 1,100.00 | 000,001,100.00 | 000001100.00 | 11,00 |
| 950 | $950 | ₩950 | 950.00 | 000,000,950.00 | 000000950.00 | 9,50 |
| 3000 | $3,000 | ₩3,000 | 3,000.00 | 000,003,000.00 | 000003000.00 | 30,00 |
| 1300 | $1,300 | ₩1,300 | 1,300.00 | 000,001,300.00 | 000001300.00 | 13,00 |

결과 화면과 코드를 잘 비교해가면서 숫자 데이터 형식 지정 방법을 익혀봅시다.

## 문자 데이터를 숫자 데이터로 변환하는 TO_NUMBER 함수

앞에서 형 변환 함수를 처음 소개할 때 숫자 데이터와 '숫자처럼 생긴' 문자 데이터 간의 산술

연산이 수행될 경우, 문자 데이
터는 자동으로 숫자 데이터로
형 변환이 일어나 연산이 가능
합니다. 그리고 이를 암시적 형
변환이라고 했습니다. 오른쪽의
SELECT문에 사용한 데이터는
암시적 형 변환이 일어나 연산
이 정상적으로 수행됩니다.

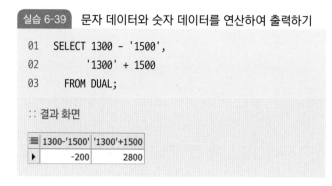

하지만 실습 6-40의 SELECT
문은 연산이 수행되지 않습니
다. 숫자 사이에 쉼표(,)가 들어
가서 숫자로 변환이 되지 않았
기 때문입니다.

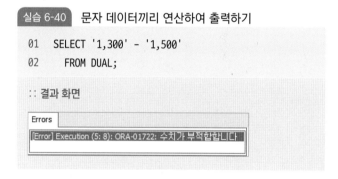

그리 흔한 일은 아니지만 테이블 내 특정 열 값이 실습 6-40과 같이 숫자 데이터가 가공된 문
자 데이터로 저장되어 있고 그 데이터를 산술 연산에 사용하고자 할 경우, 문자 데이터를 숫
자 형태로 강제로 인식시켜 주어야 합니다. 이때 사용하는 함수가 바로 TO_NUMBER 함수
입니다.

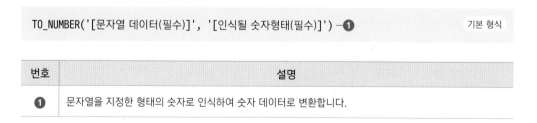

| 번호 | 설명 |
|---|---|
| ❶ | 문자열을 지정한 형태의 숫자로 인식하여 숫자 데이터로 변환합니다. |

앞에서 실행되지 않았던 연산은 다음과 같이 TO_NUMBER 함수를 각 데이터에 사용하면 실
행됩니다.

실습 6-41 TO_NUMBER 함수로 연산하여 출력하기

```
01  SELECT TO_NUMBER('1,300', '999,999') - TO_NUMBER('1,500', '999,999')
02    FROM DUAL;
```

:: 결과 화면

| TO_NUMBER('1,300','999,999')-TO_NUMBER('1,500','999,999') |
|---|
| -200 |

## 문자 데이터를 날짜 데이터로 변환하는 TO_DATE 함수

TO_CHAR 함수를 사용하여 날짜 데이터를 문자 데이터로 변환했듯이 TO_DATE 함수를 사용하면 문자열 데이터를 날짜 데이터로 바꿔 줄 수 있습니다. TO_DATE 함수의 기본 형식은 다음과 같습니다.

TO_DATE('[문자열 데이터(필수)]', '[인식될 날짜형태(필수)]') —❶                    기본 형식

| 번호 | 설명 |
|---|---|
| ❶ | 문자열 데이터를 날짜형의 데이터로 변환합니다. |

먼저 날짜 데이터로 변환하려면 문자열 데이터(또는 열)를 입력한 후 그 데이터를 날짜 형태로 인식시킬 형식을 지정합니다. 즉 2018-07-14, 20180714와 같은 문자 데이터를 날짜 데이터로 바꿔 주려면 다음과 같이 TO_DATE 함수를 사용합니다.

실습 6-42 TO_DATE 함수로 문자 데이터를 날짜 데이터 변환하기

```
01  SELECT TO_DATE('2018-07-14', 'YYYY-MM-DD') AS TODATE1,
02         TO_DATE('20180714', 'YYYY-MM-DD') AS TODATE2
03    FROM DUAL;
```

:: 결과 화면

| TODATE1 | TODATE2 |
|---|---|
| 2018/07/14 | 2018/07/14 |

날짜 함수에서 언급했듯이 날짜 데이터끼리는 간단한 연산이 가능합니다. 날짜 데이터는 상대적으로 이전 날짜인 데이터가 이후 날짜 데이터보다 크기가 작은 데이터로 여겨지기 때문

에 다음과 같이 TO_DATE 함수와 비교 연산자를 사용하여 EMP 테이블에서 1981년 6월 1
일 이후 입사한 사원을 찾는 것도 가능합니다.

**실습 6-43** 1981년 6월 1일 이후에 입사한 사원 정보 출력하기

```
01  SELECT *
02    FROM EMP
03   WHERE HIREDATE > TO_DATE('1981/06/01', 'YYYY/MM/DD');
```

:: 결과 화면

| EMPNO | ENAME | JOB | MGR | HIREDATE | SAL | COMM | DEPTNO |
|---|---|---|---|---|---|---|---|
| 7654 | MARTIN | SALESMAN | 7698 | 1981/09/28 | 1250 | 1400 | 30 |
| 7782 | CLARK | MANAGER | 7839 | 1981/06/09 | 2450 | | 10 |
| 7788 | SCOTT | ANALYST | 7566 | 1987/04/19 | 3000 | | 20 |
| 7839 | KING | PRESIDENT | | 1981/11/17 | 5000 | | 10 |
| 7844 | TURNER | SALESMAN | 7698 | 1981/09/08 | 1500 | 0 | 30 |
| 7876 | ADAMS | CLERK | 7788 | 1987/05/23 | 1100 | | 20 |
| 7900 | JAMES | CLERK | 7698 | 1981/12/03 | 950 | | 30 |
| 7902 | FORD | ANALYST | 7566 | 1981/12/03 | 3000 | | 20 |
| 7934 | MILLER | CLERK | 7782 | 1982/01/23 | 1300 | | 10 |

날짜 데이터 형식을 지정할 때 YYYY, RRRR, YY, RR를 사용할 수 있습니다. 네 자리로 표현
하는 연도는 문제가 없지만 두 자리로 연도를 표현할 때 사용하는 YY, RR는 사용상 주의를
기울여야 합니다.

**실습 6-44** 여러 가지 형식으로 날짜 데이터 출력하기

```
01  SELECT TO_DATE('49/12/10', 'YY/MM/DD') AS YY_YEAR_49,
02         TO_DATE('49/12/10', 'RR/MM/DD') AS RR_YEAR_49,
03         TO_DATE('50/12/10', 'YY/MM/DD') AS YY_YEAR_50,
04         TO_DATE('50/12/10', 'RR/MM/DD') AS RR_YEAR_50,
05         TO_DATE('51/12/10', 'YY/MM/DD') AS YY_YEAR_51,
06         TO_DATE('51/12/10', 'RR/MM/DD') AS RR_YEAR_51
07    FROM DUAL;
```

:: 결과 화면

| YY_YEAR_49 | RR_YEAR_49 | YY_YEAR_50 | RR_YEAR_50 | YY_YEAR_51 | RR_YEAR_51 |
|---|---|---|---|---|---|
| 2049/12/10 | 2049/12/10 | 2050/12/10 | 1950/12/10 | 2051/12/10 | 1951/12/10 |

실습 6-44의 결과 화면을 살펴보면 1950년을 기점으로 YY와 RR를 사용한 날짜가 각각 2050년, 1950년으로 다르게 인식됨을 알 수 있습니다. 이는 YY와 RR가 1900년대와 2000년대의 앞자리 수를 계산하는 방식이 달라서입니다.

YY는 어떤 두 자리 수가 입력되어도 현 시점의 연도와 동일한 연도로 계산되고 RR은 현 시점의 연도의 끝 두 자리 수가 00~49, 50~99 그리고 입력된 수치가 00~49, 50~99 인 경우를 계산하여 비교적 가까운 날짜 데이터를 계산해 줍니다.

이 예제를 실행하는 시점의 연도는 2018년이므로 두 자리 RR에 50 이상의 연도를 인식시키면 1950년대가 됩니다. 하지만 일반적으로 TO_CHAR 함수를 사용하여 날짜 데이터를 지정할 땐 네 자리 연도를 주로 사용하므로 이러한 특성을 고려해서 날짜 형식을 지정해야 하는 경우는 많지 않습니다. 따라서 이 내용은 참고만 하면 됩니다.

◎ 좀 더 구체적으로 RR 형식에 대해서 알고 싶다면 오라클 공식 홈페이지(docs.oracle.com/cd/E11882_01/server.112/e41084/sql_elements004.htm#i116004)를 참조하세요.

 1980년 10월 15일 이후에 입사한 사원을 출력하기 위한 다음 SQL문의 빈칸을 채워 보세요.

```
SELECT *
  FROM EMP
 WHERE  1                      >  2                    ('1980/10/15', 'YYYY/MM/DD');
```

정답 1. HIREDATE, 2. TO_DATE

# 06-6 NULL 처리 함수

----

04장과 05장에서 데이터가 NULL이면 산술 연산자나 비교 연산자가 우리가 예상한 대로 동작하지 않는 것을 확인할 수 있었습니다. 하지만 특정 열의 데이터가 NULL일 경우에 연산 수행을 위해 데이터를 NULL이 아닌 다른 값으로 대체해 주어야 할 때가 종종 발생합니다. 이때 여기에서 배울 NVL 함수와 NVL2 함수를 유용하게 사용할 수 있습니다.

## NVL 함수의 기본 사용법

NVL 함수의 기본 형식은 다음과 같습니다.

> NVL([NULL인지 여부를 검사할 데이터 또는 열(필수)],      기본 형식
>     [앞의 데이터가 NULL일 경우 반환할 데이터](필수)) —❶

| 번호 | 설명 |
|------|------|
| ❶ | 열 또는 데이터를 입력하여 해당 데이터가 NULL이 아닐 경우 데이터를 그대로 반환하고, NULL인 경우 지정한 데이터를 반환합니다. |

NVL 함수는 첫 번째 입력 데이터가 NULL이 아니면 그 데이터를 그대로 반환하고 NULL이라면 두 번째 입력 데이터에 지정한 값을 반환합니다. 그러면 이를 EMP 테이블의 COMM 열에 활용해 보죠.

**실습 6-45**   NVL 함수를 사용하여 출력하기

```
01  SELECT EMPNO, ENAME, SAL, COMM, SAL+COMM,
02         NVL(COMM, 0),
03         SAL+NVL(COMM, 0)
04    FROM EMP;
```

| EMPNO | ENAME | SAL | COMM | SAL+COMM | NVL(COMM,0) | SAL+NVL(COMM,0) |
|---|---|---|---|---|---|---|
| 7369 | SMITH | 800 | | | 0 | 800 |
| 7499 | ALLEN | 1600 | 300 | 1900 | 300 | 1900 |
| 7521 | WARD | 1250 | 500 | 1750 | 500 | 1750 |
| 7566 | JONES | 2975 | | | 0 | 2975 |
| 7654 | MARTIN | 1250 | 1400 | 2650 | 1400 | 2650 |
| 7698 | BLAKE | 2850 | | | 0 | 2850 |
| 7782 | CLARK | 2450 | | | 0 | 2450 |
| 7788 | SCOTT | 3000 | | | 0 | 3000 |
| 7839 | KING | 5000 | | | 0 | 5000 |
| 7844 | TURNER | 1500 | 0 | 1500 | 0 | 1500 |
| 7876 | ADAMS | 1100 | | | 0 | 1100 |
| 7900 | JAMES | 950 | | | 0 | 950 |
| 7902 | FORD | 3000 | | | 0 | 3000 |
| 7934 | MILLER | 1300 | | | 0 | 1300 |

실습 6-45의 결과를 확인해 보면 EMP 테이블의 급여 외 추가 수당을 의미하는 COMM 열 값이 NULL인 데이터를 0으로 대체하여 연산이 가능하다는 것을 확인할 수 있습니다. 이렇게 NVL 함수는 NULL 처리를 위해 자주 사용합니다.

## NVL2 함수의 기본 사용법

NVL2 함수는 NVL 함수와 비슷하지만 데이터가 NULL이 아닐 때 반환할 데이터를 추가로 지정해 줄 수 있습니다. NVL2 함수의 기본 형식은 다음과 같습니다.

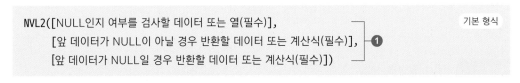

기본 형식

NVL2([NULL인지 여부를 검사할 데이터 또는 열(필수)],
　　　[앞 데이터가 NULL이 아닐 경우 반환할 데이터 또는 계산식(필수)], ❶
　　　[앞 데이터가 NULL일 경우 반환할 데이터 또는 계산식(필수)])

| 번호 | 설명 |
|---|---|
| ❶ | 열 또는 데이터를 입력하여 해당 데이터가 NULL이 아닐 때와 NULL일 때 출력 데이터를 각각 지정합니다. |

예를 들어 COMM 열이 NULL이 아니라면 O를, NULL이라면 X를 표기하여 급여 외 추가 수당의 존재 여부만 확인할 때 NVL2 함수를 사용할 수 있습니다. 왜냐하면 금액 같은 민감한 데이터는 노출되지 않아야 하는 경우도 있기 때문입니다.

다음 SELECT문은 NVL2 함수를 사용하여 COMM 열 값이 NULL인지 아닌지에 따라 출력 값 또는 계산식을 달리하는 실습입니다. 실행 후 결과 값을 비교해 볼까요.

**실습 6-46**  NVL2 함수를 사용하여 출력하기

```
01   SELECT EMPNO, ENAME, COMM,
02          NVL2(COMM, 'O', 'X'),
03          NVL2(COMM, SAL*12+COMM, SAL*12) AS ANNSAL
04     FROM EMP;
```

:: 결과 화면

| EMPNO | ENAME | COMM | NVL2(COMM,'O','X') | ANNSAL |
|---|---|---|---|---|
| 7369 | SMITH | | X | 9600 |
| 7499 | ALLEN | 300 | O | 19500 |
| 7521 | WARD | 500 | O | 15500 |
| 7566 | JONES | | X | 35700 |
| 7654 | MARTIN | 1400 | O | 16400 |
| 7698 | BLAKE | | X | 34200 |
| 7782 | CLARK | | X | 29400 |
| 7788 | SCOTT | | X | 36000 |
| 7839 | KING | | X | 60000 |
| 7844 | TURNER | 0 | O | 18000 |
| 7876 | ADAMS | | X | 13200 |
| 7900 | JAMES | | X | 11400 |
| 7902 | FORD | | X | 36000 |
| 7934 | MILLER | | X | 15600 |

NVL2 함수는 NVL 함수와는 달리 NULL이 아닌 경우에 반환 데이터까지 지정할 수 있으므로 좀 더 다양한 용도로 활용 가능합니다.

☺ 필자의 경험상 실무에서는 NVL2보다 NVL을 더 많이 사용하는 것 같습니다.

# 06-7 상황에 따라 다른 데이터를 반환하는 DECODE 함수와 CASE문

NVL, NVL2 함수는 데이터가 NULL인 경우에 어떤 데이터를 반환할지 정하는 함수입니다. 특정 열 값이나 데이터 값에 따라 어떤 데이터를 반환할지 정할 때는 DECODE 함수 또는 CASE문을 사용합니다. 우선 DECODE 함수의 사용법부터 알아봅시다.

## DECODE 함수

프로그래밍 언어를 접한 독자라면 다음 형식이 프로그래밍 언어에서 사용하는 if 조건문 또는 switch-case 조건문과 비슷하다고 느꼈을 겁니다. DECODE 함수는 기준이 되는 데이터를 먼저 지정한 후 해당 데이터 값에 따라 다른 결과 값을 내보내는 함수입니다.

```
DECODE([검사 대상이 될 열 또는 데이터, 연산이나 함수의 결과],                    기본 형식
       [조건1], [데이터가 조건1과 일치할 때 반환할 결과],
       [조건2], [데이터가 조건2와 일치할 때 반환할 결과],
       ...
       [조건n], [데이터가 조건n과 일치할 때 반환할 결과],
       [위 조건1~조건n과 일치한 경우가 없을 때 반환할 결과])
```

만약 EMP 테이블에서 직책이 MANAGER인 사람은 급여의 10%를 인상한 급여, SALESMAN 인 사람은 급여의 5%, ANALYST인 사람은 그대로, 나머지는 3%만큼 인상된 급여를 보고 싶다면 DECODE 함수를 사용하여 다음과 같이 작성할 수 있습니다.

실습 6-47   DECODE 함수를 사용하여 출력하기

```
01  SELECT EMPNO, ENAME, JOB, SAL,
02         DECODE(JOB,
03                'MANAGER' , SAL*1.1,
04                'SALESMAN', SAL*1.05,
05                'ANALYST' , SAL,
06                SAL*1.03) AS UPSAL
07  FROM EMP;
```

| EMPNO | ENAME | JOB | SAL | UPSAL |
|---|---|---|---|---|
| 7369 | SMITH | CLERK | 800 | 824 |
| 7499 | ALLEN | SALESMAN | 1600 | 1680 |
| 7521 | WARD | SALESMAN | 1250 | 1312.5 |
| 7566 | JONES | MANAGER | 2975 | 3272.5 |
| 7654 | MARTIN | SALESMAN | 1250 | 1312.5 |
| 7698 | BLAKE | MANAGER | 2850 | 3135 |
| 7782 | CLARK | MANAGER | 2450 | 2695 |
| 7788 | SCOTT | ANALYST | 3000 | 3000 |
| 7839 | KING | PRESIDENT | 5000 | 5150 |
| 7844 | TURNER | SALESMAN | 1500 | 1575 |
| 7876 | ADAMS | CLERK | 1100 | 1133 |
| 7900 | JAMES | CLERK | 950 | 978.5 |
| 7902 | FORD | ANALYST | 3000 | 3000 |
| 7934 | MILLER | CLERK | 1300 | 1339 |

DECODE 함수 역시 지금까지 다뤄 온 함수와 마찬가지로 한 행에 데이터를 입력받아 한 행으로 결과가 나오는 단일행 함수입니다. 앞에서 확인한 함수보다 내용이 길어졌지만 별칭 지정이 가능한 것도 눈여겨보세요. 만약 DECODE 함수의 맨 마지막 데이터, 즉 조건에 해당하는 값이 없을 때 반환 값을 지정하지 않으면 NULL이 반환됩니다.

## CASE문

CASE문은 DECODE 함수와 마찬가지로 특정 조건에 따라 반환할 데이터를 설정할 때 사용합니다. 기준 데이터를 반드시 명시하고 그 값에 따라 반환 데이터를 정하는 DECODE 함수와 달리 CASE문은 각 조건에 사용하는 데이터가 서로 상관없어도 됩니다. 또 기준 데이터 값이 같은(=) 데이터 외에 다양한 조건을 사용할 수 있습니다.

😊 DECODE 함수는 모두 CASE문으로 바꿀 수 있습니다. 하지만 CASE문은 DECODE 함수가 표현할 수 없는 방식도 지원하므로 그 역은 성립하지 않을 수 있습니다. 즉 CASE문의 범용성이 더 높은 것이죠.

CASE문의 기본 형식은 다음과 같습니다. 작성 형식 면에서 볼 때 WHEN이나 THEN, ELSE를 사용하는 CASE문은 DECODE 함수보다 더 프로그래밍 언어적인 표현 방식을 사용합니다.

```
CASE [검사 대상이 될 열 또는 데이터, 연산이나 함수의 결과(선택)]        기본 형식
    WHEN [조건1] THEN [조건1의 결과 값이 true일 때, 반환할 결과]
    WHEN [조건2] THEN [조건2의 결과 값이 true일 때, 반환할 결과]
    ...
    WHEN [조건n] THEN [조건n의 결과 값이 true일 때, 반환할 결과]
    ELSE [위 조건1~조건n과 일치하는 경우가 없을 때 반환할 결과]
END
```

## DECODE 함수와 같은 방식으로 CASE문 사용하기

DECODE 함수에서 사용한 조건과 같은 조건(MANAGER 10%, SALESMAN 5%, ANALYST 그대로, 나머지 3%)으로 데이터를 반환하려면 다음과 같이 사용할 수 있습니다.

**실습 6-48** CASE문을 사용하여 출력하기

```
01   SELECT EMPNO, ENAME, JOB, SAL,
02     CASE JOB
03         WHEN 'MANAGER' THEN SAL*1.1
04         WHEN 'SALESMAN' THEN SAL*1.05
05         WHEN 'ANALYST' THEN SAL
06         ELSE SAL*1.03
07     END AS UPSAL
08   FROM EMP;
```

:: 결과 화면

| EMPNO | ENAME | JOB | SAL | UPSAL |
|---|---|---|---|---|
| 7369 | SMITH | CLERK | 800 | 824 |
| 7499 | ALLEN | SALESMAN | 1600 | 1680 |
| 7521 | WARD | SALESMAN | 1250 | 1312.5 |
| 7566 | JONES | MANAGER | 2975 | 3272.5 |
| 7654 | MARTIN | SALESMAN | 1250 | 1312.5 |
| 7698 | BLAKE | MANAGER | 2850 | 3135 |
| 7782 | CLARK | MANAGER | 2450 | 2695 |
| 7788 | SCOTT | ANALYST | 3000 | 3000 |
| 7839 | KING | PRESIDENT | 5000 | 5150 |
| 7844 | TURNER | SALESMAN | 1500 | 1575 |
| 7876 | ADAMS | CLERK | 1100 | 1133 |
| 7900 | JAMES | CLERK | 950 | 978.5 |
| 7902 | FORD | ANALYST | 3000 | 3000 |
| 7934 | MILLER | CLERK | 1300 | 1339 |

## 기준 데이터 없이 조건식만으로 CASE문 사용하기

CASE문은 DECODE 함수와는 달리 비교할 기준 데이터를 지정하지 않고 값이 같은 조건 이외의 조건도 사용할 수 있습니다. 오른쪽은 COMM 열 값의 범위에 따라 각각 출력을 달리하고자 CASE문을 활용한 예입니다. COMM 열 값이 NULL, COMM 값이 0일 때 COMM 열 값이 0을 초과할 때 각각 다른 반환 데이터를 지정합니다.

**실습 6-49** 열 값에 따라서 출력 값이 달라지는 CASE문

```
01  SELECT EMPNO, ENAME, COMM,
02    CASE
03      WHEN COMM IS NULL THEN '해당사항 없음'
04      WHEN COMM = 0 THEN '수당없음'
05      WHEN COMM > 0 THEN '수당 : ' || COMM
06    END AS COMM_TEXT
07  FROM EMP;
```

:: 결과 화면

| EMPNO | ENAME | COMM | COMM_TEXT |
|---|---|---|---|
| 7369 | SMITH | | 해당사항 없음 |
| 7499 | ALLEN | 300 | 수당 : 300 |
| 7521 | WARD | 500 | 수당 : 500 |
| 7566 | JONES | | 해당사항 없음 |
| 7654 | MARTIN | 1400 | 수당 : 1400 |
| 7698 | BLAKE | | 해당사항 없음 |
| 7782 | CLARK | | 해당사항 없음 |
| 7788 | SCOTT | | 해당사항 없음 |
| 7839 | KING | | 해당사항 없음 |
| 7844 | TURNER | 0 | 수당없음 |
| 7876 | ADAMS | | 해당사항 없음 |
| 7900 | JAMES | | 해당사항 없음 |
| 7902 | FORD | | 해당사항 없음 |
| 7934 | MILLER | | 해당사항 없음 |

위 결과에서 알 수 있듯이 CASE문은 각 조건식의 true, false 여부만 검사하므로 기준 데이터가 없어도 사용이 가능합니다. 지금까지 살펴본 연산자와 여러 함수를 함께 활용하면 더 복잡한 수준의 조건 검사도 가능합니다. 다만 DECODE 함수와 CASE문은 모두 조건별로 동일한 자료형의 데이터를 반환해야 함을 반드시 기억해 주세요.

지금까지 오라클에서 제공하는 단일행 함수를 살펴보았습니다. 이 책에서는 업무상 자주 사용하거나 반드시 알고 있어야 하는 함수를 위주로 소개하고 있습니다. 이들 함수를 통해 오라클 함수의 기본 작성 및 활용 방식에 익숙해진 후 업무를 진행하며 그때그때 필요한 기능을 가진 함수를 찾아서 사용할 수 있어야 합니다. 실무에서 일하는 개발자 역시 모든 함수를 기억하고 사용하지 못합니다. 이 책에서 소개하고 있지 않은 단일행 함수는 오라클 홈페이지의 공식 문서(docs.oracle.com/cd/E11882_01/server.112/e41084/functions002.htm#SQLRF51178)에서 참고할 수 있습니다.

**Q1** 다음과 같은 결과가 나오도록 SQL문을 작성해 보세요.

EMPNO 열에는 EMP 테이블에서 사원 이름(ENAME)이 다섯 글자 이상이며 여섯 글자 미만인 사원 정보를 출력합니다. MASKING_EMPNO 열에는 사원 번호(EMPNO) 앞 두 자리 외 뒷자리를 * 기호로 출력합니다. 그리고 MASKING_ENAME 열에는 사원 이름의 첫 글자만 보여 주고 나머지 글자 수만큼 * 기호로 출력하세요.

:: 결과 화면

| EMPNO | MASKING_EMPNO | ENAME | MASKING_ENAME |
|---|---|---|---|
| 7369 | 73** | SMITH | S**** |
| 7499 | 74** | ALLEN | A**** |
| 7566 | 75** | JONES | J**** |
| 7698 | 76** | BLAKE | B**** |
| 7782 | 77** | CLARK | C**** |
| 7788 | 77** | SCOTT | S**** |
| 7876 | 78** | ADAMS | A**** |
| 7900 | 79** | JAMES | J**** |

**Q2** 다음과 같은 결과가 나오도록 SQL문을 작성해 보세요.

EMP 테이블에서 사원들의 월 평균 근무일 수는 21.5일입니다. 하루 근무 시간을 8시간으로 보았을 때 사원들의 하루 급여(DAY_PAY)와 시급(TIME_PAY)을 계산하여 결과를 출력합니다. 단 하루 급여는 소수점 세 번째 자리에서 버리고, 시급은 두 번째 소수점에서 반올림하세요.

:: 결과 화면

| EMPNO | ENAME | SAL | DAY_PAY | TIME_PAY |
|---|---|---|---|---|
| 7369 | SMITH | 800 | 37.2 | 4.7 |
| 7499 | ALLEN | 1600 | 74.41 | 9.3 |
| 7521 | WARD | 1250 | 58.13 | 7.3 |
| 7566 | JONES | 2975 | 138.37 | 17.3 |
| 7654 | MARTIN | 1250 | 58.13 | 7.3 |
| 7698 | BLAKE | 2850 | 132.55 | 16.6 |
| 7782 | CLARK | 2450 | 113.95 | 14.2 |
| 7788 | SCOTT | 3000 | 139.53 | 17.4 |
| 7839 | KING | 5000 | 232.55 | 29.1 |
| 7844 | TURNER | 1500 | 69.76 | 8.7 |
| 7876 | ADAMS | 1100 | 51.16 | 6.4 |
| 7900 | JAMES | 950 | 44.18 | 5.5 |
| 7902 | FORD | 3000 | 139.53 | 17.4 |
| 7934 | MILLER | 1300 | 60.46 | 7.6 |

이 장에서 배운 내용을 실습하며 정리하세요.

**Q3** 오른쪽과 같은 결과가 나오도록 SQL문을 작성해 보세요.

EMP 테이블에서 사원들은 입사일(HIREDATE)을 기준으로 3개월이 지난 후 첫 월요일에 정직원이 됩니다. 사원들이 정직원이 되는 날짜(R_JOB)를 YYYY-MM-DD 형식으로 오른쪽과 같이 출력해 주세요. 단, 추가 수당(COMM)이 없는 사원의 추가 수당은 N/A로 출력하세요.

∷ 결과 화면

| EMPNO | ENAME | HIREDATE | R_JOB | COMM |
|---|---|---|---|---|
| 7369 | SMITH | 1980/12/17 | 1981-03-23 | N/A |
| 7499 | ALLEN | 1981/02/20 | 1981-05-25 | 300 |
| 7521 | WARD | 1981/02/22 | 1981-05-25 | 500 |
| 7566 | JONES | 1981/04/02 | 1981-07-06 | N/A |
| 7654 | MARTIN | 1981/09/28 | 1982-01-04 | 1400 |
| 7698 | BLAKE | 1981/05/01 | 1981-08-03 | N/A |
| 7782 | CLARK | 1981/06/09 | 1981-09-14 | N/A |
| 7788 | SCOTT | 1987/04/19 | 1987-07-20 | N/A |
| 7839 | KING | 1981/11/17 | 1982-02-22 | N/A |
| 7844 | TURNER | 1981/09/08 | 1981-12-14 | 0 |
| 7876 | ADAMS | 1987/05/23 | 1987-08-24 | N/A |
| 7900 | JAMES | 1981/12/03 | 1982-03-08 | N/A |
| 7902 | FORD | 1981/12/03 | 1982-03-08 | N/A |
| 7934 | MILLER | 1982/01/23 | 1982-04-26 | N/A |

**Q4** 오른쪽과 같은 결과가 나오도록 SQL문을 작성해 보세요. EMP 테이블의 모든 사원을 대상으로 직속 상관의 사원 번호 (MGR)를 다음과 같은 조건을 기준으로 변환해서 CHG_MGR 열에 출력하세요.

- 직속 상관의 사원 번호가 존재하지 않을 경우 : 0000
- 직속 상관의 사원 번호 앞 두 자리가 75일 경우 : 5555
- 직속 상관의 사원 번호 앞 두 자리가 76일 경우 : 6666
- 직속 상관의 사원 번호 앞 두 자리가 77일 경우 : 7777
- 직속 상관의 사원 번호 앞 두 자리가 78일 경우 : 8888
- 그 외 직속 상관 사원 번호의 경우 : 본래 직속 상관의 사원 번호 그대로 출력

∷ 결과 화면

| EMPNO | ENAME | MGR | CHG_MGR |
|---|---|---|---|
| 7369 | SMITH | 7902 | 7902 |
| 7499 | ALLEN | 7698 | 6666 |
| 7521 | WARD | 7698 | 6666 |
| 7566 | JONES | 7839 | 8888 |
| 7654 | MARTIN | 7698 | 6666 |
| 7698 | BLAKE | 7839 | 8888 |
| 7782 | CLARK | 7839 | 8888 |
| 7788 | SCOTT | 7566 | 5555 |
| 7839 | KING | | 0000 |
| 7844 | TURNER | 7698 | 6666 |
| 7876 | ADAMS | 7788 | 7777 |
| 7900 | JAMES | 7698 | 6666 |
| 7902 | FORD | 7566 | 5555 |
| 7934 | MILLER | 7782 | 7777 |

정답 이지스퍼블리싱 홈페이지에서 확인하세요.

# 다중행 함수와 데이터 그룹화

06장에서는 오라클에서 제공하는 단일행 함수를 알아보았습니다. 이 장에서는 다중행 함수와 SELECT문의 결과 값을 그룹으로 묶어서 사용하는 방법을 소개합니다. 데이터 그룹화는 다중행 함수와 함께 사용할 때 그 진가가 발휘됩니다. 먼저 다중행 함수 중 높은 빈도로 사용하는 함수를 살펴보겠습니다. 그리고 그룹화에 사용하는 GROUP BY절, HAVING절과 관련된 함수를 차례대로 소개하겠습니다.

이 장에서 꼭 익혀야 할 것

- 다중행 함수(전체)
- GROUP BY절의 사용법
- HAVING절 사용법과 WHERE절과의 차이
- GROUP BY절과 다중행 함수의 사용

# 07-1 하나의 열에 출력 결과를 담는 다중행 함수

그룹 함수 또는 복수행 함수로도 불리는 다중행 함수(multiple-row function)는 앞 장에서 잠깐 언급했듯이 여러 행을 바탕으로 하나의 결과 값을 도출해 내기 위해 사용하는 함수입니다. 먼저 대표적인 다중행 함수 중 하나인 SUM 함수를 사용한 실습 7-1을 실행해 볼까요.

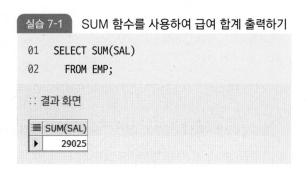

실습 7-1의 결과를 보면 하나의 행으로 출력되는 것을 확인할 수 있습니다. 이 결과를 조금 더 자세히 살펴보면 다음과 같습니다.

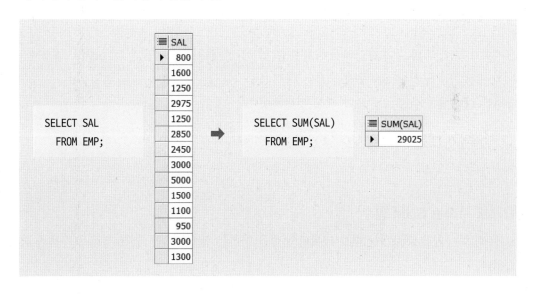

SUM 함수는 SELECT문으로 조회된 행에 지정한 열 값을 모두 더한 값을 반환해 주는 함수입니다. 즉 위와 같이 EMP 테이블을 구성하는 14개 행 중 SAL 열 값을 모두 합한 결과 값이 하나의 행으로 출력됩니다.

이렇듯 다중행 함수는 여러 행이 입력되어 하나의 행으로 결과가 출력되는 특징을 가지고 있습니다. 이러한 특징으로 다중행 함수를 사용한 SELECT절에는 기본적으로 여러 행이 결과로 나올 수 있는 열(함수 : 연산자가 사용된 데이터도 포함)을 함께 사용할 수 없습니다. 즉 다음과 같은 SELECT문은 실행되지 못하고 오류가 발생합니다.

---

**실습 7-2** SUM 함수를 사용하여 사원 이름과 급여 합계 출력하기

```
01   SELECT ENAME, SUM(SAL)
02      FROM EMP;
```

:: 결과 화면

```
Errors
[Error] Execution (1: 8): ORA-00937: 단일 그룹의 그룹 함수가 아닙니다
```

---

ORA-00937 오류는 실습 7-2와 같이 SELECT절에 다중행 함수를 사용하여 결과 값이 한 행으로 나온 데이터(SUM(SAL))와 여러 행이 나올 수 있는 데이터(ENAME)를 함께 명시했을 때 발생합니다.

☺ ORA-00937은 실무에서도 자주 나오는 오류입니다. 그러니 오류가 발생해도 너무 걱정할 필요 없습니다. 실무에서도 오류가 나오면 고쳐 가면서 사용하니까요.

그러면 SUM 함수와 같이 간단하게 사용할 수 있는 다중행 함수를 먼저 살펴보겠습니다. 자주 사용하는 다중행 함수를 오른쪽과 같이 정리하였습니다.

| 함수 | 설명 |
|------|------|
| SUM | 지정한 데이터의 합 반환 |
| COUNT | 지정한 데이터의 개수 반환 |
| MAX | 지정한 데이터 중 최댓값 반환 |
| MIN | 지정한 데이터 중 최솟값 반환 |
| AVG | 지정한 데이터의 평균값 반환 |

## 합계를 구하는 SUM 함수

SUM 함수는 앞에서 소개한 대로 데이터의 합을 구하는 함수입니다. 기본 형식은 다음과 같습니다.

---

SUM([DISTINCT, ALL 중 하나를 선택하거나 아무 값도 지정하지 않음(선택)]──┐
    [합계를 구할 열이나 연산자, 함수를 사용한 데이터(필수)])        ├─❶

기본 형식

---

| 번호 | 설명 |
|------|------|
| ❶ | 합계를 구할 데이터를 지정합니다. |

그리고 SUM 함수를 분석하는 용도로 사용한다면 다음과 같이 함수를 작성한 후 OVER절을 사용할 수도 있습니다.

```
SUM([DISTINCT, ALL 중 하나를 선택하거나 아무 값도 지정하지 않음(선택)]
    [합계를 구할 열이나 연산자, 함수를 사용한 데이터(필수)])
OVER(분석을 위한 여러 문법을 지정)(선택)
```

OVER절을 사용하는 방식은 좀 더 깊이 있게 데이터를 분석하는 경우에 한해 사용하므로 지금은 오른쪽의 SELECT문처럼 실습 7-1에서 사용한 예제와 같은 방식만 기억해 두세요. 먼저 실습 7-3에서 SUM 함수의 기본 형식을 살펴보겠습니다.

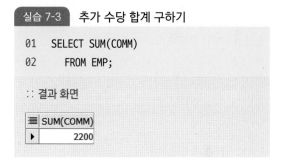

실습 7-3  추가 수당 합계 구하기

```
01   SELECT SUM(COMM)
02     FROM EMP;
```

:: 결과 화면

| SUM(COMM) |
|-----------|
| 2200      |

실습 7-3의 결과는 추가 수당 열을 지정해 합계를 구하는 내용입니다. 추가 수당 열은 NULL이 존재하는 열입니다. 덧셈(+) 연산만으로 합계를 구했다면 결과는 아마 NULL이 나왔겠죠. 하지만 SUM 함수는 NULL 데이터는 제외하고 합계를 구하므로 별다른 문제없이 결과가 출력되는 것을 알 수 있습니다.

### SUM 함수와 DISTINCT, ALL 함께 사용하기

이번에는 SUM 함수를 작성할 때 생략 가능 옵션 DISTINCT, ALL을 사용한 결과를 비교해 보겠습니다. SAL열을 지정하여 다음 SELECT문의 결과를 확인해 보세요.

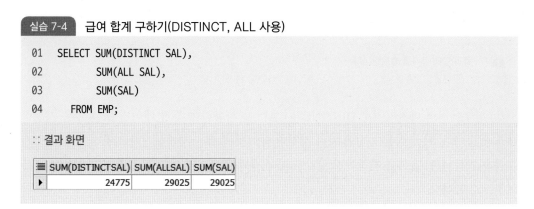

실습 7-4  급여 합계 구하기(DISTINCT, ALL 사용)

```
01   SELECT SUM(DISTINCT SAL),
02          SUM(ALL SAL),
03          SUM(SAL)
04     FROM EMP;
```

:: 결과 화면

| SUM(DISTINCTSAL) | SUM(ALLSAL) | SUM(SAL) |
|------------------|-------------|----------|
| 24775            | 29025       | 29025    |

실습 7-4의 결과에서 알 수 있듯이 ALL을 사용한 결과와 아무 옵션을 지정하지 않은 SUM 함수의 결과는 같습니다. DISTINCT를 지정한 SUM 함수의 결과 값은 다르게 출력되는데요. SUM 함수에 DISTINCT를 지정하면 같은 결과 값을 가진 데이터는 합계에서 한 번만 사용되기 때문입니다. 즉 중복 데이터는 제외하고 계산합니다. 하지만 일반적으로 합계를 구할 때 같은 값을 제외하는 경우는 그리 많지 않으므로 보통은 SUM(데이터)처럼 간단한 형식을 주로 사용합니다.

 EMP 테이블의 모든 사원들에 대해서 급여와 추가 수당의 합계를 구하도록 다음 SQL문의 빈칸을 채워 보세요.

```
SELECT  ¹                    ²
  FROM EMP;
```

정답 1. SUM(SAL), 2. SUM(COMM)

## 데이터 개수를 구해 주는 COUNT 함수

COUNT 함수는 데이터 개수를 출력하는 데 사용합니다. COUNT 함수의 기본 형식은 다음과 같습니다. 그리고 COUNT 함수에 *을 사용하면 SELECT문의 결과 값으로 나온 행 데이터의 개수를 반환해 줍니다.

```
COUNT([DISTINCT, ALL 중 하나를 선택하거나 아무 값도 지정하지 않음(선택)] ┐            기본 형식
      [개수를 구할 열이나 연산자, 함수를 사용한 데이터(필수)])          ├─❶
OVER(분석을 위한 여러 문법 지정)(선택)
```

| 번호 | 설명 |
|---|---|
| ❶ | 결과 행의 개수를 출력합니다. |

SUM 함수에서와 마찬가지로 DISTINCT나 ALL을 사용하여 특정 데이터 또는 열을 지정할 수도 있습니다. 이 방식은 옵션에 따라 지정한 데이터 중복을 제거하거나 허용하여 데이터 개수를 반환합니다. 옵션을 지정하지 않았을 때는 중복을 허용하여 결과 값을 반환하는 ALL을 기본으로 합니다.

실습 7-5와 같이 COUNT 함수의 기본 형식을 사용하여 EMP 테이블에서 사원 수, 즉 행 수를 출력해 볼까요.

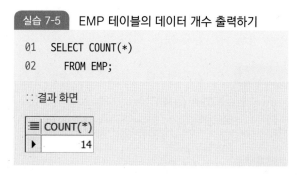

실습 7-5  EMP 테이블의 데이터 개수 출력하기

```
01  SELECT COUNT(*)
02    FROM EMP;
```

:: 결과 화면

| COUNT(*) |
|----------|
| 14 |

결과 값의 개수를 구하는 COUNT 함수는 언뜻 별 의미가 없어 보일 수도 있지만 WHERE절의 조건식을 함께 사용하면 유용하게 써먹을 수 있습니다. 예를 들어 30번 부서에 근무하는 직원 수를 알고 싶다면 오른쪽과 같이 SELECT문을 작성할 수 있습니다.

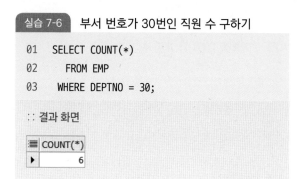

실습 7-6  부서 번호가 30번인 직원 수 구하기

```
01  SELECT COUNT(*)
02    FROM EMP
03    WHERE DEPTNO = 30;
```

:: 결과 화면

| COUNT(*) |
|----------|
| 6 |

이렇게 특정 조건을 만족하는 데이터를 COUNT 함수와 함께 사용한 결과 값은 다양한 분야에서 활용할 수 있습니다. 예를 들어 웹 커뮤니티에서 특정 회원이 작성한 총 글 수, 댓글 수, 글에서 받은 찬성 수, 반대 수 등을 잘 조합하여 회원 등급이나 레벨 등을 관리할 수 있습니다. 또는 웹 쇼핑몰에서 어떤 상품이 많이 구매되었는지 화면의 어느 위치에 있는 항목이 자주 선택되었는지 등을 분석할 때도 활용할 수 있습니다.

COUNT 함수와 DISTINCT, ALL 함께 사용하기

COUNT 함수도 DISTINCT를 사용한 결과 값과 ALL을 지정한 결과 값이 어떻게 다른지 살펴봅시다.

실습 7-7  COUNT 함수를 사용하기 급여 개수 구하기(DISTINCT, ALL 사용)

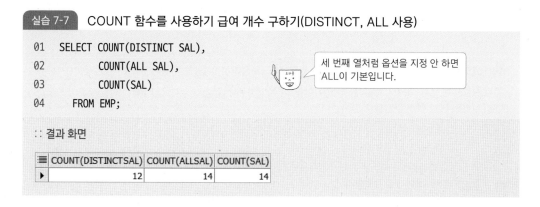

```
01  SELECT COUNT(DISTINCT SAL),
02         COUNT(ALL SAL),
03         COUNT(SAL)
04    FROM EMP;
```

> 세 번째 열처럼 옵션을 지정 안 하면 ALL이 기본입니다.

:: 결과 화면

| COUNT(DISTINCTSAL) | COUNT(ALLSAL) | COUNT(SAL) |
|---|---|---|
| 12 | 14 | 14 |

다음 두 실습에서 COUNT 함수를 사용하면 추가 수당 열처럼 NULL이 데이터로 포함되어 있을 경우, NULL데이터는 반환 개수에서 제외되는 것도 기억하세요.

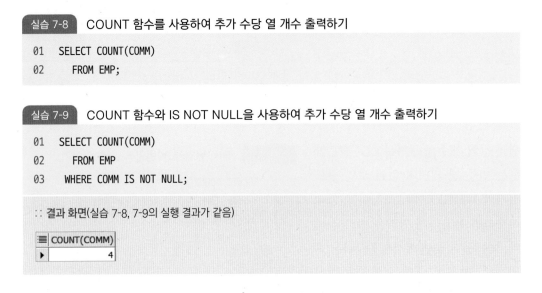

| 실습 7-8 | COUNT 함수를 사용하여 추가 수당 열 개수 출력하기 |
|---|---|

```
01    SELECT COUNT(COMM)
02      FROM EMP;
```

| 실습 7-9 | COUNT 함수와 IS NOT NULL을 사용하여 추가 수당 열 개수 출력하기 |
|---|---|

```
01    SELECT COUNT(COMM)
02      FROM EMP
03     WHERE COMM IS NOT NULL;
```

:: 결과 화면(실습 7-8, 7-9의 실행 결과가 같음)

| ≡ COUNT(COMM) |
|---|
| ▶              4 |

추가 수당 열에 IS NOT NULL 조건을 사용해도 같은 결과 값이 출력됩니다.


## 최댓값과 최솟값을 구하는 MAX, MIN 함수

MAX 함수와 MIN 함수는 단어 의미 그대로 입력 데이터 중 최댓값과 최솟값을 반환하는 함수입니다. 두 함수의 기본 형식은 다음과 같습니다.

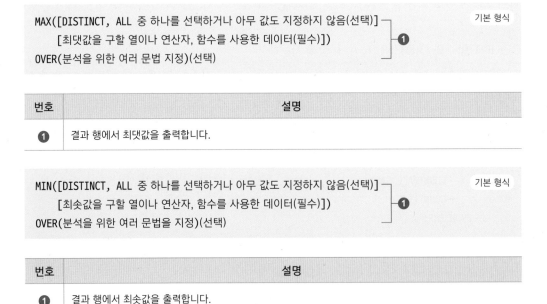

기본 형식

```
MAX([DISTINCT, ALL 중 하나를 선택하거나 아무 값도 지정하지 않음(선택)]
     [최댓값을 구할 열이나 연산자, 함수를 사용한 데이터(필수)])      ─❶
OVER(분석을 위한 여러 문법 지정)(선택)
```

| 번호 | 설명 |
|---|---|
| ❶ | 결과 행에서 최댓값을 출력합니다. |

기본 형식

```
MIN([DISTINCT, ALL 중 하나를 선택하거나 아무 값도 지정하지 않음(선택)]
     [최솟값을 구할 열이나 연산자, 함수를 사용한 데이터(필수)])      ─❶
OVER(분석을 위한 여러 문법을 지정)(선택)
```

| 번호 | 설명 |
|---|---|
| ❶ | 결과 행에서 최솟값을 출력합니다. |

### 숫자 데이터에 MAX, MIN 함수 사용하기

MAX, MIN 함수 역시 앞에서 다룬 COUNT, SUM 함수처럼 DISTINCT나 ALL을 지정할 수 있습니다. 하지만 최댓값과 최솟값은 데이터 중복 제거와 무관하게 같은 결과 값을 반환하기 때문에 실제로는 지정하지 않습니다. 오른쪽 실습에서 MAX, MIN 함수 사용법을 살펴보겠습니다.

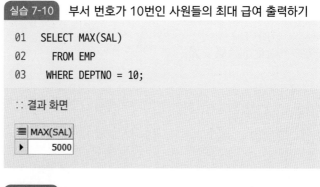

실습 7-10 　부서 번호가 10번인 사원들의 최대 급여 출력하기

```
01   SELECT MAX(SAL)
02     FROM EMP
03     WHERE DEPTNO = 10;
```

:: 결과 화면

| MAX(SAL) |
|---|
| 5000 |

실습 7-11 　부서 번호가 10번인 사원들의 최소 급여 출력하기

```
01   SELECT MIN(SAL)
02     FROM EMP
03     WHERE DEPTNO = 10;
```

:: 결과 화면

| MIN(SAL) |
|---|
| 1300 |

### 날짜 데이터에 MAX, MIN 함수 사용하기

보통 최댓값, 최솟값이라 하면 숫자를 떠올리게 됩니다. 하지만 오라클 데이터베이스에서는 날짜 및 문자 데이터 역시 크기 비교가 가능합니다. 그렇기 때문에 날짜 및 문자 데이터 역시 MAX, MIN 함수를 사용할 수 있습니다. 실습에는 없지만 MAX, MIN 함수에 문자 데이터를 가진 열까지 입력한 SELECT문을 제작하여 결과 값을 확인해 보죠.

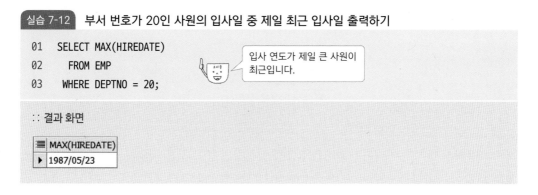

실습 7-12 　부서 번호가 20인 사원의 입사일 중 제일 최근 입사일 출력하기

```
01   SELECT MAX(HIREDATE)
02     FROM EMP
03     WHERE DEPTNO = 20;
```

입사 연도가 제일 큰 사원이 최근입니다.

:: 결과 화면

| MAX(HIREDATE) |
|---|
| 1987/05/23 |

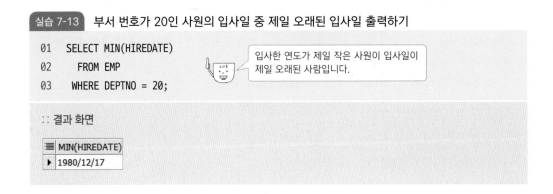

**실습 7-13**  부서 번호가 20인 사원의 입사일 중 제일 오래된 입사일 출력하기

```
01  SELECT MIN(HIREDATE)
02    FROM EMP
03    WHERE DEPTNO = 20;
```

> 입사한 연도가 제일 작은 사원이 입사일이
> 제일 오래된 사람입니다.

:: 결과 화면

| MIN(HIREDATE) |
| --- |
| 1980/12/17 |

## 평균 값을 구하는 AVG 함수

AVG 함수는 입력 데이터의 평균 값을 구하는 함수입니다. 숫자 또는 숫자로 암시적 형 변환
이 가능한 데이터만 사용할 수 있습니다. 기본 형식은 다음과 같습니다.

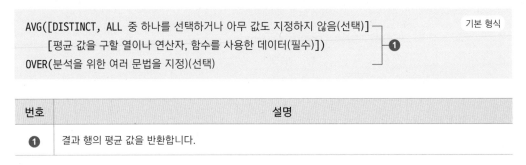

기본 형식

```
AVG([DISTINCT, ALL 중 하나를 선택하거나 아무 값도 지정하지 않음(선택)]
    [평균 값을 구할 열이나 연산자, 함수를 사용한 데이터(필수)])─────❶
OVER(분석을 위한 여러 문법을 지정)(선택)
```

| 번호 | 설명 |
| --- | --- |
| ❶ | 결과 행의 평균 값을 반환합니다. |

오른쪽 실습을 통해 사용법을
간단히 알아보겠습니다.

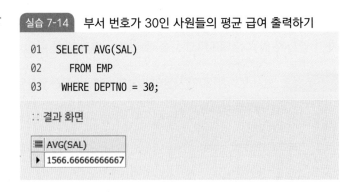

**실습 7-14**  부서 번호가 30인 사원들의 평균 급여 출력하기

```
01  SELECT AVG(SAL)
02    FROM EMP
03    WHERE DEPTNO = 30;
```

:: 결과 화면

| AVG(SAL) |
| --- |
| 1566.66666666667 |

자주 사용하는 방식은 아니지만 DISTINCT를 지정하면 중복 값을 제외하고 평균값을 구하므
로 결과 값이 달라질 수 있습니다. 마침 30번 부서에는 WARD, MARTIN이 1250으로 같은 급
여 값을 가지고 있습니다. 실습 7-15를 실행해 결과 값을 확인하고 실습 7-14의 결과 값과 차
이를 비교해 보죠. DISTINCT를 지정하지 않으면 중복을 허용하는 ALL이 기본값입니다.

```
01   SELECT AVG(DISTINCT SAL)
02     FROM EMP
03    WHERE DEPTNO = 30;
```

:: 결과 화면

| AVG(DISTINCTSAL) |
|---|
| ▶ 1630 |

1분
복습

부서 번호가 30인 사원들의 평균 추가 수당을 출력하도록 다음 SQL문의 빈칸을 채워 보세요.

```
SELECT   ①
  FROM EMP
 WHERE   ②            ;
```

정답  1. AVG(COMM), 2. DEPTNO = 30

# 07-2 결과 값을 원하는 열로 묶어 출력하는 GROUP BY절

앞에서 살펴본 다중행 함수는 지정 테이블의 데이터를 가공하여 하나의 결과 값만 출력했습니다. 그렇기 때문에 부서를 의미하는 부서 번호, 즉 DEPTNO 열 값별로 급여의 평균 값을 구하려면 각 부서 평균 값을 구하기 위해 SELECT문을 다음과 같이 하나하나 제작해야 합니다.

```
SELECT AVG(SAL) FROM EMP WHERE DEPTNO = 10;
SELECT AVG(SAL) FROM EMP WHERE DEPTNO = 20;
SELECT AVG(SAL) FROM EMP WHERE DEPTNO = 30;
...
```

이렇게 각 부서별 평균 급여를 구하기 위해 제작한 각 SELECT문의 결과 값을 하나로 통합해서 보려면 05장에서 소개한 집합 연산자를 다음과 같이 활용할 수 있습니다.

**실습 7-16** 집합 연산자를 사용하여 각 부서별 평균 급여 출력하기

```
01  SELECT AVG(SAL), '10' AS DEPTNO FROM EMP WHERE DEPTNO = 10
02  UNION ALL
03  SELECT AVG(SAL), '20' AS DEPTNO FROM EMP WHERE DEPTNO = 20
04  UNION ALL
05  SELECT AVG(SAL), '30' AS DEPTNO FROM EMP WHERE DEPTNO = 30;
```

:: 결과 화면

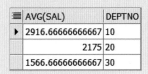

| AVG(SAL) | DEPTNO |
|---|---|
| 2916.66666666667 | 10 |
| 2175 | 20 |
| 1566.66666666667 | 30 |

위 실습에서 다중행 함수인 AVG 함수 옆에는 부서 코드 열을 바로 붙일 수 없으므로 10, 20, 30을 직접 작성하여 별칭을 준 것을 눈여겨보세요. 필요에 따라 이런 식으로 데이터를 강제로 넣어 결과 열에 명시하기도 합니다.

하지만 위와 같은 방식은 한눈에 보기에도 번거로운 방법일 뿐만 아니라 이후에 특정 부서를

추가하거나 삭제할 때마다 SQL문을 수정해야 하므로 바람직하지 않습니다.

◎ 실무에서는 실습 7-16과 같이 코드를 상황에 따라 유연하게 동작할 수 있도록 일반화 또는 공식화해서 제작하지 않고, 그 상황 자체를 각각 지정하여 제작하는 방식을 '하드 코딩'이라고 부릅니다. 어쩔 수 없는 경우가 아니라면 지양해야 하는 방식이죠.

## GROUP BY절의 기본 사용법

실습 7-16과 같이 여러 데이터에서 의미 있는 하나의 결과를 특정 열 값별로 묶어서 출력할 때 데이터를 '그룹화'한다고 표현합니다. SELECT문에서는 GROUP BY절을 작성하여 데이터를 그룹화할 수 있는데 다음과 같이 순서에 맞게 작성하며 그룹으로 묶을 기준 열을 지정합니다.

```
SELECT    [조회할 열1 이름], [열2 이름], ..., [열N 이름]          기본 형식
FROM      [조회할 테이블 이름]
WHERE     [조회할 행을 선별하는 조건식]
GROUP BY  [그룹화할 열을 지정(여러 개 지정 가능)]─❶
ORDER BY  [정렬하려는 열 지정]
```

| 번호 | 키워드 | 필수 요소 | 선택 요소 | 설명 |
|------|--------|-----------|-----------|------|
| ❶ | GROUP BY | 그룹화할 열 또는 데이터 지정 | - | 특정 열 또는 데이터를 기준으로 데이터를 그룹으로 묶습니다. |

GROUP BY절에 명시하는 열은 여러 개 지정할 수 있습니다. 먼저 지정한 열로 대그룹을 나누고 그 다음 지정한 열로 소그룹을 나눕니다.

◎ GROUP BY절에는 별칭이 인식되지 않습니다. 즉 열 이름이나 연산식을 그대로 지정해 주어야 합니다.

앞에서 살펴본 부서별 평균 급여를 통합한 결과를 보려면 GROUP BY절을 사용하여 오른쪽과 같이 SELECT문을 작성하면 됩니다.

**실습 7-17** GROUP BY를 사용하여 부서별 평균 급여 출력하기

```
01  SELECT AVG(SAL), DEPTNO
02    FROM EMP
03  GROUP BY DEPTNO;
```

∷ 결과 화면

| AVG(SAL) | DEPTNO |
|----------|--------|
| 1566.66666666667 | 30 |
| 2175 | 20 |
| 2916.66666666667 | 10 |

각 부서의 직책별 평균 급여를 알고
싶다면 GROUP BY절에 JOB 열을
추가로 명시하여 오른쪽과 같이 작성
할 수 있습니다.

실습 7-18을 살펴보면 SELECT문에
ORDER BY절도 함께 지정했습니다.
GROUP BY절을 사용한 그룹화 이후
가지런한 정렬 결과를 원한다면
ORDER BY절로 정렬 기준을 정해 주
어야 합니다.

**실습 7-18** 부서 번호 및 직책별 평균 급여로 정렬하기

```
01  SELECT DEPTNO, JOB, AVG(SAL)
02    FROM EMP
03  GROUP BY DEPTNO, JOB
04  ORDER BY DEPTNO, JOB;
```

:: 결과 화면

| DEPTNO | JOB | AVG(SAL) |
|---|---|---|
| 10 | CLERK | 1300 |
| 10 | MANAGER | 2450 |
| 10 | PRESIDENT | 5000 |
| 20 | ANALYST | 3000 |
| 20 | CLERK | 950 |
| 20 | MANAGER | 2975 |
| 30 | CLERK | 950 |
| 30 | MANAGER | 2850 |
| 30 | SALESMAN | 1400 |

실습 7-18의 결과는 GROUP BY절에 명시된 부서 번호로 그룹을 먼저 묶은 후 그룹 내에서
사원 직책 열을 기준으로 다시 소그룹을 묶어 급여 평균을 출력합니다.

 **1분 복습** GROUP BY절을 사용하여 부서 번호별 평균 추가 수당을 출력하도록 다음 SQL의 빈칸을 채워
보세요.

```
SELECT  1              , DEPTNO
    FROM EMP
GROUP BY  2            ;
```

정답 1. AVG(COMM), 2. DEPTNO

## GROUP BY절을 사용할 때 유의점

GROUP BY절을 사용하여 출력 데이터를 그룹화할 경우 유의해야 할 점이 있는데 바로 다중
행 함수를 사용하지 않은 일반 열은 GROUP BY절에 명시하지 않으면 SELECT절에서 사용
할 수 없다는 것입니다. 다음과 같이 GROUP BY절에 명시하지 않은 ENAME 열을 출력하도
록 작성한 SELECT문을 실행해 보죠.

실습 7-19 GROUP BY절에 없는 열을 SELECT절에 포함했을 경우

```
01  SELECT ENAME, DEPTNO, AVG(SAL)
02     FROM EMP
03  GROUP BY DEPTNO;
```

> GROUP BY절을 사용할 때에는 SELECT절의 열도 유심히 살펴보세요.

:: 결과 화면

```
Errors
[Error] Execution (1: 8): ORA-00979: GROUP BY 표현식이 아닙니다.
```

실습 7-19를 살펴보면 결과가 출력되지 않고 오류가 발생합니다. DEPTNO를 기준으로 그룹화되어 DEPTNO 열과 AVG(SAL) 열은 한 행으로 출력되지만, ENAME 열은 여러 행으로 구성되어 각 열별 데이터 수가 달라져 출력이 불가능해집니다.

앞에서 다중행 함수를 처음 소개할 때 발생한 ORA-00937 오류와 비슷한 원인입니다. GROUP BY절을 사용한 그룹화는 그룹화된 열 외에 일반 열을 SELECT절에 명시할 수 없습니다. 이 점만 기억한다면 큰 문제가 발생할 일은 없습니다.

# 07-3 GROUP BY절에 조건을 줄 때 사용하는 HAVING절

HAVING절은 SELECT문에 GROUP BY절이 존재할 때만 사용할 수 있습니다. 그리고 GROUP BY절을 통해 그룹화된 결과 값의 범위를 제한하는 데 사용합니다. 각 부서의 직책별 평균 급여를 구하되 그 평균 급여가 2000 이상인 그룹만 출력하려면 다음과 같이 SELECT문에 GROUP BY절과 HAVING절을 작성하면 됩니다.

**실습 7-20** GROUP BY절과 HAVING절을 사용하여 출력하기

```
01   SELECT DEPTNO, JOB, AVG(SAL)
02     FROM EMP
03   GROUP BY DEPTNO, JOB
04     HAVING AVG(SAL) >= 2000
05   ORDER BY DEPTNO, JOB;
```

:: 결과 화면

| DEPTNO | JOB | AVG(SAL) |
|---|---|---|
| 10 | CLERK | 1300 |
| 10 | MANAGER | 2450 |
| 10 | PRESIDENT | 5000 |
| 20 | ANALYST | 3000 |
| 20 | CLERK | 950 |
| 20 | MANAGER | 2975 |
| 30 | CLERK | 950 |
| 30 | MANAGER | 2850 |
| 30 | SALESMAN | 1400 |

HAVING절을 추가하지 않았을 때

| DEPTNO | JOB | AVG(SAL) |
|---|---|---|
| 10 | MANAGER | 2450 |
| 10 | PRESIDENT | 5000 |
| 20 | ANALYST | 3000 |
| 20 | MANAGER | 2975 |
| 30 | MANAGER | 2850 |

HAVING절을 추가했을 때

실습 7-20의 두 결과를 비교하며 살펴볼까요. HAVING절을 추가했을 때의 결과를 살펴보면, HAVING절을 통해 AVG(SAL) 값이 2000을 넘지 않은 그룹의 결과는 출력되지 않았음을 알 수 있습니다.

## HAVING절의 기본 사용법

HAVING절의 기본 형식은 다음과 같습니다.

```
SELECT    [조회할 열1 이름], [열2 이름], ..., [열N 이름]          기본 형식
FROM      [조회할 테이블 이름]
WHERE     [조회할 행을 선별하는 조건식]
GROUP BY  [그룹화할 열 지정(여러 개 지정 가능)]
HAVING    [출력 그룹을 제한하는 조건식] ─❶
ORDER BY  [정렬하려는 열 지정];
```

| 번호 | 키워드 | 필수 요소 | 선택 요소 | 설명 |
|------|--------|-----------|-----------|------|
| ❶ | HAVING | 조건식 | - | GROUP BY절을 사용해 그룹화된 결과 중 출력 그룹을 선별하는 조건식을 지정합니다. |

기본 형식에서 알 수 있듯이 HAVING절은 GROUP BY절이 존재할 경우 GROUP BY절 바로 다음에 작성합니다. 그리고 GROUP BY절과 마찬가지로 별칭은 사용할 수 없습니다.

## HAVING절을 사용할 때 유의점

조건식을 지정한다는 점에서 HAVING절이 WHERE절과 비슷하다고 생각할 수도 있습니다. HAVING절도 WHERE절처럼 지정한 조건식이 참인 결과만 출력한다는 점에서 비슷한 부분이 있습니다. 하지만 WHERE절은 출력 대상 행을 제한하고, HAVING절은 그룹화된 대상을 출력에서 제한하므로 쓰임새는 전혀 다르다는 것을 꼭 기억하세요.

만약 출력 결과를 제한하기 위해 HAVING을 사용하지 않고 조건식을 WHERE절에 명시하면 다음과 같이 SELECT문이 실행되지 않고 오류가 발생합니다.

**실습 7-21** HAVING절 대신 WHERE절을 잘못 사용했을 경우

```
01  SELECT DEPTNO, JOB, AVG(SAL)
02    FROM EMP
03   WHERE AVG(SAL) >= 2000
04  GROUP BY DEPTNO, JOB
05  ORDER BY DEPTNO, JOB;
```

:: 결과 화면

```
Errors
[Error] Execution (17: 8): ORA-00934: 그룹 함수는 허가되지 않습니다
```

출력 행을 제한하는 WHERE절에서는 그룹화된 데이터 AVG(SAL)를 제한하는 조건식을 지정할 수 없습니다.

## WHERE절과 HAVING절의 차이점

HAVING절과 WHERE절을 모두 사용한 SELECT문은 어떻게 동작하는지 확인해 볼까요. 처음 HAVING절을 사용한 SELECT문에 WHERE절의 조건을 추가하여 실행해 보겠습니다. 실습 7-22는 HAVING절만 사용한 예제이고, 실습 7-23이 WHERE절을 함께 지정한 새로운 SELECT문입니다. 두 SELECT문과 실행 결과를 비교하여 확인해 보세요.

**실습 7-22** WHERE절을 사용하지 않고 HAVING절만 사용한 경우

```
01   SELECT DEPTNO, JOB, AVG(SAL)
02     FROM EMP
03   GROUP BY DEPTNO, JOB
04     HAVING AVG(SAL) >= 2000
05   ORDER BY DEPTNO, JOB;
```

:: 결과 화면

| DEPTNO | JOB | AVG(SAL) |
|---|---|---|
| 10 | MANAGER | 2450 |
| 10 | PRESIDENT | 5000 |
| 20 | ANALYST | 3000 |
| 20 | MANAGER | 2975 |
| 30 | MANAGER | 2850 |

**실습 7-23** WHERE절과 HAVING절을 모두 사용한 경우

```
01   SELECT DEPTNO, JOB, AVG(SAL)
02     FROM EMP
03   WHERE SAL <= 3000
04   GROUP BY DEPTNO, JOB
05     HAVING AVG(SAL) >= 2000
06   ORDER BY DEPTNO, JOB;
```

> WHERE절이 GROUP BY절, HAVING절보다 먼저 실행됩니다.

:: 결과 화면

| DEPTNO | JOB | AVG(SAL) |
|---|---|---|
| 10 | MANAGER | 2450 |
| 20 | ANALYST | 3000 |
| 20 | MANAGER | 2975 |
| 30 | MANAGER | 2850 |

WHERE절을 추가한 SELECT문에서는 10번 부서의 PRESIDENT 데이터가 출력되지 않습니다. 이는 WHERE절이 GROUP BY절과 HAVING절을 사용한 데이터 그룹화보다 먼저 출력 대상이 될 행을 제한하기 때문입니다.

추가된 WHERE절에서는 급여가 3000 이하인 조건식을 명시합니다. 따라서 GROUP BY절을 사용해 부서별(DEPTNO), 직책별(JOB) 데이터를 그룹화하기 전에 급여가 3000 이하가 아닌 데이터, 즉 3000을 초과한 급여를 받는 사원의 데이터를 결과에서 먼저 제외하므로 그룹화 대상에 속하지도 못하게 됩니다. 따라서 다음과 같이 WHERE절을 실행한 후에 나온 결과 데이터 GROUP BY절과 HAVING절의 그룹화 대상 데이터가 됩니다.

```
SELECT DEPTNO, JOB, SAL
   FROM EMP
 WHERE SAL <= 3000
ORDER BY DEPTNO, JOB;
```

| ≡ DEPTNO | JOB | SAL |
|---|---|---|
| ▶ 10 | CLERK | 1300 |
| 10 | MANAGER | 2450 |
| 20 | ANALYST | 3000 |
| 20 | ANALYST | 3000 |
| 20 | CLERK | 1100 |
| 20 | CLERK | 800 |
| 20 | MANAGER | 2975 |
| 30 | CLERK | 950 |
| 30 | MANAGER | 2850 |
| 30 | SALESMAN | 1250 |
| 30 | SALESMAN | 1600 |
| 30 | SALESMAN | 1250 |
| 30 | SALESMAN | 1500 |

WHERE절 조건을 먼저 실행하기 때문에 20번 부서의 PRESIDENT 직급 데이터는 존재하지 않습니다. 따라서 그룹화 대상에도 속하지 못하는 것이죠.

이 결과에서 GROUP BY절로 그룹화가 진행되고 HAVING절에서 그룹을 제한하므로 그룹이 만들어지기 전에 걸러진 데이터는 그룹화가 진행되지 않습니다.

예를 들어 연예인을 배출해 내는 엔터테인먼트 회사에는 여러 연예인 지망생들이 속해 있겠죠. 그리고 그 연예인 지망생들을 조합하여 새로운 여성 아이돌 그룹을 결성하려는 경우를 생각해 봅시다. 엔터테인먼트 사는 수많은 연예인 지망생 중 신규 여성 아이돌 그룹에 적합할 인재를 선별하고 조합해 나갈 것입니다. 이 경우에 신규 여성 아이돌 그룹을 결성할 대상에 남성 연예인 지망생은 처음부터 고려 대상에서 제외되겠죠. 이와 유사하게 GROUP BY절로 그룹을 나누는 대상 데이터를 처음부터 제외할 목적이라면 WHERE절을 함께 사용합니다. 즉 GROUP BY절을 수행하기 전에 WHERE절의 조건식으로 출력 행의 제한이 먼저 이루어진다는 것을 반드시 기억하세요.

 HAVING절을 사용하여 EMP 테이블의 부서별 직책의 평균 급여가 500 이상인 사원들의 부서 번호, 직책, 부서별 직책의 평균 급여가 출력되도록 SQL문의 빈칸을 채워 보세요.

```
SELECT DEPTNO, JOB,  1
    FROM EMP
GROUP BY DEPTNO, JOB
       2
ORDER BY DEPTNO, JOB;
```

정답 1. AVG(SAL)  2. HAVING AVG(SAL) >= 500

# 07-4 그룹화와 관련된 여러 함수

지금까지 실무에서 자주 사용하는 다중행 함수, GROUP BY절을 사용한 그룹화, 출력 그룹을 제한하기 위해 사용하는 HAVING절을 살펴보았습니다. 사실 이 정도 함수만 잘 활용해도 웬만한 데이터 그룹화와 관련 기능을 대부분 처리할 수 있습니다. 지금부터 소개할 내용은 조금 더 난이도가 있는 그룹화 관련된 함수입니다. 하지만 실무에서 바로 사용할 확률이 높지 않으니 간단히 훑어보거나 나중에 필요할 때 다시 찾아보아도 괜찮습니다.

## ROLLUP, CUBE, GROUPING SETS 함수

### ROLLUP, CUBE 함수

ROLLUP, CUBE, GROUPING SETS 함수는 GROUP BY절에 지정할 수 있는 특수 함수입니다. ROLLUP 함수와 CUBE 함수는 그룹화 데이터의 합계를 출력할 때 유용하게 사용할 수 있으며 기본 형식은 다음과 같습니다.

```
SELECT  [조회할 열1 이름], [열2 이름], ..., [열N 이름]          기본 형식
FROM    [조회할 테이블 이름]
WHERE   [조회할 행을 선별하는 조건식]
GROUP BY ROLLUP [그룹화 열 지정(여러 개 지정 가능)]; —❶
```

```
SELECT  [조회할 열1 이름], [열2 이름], ..., [열N 이름]          기본 형식
FROM    [조회할 테이블 이름]
WHERE   [조회할 행을 선별하는 조건식]
GROUP BY CUBE [그룹화 열 지정(여러 개 지정 가능)]; —❷
```

| 번호 | 키워드 | 필수 요소 | 선택 요소 | 설명 |
|---|---|---|---|---|
| ❶, ❷ | ROLLUP, CUBE | 그룹화 열 지정 | - | 그룹화 데이터의 합계를 함께 출력하는 데 사용합니다. |

ROLLUP 함수와 CUBE 함수를 사용한 SQL문의 결과 값을 확인하며 사용법을 알아보겠습니다. 먼저 GROUP BY절에 부서 코드와 직책 열만 명시하고 COUNT(*), MAX(SAL), SUM(SAL), AVG(SAL)을 출력해 보겠습니다.

**실습 7-24** 기존 GROUP BY절만 사용한 그룹화

```
01  SELECT DEPTNO, JOB, COUNT(*), MAX(SAL), SUM(SAL), AVG(SAL)
02    FROM EMP
03  GROUP BY DEPTNO, JOB
04  ORDER BY DEPTNO, JOB;
```

:: 결과 화면

| DEPTNO | JOB | COUNT(*) | MAX(SAL) | SUM(SAL) | AVG(SAL) |
|---|---|---|---|---|---|
| 10 | CLERK | 1 | 1300 | 1300 | 1300 |
| 10 | MANAGER | 1 | 2450 | 2450 | 2450 |
| 10 | PRESIDENT | 1 | 5000 | 5000 | 5000 |
| 20 | ANALYST | 2 | 3000 | 6000 | 3000 |
| 20 | CLERK | 2 | 1100 | 1900 | 950 |
| 20 | MANAGER | 1 | 2975 | 2975 | 2975 |
| 30 | CLERK | 1 | 950 | 950 | 950 |
| 30 | MANAGER | 1 | 2850 | 2850 | 2850 |
| 30 | SALESMAN | 4 | 1600 | 5600 | 1400 |

실습 7-24는 부서 번호로 먼저 큰 그룹을 만들고 직책으로 소그룹을 나누어 각 그룹에 해당하는 데이터, 즉 각 부서의 직책별 사원 수, 가장 높은 급여, 급여 합, 평균 급여를 출력하는 SQL문입니다.

이번에는 GROUP BY절에 ROLLUP 함수를 적용해 보겠습니다. 같은 열을 지정한 후 결과를 확인해 보세요.

**실습 7-25** ROLLUP 함수를 적용한 그룹화

```
01  SELECT DEPTNO, JOB, COUNT(*), MAX(SAL), SUM(SAL), AVG(SAL)
02    FROM EMP
03  GROUP BY ROLLUP(DEPTNO, JOB);
```

| DEPTNO | JOB | COUNT(*) | MAX(SAL) | SUM(SAL) | AVG(SAL) |
|---|---|---|---|---|---|
| 10 | CLERK | 1 | 1300 | 1300 | 1300 |
| 10 | MANAGER | 1 | 2450 | 2450 | 2450 |
| 10 | PRESIDENT | 1 | 5000 | 5000 | 5000 |
| 10 | | 3 | 5000 | 8750 | 2916.66666666667 |
| 20 | CLERK | 2 | 1100 | 1900 | 950 |
| 20 | ANALYST | 2 | 3000 | 6000 | 3000 |
| 20 | MANAGER | 1 | 2975 | 2975 | 2975 |
| 20 | | 5 | 3000 | 10875 | 2175 |
| 30 | CLERK | 1 | 950 | 950 | 950 |
| 30 | MANAGER | 1 | 2850 | 2850 | 2850 |
| 30 | SALESMAN | 4 | 1600 | 5600 | 1400 |
| 30 | | 6 | 2850 | 9400 | 1566.66666666667 |
| | | 14 | 5000 | 29025 | 2073.21428571429 |

실습 7-25의 결과를 살펴보면 ROLLUP 함수는 명시한 열을 소그룹부터 대그룹의 순서로 각 그룹별 결과를 출력하고 마지막에 총 데이터의 결과를 출력합니다. 즉 각 부서의 직책별 사원 수, 최고 급여, 급여 합, 평균 급여를 출력한 후에 각 부서별 결과를 출력하고 마지막에 테이블 전체 데이터를 대상으로 한 사원 수, 최고 급여, 급여 합, 평균 급여를 출력합니다. ROLLUP 함수에 명시한 열에 한하여 결과가 출력된다는 것과 ROLLUP 함수에는 그룹 함수를 지정할 수 없는 것도 꼭 기억해 주세요.

다음은 CUBE 함수를 GROUP BY절에서 사용해 보겠습니다. 실습 7-25와 같은 열을 적용 하여 실행해 보겠습니다.

**실습 7-26** CUBE 함수를 적용한 그룹화

```
01  SELECT DEPTNO, JOB, COUNT(*), MAX(SAL), SUM(SAL), AVG(SAL)
02    FROM EMP
03  GROUP BY CUBE(DEPTNO, JOB)
04  ORDER BY DEPTNO, JOB;
```

| ≡ | DEPTNO | JOB | COUNT(*) | MAX(SAL) | SUM(SAL) | AVG(SAL) |
|---|--------|-----|----------|----------|----------|----------|
| ▶ | 10 | CLERK | 1 | 1300 | 1300 | 1300 |
| | 10 | MANAGER | 1 | 2450 | 2450 | 2450 |
| | 10 | PRESIDENT | 1 | 5000 | 5000 | 5000 |
| | 10 | | 3 | 5000 | 8750 | 2916.66666666667 |
| | 20 | ANALYST | 2 | 3000 | 6000 | 3000 |
| | 20 | CLERK | 2 | 1100 | 1900 | 950 |
| | 20 | MANAGER | 1 | 2975 | 2975 | 2975 |
| | 20 | | 5 | 3000 | 10875 | 2175 |
| | 30 | CLERK | 1 | 950 | 950 | 950 |
| | 30 | MANAGER | 1 | 2850 | 2850 | 2850 |
| | 30 | SALESMAN | 4 | 1600 | 5600 | 1400 |
| | 30 | | 6 | 2850 | 9400 | 1566.66666666667 |
| | | ANALYST | 2 | 3000 | 6000 | 3000 |
| | | CLERK | 4 | 1300 | 4150 | 1037.5 |
| | | MANAGER | 3 | 2975 | 8275 | 2758.33333333333 |
| | | PRESIDENT | 1 | 5000 | 5000 | 5000 |
| | | SALESMAN | 4 | 1600 | 5600 | 1400 |
| | | | 14 | 5000 | 29025 | 2073.21428571429 |

실습 7-26의 결과에서 알 수 있듯이 CUBE 함수는 ROLLUP 함수를 사용했을 때보다 좀 더 많은 결과가 나옵니다. 여기에서 주의 깊게 확인해야 하는 부분은 부서와 상관없이 직책별 결과가 함께 출력되고 있는 부분(빨간 점선 박스)입니다. 이렇듯 CUBE 함수는 지정한 모든 열에서 가능한 조합의 결과를 모두 출력합니다.

앞의 실습에서는 ROLLUP 함수와 CUBE 함수를 이해하기 위해 두 열(DEPTNO, JOB)만 그룹화하여 사용했습니다. 그룹화 순서대로 출력해 주는 ROLLUP 함수는 지정한 열 수에 따라 다음과 같이 결과 값이 조합됩니다. 즉 n개의 열을 지정하면 기본적으로 n+1개 조합이 출력된다고 생각하면 됩니다.

---

ROLLUP(A, B, C)

1. A 그룹별 B 그룹별 C 그룹에 해당하는 결과 출력

2. A 그룹별 B 그룹에 해당하는 결과 출력

3. A 그룹에 해당하는 결과 출력

4. 전체 데이터 결과 출력

---

CUBE 함수는 지정한 모든 열의 조합을 사용하므로 다음과 같은 결과가 출력됩니다.

```
CUBE(A, B, C)

1. A 그룹별 B 그룹별 C 그룹에 해당하는 결과 출력

2. A 그룹별 B 그룹의 결과 출력

3. B 그룹별 C 그룹의 결과 출력

4. A 그룹별 C 그룹의 결과 출력

5. A 그룹 결과

6. B 그룹 결과

7. C 그룹 결과

8. 전체 데이터 결과
```

CUBE 함수에 n개 열을 지정하면 $2^n$개 조합이 출력됩니다. 그러므로 두 함수는 지정한 열이 많을수록 출력될 조합이 많아질 것입니다. 특히 CUBE 함수는 제곱수로 조합 경우의 수가 올라가므로 감당하기 어려울 정도의 기하급수적인 증가가 일어납니다. 이를 방지하기 위해 필요한 조합의 출력만 보려면 ROLLUP 함수와 CUBE 함수에 그룹화 열 중 일부만을 지정할 수도 있습니다. 이를 Partial Rollup/Cube, 즉 부분 또는 분할 ROLLUP, CUBE라고 합니다. 그러나 이 순서대로 출력하면 눈에 확 띄지 않기 때문에 CUBE 함수를 사용한 실습 7-26에서는 ORDER BY절을 사용하였습니다. 다시 한 번 확인해 보세요.

다음은 그룹화 열을 두 개 지정하고 부분 ROLLUP을 적용한 예입니다.

**실습 7-27** DEPTNO를 먼저 그룹화한 후 ROLLUP 함수에 JOB 지정하기

```
01  SELECT DEPTNO, JOB, COUNT(*)
02    FROM EMP
03  GROUP BY DEPTNO, ROLLUP(JOB);
```

:: 결과 화면

| | DEPTNO | JOB | COUNT(*) |
|---|---|---|---|
| ▶ | 10 | CLERK | 1 |
| | 10 | MANAGER | 1 |
| | 10 | PRESIDENT | 1 |
| | 10 | | 3 |
| | 20 | CLERK | 2 |
| | 20 | ANALYST | 2 |
| | 20 | MANAGER | 1 |
| | 20 | | 5 |
| | 30 | CLERK | 1 |
| | 30 | MANAGER | 1 |
| | 30 | SALESMAN | 4 |
| | 30 | | 6 |

JOB을 먼저 그룹화한 후 ROLLUP 함수에 DEPTNO 지정하기

```
01  SELECT DEPTNO, JOB, COUNT(*)
02    FROM EMP
03  GROUP BY JOB, ROLLUP(DEPTNO);
```

:: 결과 화면

| DEPTNO | JOB | COUNT(*) |
|---|---|---|
| 10 | CLERK | 1 |
| 20 | CLERK | 2 |
| 30 | CLERK | 1 |
|  | CLERK | 4 |
| 20 | ANALYST | 2 |
|  | ANALYST | 2 |
| 10 | MANAGER | 1 |
| 20 | MANAGER | 1 |
| 30 | MANAGER | 1 |
|  | MANAGER | 3 |
| 30 | SALESMAN | 4 |
|  | SALESMAN | 4 |
| 10 | PRESIDENT | 1 |
|  | PRESIDENT | 1 |

두 SELECT문의 결과 값은 각각 10번 부서에 존재하는 각 직책별 사원 수와 각 부서별 사원 수의 합, 그리고 특정 직책인 사람들의 부서별 인원수와 각 직책별 사원 수의 합 형태로 다르게 출력됩니다.

아마도 오라클 데이터베이스를 처음 접한 독자들은 ROLLUP, CUBE 함수부터 갑자기 난이도가 확 올라가서 당황했을 것입니다. ROLLUP, CUBE 함수를 비롯한 이후 소개할 그룹화 함수들은 빈번하진 않지만 실무에서 필요에 따라 종종 사용되는 함수입니다.

필자도 처음 이들 함수를 사용했을 때 무척 애를 먹었습니다. 더구나 많은 열을 분할까지 고려해서 사용하는 경우에는 작업이 완성될 때까지 많은 시간이 걸렸습니다. 결과를 완전히 예측해서 SELECT문을 완성한다면 더할 나위 없이 좋겠지만 그렇게 되기까지는 많은 시간과 경험이 필요합니다.

ROLLUP이나 CUBE 함수가 익숙하지 않은 상태에서 각 그룹별 소계 또는 총계를 구해야 한다면 먼저 그룹화 열을 GROUP BY절로 명시하고 ROLLUP, CUBE 함수를 일부 열에 조금씩 적용하면서 각 결과 값을 살펴보는 방식으로 차근차근 접근해 갑시다. '천릿길도 한 걸음부터'니까요.

## GROUPING SETS 함수

GROUPING SETS 함수는 같은 수준의 그룹화 열이 여러 개일 때 각 열별 그룹화를 통해 결과 값을 출력하는 데 사용합니다.

```
SELECT  [조회할 열1 이름], [열2 이름], ..., [열N 이름]          기본 형식
FROM    [조회할 테이블 이름]
WHERE   [조회할 행을 선별하는 조건식]
GROUP BY GROUPING SETS [그룹화 열 지정(여러 개 지정 가능)];─❶
```

| 번호 | 키워드 | 필수 요소 | 선택 요소 | 설명 |
|------|--------|-----------|-----------|------|
| ❶ | GROUPING SETS | 그룹화 열 | - | 여러 그룹화 대상 열의 결과 값을 각각 같은 수준으로 출력합니다. |

앞에서 살펴본 ROLLUP과 CUBE 함수는 '특정 부서 내 직책별 인원수'처럼 열을 대그룹, 소그룹과 같이 계층적으로 그룹화하여 데이터를 집계했습니다. GROUPING SETS 함수는 부서별 인원수, 직책별 인원수의 결과 값을 하나의 결과로 출력할 수 있습니다. 즉 지정한 모든 열을 각각 대그룹으로 처리하여 출력하는 것이죠.

> **실습 7-29** GROUPING SETS 함수를 사용하여 열별로 그룹으로 묶어 출력하기

```
01  SELECT DEPTNO, JOB, COUNT(*)
02    FROM EMP
03  GROUP BY GROUPING SETS(DEPTNO, JOB)
04  ORDER BY DEPTNO, JOB;
```

:: 결과 화면

| DEPTNO | JOB | COUNT(*) |
|--------|-----|----------|
| 10 | | 3 |
| 20 | | 5 |
| 30 | | 6 |
| | ANALYST | 2 |
| | CLERK | 4 |
| | MANAGER | 3 |
| | PRESIDENT | 1 |
| | SALESMAN | 4 |

SELECT문의 실행 결과를 살펴보면 그룹화를 위해 지정한 열이 계층적으로 분류되지 않고 각각 따로 그룹화한 후 연산을 수행했음을 알 수 있습니다.

## 그룹화 함수

그룹화 함수는 데이터 자체의 가공이나 특별한 연산 기능을 수행하지는 않지만 그룹화 데이터의 식별이 쉽고 가독성을 높이기 위한 목적으로 사용합니다. 여기에서는 GROUPING 함수와 GROUPING_ID 함수를 소개하겠습니다.

### GROUPING 함수

GROUPING 함수는 ROLLUP 또는 CUBE 함수를 사용한 GROUP BY절에 그룹화 대상으로 지정한 열이 그룹화된 상태로 결과가 집계되었는지 확인하는 데 사용합니다. GROUP BY절에 명시된 열 중 하나를 지정할 수 있습니다.

```
SELECT [조회할 열1 이름], [열2 이름], ..., [열N 이름]                기본 형식
    GROUPING [GROUP BY절에 ROLLUP 또는 CUBE에 명시한 그룹화 할 열 이름]
FROM     [조회할 테이블 이름]
WHERE    [조회할 행을 선별하는 조건식]
GROUP BY ROLLUP 또는 CUBE [그룹화할 열]; —❶
```

| 번호 | 키워드 | 필수 요소 | 선택 요소 | 설명 |
|---|---|---|---|---|
| ❶ | GROUPING | 그룹화 여부를 확인할 열 | - | 현재 결과가 그룹화 대상 열의 그룹화가 이루어진 상태의 집계인지 여부를 출력합니다. |

다음 GROUPING 함수를 사용한 SELECT문을 실행해 보면서 GROUPING 함수를 살펴봅시다.

실습 7-30　DEPTNO, JOB열의 그룹화 결과 여부를 GROUPING 함수로 확인하기

```
01  SELECT DEPTNO, JOB, COUNT(*), MAX(SAL), SUM(SAL), AVG(SAL),
02         GROUPING(DEPTNO),
03         GROUPING(JOB)
04    FROM EMP
05  GROUP BY CUBE(DEPTNO, JOB)
06  ORDER BY DEPTNO, JOB;
```

| DEPTNO | JOB | COUNT(*) | MAX(SAL) | SUM(SAL) | AVG(SAL) | GROUPING(DEPTNO) | GROUPING(JOB) |
|---|---|---|---|---|---|---|---|
| 10 | CLERK | 1 | 1300 | 1300 | 1300 | 0 | 0 |
| 10 | MANAGER | 1 | 2450 | 2450 | 2450 | 0 | 0 |
| 10 | PRESIDENT | 1 | 5000 | 5000 | 5000 | 0 | 0 |
| 10 | | 3 | 5000 | 8750 | 2916.66666666667 | 0 | 1 |
| 20 | ANALYST | 2 | 3000 | 6000 | 3000 | 0 | 0 |
| 20 | CLERK | 2 | 1100 | 1900 | 950 | 0 | 0 |
| 20 | MANAGER | 1 | 2975 | 2975 | 2975 | 0 | 0 |
| 20 | | 5 | 3000 | 10875 | 2175 | 0 | 1 |
| 30 | CLERK | 1 | 950 | 950 | 950 | 0 | 0 |
| 30 | MANAGER | 1 | 2850 | 2850 | 2850 | 0 | 0 |
| 30 | SALESMAN | 4 | 1600 | 5600 | 1400 | 0 | 0 |
| 30 | | 6 | 2850 | 9400 | 1566.66666666667 | 0 | 1 |
| | ANALYST | 2 | 3000 | 6000 | 3000 | 1 | 0 |
| | CLERK | 4 | 1300 | 4150 | 1037.5 | 1 | 0 |
| | MANAGER | 3 | 2975 | 8275 | 2758.33333333333 | 1 | 0 |
| | PRESIDENT | 1 | 5000 | 5000 | 5000 | 1 | 0 |
| | SALESMAN | 4 | 1600 | 5600 | 1400 | 1 | 0 |
| | | 14 | 5000 | 29025 | 2073.21428571429 | 1 | 1 |

실습 7-30의 실행 결과를 살펴보면 GROUPING 함수에 DEPTNO와 JOB 열을 각각 적용한 결과가 다음과 같이 0, 1로 출력되는 것을 알 수 있습니다. 여기에서 0은 GROUPING 함수에 지정한 열이 그룹화되었음을 의미하고 1이 나왔다는 것은 그룹화되지 않은 데이터를 의미합니다. 예를 들어 결과에 첫 번째 행은 10번 부서의 CLERK 직책인 사원 정보를 그룹화하여 보여 주고 있는데 이때 GROUPING(DEPTNO), GROUPING(JOB)은 모두 0을 출력합니다. 즉 DEPTNO, JOB은 두 열을 모두 그룹화하여 집계한 결과라는 의미입니다.

반면에 네 번째 행은 직책과 상관없이 10번 부서의 사원 정보를 그룹화하고 있는 데이터입니다. 이때 GROUPING(DEPTNO) 값은 0, GROUPING(JOB) 값은 1이 출력됩니다. DEPTNO 열로는 그룹화하고 JOB 열로는 그룹화하지 않은 상태, 즉 10번 부서에 속한 모든 직급 사원들의 집계 결과가 나온 것입니다. 그리고 맨 마지막 행의 두 데이터가 모두 1, 1인 경우는 DEPTNO, JOB 두 열 모두 그룹화하지 않은 상태, 모든 데이터의 집계 결과를 나타냅니다. 이렇게 GROUPING 함수의 결과 값을 0, 1로 구별하여 출력하면 현재 출력되는 데이터가 어떤 열의 그룹화를 통해 나온 것인지 알 수 있습니다. GROUPING 함수의 결과가 오직 0과 1로만 출력된다는 점을 고려하면 실습 7-31과 같이 해당 열의 그룹화 없이 ROLLUP 또는 CUBE 함수로 처리하여 표기할 수도 있습니다.

```
01    SELECT DECODE(GROUPING(DEPTNO), 1, 'ALL_DEPT', DEPTNO) AS DEPTNO,
02           DECODE(GROUPING(JOB), 1, 'ALL_JOB', JOB) AS JOB,
03           COUNT(*), MAX(SAL), SUM(SAL), AVG(SAL)
04      FROM EMP
05    GROUP BY CUBE(DEPTNO, JOB)
06    ORDER BY DEPTNO, JOB;
```

:: 결과 화면

| DEPTNO | JOB | COUNT(*) | MAX(SAL) | SUM(SAL) | AVG(SAL) |
|---|---|---|---|---|---|
| 10 | ALL_JOB | 3 | 5000 | 8750 | 2916.66666666667 |
| 10 | CLERK | 1 | 1300 | 1300 | 1300 |
| 10 | MANAGER | 1 | 2450 | 2450 | 2450 |
| 10 | PRESIDENT | 1 | 5000 | 5000 | 5000 |
| 20 | ALL_JOB | 5 | 3000 | 10875 | 2175 |
| 20 | ANALYST | 2 | 3000 | 6000 | 3000 |
| 20 | CLERK | 2 | 1100 | 1900 | 950 |
| 20 | MANAGER | 1 | 2975 | 2975 | 2975 |
| 30 | ALL_JOB | 6 | 2850 | 9400 | 1566.66666666667 |
| 30 | CLERK | 1 | 950 | 950 | 950 |
| 30 | MANAGER | 1 | 2850 | 2850 | 2850 |
| 30 | SALESMAN | 4 | 1600 | 5600 | 1400 |
| ALL_DEPT | ALL_JOB | 14 | 5000 | 29025 | 2073.21428571429 |
| ALL_DEPT | ANALYST | 2 | 3000 | 6000 | 3000 |
| ALL_DEPT | CLERK | 4 | 1300 | 4150 | 1037.5 |
| ALL_DEPT | MANAGER | 3 | 2975 | 8275 | 2758.33333333333 |
| ALL_DEPT | PRESIDENT | 1 | 5000 | 5000 | 5000 |
| ALL_DEPT | SALESMAN | 4 | 1600 | 5600 | 1400 |

## GROUPING_ID 함수

GROUPING_ID 함수는 GROUPING 함수와 마찬가지로 ROLLUP 또는 CUBE 함수로 연산할
때 특정 열이 그룹화되었는지를 출력하는 함수입니다. 그룹화 여부를 검사할 열을 하나씩 지정
하는 GROUPING 함수와 달리 GROUPING_ID 함수는 한 번에 여러 열을 지정할 수 있습니다.

기본 형식

```
SELECT [조회할 열1 이름], [열2 이름], ..., [열N 이름]
   GROUPING_ID [그룹화 여부를 확인할 열(여러 개 지정 가능)]
FROM    [조회할 테이블 이름]    WHERE [조회할 행을 선별하는 조건식]
GROUP BY ROLLUP 또는 CUBE [그룹화 할 열]; ─❶
```

| 번호 | 키워드 | 필수 요소 | 선택 요소 | 설명 |
|---|---|---|---|---|
| ❶ | GROUPING_ID | 그룹화 여부를 확인할 열 | - | GROUPING 함수처럼 특정 열의 그룹화 여부를 출력할 수 있으며, 검사할 열을 여러 개 지정할 수 있습니다. |

GROUPING_ID 함수를 사용한 결과는 그룹화 비트 벡터(grouping bit vector) 값으로 나타냅니다. GROUPING_ID(a, b)와 같이 열을 두 개 지정한다면 출력 결과는 다음과 같습니다.

| 그룹화 된 열 | 그룹화 비트 벡터 | 최종 결과 |
|---|---|---|
| a, b | 0 0 | 0 |
| a | 0 1 | 1 |
| b | 1 0 | 2 |
| 없음 | 1 1 | 3 |

각 열의 그룹화 유무에 따라 0과 1이 결과 값으로 나오는 것은 GROUPING과 같습니다. 하지만 GROUPING_ID 함수는 한 번에 여러 개 열을 지정할 수 있으므로 지정한 열의 순서에 따라 0, 1 값이 하나씩 출력됩니다. 이렇게 0과 1로 구성된 그룹화 비트 벡터 값을 2진수로 보고 10진수로 바꾼 값이 최종 결과로 출력됩니다.

**실습 7-32** DEPTNO, JOB을 함께 명시한 GROUPING_ID 함수 사용하기

```
01   SELECT DEPTNO, JOB, COUNT(*), SUM(SAL),
02          GROUPING(DEPTNO),
03          GROUPING(JOB),
04          GROUPING_ID(DEPTNO, JOB)
05     FROM EMP
06    GROUP BY CUBE(DEPTNO, JOB)
07    ORDER BY DEPTNO, JOB;
```

:: 결과 화면

| DEPTNO | JOB | COUNT(*) | SUM(SAL) | GROUPING(DEPTNO) | GROUPING(JOB) | GROUPING_ID(DEPTNO,JOB) |
|---|---|---|---|---|---|---|
| 10 | CLERK | 1 | 1300 | 0 | 0 | 0 |
| 10 | MANAGER | 1 | 2450 | 0 | 0 | 0 |
| 10 | PRESIDENT | 1 | 5000 | 0 | 0 | 0 |
| 10 | | 3 | 8750 | 0 | 1 | 1 |
| 20 | ANALYST | 2 | 6000 | 0 | 0 | 0 |
| 20 | CLERK | 2 | 1900 | 0 | 0 | 0 |
| 20 | MANAGER | 1 | 2975 | 0 | 0 | 0 |
| 20 | | 5 | 10875 | 0 | 1 | 1 |
| 30 | CLERK | 1 | 950 | 0 | 0 | 0 |
| 30 | MANAGER | 1 | 2850 | 0 | 0 | 0 |
| 30 | SALESMAN | 4 | 5600 | 0 | 0 | 0 |
| 30 | | 6 | 9400 | 0 | 1 | 1 |
| | ANALYST | 2 | 6000 | 1 | 0 | 2 |
| | CLERK | 4 | 4150 | 1 | 0 | 2 |
| | MANAGER | 3 | 8275 | 1 | 0 | 2 |
| | PRESIDENT | 1 | 5000 | 1 | 0 | 2 |
| | SALESMAN | 4 | 5600 | 1 | 0 | 2 |
| | | 14 | 29025 | 1 | 1 | 3 |

## LISTAGG 함수

LISTAGG 함수는 오라클 11g 버전부터 사용할 수 있는 함수입니다. 그룹에 속해 있는 데이터를 가로로 나열할 때 사용합니다. LISTAGG 함수에 대해 알아보기 전에 다음 SELECT문을 살펴봅시다. 이 SELECT문은 10번 부서에 속한 사원 이름을 구합니다.

```
SELECT ENAME
  FROM EMP
 WHERE DEPTNO = 10;
```

:: 결과 화면

| ENAME |
| --- |
| CLARK |
| KING |
| MILLER |

위와 마찬가지로 10번 부서 외에 다른 부서에도 사원 이름 데이터는 여러 개 존재합니다. 하지만 GROUP BY절을 통해 DEPTNO 열을 그룹화해 버리면 ENAME 데이터는 GROUP BY 절에 명시하지 않는 이상 SELECT절에 명시할 수 없습니다.

**실습 7-33** GROUP BY절로 그룹화하여 부서 번호와 사원 이름 출력하기

```
01   SELECT DEPTNO, ENAME
02     FROM EMP
03    GROUP BY DEPTNO, ENAME;
```

:: 결과 화면

| DEPTNO | ENAME |
| --- | --- |
| 20 | JONES |
| 30 | WARD |
| 20 | SCOTT |
| 10 | KING |
| 30 | JAMES |
| 30 | ALLEN |
| 30 | MARTIN |
| 30 | BLAKE |
| 20 | FORD |
| 20 | SMITH |
| 20 | ADAMS |
| 10 | MILLER |
| 10 | CLARK |
| 30 | TURNER |

실습 7-33과 같이 DEPTNO, ENAME 열을 다음과 같이 모두 그룹화하여 출력하는 것도 한 방법이지만, 각 출력 정보에 비해 행이 너무 많아지기 때문에 각 부서별 사원 이름을 가로로

나열해서 출력하고 싶을 수 있습니다. 이때 LISTAGG 함수가 좋은 대안이 됩니다.

LISTAGG 함수의 기본 형식은 다음과 같습니다. 가로로 나열할 열을 지정하고 필요하다면 각 데이터 사이에 넣을 구분자를 지정할 수 있습니다. 그리고 가로로 출력할 데이터를 정렬할 수도 있습니다. 정렬은 기존 ORDER BY절과 사용법이 같습니다. 왼쪽부터 오른쪽 방향으로 지정한 정렬 옵션에 따라 데이터가 가지런히 나열됩니다.

```
SELECT  [조회할 열1 이름], [열2 이름], ..., [열N 이름]        기본 형식
        LISTAGG([나열할 열(필수)], [각 데이터를 구분하는 구분자(선택)])
        WITHIN GROUP(ORDER BY 나열할 열의 정렬 기준 열 (선택)) ─❶
FROM    [조회할 테이블 이름]
WHERE   [조회할 행을 선별하는 조건식];
```

| 번호 | 키워드 | 필수 요소 | 선택 요소 | 설명 |
|------|--------|-----------|-----------|------|
| ❶ | LISTAGG ~ WITHIN GROUP | 나열할 열 | 각 데이터를 구분하는 구분자, 지정하지 않을 경우 NULL이 기본값이 됩니다. | 그룹화 데이터를 하나의 열에 가로로 나열하여 출력하는 데 사용합니다. |

그러면 LISTAGG를 사용하여 각 부서별 사원 이름을 나열한 열을 출력하도록 다음 SELECT 문을 작성하고 실행해 봅시다. 문법보다 다음 결과를 보는 것이 LISTAGG 함수의 기능을 이해하는 데 더 도움이 될 것입니다. 이 함수는 자주 사용하지는 않지만 알고 있으면 꽤 유용하게 써먹을 수 있습니다.

실습 7-34   부서별 사원 이름을 나란히 나열하여 출력하기

```
01   SELECT DEPTNO,
02          LISTAGG(ENAME, ', ')
03          WITHIN GROUP(ORDER BY SAL DESC) AS ENAMES
04     FROM EMP
05    GROUP BY DEPTNO;
```

:: 결과 화면

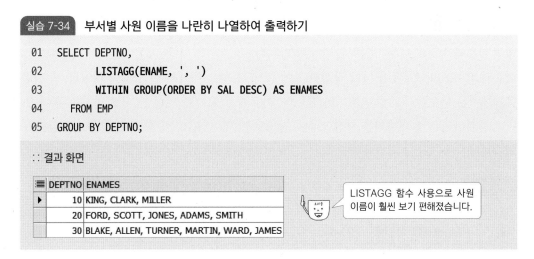

| DEPTNO | ENAMES |
|--------|--------|
| 10 | KING, CLARK, MILLER |
| 20 | FORD, SCOTT, JONES, ADAMS, SMITH |
| 30 | BLAKE, ALLEN, TURNER, MARTIN, WARD, JAMES |

LISTAGG 함수 사용으로 사원 이름이 훨씬 보기 편해졌습니다.

## PIVOT, UNPIVOT 함수

PIVOT, UNPIVOT 함수는 오라클 11g부터 제공하며 PIVOT 함수는 기존 테이블 행을 열로 바꾸고 UNPIVOT 함수는 기존 테이블 열을 행으로 바꿔서 출력합니다. 이 함수들을 알아보기 전에 다음과 같이 GROUP BY절을 활용하여 부서 번호와 직책별로 가장 높은 급여 데이터를 출력해 봅시다.

---

**실습 7-35** 부서별·직책별로 그룹화하여 최고 급여 데이터 출력하기

```
01   SELECT DEPTNO, JOB, MAX(SAL)
02     FROM EMP
03   GROUP BY DEPTNO, JOB
04   ORDER BY DEPTNO, JOB;
```

:: 결과 화면

| DEPTNO | JOB | MAX(SAL) |
|---|---|---|
| 10 | CLERK | 1300 |
| 10 | MANAGER | 2450 |
| 10 | PRESIDENT | 5000 |
| 20 | ANALYST | 3000 |
| 20 | CLERK | 1100 |
| 20 | MANAGER | 2975 |
| 30 | CLERK | 950 |
| 30 | MANAGER | 2850 |
| 30 | SALESMAN | 1600 |

---

이렇게 세로로만 나열되는 DEPTNO와 JOB 열 값을 PIVOT 함수를 사용하면 스프레드시트처럼 가로와 세로로 나누어 출력할 수도 있습니다.

다음과 같이 SELECT문을 하나 작성한 후에 PIVOT 함수 내에서 실제 출력 데이터, 즉 다음 예제에서는 MAX(SAL)를 먼저 명시합니다. 가로줄로 표기할 열을 FOR로 명시한 후에 IN 안에 출력하려는 열 데이터를 지정합니다. 참고로 이 데이터(10, 20, 30)에 별칭을 설정할 수도 있습니다.

---

**실습 7-36** PIVOT 함수를 사용하여 직책별·부서별 최고 급여를 2차원 표 형태로 출력하기

```
01   SELECT *
02     FROM(SELECT DEPTNO, JOB, SAL
03           FROM EMP)
04   PIVOT(MAX(SAL)
05         FOR DEPTNO IN (10, 20, 30)
06         )
07   ORDER BY JOB;
```

---

:: 결과 화면

| JOB | 10 | 20 | 30 |
|---|---|---|---|
| ▶ ANALYST | | 3000 | |
| CLERK | 1300 | 1100 | 950 |
| MANAGER | 2450 | 2975 | 2850 |
| PRESIDENT | 5000 | | |
| SALESMAN | | | 1600 |

**실습 7-37** PIVOT 함수를 사용하여 부서별·직책별 최고 급여를 2차원 표 형태로 출력하기

```
01  SELECT *
02    FROM(SELECT JOB, DEPTNO, SAL
03          FROM EMP)
04  PIVOT(MAX(SAL)
05        FOR JOB IN ('CLERK' AS CLERK,
06                    'SALESMAN' AS SALESMAN,
07                    'PRESIDENT' AS PRESIDENT,
08                    'MANAGER' AS MANAGER,
09                    'ANALYST' AS ANALYST)
10        )
11  ORDER BY DEPTNO;
```

:: 결과 화면

| DEPTNO | CLERK | SALESMAN | PRESIDENT | MANAGER | ANALYST |
|---|---|---|---|---|---|
| ▶ 10 | 1300 | | 5000 | 2450 | |
| 20 | 1100 | | | 2975 | 3000 |
| 30 | 950 | 1600 | | 2850 | |

실습 7-36과 7-37의 SELECT문 결과는 조금 다르지만 PIVOT 함수가 어떤 식으로 데이터 출력을 달리하는지 확인할 수 있습니다.

◎ 첫 번째 FROM절 이후 괄호 안에 다시 SELECT문이 들어가 있는데요. SQL문 내부에서 다시 SELECT문을 사용할 때 이 SELECT문은 서브쿼리(subquery)라고 합니다. 서브쿼리는 09장에서 자세하게 다룰 것입니다.

오라클 11g 이전 버전에는 PIVOT 기능이 없지만 이와 똑같은 결과가 나오도록 다음과 같이 SELECT문을 작성할 수 있습니다.

DECODE문을 활용하여 PIVOT 함수와 같은 출력 구현하기

```
01  SELECT DEPTNO,
02      MAX(DECODE(JOB, 'CLERK', SAL)) AS "CLERK",
03      MAX(DECODE(JOB, 'SALESMAN', SAL)) AS "SALESMAN",
04      MAX(DECODE(JOB, 'PRESIDENT', SAL)) AS "PRESIDENT",
05      MAX(DECODE(JOB, 'MANAGER', SAL)) AS "MANAGER",
06      MAX(DECODE(JOB, 'ANALYST', SAL)) AS "ANALYST"
07  FROM EMP
08  GROUP BY DEPTNO
09  ORDER BY DEPTNO;
```

:: 결과 화면

| DEPTNO | CLERK | SALESMAN | PRESIDENT | MANAGER | ANALYST |
|--------|-------|----------|-----------|---------|---------|
| 10 | 1300 | | 5000 | 2450 | |
| 20 | 1100 | | | 2975 | 3000 |
| 30 | 950 | 1600 | | 2850 | |

이 SELECT문의 결과 값은 앞에서 PIVOT 함수를 사용한 실습 7-37의 결과 값과 같습니다. 사실 PIVOT 함수의 기능이 제공되기 전, 즉 오라클 11g이전 버전에서는 위와 같은 결과를 출력하기 위해 DECODE 함수를 활용하여 SELECT문을 사용했습니다. 이 방식은 PIVOT 함수가 등장하기 전 방식입니다. 오라클 버전이 11g 이전 버전일 경우에는 이 방식을 사용해야 할 수도 있습니다.

UNPIVOT 함수는 PIVOT 함수와 반대 기능을 합니다. 먼저 UNPIVOT 함수를 사용하여 PIVOT 함수를 사용하기 전 상태로 출력해 볼까요. UNPIVOT 함수 역시 SELECT문을 먼저 작성하고 출력 데이터(SAL)를 명시한 후 세로로 늘어뜨릴 가로 열을 FOR에 명시합니다. 실습 7-38에서 작성한 SELECT문을 그대로 복사해서 사용하세요.

UNPIVOT 함수를 사용하여 열로 구분된 그룹을 행으로 출력하기

```
01  SELECT *
02  FROM(SELECT DEPTNO,
03          MAX(DECODE(JOB, 'CLERK'    , SAL)) AS "CLERK",
04          MAX(DECODE(JOB, 'SALESMAN' , SAL)) AS "SALESMAN",
05          MAX(DECODE(JOB, 'PRESIDENT', SAL)) AS "PRESIDENT",
06          MAX(DECODE(JOB, 'MANAGER'  , SAL)) AS "MANAGER",
07          MAX(DECODE(JOB, 'ANALYST'  , SAL)) AS "ANALYST"
08      FROM EMP
```

```
09        GROUP BY DEPTNO
10        ORDER BY DEPTNO)
11   UNPIVOT(
12     SAL FOR JOB IN (CLERK, SALESMAN, PRESIDENT, MANAGER,ANALYST))
13   ORDER BY DEPTNO, JOB;
```

:: 결과 화면

| DEPTNO | JOB | SAL |
|---|---|---|
| 10 | CLERK | 1300 |
| 10 | MANAGER | 2450 |
| 10 | PRESIDENT | 5000 |
| 20 | ANALYST | 3000 |
| 20 | CLERK | 1100 |
| 20 | MANAGER | 2975 |
| 30 | CLERK | 950 |
| 30 | MANAGER | 2850 |
| 30 | SALESMAN | 1600 |

실습 7-39의 결과를 살펴보면 PIVOT 함수를 적용하기 전과 같이 출력되는 것을 알 수 있습니다. PIVOT 함수로 기껏 만들어 놓은 SELECT문을 UNPIVOT 함수로 왜 굳이 되돌리느냐고 생각할 수도 있습니다. 이 부분은 UNPIVOT 함수를 사용하기 위해 앞에서 만든 PIVOT을 활용한 SELECT문을 그대로 사용한 하나의 예로 생각하면 됩니다. 실제로는 다른 형태로 제작한 SELECT문의 결과 열을 행 형태로 변환할 때 사용합니다.

이 책에서는 PIVOT 함수와 UNPIVOT 함수가 이렇게 출력된다는 정도의 간단한 예제만 다루었습니다. 더 다양한 방식의 사용과 자세한 설명은 오라클 홈페이지 공식 문서(oracle.com/technetwork/articles/sql/11g-pivot-097235.html)를 참조하세요.

지금까지 소개한 함수 외에도 오라클에는 그룹화 관련하여 집계 함수, 분석 함수, 이전·이후 행을 가져오는 LAG, LEAD 함수, 값의 순위를 계산하는 RANK, DENSE_RANK 함수 등 일일이 열거하기 어려울 정도로 많은 함수가 존재합니다. 이 책에서 모든 함수를 다루지는 못하지만 이 장의 내용을 바탕으로 SQL문 그룹화의 기본 내용을 익히고, 나중에 추가로 필요한 함수 및 여러 문법은 그때그때 오라클에서 제공하는 공식 문서나 관련 자료 등을 활용하여 익히길 바랍니다.

**Q1** 다음과 같은 결과가 나오도록 SQL문을 작성해 보세요.

EMP 테이블을 이용하여 부서 번호(DEPTNO), 평균 급여(AVG_SAL), 최고 급여(MAX_SAL), 최저 급여(MIN_SAL), 사원 수(CNT)를 출력합니다. 단 평균 급여를 출력할 때 소수점을 제외하고 각 부서 번호별로 출력하세요.

:: 결과 화면

| DEPTNO | AVG_SAL | MAX_SAL | MIN_SAL | CNT |
|---|---|---|---|---|
| 30 | 1566 | 2850 | 950 | 6 |
| 20 | 2175 | 3000 | 800 | 5 |
| 10 | 2916 | 5000 | 1300 | 3 |

**Q2** 다음과 같은 결과가 나오도록 SQL문을 작성해 보세요.

같은 직책(JOB)에 종사하는 사원이 3명 이상인 직책과 인원수를 출력하세요.

:: 결과 화면

| JOB | COUNT(*) |
|---|---|
| CLERK | 4 |
| SALESMAN | 4 |
| MANAGER | 3 |

**Q3** 다음과 같은 결과가 나오도록 SQL문을 작성해 보세요.

사원들의 입사 연도(HIRE_YEAR)를 기준으로 부서별로 몇 명이 입사했는지 출력하세요.

:: 결과 화면

| HIRE_YEAR | DEPTNO | CNT |
|---|---|---|
| 1987 | 20 | 2 |
| 1982 | 10 | 1 |
| 1980 | 20 | 1 |
| 1981 | 10 | 2 |
| 1981 | 20 | 2 |
| 1981 | 30 | 6 |

잊기 전에
**한 번 더!**

이 장에서 배운 내용을 실습하며 정리하세요.

**Q4** 다음과 같은 결과가 나오도록 SQL문을 작성해 보세요. 추가 수당(COMM)을 받는 사원 수와 받지 않는 사원 수를 출력하세요.

:: 결과 화면

| EXIST_COMM | CNT |
|---|---|
| X | 10 |
| O | 4 |

**Q5** 다음과 같은 결과가 나오도록 SQL문을 작성해 보세요. 각 부서의 입사 연도별 사원 수, 최고 급여, 급여 합, 평균 급여를 출력하고 각 부서별 소계와 총계를 출력하세요.

:: 결과 화면

| DEPTNO | HIRE_YEAR | CNT | MAX_SAL | SUM_SAL | AVG_SAL |
|---|---|---|---|---|---|
| 10 | 1981 | 2 | 5000 | 7450 | 3725 |
| 10 | 1982 | 1 | 1300 | 1300 | 1300 |
| 10 | | 3 | 5000 | 8750 | 2916.66666666667 |
| 20 | 1980 | 1 | 800 | 800 | 800 |
| 20 | 1981 | 2 | 3000 | 5975 | 2987.5 |
| 20 | 1987 | 2 | 3000 | 4100 | 2050 |
| 20 | | 5 | 3000 | 10875 | 2175 |
| 30 | 1981 | 6 | 2850 | 9400 | 1566.66666666667 |
| 30 | | 6 | 2850 | 9400 | 1566.66666666667 |
| | | 14 | 5000 | 29025 | 2073.21428571429 |

정답 이지스퍼블리싱 홈페이지에서 확인하세요.

# 여러 테이블을
# 하나의 테이블처럼 사용하는 조인

관계형 데이터베이스는 여러 종류의 데이터가 다양한 테이블에 나뉘어 저장되는 특성이 있습니다. 그래서 응용 프로그램이나 업무에 사용하는 SQL문은 대부분 단일 테이블의 조회보다 여러 테이블의 데이터를 조합하여 출력해야 하는 경우가 많습니다. 이를 가능하게 해 주는 조회 방식이 바로 조인입니다. 이 장에서 배울 다양한 조인 방식을 사용한 데이터 출력은 활용도가 높을 뿐만 아니라 실무를 시작하자마자 바로 사용하게 되므로 잘 익혀 둡시다.

08-1 조인
08-2 조인 종류
08-3 SQL-99 표준 문법으로 배우는 조인

이 장에서 꼭 익혀야 할 것

• 조인의 뜻과 WHERE절 조건식의 사용
• 등가 조인, 자체 조인, 외부 조인

# 08-1 조인

## 집합 연산자와 조인의 차이점

조인(join)은 두 개 이상의 테이블을 연결하여 하나의 테이블처럼 출력할 때 사용하는 방식입니다. 앞에서 알아본 내용을 잘 기억하고 있다면 집합 연산자를 사용한 결과와 비슷하게 느낄수도 있습니다. 차이점을 간단히 이야기하자면 집합 연산자를 사용한 결과는 두 개 이상 SELECT문의 결과 값을 세로로 연결한 것이고, 조인을 사용한 결과는 두 개 이상의 테이블 데이터를 가로로 연결한 것이라고 볼 수 있습니다.

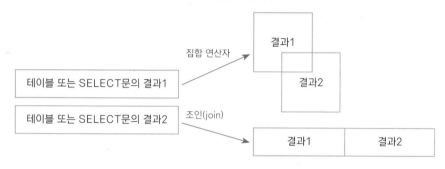

## 여러 테이블을 사용할 때의 FROM절

지금까지 사용한 SELECT문은 다음과 같이 FROM절에 EMP 테이블 하나만을 명시했습니다. 하지만 FROM절에는 여러 개 테이블을 지정하는 것이 가능합니다. 조금 더 정확하게는 꼭 테이블이 아니더라도 테이블 형태, 즉 열과 행으로 구성된 데이터 집합이면 모두 FROM절에 지정 가능합니다. 뷰(view), 서브쿼리(subquery) 등이 이에 해당하며 이 내용에 대해서는 나중에 다시 살펴보겠습니다.

```
SELECT  열1, 열2, ..., 열N
   FROM EMP
 WHERE 조건식
GROUP BY 그룹식
   HAVING 그룹조건식
ORDER BY 정렬식
```

SELECT절의 여러 열을 구분할 때와 마찬가지로 FROM절에 여러 테이블을 명시할 때 쉼표 (,)를 구분자로 사용하여 지정합니다. 그리고 WHERE, GROUP BY, ORDER BY절 등 다른 절도 그대로 사용할 수 있습니다.

```
SELECT
    FROM 테이블1, 테이블2, . . . , 테이블N
```

SCOTT 계정 소유의 EMP 테이블에는 사원 정보가 저장되어 있고 DEPT 테이블에는 부서 정보가 저장되어 있습니다. 만약 사원 정보와 더불어 근무 부서 이름 또는 부서 위치 정보 등을 한 번에 조회하려면 EMP 테이블과 DEPT 테이블을 조인해서 출력해야 합니다. 즉 FROM절에 EMP 테이블과 DEPT 테이블을 함께 명시해 주어야 합니다.

**실습 8-1** FROM절에 여러 테이블 선언하기

```
01  SELECT *
02      FROM EMP, DEPT
03  ORDER BY EMPNO;
```

:: 결과 화면(일부 데이터만 표시함)

| EMPNO | ENAME | JOB | MGR | HIREDATE | SAL | COMM | DEPTNO | DEPTNO_1 | DNAME | LOC |
|---|---|---|---|---|---|---|---|---|---|---|
| 7369 | SMITH | CLERK | 7902 | 1980/12/17 | 800 | | 20 | 40 | OPERATIONS | BOSTON |
| 7369 | SMITH | CLERK | 7902 | 1980/12/17 | 800 | | 20 | 30 | SALES | CHICAGO |
| 7369 | SMITH | CLERK | 7902 | 1980/12/17 | 800 | | 20 | 20 | RESEARCH | DALLAS |
| 7369 | SMITH | CLERK | 7902 | 1980/12/17 | 800 | | 20 | 10 | ACCOUNTING | NEW YORK |
| 7499 | ALLEN | SALESMAN | 7698 | 1981/02/20 | 1600 | 300 | 30 | 30 | SALES | CHICAGO |
| 7499 | ALLEN | SALESMAN | 7698 | 1981/02/20 | 1600 | 300 | 30 | 10 | ACCOUNTING | NEW YORK |
| 7499 | ALLEN | SALESMAN | 7698 | 1981/02/20 | 1600 | 300 | 30 | 20 | RESEARCH | DALLAS |
| : | | | | | | | | | | |
| 7902 | FORD | ANALYST | 7566 | 1981/12/03 | 3000 | | 20 | 10 | ACCOUNTING | NEW YORK |
| 7902 | FORD | ANALYST | 7566 | 1981/12/03 | 3000 | | 20 | 40 | OPERATIONS | BOSTON |
| 7934 | MILLER | CLERK | 7782 | 1982/01/23 | 1300 | | 10 | 20 | RESEARCH | DALLAS |
| 7934 | MILLER | CLERK | 7782 | 1982/01/23 | 1300 | | 10 | 10 | ACCOUNTING | NEW YORK |
| 7934 | MILLER | CLERK | 7782 | 1982/01/23 | 1300 | | 10 | 40 | OPERATIONS | BOSTON |
| 7934 | MILLER | CLERK | 7782 | 1982/01/23 | 1300 | | 10 | 30 | SALES | CHICAGO |

이렇게 EMP 테이블과 DEPT 테이블을 FROM절에 함께 명시하여 출력하면 생각보다 많은 양의 데이터가 출력됩니다. 이는 FROM절에 명시한 각 테이블을 구성하는 행이 모든 경우의 수로 조합되어 출력되기 때문입니다.

◎ 실습 8-1과 같이 각 집합을 이루는 모든 원소의 순서쌍을 데카르트 곱(카테시안 곱 : Cartesian product)이라고 합니다. 조인 이름으로는 크로스 조인(cross join) 또는 교차 조인이라고도 합니다.

다음 그림을 보면 알 수 있듯이 EMP 테이블의 14개 행 하나하나에 DEPT 테이블에 저장된 4개 행이 가로로 조합되어 출력됩니다. 따라서 EMP 테이블과 DEPT 테이블을 FROM절에 지정한 결과, 즉 조인한 결과 값의 행 수는 14에 4를 곱한 56개가 됩니다.

| EMPNO | ENAME | JOB | MGR | HIREDATE | SAL | COMM | DEPTNO |
|---|---|---|---|---|---|---|---|
| 7369 | SMITH | CLERK | 7902 | 1980/12/17 | 800 | | 20 |
| 7499 | ALLEN | SALESMAN | 7698 | 1981/02/20 | 1600 | 300 | 30 |
| 7521 | WARD | SALESMAN | 7698 | 1981/02/22 | 1250 | 500 | 30 |
| 7566 | JONES | MANAGER | 7839 | 1981/04/02 | 2975 | | 20 |
| 7654 | MARTIN | SALESMAN | 7698 | 1981/09/28 | 1250 | 1400 | 30 |
| 7698 | BLAKE | MANAGER | 7839 | 1981/05/01 | 2850 | | 30 |
| 7782 | CLARK | MANAGER | 7839 | 1981/06/09 | 2450 | | 10 |
| 7788 | SCOTT | ANALYST | 7566 | 1987/04/19 | 3000 | | 20 |
| 7839 | KING | PRESIDENT | | 1981/11/17 | 5000 | | 10 |
| 7844 | TURNER | SALESMAN | 7698 | 1981/09/08 | 1500 | 0 | 30 |
| 7876 | ADAMS | CLERK | 7788 | 1987/05/23 | 1100 | | 20 |
| 7900 | JAMES | CLERK | 7698 | 1981/12/03 | 950 | | 30 |
| 7902 | FORD | ANALYST | 7566 | 1981/12/03 | 3000 | | 20 |
| 7934 | MILLER | CLERK | 7782 | 1982/01/23 | 1300 | | 10 |

| DEPTNO | DNAME | LOC |
|---|---|---|
| 10 | ACCOUNTING | NEW YORK |
| 20 | RESEARCH | DALLAS |
| 30 | SALES | CHICAGO |
| 40 | OPERATIONS | BOSTON |

## 조인 조건이 없을 때의 문제점

하지만 이 출력 결과에는 문제가 있습니다. 가장 먼저 출력된 EMP 테이블 SMITH를 봅시다. SMITH 사원이 있는 행의 DEPTNO 열 값은 20입니다. 그리고 SMITH가 근무하는 부서의 데이터는 DEPT 테이블의 DEPTNO 열 값이 20인 행이 됩니다. 즉 DALLAS에 있는 RESEARCH 부서가 SMITH 사원이 근무하는 부서입니다.

실습 8-1과 같이 조인을 통한 출력은 결과로 나올 수 있는 모든 행을 조합하기 때문에 사원 데이터와 부서 데이터가 정확히 맞아떨어지지 않는 데이터도 함께 출력됩니다. 명시한 테이블의 데이터를 가로로 연결하기 위해 조인을 사용하지만, 어떤 데이터를 가로로 정확히 연결해야 하는지의 기준은 데이터베이스가 아닌 SQL문을 작성하는 프로그래머가 정해 주어야 합니다.

조인을 사용한 데이터 출력은 조인 대상 테이블이 많을수록 조합 데이터 중 정확한 데이터만을 뽑아내기 위해 많은 고민을 해야 합니다. 이때 출력 행을 선정하는 조건식을 명시하는 WHERE절이 중요한 역할을 합니다. 위 예에서 알 수 있듯이 EMP 테이블의 사원 정보에는 부서 번호를 의미하는 DEPTNO 열이 존재합니다. 그리고 DEPT 테이블 역시 DEPTNO 열을 기준으로 부서 정보를 저장하고 있습니다. 따라서 EMP 테이블과 DEPT 테이블의 데이터를 가로로 연결할 때 각 테이블의 DEPTNO가 같은 데이터만 조회할 수 있다면 정확한 결과를 조회해 올 수 있겠죠. 따라서 서로 다른 테이블인 EMP 테이블과 DEPT 테이블에 같은 이름의 DEPTNO 열을 구별하는 방법이 필요합니다. 이때 사용하는 것이 바로 다음과 같이 열 앞에 테이블 이름을 명시하여 특정 열이 어느 테이블에 속한 열인지를 구별하는 방식입니다.

테이블 이름.열 이름

그러면 실습 8-1에서 사용한 SQL문을 DEPTNO 열 기준으로 다시 정확하게 출력해 보겠습니다. 다음 SELECT문 중 WHERE절에 명시된 각 테이블의 DEPTNO 열의 일치 조건을 눈여겨보세요. 이렇듯 특정 열 값이 같은 데이터를 출력하는 방법이 앞으로 여러분이 가장 많이 다루게 될 대표적인 조인 방식입니다.

**실습 8-2** 열 이름을 비교하는 조건식으로 조인하기

```
01  SELECT *
02    FROM EMP, DEPT
03   WHERE EMP.DEPTNO = DEPT.DEPTNO
04   ORDER BY EMPNO;
```

:: 결과 화면

| EMPNO | ENAME | JOB | MGR | HIREDATE | SAL | COMM | DEPTNO | DEPTNO_1 | DNAME | LOC |
|---|---|---|---|---|---|---|---|---|---|---|
| 7369 | SMITH | CLERK | 7902 | 1980-12-17 | 800 | | 20 | 20 | RESEARCH | DALLAS |
| 7499 | ALLEN | SALESMAN | 7698 | 1981/02/20 | 1600 | 300 | 30 | 30 | SALES | CHICAGO |
| 7521 | WARD | SALESMAN | 7698 | 1981/02/22 | 1250 | 500 | 30 | 30 | SALES | CHICAGO |
| 7566 | JONES | MANAGER | 7839 | 1981/04/02 | 2975 | | 20 | 20 | RESEARCH | DALLAS |
| 7654 | MARTIN | SALESMAN | 7698 | 1981/09/28 | 1250 | 1400 | 30 | 30 | SALES | CHICAGO |
| 7698 | BLAKE | MANAGER | 7839 | 1981/05/01 | 2850 | | 30 | 30 | SALES | CHICAGO |
| 7782 | CLARK | MANAGER | 7839 | 1981/06/09 | 2450 | | 10 | 10 | ACCOUNTING | NEW YORK |
| 7788 | SCOTT | ANALYST | 7566 | 1987/04/19 | 3000 | | 20 | 20 | RESEARCH | DALLAS |
| 7839 | KING | PRESIDENT | | 1981/11/17 | 5000 | | 10 | 10 | ACCOUNTING | NEW YORK |
| 7844 | TURNER | SALESMAN | 7698 | 1981/09/08 | 1500 | 0 | 30 | 30 | SALES | CHICAGO |
| 7876 | ADAMS | CLERK | 7788 | 1987/05/23 | 1100 | | 20 | 20 | RESEARCH | DALLAS |
| 7900 | JAMES | CLERK | 7698 | 1981/12/03 | 950 | | 30 | 30 | SALES | CHICAGO |
| 7902 | FORD | ANALYST | 7566 | 1981/12/03 | 3000 | | 20 | 20 | RESEARCH | DALLAS |
| 7934 | MILLER | CLERK | 7782 | 1982/01/23 | 1300 | | 10 | 10 | ACCOUNTING | NEW YORK |

실습 5-2의 결과는 두 테이블의 DEPTNO 열 값이 같은 14개 행만 출력됩니다. 그리고 각 행별 부서 정보도 정확하게 연결되었음을 확인할 수 있습니다. 이는 FROM절에 명시된 테이블의 모든 데이터를 조합한 결과에서 WHERE절을 사용해 출력하려는 기준, 즉 두 테이블의 DETPNO 열이 일치한 데이터만 출력하도록 WHERE절의 조건식을 지정해 주었기 때문

입니다.

다음 결과 화면을 살펴보면 모든 행을 출력한 기존 결과에서 DEPTNO가 맞아떨어지는 부분만 출력된 것을 좀 더 자세히 알 수 있습니다.

| EMPNO | ENAME | JOB | MGR | HIREDATE | SAL | COMM | DEPTNO | DEPTNO_1 | DNAME | LOC |
|---|---|---|---|---|---|---|---|---|---|---|
| 7369 | SMITH | CLERK | 7902 | 1980/12/17 | 800 | | 20 | 40 | OPERATIONS | BOSTON |
| 7369 | SMITH | CLERK | 7902 | 1980/12/17 | 800 | | 20 | 30 | SALES | CHICAGO |
| 7369 | SMITH | CLERK | 7902 | 1980/12/17 | 800 | | 20 | 20 | RESEARCH | DALLAS |
| 7369 | SMITH | CLERK | 7902 | 1980/12/17 | 800 | | 20 | 10 | ACCOUNTING | NEW YORK |
| 7499 | ALLEN | SALESMAN | 7698 | 1981/02/20 | 1600 | 300 | 30 | 30 | SALES | CHICAGO |
| 7499 | ALLEN | SALESMAN | 7698 | 1981/02/20 | 1600 | 300 | 30 | 10 | ACCOUNTING | NEW YORK |
| 7499 | ALLEN | SALESMAN | 7698 | 1981/02/20 | 1600 | 300 | 30 | 20 | RESEARCH | DALLAS |
| 7499 | ALLEN | SALESMAN | 7698 | 1981/02/20 | 1600 | 300 | 30 | 40 | OPERATIONS | BOSTON |
| 7902 | FORD | ANALYST | 7566 | 1981/12/03 | 3000 | | 20 | 30 | SALES | CHICAGO |
| 7902 | FORD | ANALYST | 7566 | 1981/12/03 | 3000 | | 20 | 20 | RESEARCH | DALLAS |
| 7902 | FORD | ANALYST | 7566 | 1981/12/03 | 3000 | | 20 | 10 | ACCOUNTING | NEW YORK |
| 7902 | FORD | ANALYST | 7566 | 1981/12/03 | 3000 | | 20 | 40 | OPERATIONS | BOSTON |
| 7934 | MILLER | CLERK | 7782 | 1982/01/23 | 1300 | | 10 | 20 | RESEARCH | DALLAS |
| 7934 | MILLER | CLERK | 7782 | 1982/01/23 | 1300 | | 10 | 10 | ACCOUNTING | NEW YORK |
| 7934 | MILLER | CLERK | 7782 | 1982/01/23 | 1300 | | 10 | 40 | OPERATIONS | BOSTON |
| 7934 | MILLER | CLERK | 7782 | 1982/01/23 | 1300 | | 10 | 30 | SALES | CHICAGO |

## 테이블의 별칭 설정

FROM절에 지정한 테이블에는 SELECT절의 열에 사용한 것처럼 별칭을 지정할 수 있습니다. 테이블에 별칭을 지정할 때는 명시한 테이블 이름에서 한 칸 띄운 후에 지정합니다.

```
FROM 테이블 이름1 별칭1, 테이블 이름2 별칭2 . . .
```

지정한 별칭은 테이블의 열을 지칭하는 데 사용할 수 있습니다. 실습 8-2의 SELECT문에 사용한 EMP 테이블과 DEPT 테이블의 별칭을 각각 E, D로 지정한 SELECT문은 다음과 같습니다. 별칭은 출력 결과에 영향을 주지 않습니다. 실습 8-3의 결과는 8-2와 같습니다.

**실습 8-3**  테이블 이름을 별칭으로 표현하기

```
01    SELECT *
02      FROM EMP E, DEPT D
03     WHERE E.DEPTNO = D.DEPTNO
04    ORDER BY EMPNO;
```

**실무 꿀팁!**

### SELECT절의 * 사용

앞에서 EMP 테이블과 DEPT 테이블을 처음 조인해 보았는데요. 이때 각 테이블을 구성하는 모든 열이 노출되기 때문에 조인 테이블 수가 늘어나거나 조인 테이블이 많은 열을 가지고 있을 경우에 *를 사용해 한 번에 모든 열을 출력할 수 있습니다. 하지만 데이터베이스를 사용하는 웹 서비스, 모바일 앱 등 여러 응용 프로그램을 제작하는 프로그래밍 문장에서 SQL문을 사용할 때는 각테이블의 모든 열을 출력할지라도 대부분 *를 사용하지 않고 출력할 열을 하나하나 직접 명시해 줍니다.

SELECT절에서 출력할 열을 *로 표현하면 어떤 열이 어떤 순서로 출력될지 명확히 알 수 없을 뿐만 아니라 특정 열이 새로 생기거나 삭제되거나 또는 어떤 이유로 인해 수정되었을 경우에 그 변화의 감지 및 변화에 따른 프로그램 수정이 쉽지 않을 수도 있기 때문입니다. 예를 들어 실습 8-3에서 사용한 EMP 테이블과 DEPT 테이블을 조인하는 SQL문은 급하게 데이터를 바로 조회하는경우가 아닌 이상 데이터베이스를 사용하는 프로그램 내부에서는 다음과 같이 출력할 각 열을 하나하나 열거하여 표시합니다.

```
SELECT E.EMPNO, E.ENAME, E.JOB, E.MGR, E.HIREDATE, E.SAL, E.COMM, E.DEPTNO,
       D.DNAME, D.LOC
  FROM EMP E, DEPT D
 WHERE E.DEPTNO = D.DEPTNO
ORDER BY EMPNO;
```

EMP 테이블 별칭을 E로, DEPT 테이블 별칭은 D로 하여 EMP 테이블의 사원 번호와 DEPT 테이블의 부서 이름이 출력되도록 다음 SQL문 코드를 채워 보세요.

정답 1. E.EMPNO 2. D.DNAME 3. EMP E 4. DEPT D

# 08-2 조인 종류

두 개 이상의 테이블을 하나의 테이블처럼 가로로 늘어뜨려 출력하기 위해 사용하는 조인은 대상 데이터를 어떻게 연결하느냐에 따라 등가 조인, 비등가 조인, 자체 조인, 외부 조인 등으로 구분합니다. 여기에서는 조인의 여러 종류에 대해 살펴보겠습니다.

## 등가 조인

등가 조인(equi join)은 테이블을 연결한 후에 출력 행을 각 테이블의 특정 열에 일치한 데이터를 기준으로 선정하는 방식입니다. 사실 이 방식은 앞에서 EMP 테이블과 DEPT 테이블을 조인할 때 DEPTNO 열을 사용한 예제에서 다룬 방식입니다. 등가 조인은 내부 조인(inner join) 또는 단순 조인(simple join)으로 부르기도 합니다.

등가 조인은 일반적으로 가장 많이 사용되는 조인 방식입니다. 따라서 외부 조인(outer join)과 같이 이름을 특별히 명시하지 않으면 '조인을 사용한다'는 것은 대부분 등가 조인, 즉 특정 열 값이 일치한 출력 결과를 사용하는 방식이라고 보면 됩니다.

### 여러 테이블의 열 이름이 같을 때 유의점

EMP 테이블과 DEPT 테이블은 DEPTNO 열 값이 같은 조건으로 조인이 가능했습니다. 등가 조인을 사용할 때 조인 조건이 되는 각 테이블의 열 이름이 같을 경우에 해당 열 이름을 테이블 구분 없이 명시하면 다음과 같이 오류가 발생하여 실행되지 못합니다.

실습 8-4 두 테이블에 부서 번호가 똑같은 열 이름으로 포함되어 있을 때

```
01  SELECT EMPNO, ENAME, DEPTNO, DNAME, LOC
02    FROM EMP E, DEPT D
03   WHERE E.DEPTNO = D.DEPTNO;
```

:: 결과 화면

```
Errors
[Error] Execution (1: 22): ORA-00918: 열의 정의가 애매합니다
```

오류 문구를 통해 알 수 있듯이 DEPTNO 열은 두 테이블에 모두 존재하는 열이므로 어느 테이블에 속해 있는 열인지 반드시 명시해야 합니다. DEPTNO 열을 제외한 EMP 테이블 열과 DEPT 테이블 열은 이름이 겹치지 않으므로 어느 테이블의 열인지 명시하지 않아도 상관없습니다.

◎ 실무에서 SQL문을 사용할 때는 다소 번거롭더라도 테이블끼리 겹치지 않는 열 이름이라도 대부분 테이블이나 별칭을 명시합니다. 조인 테이블 개수가 열 개를 넘기도 하고 각 테이블별 열 개수가 몇 십 개를 넘는 경우도 흔하기 때문이죠.

**실습 8-5** 열 이름에 각각의 테이블 이름도 함께 명시할 때

```
01  SELECT E.EMPNO, E.ENAME, D.DEPTNO, D.DNAME, D.LOC
02    FROM EMP E, DEPT D
03   WHERE E.DEPTNO = D.DEPTNO
04   ORDER BY D.DEPTNO, E.EMPNO;
```

:: 결과 화면

| EMPNO | ENAME | DEPTNO | DNAME | LOC |
|---|---|---|---|---|
| 7782 | CLARK | 10 | ACCOUNTING | NEW YORK |
| 7839 | KING | 10 | ACCOUNTING | NEW YORK |
| 7934 | MILLER | 10 | ACCOUNTING | NEW YORK |
| 7369 | SMITH | 20 | RESEARCH | DALLAS |
| 7566 | JONES | 20 | RESEARCH | DALLAS |
| 7788 | SCOTT | 20 | RESEARCH | DALLAS |
| 7876 | ADAMS | 20 | RESEARCH | DALLAS |
| 7902 | FORD | 20 | RESEARCH | DALLAS |
| 7499 | ALLEN | 30 | SALES | CHICAGO |
| 7521 | WARD | 30 | SALES | CHICAGO |
| 7654 | MARTIN | 30 | SALES | CHICAGO |
| 7698 | BLAKE | 30 | SALES | CHICAGO |
| 7844 | TURNER | 30 | SALES | CHICAGO |
| 7900 | JAMES | 30 | SALES | CHICAGO |

### WHERE절에 조건식 추가하여 출력 범위 설정하기

실습 8-5에서 출력 행을 더 제한하고 싶다면 WHERE절에 조건식을 추가로 지정해 줄 수 있습니다. 예를 들어 사원 번호, 이름, 급여, 근무 부서를 함께 출력하되 급여가 3000 이상인 데이터만 보려면 EMP 테이블과 DEPT 테이블의 조인 조건 외에 급여 관련 조건을 추가로 지정하여 다음과 같이 사용할 수 있습니다.

**실습 8-6** WHERE절에 추가로 조건식 넣어 출력하기

```
01  SELECT E.EMPNO, E.ENAME, E.SAL, D.DEPTNO, D.DNAME, D.LOC
02    FROM EMP E, DEPT D
03   WHERE E.DEPTNO = D.DEPTNO
04     AND SAL >= 3000;
```

:: 결과 화면

| ≡ | EMPNO | ENAME | SAL | DEPTNO | DNAME | LOC |
|---|-------|-------|-----|--------|-------|-----|
| ▶ | 7839 | KING | 5000 | 10 | ACCOUNTING | NEW YORK |
| | 7902 | FORD | 3000 | 20 | RESEARCH | DALLAS |
| | 7788 | SCOTT | 3000 | 20 | RESEARCH | DALLAS |

대부분 SELECT문이 그렇듯이 모든 데이터를 출력해야 하는 경우는 그리 흔치 않습니다. 구체적인 데이터를 출력하기 위해 WHERE절에 조인 조건 외에도 다양한 조건식을 활용합니다.

### 조인 테이블 개수와 조건식 개수의 관계

조인에 대해 처음 설명할 때 조인 조건을 제대로 지정하지 않으면 데카르트 곱(Cartesian product) 때문에 정확히 연결되지 않아서 필요 없는 데이터까지 모두 조합되어 출력되는 예를 살펴본 적이 있습니다. 기본적으로 데카르트 곱 현상이 일어나지 않게 하는 데 필요한 조건식의 최소 개수는 조인 테이블 개수에서 하나를 뺀 값입니다.

예를 들어 A와 B 테이블을 조인할 경우에 A와 B를 정확히 연결해 주는 열이 하나 필요합니다. 이는 앞에서 살펴본 EMP 테이블과 DEPT 테이블의 DEPTNO 열과 같은 역할을 합니다. 만약 테이블이 A, B, C라면 A와 B를 연결해 줄 열 하나, A와 B가 연결된 상태에서 C를 연결해 줄 열 하나가 추가로 더 필요합니다. WHERE절의 조건식을 사용해 테이블을 조인할 때 반드시 각 테이블을 정확히 연결하는 조건식이 최소한 전체 테이블 수보다 하나 적은 수만큼은 있어야 한다는 것을 잊지 마세요.

 **1분 복습**  EMP 테이블 별칭을 E로, DEPT 테이블 별칭은 D로 하여 다음과 같이 등가 조인을 했을 때 급여가 2500 이하이고 사원 번호가 9999 이하인 사원의 정보가 출력되도록 다음 SQL문 코드를 채워 보세요.

```
SELECT E.EMPNO, E.ENAME, E.SAL, D.DEPTNO, D.DNAME, D.LOC
    FROM EMP E, DEPT D
 WHERE E.DEPTNO = D.DEPTNO
    AND 1
    AND 2                              ;
ORDER BY E.EMPNO;
```

정답 1. E.SAL <= 2500  2. E.EMPNO <= 9999

## 비등가 조인

비등가 조인(non-equi join)은 등가 조인 방식 외의 방식을 의미합니다. 앞에서 다룬 조인 예제는 모두 EMP 테이블과 DEPT 테이블을 사용했지만, 이번에는 급여 등급 데이터를 가지고 있는 SALGRADE 테이블과 EMP 테이블을 조인해 보겠습니다.

두 테이블에 저장된 데이터는 다음과 같습니다.

SELECT * FROM EMP;

| | EMPNO | ENAME | JOB | MGR | HIREDATE | SAL | COMM | DEPTNO |
|---|---|---|---|---|---|---|---|---|
| ▶ | 7369 | SMITH | CLERK | 7902 | 1980/12/17 | 800 | | 20 |
| | 7499 | ALLEN | SALESMAN | 7698 | 1981/02/20 | 1600 | 300 | 30 |
| | 7521 | WARD | SALESMAN | 7698 | 1981/02/22 | 1250 | 500 | 30 |
| | 7566 | JONES | MANAGER | 7839 | 1981/04/02 | 2975 | | 20 |
| | 7654 | MARTIN | SALESMAN | 7698 | 1981/09/28 | 1250 | 1400 | 30 |
| | 7698 | BLAKE | MANAGER | 7839 | 1981/05/01 | 2850 | | 30 |
| | 7782 | CLARK | MANAGER | 7839 | 1981/06/09 | 2450 | | 10 |
| | 7788 | SCOTT | ANALYST | 7566 | 1987/04/19 | 3000 | | 20 |
| | 7839 | KING | PRESIDENT | | 1981/11/17 | 5000 | | 10 |
| | 7844 | TURNER | SALESMAN | 7698 | 1981/09/08 | 1500 | 0 | 30 |
| | 7876 | ADAMS | CLERK | 7788 | 1987/05/23 | 1100 | | 20 |
| | 7900 | JAMES | CLERK | 7698 | 1981/12/03 | 950 | | 30 |
| | 7902 | FORD | ANALYST | 7566 | 1981/12/03 | 3000 | | 20 |
| | 7934 | MILLER | CLERK | 7782 | 1982/01/23 | 1300 | | 10 |

SELECT * FROM SALGRADE;

| | GRADE | LOSAL | HISAL |
|---|---|---|---|
| ▶ | 1 | 700 | 1200 |
| | 2 | 1201 | 1400 |
| | 3 | 1401 | 2000 |
| | 4 | 2001 | 3000 |
| | 5 | 3001 | 9999 |

SALGRADE 테이블은 각 급여 등급의 기준이 되는 최소 금액 및 최대 금액을 저장하고 있습니다. 만약 각 사원 정보와 더불어 사원의 급여 등급 정보를 함께 출력하고자 한다면 EMP 테이블과 SALGRADE 테이블을 조인해야 합니다.

하지만 사용하는 열의 일치 여부를 기준으로 테이블을 조인하는 등가 조인 방식은 이 두 테이블의 연결에 적합하지 않습니다. 왜냐하면 급여 등급을 맞춰 주려면 사원의 급여 금액이 일치하는 것이 아니라 최소 급여(LOSAL)와 최대 급여(HISAL) 사이에 있어야 하기 때문입니다.

이런 경우에 BETWEEN A AND B 연산자를 사용하면 EMP 테이블과 SALGRADE 테이블 조인을 손쉽게 처리할 수 있습니다.

**실습 8-7** 급여 범위를 지정하는 조건식으로 조인하기

```
01   SELECT *
02     FROM EMP E, SALGRADE S
03    WHERE E.SAL BETWEEN S.LOSAL AND S.HISAL;
```

| EMPNO | ENAME | JOB | MGR | HIREDATE | SAL | COMM | DEPTNO | GRADE | LOSAL | HISAL |
|---|---|---|---|---|---|---|---|---|---|---|
| 7369 | SMITH | CLERK | 7902 | 1980/12/17 | 800 | | 20 | 1 | 700 | 1200 |
| 7900 | JAMES | CLERK | 7698 | 1981/12/03 | 950 | | 30 | 1 | 700 | 1200 |
| 7876 | ADAMS | CLERK | 7788 | 1987/05/23 | 1100 | | 20 | 1 | 700 | 1200 |
| 7521 | WARD | SALESMAN | 7698 | 1981/02/22 | 1250 | 500 | 30 | 2 | 1201 | 1400 |
| 7654 | MARTIN | SALESMAN | 7698 | 1981/09/28 | 1250 | 1400 | 30 | 2 | 1201 | 1400 |
| 7934 | MILLER | CLERK | 7782 | 1982/01/23 | 1300 | | 10 | 2 | 1201 | 1400 |
| 7844 | TURNER | SALESMAN | 7698 | 1981/09/08 | 1500 | 0 | 30 | 3 | 1401 | 2000 |
| 7499 | ALLEN | SALESMAN | 7698 | 1981/02/20 | 1600 | 300 | 30 | 3 | 1401 | 2000 |
| 7782 | CLARK | MANAGER | 7839 | 1981/06/09 | 2450 | | 10 | 4 | 2001 | 3000 |
| 7698 | BLAKE | MANAGER | 7839 | 1981/05/01 | 2850 | | 30 | 4 | 2001 | 3000 |
| 7566 | JONES | MANAGER | 7839 | 1981/04/02 | 2975 | | 20 | 4 | 2001 | 3000 |
| 7788 | SCOTT | ANALYST | 7566 | 1987/04/19 | 3000 | | 20 | 4 | 2001 | 3000 |
| 7902 | FORD | ANALYST | 7566 | 1981/12/03 | 3000 | | 20 | 4 | 2001 | 3000 |
| 7839 | KING | PRESIDENT | | 1981/11/17 | 5000 | | 10 | 5 | 3001 | 9999 |

비등가 조인 방식은 등가 조인 방식에 비해 그리 자주 사용하는 방식은 아닙니다. 하지만 조인 조건이 특정 열의 일치 여부를 검사하는 방식 외에 다른 방식도 사용할 수 있음을 기억해 주세요.

WHERE절에 조인 조건을 지정하지 않고 EMP 테이블과 SALGRADE 테이블을 FROM절에 명시한 결과는 반복되는 내용이라 따로 제시하지 않았습니다. 조인 조건을 명시하지 않으면 앞에서 EMP 테이블과 DEPT 테이블과 마찬가지로 데카르트 곱(Cartesian product)이 발생하여 각 사원별로 다섯 개 급여 등급이 모두 연결되어 출력됩니다. 따라서 EMP 테이블의 14개 행과 SALGRADE 테이블의 5개 행이 연결되어 총 70개의 결과가 나옵니다. WHERE절에 조인 조건을 지정하지 않은 경우의 SELECT문도 꼭 작성해 보고 결과를 확인해 보세요.

## 자체 조인

EMP 테이블에는 직속 상관의 사원 번호가 저장된 MGR 열이 있습니다. EMP 테이블의 사원 정보와 해당 사원의 직속 상관의 사원 번호를 나란히 함께 출력해야 하는 경우를 생각해 보죠.

MGR 열이 특정 사원의 직속 상관의 사원 번호를 가리키는 데이터이므로 이 열의 데이터와 사원 번호를 잘 이용하면 사원 정보와 직속 상관의 정보를 연결할 수 있을 것입니다. 즉 다음 그림과 같이 현재 행에 MGR 열 값을 EMPNO 열 값으로 사용하고 있는 데이터를 연결해 주면 됩니다.

| EMPNO | ENAME | JOB | MGR | HIREDATE | SAL | COMM | DEPTNO |
|---|---|---|---|---|---|---|---|
| 7369 | SMITH | CLERK | 7902 | 1980/12/17 | 800 | | 20 |
| 7499 | ALLEN | SALESMAN | 7698 | 1981/02/20 | 1600 | 300 | 30 |
| 7521 | WARD | SALESMAN | 7698 | 1981/02/22 | 1250 | 500 | 30 |
| 7566 | JONES | MANAGER | 7839 | 1981/04/02 | 2975 | | 20 |
| 7654 | MARTIN | SALESMAN | 7698 | 1981/09/28 | 1250 | 1400 | 30 |
| 7698 | BLAKE | MANAGER | 7839 | 1981/05/01 | 2850 | | 30 |
| 7782 | CLARK | MANAGER | 7839 | 1981/06/09 | 2450 | | 10 |
| 7788 | SCOTT | ANALYST | 7566 | 1987/04/19 | 3000 | | 20 |
| 7839 | KING | PRESIDENT | | 1981/11/17 | 5000 | | 10 |
| 7844 | TURNER | SALESMAN | 7698 | 1981/09/08 | 1500 | 0 | 30 |
| 7876 | ADAMS | CLERK | 7788 | 1987/05/23 | 1100 | | 20 |
| 7900 | JAMES | CLERK | 7698 | 1981/12/03 | 950 | | 30 |
| 7902 | FORD | ANALYST | 7566 | 1981/12/03 | 3000 | | 20 |
| 7934 | MILLER | CLERK | 7782 | 1982/01/23 | 1300 | | 10 |

하지만 지금까지 사용한 SELECT문 방식으로는 위의 그림과 같이 현재 행을 벗어나 다른 행의 데이터를 가져올 수 없습니다. 특정 행의 MGR 열 데이터와 일치한 데이터가 EMPNO 열에 저장된 데이터를 가져와야 사원과 직속 상관을 나란히 출력할 수 있습니다.

이를 해결할 가장 손쉬운 방법은 EMP 테이블과 완전히 똑같은 테이블을 하나 더 만들어 조인해 주는 것입니다. 만약 EMP 테이블과 완전히 같은 COPY_EMP 테이블이 존재한다면 오른쪽과 같이 SELECT문을 작성할 수 있습니다. WHERE절에 명시된 조인 조건을 눈여겨보세요.

```
SELECT *
  FROM EMP E, COPY_EMP C
 WHERE E.MGR = C.EMPNO;
```

COPY_EMP 테이블이 EMP 테이블과 완전히 같은 구성과 데이터를 가지고 있다면 14개 데이터를 가진 두 테이블이 조합되므로 행의 총 개수는 196개로 예상할 수 있습니다. 하지만 WHERE절 조건으로 EMP 테이블에 MGR 열과 일치한 데이터를 가진 COPY_EMP 테이블의 EMPNO 열을 연결한다면 다음과 같이 연결된 데이터만 출력됩니다.

그러나 이러한 방식은 같은 테이블이 두 개 있어야 한다는 점에서 문제가 있습니다. 간단하게 생각한다면 데이터 저장 용량이 두 배가 되는 문제가 있고, 그보다 좀 더 심각한 문제는 EMP 테이블에 데이터를 추가하거나 삭제하거나 변경할 때 COPY_EMP 테이블도 같은 데이터를 유지해야 하므로 추가 작업이 필요하다는 것입니다.

사실 저장 용량의 문제는 추가 저장 장치를 구매하면 해결되므로 비교적 가벼운 문제에 해당합니다. 하지만 두 번째 문제와 같이 특정 데이터 작업이 한 번씩 더 발생한다는 것은 제공하려는 서비스 품질에 꽤 치명적일 수 있습니다. 단순 계산으로 생각해도 해당 작업의 효율이 두 배나 떨어지기 때문입니다. 이를 규모의 문제로 볼 때 대부분의 응용 프로그램에서 활용하는 데이터 베이스는 어마어마한 수준의 작업이 실시간으로 이루어지므로 반복 작업 횟수 증가는 응용 프로그램 동작 효율에 악영향을 미칩니다. 따라서 이러한 상황은 반드시 피해야 합니다.

자체 조인(self join)은 하나의 테이블을 여러 개의 테이블처럼 활용하여 조인하는 방식으로 앞에서 물리적으로 동일한 테이블 여러 개를 사용할 때 발생할 수 있는 문제점을 해결합니다. 개념 이해를 돕기 위해 앞에서 다소 장황하게 설명했지만 실제 사용 방법은 아주 간단합니다. 자체 조인은 FROM절에 같은 테이블을 여러 번 명시하되 테이블의 별칭만 다르게 지정하는 방식으로 사용합니다.

오른쪽의 SELECT문은 EMP 테이블을 자체조인을 사용하여 사원 정보와 직속 상관 정보를 나란히 출력합니다. 하나의 테이블이지만 SELECT문 내부에서 별칭을 각각 달리주어 논리적으로 다른 테이블인 것처럼 명시하여 두 테이블을 조인하는 방식입니다.

결과에 MGR열이 NULL인 KING은 제외되었음을 기억해 주세요. 이번에 사용한 자체 조인 역시 두 개 테이블에서 지정한 열 중 일치한 데이터를 기준으로 조인되었으므로 큰 범위에서는 등가 조인으로 볼 수 있습니다.

**실습 8-8** 같은 테이블을 두 번 사용하여 자체 조인하기

```
01  SELECT E1.EMPNO, E1.ENAME, E1.MGR,
02        E2.EMPNO AS MGR_EMPNO,
03        E2.ENAME AS MGR_ENAME
04    FROM EMP E1, EMP E2
05   WHERE E1.MGR = E2.EMPNO;
```

:: 결과 화면

| EMPNO | ENAME | MGR | MGR_EMPNO | MGR_ENAME |
|---|---|---|---|---|
| 7902 | FORD | 7566 | 7566 | JONES |
| 7788 | SCOTT | 7566 | 7566 | JONES |
| 7844 | TURNER | 7698 | 7698 | BLAKE |
| 7499 | ALLEN | 7698 | 7698 | BLAKE |
| 7521 | WARD | 7698 | 7698 | BLAKE |
| 7900 | JAMES | 7698 | 7698 | BLAKE |
| 7654 | MARTIN | 7698 | 7698 | BLAKE |
| 7934 | MILLER | 7782 | 7782 | CLARK |
| 7876 | ADAMS | 7788 | 7788 | SCOTT |
| 7698 | BLAKE | 7839 | 7839 | KING |
| 7566 | JONES | 7839 | 7839 | KING |
| 7782 | CLARK | 7839 | 7839 | KING |
| 7369 | SMITH | 7902 | 7902 | FORD |

## 외부 조인

앞에서 확인한 자체 조인의 실습 결과 행 수는 13개였습니다. EMP 테이블은 14개 행이 존재하는데 실습 결과가 13개 나온 이유는 EMP 테이블의 KING 데이터 때문입니다. EMP 테이블의 KING은 사원 테이블에서 최고 직급인 PRESIDENT이므로 상급자가 존재하지 않습니다. 즉 KING의 MGR 열의 값은 NULL입니다. 따라서 조인 조건에 사용한 EMP 테이블의 MGR 열과 일치한 EMPNO를 가진 행이 존재하지 않으므로 최종 출력에서 제외된 것이죠.

| | EMPNO | ENAME | JOB | MGR | HIREDATE | SAL | COMM | DEPTNO |
|---|---|---|---|---|---|---|---|---|
| ▶ | 7369 | SMITH | CLERK | 7902 | 1980/12/17 | 800 | | 20 |
| | 7499 | ALLEN | SALESMAN | 7698 | 1981/02/20 | 1600 | 300 | 30 |
| | 7521 | WARD | SALESMAN | 7698 | 1981/02/22 | 1250 | 500 | 30 |
| | 7566 | JONES | MANAGER | 7839 | 1981/04/02 | 2975 | | 20 |
| | 7654 | MARTIN | SALESMAN | 7698 | 1981/09/28 | 1250 | 1400 | 30 |
| | 7698 | BLAKE | MANAGER | 7839 | 1981/05/01 | 2850 | | 30 |
| | 7782 | CLARK | MANAGER | 7839 | 1981/06/09 | 2450 | | 10 |
| | 7788 | SCOTT | ANALYST | 7566 | 1987/04/19 | 3000 | | 20 |
| | 7839 | KING | PRESIDENT | | 1981/11/17 | 5000 | | 10 |
| | 7844 | TURNER | SALESMAN | 7698 | 1981/09/08 | 1500 | 0 | 30 |
| | 7876 | ADAMS | CLERK | 7788 | 1987/05/23 | 1100 | | 20 |
| | 7900 | JAMES | CLERK | 7698 | 1981/12/03 | 950 | | 30 |
| | 7902 | FORD | ANALYST | 7566 | 1981/12/03 | 3000 | | 20 |
| | 7934 | MILLER | CLERK | 7782 | 1982/01/23 | 1300 | | 10 |

직속상관이 없는 KING

하지만 이렇게 조인 조건 데이터 중 어느 한쪽이 NULL임에도 결과를 출력할 때 포함시켜야 하는 경우가 종종 있습니다. 앞에서 이야기한 KING을 살펴본다면 KING의 직속상관 정보는 모두 공백으로 표시하더라도 KING 데이터를 노출해야 한다는 뜻입니다. 이렇듯 두 테이블 간 조인 수행에서 조인 기준 열의 어느 한쪽이 NULL이어도 강제로 출력하는 방식을 외부 조인(outer join)이라고 합니다.

**실무 꿀팁!**

**내부 조인·외부 조인 이름에 대해서**
외부 조인을 사용하지 않는 등가, 자체 조인은 조인 조건에 해당하는 데이터가 존재할 경우에만 출력하기 때문에 외부 조인과 반대 의미로 '내부 조인(inner join)'이라고 부릅니다. 외부 조인은 영문 그대로 '아우터 조인(outer join)'이라고 더 많이 부르며 면접 질문으로 자주 나오기 때문에 개념과 사용법을 꼭 기억해 두세요.

외부 조인은 좌우를 따로 나누어 지정하는데 WHERE절에 조인 기준 열 중 한쪽에 (+) 기호를 붙여 줍니다.

| 왼쪽 외부 조인(Left Outer Join) | WHERE TABLE1.COL1 = TABLE2.COL1(+) |
| --- | --- |
| 오른쪽 외부 조인(Right Outer Join) | WHERE TABLE1.COL1(+) = TABLE2.COL1 |

두 외부 조인의 차이를 비교하기 위해 다음 두 SELECT문의 결과를 실행하고 그 결과 값을 비교해 보겠습니다. 예제는 자체 조인에서 사용한 사원과 사원의 직속상관을 함께 출력하는 SELECT문에 외부 조인만 적용하였습니다.

**실습 8-9  왼쪽 외부 조인 사용하기**

```
01   SELECT E1.EMPNO, E1.ENAME, E1.MGR,
02          E2.EMPNO AS MGR_EMPNO,
03          E2.ENAME AS MGR_ENAME
04     FROM EMP E1, EMP E2
05    WHERE E1.MGR = E2.EMPNO(+)
06    ORDER BY E1.EMPNO;
```

:: 결과 화면

| EMPNO | ENAME | MGR | MGR_EMPNO | MGR_ENAME |
| --- | --- | --- | --- | --- |
| ▶ 7369 | SMITH | 7902 | 7902 | FORD |
| 7499 | ALLEN | 7698 | 7698 | BLAKE |
| 7521 | WARD | 7698 | 7698 | BLAKE |
| 7566 | JONES | 7839 | 7839 | KING |
| 7654 | MARTIN | 7698 | 7698 | BLAKE |
| 7698 | BLAKE | 7839 | 7839 | KING |
| 7782 | CLARK | 7839 | 7839 | KING |
| 7788 | SCOTT | 7566 | 7566 | JONES |
| 7839 | KING | | | |
| 7844 | TURNER | 7698 | 7698 | BLAKE |
| 7876 | ADAMS | 7788 | 7788 | SCOTT |
| 7900 | JAMES | 7698 | 7698 | BLAKE |
| 7902 | FORD | 7566 | 7566 | JONES |
| 7934 | MILLER | 7782 | 7782 | CLARK |

**실습 8-10  오른쪽 외부 조인 사용하기**

```
01   SELECT E1.EMPNO, E1.ENAME, E1.MGR,
02          E2.EMPNO AS MGR_EMPNO,
03          E2.ENAME AS MGR_ENAME
04     FROM EMP E1, EMP E2
05    WHERE E1.MGR(+) = E2.EMPNO
06    ORDER BY E1.EMPNO;
```

:: 결과 화면

| EMPNO | ENAME | MGR | MGR_EMPNO | MGR_ENAME |
| --- | --- | --- | --- | --- |
| ▶ 7369 | SMITH | 7902 | 7902 | FORD |
| 7499 | ALLEN | 7698 | 7698 | BLAKE |
| 7521 | WARD | 7698 | 7698 | BLAKE |
| 7566 | JONES | 7839 | 7839 | KING |
| 7654 | MARTIN | 7698 | 7698 | BLAKE |
| 7698 | BLAKE | 7839 | 7839 | KING |
| 7782 | CLARK | 7839 | 7839 | KING |
| 7788 | SCOTT | 7566 | 7566 | JONES |
| 7844 | TURNER | 7698 | 7698 | BLAKE |
| 7876 | ADAMS | 7788 | 7788 | SCOTT |
| 7900 | JAMES | 7698 | 7698 | BLAKE |
| 7902 | FORD | 7566 | 7566 | JONES |
| 7934 | MILLER | 7782 | 7782 | CLARK |
| | | | 7844 | TURNER |
| | | | 7876 | ADAMS |
| | | | 7900 | JAMES |
| | | | 7369 | SMITH |
| | | | 7499 | ALLEN |
| | | | 7521 | WARD |
| | | | 7934 | MILLER |
| | | | 7654 | MARTIN |

실습 8-9와 같이 왼쪽 외부 조인을 사용한 결과가 본래 의도한 대로 출력되었습니다. 왼쪽 외부 조인은 간단히 말해서 왼쪽 열을 기준으로 오른쪽 열의 데이터 존재 여부에 상관없이 출력하라는 뜻입니다. 따라서 이번에 사용한 SELECT문의 WHERE절 조건식에서 KING은 E1.MGR이 NULL로서 E2.EMPNO와 일치한 데이터가 없음에도 출력되었습니다.

반대로 오른쪽 외부 조인을 사용한 실습 8-10은 조건식 오른쪽 열을 기준으로 왼쪽 열 데이터의 존재와 상관없이 데이터를 출력하라는 뜻입니다. 실습 8-10의 출력 결과를 자세히 보면 아래쪽 데이터는 왼쪽 테이블 데이터가 모두 NULL인 상태임을 알 수 있습니다. 즉 TURNER, ADAMS부터 MILLER, MARTIN에 이르는 사원들은 부하 직원이 없는(즉 오른쪽 사람을 직속 상관으로 둔 사람이 존재하지 않는) 가장 직책이 낮은 사원들입니다. 왼쪽·오른쪽 외부 조인을 사용하여 실습 8-9는 상급자가 존재하지 않는 사원을 출력하고, 실습 8-10은 부하 직원이 없는 사람들을 출력한 것입니다.

왼쪽 외부 조인과 오른쪽 외부 조인은 이름과 (+) 기호의 위치를 반대로 작성하기 때문에 SQL문을 처음 접한 독자들은 그 의미를 정확히 파악하기 어려울 수 있습니다. 왼쪽·오른쪽 외부 조인의 의미를 정확히 알고 SELECT문을 작성하는 것이 가장 좋은 방법이겠지만, 그때그때 (+) 기호를 좌우로 번갈아가며 지정하고 그 결과 값을 비교하여 의도한 결과가 나오는 쪽을 찾는 것도 한 가지 방법입니다.

외부 조인은 조인 기준 열의 NULL을 처리하는 것을 목적으로 자주 사용하는 조인 방식입니다. 하지만 (+) 기호를 붙이는 외부 조인 방식으로는 양쪽 모든 열이 외부 조인되는 '전체 외부 조인(full outer join)' 사용은 불가능한데 자세한 내용은 다음 절인 8-3절에서 다시 살펴보겠습니다.

◎ 기본적으로 양쪽 모두를 외부 조인하는 문법은 (+) 기호를 사용한 방식으로는 구현이 불가능하지만, 왼쪽 외부 조인을 사용한 SELECT문과 오른쪽 외부 조인을 사용한 SELECT문을 집합 연산자 UNION으로 합쳐서 같은 효과를 낼 수는 있습니다.

## 💿 한발 더 나가기!  여러 조인을 벤 다이어그램으로 표현하면?

외부 조인은 벤 다이어그램(venn diagram)으로 다음과 같이 표기하기도 합니다.

추가로 외부 조인과 반대 의미인 내부 조인(inner join), 좌우 양쪽 모두를 외부 조인 처리하는 전체
외부 조인(full outer join)은 다음과 같이 표기합니다.

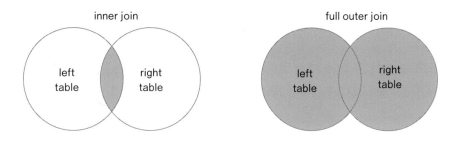

# 08-3 SQL-99 표준 문법으로 배우는 조인

SQL문은 ISO/ANSI에서 관계형 데이터베이스 표준 언어로 지정(SQL-82)된 후 SQL-92를 거쳐 SQL-99 표준 문법이 나왔습니다. 그리고 오라클은 9i 버전부터 SQL-99 방식의 문법을 지원하고 있습니다. SQL-99 조인은 앞에서 배운 조인 방식과 기능은 같지만 조인을 사용하는 문법에서 다소 차이가 납니다. 그리고 다른 DBMS 제품에서도 사용할 수 있고, 앞에서 배운 조인 방식과 더불어 SQL-99 방식의 조인도 많이 사용하기 때문에 간단하게 사용법을 알아보겠습니다.

## NATURAL JOIN

NATURAL JOIN은 앞에서 소개한 등가 조인을 대신해 사용할 수 있는 조인 방식으로 조인 대상이 되는 두 테이블에 이름과 자료형이 같은 열을 찾은 후 그 열을 기준으로 등가 조인을 해 주는 방식입니다.

**실습 8-11** NATURAL JOIN을 사용하여 조인하기

```
01  SELECT E.EMPNO, E.ENAME, E.JOB, E.MGR, E.HIREDATE, E.SAL, E.COMM,
02         DEPTNO, D.DNAME, D.LOC
03    FROM EMP E NATURAL JOIN DEPT D
04  ORDER BY DEPTNO, E.EMPNO;
```

:: 결과 화면

| EMPNO | ENAME | JOB | MGR | HIREDATE | SAL | COMM | DEPTNO | DNAME | LOC |
|---|---|---|---|---|---|---|---|---|---|
| ▶ 7782 | CLARK | MANAGER | 7839 | 1981-06-09 | 2450 | | 10 | ACCOUNTING | NEW YORK |
| 7839 | KING | PRESIDENT | | 1981-11-17 | 5000 | | 10 | ACCOUNTING | NEW YORK |
| 7934 | MILLER | CLERK | 7782 | 1982-01-23 | 1300 | | 10 | ACCOUNTING | NEW YORK |
| 7369 | SMITH | CLERK | 7902 | 1980-12-17 | 800 | | 20 | RESEARCH | DALLAS |
| 7566 | JONES | MANAGER | 7839 | 1981-04-02 | 2975 | | 20 | RESEARCH | DALLAS |
| 7788 | SCOTT | ANALYST | 7566 | 1987-04-19 | 3000 | | 20 | RESEARCH | DALLAS |
| 7876 | ADAMS | CLERK | 7788 | 1987-05-23 | 1100 | | 20 | RESEARCH | DALLAS |
| 7902 | FORD | ANALYST | 7566 | 1981-12-03 | 3000 | | 20 | RESEARCH | DALLAS |
| 7499 | ALLEN | SALESMAN | 7698 | 1981-02-20 | 1600 | 300 | 30 | SALES | CHICAGO |
| 7521 | WARD | SALESMAN | 7698 | 1981-02-22 | 1250 | 500 | 30 | SALES | CHICAGO |
| 7654 | MARTIN | SALESMAN | 7698 | 1981-09-28 | 1250 | 1400 | 30 | SALES | CHICAGO |
| 7698 | BLAKE | MANAGER | 7839 | 1981-05-01 | 2850 | | 30 | SALES | CHICAGO |
| 7844 | TURNER | SALESMAN | 7698 | 1981-09-08 | 1500 | 0 | 30 | SALES | CHICAGO |
| 7900 | JAMES | CLERK | 7698 | 1981-12-03 | 950 | | 30 | SALES | CHICAGO |

☺ 조인 조건이 WHERE절에 있는 기존 조인 방식과 달리 SQL-99 방식 조인은 FROM절에 조인 키워드를 사용하는 형태로 작성합니다.

EMP 테이블과 DEPT 테이블은 공통 열 DEPTNO를 가지고 있으므로 NATURAL JOIN을 사용할 때 자동으로 DEPTNO 열을 기준으로 등가 조인됩니다. 기존 등가 조인과 다르게 조인 기준 열인 DEPTNO를 SELECT절에 명시할 때 테이블 이름을 붙이면 안 되는 특성이 있으니 주의해 주세요.

## JOIN ~ USING

JOIN ~ USING 키워드를 사용한 조인 역시 기존 등가 조인을 대신하는 조인 방식입니다. NATURAL JOIN이 자동으로 조인 기준 열을 지정하는 것과 달리 USING 키워드에 조인 기준으로 사용할 열을 명시하여 사용합니다.

```
FROM TABLE1 JOIN TABLE2 USING (조인에 사용한 기준열)
```

JOIN ~ USING 키워드를 사용하여 EMP 테이블과 DEPT 테이블을 DEPTNO 열 기준으로 등가 조인한다면 다음과 같이 SELECT문을 작성할 수 있습니다. 다른 조인 방식과 마찬가지로 조인된 결과 행을 추가로 제한할 때 WHERE절에 조건식을 추가하여 함께 사용할 수 있습니다. NATURAL JOIN과 마찬가지로 조인 기준 열로 명시된 열은 SELECT절에서 테이블 이름을 붙이지 않고 작성합니다.

실습 8-12  JOIN ~ USING을 사용하여 조인하기

```
01  SELECT E.EMPNO, E.ENAME, E.JOB, E.MGR, E.HIREDATE, E.SAL, E.COMM,
02         DEPTNO, D.DNAME, D.LOC
03    FROM EMP E JOIN DEPT D USING (DEPTNO)
04   WHERE SAL >= 3000
05  ORDER BY DEPTNO, E.EMPNO;
```

∷ 결과 화면

| EMPNO | ENAME | JOB | MGR | HIREDATE | SAL | COMM | DEPTNO | DNAME | LOC |
|---|---|---|---|---|---|---|---|---|---|
| ▶ 7839 | KING | PRESIDENT | | 1981-11-17 | 5000 | | 10 | ACCOUNTING | NEW YORK |
| 7788 | SCOTT | ANALYST | 7566 | 1987-04-19 | 3000 | | 20 | RESEARCH | DALLAS |
| 7902 | FORD | ANALYST | 7566 | 1981-12-03 | 3000 | | 20 | RESEARCH | DALLAS |

## JOIN ~ ON

가장 범용성 있는 JOIN ~ ON 키워드를 사용한 조인 방식에서는 기존 WHERE절에 있는 조인 조건식을 ON 키워드 옆에 작성합니다. 조인 기준 조건식은 ON에 명시하고 그 밖의 출력 행을 걸러 내기 위해 WHERE 조건식을 따로 사용하는 방식입니다.

☺ JOIN ~ ON 조인 방식은 기존 조인 방식과 크게 차이가 나지 않기 때문에 WHERE절에 모두 명시하는 방식을 선호하는 개발자들도 많습니다.

```
FROM TABLE1 JOIN TABLE2 ON (조인 조건식)
```

실습 8-13   JOIN ~ ON으로 등가 조인하기

```
01   SELECT E.EMPNO, E.ENAME, E.JOB, E.MGR, E.HIREDATE, E.SAL, E.COMM,
02          E.DEPTNO,
03          D.DNAME, D.LOC
04     FROM EMP E JOIN DEPT D ON (E.DEPTNO = D.DEPTNO)
05    WHERE SAL <= 3000
06    ORDER BY E.DEPTNO, EMPNO;
```

∷ 결과 화면

| EMPNO | ENAME | JOB | MGR | HIREDATE | SAL | COMM | DEPTNO | DNAME | LOC |
|---|---|---|---|---|---|---|---|---|---|
| ▶ 7782 | CLARK | MANAGER | 7839 | 1981-06-09 | 2450 | | 10 | ACCOUNTING | NEW YORK |
| 7934 | MILLER | CLERK | 7782 | 1982-01-23 | 1300 | | 10 | ACCOUNTING | NEW YORK |
| 7369 | SMITH | CLERK | 7902 | 1980-12-17 | 800 | | 20 | RESEARCH | DALLAS |
| 7566 | JONES | MANAGER | 7839 | 1981-04-02 | 2975 | | 20 | RESEARCH | DALLAS |
| 7788 | SCOTT | ANALYST | 7566 | 1987-04-19 | 3000 | | 20 | RESEARCH | DALLAS |
| 7876 | ADAMS | CLERK | 7788 | 1987-05-23 | 1100 | | 20 | RESEARCH | DALLAS |
| 7902 | FORD | ANALYST | 7566 | 1981-12-03 | 3000 | | 20 | RESEARCH | DALLAS |
| 7499 | ALLEN | SALESMAN | 7698 | 1981-02-20 | 1600 | 300 | 30 | SALES | CHICAGO |
| 7521 | WARD | SALESMAN | 7698 | 1981-02-22 | 1250 | 500 | 30 | SALES | CHICAGO |
| 7654 | MARTIN | SALESMAN | 7698 | 1981-09-28 | 1250 | 1400 | 30 | SALES | CHICAGO |
| 7698 | BLAKE | MANAGER | 7839 | 1981-05-01 | 2850 | | 30 | SALES | CHICAGO |
| 7844 | TURNER | SALESMAN | 7698 | 1981-09-08 | 1500 | 0 | 30 | SALES | CHICAGO |
| 7900 | JAMES | CLERK | 7698 | 1981-12-03 | 950 | | 30 | SALES | CHICAGO |

## OUTER JOIN

OUTER JOIN 키워드는 외부 조인에 사용합니다. 다른 SQL-99 방식의 조인과 마찬가지로 WHERE절이 아닌 FROM절에서 외부 조인을 선언합니다. 기존 방식과의 차이점을 다음 표를 통해 살펴보겠습니다.

| | | |
|---|---|---|
| 왼쪽 외부 조인<br>(Left Outer Join) | 기존 | WHERE TABLE1.COL1 = TABLE2.COL1(+) |
| | SQL-99 | FROM TABLE1 LEFT OUTER JOIN TABLE2 ON (조인 조건식) |
| 오른쪽 외부 조인<br>(Right Outer Join) | 기존 | WHERE TABLE1.COL1(+) = TABLE2.COL1 |
| | SQL-99 | FROM TABLE1 RIGHT OUTER JOIN TABLE2 ON (조인 조건식) |
| 전체 외부 조인<br>(Full Outer Join) | 기존 | 기본 문법은 없음 (UNION 집합 연산자를 활용) |
| | SQL-99 | FROM TABLE1 FULL OUTER JOIN TABLE2 ON (조인 조건식) |

사원과 해당 사원의 직속상관을 함께 출력한 SELECT문을 SQL-99 방식으로 각각 외부 조인
한 결과를 실습 8-14, 8-15에서 확인해 보죠.

**실습 8-14** 왼쪽 외부 조인을 SQL-99로 작성하기

```
01  SELECT E1.EMPNO, E1.ENAME, E1.MGR,
02         E2.EMPNO AS MGR_EMPNO,
03         E2.ENAME AS MGR_ENAME
04    FROM EMP E1 LEFT OUTER JOIN EMP E2 ON (E1.MGR = E2.EMPNO)
05  ORDER BY E1.EMPNO;
```

:: 결과 화면

| EMPNO | ENAME | MGR | MGR_EMPNO | MGR_ENAME |
|---|---|---|---|---|
| 7369 | SMITH | 7902 | 7902 | FORD |
| 7499 | ALLEN | 7698 | 7698 | BLAKE |
| 7521 | WARD | 7698 | 7698 | BLAKE |
| 7566 | JONES | 7839 | 7839 | KING |
| 7654 | MARTIN | 7698 | 7698 | BLAKE |
| 7698 | BLAKE | 7839 | 7839 | KING |
| 7782 | CLARK | 7839 | 7839 | KING |
| 7788 | SCOTT | 7566 | 7566 | JONES |
| 7839 | KING | | | |
| 7844 | TURNER | 7698 | 7698 | BLAKE |
| 7876 | ADAMS | 7788 | 7788 | SCOTT |
| 7900 | JAMES | 7698 | 7698 | BLAKE |
| 7902 | FORD | 7566 | 7566 | JONES |
| 7934 | MILLER | 7782 | 7782 | CLARK |

 왼쪽 외부 조인의 기준열이 되는 것은 MGR
열입니다. 그리고 KING은 직속 상관이 없으
므로 MGR열의 값은 NULL입니다.

```
01  SELECT E1.EMPNO, E1.ENAME, E1.MGR,
02         E2.EMPNO AS MGR_EMPNO,
03         E2.ENAME AS MGR_ENAME
04    FROM EMP E1 RIGHT OUTER JOIN EMP E2 ON (E1.MGR = E2.EMPNO)
05  ORDER BY E1.EMPNO, MGR_EMPNO;
```

:: 결과 화면

| EMPNO | ENAME | MGR | MGR_EMPNO | MGR_ENAME |
|---|---|---|---|---|
| 7369 | SMITH | 7902 | 7902 | FORD |
| 7499 | ALLEN | 7698 | 7698 | BLAKE |
| 7521 | WARD | 7698 | 7698 | BLAKE |
| 7566 | JONES | 7839 | 7839 | KING |
| 7654 | MARTIN | 7698 | 7698 | BLAKE |
| 7698 | BLAKE | 7839 | 7839 | KING |
| 7782 | CLARK | 7839 | 7839 | KING |
| 7788 | SCOTT | 7566 | 7566 | JONES |
| 7844 | TURNER | 7698 | 7698 | BLAKE |
| 7876 | ADAMS | 7788 | 7788 | SCOTT |
| 7900 | JAMES | 7698 | 7698 | BLAKE |
| 7902 | FORD | 7566 | 7566 | JONES |
| 7934 | MILLER | 7782 | 7782 | CLARK |
|  |  |  | 7369 | SMITH |
|  |  |  | 7499 | ALLEN |
|  |  |  | 7521 | WARD |
|  |  |  | 7654 | MARTIN |
|  |  |  | 7844 | TURNER |
|  |  |  | 7876 | ADAMS |
|  |  |  | 7900 | JAMES |
|  |  |  | 7934 | MILLER |

전체 외부 조인은 왼쪽·오른쪽 외부 조인을 모두 적용한, 즉 왼쪽 열이 NULL인 경우와 오른쪽 열이 NULL인 경우를 모두 출력하는 방식입니다. 기존 외부 조인으로는 UNION 집합 연산자를 사용하여 왼쪽·오른쪽 외부 조인의 결과를 합치는 방법만 가능했습니다. 하지만 SQL-99 방식의 외부 조인은 FULL OUTER JOIN ~ ON 키워드로 양쪽 모두 외부 조인된 결과 값을 출력할 수 있습니다.

실습 8-16 전체 외부 조인을 SQL-99로 작성하기

```
01  SELECT E1.EMPNO, E1.ENAME, E1.MGR,
02         E2.EMPNO AS MGR_EMPNO,
03         E2.ENAME AS MGR_ENAME
04    FROM EMP E1 FULL OUTER JOIN EMP E2 ON (E1.MGR = E2.EMPNO)
05  ORDER BY E1.EMPNO;
```

:: 결과 화면

| ☰ | EMPNO | ENAME | MGR | MGR_EMPNO | MGR_ENAME |
|---|-------|-------|-----|-----------|-----------|
| ▶ | 7369 | SMITH | 7902 | 7902 | FORD |
| | 7499 | ALLEN | 7698 | 7698 | BLAKE |
| | 7521 | WARD | 7698 | 7698 | BLAKE |
| | 7566 | JONES | 7839 | 7839 | KING |
| | 7654 | MARTIN | 7698 | 7698 | BLAKE |
| | 7698 | BLAKE | 7839 | 7839 | KING |
| | 7782 | CLARK | 7839 | 7839 | KING |
| | 7788 | SCOTT | 7566 | 7566 | JONES |
| | 7839 | KING | | | |
| | 7844 | TURNER | 7698 | 7698 | BLAKE |
| | 7876 | ADAMS | 7788 | 7788 | SCOTT |
| | 7900 | JAMES | 7698 | 7698 | BLAKE |
| | 7902 | FORD | 7566 | 7566 | JONES |
| | 7934 | MILLER | 7782 | 7782 | CLARK |
| | | | | 7934 | MILLER |
| | | | | 7900 | JAMES |
| | | | | 7876 | ADAMS |
| | | | | 7844 | TURNER |
| | | | | 7654 | MARTIN |
| | | | | 7521 | WARD |
| | | | | 7369 | SMITH |
| | | | | 7499 | ALLEN |

WHERE절에 조건식으로 조인하는 방식과 달리 SQL-99 조인은 FROM절에 특정 키워드를 사용함으로써 테이블을 조인하기 때문에 처음에는 조금 낯설어 보일 수 있습니다. 하지만 기존 조인 방식보다 더 간략하고 명시적으로 어떤 방식의 조인을 사용하고 있는지 알 수 있습니다. 그리고 조인 조건식과 출력 행을 선정하는 조건식을 구별할 수 있으므로 여러 테이블을 조인해야 하는 복잡한 SELECT문에서 SQL-99 조인의 장점이 드러납니다. 물론 특정 문장을 반드시 사용해야 하는 업무 규칙이 정해져 있다면 그 규칙을 따라야겠지만 그런 규칙이 없다면 자신에게 편한 방식을 사용하면 됩니다.

## SQL-99 조인 방식에서 세 개 이상의 테이블을 조인할 때

기존 조인 방식은 FROM절에 조인 테이블을 명시하고 조인 관련 조건식을 WHERE절에 명시하기 때문에 테이블 수가 두 개를 넘더라도 다음과 같이 작성하면 아무 문제가 없습니다.

```
FROM TABLE1, TABLE2, TABLE3
WHERE TABLE1.COL = TABLE2.COL
AND TABLE2.COL = TABLE3.COL
```

하지만 FROM절에 조인 관련 내용을 작성해야 하는 SQL-99 방식에서는 테이블의 개수가 두 개를 넘어갈 때 어떻게 조인해야 할지 막막할 수도 있습니다. 여러 가지 조인 키워드 방식이 있지만, 다음과 같이 FROM절에 두 개 테이블을 키워드로 조인한 바로 옆에 SQL-99 방식의 조인 내용을 추가로 작성하면 세 개 이상의 테이블도 조인할 수 있습니다.

```
FROM TABLE1 JOIN TABLE2 ON (조건식)
JOIN TABLE3 ON (조건식)
```

 다음 SQL문은 JOIN~USING 키워드를 사용한 등가 조인입니다. 다음 조건에 알맞도록 SQL문의 빈칸을 채워 보세요.

조건1. EMP 테이블과 DEPT 테이블의 조인 조건은 부서 번호(DEPTNO)가 같을 때입니다.

조건2. 급여는 3000 이상이며 직속상관이 반드시 있어야 합니다.

```
SELECT E.EMPNO, E.ENAME, E.JOB, E.MGR, E.HIREDATE, E.SAL, E.COMM,
           ⌐¹¬       , D.DNAME, D.LOC
    FROM EMP E JOIN DEPT D USING ( ⌐¹¬       )
  WHERE ⌐²¬
     AND E.MGR ⌐³¬
ORDER BY DEPTNO, E.EMPNO;
```

정답 1. DEPTNO 2. SAL >= 3000 3. IS NOT NULL

**Q1** 급여(SAL)가 2000 초과인 사원들의 부서 정
보, 사원 정보를 오른쪽과 같이 출력해 보세요
(단 SQL-99 이전 방식과 SQL-99 방식을 각각 사
용하여 작성하세요).

:: 결과 화면

| DEPTNO | DNAME | EMPNO | ENAME | SAL |
|---|---|---|---|---|
| 10 | ACCOUNTING | 7782 | CLARK | 2450 |
| 10 | ACCOUNTING | 7839 | KING | 5000 |
| 20 | RESEARCH | 7566 | JONES | 2975 |
| 20 | RESEARCH | 7788 | SCOTT | 3000 |
| 20 | RESEARCH | 7902 | FORD | 3000 |
| 30 | SALES | 7698 | BLAKE | 2850 |

**Q2** 오른쪽과 같이 각 부서별 평균 급
여, 최대 급여, 최소 급여, 사원수
를 출력해 보세요(단 SQL-99 이전
방식과 SQL-99 방식을 각각 사용하
여 작성하세요).

:: 결과 화면

| DEPTNO | DNAME | AVG_SAL | MAX_SAL | MIN_SAL | CNT |
|---|---|---|---|---|---|
| 10 | ACCOUNTING | 2916 | 5000 | 1300 | 3 |
| 20 | RESEARCH | 2175 | 3000 | 800 | 5 |
| 30 | SALES | 1566 | 2850 | 950 | 6 |

**Q3** 모든 부서 정보와 사원 정보를 오른
쪽과 같이 부서 번호, 사원 이름순으
로 정렬하여 출력해 보세요(단 SQL-
99 이전 방식과 SQL-99 방식을 각각
사용하여 작성하세요).

:: 결과 화면

| DEPTNO | DNAME | EMPNO | ENAME | JOB | SAL |
|---|---|---|---|---|---|
| 10 | ACCOUNTING | 7782 | CLARK | MANAGER | 2450 |
| 10 | ACCOUNTING | 7839 | KING | PRESIDENT | 5000 |
| 10 | ACCOUNTING | 7934 | MILLER | CLERK | 1300 |
| 20 | RESEARCH | 7876 | ADAMS | CLERK | 1100 |
| 20 | RESEARCH | 7902 | FORD | ANALYST | 3000 |
| 20 | RESEARCH | 7566 | JONES | MANAGER | 2975 |
| 20 | RESEARCH | 7788 | SCOTT | ANALYST | 3000 |
| 20 | RESEARCH | 7369 | SMITH | CLERK | 800 |
| 30 | SALES | 7499 | ALLEN | SALESMAN | 1600 |
| 30 | SALES | 7698 | BLAKE | MANAGER | 2850 |
| 30 | SALES | 7900 | JAMES | CLERK | 950 |
| 30 | SALES | 7654 | MARTIN | SALESMAN | 1250 |
| 30 | SALES | 7844 | TURNER | SALESMAN | 1500 |
| 30 | SALES | 7521 | WARD | SALESMAN | 1250 |
| 40 | OPERATIONS | | | | |

**Q4** 다음과 같이 모든 부서 정보, 사원 정보, 급여 등급 정보, 각 사원의 직속 상관의 정보를 부서 번호, 사원 번호 순서로 정렬하여 출력해 보세요(단 SQL-99 이전 방식과 SQL-99 방식을 각각 사용하여 작성하세요).

:: 결과 화면

| DEPTNO | DNAME | EMPNO | ENAME | MGR | SAL | DEPTNO_1 | LOSAL | HISAL | GRADE | MGR_EMPNO | MGR_ENAME |
|---|---|---|---|---|---|---|---|---|---|---|---|
| 10 | ACCOUNTING | 7782 | CLARK | 7839 | 2450 | 10 | 2001 | 3000 | 4 | 7839 | KING |
| 10 | ACCOUNTING | 7839 | KING | | 5000 | 10 | 3001 | 9999 | 5 | | |
| 10 | ACCOUNTING | 7934 | MILLER | 7782 | 1300 | 10 | 1201 | 1400 | 2 | 7782 | CLARK |
| 20 | RESEARCH | 7369 | SMITH | 7902 | 800 | 20 | 700 | 1200 | 1 | 7902 | FORD |
| 20 | RESEARCH | 7566 | JONES | 7839 | 2975 | 20 | 2001 | 3000 | 4 | 7839 | KING |
| 20 | RESEARCH | 7788 | SCOTT | 7566 | 3000 | 20 | 2001 | 3000 | 4 | 7566 | JONES |
| 20 | RESEARCH | 7876 | ADAMS | 7788 | 1100 | 20 | 700 | 1200 | 1 | 7788 | SCOTT |
| 20 | RESEARCH | 7902 | FORD | 7566 | 3000 | 20 | 2001 | 3000 | 4 | 7566 | JONES |
| 30 | SALES | 7499 | ALLEN | 7698 | 1600 | 30 | 1401 | 2000 | 3 | 7698 | BLAKE |
| 30 | SALES | 7521 | WARD | 7698 | 1250 | 30 | 1201 | 1400 | 2 | 7698 | BLAKE |
| 30 | SALES | 7654 | MARTIN | 7698 | 1250 | 30 | 1201 | 1400 | 2 | 7698 | BLAKE |
| 30 | SALES | 7698 | BLAKE | 7839 | 2850 | 30 | 2001 | 3000 | 4 | 7839 | KING |
| 30 | SALES | 7844 | TURNER | 7698 | 1500 | 30 | 1401 | 2000 | 3 | 7698 | BLAKE |
| 30 | SALES | 7900 | JAMES | 7698 | 950 | 30 | 700 | 1200 | 1 | 7698 | BLAKE |
| 40 | OPERATIONS | | | | | | | | | | |

정답 이지스퍼블리싱 홈페이지에서 확인하세요.

# SQL문 속 또 다른 SQL문, 서브쿼리

서브쿼리는 어떤 상황이나 조건에 따라 변할 수 있는 데이터 값을 비교하거나 근거로 하기 위해 SQL문 안에 작성하는 작은 SELECT문을 의미합니다. 이 장에서는 SELECT문을 구성하는 여러 절에서 사용하는 서브쿼리에 대해 알아보겠습니다. 서브쿼리는 조인과 더불어 여러 데이터를 하나의 SQL문에서 처리하기 위해 사용합니다. 실무에서도 자주 사용하는 문법이기 때문에 반드시 숙지해 두세요.

이 장에서 꼭 익혀야 할 것

- 서브쿼리의 의미와 사용 방법
- 단일행 서브쿼리
- 다중행 서브쿼리(IN, ANY, SOME, ALL)
- 다중열 서브쿼리
- WITH절의 사용 방법

# 09-1 서브쿼리

## 서브쿼리란?

서브쿼리(subquery)는 SQL문을 실행하는 데 필요한 데이터를 추가로 조회하기 위해 SQL문 내부에서 사용하는 SELECT문을 의미합니다. 서브쿼리의 결과 값을 사용하여 기능을 수행하는 영역은 메인쿼리(main query)라고 부릅니다. 예를 들어 어떤 SELECT문에서 WHERE절의 조건식에 서브쿼리를 사용한다면 전체 SELECT문은 다음과 같이 구성됩니다.

☺ 서브쿼리는 실제로 INSERT문, UPDATE문, DELETE문, CREATE문 등 다양한 SQL문에서 사용합니다. 아직 SELECT 문을 제외한 SQL문은 배우지 않았기 때문에 09장에서는 SELECT문에서 서브쿼리를 사용하는 방법만 살펴볼 것입니다. 이후 다른 SQL문에서 서브쿼리를 사용하는 방법은 각각의 SQL문이 나올 때 설명하겠습니다.

위 그림과 같은 방식의 서브쿼리가 가장 빈번하게 사용하는 방식입니다. 그러면 이제부터 서브쿼리에 대해서 알아봅시다. 우선 EMP 테이블에서 JONES보다 급여가 높은 사원을 조회하고 싶은 경우를 생각해 봅시다. 이 경우에 먼저 필요한 데이터는 JONES의 급여일 것입니다. 기준 급여가 얼마인지 알아야 그보다 높은 급여를 받는 사원을 조회할 수 있기 때문이죠. JONES의 급여는 다음과 같이 SELECT문으로 간단히 조회할 수 있습니다.

실습 9-1  사원 이름이 JONES인 사원의 급여 출력하기

```
01  SELECT SAL
02    FROM EMP
03   WHERE ENAME = 'JONES';
```

:: 결과 화면

| SAL |
| --- |
| ▶ 2975 |

실습 9-1의 결과를 살펴보면 EMP 테이블에서 JONES의 급여는 2975로 조회되었습니다. 이제 기준 급여 값을 알았으니 이 급여보다 높은 급여를 받는 사원 데이터 역시 간단한 SELECT문을 실행하여 알아낼 수 있습니다.

**실습 9-2** 급여가 2975보다 높은 사원 정보 출력하기

```
01   SELECT *
02     FROM EMP
03    WHERE SAL > 2975;
```

:: 결과 화면

| EMPNO | ENAME | JOB | MGR | HIREDATE | SAL | COMM | DEPTNO |
|---|---|---|---|---|---|---|---|
| 7788 | SCOTT | ANALYST | 7566 | 1987/04/19 | 3000 | | 20 |
| 7839 | KING | PRESIDENT | | 1981/11/17 | 5000 | | 10 |
| 7902 | FORD | ANALYST | 7566 | 1981/12/03 | 3000 | | 20 |

JONES의 급여보다 높은 급여를 받는 사원을 찾기 위해 먼저 총 두 개의 SELECT문을 작성했습니다. 서브쿼리를 사용하면 이 두 개의 SELECT문을 하나의 SELECT문으로 합쳐서 사용할 수 있습니다.

이 두 개의 SELECT문 중 WHERE절의 조건식에 들어갈 기준 급여(JONES의 급여)를 구하는 SELECT문이 서브쿼리가 됩니다. 그리고 기준 급여와 비교하여 기준 급여보다 높은 급여를 받는 사원을 조회하기 위한 SELECT문을 메인쿼리로 작성합니다.

다음 그림에서 각 SELECT문을 메인쿼리와 서브쿼리로 나누는 방식을 살펴봅시다. 서브쿼리 작성의 핵심은 주어진 문제(여기에서는 JONES의 급여와 이 급여보다 높은 급여를 받는 사원)를 어떻게 SELECT문으로 나누어 처리할지를 결정하는 데에 있습니다.

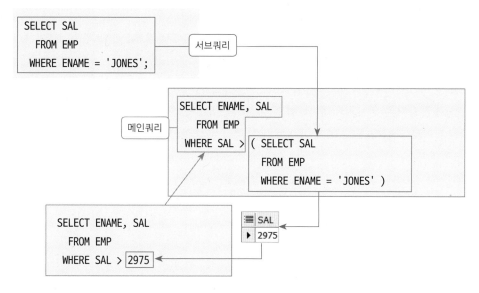

그러면 다음 SELECT문을 작성하여 결과를 살펴봅시다. 먼저 사용한 두 개의 SELECT문과 같은 결과가 출력되는 것을 알 수 있습니다.

**실습 9-3** 서브쿼리로 JONES의 급여보다 높은 급여를 받는 사원 정보 출력하기

```
01  SELECT *
02    FROM EMP
03   WHERE SAL > (SELECT SAL
04                  FROM EMP
05                 WHERE ENAME = 'JONES');
```

:: 결과 화면

| EMPNO | ENAME | JOB | MGR | HIREDATE | SAL | COMM | DEPTNO |
|---|---|---|---|---|---|---|---|
| 7788 | SCOTT | ANALYST | 7566 | 1987/04/19 | 3000 | | 20 |
| 7839 | KING | PRESIDENT | | 1981/11/17 | 5000 | | 10 |
| 7902 | FORD | ANALYST | 7566 | 1981/12/03 | 3000 | | 20 |

## 서브쿼리의 특징

서브쿼리는 다음과 같은 특징이 있습니다. 실습 9-3의 SELECT문을 살펴보면서 서브쿼리의 특징을 확인해 봅시다.

> 1. 서브쿼리는 연산자와 같은 비교 또는 조회 대상의 오른쪽에 놓이며 괄호 ( )로 묶어서 사용합니다.
> 2. 특수한 몇몇 경우를 제외한 대부분의 서브쿼리에서는 ORDER BY절을 사용할 수 없습니다.
> 3. 서브쿼리의 SELECT절에 명시한 열은 메인쿼리의 비교 대상과 같은 자료형과 같은 개수로 지정해야 합니다. 즉 메인쿼리의 비교 대상 데이터가 하나라면 서브쿼리의 SELECT절 역시 같은 자료형인 열을 하나 지정해야 합니다.
> 4. 서브쿼리에 있는 SELECT문의 결과 행 수는 함께 사용하는 메인쿼리의 연산자 종류와 호환 가능해야 합니다. 예를 들어 메인쿼리에 사용한 연산자가 단 하나의 데이터로만 연산이 가능한 연산자라면 서브쿼리의 결과 행 수는 반드시 하나여야 합니다. 이 내용은 '단일행 서브쿼리 및 다중행 서브쿼리'에서 자세히 살펴보겠습니다.

서브쿼리는 메인쿼리의 연산자와 함께 상호 작용하는 방식에 따라 크게 단일행 서브쿼리와 다중행 서브쿼리로 나뉩니다. 그러면 이제부터 각각의 서브쿼리 사용법을 알아봅시다.

서브쿼리를 사용하여 EMP 테이블의 사원 정보 중에서 사원 이름이 ALLEN인 사원의 추가 수당보다 많은 추가 수당을 받는 사원 정보를 구하도록 다음 코드를 채워 보세요.

```
SELECT *
  FROM EMP
 WHERE [ 1 ] > (SELECT COMM
                  FROM EMP
                 WHERE [ 2 ] = [ 3 ]);
```

정답 1. COMM 2. ENAME 3. 'ALLEN'.

# 09-2 실행 결과가 하나인 단일행 서브쿼리

단일행 서브쿼리(single-row subquery)는 실행 결과가 단 하나의 행으로 나오는 서브쿼리를 뜻합니다. 서브쿼리에서 출력되는 결과가 하나이므로 메인쿼리와 서브쿼리 결과는 다음과 같이 단일행 연산자를 사용하여 비교합니다.

| 단일행 연산자 | | | | | | | |
|---|---|---|---|---|---|---|---|
| > | >= | = | <= | < | <> | ^= | != |
| 초과 | 이상 | 같음 | 이하 | 미만 | 같지 않음 | | |

앞에서 살펴본 'JONES의 급여보다 높은 급여를 받는 사원 목록'을 구하기 위해 사용한 서브쿼리 역시 대소 비교 연산자( > )를 사용하였으므로 단일행 서브쿼리라 볼 수 있습니다. 하지만 JONES라는 이름으로 단일행 서브쿼리를 사용하는 것은 나중에 문제가 될 수 있습니다. 눈치챈 독자도 있을지 모르겠지만 사람 이름은 중복이 가능하기 때문입니다. 사람 이름뿐만 아니라 같은 데이터가 여러 개 존재하는 열의 경우에는 주의해야 합니다.

만약 EMP 테이블에 JONES라는 이름을 가진 사원이 여러 명 있었다면 대소 비교 연산자를 사용한 서브쿼리는 오류가 발생하고 실행되지 못합니다. 이와 같이 서브쿼리의 결과로 여러 행을 반환할 때에는 다중행 서브쿼리(multiple-row subquery)를 사용해야 합니다.

### 단일행 서브쿼리와 날짜형 데이터

단일행 서브쿼리는 서브쿼리 결과 값이 날짜(DATE) 자료형일 때도 사용할 수 있습니다. 예를 들어 EMP 테이블에서 SCOTT보다 빨리 입사한 사원 목록을 조회하려면 다음과 같이 서브쿼리를 활용한 SELECT문을 작성할 수 있습니다.

실습 9-4    서브쿼리의 결과 값이 날짜형인 경우

```
01   SELECT *
02     FROM EMP
03    WHERE HIREDATE < (SELECT HIREDATE
04                        FROM EMP
05                       WHERE ENAME = 'SCOTT');
```

| ≣ | EMPNO | ENAME | JOB | MGR | HIREDATE | SAL | COMM | DEPTNO |
|---|-------|-------|-----|-----|----------|-----|------|--------|
| ▶ | 7369 | SMITH | CLERK | 7902 | 1980/12/17 | 800 | | 20 |
| | 7499 | ALLEN | SALESMAN | 7698 | 1981/02/20 | 1600 | 300 | 30 |
| | 7521 | WARD | SALESMAN | 7698 | 1981/02/22 | 1250 | 500 | 30 |
| | 7566 | JONES | MANAGER | 7839 | 1981/04/02 | 2975 | | 20 |
| | 7654 | MARTIN | SALESMAN | 7698 | 1981/09/28 | 1250 | 1400 | 30 |
| | 7698 | BLAKE | MANAGER | 7839 | 1981/05/01 | 2850 | | 30 |
| | 7782 | CLARK | MANAGER | 7839 | 1981/06/09 | 2450 | | 10 |
| | 7839 | KING | PRESIDENT | | 1981/11/17 | 5000 | | 10 |
| | 7844 | TURNER | SALESMAN | 7698 | 1981/09/08 | 1500 | 0 | 30 |
| | 7900 | JAMES | CLERK | 7698 | 1981/12/03 | 950 | | 30 |

일부 데이터만 표시했습니다.

## 단일형 서브쿼리와 함수

또 서브쿼리에서 특정 함수를 사용한 결과 값이 하나일 때 역시 단일행 서브쿼리로서 사용
가능합니다. 예를 들어 20번 부서에 속한 사원 중 전체 사원의 평균 급여보다 높은 급여를 받
는 사원 정보와 소속 부서 정보를 함께 조회하는 경우를 생각해 봅시다. 이 경우에 다음과 같
이 EMP 테이블과 DEPT 테이블을 조인한 SELECT문에 서브쿼리를 적용하여 출력할 수 있
습니다.

**실습 9-5** 서브쿼리 안에서 함수를 사용한 경우

```
01   SELECT E.EMPNO, E.ENAME, E.JOB, E.SAL, D.DEPTNO, D.DNAME, D.LOC
02     FROM EMP E, DEPT D
03    WHERE E.DEPTNO = D.DEPTNO
04      AND E.DEPTNO = 20
05      AND E.SAL > (SELECT AVG(SAL)
06                     FROM EMP);
```

:: 결과 화면

| ≣ | EMPNO | ENAME | JOB | SAL | DEPTNO | DNAME | LOC |
|---|-------|-------|-----|-----|--------|-------|-----|
| ▶ | 7566 | JONES | MANAGER | 2975 | 20 | RESEARCH | DALLAS |
| | 7788 | SCOTT | ANALYST | 3000 | 20 | RESEARCH | DALLAS |
| | 7902 | FORD | ANALYST | 3000 | 20 | RESEARCH | DALLAS |

◎ 실습 9-5와 같이 조인과 서브쿼리를 함께 사용하는 SQL문도 실무에서 자주 사용합니다. 여러 가지 방식을 함께 사용해
복잡하게 느껴지지만 WHERE절 조건식과 조인 방식을 천천히 되새기며 이해해 보세요. SELECT문의 사용법은 중요한 만
큼 하나라도 놓치지 않아야 합니다.

서브쿼리를 사용하여 EMP 테이블에서 전체 사원의 평균 급여보다 작거나 같은 급여를 받고 있는
20번 부서의 사원 및 부서의 정보를 구하도록 코드를 채워 보세요.

```
SELECT E.EMPNO, E.ENAME, E.JOB, E.SAL, D.DEPTNO, D.DNAME, D.LOC
  FROM EMP E, DEPT D
 WHERE E.DEPTNO = D.DEPTNO
   AND  ¹
   AND E.SAL  ²        (SELECT  ³
                         FROM EMP);
```

정답 1. E.DEPTNO = 20  2. <=  3. AVG(SAL)

# 09-3 실행 결과가 여러 개인 다중행 서브쿼리

다중행 서브쿼리(multiple-row subquery)는 실행 결과 행이 여러 개로 나오는 서브쿼리를 가리킵니다. 앞에서 살펴본 단일행 서브쿼리와 달리 서브쿼리 결과가 여러 개이므로 단일행 연산자는 사용할 수 없고 다중행 연산자를 사용해야 메인쿼리와 비교할 수 있습니다. 다중행 연산자의 종류는 다음 표를 참고해 주세요.

| 다중행 연산자 | 설명 |
| --- | --- |
| IN | 메인쿼리의 데이터가 서브쿼리의 결과 중 하나라도 일치한 데이터가 있다면 true |
| ANY, SOME | 메인쿼리의 조건식을 만족하는 서브쿼리의 결과가 하나 이상이면 true |
| ALL | 메인쿼리의 조건식을 서브쿼리의 결과 모두가 만족하면 true |
| EXISTS | 서브쿼리의 결과가 존재하면(즉, 행이 1개 이상일 경우) true |

## IN 연산자

IN 연산자는 이미 05장에서 WHERE절과 연산자를 다루면서 소개한 연산자이며 다음과 같은 형태로 사용할 수 있습니다.

**실습 9-6** IN 연산자 사용하기

```
01  SELECT *
02    FROM EMP
03   WHERE DEPTNO IN (20, 30);
```

부서 번호가 20이거나 30인 사원의 정보만 출력합니다.

:: 결과 화면

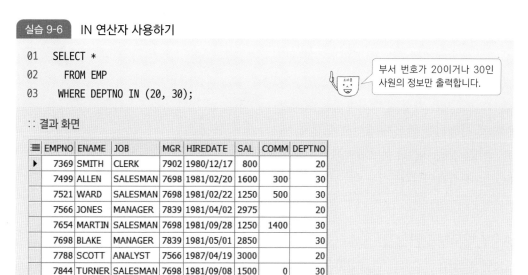

| | EMPNO | ENAME | JOB | MGR | HIREDATE | SAL | COMM | DEPTNO |
| --- | --- | --- | --- | --- | --- | --- | --- | --- |
| ▶ | 7369 | SMITH | CLERK | 7902 | 1980/12/17 | 800 | | 20 |
| | 7499 | ALLEN | SALESMAN | 7698 | 1981/02/20 | 1600 | 300 | 30 |
| | 7521 | WARD | SALESMAN | 7698 | 1981/02/22 | 1250 | 500 | 30 |
| | 7566 | JONES | MANAGER | 7839 | 1981/04/02 | 2975 | | 20 |
| | 7654 | MARTIN | SALESMAN | 7698 | 1981/09/28 | 1250 | 1400 | 30 |
| | 7698 | BLAKE | MANAGER | 7839 | 1981/05/01 | 2850 | | 30 |
| | 7788 | SCOTT | ANALYST | 7566 | 1987/04/19 | 3000 | | 20 |
| | 7844 | TURNER | SALESMAN | 7698 | 1981/09/08 | 1500 | 0 | 30 |
| | 7876 | ADAMS | CLERK | 7788 | 1987/05/23 | 1100 | | 20 |
| | 7900 | JAMES | CLERK | 7698 | 1981/12/03 | 950 | | 30 |
| | 7902 | FORD | ANALYST | 7566 | 1981/12/03 | 3000 | | 20 |

다중행 서브쿼리의 데이터를 비교하는 다중행 연산자로 IN을 사용할 때도 효과는 같습니다. 예를 들어 각 부서별 최고 급여를 받는 사원을 조회하는 경우를 생각해 봅시다. 이 경우에 다음과 같이 부서별 최고 급여 데이터를 먼저 구하고, 이 데이터와 일치하는 메인쿼리 데이터를 IN 연산자를 통해 선별해 낼 수 있습니다.

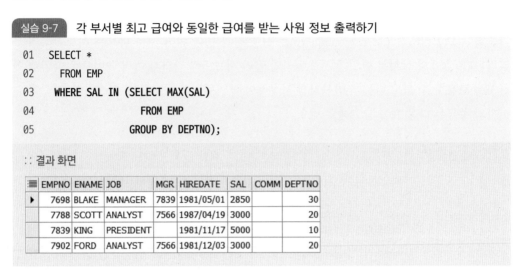

**실습 9-7** 각 부서별 최고 급여와 동일한 급여를 받는 사원 정보 출력하기

```
01    SELECT *
02      FROM EMP
03    WHERE SAL IN (SELECT MAX(SAL)
04                    FROM EMP
05                    GROUP BY DEPTNO);
```

:: 결과 화면

| | EMPNO | ENAME | JOB | MGR | HIREDATE | SAL | COMM | DEPTNO |
|---|---|---|---|---|---|---|---|---|
| ▶ | 7698 | BLAKE | MANAGER | 7839 | 1981/05/01 | 2850 | | 30 |
| | 7788 | SCOTT | ANALYST | 7566 | 1987/04/19 | 3000 | | 20 |
| | 7839 | KING | PRESIDENT | | 1981/11/17 | 5000 | | 10 |
| | 7902 | FORD | ANALYST | 7566 | 1981/12/03 | 3000 | | 20 |

실습 9-7의 결과 화면을 살펴보면 서브쿼리에서는 각 부서별로 가장 높은 급여 데이터를 출력하는데 최고 급여 데이터와 같은 금액의 급여를 받는 사원만 출력하고 있습니다. 즉 서브쿼리의 SELECT문 결과 값이 오른쪽과 같이 2850, 3000, 5000이고 IN 연산자를 사용해 메인쿼리에서는 세 값 중 일치하는 값을 가진 행만 출력합니다. 다중행 연산자 중 IN 연산자는 가장 자주 사용하는 연산자 이므로 사용법을 반드시 기억해 두세요. 실습 9-8은 실습 9-7의 서브쿼리에서 사용한 SQL문의 결과입니다.

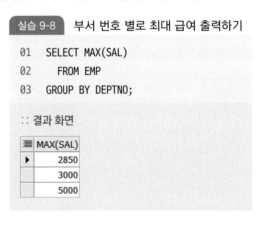

**실습 9-8** 부서 번호 별로 최대 급여 출력하기

```
01    SELECT MAX(SAL)
02      FROM EMP
03    GROUP BY DEPTNO;
```

:: 결과 화면

| | MAX(SAL) |
|---|---|
| ▶ | 2850 |
| | 3000 |
| | 5000 |

## ANY, SOME 연산자

ANY, SOME 연산자는 서브쿼리가 반환한 여러 결과 값 중 메인쿼리와 조건식을 사용한 결과가 하나라도 true라면 메인쿼리 조건식을 true로 반환해 주는 연산자입니다.

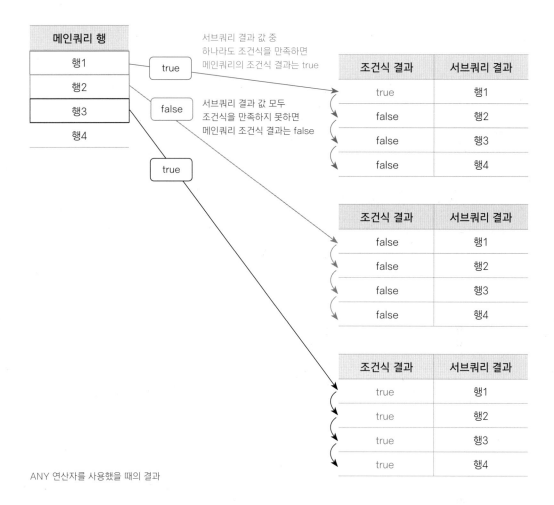

| 조건식 결과 | 서브쿼리 결과 |
|---|---|
| true | 행1 |
| false | 행2 |
| false | 행3 |
| false | 행4 |

| 조건식 결과 | 서브쿼리 결과 |
|---|---|
| false | 행1 |
| false | 행2 |
| false | 행3 |
| false | 행4 |

| 조건식 결과 | 서브쿼리 결과 |
|---|---|
| true | 행1 |
| true | 행2 |
| true | 행3 |
| true | 행4 |

ANY 연산자를 사용했을 때의 결과

서브쿼리 결과 값 중 하나만 조건식에 맞아떨어지면 메인쿼리의 조건식이 참이 되어 출력 대상이 된다는 점에서 앞에서 살펴본 IN 연산자를 떠올리는 독자들도 있을 수도 있습니다. 메인쿼리와 값을 비교할 때 ANY 및 SOME 연산자를 등가 비교 연산자(=)와 함께 사용하면 IN 연산자와 정확히 같은 기능을 수행합니다.

☺ IN과 같은 효과를 내어야 할 때 사실상 = ANY를 사용하는 경우는 거의 없습니다. IN 연산자가 알아보기도 편하고 글자 수도 적기 때문에 거의 대부분 IN 연산자를 사용합니다.

실습 9-9    ANY 연산자 사용하기

```
01  SELECT *
02    FROM EMP
03   WHERE SAL = ANY (SELECT MAX(SAL)
04                      FROM EMP
05                     GROUP BY DEPTNO);
```

```
01   SELECT *
02     FROM EMP
03    WHERE SAL = SOME (SELECT MAX(SAL)
04                       FROM EMP
05                      GROUP BY DEPTNO);
```

:: 결과 화면(실습 9-9, 9-10의 실행 결과가 같음)

| EMPNO | ENAME | JOB | MGR | HIREDATE | SAL | COMM | DEPTNO |
|---|---|---|---|---|---|---|---|
| ▶ 7698 | BLAKE | MANAGER | 7839 | 1981/05/01 | 2850 | | 30 |
| 7788 | SCOTT | ANALYST | 7566 | 1987/04/19 | 3000 | | 20 |
| 7839 | KING | PRESIDENT | | 1981/11/17 | 5000 | | 10 |
| 7902 | FORD | ANALYST | 7566 | 1981/12/03 | 3000 | | 20 |

등가 비교 연산자(=)가 아닌 대소 비교 연산자를 ANY 연산자와 함께 사용하는 경우는 조금 생각을 해야 합니다. 다음 SELECT문을 실행하고 결과의 의미를 생각해 봅시다.

```
01   SELECT *
02     FROM EMP
03    WHERE SAL < ANY (SELECT SAL
04                      FROM EMP
05                     WHERE DEPTNO = 30)
06   ORDER BY SAL, EMPNO;
```

:: 결과 화면

| EMPNO | ENAME | JOB | MGR | HIREDATE | SAL | COMM | DEPTNO |
|---|---|---|---|---|---|---|---|
| ▶ 7369 | SMITH | CLERK | 7902 | 1980/12/17 | 800 | | 20 |
| 7900 | JAMES | CLERK | 7698 | 1981/12/03 | 950 | | 30 |
| 7876 | ADAMS | CLERK | 7788 | 1987/05/23 | 1100 | | 20 |
| 7521 | WARD | SALESMAN | 7698 | 1981/02/22 | 1250 | 500 | 30 |
| 7654 | MARTIN | SALESMAN | 7698 | 1981/09/28 | 1250 | 1400 | 30 |
| 7934 | MILLER | CLERK | 7782 | 1982/01/23 | 1300 | | 10 |
| 7844 | TURNER | SALESMAN | 7698 | 1981/09/08 | 1500 | 0 | 30 |
| 7499 | ALLEN | SALESMAN | 7698 | 1981/02/20 | 1600 | 300 | 30 |
| 7782 | CLARK | MANAGER | 7839 | 1981/06/09 | 2450 | | 10 |

30번 부서의 급여를 출력한 서브쿼리의 결과는 실습 9-12와 같습니다. 중복을 제거한다면 950, 1250, 1500, 1600, 2850이 됩니다. ANY 연산자는 서브쿼리 결과 값 중 최소한 하나의 값이 조건식에 만족하면 메인쿼리 조건식의 결과가 true가 된다는 사실을 떠올려 봅시

다. 이 경우에 서브쿼리에서 가장 큰 값인 2850보다 적은 급여를 가진 메인쿼리 행은 모두 true가 됩니다. 950, 1250, 1500, 1600보다 큰 값이더라도 2850 하나의 값보다만 작으면 한 가지 경우에 true가 나오기 때문입니다.

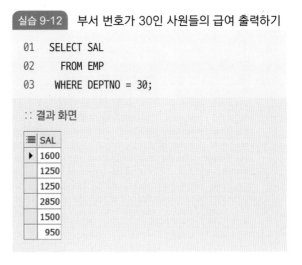

실습 9-12  부서 번호가 30인 사원들의 급여 출력하기

```
01    SELECT SAL
02      FROM EMP
03      WHERE DEPTNO = 30;
```

:: 결과 화면

| SAL |
| --- |
| 1600 |
| 1250 |
| 1250 |
| 2850 |
| 1500 |
| 950 |

즉 〈 ANY 연산자는 서브쿼리 결과 값 중 급여의 최댓값(SAL = 2850)보다 작은 값은 모두 출력 대상이 됩니다. 따라서 다음과 같이 〈 ANY 연산자는 서브쿼리에 MAX 함수를 적용한 값을 ANY 연산자 없이 비교 연산자(〈)만 사용한 결과와 같은 효과를 낼 수 있습니다.

| 〈 ANY 연산자를 사용한 경우 | 서브쿼리에 MAX함수를 사용한 경우 |
| --- | --- |
| SELECT *<br>  FROM EMP<br> WHERE SAL 〈 ANY (SELECT SAL<br>                      FROM EMP<br>                     WHERE DEPTNO = 30)<br> ORDER BY SAL, EMPNO; | SELECT *<br>  FROM EMP<br> WHERE SAL 〈 (SELECT MAX(SAL)<br>                   FROM EMP<br>                  WHERE DEPTNO = 30)<br> ORDER BY SAL, EMPNO; |

반대로 〉 ANY를 사용한 SELECT문도 살펴봅시다. 〉 ANY는 서브쿼리 결과 값 950, 1250, 1500, 1600, 2850 중 어떤 하나의 값보다 메인쿼리 데이터가 큰 값을 가지면 true입니다. 따라서 서브쿼리 최솟값(SAL = 950)보다 큰 값을 가지면 조건식이 true가 되어 결과 값이 출력됩니다. 여기에서는 950보다 높은 급여를 받는 사원을 출력하므로 급여가 800인 SMITH와 950인 JAMES는 제외되었습니다.

실습 9-13  30번 부서 사원들의 최소 급여보다 많은 급여를 받는 사원 정보 출력하기

```
01    SELECT *
02      FROM EMP
03      WHERE SAL 〉 ANY (SELECT SAL
04                         FROM EMP
05                        WHERE DEPTNO = 30);
```

| EMPNO | ENAME | JOB | MGR | HIREDATE | SAL | COMM | DEPTNO |
|---|---|---|---|---|---|---|---|
| 7839 | KING | PRESIDENT | | 1981/11/17 | 5000 | | 10 |
| 7902 | FORD | ANALYST | 7566 | 1981/12/03 | 3000 | | 20 |
| 7788 | SCOTT | ANALYST | 7566 | 1987/04/19 | 3000 | | 20 |
| 7566 | JONES | MANAGER | 7839 | 1981/04/02 | 2975 | | 20 |
| 7698 | BLAKE | MANAGER | 7839 | 1981/05/01 | 2850 | | 30 |
| 7782 | CLARK | MANAGER | 7839 | 1981/06/09 | 2450 | | 10 |
| 7499 | ALLEN | SALESMAN | 7698 | 1981/02/20 | 1600 | 300 | 30 |
| 7844 | TURNER | SALESMAN | 7698 | 1981/09/08 | 1500 | 0 | 30 |
| 7934 | MILLER | CLERK | 7782 | 1982/01/23 | 1300 | | 10 |
| 7521 | WARD | SALESMAN | 7698 | 1981/02/22 | 1250 | 500 | 30 |
| 7654 | MARTIN | SALESMAN | 7698 | 1981/09/28 | 1250 | 1400 | 30 |
| 7876 | ADAMS | CLERK | 7788 | 1987/05/23 | 1100 | | 20 |

먼저 사용한 〈 ANY 연산자에서 실제 결과 값이 어떻게 나오는지 알아본 것처럼 이 경우도 각 단계를 확인하면 내용을 이해하는 데 도움이 될 것입니다.

## ALL 연산자

ANY 및 SOME과 달리 ALL 연산자는 서브쿼리의 모든 결과가 조건식에 맞아떨어져야만 메인쿼리의 조건식이 true가 되는 연산자입니다.

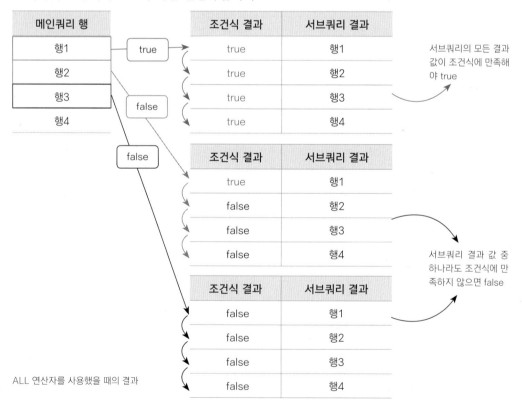

ALL 연산자를 사용했을 때의 결과

다음 ALL 연산자를 사용한 SELECT문을 실행하고 결과를 살펴봅시다.

**실습 9-14** 부서 번호가 30번인 사원들의 최소 급여보다 더 적은 급여를 받는 사원 출력하기

```
01  SELECT *
02    FROM EMP
03   WHERE SAL < ALL (SELECT SAL
04                      FROM EMP
05                     WHERE DEPTNO = 30);
```

:: 결과 화면

| | EMPNO | ENAME | JOB | MGR | HIREDATE | SAL | COMM | DEPTNO |
|---|---|---|---|---|---|---|---|---|
| ▶ | 7369 | SMITH | CLERK | 7902 | 1980/12/17 | 800 | | 20 |

ALL 연산자가 의미하는 것과 같이 서브쿼리의 모든 결과 값(950, 1250, 1500, 1600, 2850)보다 작은 값을 가진 메인쿼리의 행만 true가 되어 출력됩니다. 즉 메인쿼리 값 중 950(서브쿼리 결과 값 중 가장 작은 값)보다 작은 값을 가진 데이터만 결과 데이터로 출력됩니다. 따라서 950보다 낮은 급여인 800을 받는 SMITH만 출력됩니다.

반대로 > ALL을 사용하는 경우도 ANY 연산자를 사용했을 때와는 다른 결과가 나옵니다. 다음 SELECT문의 최종 결과 값은 서브쿼리 결과 값(950, 1250, 1500, 1600, 2850) 중 가장 큰 값인 2850과 비교하여 큰 값을 가진 데이터만 출력됩니다.

**실습 9-15** 부서 번호가 30번인 사원들의 최대 급여보다 더 많은 급여를 받는 사원 출력하기

```
01  SELECT *
02    FROM EMP
03   WHERE SAL > ALL (SELECT SAL
04                      FROM EMP
05                     WHERE DEPTNO = 30);
```

:: 결과 화면

| | EMPNO | ENAME | JOB | MGR | HIREDATE | SAL | COMM | DEPTNO |
|---|---|---|---|---|---|---|---|---|
| ▶ | 7566 | JONES | MANAGER | 7839 | 1981/04/02 | 2975 | | 20 |
| | 7788 | SCOTT | ANALYST | 7566 | 1987/04/19 | 3000 | | 20 |
| | 7902 | FORD | ANALYST | 7566 | 1981/12/03 | 3000 | | 20 |
| | 7839 | KING | PRESIDENT | | 1981/11/17 | 5000 | | 10 |

## EXISTS 연산자

EXISTS 연산자는 조금 특이한 연산자인데 서브쿼리에 결과 값이 하나 이상 존재하면 조건식이 모두 true, 존재하지 않으면 모두 false가 되는 연산자입니다. 먼저 true가 되는 경우를 살펴봅시다. 다음 실습 9-16의 SQL문에서 사용하는 서브쿼리를 살펴보면 결과 값이 존재하기 때문에 EMP의 모든 행이 출력되고 있습니다.

**실습 9-16** 서브쿼리 결과 값이 존재하는 경우

```
01  SELECT *
02    FROM EMP
03   WHERE EXISTS (SELECT DNAME
04                   FROM DEPT
05                  WHERE DEPTNO = 10);
```

:: 결과 화면

| EMPNO | ENAME | JOB | MGR | HIREDATE | SAL | COMM | DEPTNO |
|---|---|---|---|---|---|---|---|
| 7369 | SMITH | CLERK | 7902 | 1980/12/17 | 800 | | 20 |
| 7499 | ALLEN | SALESMAN | 7698 | 1981/02/20 | 1600 | 300 | 30 |
| 7521 | WARD | SALESMAN | 7698 | 1981/02/22 | 1250 | 500 | 30 |
| 7566 | JONES | MANAGER | 7839 | 1981/04/02 | 2975 | | 20 |
| 7654 | MARTIN | SALESMAN | 7698 | 1981/09/28 | 1250 | 1400 | 30 |
| 7698 | BLAKE | MANAGER | 7839 | 1981/05/01 | 2850 | | 30 |
| 7782 | CLARK | MANAGER | 7839 | 1981/06/09 | 2450 | | 10 |
| 7788 | SCOTT | ANALYST | 7566 | 1987/04/19 | 3000 | | 20 |
| 7839 | KING | PRESIDENT | | 1981/11/17 | 5000 | | 10 |
| 7844 | TURNER | SALESMAN | 7698 | 1981/09/08 | 1500 | 0 | 30 |
| 7876 | ADAMS | CLERK | 7788 | 1987/05/23 | 1100 | | 20 |
| 7900 | JAMES | CLERK | 7698 | 1981/12/03 | 950 | | 30 |
| 7902 | FORD | ANALYST | 7566 | 1981/12/03 | 3000 | | 20 |
| 7934 | MILLER | CLERK | 7782 | 1982/01/23 | 1300 | | 10 |

만약 DEPT 테이블에 존재하지 않는 조건(DEPTNO = 50)의 서브쿼리를 실행하면 결과 데이터로 아무 행도 출력되지 않는다는 것을 눈여겨봐 주세요.

**실습 9-17** 서브쿼리 결과 값이 존재하지 않는 경우

```
01  SELECT *
02    FROM EMP
03   WHERE EXISTS (SELECT DNAME
04                   FROM DEPT
05                  WHERE DEPTNO = 50);
```

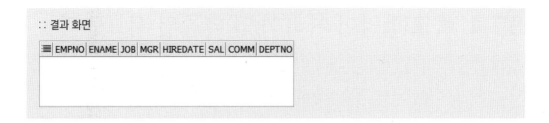

EXIST 연산자는 다른 다중행 연산자에 비해 그리 자주 사용하는 편은 아니지만, 특정 서브쿼리 결과 값의 존재 유무를 통해 메인쿼리의 데이터 노출 여부를 결정해야 할 때 간혹 사용합니다. 하지만 일반적으로 많이 사용하는 방식은 아니므로 EXISTS 연산자가 존재한다는 정도만 기억해 두어도 큰 문제는 없습니다.

서브쿼리를 이용하여 EMP 테이블의 사원 중에 10번 부서에 속한 모든 사원들보다 일찍 입사한 사원 정보를 구하도록 코드를 채워 보세요.

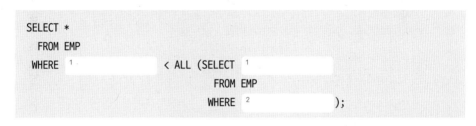

정답 1. HIREDATE 2. DEPTNO = 10

# 09-4 비교할 열이 여러 개인 다중열 서브쿼리

다중열 서브쿼리(multiple-column subquery)는 서브쿼리의 SELECT절에 비교할 데이터를 여러 개 지정하는 방식입니다. 다음과 같이 메인쿼리에 비교할 열을 괄호로 묶어 명시하고 서브쿼리에서는 괄호로 묶은 데이터와 같은 자료형 데이터를 SELECT절에 명시하여 사용할 수 있습니다.

◎ 다중열 서브쿼리는 복수열 서브쿼리라고도 부릅니다.

### 실습 9-18  다중열 서브쿼리 사용하기

```
01  SELECT *
02    FROM EMP
03   WHERE (DEPTNO, SAL) IN (SELECT DEPTNO, MAX(SAL)
04                             FROM EMP
05                            GROUP BY DEPTNO);
```

:: 결과 화면

| | EMPNO | ENAME | JOB | MGR | HIREDATE | SAL | COMM | DEPTNO |
|---|---|---|---|---|---|---|---|---|
| ▶ | 7698 | BLAKE | MANAGER | 7839 | 1981/05/01 | 2850 | | 30 |
| | 7902 | FORD | ANALYST | 7566 | 1981/12/03 | 3000 | | 20 |
| | 7788 | SCOTT | ANALYST | 7566 | 1987/04/19 | 3000 | | 20 |
| | 7839 | KING | PRESIDENT | | 1981/11/17 | 5000 | | 10 |

실습 9-18의 SELECT문은 데이터 면에서 의미 있는 출력은 아니지만 다중열 서브쿼리의 사용 방법으로 기억해 두는 게 좋습니다. 이 내용은 실무에서 유용하게 쓰이는 경우가 꽤 많습니다.

# 09-5 FROM절에 사용하는 서브쿼리와 WITH절

앞에서 살펴본 서브쿼리는 WHERE절에서 조건식 대상으로 사용했습니다. 하지만 FROM절에도 서브쿼리를 사용할 수 있습니다. FROM절에 사용하는 서브쿼리는 인라인 뷰(inline view)라고도 부릅니다. 인라인 뷰는 특정 테이블 전체 데이터가 아닌 SELECT문을 통해 일부 데이터를 먼저 추출해 온 후 별칭을 주어 다음과 같이 사용할 수 있습니다.

**실습 9-19** 인라인 뷰 사용하기

```
01  SELECT E10.EMPNO, E10.ENAME, E10.DEPTNO, D.DNAME, D.LOC
02    FROM (SELECT * FROM EMP WHERE DEPTNO = 10) E10,
03         (SELECT * FROM DEPT) D
04   WHERE E10.DEPTNO = D.DEPTNO;
```

:: 결과 화면

| EMPNO | ENAME | DEPTNO | DNAME | LOC |
|---|---|---|---|---|
| 7782 | CLARK | 10 | ACCOUNTING | NEW YORK |
| 7839 | KING | 10 | ACCOUNTING | NEW YORK |
| 7934 | MILLER | 10 | ACCOUNTING | NEW YORK |

이 방식은 FROM절에 직접 테이블을 명시하여 사용하기에는 테이블 내 데이터 규모가 너무 크거나 현재 작업에 불필요한 열이 너무 많아 일부 행과 열만 사용하고자 할 때 유용합니다.

하지만 FROM절에 너무 많은 서브쿼리를 지정하면 가독성이나 성능이 떨어질 수 있기 때문에 경우에 따라 WITH절을 사용하기도 합니다. 오라클 9i부터 제공하는 WITH절은 메인쿼리가 될 SELECT문 안에서 사용할 서브쿼리와 별칭을 먼저 지정한 후 메인쿼리에서 사용합니다. WITH절의 기본 형식은 오른쪽과 같습니다.

```
WITH                        기본 형식
[별칭1] AS (SELECT문 1),
[별칭2] AS (SELECT문 2),
...
[별칭n] AS (SELECT문 n)
SELECT
  FROM 별칭1, 별칭2, 별칭3
...
```

앞에서 E10과 D로 FROM절에 명시한 서브쿼리를 WITH절을 활용하여 다음과 같이 작성할 수 있습니다.

실습 9-20 WITH절 사용하기

```
01  WITH
02  E10 AS (SELECT * FROM EMP WHERE DEPTNO = 10),
03  D   AS (SELECT * FROM DEPT)
04  SELECT E10.EMPNO, E10.ENAME, E10.DEPTNO, D.DNAME, D.LOC
05    FROM E10, D
06    WHERE E10.DEPTNO = D.DEPTNO;
```

∷ 결과 화면

| | EMPNO | ENAME | DEPTNO | DNAME | LOC |
|---|---|---|---|---|---|
| ▶ | 7782 | CLARK | 10 | ACCOUNTING | NEW YORK |
| | 7839 | KING | 10 | ACCOUNTING | NEW YORK |
| | 7934 | MILLER | 10 | ACCOUNTING | NEW YORK |

결과는 실습 9-19와 같습니다. WITH절은 서브쿼리를 FROM절에 직접 명시하는 방식보다 다소 번거로워 보일 수도 있지만 여러 개의 서브쿼리가 몇 십, 몇 백 줄 이상 넘나드는 규모가 되었을 경우, 실제 수행해야 하는 메인쿼리와 서브쿼리를 분류할 때 꽤 유용하게 사용할 수 있습니다.

---

## 🔵 한 발 더 나가기! 상호 연관 서브쿼리

지금까지 배운 서브쿼리 외에 메인쿼리에 사용한 데이터를 서브쿼리에서 사용하고 서브쿼리의 결과 값을 다시 메인쿼리로 돌려주는 방식인 상호연관 서브쿼리(correlated subquery)도 존재합니다. 다만 성능을 떨어뜨리는 원인이 될 수 있고 사용 빈도가 높지 않아 간단히 오른쪽의 SELECT문을 통해 이런 식으로도 사용할 수 있다는 정도만 기억해 두세요.

```
SELECT *
  FROM EMP E1
 WHERE SAL > (SELECT MIN(SAL)
                FROM EMP E2
               WHERE E2.DEPTNO = E1.DEPTNO)
 ORDER BY DEPTNO, SAL;
```

---

# 09-6 SELECT절에 사용하는 서브쿼리

서브쿼리는 SELECT절에도 사용할 수 있습니다. 흔히 스칼라 서브쿼리(scalar subquery)라고 부르는 이 서브쿼리는 SELECT절에 하나의 열 영역으로서 결과를 출력할 수 있습니다. 다음 예를 통해 SELECT절에 서브쿼리를 어떻게 사용하는지 살펴봅시다.

**실습 9-21** SELECT절에 서브쿼리 사용하기

```
01  SELECT EMPNO, ENAME, JOB, SAL,
02      (SELECT GRADE
03        FROM SALGRADE
04        WHERE E.SAL BETWEEN LOSAL AND HISAL) AS SALGRADE,
05      DEPTNO,
06      (SELECT DNAME
07        FROM DEPT
08        WHERE E.DEPTNO = DEPT.DEPTNO) AS DNAME
09  FROM EMP E;
```

:: 결과 화면

| EMPNO | ENAME | JOB | SAL | SALGRADE | DEPTNO | DNAME |
|---|---|---|---|---|---|---|
| 7369 | SMITH | CLERK | 800 | 1 | 20 | RESEARCH |
| 7499 | ALLEN | SALESMAN | 1600 | 3 | 30 | SALES |
| 7521 | WARD | SALESMAN | 1250 | 2 | 30 | SALES |
| 7566 | JONES | MANAGER | 2975 | 4 | 20 | RESEARCH |
| 7654 | MARTIN | SALESMAN | 1250 | 2 | 30 | SALES |
| 7698 | BLAKE | MANAGER | 2850 | 4 | 30 | SALES |
| 7782 | CLARK | MANAGER | 2450 | 4 | 10 | ACCOUNTING |
| 7788 | SCOTT | ANALYST | 3000 | 4 | 20 | RESEARCH |
| 7839 | KING | PRESIDENT | 5000 | 5 | 10 | ACCOUNTING |
| 7844 | TURNER | SALESMAN | 1500 | 3 | 30 | SALES |
| 7876 | ADAMS | CLERK | 1100 | 1 | 20 | RESEARCH |
| 7900 | JAMES | CLERK | 950 | 1 | 30 | SALES |
| 7902 | FORD | ANALYST | 3000 | 4 | 20 | RESEARCH |
| 7934 | MILLER | CLERK | 1300 | 2 | 10 | ACCOUNTING |

SELECT절에 명시하는 서브쿼리는 반드시 하나의 결과만 반환하도록 작성해 주어야 한다는 것도 꼭 기억하세요.

**Q1** 전체 사원 중 ALLEN과 같은 직책(JOB)인 사원들의 사원 정보, 부서 정보를 다음과 같이 출력하는 SQL문을 작성하세요.

:: 결과 화면

| JOB | EMPNO | ENAME | SAL | DEPTNO | DNAME |
|---|---|---|---|---|---|
| SALESMAN | 7499 | ALLEN | 1600 | 30 | SALES |
| SALESMAN | 7844 | TURNER | 1500 | 30 | SALES |
| SALESMAN | 7654 | MARTIN | 1250 | 30 | SALES |
| SALESMAN | 7521 | WARD | 1250 | 30 | SALES |

**Q2** 전체 사원의 평균 급여(SAL)보다 높은 급여를 받는 사원들의 사원 정보, 부서 정보, 급여 등급 정보를 출력하는 SQL문을 작성하세요(단 출력할 때 급여가 많은 순으로 정렬하되 급여가 같을 경우에는 사원 번호를 기준으로 오름차순으로 정렬하세요).

:: 결과 화면

| EMPNO | ENAME | DNAME | HIREDATE | LOC | SAL | GRADE |
|---|---|---|---|---|---|---|
| 7839 | KING | ACCOUNTING | 1981-11-17 | NEW YORK | 5000 | 5 |
| 7788 | SCOTT | RESEARCH | 1987-04-19 | DALLAS | 3000 | 4 |
| 7902 | FORD | RESEARCH | 1981-12-03 | DALLAS | 3000 | 4 |
| 7566 | JONES | RESEARCH | 1981-04-02 | DALLAS | 2975 | 4 |
| 7698 | BLAKE | SALES | 1981-05-01 | CHICAGO | 2850 | 4 |
| 7782 | CLARK | ACCOUNTING | 1981-06-09 | NEW YORK | 2450 | 4 |

이 장에서 배운 내용을 실습하며 정리하세요.

**Q3** 10번 부서에 근무하는 사원 중 30번 부서에는 존재하지 않는 직책을 가진 사원들의 사원 정보, 부서 정보를 다음과 같이 출력하는 SQL문을 작성하세요.

:: 결과 화면

| EMPNO | ENAME | JOB | DEPTNO | DNAME | LOC |
|---|---|---|---|---|---|
| 7839 | KING | PRESIDENT | 10 | ACCOUNTING | NEW YORK |

**Q4** 직책이 SALESMAN인 사람들의 최고 급여보다 높은 급여를 받는 사원들의 사원 정보, 급여 등급 정보를 다음과 같이 출력하는 SQL문을 작성하세요(단 서브쿼리를 활용할 때 다중행 함수를 사용하는 방법과 사용하지 않는 방법을 통해 사원 번호를 기준으로 오름차순으로 정렬하세요).

:: 결과 화면

| EMPNO | ENAME | SAL | GRADE |
|---|---|---|---|
| 7566 | JONES | 2975 | 4 |
| 7698 | BLAKE | 2850 | 4 |
| 7782 | CLARK | 2450 | 4 |
| 7788 | SCOTT | 3000 | 4 |
| 7839 | KING | 5000 | 5 |
| 7902 | FORD | 3000 | 4 |

정답 이지스퍼블리싱 홈페이지에서 확인하세요.

# 데이터를 조작, 정의, 제어하는
# SQL 배우기

셋째마당에서는 앞에서 살펴본 SELECT문을 제외한 여러 SQL문을 살펴보겠습니다. 테이블의 데이터를 조작하는 데이터 조작어, 테이블의 여러 구성 요소를 정의하는 데이터 정의어를 살펴봅니다. 그리고 트랜잭션 및 세션과 더불어 제약 조건, 권한과 관련된 명령어 등 다양한 명령어도 소개합니다. 이 내용들은 SELECT문과 비교했을 때 각 명령어의 사용법은 간단한 편이지만 다루는 종류가 많기 때문에 직접 코딩해서 결과를 꼼꼼하게 살펴보며 진행해야 합니다.

# 데이터를 추가, 수정, 삭제하는
# 데이터 조작어

데이터 조작어로 부르는 DML(Data Manipulation Language) 명령어는 SELECT문으로 조회한 테이블에 데이터를 추가·변경·삭제할 때 사용하는 명령어로 이루어져 있습니다. 데이터 조회를 위해 사용하는 SELECT문 다음으로 자주 사용하는 명령어이므로 반드시 알아 두세요.

이 장에서 꼭 익혀야 할 것

• INSERT문의 기본 사용 방법과 서브쿼리의 활용
• UPDATE문의 기본 방식과 서브쿼리의 활용 및 실행 전 검증
• DELETE문에서 WHERE의 활용

# 10-1 테이블에 데이터 추가하기

## 테이블 생성하기

회원 가입, 새 글 쓰기, 새로운 이체 내역 등 새로운 데이터가 발생하는 기능은 관련 테이블에 새 데이터를 추가해 줌으로써 구현할 수 있습니다. 이처럼 특정 테이블에 데이터를 새로 추가할 때 INSERT문을 사용합니다. INSERT문에 대해서 알아보기 전에 실습 진행을 위한 테이블을 하나 만들겠습니다. 새로 만들 테이블은 기존 DEPT 테이블을 복사한 DEPT_TEMP 테이블입니다.

> **실습 10-1** DEPT 테이블을 복사해서 DEPT_TEMP 테이블 만들기

```
01   CREATE TABLE DEPT_TEMP
02        AS SELECT * FROM DEPT;
```

실습 10-1에서 사용한 SQL문은 처음 보는 형식일 것입니다. 이 내용은 DEPT 테이블과 같은 열 구성으로 DEPT 테이블의 모든 행을 복사하여 DEPT_TEMP 테이블을 생성하라는 명령어입니다. CREATE문은 오라클의 구성 요소, 즉 오브젝트를 만드는 데 사용하는 DDL(Data Definition Language) 명령어로 12장에서 자세히 알아볼 것입니다.

오른쪽과 같이 DEPT_TEMP 테이블을 조회해 보면 DEPT 테이블과 같은 열 구성과 데이터를 가지고 있습니다.

> **실습 10-2** DEPT_TEMP 테이블 전체 열 조회하기

```
01   SELECT * FROM DEPT_TEMP;
```

:: 결과 화면

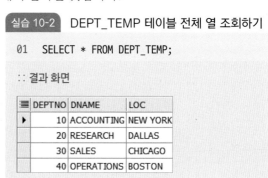

## INSERT문 실습 전 유의점

### 테이블을 잘못 만들었을 때

테이블을 잘못 만들었거나 지워야 할 경우에는 다음 명령어를 사용합니다.

```
DROP TABLE 테이블 이름;
```

☺ 기존의 실습으로 이미 생성되어 있는 테이블을 삭제하고 싶을 때는 DROP 명령어를 사용해서 테이블을 삭제해 주세요.

### 실습하는 중에 프로그램이 종료되었을 때

INSERT문의 사용법을 알아보기 전에 앞으로 소개할 내용을 실습하면서 주의해야 할 내용을 알아보겠습니다. 만약 실습 도중 프로그램을 종료하면 다음과 같은 경고 창이 나타날 것입니다. 이 경우에 먼저 [Commit] 버튼을 클릭하고 끝내면 됩니다.

☺ Commit과 Rollback은 11장에서 자세히 알아보겠습니다.

실행 중에 프로그램이 종료될 경우의 경고 창

 EMP 테이블과 동일한 열 구조, 데이터를 가지는 EMP_TEMP10 테이블을 생성하기 위한 다음 코드의 빈칸을 채워 보세요.

정답 1. CREATE 2. EMP_TEMP10 3. EMP

이제 DEPT_TEMP 테이블에 데이터를 추가하기 위해 INSERT문의 사용법을 알아보고 실행해 봅시다.

## 테이블에 데이터를 추가하는 INSERT문

테이블에 데이터를 추가하는 데 사용하는 INSERT문은 다음과 같은 기본 형태로 작성합니다. INSERT INTO절 뒤에 데이터를 추가할 테이블 이름을 명시하고, 해당 테이블의 열을 소괄호로 묶어 지정한 후 VALUES절에는 지정한 열에 입력할 데이터를 작성합니다.

```
INSERT INTO 테이블 이름 [(열1, 열2, ... , 열N)]─❶              기본 형식
VALUES (열1에 들어갈 데이터, 열2에 들어갈 데이터, ... , 열N에 들어갈 데이터);─❷
```

| 번호 | 키워드 | 필수 요소 | 선택 요소 | 설명 |
|---|---|---|---|---|
| ❶ | INSERT INTO | 테이블 이름 | 테이블의 열 | 새로운 데이터를 입력할 대상 테이블과 열을 입력합니다. |
| ❷ | VALUES | 입력할 데이터 | - | INSERT INTO에서 지정한 테이블의 열 순서와 자료형에 맞는 입력 데이터를 지정합니다. |

예를 들어 DEPT_TEMP 테이블에 부서 번호는 50, 부서 이름은 DATABASE, 지역은 SEOUL인 데이터를 추가한다면 INSERT문은 다음과 같이 작성할 수 있습니다. 숫자는 숫자를 바로 명시하고 문자열 데이터는 작은따옴표(' ')를 사용합니다.

**실습 10-3** DEPT_TEMP 테이블에 데이터 추가하기

```
01   INSERT INTO DEPT_TEMP (DEPTNO, DNAME, LOC)
02                 VALUES (50, 'DATABASE', 'SEOUL');

03   SELECT * FROM DEPT_TEMP;
```

ⓒ 왼쪽 코드는 하나의 SQL문이 아닙니다. INSERT문을 먼저 실행하고 SELECT문을 따로 실행해 주세요.

INSERT문을 실행한 후 DEPT_TEMP 테이블을 조회해 보면 오른쪽과 같이 50번 부서에 데이터가 추가된 것을 확인할 수 있습니다. 실습 10-3과 같은 INSERT문은 한 번에 한 행이 테이블에 데이터로 추가됩니다.

:: 결과 화면

| ≡ | DEPTNO | DNAME | LOC |
|---|---|---|---|
| ▶ | 10 | ACCOUNTING | NEW YORK |
| | 20 | RESEARCH | DALLAS |
| | 30 | SALES | CHICAGO |
| | 40 | OPERATIONS | BOSTON |
| | 50 | DATABASE | SEOUL |

### INSERT문 오류가 발생했을 때

만약 INSERT문에서 지정한 열 개수와 각 열에 입력할 데이터 개수가 일치하지 않거나 자료형이 맞지 않는 경우 또는 열 길이를 초과하는 데이터를 지정하는 경우에는 INSERT문에 오류가 발생하여 실행되지 않으므로 주의하세요.

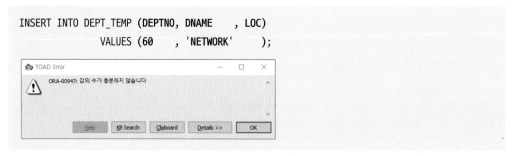

지정한 열보다 입력하는 데이터의 개수가 적어서 오류가 난 경우

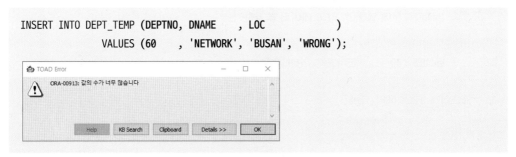

```
INSERT INTO DEPT_TEMP (DEPTNO, DNAME    , LOC              )
            VALUES (60     , 'NETWORK', 'BUSAN', 'WRONG');
```

지정한 열보다 입력하는 데이터의 개수가 많아서 오류가 난 경우

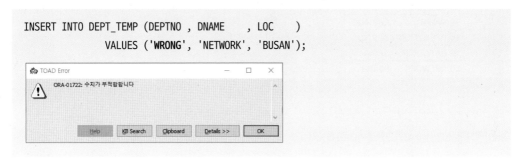

```
INSERT INTO DEPT_TEMP (DEPTNO , DNAME    , LOC    )
            VALUES ('WRONG', 'NETWORK', 'BUSAN');
```

숫자 데이터가 들어가야 하는 DEPTNO 열에 문자열 데이터를 지정하여 오류가 난 경우

```
INSERT INTO DEPT_TEMP (DEPTNO, DNAME    , LOC    )
            VALUES (600    , 'NETWORK', 'BUSAN');
```

두 자리 숫자까지 허용되는 DEPTNO 열에 세 자리 숫자를 지정하여 오류가 난 경우

## INSERT문으로 데이터 입력하기(열 지정을 생략할 때)

INSERT문에 지정하는 열은 생략할 수도 있습니다. 열 지정을 생략하면 해당 테이블을 만들 때 설정한 열 순서대로 모두 나열되어 있다고 가정하고 데이터를 작성해야 합니다. 당연히 이 방법을 사용할 때에도 테이블을 구성하는 열 개수나 자료형 및 길이는 반드시 맞춰 주어야 합니다.

DEPT_TEMP 테이블은 다음과 같이 DEPTNO, DNAME, LOC 순서로 구성되어 있으므로 해당 순서에 맞게 추가할 데이터를 지정합니다.

| Column Name | ID | PK | Index Pos | Null? | Data Type | Default | Histogram | Num Distinct |
|---|---|---|---|---|---|---|---|---|
| DEPTNO | 1 | | | Y | NUMBER (2) | | None | 9 |
| DNAME | 2 | | | Y | VARCHAR2 (14 Byte) | | None | 8 |
| LOC | 3 | | | Y | VARCHAR2 (13 Byte) | | None | 7 |

DESC 명령어를 사용하여 DEPT_TEMP 테이블의 열 순서를 알 수 있습니다.

INSERT문에 열 지정 없이 데이터 추가하기

```
01  INSERT INTO DEPT_TEMP
02      VALUES (60   , 'NETWORK', 'BUSAN');

03  SELECT * FROM DEPT_TEMP;
```

:: 결과 화면

| | DEPTNO | DNAME | LOC |
|---|---|---|---|
| ▶ | 10 | ACCOUNTING | NEW YORK |
| | 20 | RESEARCH | DALLAS |
| | 30 | SALES | CHICAGO |
| | 40 | OPERATIONS | BOSTON |
| | 50 | DATABASE | SEOUL |
| | 60 | NETWORK | BUSAN |

## 테이블에 NULL 데이터 입력하기

INSERT문으로 새로운 데이터를 추가할 때 특정 열에 들어갈 데이터가 확정되지 않았거나 굳이 넣을 필요가 없는 데이터인 경우에는 NULL을 사용합니다. NULL을 INSERT문에 지정하는 방법은 NULL을 직접 명시적으로 입력해 주는 방법과 대상 열을 생략하여 암시적으로 NULL이 입력되도록 유도하는 방식이 있습니다.

### NULL의 명시적 입력

오른쪽과 같이 데이터에 NULL을 직접 입력하여 NULL을 명시적으로 지정할 수 있습니다.

NULL을 지정하여 입력하기

```
01  INSERT INTO DEPT_TEMP (DEPTNO, DNAME, LOC)
02              VALUES (70   , 'WEB', NULL);

03  SELECT * FROM DEPT_TEMP;
```

:: 결과 화면

| | DEPTNO | DNAME | LOC |
|---|---|---|---|
| ▶ | 10 | ACCOUNTING | NEW YORK |
| | 20 | RESEARCH | DALLAS |
| | 30 | SALES | CHICAGO |
| | 40 | OPERATIONS | BOSTON |
| | 50 | DATABASE | SEOUL |
| | 60 | NETWORK | BUSAN |
| | 70 | WEB | |

해당 열의 자료형이 문자열 또는
날짜형일 경우 오른쪽과 같이 빈
공백 문자열을 사용해도 NULL을
입력할 수 있습니다.

😊 NULL을 직접 명시해야 하는 경우에 공백
문자열인 작은따옴표를 사용하여 NULL을 입
력하는 방식보다 NULL이란 단어를 정확히 입
력하는 방식을 대부분 선호합니다. 이 방식을
선호하는 이유는 데이터베이스에 익숙하지 않
은 개발자가 보았을 때 공백 문자열이 NULL로
들어가는 건지 헷갈릴 수 있기 때문이죠.

빈 공백 문자열로 NULL을 입력하기

```
01   INSERT INTO DEPT_TEMP (DEPTNO, DNAME   , LOC)
02                  VALUES (80    , 'MOBILE', '');

03   SELECT * FROM DEPT_TEMP;
```

:: 결과 화면

| DEPTNO | DNAME | LOC |
|---|---|---|
| 10 | ACCOUNTING | NEW YORK |
| 20 | RESEARCH | DALLAS |
| 30 | SALES | CHICAGO |
| 40 | OPERATIONS | BOSTON |
| 50 | DATABASE | SEOUL |
| 60 | NETWORK | BUSAN |
| 70 | WEB | |
| 80 | MOBILE | |

**실무 꿀팁!**

**실무에서는 NULL을 어떻게 입력할까?**
실무에서는 NULL을 직접 명시해야 하는 경우에 공백 문자열인 작은따옴표를 사용하여 NULL
을 입력하는 방식보다 NULL이란 단어를 정확히 입력하는 방식을 대부분 선호합니다. 이 방식을
선호하는 이유는 데이터베이스에 익숙하지 않은 개발자가 보았을 때 공백 문자열이 NULL로 들
어가는 건지 헷갈릴 수 있기 때문이죠.

😊 이와 비슷한 예로 INSERT문에 열을 지정할 때 열을 생략하는 방식보다 모든 열을 직접 명시하는 방법
을 선호합니다. INSERT문을 처음 작성할 때 조금 귀찮더라도 명시적으로 모든 열을 작성해 놓으면 여러 개
발자들이 따로 자료를 찾지 않고, INSERT문만 보아도 테이블에 포함된 열의 내용을 한눈에 알아볼 수 있
어 이해하기 쉽기 때문입니다.

## NULL의 암시적 입력

반면에 NULL의 암시적 입력 방식은 INSERT문에 NULL이 들어가야 할 열 이름을 아예 입
력하지 않는 것입니다. 예를 들어 부서 이름이 아직 확정되지 않은 90번 부서를 입력할 때 다
음과 같이 DNAME 열을 INSERT문에서 제외시키면, 자동으로 DNAME열은 NULL이 입
력됩니다.

열 데이터를 넣지 않는 방식으로 NULL 데이터 입력하기

```
01   INSERT INTO DEPT_TEMP (DEPTNO, LOC)
02                  VALUES (90    , 'INCHEON');

03   SELECT * FROM DEPT_TEMP;
```

:: 결과 화면

| | DEPTNO | DNAME | LOC |
|---|---|---|---|
| ▶ | 10 | ACCOUNTING | NEW YORK |
| | 20 | RESEARCH | DALLAS |
| | 30 | SALES | CHICAGO |
| | 40 | OPERATIONS | BOSTON |
| | 50 | DATABASE | SEOUL |
| | 60 | NETWORK | BUSAN |
| | 70 | WEB | |
| | 80 | MOBILE | |
| | 90 | | INCHEON |

## 테이블에 날짜 데이터 입력하기

이번에는 테이블에 날짜 자료형 데이터를 추가할 때의 INSERT문을 살펴보겠습니다. 실습에 앞서 EMP 테이블의 열 구조만 복사해서 EMP_TEMP 테이블을 만들겠습니다. 다음과 같이 CREATE 명령어를 사용하여 EMP_TEMP 테이블을 생성한 후 SELECT문을 통해 만든 EMP_TEMP 테이블을 확인해 봅시다.

**실습 10-8** EMP 테이블을 복사해서 EMP_TEMP 테이블 만들기

```
01   CREATE TABLE EMP_TEMP
02       AS SELECT *
03           FROM EMP
04           WHERE 1 <> 1;

05   SELECT * FROM EMP_TEMP;
```

:: 결과 화면

| | EMPNO | ENAME | JOB | MGR | HIREDATE | SAL | COMM | DEPTNO |
|---|---|---|---|---|---|---|---|---|
| | | | | | | | | |

◎ 앞에서 1분 복습 문제에서 EMP_TEMP 테이블을 이미 생성해 놓은 상태라면 [DROP TABLE EMP_TEMP] 명령어를 실행하여 테이블을 삭제한 후 실습 10-8의 EMP_TEMP 테이블을 생성해 주세요.

**실무 꿀팁!**

**급하게 테이블을 복사해야 할 때**

실습 10-8에서 사용한 CREATE 명령어는 EMP 테이블과 같은 열 구조를 가지지만 데이터는 복사하고 싶지 않을 때 종종 사용합니다. WHERE절의 조건이 1<>1이기 때문에 각 행을 조건식에 대입한 결과 값은 항상 false가 되어 결과적으로 행은 만들어지지 않습니다. 약간 억지스럽지만 급하게 테이블 열 구조만 같은 테이블을 만들어야 할 경우에 유용하게 사용할 수 있습니다.

복사한 EMP_TEMP 테이블의 HIREDATE열은 날짜 자료형 열이므로 날짜 데이터를 입력할 수 있습니다. 다음 INSERT문을 통해 날짜 데이터를 입력하는 방법을 살펴봅시다.

실습 10-9 INSERT문으로 날짜 데이터 입력하기(날짜 사이에 / 입력)

```
01    INSERT INTO EMP_TEMP (EMPNO,  ENAME, JOB, MGR, HIREDATE, SAL, COMM, DEPTNO)
02                VALUES (9999, '홍길동', 'PRESIDENT', NULL, '2001/01/01',
                         5000, 1000, 10);

03    SELECT * FROM EMP_TEMP;
```

:: 결과 화면

| EMPNO | ENAME | JOB | MGR | HIREDATE | SAL | COMM | DEPTNO |
|---|---|---|---|---|---|---|---|
| 9999 | 홍길동 | PRESIDENT | | 2001/01/01 | 5000 | 1000 | 10 |

실습 10-9의 INSERT문에서는 날짜 데이터를 YYYY/MM/DD 형식의 문자열 데이터로 입력했습니다. 하지만 다음과 같이 YYYY-MM-DD 형식으로도 날짜 데이터를 입력할 수 있습니다.

실습 10-10 INSERT문으로 날짜 데이터 입력하기(날짜 사이에 - 입력)

```
01    INSERT INTO EMP_TEMP (EMPNO, ENAME, JOB, MGR, HIREDATE, SAL, COMM, DEPTNO)
02                VALUES (1111, '성춘향', 'MANAGER', 9999, '2001-01-05', 4000, NULL, 20);

03    SELECT * FROM EMP_TEMP;
```

:: 결과 화면

| EMPNO | ENAME | JOB | MGR | HIREDATE | SAL | COMM | DEPTNO |
|---|---|---|---|---|---|---|---|
| 9999 | 홍길동 | PRESIDENT | | 2001/01/01 | 5000 | 1000 | 10 |
| 1111 | 성춘향 | MANAGER | 9999 | 2001/01/05 | 4000 | | 20 |

### 날짜 데이터를 입력할 때 유의점

년/월/일 순서와 반대로 일/월/년 순서로 데이터를 입력하면 다음과 같이 오류가 발생하고 데이터가 입력되지 않습니다.

실습 10-11 날짜 데이터 형식을 반대로 했을 때

```
01    INSERT INTO EMP_TEMP (EMPNO, ENAME, JOB, MGR , HIREDATE, SAL , COMM, DEPTNO)
02                VALUES (2111, '이순신', 'MANAGER', 9999, '07/01/2001', 4000, NULL, 20);
```

## :: 결과 화면

실습 10-11과 같은 오류가 발생하는 이유는 오라클이 설치되어 있는 운영체제(OS)의 종류나 사용하는 기본 언어군에 따라 날짜 표기방식이 다르기 때문입니다. 따라서 날짜 데이터를 INSERT문으로 입력할 때는 실습 10-9, 10-10처럼 문자열로 날짜를 입력하지 않고, 다음 실습 10-12와 같이 TO_DATE 함수를 사용하는 것이 좋습니다.

### 실습 10-12 　TO_DATE 함수를 사용하여 날짜 데이터 입력하기

```
01    INSERT INTO EMP_TEMP (EMPNO, ENAME, JOB, MGR,
02                          HIREDATE,
03                          SAL, COMM, DEPTNO)
04                  VALUES (2111,  '이순신', 'MANAGER', 9999,
05                          TO_DATE('07/01/2001', 'DD/MM/YYYY'),
06                          4000, NULL, 20);

07    SELECT * FROM EMP_TEMP;
```

> TO_DATE 함수를 사용하여 07은 일(DD), 01은 월(MM), 2001은 년(YYYY)으로 인식하도록 날짜 데이터 자료형으로 변환하였습니다.

## :: 결과 화면

| EMPNO | ENAME | JOB | MGR | HIREDATE | SAL | COMM | DEPTNO |
|---|---|---|---|---|---|---|---|
| 9999 | 홍길동 | PRESIDENT | | 2001/01/01 | 5000 | 1000 | 10 |
| 1111 | 성춘향 | MANAGER | 9999 | 2001/01/05 | 4000 | | 20 |
| 2111 | 이순신 | MANAGER | 9999 | 2001/01/07 | 4000 | | 20 |

### SYSDATE를 사용하여 날짜 데이터 입력하기

현재 시점으로 날짜를 입력할 경우에는 다음과 같이 SYSDATE를 지정하여 간단히 처리할 수 있습니다. SYSDATE 방식은 데이터 입력 시점을 정확히 입력할 수 있어 자주 사용하므로 꼭 기억해 주세요.

```
01    INSERT INTO EMP_TEMP (EMPNO, ENAME, JOB, MGR, HIREDATE, SAL, COMM, DEPTNO)
02                VALUES (3111, '심청이', 'MANAGER', 9999, SYSDATE, 4000, NULL, 30);

03    SELECT * FROM EMP_TEMP;
```

:: 결과 화면

| EMPNO | ENAME | JOB | MGR | HIREDATE | SAL | COMM | DEPTNO |
|---|---|---|---|---|---|---|---|
| 9999 | 홍길동 | PRESIDENT | | 2001/01/01 | 5000 | 1000 | 10 |
| 1111 | 성춘향 | MANAGER | 9999 | 2001/01/05 | 4000 | | 20 |
| 2111 | 이순신 | MANAGER | 9999 | 2001/01/07 | 4000 | | 20 |
| 3111 | 심청이 | MANAGER | 9999 | 2018/07/14 오전 1:05:46 | 4000 | | 30 |

◎ 사용 환경 또는 설정에 따라 HIREDATE열에 오전/오후 시간이 함께 출력될 수 있습니다.

## 서브쿼리를 사용하여 한 번에 여러 데이터 추가하기

지금까지 살펴본 INSERT문은 모두 실행했을 때 한 행의 데이터가 추가되었습니다. 하지만
INSERT문에 서브쿼리를 사용하면 SELECT문으로 한 번에 여러 행의 데이터를 추가할 수 있
습니다. 예를 들어 EMP 테이블에서 SALGRADE 테이블을 참조하여 급여 등급(SALGRADE)
이 1인 사원만을 EMP_TEMP 테이블에 집어넣고 싶다면 서브쿼리를 포함한 INSERT문을 다
음과 같이 사용하면 됩니다.

```
01   INSERT INTO EMP_TEMP (EMPNO, ENAME, JOB, MGR, HIREDATE, SAL, COMM, DEPTNO)
02       SELECT E.EMPNO, E.ENAME, E.JOB, E.MGR, E.HIREDATE, E.SAL, E.COMM, E.DEPTNO
03         FROM EMP E, SALGRADE S
04        WHERE E.SAL BETWEEN S.LOSAL AND S.HISAL
05          AND S.GRADE = 1;

06   SELECT * FROM EMP_TEMP;
```

:: 결과 화면

| EMPNO | ENAME | JOB | MGR | HIREDATE | SAL | COMM | DEPTNO |
|---|---|---|---|---|---|---|---|
| 9999 | 홍길동 | PRESIDENT | | 2001/01/01 | 5000 | 1000 | 10 |
| 1111 | 성춘향 | MANAGER | 9999 | 2001/01/05 | 4000 | | 20 |
| 2111 | 이순신 | MANAGER | 9999 | 2001/01/07 | 4000 | | 20 |
| 3111 | 심청이 | MANAGER | 9999 | 2018/07/14 오전 1:05:46 | 4000 | | 30 |
| 7369 | SMITH | CLERK | 7902 | 1980/12/17 | 800 | | 20 |
| 7876 | ADAMS | CLERK | 7788 | 1987/05/23 | 1100 | | 20 |
| 7900 | JAMES | CLERK | 7698 | 1981/12/03 | 950 | | 30 |

INSERT문에서 서브쿼리를 사용할 때 유의할 점은 다음과 같습니다.

> - VALUES절은 사용하지 않는다.
> - 데이터가 추가되는 테이블의 열 개수와 서브쿼리의 열 개수가 일치해야 한다.
> - 데이터가 추가되는 테이블의 자료형과 서브쿼리의 자료형이 일치해야 한다.

◎ 반대로 생각해 보면 INSERT 대상이 되는 테이블의 열 개수와 자료형만 맞춰 준다면 INSERT문에서 사용하는 서브쿼리는 여러 개의 테이블을 조인한 결과일지라도 열 이름에 상관없이 데이터 추가가 가능하다는 것도 기억해 주세요.

지금까지 일반적으로 가장 많이 사용하는 INSERT문에 대해 알아보았습니다. INSERT문은 앞에서 살펴본 방식 외에도 ALL 또는 FIRST 등의 옵션으로 한 번에 여러 테이블을 대상으로 데이터를 추가하거나 특정 조건에 따라 다른 테이블에 데이터를 추가하는 등 다양하게 사용할 수 있습니다.

또 MERGE문을 사용하면 같은 열 구조를 가지는 여러 테이블 또는 서브쿼리의 결과 데이터를 한 테이블에 병합하여 추가할 수도 있습니다. 이 책에서 살펴본 방식을 충분히 연습한 후에 그 밖에 필요한 내용은 오라클에서 제공하는 공식 문서와 인터넷 검색 등을 참고하여 익히길 바랍니다. 다음은 오라클 공식 문서의 URL입니다.

- INSERT : docs.oracle.com/cd/E11882_01/server.112/e41084/statements_9014. htm#SQLRF01604
- MERGE : docs.oracle.com/cd/E11882_01/server.112/e41084/statements_9016. htm#SQLRF01606

# 10-2 테이블에 있는 데이터 수정하기

회원 정보 변경, 결제 계좌 변경, 내가 쓴 글의 내용 수정 등의 기능을 수행하려면 데이터베이스 테이블에 저장된 데이터를 변경해야 합니다. 오라클에서는 특정 테이블에 저장되어 있는 데이터 내용을 수정할 때 UPDATE문을 사용합니다. UPDATE문을 소개하기에 앞서 DEPT 테이블을 복사한 DEPT_TEMP2 테이블을 만들겠습니다.

**실습 10-15** DEPT 테이블을 복사해서 DEPT_TEMP2 테이블 만들기

```
01   CREATE TABLE DEPT_TEMP2
02      AS SELECT * FROM DEPT;

03   SELECT * FROM DEPT_TEMP2;
```

:: 결과 화면

| ≡ | DEPTNO | DNAME | LOC |
|---|--------|-------|-----|
| ▶ | 10 | ACCOUNTING | NEW YORK |
| | 20 | RESEARCH | DALLAS |
| | 30 | SALES | CHICAGO |
| | 40 | OPERATIONS | BOSTON |

## UPDATE문의 기본 사용법

UPDATE문은 기본적으로 다음과 같이 UPDATE 키워드 이후에 변경할 테이블 이름을 지정하고 SET절에 '변경할 열이름 = 변경할 데이터'를 지정합니다. 그리고 여러 열의 데이터를 수정할 경우에 쉼표(,)로 구분하죠. 데이터를 변경해야 할 행이 정해져 있다면 SELECT문에서 사용한 것과 마찬가지로 WHERE절 및 조건식을 추가하여 변경 대상 행을 지정할 수 있습니다.

```
UPDATE   [변경할 테이블] ─①                                    기본 형식
SET      [변경할 열1]=[데이터], [변경할 열2]=[데이터], ..., [변경할 열n]=[데이터] ─②
[WHERE 데이터를 변경할 대상 행을 선별하기 위한 조건]; ─③
```

| 번호 | 키워드 | 필수 요소 | 선택 요소 | 설명 |
|------|--------|-----------|-----------|------|
| ① | UPDATE | 테이블 이름 | - | 데이터를 수정할 테이블을 지정합니다. |
| ② | SET | 변경할 열의 이름과 데이터 | - | 변경할 열을 선택하고 변경할 데이터를 입력합니다. |
| ③ | WHERE | - | 변경 데이터를 선별하기 위한 조건식 | 테이블의 변경할 데이터 선별 조건식을 지정합니다. 생략할 경우 테이블 내 지정된 모든 열의 데이터가 변경됩니다. |

## 데이터 전체 수정하기

우선 DEPT_TEMP2 테이블에 UPDATE문을 사용해보겠습니다. 다음 UPDATE문을 실행한 후 결과를 살펴봅시다.

**실습 10-16** DEPT_TEMP2 테이블 업데이트하기

```
01   UPDATE DEPT_TEMP2
02       SET LOC = 'SEOUL';

03   SELECT * FROM DEPT_TEMP2;
```

실습 10-16의 UPDATE문은 DEPT_TEMP2 테이블의 LOC 열의 데이터를 모두 SEOUL로 수정하라는 내용입니다. UPDATE문을 실행한 후 DEPT_TEMP2 테이블을 조회해 보면 다음과 같이 LOC 열이 모두 SEOUL로 변경되어 있음을 알 수 있습니다.

| DEPTNO | DNAME | LOC |
|---|---|---|
| 10 | ACCOUNTING | NEW YORK |
| 20 | RESEARCH | DALLAS |
| 30 | SALES | CHICAGO |
| 40 | OPERATIONS | BOSTON |

UPDATE 전

| DEPTNO | DNAME | LOC |
|---|---|---|
| 10 | ACCOUNTING | SEOUL |
| 20 | RESEARCH | SEOUL |
| 30 | SALES | SEOUL |
| 40 | OPERATIONS | SEOUL |

UPDATE 후

하지만 UPDATE문을 사용하여 테이블에 저장되어 있는 모든 데이터의 특정 열 데이터를 실습 10-16과 같이 일괄적으로 변경하는 경우는 흔치 않습니다. 대부분의 경우에 테이블에 저장되어 있는 몇몇 행만 선정하여 데이터를 수정하는 방식을 사용합니다.

## 수정한 내용을 되돌리고 싶을 때

실수로 UPDATE문을 실행했을 때 UPDATE문 실행을 취소하기 위해 ROLLBACK 명령문을 사용할 수 있습니다. 실습 10-16을 실행한 상태에서 다음 ROLLBACK 실습을 실행하면 DEPT_TEMP2 테이블이 UPDATE 명령어를 실행한 이전 상태로 돌아갑니다.

**실습 10-17** ROLLBACK으로 테이블 내용을 이전 상태로 되돌리기

```
01   ROLLBACK;
```

:: 결과 화면

| DEPTNO | DNAME | LOC |
|---|---|---|
| 10 | ACCOUNTING | NEW YORK |
| 20 | RESEARCH | DALLAS |
| 30 | SALES | CHICAGO |
| 40 | OPERATIONS | BOSTON |

ROLLBACK 명령어는 11장에서 살펴볼 TCL(Transaction Control Language) 명령어 중 하나 입니다. 정해진 시점 이후에 실행된 DML 명령어, 즉 지금 살펴보고 있는 INSERT, UPDATE 그리고 조금 뒤에 소개할 DELETE의 실행을 취소하는 명령어입니다. INSERT를 시작하기 전에 언급한 COMMIT 명령어와는 반대 의미입니다. ROLLBACK은 다음 장에서 더 자세히 살펴보겠습니다.

## 데이터 일부분만 수정하기

UPDATE문에서는 수정 대상 행을 선별하기 위해 WHERE절과 조건식을 사용합니다. 사용 방법은 SELECT문에서 사용한 WHERE절과 같습니다. DEPT_TEMP2 테이블에서 만약 40 번 부서의 부서 이름을 DATABASE로 수정하고 지역을 SEOUL로 수정해야 한다면, 다음과 같이 UPDATE문에 WHERE절을 추가할 수 있습니다.

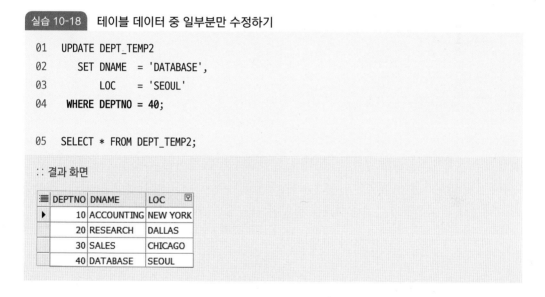

실습 10-18  테이블 데이터 중 일부분만 수정하기

```
01   UPDATE DEPT_TEMP2
02     SET DNAME  = 'DATABASE',
03         LOC    = 'SEOUL'
04   WHERE DEPTNO = 40;

05   SELECT * FROM DEPT_TEMP2;
```

:: 결과 화면

| DEPTNO | DNAME | LOC |
|---|---|---|
| 10 | ACCOUNTING | NEW YORK |
| 20 | RESEARCH | DALLAS |
| 30 | SALES | CHICAGO |
| 40 | DATABASE | SEOUL |

실행 결과를 살펴보면 WHERE 조건식에 명시한 대로 부서 번호가 40번인 행의 부서 이름 및 지역 열의 데이터만 변경되었음을 알 수 있습니다.

1분 복습

EMP_TEMP 테이블의 사원들 중에서 급여가 2500 이하인 사원만 추가 수당을 50으로 수정하는 다음 코드를 채워 보세요.

```
1            EMP_TEMP
     2          COMM = 3
WHERE 4              ;
```

정답  1. UPDATE 2. SET 3. 50 4. SAL <= 2500

## 서브쿼리를 사용하여 데이터 수정하기

### 여러 열을 한 번에 수정하는 경우

INSERT문과 마찬가지로 UPDATE문에서도 서브쿼리를 활용할 수 있습니다. 실습 10-18에서 수정한 40번 부서의 부서 이름과 지역을 서브쿼리를 사용하여 다시 수정해 보죠.

**실습 10-19** 서브쿼리로 데이터 일부분 수정하기

```
01   UPDATE DEPT_TEMP2
02     SET (DNAME, LOC) = (SELECT DNAME, LOC
03                            FROM DEPT
04                           WHERE DEPTNO = 40)
05   WHERE DEPTNO = 40;

06   SELECT * FROM DEPT_TEMP2;
```

:: 결과 화면

| DEPTNO | DNAME | LOC |
|---|---|---|
| 10 | ACCOUNTING | NEW YORK |
| 20 | RESEARCH | DALLAS |
| 30 | SALES | CHICAGO |
| 40 | OPERATIONS | BOSTON |

실습 10-19의 서브쿼리를 살펴보면 DEPT 테이블의 40번 부서를 조회하고 그 결과로 부서 이름은 OPERATIONS, 지역은 BOSTON이 출력됩니다. 그리고 이 내용은 DEPT_TEMP2의 테이블의 부서 이름과 지역에 그대로 반영됩니다. 실습 10-19의 UPDATE문은 서브쿼리인 열의 결과로서 메인쿼리의 DNAME, LOC 두 개 열 값을 한 번에 변경했습니다.

### 열 하나하나를 수정하는 경우

열 하나하나에 서브쿼리를 적용하는 것도 가능합니다. 다음 UPDATE문은 기능 면에서 실습 10-19와 같게 데이터를 수정합니다. 여기에서 주의해서 살펴봐야 할 점은 변경 열의 개수에 따라 서브쿼리에서 지정한 열 개수도 변하고 있다는 것입니

**실습 10-20** 서브쿼리로 데이터 일부분 수정하기

```
01   UPDATE DEPT_TEMP2
02     SET DNAME = (SELECT DNAME
03                    FROM DEPT
04                   WHERE DEPTNO = 40),
05         LOC   = (SELECT LOC
06                    FROM DEPT
07                   WHERE DEPTNO = 40)
08   WHERE DEPTNO = 40;
```

다. 당연히 서브쿼리에 나열한 열과 UPDATE문으로 변경할 열 개수나 자료형은 일치해야 합니다. 실습 10-20의 결과는 실습 10-19와 같으므로 생략합니다.

### WHERE절에 서브쿼리를 사용하여 데이터 수정하는 경우

UPDATE문의 WHERE절에도 서브쿼리를 사용할 수 있습니다. UPDATE문의 WHERE절의 조건식에 사용하는 서브쿼리는 SELECT문의 WHERE절에 서브쿼리를 사용하는 방식과 같습니다.

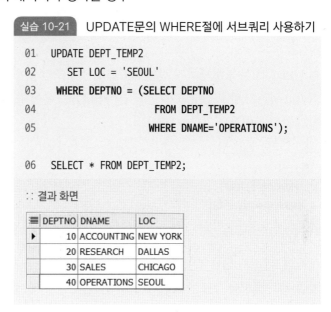

실습 10-21  UPDATE문의 WHERE절에 서브쿼리 사용하기

```
01  UPDATE DEPT_TEMP2
02      SET LOC = 'SEOUL'
03    WHERE DEPTNO = (SELECT DEPTNO
04                      FROM DEPT_TEMP2
05                     WHERE DNAME='OPERATIONS');

06  SELECT * FROM DEPT_TEMP2;
```

:: 결과 화면

| DEPTNO | DNAME | LOC |
|---|---|---|
| 10 | ACCOUNTING | NEW YORK |
| 20 | RESEARCH | DALLAS |
| 30 | SALES | CHICAGO |
| 40 | OPERATIONS | SEOUL |

## UPDATE문 사용할 때 유의점

UPDATE문과 바로 다음에 소개할 DELETE문은 테이블에 이미 존재하는 데이터를 수정하거나 삭제하는 기능을 수행하므로 SELECT문이나 INSERT문에 비해 위험성이 큰 명령어입니다. 예를 들어 사용자가 적립해 놓은 마일리지나 포인트 또는 계좌 잔액이나 개인 정보 같은 민감한 데이터가 있는 테이블에 잘못된 UPDATE문을 실행한다면 큰 문제가 발생하겠죠.

실제로 실무에서도 UPDATE에 사용하는 WHERE 조건식이 정확한 데이터를 대상으로 하는지 꼼꼼히 따져 보지 않고 수행한 후 애를 먹는 상황이 종종 발생합니다. 예를 들어 수억 건의 데이터 중 수백 건만 수정해야 하는데 잘못된 UPDATE문으로 수백만 건이 수정되는 사고가 발생하는 것이죠. 따라서 UPDATE문을 실행하기 전에 UPDATE문의 WHERE절을 검증하는 작업이 반드시 필요합니다. 변경해야 하는 행만 정확하게 선정해서 수정하는지 확인하는 것이죠. 이를 위해 해당 WHERE절을 UPDATE문에 넣어 실행하기 전에 SELECT문에서 먼저 사용해 보는 것만으로도 간단하게 확인할 수 있습니다.

앞에서 다룬 UPDATE문이 다음과 같이 완성되었다고 가정해 봅시다.

```
UPDATE DEPT_TEMP2
   SET DNAME  = 'DATABASE',
       LOC    = 'SEOUL'
 WHERE DEPTNO = 40;
```

이 UPDATE문을 실행하기 전에 WHERE절의 조건식이 수정해야 하는 데이터를 정확히 가리키고 있는지 알고 싶다면, 다음과 같이 SELECT문에 같은 조건식의 WHERE문을 적용하여 결과 값을 확인하면 됩니다.

```
SELECT *
  FROM DEPT_TEMP2
 WHERE DEPTNO = 40;
```

예제의 WHERE절에서는 단순히 한 개의 조건식만 다루지만 실무에서는 훨씬 복잡한 경우가 많습니다. 테이블 구조가 복잡해지고 WHERE절에 명시해야 하는 조건이 여러 개라면 실수가 일어날 확률은 높아집니다. 조금 귀찮더라도 반드시 UPDATE문과 DELETE문을 실행하기 전에 SELECT문으로 WHERE절의 조건식이 정확한지 확인하는 습관을 기르세요.

# 10-3 테이블에 있는 데이터 삭제하기

DELETE문은 테이블에 있는 데이터를 삭제할 때 사용합니다. 본격적인 실습에 앞서 EMP 테이블을 복사하여 EMP_TEMP2 테이블을 만들겠습니다.

**실습 10-22** EMP 테이블을 복사해서 EMP_TEMP2 테이블 만들기

```
01   CREATE TABLE EMP_TEMP2
02       AS SELECT * FROM EMP;

03   SELECT * FROM EMP_TEMP2;
```

:: 결과 화면

| EMPNO | ENAME | JOB | MGR | HIREDATE | SAL | COMM | DEPTNO |
|---|---|---|---|---|---|---|---|
| 7369 | SMITH | CLERK | 7902 | 1980/12/17 | 800 | | 20 |
| 7499 | ALLEN | SALESMAN | 7698 | 1981/02/20 | 1600 | 300 | 30 |
| 7521 | WARD | SALESMAN | 7698 | 1981/02/22 | 1250 | 500 | 30 |
| 7566 | JONES | MANAGER | 7839 | 1981/04/02 | 2975 | | 20 |
| 7654 | MARTIN | SALESMAN | 7698 | 1981/09/28 | 1250 | 1400 | 30 |
| 7698 | BLAKE | MANAGER | 7839 | 1981/05/01 | 2850 | | 30 |
| 7782 | CLARK | MANAGER | 7839 | 1981/06/09 | 2450 | | 10 |
| 7788 | SCOTT | ANALYST | 7566 | 1987/04/19 | 3000 | | 20 |
| 7839 | KING | PRESIDENT | | 1981/11/17 | 5000 | | 10 |
| 7844 | TURNER | SALESMAN | 7698 | 1981/09/08 | 1500 | 0 | 30 |
| 7876 | ADAMS | CLERK | 7788 | 1987/05/23 | 1100 | | 20 |
| 7900 | JAMES | CLERK | 7698 | 1981/12/03 | 950 | | 30 |
| 7902 | FORD | ANALYST | 7566 | 1981/12/03 | 3000 | | 20 |
| 7934 | MILLER | CLERK | 7782 | 1982/01/23 | 1300 | | 10 |

DELETE문의 기본 형식은 다음과 같습니다.

```
DELETE [FROM] [테이블 이름] ─❶                              기본 형식
[WHERE 삭제할 대상 행을 선별하기 위한 조건식]; ─❷
```

| 번호 | 키워드 | 필수 요소 | 선택 요소 | 설명 |
|---|---|---|---|---|
| ❶ | DELETE | 테이블 이름 | FROM | 데이터를 삭제할 테이블을 지정합니다. |
| ❷ | WHERE | - | 삭제 데이터를 선별하는 조건식 | 테이블의 삭제할 데이터를 선별하는 조건식을 지정합니다. 생략할 경우 테이블의 모든 데이터를 삭제합니다. |

DELETE FROM 또는 DELETE 키워드 뒤에 데이터를 삭제할 대상 테이블 이름을 지정합니다. DELETE문 역시 UPDATE문과 마찬가지로 삭제 대상이 될 데이터를 선정하기 위해 WHERE절 및 조건식을 지정할 수 있습니다. DELETE문에서 WHERE절을 사용하지 않으면 테이블의 전체 데이터가 모두 삭제됩니다. 따라서 특정 행 데이터를 삭제하고 싶다면 WHERE절에 적절한 조건식을 명시해 주어야 합니다.

## 데이터 일부분만 삭제하기

DELETE문을 사용하여 EMP_TEMP2 테이블에서 직책이 MANAGER인 사원들만 삭제해 봅시다.

**실습 10-23**    WHERE절을 사용하여 데이터 일부분만 삭제하기

```
01  DELETE FROM EMP_TEMP2
02   WHERE JOB = 'MANAGER';


03  SELECT * FROM EMP_TEMP2;
```

:: 결과 화면

| EMPNO | ENAME | JOB | MGR | HIREDATE | SAL | COMM | DEPTNO |
|-------|-------|-----|-----|----------|-----|------|--------|
| 7369 | SMITH | CLERK | 7902 | 1980/12/17 | 800 | | 20 |
| 7499 | ALLEN | SALESMAN | 7698 | 1981/02/20 | 1600 | 300 | 30 |
| 7521 | WARD | SALESMAN | 7698 | 1981/02/22 | 1250 | 500 | 30 |
| 7654 | MARTIN | SALESMAN | 7698 | 1981/09/28 | 1250 | 1400 | 30 |
| 7788 | SCOTT | ANALYST | 7566 | 1987/04/19 | 3000 | | 20 |
| 7839 | KING | PRESIDENT | | 1981/11/17 | 5000 | | 10 |
| 7844 | TURNER | SALESMAN | 7698 | 1981/09/08 | 1500 | 0 | 30 |
| 7876 | ADAMS | CLERK | 7788 | 1987/05/23 | 1100 | | 20 |
| 7900 | JAMES | CLERK | 7698 | 1981/12/03 | 950 | | 30 |
| 7902 | FORD | ANALYST | 7566 | 1981/12/03 | 3000 | | 20 |
| 7934 | MILLER | CLERK | 7782 | 1982/01/23 | 1300 | | 10 |

위와 같이 EMP_TEMP2 테이블을 조회해 보면 WHERE절에 명시한 대로 JOB열 데이터가 MANAGER인 데이터만 삭제되었음을 알 수 있습니다.

## 서브쿼리를 사용하여 데이터 삭제하기

DELETE문 역시 WHERE절에 서브쿼리를 사용하는 것이 가능합니다. 급여 등급이 3등급, 즉 급여가 1401~2000 사이에 있는 30번 부서의 사원들만 삭제해야 한다면, SALGRADE 테이

블을 조인한 서브쿼리의 결과 값을 활용하여 DELETE문의 WHERE절 조건식에 적용할 수 있습니다. 다음 실습을 실행해 보며 서브쿼리의 결과 값이 여러 개이므로 IN 연산자를 사용한 것도 눈여겨봐 주세요.

실습 10-24 WHERE절에 서브쿼리를 사용하여 데이터 일부만 삭제하기

```
01   DELETE FROM EMP_TEMP2
02     WHERE EMPNO IN (SELECT E.EMPNO
03                       FROM EMP_TEMP2 E, SALGRADE S
04                      WHERE E.SAL BETWEEN S.LOSAL AND S.HISAL
05                        AND S.GRADE = 3
06                        AND DEPTNO = 30);

07   SELECT * FROM EMP_TEMP2;
```

:: 결과 화면

| EMPNO | ENAME | JOB | MGR | HIREDATE | SAL | COMM | DEP... |
|---|---|---|---|---|---|---|---|
| 7369 | SMITH | CLERK | 7902 | 1980/12/17 | 800 | | 20 |
| 7521 | WARD | SALESMAN | 7698 | 1981/02/22 | 1250 | 500 | 30 |
| 7654 | MARTIN | SALESMAN | 7698 | 1981/09/28 | 1250 | 1400 | 30 |
| 7788 | SCOTT | ANALYST | 7566 | 1987/04/19 | 3000 | | 20 |
| 7839 | KING | PRESIDENT | | 1981/11/17 | 5000 | | 10 |
| 7876 | ADAMS | CLERK | 7788 | 1987/05/23 | 1100 | | 20 |
| 7900 | JAMES | CLERK | 7698 | 1981/12/03 | 950 | | 30 |
| 7902 | FORD | ANALYST | 7566 | 1981/12/03 | 3000 | | 20 |
| 7934 | MILLER | CLERK | 7782 | 1982/01/23 | 1300 | | 10 |

실습 10-24에서 서브쿼리의 조건에 부합하는 ALLEN 및 TURNER의 데이터가 삭제되었는지 확인해 보세요.

EMP_TEMP 테이블에서 급여가 3000 이상인 사원을 삭제하는 다음 코드를 채워 보세요.

```
      1              2              EMP_TEMP
  WHERE    3                    ;
```

정답 1. DELETE 2. FROM 3. SAL>=3000

## 데이터 전체 삭제하기

마지막으로 WHERE절 조건식을 사용하지 않는 DELETE문을 실행해 봅시다. DELETE문에 WHERE절이 없다는 것은 해당 테이블에 삭제 대상 데이터를 특정 짓지 않기 때문에 테이블의 모든 데이터가 삭제됩니다. 하지만 특별한 경우를 제외하면 이렇게 모든 데이터를 지우는 경우는 흔치 않습니다.

**실습 10-25** 테이블에 있는 전체 데이터 삭제하기

```
01    DELETE FROM EMP_TEMP2;

02    SELECT * FROM EMP_TEMP2;
```

∷ 결과 화면

| EMPNO | ENAME | JOB | MGR | HIREDATE | SAL | COMM | DEPTNO |
|-------|-------|-----|-----|----------|-----|------|--------|
|       |       |     |     |          |     |      |        |

DELETE문은 기존에 존재하는 데이터를 삭제하는 명령어이므로 앞에서 살펴본 UPDATE문처럼 사용할 때 특별히 주의해야 합니다. DELETE문이나 WHERE절을 사용한다면 WHERE절의 조건식이 정확히 삭제할 대상을 선택하고 있는지 SELECT문을 사용하여 반드시 검증을 거친 후에 실행하는 습관을 기르세요.

이후 진행하는 문제는 다음 SQL문을 실행하여 EMP, DEPT, SALGRADE 테이블을 복사한 테이블로 진행하세요. 다음 SQL문을 한 번에 한 문장씩 실행합니다.

```
CREATE TABLE CHAP10HW_EMP AS SELECT * FROM EMP;
CREATE TABLE CHAP10HW_DEPT AS SELECT * FROM DEPT;
CREATE TABLE CHAP10HW_SALGRADE AS SELECT * FROM SALGRADE;
```

**Q1** 오른쪽과 같이 CHAP10HW_DEPT 테이블에 50, 60, 70, 80번 부서를 등록하는 SQL문을 작성하세요.

:: 결과 화면

| DEPTNO | DNAME | LOC |
|---|---|---|
| 10 | ACCOUNTING | NEW YORK |
| 20 | RESEARCH | DALLAS |
| 30 | SALES | CHICAGO |
| 40 | OPERATIONS | BOSTON |
| 50 | ORACLE | BUSAN |
| 60 | SQL | ILSAN |
| 70 | SELECT | INCHEON |
| 80 | DML | BUNDANG |

**Q2** 다음과 같이 CHAP10HW_EMP 테이블에 다음 8명의 사원 정보를 등록하는 SQL문을 작성하세요.

:: 결과 화면

| EMPNO | ENAME | JOB | MGR | HIREDATE | SAL | COMM | DEPTNO |
|---|---|---|---|---|---|---|---|
| 7369 | SMITH | CLERK | 7902 | 1980-12-17 | 800 | | 20 |
| 7499 | ALLEN | SALESMAN | 7698 | 1981-02-20 | 1600 | 300 | 30 |
| 7521 | WARD | SALESMAN | 7698 | 1981-02-22 | 1250 | 500 | 30 |
| : | | | | | | | |
| 7902 | FORD | ANALYST | 7566 | 1981-12-03 | 3000 | | 20 |
| 7934 | MILLER | CLERK | 7782 | 1982-01-23 | 1300 | | 10 |
| 7201 | TEST_USER1 | MANAGER | 7788 | 2016-01-02 | 4500 | | 50 |
| 7202 | TEST_USER2 | CLERK | 7201 | 2016-02-21 | 1800 | | 50 |
| 7203 | TEST_USER3 | ANALYST | 7201 | 2016-04-11 | 3400 | | 60 |
| 7204 | TEST_USER4 | SALESMAN | 7201 | 2016-05-31 | 2700 | 300 | 60 |
| 7205 | TEST_USER5 | CLERK | 7201 | 2016-07-20 | 2600 | | 70 |
| 7206 | TEST_USER6 | CLERK | 7201 | 2016-09-08 | 2600 | | 70 |
| 7207 | TEST_USER7 | LECTURER | 7201 | 2016-10-28 | 2300 | | 80 |
| 7208 | TEST_USER8 | STUDENT | 7201 | 2018-03-09 | 1200 | | 80 |

**Q3** CHAP10HW_EMP에 속한 사원 중 50번 부서에서 근무하는 사원들의 평균 급여보다 많은 급여를 받고 있는 사원들을 70번 부서로 옮기는 SQL문을 작성하세요(다음 화면은 부서 이동 후의 CHAP10HW_EMP 테이블을 조회한 것입니다).

:: 결과 화면

| EMPNO | ENAME | JOB | MGR | HIREDATE | SAL | COMM | DEPTNO |
|---|---|---|---|---|---|---|---|
| 7934 | MILLER | CLERK | 7782 | 1982-01-23 | 1300 | | 10 |
| ⋮ | | | | | | | |
| 7204 | TEST_USER4 | SALESMAN | 7201 | 2016-05-31 | 2700 | 300 | 60 |
| 7203 | TEST_USER3 | ANALYST | 7201 | 2016-04-11 | 3400 | | 70 |
| 7839 | KING | PRESIDENT | | 1981-11-17 | 5000 | | 70 |
| 7205 | TEST_USER5 | CLERK | 7201 | 2016-07-20 | 2600 | | 70 |
| 7206 | TEST_USER6 | CLERK | 7201 | 2016-09-08 | 2600 | | 70 |
| 7201 | TEST_USER1 | MANAGER | 7788 | 2016-01-02 | 4500 | | 70 |
| 7208 | TEST_USER8 | STUDENT | 7201 | 2018-03-09 | 1200 | | 80 |
| 7207 | TEST_USER7 | LECTURER | 7201 | 2016-10-28 | 2300 | | 80 |

**Q4** CHAP10HW_EMP에 속한 사원 중, 60번 부서의 사원 중에 입사일이 가장 빠른 사원보다 늦게 입사한 사원의 급여를 10% 인상하고 80번 부서로 옮기는 SQL문을 작성하세요(다음 화면은 급여 인상, 부서 이동 이후 CHAP10HW_EMP 테이블을 조회한 것입니다).

:: 결과 화면

| EMPNO | ENAME | JOB | MGR | HIREDATE | SAL | COMM | DEPTNO |
|---|---|---|---|---|---|---|---|
| 7934 | MILLER | CLERK | 7782 | 1982-01-23 | 1300 | | 10 |
| ⋮ | | | | | | | |
| 7201 | TEST_USER1 | MANAGER | 7788 | 2016-01-02 | 4500 | | 70 |
| 7208 | TEST_USER8 | STUDENT | 7201 | 2018-03-09 | 1320 | | 80 |
| 7205 | TEST_USER5 | CLERK | 7201 | 2016-07-20 | 2860 | | 80 |
| 7206 | TEST_USER6 | CLERK | 7201 | 2016-09-08 | 2860 | | 80 |
| 7207 | TEST_USER7 | LECTURER | 7201 | 2016-10-28 | 2530 | | 80 |

**Q5** CHAP10HW_EMP에 속한 사원 중, 급여 등급이 5인 사원을 삭제하는 SQL문을 작성하세요(다음 화면은 사원이 삭제된 후의 CHAP10HW_EMP 테이블을 조회한 것입니다)

:: 결과 화면

| EMPNO | ENAME | JOB | MGR | HIREDATE | SAL | COMM | DEPTNO |
|---|---|---|---|---|---|---|---|
| 7369 | SMITH | CLERK | 7902 | 1980-12-17 | 800 | | 20 |
| 7499 | ALLEN | SALESMAN | 7698 | 1981-02-20 | 1600 | 300 | 30 |
| 7521 | WARD | SALESMAN | 7698 | 1981-02-22 | 1250 | 500 | 30 |
| 7566 | JONES | MANAGER | 7839 | 1981-04-02 | 2975 | | 20 |
| 7654 | MARTIN | SALESMAN | 7698 | 1981-09-28 | 1250 | 1400 | 30 |
| 7698 | BLAKE | MANAGER | 7839 | 1981-05-01 | 2850 | | 30 |
| 7782 | CLARK | MANAGER | 7839 | 1981-06-09 | 2450 | | 10 |
| 7788 | SCOTT | ANALYST | 7566 | 1987-04-19 | 3000 | | 20 |
| 7844 | TURNER | SALESMAN | 7698 | 1981-09-08 | 1500 | 0 | 30 |
| 7876 | ADAMS | CLERK | 7788 | 1987-05-23 | 1100 | | 20 |
| 7900 | JAMES | CLERK | 7698 | 1981-12-03 | 950 | | 30 |
| 7902 | FORD | ANALYST | 7566 | 1981-12-03 | 3000 | | 20 |
| 7934 | MILLER | CLERK | 7782 | 1982-01-23 | 1300 | | 10 |
| 7202 | TEST_USER2 | CLERK | 7201 | 2016-02-21 | 1800 | | 50 |
| 7204 | TEST_USER4 | SALESMAN | 7201 | 2016-05-31 | 2700 | 300 | 60 |
| 7205 | TEST_USER5 | CLERK | 7201 | 2016-07-20 | 2860 | | 80 |
| 7206 | TEST_USER6 | CLERK | 7201 | 2016-09-08 | 2860 | | 80 |
| 7207 | TEST_USER7 | LECTURER | 7201 | 2016-10-28 | 2530 | | 80 |
| 7208 | TEST_USER8 | STUDENT | 7201 | 2018-03-09 | 1320 | | 80 |

정답 이지스퍼블리싱 홈페이지에서 확인하세요.

# 트랜잭션 제어와 세션

10장에서 살펴본 데이터 조작어는 테이블 안에 있는 데이터에 영향을 주는 명령어였습니다. 그리고 데이터 조작어를 사용해 데이터에 미치는 영향은 트랜잭션과 세션 개념 안에서 최종적으로 실행 취소 또는 반영이 결정됩니다. 이 장에서는 트랜잭션과 세션에 대해 알아보겠습니다. 꼭 알아야 할 명령어는 그리 많지 않지만, 주요한 데이터 관리 개념을 포함하고 있고 이해하는 것이 쉽지 않으므로 주의 깊게 읽어 보기 바랍니다.

11-1 하나의 단위로 데이터를 처리하는 트랜잭션
11-2 트랜잭션을 제어하는 명령어
11-3 세션과 읽기 일관성의 의미
11-4 수정 중인 데이터 접근을 막는 LOCK

이 장에서 꼭 익혀야 할 것

• 트랜잭션 개념                      • COMMIT, ROLLBACK 사용 결과
• 세션의 의미와 트랜잭션과의 관계       • LOCK 의미

# 11-1 하나의 단위로 데이터를 처리하는 트랜잭션

## 트랜잭션이란?

트랜잭션(transaction)의 정확한 의미를 설명하기에 앞서 트랜잭션의 필요성을 알아보기 위해 계좌 이체를 수행하는 상황을 생각해 봅시다. 100만 원이 들어 있는 A 계좌에서 잔액이 0원인 B 계좌로 100 만원을 이체한다고 가정해 보죠. 계좌 데이터를 저장하는 테이블이 ACCOUNT이고, 이 테이블에 계좌 번호(ACCNO)와 잔액(BALANCE) 데이터가 있을 때 이체가 이루어지려면 다음과 같이 두 번의 UPDATE문을 실행해야 합니다.

① A 계좌의 잔액 변경
② B 계좌의 잔액 변경

그러면 다음 SQL문을 더 자세히 살펴보겠습니다.

---

① A 계좌 잔액을 0원으로 변경하는 UPDATE문 실행

```
UPDATE ACCOUNT
    SET BALANCE = 0
WHERE ACCNO = A계좌번호;
```

② B 계좌 잔액을 100만 원으로 변경하는 UPDATE문 실행

```
UPDATE ACCOUNT
    SET BALANCE = 1000000
WHERE ACCNO = B계좌번호;
```

---

☺ 계좌 이체처럼 돈과 직접 관련된 데이터는 사실 위와 같이 간단한 데이터 구조와 수행으로 진행되지 않습니다. 전산상에서 돈이 움직일 때 우리 눈에 보이지 않는 수많은 기관 및 회사 그리고 그보다 훨씬 많은 프로그램이 상호 연관 관계를 맺고 동작합니다. 계좌 이체 과정을 아주 단순화한 예에서도 UPDATE문의 특성상 WHERE절의 조건식이 잘못되면 큰 문제가 생길 수 있다는 것을 꼭 명심하세요.

그런데 ①의 UPDATE문을 실행한 후에 천재지변 또는 데이터베이스 서버에 갑작스런 문제로 인해 ②의 UPDATE문을 실행하지 못하는 상황이 발생했다고 생각해 봅시다. B 계좌는 원래 잔액인 0원

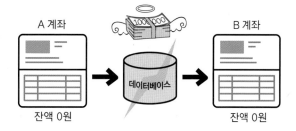

이 유지되어 있는 상태이고 A 계좌는 UPDATE문 실행 후에 잔액이 100 만원에서 0원으로 수정되어 있는 상태입니다. 즉 A 계좌의 100 만원은 데이터 처리 오류로 사라져 버린 것이죠. 이러한 데이터 유실이라는 무시무시한 상황이 일어나는 것을 막으려면 두 가지 방법을 생각해 볼 수 있습니다. 하나는 어떤 상황에서든 두 UPDATE문을 모두 완전히 실행하는 것입니다. 만약 이것이 불가능하다면 두 UPDATE문을 실행하기 전 상태, 즉 아무 UPDATE문도 실행하지 않는 상태를 유지할 수 있어야 합니다.

◎ 계좌 이체를 하려고 했던 사용자 입장에서는 이체가 되지 않는 상황 역시 불편하겠지만 돈이 없어지는 상황에 비할 수는 없겠죠. 그렇기 때문에 '금전적 사고'는 반드시 미연에 방지해야합니다. 따라서 여러 IT 분야에서도 특히 돈에 관련된 작업은 굉장히 꼼꼼하고 세심하게 일을 진행합니다.

따라서 두 UPDATE문은 하나의 실행 단위처럼 꼭 붙어 있어야 합니다. 트랜잭션이란 더 이상 분할할 수 없는 최소 수행 단위를 뜻하며 계좌 이체와 같이 하나의 작업 또는 밀접하게 연관된 작업을 수행하기 위해 한 개 이상의 데이터 조작 명령어(DML)로 이루어집니다. 즉 어떤 기능 한 가지를 수행하는 'SQL문 덩어리'라고 볼 수 있습니다.

트랜잭션은 하나의 트랜잭션 내에 있는 여러 명령어를 한 번에 수행하여 작업을 완료하거나 아예 모두 수행하지 않는 상태, 즉 모든 작업을 취소합니다. 이러한 특성으로 트랜잭션 의미를 'ALL OR NOTHING' 문장으로 설명하기도 합니다. 그리고 트랜잭션을 제어하기 위해 사용하는 명령어를 TCL(Transaction Control Language)이라고 합니다.

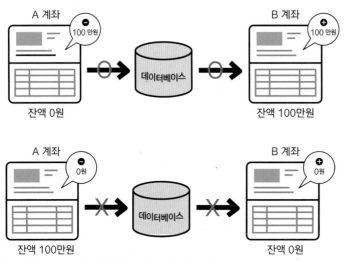

모두 하거나(ALL), 모두 하지 않아야 합니다(NOTHING).

트랜잭션은 SCOTT 같은 데이터베이스 계정을 통해 접속하는 동시에 시작됩니다. 트랜잭션이 종료되기 전까지 여러 SQL문을 실행하고 트랜잭션을 제어하는 명령(TCL)을 실행할 때 기존 트랜잭션이 끝납니다. 그리고 그 후에 새로운 트랜잭션이 다시 시작합니다.

◎ 정확하게는 TCL 명령어 외에 다음 장에서 소개할 DDL(Data Definition Language), DCL(Data Control Language) 명령어를 사용할 때 역시 현재 트랜잭션을 끝내고 새 트랜잭션이 시작되는 효과가 있습니다.

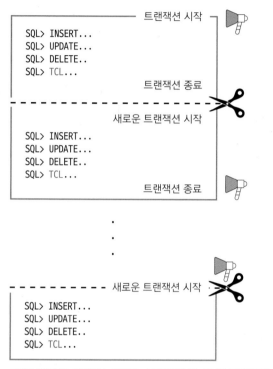

트랜잭션은 TCL 명령어를 사용하는 시점에 끝나며 새로운 트랜잭션이 시작됩니다.

 **1분 복습** 다음 빈칸을 채우며 복습해 보세요.

관계형 데이터베이스에서 하나의 작업 또는 밀접하게 연관되어 있는 작업 수행을 위해 나눌 수 없는 최소 수행 단위를 [1] 트_____ 이라고 합니다. SQL 문법 중 이러한 [1] 트_____ 을 제어하는 데 사용하는 명령어를 [2] T_____ 라고 합니다.

정답 1. 트랜잭션 2. TCL

# 11-2 트랜잭션을 제어하는 명령어

-----

트랜잭션 개념을 통해 알 수 있듯이 하나의 트랜잭션에 묶여 있는 데이터 조작어(DML)의 수
행 상태는 모든 명령어가 정상적으로 수행 완료된 상태 또는 모든 명령어가 수행되지 않아 취
소된 상태, 이 두 가지 상태로만 존재할 수 있습니다. 트랜잭션 제어 명령어는 데이터 조작 상
태를 이 두 가지 상태 중 하나로 유도하는 명령어를 의미합니다. 즉 데이터 조작을 데이터베
이스에 영구히 반영하거나 작업 전체를 취소합니다.

본격적인 실습에 앞서 트랜잭션 제어 명령어를 사용하는 DEPT_TCL 테이블을 하나 만들어
봅시다.

**실습 11-1**   DEPT 테이블을 복사해서 DEPT_TCL 테이블 만들기

```
01   CREATE TABLE DEPT_TCL
02       AS SELECT *
03           FROM DEPT;

04   SELECT * FROM DEPT_TCL;
```

:: 결과 화면

| DEPTNO | DNAME | LOC |
|---|---|---|
| 10 | ACCOUNTING | NEW YORK |
| 20 | RESEARCH | DALLAS |
| 30 | SALES | CHICAGO |
| 40 | OPERATIONS | BOSTON |

이제 생성된 DEPT_TCL 테이블에 다음과 같이 여러 명령어를 실행해서 제대로 실행되는지
확인해 봅시다. 다음 명령어(INSERT, UPDATE, DELETE)는 각각 한 번씩 따로 실행해 주세요.

**실습 11-2**   DEPT_TCL 테이블에 데이터를 입력·수정·삭제하기

```
01   INSERT INTO DEPT_TCL VALUES(50, 'DATABASE', 'SEOUL');

02   UPDATE DEPT_TCL SET LOC = 'BUSAN' WHERE DEPTNO = 40;

03   DELETE FROM DEPT_TCL WHERE DNAME = 'RESEARCH';

04   SELECT * FROM DEPT_TCL;
```

:: 결과 화면

| ≣ | DEPTNO | DNAME | LOC |
|---|--------|-------|-----|
| ▶ | 10 | ACCOUNTING | NEW YORK |
| | 30 | SALES | CHICAGO |
| | 40 | OPERATIONS | BUSAN |
| | 50 | DATABASE | SEOUL |

실습 결과를 살펴보면 50번 부서가 새로 추가되었고 40번 부서의 LOC 열이 BUSAN으로 수정된 것을 알 수 있습니다. 그리고 DELETE문으로 20번 부서는 삭제되었습니다.

😊 실습 11-2에서 데이터 조작어를 종류(INSERT, UPDATE, DELETE)별로 하나씩 순서대로 사용했는데요. 여러분이 직접 실습할 때는 더 많거나 적은 수의 명령어를 사용해도 괜찮습니다.

## 트랜잭션을 취소하고 싶을 때는 ROLLBACK

실습 11-2에서 실행한 세 개의 데이터 조작어는 중간에 별다른 작업이 없었다면 하나의 트랜잭션에 속해 있을 것입니다. 만약 이 모든 작업의 수행을 취소하고 싶다면 ROLLBACK(롤백) 명령어를 사용합니다. ROLLBACK은 현재 트랜잭션에 포함된 데이터 조작 관련 명령어의 수행을 모두 취소합니다. ROLLBACK 명령어를 사용한 후 DEPT_TCL 테이블의 데이터를 확인해 보세요.

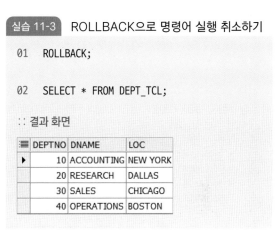

실습 11-3  ROLLBACK으로 명령어 실행 취소하기

```
01  ROLLBACK;

02  SELECT * FROM DEPT_TCL;
```

:: 결과 화면

| ≣ | DEPTNO | DNAME | LOC |
|---|--------|-------|-----|
| ▶ | 10 | ACCOUNTING | NEW YORK |
| | 20 | RESEARCH | DALLAS |
| | 30 | SALES | CHICAGO |
| | 40 | OPERATIONS | BOSTON |

결과를 살펴보면 최초 DEPT_TCL 테이블을 생성한 직후의 데이터로 되돌아간 것을 확인할 수 있습니다. 즉 앞에서 실행한 데이터 조작 관련 명령어 실행이 모두 취소되었습니다.

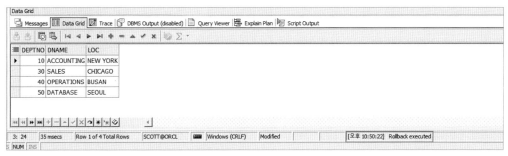

토드 프로그램에서 ROLLBACK을 실행했을 때

😊 토드 프로그램에서 ROLLBACK 명령어를 실행할 경우에 프로그램 아래쪽에 Rollback executed 문구를 제외하면 데이터 관련 내용은 따로 출력되지 않습니다. 그리고 명령어 프롬프트에서 SQL*PLUS를 통해 접속한 상태에서 ROLLBACK 명령어를 실행하면 '롤백이 완료되었습니다.'라는 문구만 출력됩니다.

## 트랜잭션을 영원히 반영하고 싶을 때는 COMMIT

ROLLBACK과 달리 지금까지 수행한 트랜잭션 명령어를 데이터베이스에 영구히 반영할 때는 COMMIT(커미트) 명령어를 사용합니다. 다음 명령어를 실행한 후 COMMIT을 실행해 봅시다. 실습 11-4의 SQL문은 각각 하나씩 실행해야 합니다.

😊 실무에서는 COMMIT을 '커밋'이라고 부릅니다.

| 실습 11-4 | DEPT_TCL 테이블에 데이터를 입력·수정·삭제하기 |

```
01    INSERT INTO DEPT_TCL VALUES(50, 'NETWORK', 'SEOUL');

02    UPDATE DEPT_TCL SET LOC = 'BUSAN' WHERE DEPTNO = 20;

03    DELETE FROM DEPT_TCL WHERE DEPTNO = 40;

04    SELECT * FROM DEPT_TCL;
```

:: 결과 화면

| DEPTNO | DNAME | LOC |
|---|---|---|
| 10 | ACCOUNTING | NEW YORK |
| 20 | RESEARCH | BUSAN |
| 30 | SALES | CHICAGO |
| 50 | NETWORK | SEOUL |

| 실습 11-5 | COMMIT으로 명령어 반영하기 |

```
01    COMMIT;
```

COMMIT 명령어는 지금까지 트랜잭션에서 데이터 조작 관련 명령어를 통해 변경된 데이터를 모두 데이터베이스에 영구히 반영합니다. 즉 COMMIT 명령어 사용을 기점으로 50번 부서 추가, 20번 부서의 LOC 열 변경, 40번 부서 삭제는 취소가 불가능합니다. ROLLBACK 명령어 역시 이 시점부터는 소용없습니다. 그러므로 COMMIT은 트랜잭션 작업이 정상적으로 수행되었다고 확신할 때 사용해야 합니다.

안 돼! 실수로 COMMIT 해 버렸어!

실무에서도 COMMIT을 잘못 실행하여 낭패를 보는 상황이 꽤 자주 발생합니다. UPDATE문이나 DELETE문을 잘못 작성하여 실수로 데이터를 몇 만 건 이상 날려 버리는 상황도 생기죠. COMMIT으로 실행한 내용의 반영은 되돌릴 수 없으므로 정말 신중하게 진행해야 합니다.

트랜잭션 제어 명령어를 소개한 시점에 수행한 DEPT_TCL 테이블 생성부터 COMMIT 실행
까지 트랜잭션 시작과 종료 과정을 다음 그림으로 표현하였습니다.

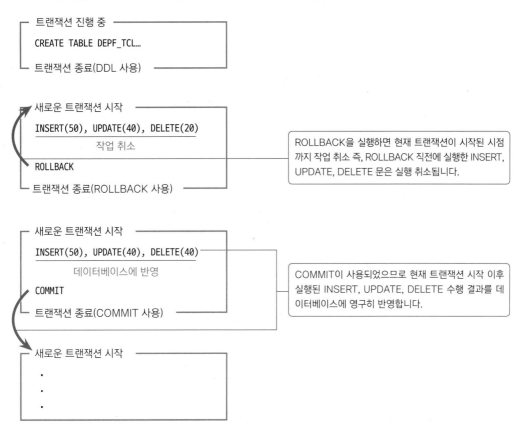

COMMIT, ROLLBACK 명령어 모두 현재 트랜잭션을 끝내고 새 트랜잭션을 시작하게 합니다. 종료될 트랜잭션에 작업을 반영할지 취
소할지만 결정하는 것이죠.

◎ ROLLBACK을 통해 작업을 취소할 지점을 지정할 때 SAVEPOINT 명령어를 사용할 수 있습니다.
SAVEPOINT 명령어에는 COMMIT과 ROLLBACK에 비해 자주 사용하는 명령어가 아니므로 이 책에서 따로 소개하지는
않지만 다음 오라클 문서에서 관련 내용을 참고할 수 있습니다(docs.oracle.com/cd/B28359_01/server.111/b28286/
statements_10001.htm#SQLRF01701).

# 11-3 세션과 읽기 일관성의 의미

## 세션이란?

일반적으로 세션(session)은 어떤 활동을 위한 시간이나 기간을 뜻합니다. 오라클 데이터베이스에서 세션은 데이터베이스 접속을 시작으로 여러 데이터베이스에서 관련 작업을 수행한 후 접속을 종료하기까지 전체 기간을 의미합니다. 좀 더 익숙한 단어로 표현한다면 게임이나 웹 서비스에 로그인해서 로그아웃할 때까지의 기간 또는 모바일이나 온라인 게임 등을 켜고 끌 때까지의 기간 정도로 생각해도 됩니다.

그러므로 세션이 여러 개라는 말은 현재 오라클 데이터베이스에 접속하여 사용 중인 연결이 여러 개 있다는 뜻입니다. 예를 들어 현재 우리가 사용하고 있는 오라클 데이터베이스에 토드를 사용하여 SCOTT 계정으로 접속했을 때, 명령어 프롬프트를 켜서 SQL*PLUS를 실행하여 SCOTT으로 접속할 경우에 세션은 두 개가 됩니다.

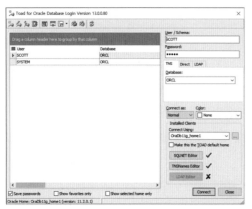 

같은 계정으로 접속해도 세션은 각각입니다.

앞에서 살펴본 트랜잭션과 세션의 관계를 살펴보겠습니다. 트랜잭션은 데이터 조작 명령어가 모인 하나의 작업 단위를 뜻하며 세션 내부에는 하나 이상의 트랜잭션이 존재합니다. 왜냐하면 데이터베이스에 접속한 후 종료하기까지의 과정이 하나의 세션이고 이 세션이 유지되는 동안 여러 COMMIT, ROLLBACK 작업이 진행되기 때문입니다. 세션이 트랜잭션보다 큰 범위의 개념임을 잊지 마세요.

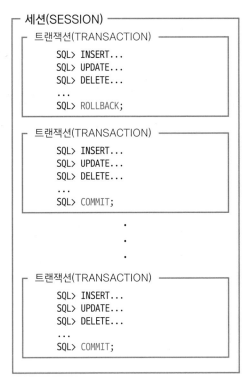

```
┌─ 세션(SESSION) ────────────────────────┐
│  ┌─ 트랜잭션(TRANSACTION) ──────────────┐  │
│  │    SQL> INSERT...                 │  │
│  │    SQL> UPDATE...                 │  │
│  │    SQL> DELETE...                 │  │
│  │    ...                           │  │
│  │    SQL> ROLLBACK;                 │  │
│  └──────────────────────────────────┘  │
│  ┌─ 트랜잭션(TRANSACTION) ──────────────┐  │
│  │    SQL> INSERT...                 │  │
│  │    SQL> UPDATE...                 │  │
│  │    SQL> DELETE...                 │  │
│  │    ...                           │  │
│  │    SQL> COMMIT;                   │  │
│  └──────────────────────────────────┘  │
│                   ·                    │
│                   ·                    │
│                   ·                    │
│  ┌─ 트랜잭션(TRANSACTION) ──────────────┐  │
│  │    SQL> INSERT...                 │  │
│  │    SQL> UPDATE...                 │  │
│  │    SQL> DELETE...                 │  │
│  │    ...                           │  │
│  │    SQL> COMMIT;                   │  │
│  └──────────────────────────────────┘  │
└────────────────────────────────────────┘
```

하나의 세션 안에는 여러 개의 트랜잭션이 존재합니다.

## 읽기 일관성의 중요성

데이터베이스는 여러 곳(여러 사용자, 여러 응용 프로그램)에서 동시에 접근하여 데이터를 관리·사용하는 것이 목적이므로 대부분 수많은 세션이 동시에 연결되어 있습니다. 읽기 일관성이란 어떤 특정 세션에서 테이블의 데이터를 변경 중일 때 그 외 다른 세션에서는 데이터의 변경이 확정되기 전까지 변경 사항을 알 필요가 없으므로, 데이터를 변경 중인 세션을 제외한 나머지 세션에서는 현재 진행 중인 변경과 무관한 본래의 데이터를 보여 주는 특성을 의미합니다.

이 문제를 확인하기 위해 다른 실습과는 다르게 오라클 데이터베이스에 두 세션으로 각각 실습을 수행해 보겠습니다. 실습에 앞서 세션 두 개를 띄워 봅시다. 토드와 명령 프롬프트에서 SQL*PLUS를 실행하여 각각 SCOTT 계정으로 오라클 데이터베이스에 접속합니다. 이제부터 토드를 사용한 세션을 세션 A, SQL*PLUS를 사용한 세션은 세션 B라고 하겠습니다.

우선 DEPT_TCL 테이블을 활용하여 세션 A, B에서 모두 DEPT_TCL 테이블을 조회해 보죠. 실습 코드에 있는 번호순(❶, ❷ 등)으로 실습을 실행해 주세요.

실습 11-6 토드와 SQL*PLUS로 세션 알아보기

| 세션 A(토드) | 세션 B(SQL * PLUS) |
|---|---|
| SELECT * FROM DEPT_TCL; —① | SELECT * FROM DEPT_TCL; —② |
| :: 결과 화면<br><br>| ≣ | DEPTNO | DNAME | LOC |<br>|---|---|---|---|<br>| ▸ | 10 | ACCOUNTING | NEW YORK |<br>|  | 20 | RESEARCH | BUSAN |<br>|  | 30 | SALES | CHICAGO |<br>|  | 50 | NETWORK | SEOUL | | :: 결과 화면<br><br>```<br>SQL> SELECT * FROM DEPT_TCL;<br><br>  DEPTNO DNAME          LOC<br><br>      10 ACCOUNTING     NEW YORK<br>      20 RESEARCH       BUSAN<br>      30 SALES          CHICAGO<br>      50 NETWORK        SEOUL<br><br>SQL><br>``` |

◎ 세션 A, B 모두 SCOTT 계정으로 접속합니다.

당연한 이야기이지만 두 세션 모두 똑같은 DEPT_TCL 테이블을 조회했으므로 조회 결과는 같습니다. 이번에는 세션 A에서 DELETE문을 사용하여 50번 부서 데이터를 삭제한 후에 각 세션에서 DEPT_TCL 테이블을 조회하겠습니다. 실습 11-7을 순서대로 토드와 SQL*PLUS 에서 실행해 보죠.

실습 11-7 토드와 SQL*PLUS로 세션 알아보기

| 세션 A(토드) | 세션 B(SQL * PLUS) |
|---|---|
| DELETE FROM DEPT_TCL<br>  WHERE DEPTNO = 50; —① | 세션 A의 DELETE 명령이 끝날 때까지 기다려 주세요. |
| SELECT * FROM DEPT_TCL; —② | SELECT * FROM DEPT_TCL; —③ |

실습 11-7의 결과는 다음과 같습니다. 세션 A에서는 50번 부서가 삭제된 상태로 DEPT_ TCL 테이블이 조회되지만 세션 B에서는 50번 부서가 아직 삭제되지 않은 상태, 즉 변경이 일 어나기 전 상태로 출력됩니다.

:: 결과 화면

| ≣ | DEPTNO | DNAME | LOC |
|---|---|---|---|
| ▸ | 10 | ACCOUNTING | NEW YORK |
|  | 20 | RESEARCH | BUSAN |
|  | 30 | SALES | CHICAGO |

:: 결과 화면

```
SQL> SELECT * FROM DEPT_TCL;

  DEPTNO DNAME          LOC

      10 ACCOUNTING     NEW YORK
      20 RESEARCH       BUSAN
      30 SALES          CHICAGO
      50 NETWORK        SEOUL

SQL>
```

이는 세션 A에서 실행한 DELETE문의 수행 결과가 데이터베이스에 완벽하게 반영되지 않았 기 때문입니다. 즉 COMMIT되지 않았다는 이야기입니다. COMMIT 명령어로 세션 A에서 실행한 DELETE문의 실행 결과가 데이터베이스에 영구히 반영되기 전까지 DELETE를 실행한 세션 A를 제외한 다른 세션에서는 50번 부서 데이터의 변화를 확인할 수 없습니다. 따라서 50번 부서의 삭제를 확인할 수 있는 것은 세션 A뿐입니다.

이와 같이 어떤 데이터 조작이 포함된 트랜잭션이 완료(COMMIT, ROLLBACK)되기 전까지 데이터를 직접 조작하는 세션 외 다른 세션에서는 데이터 조작 전 상태의 내용이 일관적으로 조회·출력·검색되는 특성을 '읽기 일관성(read consistency)'이라고 합니다. 이 내용은 중요한 내용이므로 꼭 기억해 두세요.

◎ 데이터베이스 입장에서는 데이터를 변경하는 데이터 조작 명령어 실행 후 COMMIT으로 데이터베이스에 반영할지 ROLLBACK으로 실행을 취소할지 알 수 없습니다. 그렇기 때문에 ROLLBACK으로 명령어 수행이 취소될 경우에 대비해 변경 전 데이터를 언두 세그먼트(undo segment)에 따로 저장해 둡니다.

이제 세션 A에서 COMMIT을 실행한 후 각 세션에서 다시 DEPT_TCL 테이블을 조회해 볼까요?

**실습 11-8  토드와 SQL*PLUS로 세션 알아보기**

| 세션 A(토드) | 세션 B(SQL * PLUS) |
|---|---|
| COMMIT; —❶ | 세션 A의 COMMIT 명령이 끝날 때까지 기다려 주세요. |
| SELECT * FROM DEPT_TCL; —❷ | SELECT * FROM DEPT_TCL; —❸ |

실습 11-8과 같이 세션 A에서 COMMIT 실행 후에는 실습 11-7에서 실행한 50번 부서를 삭제하는 DELETE문 수행 결과가 데이터베이스에 완전히 반영됩니다. 따라서 세션 B에서도 50번 부서가 삭제된 채 조회되는 것을 확인할 수 있습니다.

하나의 데이터베이스에는 수많은 세션이 연결되고 각 세션에서는 데이터 조작 명령어가 포함된 여러 트랜잭션이 끊임없이 시작되고 종료되면서 실시간으로 작업이 수행됩니다. 데이터를 직접 변경 중인 해당 세션을 제외한 모든 세션은 다른 세션의 데이터 변경과 상관없이 이미 확정된 데이터만 검색됨으로써 읽기 일관성을 보장할 수 있습니다.

**1분 복습** 다음 빈칸을 채우며 복습해 보세요.

오라클 데이터베이스에서의 [1] 세       은 데이터베이스 접속 시작부터 접속이 종료되기까지의 전체 기간을 의미합니다.

하나의 [1] 세      은 여러 SQL문이 하나의 작업 단위로 다뤄지는 여러 개의 트랜잭션으로 구성됩니다. 트랜잭션 작업을 데이터베이스에 영구히 반영할 때 [2] C        명령어를 사용하고 지금까지 한 작업을 취소할 때 [3] R        명령어를 사용합니다.

이 명령어를 통해 현재 트랜잭션이 종료될 때까지 다른 [1] 세      에서는 데이터 조작 전 상태의 데이터만 조회할 수 있으며 이러한 특성을 [4] 읽      이라고 합니다.

정답 1. 세션 2. COMMIT 3. ROLLBACK 4. 읽기 일관성

# 11-4 수정 중인 데이터 접근을 막는 LOCK

### LOCK이란?

트랜잭션과 세션을 이해했다면 LOCK 개념도 잘 알아 두어야 합니다. 특정 세션에서 조작 중인 데이터는 트랜잭션이 완료(COMMIT, ROLLBACK)되기 전까지 다른 세션에서 조작할 수 없는 상태가 됩니다. 즉 데이터가 잠기는(LOCK) 것입니다. '잠금', '잠금 현상'으로도 표현하는 LOCK은 조작 중인 데이터를 다른 세션은 조작할 수 없도록 접근을 보류시키는 것을 뜻합니다.

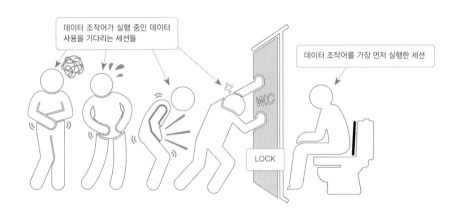

LOCK은 위의 그림과 같이 화장실 사용과 비슷한 면이 있습니다. 화장실 칸(DATA)에 먼저 들어간 사람(session)은 문을 잠글(LOCK)것이고, 그다음 사람은 아무리 화장실이 급해도 안에 들어간 사람이 나오기 전까지 화장실을 사용할 수 없습니다. 화장실을 사용 중인 사람을 강제로 끌어내거나 문을 부수고 들어가거나 동시에 여러 명이 화장실 한 칸에 함께 들어가는 경우는 데이터베이스에서 일어나지 않습니다. 실생활에서도 일어나면 안 되는 일이지만 말이죠.

### LOCK 개념 살펴보기

이번에도 DEPT_TCL 테이블을 활용해서 LOCK이 발생하는 상황을 확인해 보죠. LOCK 또한 세션 소개 때와 같이 세션 A와 세션 B로 나눠 각각 토드 및 SQL*PLUS를 사용하여 SCOTT으로 접속한 후 진행하겠습니다.

| 세션 A(토드) | 세션 B(SQL * PLUS) |
| --- | --- |
| SELECT * FROM DEPT_TCL; —① | SELECT * FROM DEPT_TCL; —② |

11-3절에서 사용한 DEPT_TCL 테이블에 더 이상 별다른 작업을 진행하지 않았다면 데이터는 다음과 같이 출력됩니다.

:: 결과 화면

| | DEPTNO | DNAME | LOC |
| --- | --- | --- | --- |
| ▶ | 10 | ACCOUNTING | NEW YORK |
| | 20 | RESEARCH | BUSAN |
| | 30 | SALES | CHICAGO |

:: 결과 화면

```
SQL> SELECT * FROM DEPT_TCL;

    DEPTNO DNAME          LOC

        10 ACCOUNTING     NEW YORK
        20 RESEARCH       BUSAN
        30 SALES          CHICAGO

SQL>
```

이제 세션 A에서 30번 부서에 UPDATE문을 사용하여 데이터를 변경해 보겠습니다.

| 세션 A(토드) | 세션 B(SQL * PLUS) |
| --- | --- |
| UPDATE DEPT_TCL SET LOC='SEOUL'<br>  WHERE DEPTNO = 30; —① | 세션 A의 UPDATE 명령이 끝날 때까지 기다려 주세요. |
| SELECT * FROM DEPT_TCL; —② | SELECT * FROM DEPT_TCL; —③ |

앞의 세션 때와 마찬가지로 UPDATE문을 실행하고 있는 세션 A에서는 30번 부서의 LOC 열이 SEOUL로 변경되었지만 COMMIT은 되지 않은 상태이므로 세션 B에서는 30번 부서에 변화가 없습니다.

:: 결과 화면

| | DEPTNO | DNAME | LOC |
| --- | --- | --- | --- |
| ▶ | 10 | ACCOUNTING | NEW YORK |
| | 20 | RESEARCH | BUSAN |
| | 30 | SALES | SEOUL |

:: 결과 화면

```
SQL> SELECT * FROM DEPT_TCL;

    DEPTNO DNAME          LOC

        10 ACCOUNTING     NEW YORK
        20 RESEARCH       BUSAN
        30 SALES          CHICAGO

SQL>
```

이 상태에서 세션 B의 30번 부서(세션 A가 변경 중인)에 UPDATE문을 실행해 보겠습니다. 데이터 변화를 확인하기 위해 이번에는 DNAME 열을 바꿔 보죠.

| 실습 11-11 | 토드와 SQL*PLUS로 LOCK 알아보기 |
| --- | --- |
| 세션 A(토드) | 세션 B(SQL * PLUS) |
| A는 아무런 작업을 하지 않습니다. | UPDATE DEPT_TCL SET DNAME='DATABASE'<br>WHERE DEPTNO = 30; —❶ |

세션 B에서 UPDATE문을 작성하고 실행하면 다음과 같이 아무런 동작이 일어나지 않습니다. SQL*PLUS 화면을 보면 화면이 멈춘 듯 가만히 있을 겁니다.

```
SQL> UPDATE DEPT_TCL SET DNAME='DATABASE'
  2   WHERE DEPTNO = 30;
```

실습 11-11 이후의 SQL*PLUS 화면

이는 세션 A에서 DEPT_TCL 테이블의 30번 부서 데이터를 먼저 조작하고 있기 때문입니다. 세션 A에서 수행 중인 30번 부서 행 데이터의 조작이 완료되지 않았기 때문에 COMMIT 또는 ROLLBACK을 수행하기 전까지 30번 부서 행 데이터를 조작하려는 다른 세션은 위의 화면과 같이 작업을 대기하게 됩니다. 이렇게 특정 세션에서 데이터 조작이 완료될 때까지 다른 세션에서 해당 데이터 조작을 기다리는 현상을 HANG(행)이라고 합니다.

hang 단어의 사전 의미 그대로 '매달려' 있는 상태입니다. 잠긴 데이터가 풀려서 사용할 수 있을 때를 기다리는 것이죠. 먼저 화장실을 사용하는 사람이 나오기를 화장실 문 앞에서 간절히 기다리는 것과 같은 원리입니다.

세션 B의 UPDATE문은 세션 A의 현재 트랜잭션이 종료되기 전까지는 수행되지 못합니다. 즉 세션 A에서 COMMIT으로 데이터 변경을 확정하여 반영하거나, ROLLBACK으로 세션 A의 UPDATE문 실행을 취소해야만 30번 부서 데이터의 LOCK이 풀립니다. 그리고 데이터의 LOCK이 풀린 즉시 세션 B는 UPDATE문을 실행합니다.

그러면 세션 A에서 COMMIT 명령어를 실행해 보겠습니다. 세션 A에서 COMMIT 명령어를 실행하는 순간 세션 B에서 어떤 일이 일어나는지 주의해서 보세요.

| 실습 11-12 | 토드와 SQL*PLUS로 LOCK 알아보기 |
| --- | --- |

| 세션 A(토드) | 세션 B(SQL * PLUS) |
| --- | --- |
| COMMIT; ─① | 세션 A의 COMMIT 명령어가 실행되는 순간의 변화를 확인합니다. |

세션 A에서 COMMIT 명령어를 실행하는 순간 세션 B
의 UPDATE문이 실행된 것을 확인할 수 있습니다. 세
션 A에 의해 LOCK 상태였던 30번 부서 데이터가
COMMIT 명령어로 트랜잭션이 완료되어 LOCK이 풀
렸고, 이와 동시에 30번 부서 데이터 작업을 기다리고
있던 세션 B의 UPDATE문이 오른쪽과 같이 실행된 것
입니다.

```
:: 결과 화면(SQL*PLUS)

SQL> UPDATE DEPT_TCL SET DNAME='DATABASE'
  2   WHERE DEPTNO = 30;

1 행이 갱신되었습니다.

SQL>
```

작업을 대기하고 있던 세션의 명령어는 먼저 작업 중이던 데이터 LOCK이 풀리
자마자 수행됩니다.

마지막으로 각 세션에서 다시 DEPT_TCL 테이블을 조회해 볼까요?

| 실습 11-13 | 토드와 SQL*PLUS로 LOCK 알아보기 |
| --- | --- |

| 세션 A(토드) | 세션 B(SQL * PLUS) |
| --- | --- |
| SELECT * FROM DEPT_TCL; | SELECT * FROM DEPT_TCL; |

세션 A와 B의 결과가 달라서 조금 의아할 수도 있습니다. 하지만 자세히 살펴보면 세션 A의
LOCK이 풀린 후 세션 B의 UPDATE문이 실행되었지만 아직 COMMIT을 하지 않은 상태이
기 때문에 세션 B에서만 30번 부서의 DNAME 열이 DATABASE로 출력됩니다.

:: 결과 화면

| ☰ | DEPTNO | DNAME | LOC |
|---|--------|-------|-----|
| ▶ | 10 | ACCOUNTING | NEW YORK |
| | 20 | RESEARCH | BUSAN |
| | 30 | SALES | SEOUL |

:: 결과 화면

```
SQL> SELECT * FROM DEPT_TCL;

   DEPTNO DNAME           LOC
---------- --------------- --------------
       10 ACCOUNTING      NEW YORK
       20 RESEARCH        BUSAN
       30 DATABASE        SEOUL
```

그러므로 세션 B에서 COMMIT을 실행하면 세션 A에서도 30번 부서의 DNAME이 변경된 것을 확인할 수 있습니다.

---

**실습 11-14** 토드와 SQL*PLUS로 LOCK 알아보기 - 세션 B(SQL*PLUS)

```
01   COMMIT;
```

**실습 11-15** 토드와 SQL*PLUS로 LOCK 알아보기 - 세션 A(토드)

```
01   SELECT * FROM DEPT_TCL;
```

:: 결과 화면(실습 11-15)

| ☰ | DEPTNO | DNAME | LOC |
|---|--------|-------|-----|
| ▶ | 10 | ACCOUNTING | NEW YORK |
| | 20 | RESEARCH | BUSAN |
| | 30 | DATABASE | SEOUL |

## LOCK 종류

LOCK은 이렇듯 하나의 데이터를 여러 곳에서 동시에 조작하려 할 때 발생할 수 있는 혼란을 최소화하기 위한 중요한 요소입니다. 앞에서 진행한 예와 같이 SQL문으로 조작하는 대상 데이터가 테이블의 특정 행 데이터일 경우에 해당 행만 LOCK이 발생한다는 의미로 '행 레벨 록(row level lock)'이라고 정의합니다.

만약 다음과 같이 WHERE절을 지정하지 않은 UPDATE, DELETE문일 경우에는 테이블의 모든 행 데이터에 영향을 주는 명령어이므로 이 경우에는 테이블에 저장되어 있는 전체 행이 LOCK 상태가 됩니다. 즉 다른 세션에서는 해당 테이블에 이미 저장되어 있는 행에 UPDATE, DELETE 명령을 수행하기 위해서 대기해야 합니다. 하지만 테이블 전체 행이 LOCK 상태여도 INSERT문의 수행은 가능합니다.

```
UPDATE DEPT_TCL SET LOC = 'SEOUL';

DELETE FROM DEPT_TCL;
```

11 • 트랜잭션 제어와 세션   307

하지만 테이블에 변경되는 행의 수와는 상관없이 데이터 조작 명령어를 사용하여 데이터가 변경 중인 테이블은 테이블 단위 잠금이라는 의미로 '테이블 레벨 록(table level lock)'이 걸리게 됩니다. 즉 데이터를 변경 중인 세션 외 다른 세션에서 12장에서 살펴볼 데이터 정의어(DDL)를 통한 테이블의 구조를 변경할 수는 없습니다.

데이터 조작 관련 SQL문을 어떤 방식으로 작성하느냐에 따라 테이블의 일부 데이터만 LOCK이 될 수도 있고 테이블 전체 데이터가 LOCK이 될 수도 있다는 점을 기억하세요.

---

### ◯ 한 발 더 나가기! Lock이 발생하는 SQL문을 사용할 때 유의점

Lock이 발생하는 데이터 조작 관련 SQL문은 조심해서 사용해야 합니다. 실무에서 데이터 관련 작업을 할 때 실제 서비스에 사용하는 데이터베이스(운영DB)에 바로 작업을 수행하는 경우는 흔치 않습니다. 대부분 테스트 혹은 개발 전용 데이터베이스(테스트DB 또는 개발DB)에서 시험 삼아 테스트해 본 후에 문제가 없으면 실제로 운영 중인 데이터베이스에 적용합니다.

◎ 테스트 또는 개발 전용 데이터베이스는 운영 중인 데이터베이스와 똑같은 구조로 모든 테이블을 생성해 놓은 테스트와 개발만을 위한 데이터베이스입니다.

하지만 이런 테스트, 개발 전용 데이터베이스조차 단독으로 사용하는 경우는 흔치 않습니다. 여러 IT 기술자들이 데이터베이스를 동시에 사용하고 테스트하면서 업무를 진행합니다. 만약 누군가 Lock을 일으킬 수 있는 SQL문을 실행하고 COMMIT 또는 ROLLBACK을 하지 않은 채 자리를 비운다면, 행 레벨 록과 테이블 레벨 록이 걸려 있는 테이블은 다른 사용자가 해당 테이블의 데이터나 구조와 관련된 작업 수행에 제한을 받게 됩니다.

따라서 자신이 실행해야 하는 데이터 조작 관련 SQL문을 통해 LOCK이 적용되는 데이터의 범위가 크거나, 오랜 시간 동안 작업이 진행되어야 한다면 반드시 함께 일하는 개발자들에게 작업 중임을 미리 알리고 양해를 구하는 센스를 발휘해 주세요.

도대체 누가 XXX 테이블 작업 중인거야.
나도 이거 빨리 해 놓고 집에 가야 하는데 LOCK이 걸려서 일을 할 수가 없어!

데이터 조작 명령어 실행만 해 놓고 ROLLBACK 또는 COMMIT은 안 하고 퇴근한 나쁜 사람

COMMIT이나 ROLLBACK으로 트랜잭션을 종료하지 않고 퇴근해 버리면 누군가는 집에 가지 못할 수도 있습니다!

**잊기 전에 한 번 더!**

━━━━━━━━━━━━━━━━━━━━━●  이 장에서 배운 내용을 실습하며 정리하세요.

**Q1** 다음 두 세션에서 실행되는 순서별 SQL 명령어를 확인하여 번호에 맞는 데이터 상태를 적어 보세요(단 DEPT_HW 테이블은 DEPT 테이블을 그대로 복사한 테이블이라 가정합니다).

| 세션 A | 세션 B |
|---|---|
| UPDATE DEPT_HW<br>   SET DNAME='DATABASE', LOC='SEOUL'<br> WHERE DEPTNO = 30; | |
| SELECT * FROM DEPT_HW; | SELECT * FROM DEPT_HW; |

① 현재 세션 A, B에서 조회한 DEPT_HW 테이블 30번 부서의 DNAME, LOC열의 데이터 상태를 적어 보세요.

답 : 세션 A의 DNAME 내용은 <u>¹          </u> , LOC 내용은 <u>²          </u> /

    세션 B의 DNAME 내용은 <u>³          </u> , LOC 내용은 <u>⁴          </u>

| 세션 A | 세션 B |
|---|---|
| | UPDATE DEPT_HW<br>   SET DNAME='DATABASE', LOC='SEOUL'<br> WHERE DEPTNO = 30; |

② 현재 세션 B에서 실행한 UPDATE문 실행 결과를 적어 보세요.

| 세션 A | 세션 B |
|---|---|
| ROLLBACK; | |

③ 현재 세션 A에서 ROLLBACK 명령어를 사용한 후 세션 B에서 일어나는 변화를 적어 보세요.

| 세션 A | 세션 B |
|---|---|
| SELECT * FROM DEPT_HW; | SELECT * FROM DEPT_HW; |

④ 현재 세션 A, B에서 조회한 DEPT_HW 테이블 30번 부서의 DNAME, LOC열의 데이터 상태를 적어 보세요.

답 : 세션 A의 DNAME 내용은 <u>¹          </u> , LOC 내용은 <u>²          </u> /

    세션 B의 DNAME 내용은 <u>³          </u> , LOC 내용은 <u>⁴          </u>

| 세션 A | 세션 B |
|---|---|
| | COMMIT; |
| SELECT * FROM DEPT_HW; | SELECT * FROM DEPT_HW; |

⑤ 현재 세션 A, B에서 조회한 DEPT_HW 테이블 30번 부서의 DNAME, LOC 열의 데이터 상태를 적어 보세요.

답 : 세션 A의 DNAME 내용은 <u>¹          </u> , LOC 내용은 <u>²          </u> /

    세션 B의 DNAME 내용은 <u>³          </u> , LOC 내용은 <u>⁴          </u>

정답 이지스퍼블리싱 홈페이지에서 확인하세요.

# 데이터 정의어

데이터베이스는 데이터 관리 및 보관을 위해 다양한 객체를 제공합니다. 이러한 객체를 새로 만들거나 기존에 존재하던 객체를 변경하거나 삭제하는 등의 기능을 수행하는 명령어를 데이터 정의어라고 합니다. 이 장에서는 지금까지 사용한 데이터베이스 객체 중 활용 빈도가 가장 높은 테이블에 사용하는 데이터 정의어를 살펴보겠습니다. 그 밖의 객체와 명령어에 대해서는 13장에 이어서 살펴볼 것입니다.

12-1 객체를 생성, 변경, 삭제하는 데이터 정의어

12-2 테이블을 생성하는 CREATE

12-3 테이블을 변경하는 ALTER

12-4 테이블 이름을 변경하는 RENAME

12-5 테이블의 데이터를 삭제하는 TRUNCATE

12-6 테이블을 삭제하는 DROP

이 장에서 꼭 익혀야 할 것

- 데이터 정의어 사용 후 자동으로 발생하는 COMMIT
- CREATE문으로 테이블 생성
- DROP문으로 테이블 삭제

# 12-1 객체를 생성, 변경, 삭제하는 데이터 정의어

데이터 정의어(DDL : Data Definition Language)는 데이터베이스 데이터를 보관하고 관리하기 위해 제공되는 여러 객체(object)의 생성·변경·삭제 관련 기능을 수행합니다.

## 데이터 정의어를 사용할 때 유의점

데이터 정의어는 앞에서 살펴본 데이터 조작어(DML)와 달리 명령어를 수행하자마자 데이터베이스에 수행한 내용이 바로 반영되는 특성이 있습니다. 즉 데이터 정의어를 실행하면 자동으로 COMMIT되기 때문에 이전에 사용한 데이터 조작어는 영구히 데이터베이스에 반영됩니다. 이는 ROLLBACK을 통한 실행 취소가 불가하다는 것을 의미하기 때문에 사용할 때 주의를 기울여야 합니다.

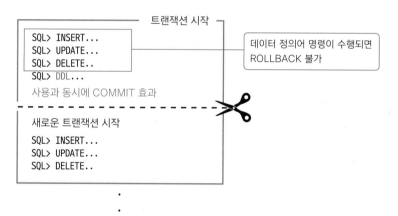

데이터 정의어 실행은 COMMIT 효과를 냅니다.

그러면 데이터 정의어에는 어떤 것들이 있는지 살펴봅시다. 데이터 정의어는 객체를 생성하는 CREATE, 이미 생성된 객체를 변경하는 ALTER, 객체를 삭제하는 DROP 등의 명령어로 이루어져 있습니다. 이 장에서는 데이터베이스 객체 중 가장 많이 사용되는 테이블과 관련된 데이터 정의어를 먼저 살펴보겠습니다.

# 12-2 테이블을 생성하는 CREATE

CREATE문은 오라클 데이터베이스 객체를 생성하는 데 사용하는 명령어입니다. 10장과 11장에서 데이터 조작어(DML)와 트랜잭션 제어 명령어(TCL)를 사용하기 위해 SCOTT 계정에 이미 존재하는 테이블과 유사한 테이블을 생성했습니다. 바로 이 CREATE TABLE 명령어가 테이블을 만들 때 사용하는 대표적인 데이터 정의어입니다.

◎ 테이블을 생성할 때 각 열에 저장되는 데이터 특징을 조금 더 구체적으로 지정할 수 있는데 이를 제약 조건(constraint)이라고 합니다. 이 내용은 14장에서 알아보겠습니다.

```
CREATE TABLE 소유 계정.테이블 이름(                          기본 형식
    열1 이름  열1 자료형,
    열2 이름  열2 자료형,
    ...
    열N 이름  열N 자료형
);
```

위 형식에 따라 CREATE TABLE SCOTT.EMP_TEST … 명령어가 시작되면 SCOTT 계정 소유의 EMP_TEST 테이블을 생성하겠다는 뜻입니다. 이때 소유 계정 이름(SCOTT)은 생략할 수 있습니다. 계정 이름을 생략하고 CREATE TABLE 명령어를 사용할 때 현재 접속해 있는 계정 소유의 테이블이 만들어집니다. 생성할 테이블 이름은 반드시 다음 규칙대로 지정해 주어야 합니다.

◎ 기본적으로 테이블 이름을 지정할 때는 대·소문자 구별을 하지 않는데요. 대·소문자를 구별하여 테이블 이름을 지정할 때는 테이블 이름에 큰따옴표(" ")를 사용합니다. 자주 사용하는 방법은 아니지만 알아 두면 좋습니다.

---

**테이블 이름 생성 규칙**

1. 테이블 이름은 문자로 시작해야 한다(한글도 가능하며 숫자로 시작할 수 없음).
   ex) EMP90 (O), 90EMP (X)

2. 테이블 이름은 30byte 이하여야 한다(즉 영어는 30자, 한글은 15자까지 사용 가능).

3. 같은 사용자 소유의 테이블 이름은 중복될 수 없다(SCOTT 계정에 두 EMP 테이블은 존재할 수 없음).

4. 테이블 이름은 영문자(한글 가능), 숫자(0-9)와 특수 문자 $, #, _ 를 사용할 수 있다.
   ex) EMP#90_OB

5. SQL 키워드는 테이블 이름으로 사용할 수 없다(SELECT, FROM 등은 테이블 이름으로 사용 불가).

---

테이블 이름과 마찬가지로 열 이름에도 규칙이 있습니다. 테이블 이름 지정 규칙과 크게 다르지 않으니 다음 내용을 참고해 주세요.

---

**열 이름 생성 규칙**

1. 열 이름은 문자로 시작해야 한다.
2. 열 이름은 30byte 이하여야 한다.
3. 한 테이블의 열 이름은 중복될 수 없다(EMP 테이블에 EMPNO 열이 두 개 존재할 수 없음).
4. 열 이름은 영문자(한글 가능), 숫자(0-9)와 특수 문자 $, #, _ 를 사용할 수 있다.
5. SQL 키워드는 열 이름으로 사용할 수 없다.

---

## 자료형을 각각 정의하여 새 테이블 생성하기

CREATE 명령어를 사용하여 EMP 테이블과 같은 열 구조를 가지는 EMP_DDL 테이블을 생성해 봅시다. NUMBER(4)와 같이 자료형 뒤 괄호에는 열에 저장할 데이터 길이를 지정할 수 있습니다. DESC 명령어를 사용하여 EMP_DDL 테이블과 EMP 테이블의 열 구조를 확인해 보세요.

**실습 12-1** 모든 열의 각 자료형을 정의해서 테이블 생성하기

```
01   CREATE TABLE EMP_DDL(
02     EMPNO      NUMBER(4),
03     ENAME      VARCHAR2(10),
04     JOB        VARCHAR2(9),
05     MGR        NUMBER(4),
06     HIREDATE   DATE,
07     SAL        NUMBER(7,2),
08     COMM       NUMBER(7,2),
09     DEPTNO     NUMBER(2)
10   );

11   DESC EMP_DDL;
```

:: 결과 화면(일부 열만 표시함)

| Column Name | ID | PK | Index Pos | Null? | Data Type | Default | Histogram | Num Distinct | Num Nulls | Density |
|---|---|---|---|---|---|---|---|---|---|---|
| ▶ EMPNO | 1 | | | Y | NUMBER (4) | | None | | | |
| ENAME | 2 | | | Y | VARCHAR2 (10 Byte) | | None | | | |
| JOB | 3 | | | Y | VARCHAR2 (9 Byte) | | None | | | |
| MGR | 4 | | | Y | NUMBER (4) | | None | | | |
| HIREDATE | 5 | | | Y | DATE | | None | | | |
| SAL | 6 | | | Y | NUMBER (7,2) | | None | | | |
| COMM | 7 | | | Y | NUMBER (7,2) | | None | | | |
| DEPTNO | 8 | | | Y | NUMBER (2) | | None | | | |

◎ NUMBER(7, 2)는 소수점 이하 두 자리 숫자를 포함한 7자리 숫자를 저장할 수 있음을 뜻합니다. 즉 자연수는 5자리까지 표현할 수 있으므로 12345.67과 같이 저장할 수 있는 것이죠. DATE는 길이 지정이 필요 없는 자료형이기 때문에 소괄호를 사용하지 않습니다. 자료형 종류는 02장을 참고하세요.

## 기존 테이블 열 구조와 데이터를 복사하여 새 테이블 생성하기

EMP_DDL 테이블은 EMP 테이블의 열 구조와 같게 만들었습니다. 특정 테이블과 같은 열 구조로 테이블을 만들 때 실습 12-1 방법보다 CREATE문에 서브쿼리를 활용하여 테이블을 생성하는 방법을 많이 사용합니다. CREATE문에 서브쿼리를 사용할 때 AS 키워드를 함께 씁니다. 다음 CREATE문은 DEPT 테이블과 같은 열 구조를 가지면서 DEPT 테이블의 데이터까지 그대로 저장한 DEPT_DDL 테이블을 만듭니다.

---

**실습 12-2**    다른 테이블을 복사하여 테이블 생성하기

```
01   CREATE TABLE DEPT_DDL
02      AS SELECT * FROM DEPT;

03   DESC DEPT_DDL;
```

:: 결과 화면(일부 열만 표시함)

| Column Name | ID | PK | Index Pos | Null? | Data Type | Default | Histogram | Num Distinct | Num Nulls | Density |
|---|---|---|---|---|---|---|---|---|---|---|
| ▶ DEPTNO | 1 | | | Y | NUMBER (2) | | None | | | |
| DNAME | 2 | | | Y | VARCHAR2 (14 Byte) | | None | | | |
| LOC | 3 | | | Y | VARCHAR2 (13 Byte) | | None | | | |

DEPT_DDL 테이블은 DEPT 테이블과 같은 열 구조로 만들어집니다.

---

**실습 12-3**    DEPT_DDL 테이블 전체 조회하기

```
01   SELECT * FROM DEPT_DDL;
```

:: 결과 화면

| DEPTNO | DNAME | LOC |
|---|---|---|
| ▶ 10 | ACCOUNTING | NEW YORK |
| 20 | RESEARCH | DALLAS |
| 30 | SALES | CHICAGO |
| 40 | OPERATIONS | BOSTON |

DEPT_DDL 테이블은 DEPT 테이블의 데이터까지 그대로 저장한 상태로 만들어집니다.

# 12-3 테이블을 변경하는 ALTER

ALTER 명령어는 이미 생성된 오라클 데이터베이스 객체를 변경할 때 사용합니다. 테이블에 새 열을 추가 또는 삭제하거나 열의 자료형 또는 길이를 변경하는 등 테이블 구조 변경과 관련된 기능을 수행합니다. ALTER 명령어를 실습하기에 앞서 실습용 테이블 EMP_ALTER를 생성합시다.

### 실습 12-6   EMP 테이블을 복사하여 EMP_ALTER 테이블 생성하기

```
01   CREATE TABLE EMP_ALTER
02       AS SELECT * FROM EMP;

03   SELECT * FROM EMP_ALTER;
```

:: 결과 화면

| EMPNO | ENAME | JOB | MGR | HIREDATE | SAL | COMM | DEPTNO |
|---|---|---|---|---|---|---|---|
| 7369 | SMITH | CLERK | 7902 | 1980-12-17 | 800 | | 20 |
| 7499 | ALLEN | SALESMAN | 7698 | 1981-02-20 | 1600 | 300 | 30 |
| 7521 | WARD | SALESMAN | 7698 | 1981-02-22 | 1250 | 500 | 30 |
| 7566 | JONES | MANAGER | 7839 | 1981-04-02 | 2975 | | 20 |
| 7654 | MARTIN | SALESMAN | 7698 | 1981-09-28 | 1250 | 1400 | 30 |
| 7698 | BLAKE | MANAGER | 7839 | 1981-05-01 | 2850 | | 30 |
| 7782 | CLARK | MANAGER | 7839 | 1981-06-09 | 2450 | | 10 |
| 7788 | SCOTT | ANALYST | 7566 | 1987-04-19 | 3000 | | 20 |
| 7839 | KING | PRESIDENT | | 1981-11-17 | 5000 | | 10 |
| 7844 | TURNER | SALESMAN | 7698 | 1981-09-08 | 1500 | 0 | 30 |
| 7876 | ADAMS | CLERK | 7788 | 1987-05-23 | 1100 | | 20 |
| 7900 | JAMES | CLERK | 7698 | 1981-12-03 | 950 | | 30 |
| 7902 | FORD | ANALYST | 7566 | 1981-12-03 | 3000 | | 20 |
| 7934 | MILLER | CLERK | 7782 | 1982-01-23 | 1300 | | 10 |

## 테이블에 열 추가하는 ADD

ALTER TABLE 명령어와 ADD 키워드, 추가할 열 이름과 자료형을 명시하면 테이블에 새 열을 추가할 수 있습니다. 그러면 생성한 EMP_ALTER 테이블에 휴대폰 번호를 저장할 HP 열을 추가해 보겠습니다.

ALTER 명령어로 HP 열 추가하기

```
01   ALTER TABLE EMP_ALTER
02     ADD HP VARCHAR2(20);


03   SELECT * FROM EMP_ALTER;
```

:: 결과 화면

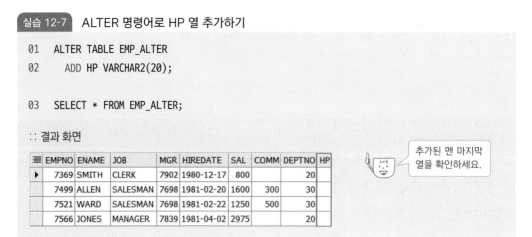

| EMPNO | ENAME | JOB | MGR | HIREDATE | SAL | COMM | DEPTNO | HP |
|---|---|---|---|---|---|---|---|---|
| 7369 | SMITH | CLERK | 7902 | 1980-12-17 | 800 | | 20 | |
| 7499 | ALLEN | SALESMAN | 7698 | 1981-02-20 | 1600 | 300 | 30 | |
| 7521 | WARD | SALESMAN | 7698 | 1981-02-22 | 1250 | 500 | 30 | |
| 7566 | JONES | MANAGER | 7839 | 1981-04-02 | 2975 | | 20 | |

추가된 맨 마지막 열을 확인하세요.

일부 데이터만 표시했습니다.

## 열 이름을 변경하는 RENAME

ALTER 명령어에 RENAME 키워드를 사용하면 테이블의 열 이름을 변경할 수 있습니다. 새로 추가한 HP 열 이름을 TEL로 변경해 볼까요?

ALTER 명령어로 HP 열 이름을 TEL로 변경하기

```
01   ALTER TABLE EMP_ALTER
02     RENAME COLUMN HP TO TEL;


03   SELECT * FROM EMP_ALTER;
```

:: 결과 화면

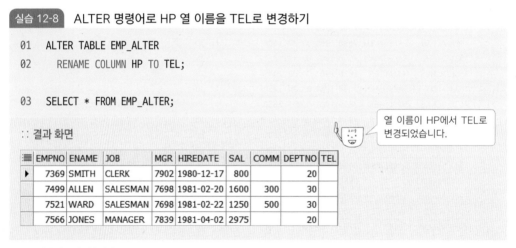

| EMPNO | ENAME | JOB | MGR | HIREDATE | SAL | COMM | DEPTNO | TEL |
|---|---|---|---|---|---|---|---|---|
| 7369 | SMITH | CLERK | 7902 | 1980-12-17 | 800 | | 20 | |
| 7499 | ALLEN | SALESMAN | 7698 | 1981-02-20 | 1600 | 300 | 30 | |
| 7521 | WARD | SALESMAN | 7698 | 1981-02-22 | 1250 | 500 | 30 | |
| 7566 | JONES | MANAGER | 7839 | 1981-04-02 | 2975 | | 20 | |

열 이름이 HP에서 TEL로 변경되었습니다.

일부 데이터만 표시했습니다.

## 열의 자료형을 변경하는 MODIFY

EMPNO 열의 자료형은 NUMBER(4)로 지정되어 있습니다. 만약 사원들이 많아져서 4자리 이상의 사원 번호가 필요해질 경우에 EMPNO 열의 자릿수를 늘여야 합니다. 테이블의 특정 열의 자료형이나 길이를 변경할 때는 다음과 같이 MODIFY 키워드를 사용합니다.

☺ 4자리 숫자 데이터가 존재하는 EMPNO 열 길이를 3으로 줄일 수는 없습니다. ALTER 명령어로 열의 자료형과 길이를 변경하는 것은 테이블에 저장된 데이터에 문제가 생기지 않는 범위 내에서만 허용됩니다. 즉 길이를 늘이는 것은 괜찮지만 길이를 줄이거나 기존 열의 자료형을 다른 자료형으로 변경하는 것은 저장된 데이터 상태에 따라 결정되는 것이죠.

```
01  ALTER TABLE EMP_ALTER
02  MODIFY EMPNO NUMBER(5);

03  DESC EMP_ALTER;
```

:: 결과 화면(변경 전)

| Column Name | ID | PK | Index Pos | Null? | Data Type | Default | Histogram | Num Distinct | Num Nulls | Density |
|---|---|---|---|---|---|---|---|---|---|---|
| ▶ EMPNO | 1 | | | Y | NUMBER (4) | | None | | | |
| ENAME | 2 | | | Y | VARCHAR2 (10 Byte) | | None | | | |

:: 결과 화면(변경 후)

| Column Name | ID | PK | Index Pos | Null? | Data Type | Default | Histogram | Num Distinct | Num Nulls | Density |
|---|---|---|---|---|---|---|---|---|---|---|
| ▶ EMPNO | 1 | | | Y | NUMBER (5) | | None | | | |
| ENAME | 2 | | | Y | VARCHAR2 (10 Byte) | | None | | | |

일부 데이터만 표시했습니다.

## 특정 열을 삭제할 때 사용하는 DROP

테이블의 특정 열을 삭제할 때 DROP 키워드를 사용합니다. 열을 삭제하면 해당 열의 데이터
도 함께 삭제되므로 신중하게 사용해야 합니다. 그러면 생성하고 이름을 변경한 TEL 열을 삭
제해 봅시다.

실습 12-10    ALTER 명령어로 TEL열 삭제하기

```
01  ALTER TABLE EMP_ALTER
02  DROP COLUMN TEL;

03  SELECT * FROM EMP_ALTER;
```

:: 결과 화면

| EMPNO | ENAME | JOB | MGR | HIREDATE | SAL | COMM | DEPTNO |
|---|---|---|---|---|---|---|---|
| ▶ 7369 | SMITH | CLERK | 7902 | 1980-12-17 | 800 | | 20 |
| 7499 | ALLEN | SALESMAN | 7698 | 1981-02-20 | 1600 | 300 | 30 |
| 7521 | WARD | SALESMAN | 7698 | 1981-02-22 | 1250 | 500 | 30 |
| 7566 | JONES | MANAGER | 7839 | 1981-04-02 | 2975 | | 20 |

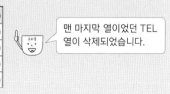

맨 마지막 열이었던 TEL
열이 삭제되었습니다.

일부 데이터만 표시했습니다.

다음 빈칸에 들어갈 키워드를 채워 보세요.

**테이블을 생성할 때**

1 [_____] 테이블 이름(

   열1 이름 열1 자료형,

   열2 이름 열2 자료형,

   ...

   열N 이름 열N 자료형

);

**테이블의 열 이름을 변경할 때**

2 [_____] 테이블 이름

3 [_____] 수정 전 열 이름 TO 수정 후 열 이름;

정답 1. CREATE TABLE 2. ALTER TABLE 3. RENAME COLUMN

# 12-4 테이블 이름을 변경하는 RENAME

테이블 이름을 변경할 때는 RENAME 명령어를 사용합니다. 앞에서 생성한 EMP_ALTER 테이블 이름을 EMP_RENAME으로 변경해 보겠습니다.

**실습 12-11** 테이블 이름 변경하기

```
01  RENAME EMP_ALTER TO EMP_RENAME;
```

당연한 이야기이지만 이름을 변경한 후에는 기존 EMP_ALTER 이름을 사용할 수 없습니다.

**실습 12-12** 바꾸기 전 이름으로 테이블 구성 살펴보기

```
01  DESC EMP_ALTER;
```

:: 결과 화면

EMP_ALTER 테이블 이름이 변경되었으므로 원래 테이블 이름은 사용할 수 없습니다.

**실습 12-13** 변경된 테이블 이름(EMP_RENAME)으로 조회하기

```
01  SELECT *
02    FROM EMP_RENAME;
```

:: 결과 화면

| EMPNO | ENAME | JOB | MGR | HIREDATE | SAL | COMM | DEPTNO |
|---|---|---|---|---|---|---|---|
| 7369 | SMITH | CLERK | 7902 | 1980-12-17 | 800 | | 20 |
| 7499 | ALLEN | SALESMAN | 7698 | 1981-02-20 | 1600 | 300 | 30 |
| 7521 | WARD | SALESMAN | 7698 | 1981-02-22 | 1250 | 500 | 30 |
| 7566 | JONES | MANAGER | 7839 | 1981-04-02 | 2975 | | 20 |

일부 데이터만 표시했습니다.

# 12-5 테이블의 데이터를 삭제하는 TRUNCATE

TRUNCATE 명령어는 특정 테이블의 모든 데이터를 삭제합니다. 데이터만 삭제하므로 테이블 구조에는 영향을 주지 않습니다. EMP_RENAME 테이블의 데이터를 TRUNCATE 명령어로 삭제해 봅시다.

**실습 12-14** EMP_RENAME 테이블의 전체 데이터 삭제하기

```
01    TRUNCATE TABLE EMP_RENAME;

02    SELECT * FROM EMP_RENAME;
```

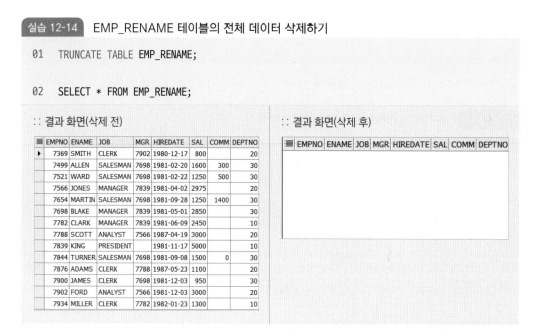

:: 결과 화면(삭제 전)

| EMPNO | ENAME | JOB | MGR | HIREDATE | SAL | COMM | DEPTNO |
|---|---|---|---|---|---|---|---|
| 7369 | SMITH | CLERK | 7902 | 1980-12-17 | 800 | | 20 |
| 7499 | ALLEN | SALESMAN | 7698 | 1981-02-20 | 1600 | 300 | 30 |
| 7521 | WARD | SALESMAN | 7698 | 1981-02-22 | 1250 | 500 | 30 |
| 7566 | JONES | MANAGER | 7839 | 1981-04-02 | 2975 | | 20 |
| 7654 | MARTIN | SALESMAN | 7698 | 1981-09-28 | 1250 | 1400 | 30 |
| 7698 | BLAKE | MANAGER | 7839 | 1981-05-01 | 2850 | | 30 |
| 7782 | CLARK | MANAGER | 7839 | 1981-06-09 | 2450 | | 10 |
| 7788 | SCOTT | ANALYST | 7566 | 1987-04-19 | 3000 | | 20 |
| 7839 | KING | PRESIDENT | | 1981-11-17 | 5000 | | 10 |
| 7844 | TURNER | SALESMAN | 7698 | 1981-09-08 | 1500 | 0 | 30 |
| 7876 | ADAMS | CLERK | 7788 | 1987-05-23 | 1100 | | 20 |
| 7900 | JAMES | CLERK | 7698 | 1981-12-03 | 950 | | 30 |
| 7902 | FORD | ANALYST | 7566 | 1981-12-03 | 3000 | | 20 |
| 7934 | MILLER | CLERK | 7782 | 1982-01-23 | 1300 | | 10 |

:: 결과 화면(삭제 후)

| EMPNO | ENAME | JOB | MGR | HIREDATE | SAL | COMM | DEPTNO |
|---|---|---|---|---|---|---|---|

## TRUNCACTE 명령어를 사용할 때 유의점

테이블의 데이터 삭제는 데이터 조작어 중 WHERE절을 명시하지 않은 DELETE문의 수행으로도 가능합니다. 하지만 TRUNCATE는 데이터 정의어이기 때문에 ROLLBACK이 되지 않는다는 점에서 DELETE문과 다릅니다. 즉 삭제 이후 복구할 수 없습니다.

# 12-6 테이블을 삭제하는 DROP

DROP 명령어는 데이터베이스 객체를 삭제하는 데 사용합니다. 테이블이 삭제되므로 테이블에 저장된 데이터도 모두 삭제됩니다. 그러면 다음 실습을 통해 EMP_RENAME 테이블을 삭제해 볼까요?

**실습 12-15**    EMP_RENAME 테이블 삭제하기

```
01  DROP TABLE EMP_RENAME;
```

테이블이 삭제되었으므로 이제 EMP_RENAME 테이블을 사용할 수 없습니다.

**실습 12-16**    EMP_RENAME 테이블 구성 살펴보기

```
01  DESC EMP_RENAME;
```

:: 결과 화면

| Warning | × |
| --- | --- |
| ⚠ **Toad Message** | |
| Object EMP_RENAME not found | |
| [ OK ] | |

☺ DROP 명령어 역시 데이터 정의어이므로 ROLLBACK 명령어로 테이블 삭제 수행을 취소할 수 없습니다. 오라클 10g부터는 윈도우의 휴지통 기능과 같은 FLASHBACK 기능을 사용하여 DROP 명령어로 삭제된 테이블을 복구할 수 있는데요. FLASHBACK은 매우 특별한 상황에서만 사용되는 명령이므로 이 책에서는 다루지 않습니다. 하지만 상황에 따라 유용하게 사용할 수 있으므로 필요할 때 인터넷 검색 등을 통해 사용법을 참고하기 바랍니다.

**Q1** 다음 열 구조를 가지는 EMP_HW 테이블을 만들어 보세요.

| 열 이름 | 자료형 | 길이 |
|---|---|---|
| EMPNO | 정수형 숫자 | 4 |
| ENAME | 가변형 문자열 | 10 |
| JOB | 가변형 문자열 | 9 |
| MGR | 정수형 숫자 | 4 |
| HIREDATE | 날짜 | - |
| SAL | 소수점 둘째자리까지 표현되는 숫자 | 7 |
| COMM | 소수점 둘째자리까지 표현되는 숫자 | 7 |
| DEPTNO | 정수형 숫자 | 2 |

**Q2** EMP_HW 테이블에 BIGO 열을 추가해 보세요. BIGO 열의 자료형은 가변형 문자열이고, 길이는 20입니다.

**Q3** EMP_HW 테이블의 BIGO 열 크기를 30으로 변경해 보세요.

**Q4** EMP_HW 테이블의 BIGO 열 이름을 REMARK로 변경해 보세요.

Q5 EMP_HW 테이블에 EMP 테이블의 데이터를 모두 저장해 보세요. 단 REMARK 열은 NULL로 삽입합니다.

:: 결과 화면

| EMPNO | ENAME | JOB | MGR | HIREDATE | SAL | COMM | DEPTNO | REMARK |
|---|---|---|---|---|---|---|---|---|
| 7369 | SMITH | CLERK | 7902 | 1980-12-17 | 800 | | 20 | |
| 7499 | ALLEN | SALESMAN | 7698 | 1981-02-20 | 1600 | 300 | 30 | |
| 7521 | WARD | SALESMAN | 7698 | 1981-02-22 | 1250 | 500 | 30 | |
| 7566 | JONES | MANAGER | 7839 | 1981-04-02 | 2975 | | 20 | |
| 7654 | MARTIN | SALESMAN | 7698 | 1981-09-28 | 1250 | 1400 | 30 | |
| 7698 | BLAKE | MANAGER | 7839 | 1981-05-01 | 2850 | | 30 | |
| 7782 | CLARK | MANAGER | 7839 | 1981-06-09 | 2450 | | 10 | |
| 7788 | SCOTT | ANALYST | 7566 | 1987-04-19 | 3000 | | 20 | |
| 7839 | KING | PRESIDENT | | 1981-11-17 | 5000 | | 10 | |
| 7844 | TURNER | SALESMAN | 7698 | 1981-09-08 | 1500 | 0 | 30 | |
| 7876 | ADAMS | CLERK | 7788 | 1987-05-23 | 1100 | | 20 | |
| 7900 | JAMES | CLERK | 7698 | 1981-12-03 | 950 | | 30 | |
| 7902 | FORD | ANALYST | 7566 | 1981-12-03 | 3000 | | 20 | |
| 7934 | MILLER | CLERK | 7782 | 1982-01-23 | 1300 | | 10 | |

Q6 지금까지 사용한 EMP_HW 테이블을 삭제해 보세요.

정답 이지스퍼블리싱 홈페이지에서 확인하세요.

# 객체 종류

오라클 데이터베이스는 데이터 보관 및 관리를 위한 여러 기능과 저장 공간을 객체를 통해 제공합니다. 테이블은 SQL문과 더불어 오라클에서 가장 많이 사용하는 객체 중 하나입니다. 이 장에서는 앞에서 다룬 테이블 외에 데이터 사전(data dictionary), 인덱스(index), 뷰(view), 시퀀스(sequence), 동의어(synonym) 등 사용 빈도가 높은 객체의 사용법을 간단히 소개하겠습니다.

이 장에서 꼭 익혀야 할 것

- USER_, ALL_ 접두어를 가진 데이터 사전 뷰의 의미와 사용 방법
- 인덱스 의미와 생성 방법
- 뷰 생성 방법과 사용 이유
- 시퀀스 사용 방법

# 13-1 데이터베이스를 위한 데이터를 저장한 데이터 사전

## 데이터 사전이란?

오라클 데이터베이스 테이블은 사용자 테이블(user table)과 데이터 사전(data dictionary)으로 나뉩니다. 사용자 테이블은 데이터베이스를 통해 관리할 데이터를 저장하는 테이블을 뜻합니다. 앞에서 여러 SQL문에서 활용한 EMP, DEPT, SALGRADE 테이블이 바로 사용자 테이블이죠. 데이터 사전은 데이터베이스를 구성하고 운영하는 데 필요한 모든 정보를 저장하는 특수한 테이블로 데이터베이스가 생성되는 시점에 자동으로 만들어집니다.

◎ 사용자 테이블은 Normal Table, 데이터 사전은 Base Table이라고 부르기도 합니다.

데이터 사전에는 데이터베이스 메모리·성능·사용자·권한·객체 등 오라클 데이터베이스 운영에 중요한 데이터가 보관되어 있습니다. 만약 이 데이터에 문제가 발생한다면 오라클 데이터베이스 사용이 불가능해질 수도 있습니다.

◎ 우리가 자주 사용하는 컴퓨터 윈도우로 비유하자면 사용자 테이블은 윈도우에서 사용할 응용 프로그램, 즉 윈도우 동작 자체와는 무관한 프로그램이 저장된 Program Files 폴더, 데이터 사전은 윈도우 구동을 위한 파일들로 이루어진 Windows 폴더인 것이죠.

따라서 오라클 데이터베이스는 사용자가 데이터 사전 정보에 직접 접근하거나 작업하는 것을 허용하지 않습니다. 그 대신 데이터 사전 뷰(data dictionary view)를 제공하여 SELECT문으로 정보 열람을 할 수 있게 해 두었습니다.

◎ 뷰(view)는 어떤 목적을 위해 테이블 일부 또는 전체 데이터 열람을 주 목적으로 사용하는 객체를 뜻합니다.

데이터 사전 뷰는 용도에 따라 이름 앞에 다음과 같은 접두어를 지정하여 분류합니다.

| 접두어 | 설명 |
| --- | --- |
| USER_XXXX | 현재 데이터베이스에 접속한 사용자가 소유한 객체 정보 |
| ALL_XXXX | 현재 데이터베이스에 접속한 사용자가 소유한 객체 또는 다른 사용자가 소유한 객체 중 사용 허가를 받은 객체, 즉 사용 가능한 모든 객체 정보 |
| DBA_XXXX | 데이터베이스 관리를 위한 정보(데이터베이스 관리 권한을 가진 SYSTEM, SYS 사용자만 열람 가능) |
| V$_XXXX | 데이터베이스 성능 관련 정보(X$_XXXX 테이블의 뷰) |

사용 가능한 데이터 사전을 알고 싶다면 다음과 같이 DICTIONARY 또는 DICT를 조회합니다. 종류가 꽤 많으므로 자주 사용하는 몇 개 정도만 알아 두고 그 밖의 것들은 필요할 때 찾아서 사용하면 됩니다.

**실습 13-1** SCOTT 계정에서 사용 가능한 데이터 사전 살펴보기(DICT 사용)

```
01  SELECT * FROM DICT;
```

**실습 13-2** SCOTT 계정에서 사용 가능한 데이터 사전 살펴보기(DICTIONARY 사용)

```
01  SELECT * FROM DICTIONARY;
```

:: 결과 화면(실습 13-1, 13-2의 실행 결과가 같음)

| TABLE_NAME | COMMENTS |
|---|---|
| USER_AW_PROP | Object properties in Analytic Workspaces owned by the user |
| USER_AW_PS | Pagespaces in Analytic Workspaces owned by the user |
| USER_BASE_TABLE_MVIEWS | All materialized views with log(s) owned by the user in the database |
| USER_CATALOG | Tables, Views, Synonyms and Sequences owned by the user |
| USER_CHANGE_NOTIFICATION_REGS | change notification registrations for current user |
| USER_CLUSTERS | Descriptions of user's own clusters |
| USER_CLUSTER_HASH_EXPRESSIONS | Hash functions for the user's hash clusters |
| USER_CLU_COLUMNS | Mapping of table columns to cluster columns |
| USER_COLL_TYPES | Description of the user's own named collection types |
| USER_COL_COMMENTS | Comments on columns of user's tables and views |
| USER_COL_PENDING_STATS | Pending statistics of tables, partitions, and subpartitions |
| USER_COL_PRIVS | Grants on columns for which the user is the owner, grantor or grantee |
| USER_COL_PRIVS_MADE | All grants on columns of objects owned by the user |
| USER_COL_PRIVS_RECD | Grants on columns for which the user is the grantee |

데이터 사전 일부만 표시했습니다.

## USER_ 접두어를 가진 데이터 사전

USER_ 접두어로 시작하는 이름의 데이터 사전에는 현재 오라클에 접속해 있는 사용자가 소유한 객체 정보가 보관되어 있습니다. 예를 들어 현재 오라클 데이터베이스에 접속해 있는 SCOTT 계정이 소유하는 테이블 정보는 USER_TABLES를 사용합니다.

**실습 13-3** SCOTT 계정이 가지고 있는 객체 정보 살펴보기(USER_ 접두어 사용)

```
01  SELECT TABLE_NAME
02    FROM USER_TABLES;
```

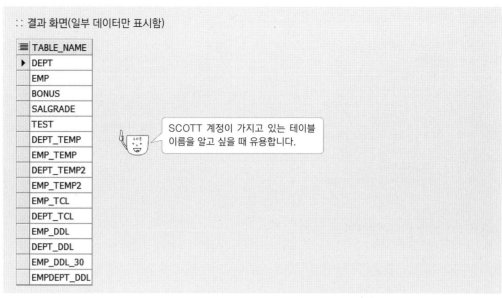

:: 결과 화면(일부 데이터만 표시함)

| TABLE_NAME |
| --- |
| DEPT |
| EMP |
| BONUS |
| SALGRADE |
| TEST |
| DEPT_TEMP |
| EMP_TEMP |
| DEPT_TEMP2 |
| EMP_TEMP2 |
| EMP_TCL |
| DEPT_TCL |
| EMP_DDL |
| DEPT_DDL |
| EMP_DDL_30 |
| EMPDEPT_DDL |

SCOTT 계정이 가지고 있는 테이블 이름을 알고 싶을 때 유용합니다.

SCOTT 계정이 처음부터 소유한 테이블과 데이터 정의어를 사용하면서 생성한 테이블 정보를 조회합니다.

접두어 뒤에 복수형 단어로 이름을 구성하고 있음을 눈여겨보세요. 앞으로 살펴볼 USER_, ALL_, DBA_ 접두어 다음에 객체가 오면 복수형 단어가 오게 됩니다. 실습 13-3에서 확인할 수 있듯이 접두어 USER_ 다음에 TABLE이 아닌 TABLES가 나오고 있습니다.

## ALL_ 접두어를 가진 데이터 사전

ALL_ 접두어를 가진 데이터 사전은 오라클 데이터베이스에 접속해 있는 사용자가 소유한 객체 및 다른 사용자가 소유한 객체 중 사용이 허락되어 있는 객체 정보를 가지고 있습니다. 즉 SCOTT 계정으로 접속하여 ALL_TABLES를 조회하면 SCOTT 계정이 사용할 수 있는 테이블 정보를 모두 보여 줍니다. ALL_ 접두어의 데이터 사전 역시 뒤에 객체를 명시할 때 복수형 단어를 사용합니다.

실습 13-4 SCOTT 계정이 사용할 수 있는 객체 정보 살펴보기(ALL_ 접두어 사용)

```
01  SELECT OWNER, TABLE_NAME
02    FROM ALL_TABLES;
```

:: 결과 화면(일부 데이터만 표시함)

| OWNER | TABLE_NAME |
|---|---|
| SYS | DUAL |
| SYS | SYSTEM_PRIVILEGE_MAP |
| SYS | TABLE_PRIVILEGE_MAP |
| SYS | STMT_AUDIT_OPTION_MAP |
| SYS | AUDIT_ACTIONS |
| SYS | WRR$_REPLAY_CALL_FILTER |
| SYS | HS_BULKLOAD_VIEW_OBJ |
| SYS | HS$_PARALLEL_METADATA |
| SYS | HS_PARTITION_COL_NAME |
| SYS | HS_PARTITION_COL_TYPE |
| SYSTEM | HELP |
| CTXSYS | DR$OBJECT_ATTRIBUTE |
| CTXSYS | DR$POLICY_TAB |
| CTXSYS | DR$THS |
| CTXSYS | DR$THS_PHRASE |
| CTXSYS | DR$NUMBER_SEQUENCE |
| XDB | XDB$XIDX_IMP_T |

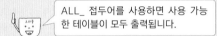

ALL_ 접두어를 사용하면 사용 가능한 테이블이 모두 출력됩니다.

ALL_TABLES에는 USER_TABLES와 달리 OWNER 열이 하나 더 있습니다. 이 열은 테이블을 소유한 사용자를 명시합니다. 앞장에서 사용한 DUAL 테이블은 오라클 관리 계정 SYS 소유이고 SCOTT 계정은 이 테이블의 사용을 허가받은 것입니다.

OWNER 열 이외의 열은 USER_TABLES, ALL_TALBES 모두 동일한 열 구조를 가집니다. 다음은 USER_TABLES와 ALL_TABLES의 열 일부입니다.

| 열 이름 | 자료형 | NULL 여부 | 설명 |
|---|---|---|---|
| OWNER | VARCHAR2(30) | NOT NULL | 테이블을 소유한 사용자 (ALL_TABLES에만 존재) |
| TABLE_NAME | VARCHAR(30) | NOT NULL | 테이블 이름 |
| TABLESPACE_NAME | VARCHAR(30) | | 테이블 스페이스 이름 |
| NUM_ROWS | NUMBER | | 테이블에 저장된 행 수 |

데이터 사전에 저장된 데이터베이스 관리와 관련된 정보 소개 또는 모든 열 정보가 필요하다면 오라클 공식 문서(docs.oracle.com/cd/B28359_01/server.111/b28320/statviews_2105.htm#REFRN20286)를 참고하세요.

## DBA_ 접두어를 가진 데이터 사전

DBA_ 접두어를 가진 데이터 사전은 데이터베이스 관리 권한을 가진 사용자만 조회할 수 있는 테이블로서 SCOTT 계정으로는 조회가 불가능합니다.

**실습 13-5** SCOTT 계정으로 DBA_ 접두어 사용하기

```
01    SELECT * FROM DBA_TABLES;
```

:: 결과 화면

---

💬 **한 발 더 나가기!** 왜 데이터베이스에 존재하는데 '존재하지 않습니다'라고 출력되나요?

실습 13-5의 결과 화면을 조금 더 자세히 살펴볼까요? DBA_TABLES는 분명 오라클 데이터베이스에 존재하지만 사용 권한이 없는 SCOTT 계정으로 조회하면 테이블이 존재하지 않는다는 오류 메시지가 나옵니다. 이는 사용 권한이 없는 사용자는 해당 개체의 존재 여부조차 확인할 수 없음을 의미합니다. '존재는 하지만 너에겐 권한이 없어'라는 식의 문구는 보안 문제를 일으킬 수 있습니다.

예를 들어 우리가 자주 사용하는 여러 웹 서비스의 로그인을 생각해 봅시다. 만약 어떤 사람이 악의적인 의도로 여러분이 사용하는 다른 웹 서비스의 아이디를 알아냈다고 가정해 보죠. 그리고 그 웹 서비스에서 해당 아이디로 로그인을 시도했을 때 '비밀번호가 틀렸다'라는 메시지가 나오면 이 웹 서비스에 '해당 아이디의 존재'를 인정하는 것이 되므로 추가 위험을 초래할 수 있습니다. 따라서 웹 서비스

의 로그인 실패 메시지는 아이디, 비밀번호 둘 중 하나의 오류임을 알려 주지 않고 '아이디나 비밀번호가 틀렸다'라는 식으로 둘 중 하나가 틀린 것 같다고 제시하는 것이 일반적입니다. 즉 아이디 존재 여부를 알려 주지 않는 것이죠.

이와 마찬가지로 오라클 데이터베이스에서 어떤 사용자가 사용 권한이 없는 정보 열람을 시도할 경우에 오라클 데이터베이스는 해당 개체가 존재하지 않는다고 알려줍니다.

---

데이터베이스 권한이 있는 SYSTEM 사용자(비밀번호 oracle로 지정)로 접속하면 DBA_
TABLES 조회가 가능합니다. 데이터베이스에 존재하는 모든 테이블이 출력되며 열 구성은
ALL_TABLES와 같습니다.

◎ 이 책에서 사용하는 토드 버전은 한 번에 접속할 수 있는 세션 수를 하나로 제한하고 있습니다. 따라서 SCOTT 계정을 사
용 중이라면 종료 후 SYSTEM 계정으로 다시 접속하여 실습 13-6을 실행해 보세요.

> **실습 13-6** SYSTEM 계정으로 DBA_ 접두어 사용하기(SYSTEM 계정으로 접속했을 때)

```
01   SELECT * FROM DBA_TABLES;
```

:: 결과 화면

| | OWNER | TABLE_NAME | TABLESPACE_NAME | CLUSTER_NAME | IOT_NAME | STATUS |
|---|---|---|---|---|---|---|
| ▶ | SYS | ICOL$ | SYSTEM | C_OBJ# | | VALID |
| | SYS | CON$ | SYSTEM | | | VALID |
| | SYS | UNDO$ | SYSTEM | | | VALID |
| | SYS | PROXY_ROLE_DATA$ | SYSTEM | | | VALID |
| | SYS | FILE$ | SYSTEM | | | VALID |
| | SYS | UET$ | SYSTEM | C_FILE#_BLOCK# | | VALID |
| | SYS | IND$ | SYSTEM | C_OBJ# | | VALID |
| | SYS | SEG$ | SYSTEM | C_FILE#_BLOCK# | | VALID |
| | SYS | COL$ | SYSTEM | C_OBJ# | | VALID |
| | SYS | CLU$ | SYSTEM | C_OBJ# | | VALID |
| | SYS | PROXY_DATA$ | SYSTEM | | | VALID |
| | SYS | TS$ | SYSTEM | C_TS# | | VALID |

일부 데이터 및 열만 표시했습니다.

## DBA_USERS로 사용자 정보 살펴보기

오라클 데이터베이스에 등록된 사용자 정보는 DBA_USERS에 있습니다. SCOTT 사용자 정
보를 보려면 USERNAME 열을 WHERE 조건으로 지정하여 사용하면 됩니다.

> **실습 13-7** DBA_ USERS를 사용하여 사용자 정보를 알아보기(SYSTEM 계정으로 접속했을 때)

```
01   SELECT *
02     FROM DBA_USERS
03    WHERE USERNAME = 'SCOTT';
```

:: 결과 화면

| | USERNAME | USER_ID | PASSWORD | ACCOUNT_STATUS | LOCK_DATE | EXPIRY_DATE | DEFAULT_TABLESPACE |
|---|---|---|---|---|---|---|---|
| ▶ | SCOTT | 84 | | OPEN | | 2018-09-02 오후 7:41:14 | USERS |

일부 데이터 및 열만 표시했습니다.

이처럼 DBA_ 접두어가 붙은 데이터 사전은 오라클 데이터베이스 운영과 관련된 여러 정보를 보관합니다. 데이터베이스 자체를 관리하는 목적 외에 오라클 데이터베이스를 사용하여 데이터를 보관하고 관리하는 업무를 진행할 때는 그리 자주 사용하지 않습니다.

😊 이 책에서는 이후 데이터 사전 뷰를 간단히 데이터 사전으로 명시합니다.

 **다음 빈칸을 채우며 복습해 보세요.**

데이터 사전은 오라클 데이터베이스를 구성하고 운영하는 데이터를 저장하는 특수한 테이블로서 오라클 사용자가 직접 접근할 수 없습니다. 하지만 SELECT문으로 데이터를 열람할 수 있도록 <sup>1</sup> 데           를 제공합니다.

대표적인 <sup>1</sup> 데          중 현재 접속한 사용자가 소유하는 테이블 목록을 보기 위해서는 <sup>2</sup> U        _TABLES를 사용합니다. 또한 사용자가 소유하는 테이블을 포함해 다른 사용자가 소유한 테이블 중 현재 사용자에게 사용 허가가 되어 있는 테이블을 보기 위해서는 <sup>3</sup> A      _TABLES를 사용합니다.

정답 1. 데이터 사전 뷰 2. USER 3. ALL

# 13-2 더 빠른 검색을 위한 인덱스

## 인덱스란?

책에서 특정 단어 또는 내용이 있는 페이지를 찾으려면 두 가지 방법을 생각할 수 있습니다. 책을 처음부터 끝까지 읽어 보며 찾을 수도 있고, 책의 목차나 색인을 통해 찾으려는 단어가 있는 페이지를 바로 찾아볼 수도 있습니다. 찾는 속도를 생각한다면 책의 모든 페이지를 읽어서 찾는 것보다 목록이나 색인을 활용하여 찾는 것이 빠릅니다. 그리고 책 내용이 많아질수록 속도 차이는 더욱 커집니다.

색인이라는 뜻의 인덱스(index)는 책 내용을 찾는 것과 마찬가지로 오라클 데이터베이스에서 데이터 검색 성능의 향상을 위해 테이블 열에 사용하는 객체를 뜻합니다. 테이블에 보관된 특정 행 데이터의 주소, 즉 위치 정보를 책 페이지처럼 목록으로 만들어 놓은 것입니다. 인덱스는 테이블 열을 여러 가지 분석을 통해 선정하여 설정할 수 있습니다.

인덱스 사용 여부에 따라 데이터 검색 방식을 Table Full Scan, Index Scan으로 구분합니다. 테이블 데이터를 처음부터 끝까지 검색하여 원하는 데이터를 찾는 방식은 Table Full Scan, 인덱스를 통해 데이터를 찾는 방식은 Index Scan이라고 합니다. 책에서 자신이 원하는 내용을 찾는 두 방법과 비슷합니다.

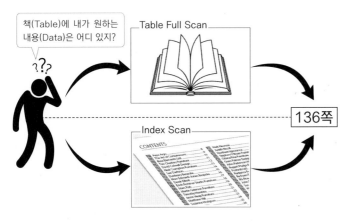

인덱스도 오라클 데이터베이스 객체이므로 소유 사용자와 사용 권한이 존재합니다. SCOTT 계정으로 접속하여 현재 SCOTT 소유의 인덱스 정보를 열람할 때 USER_INDEXES, USER_IND_COLUMNS와 같은 데이터 사전을 사용합니다. 실습 13-8과 실습 13-9의 결과를 살펴

보면 EMP 테이블의 EMPNO 열, DEPT 테이블의 DEPTNO 열에 인덱스가 이미 생성되어 있습니다. TABLE_NAME 열에서 인덱스가 속한 테이블을 확인할 수 있고 INDEX_NAME 열에서 인덱스를 지정한 열을 알 수 있습니다.

---

**실습 13-8** SCOTT 계정이 소유한 인덱스 정보 알아보기(SCOTT 계정일 때)

```
01  SELECT *
02    FROM USER_INDEXES;
```

:: 결과 화면

| INDEX_NAME | INDEX_TYPE | TABLE_OWNER | TABLE_NAME | TABLE_TYPE | UNIQUENESS | COMPRESSION |
|---|---|---|---|---|---|---|
| ▸ PK_DEPT | NORMAL | SCOTT | DEPT | TABLE | UNIQUE | DISABLED |
| PK_EMP | NORMAL | SCOTT | EMP | TABLE | UNIQUE | DISABLED |

데이터의 일부 열만 표시했습니다.

---

**실습 13-9** SCOTT 계정이 소유한 인덱스 컬럼 정보 알아보기(SCOTT 계정일 때)

```
01  SELECT *
02    FROM USER_IND_COLUMNS;
```

:: 결과 화면

| INDEX_NAME | TABLE_NAME | COLUMN_NAME | COLUMN_POSITION | COLUMN_LENGTH | CHAR_LENGTH | DESCEND |
|---|---|---|---|---|---|---|
| ▸ PK_DEPT | DEPT | DEPTNO | 1 | 22 | 0 | ASC |
| PK_EMP | EMP | EMPNO | 1 | 22 | 0 | ASC |

---

인덱스는 사용자가 직접 특정 테이블의 열에 지정할 수도 있지만 열이 기본키(primary key) 또는 고유키(unique key)일 경우에 자동으로 생성됩니다.

◎ 고유키는 열 데이터의 중복을 허용하지 않는 제약 조건(constraint)입니다. 이 내용은 14장에서 자세히 알아보겠습니다.

## 인덱스 생성

오라클 데이터베이스에서 자동으로 생성해 주는 인덱스 외에 사용자가 직접 인덱스를 만들 때는 CREATE문을 사용합니다. CREATE문에서는 인덱스를 생성할 테이블 및 열을 지정하며 열은 하나 또는 여러 개 지정할 수 있습니다. 지정한 각 열별로 인덱스 정렬 순서(오름차순 또는 내림차순)를 정할 수도 있습니다.

기본 형식
```
CREATE INDEX 인덱스 이름
    ON 테이블 이름(열 이름1 ASC or DESC,
                 열 이름2 ASC or DESC,
                 ...              );
```

EMP 테이블의 SAL 열에 인덱스를 생성하려면 다음과 같이 CREATE문을 실행합니다. 다음 CREATE문을 실행한 후 인덱스 생성을 확인하기 위해 USER_IND_COLUMNS 데이터 사전도 조회해 봅시다.

**실습 13-10** EMP 테이블의 SAL 열에 인덱스를 생성하기

```
01   CREATE INDEX IDX_EMP_SAL
02       ON EMP(SAL);
```

**실습 13-11** 생성된 인덱스 살펴보기(USER_IND_COLUMNS 사용)

```
01   SELECT * FROM USER_IND_COLUMNS;
```

:: 결과 화면(실습 13-11)

| INDEX_NAME | TABLE_NAME | COLUMN_NAME | COLUMN_POSITION | COLUMN_LENGTH | CHAR_LENGTH | DESCEND |
|---|---|---|---|---|---|---|
| IDX_EMP_SAL | EMP | SAL | 1 | 22 | 0 | ASC |
| PK_DEPT | DEPT | DEPTNO | 1 | 22 | 0 | ASC |
| PK_EMP | EMP | EMPNO | 1 | 22 | 0 | ASC |

실습 13-11의 결과로 IDX_EMP_SAL 인덱스가 생성되고, 인덱스의 정렬 옵션을 지정하지 않으면 기본값은 오름차순(ASC)으로 지정됩니다. 인덱스가 걸린 SAL열을 WHERE의 검색 조건으로 하여 EMP 테이블을 조회하면 출력 속도가 빨라질 것이라 예상할 수 있습니다. 하지만 인덱스를 지정할 열의 선정은 데이터의 구조 및 데이터의 분포도 등 여러 조건을 고려해서 이루어져야 합니다. 인덱스를 지정하면 데이터 조회를 반드시 빠르게 한다고 보장하기는 어렵습니다. 다음은 이 책에서 다루지 않지만 목적에 따라 여러 방식으로 생성할 수 있는 인덱스의 종류입니다.

| 방식 | 사용 |
|---|---|
| 단일 인덱스(single index) | CREATE INDEX IDX_NAME<br>    ON EMP(SAL); |
| 복합 인덱스(concatenated index)<br>결합 인덱스(composite index)<br>- 두 개 이상 열로 만들어지는 인덱스<br>- WHERE절의 두 열이 AND 연산으로 묶이는 경우 | CREATE INDEX IDX_NAME<br>    ON EMP(SAL, ENAME, …); |
| 고유 인덱스(unique index)<br>- 열에 중복 데이터가 없을 때 사용<br>- UNIQUE 키워드를 지정하지 않으면 비고유 인덱스(non unique index)가 기본값 | CREATE UNIQUE INDEX IDX_NAME<br>    ON EMP(EMPNO); |
| 함수 기반 인덱스(function based index)<br>- 열에 산술식 같은 데이터 가공이 진행된 결과로 인덱스 생성 | CREATE INDEX IDX_NAME<br>    ON EMP(SAL*12 + COMM); |
| 비트맵 인덱스(bitmap index)<br>- 데이터 종류가 적고 같은 데이터가 많이 존재할 때 주로 사용 | CREATE BITMAP INDEX IDX_NAME<br>    ON EMP(JOB); |

## 인덱스 삭제

인덱스 삭제는 DROP 명령어를 사용합니다.

```
DROP INDEX 인덱스 이름;
```

다음 실습에서 EMP 테이블의 SAL열에 생성한 IDX_EMP_SAL 인덱스를 삭제합니다.

**실습 13-12**   인덱스 삭제하기

```
01   DROP INDEX IDX_EMP_SAL;
```

**실습 13-13**   생성된 인덱스 살펴보기(USER_IND_COLUMNS 사용)

```
01   SELECT * FROM USER_IND_COLUMNS;
```

:: 결과 화면

| INDEX_NAME | TABLE_NAME | COLUMN_NAME | COLUMN_POSITION | COLUMN_LENGTH | CHAR_LENGTH | DESCEND |
|---|---|---|---|---|---|---|
| ▶ PK_DEPT | DEPT | DEPTNO | 1 | 22 | 0 | ASC |
| PK_EMP | EMP | EMPNO | 1 | 22 | 0 | ASC |

지금까지 인덱스에 대해 알아보았습니다. 인덱스는 데이터 접근 및 검색 속도 향상을 위해 사용하는 객체이지만 인덱스 생성이 항상 좋은 결과로 이어지지는 않습니다. 정확한 데이터 분석에 기반을 두지 않은 인덱스의 무분별한 생성은 오히려 성능을 떨어뜨리는 원인이 되기도 합니다. 인덱스는 데이터 종류, 분포도, 조회하는 SQL의 구성, 데이터 조작 관련 SQL문의 작업 빈도, 검색 결과가 전체 데이터에서 차지하는 비중 등 많은 요소를 고려하여 생성합니다. 인덱스 사용 및 생성과 관련하여 더 자세한 내용은 SQL 튜닝(tunning) 관련 서적 또는 인터넷 문서를 참고하세요.

**1분 복습**   다음은 인덱스를 생성하는 기본 형식입니다. 빈칸에 들어갈 키워드를 채워 보세요.

```
1                          인덱스 이름
2                  테이블 이름(열 이름1 ASC or DESC,
                           열 이름2 ASC or DESC,
                           ...                    );
```

정답 1. CREATE INDEX 2. ON

# 13-3 테이블처럼 사용하는 뷰

## 뷰란?

흔히 가상 테이블(virtual table)로 부르는 뷰(view)는 하나 이상의 테이블을 조회하는 SELECT 문을 저장한 객체를 뜻합니다. SELECT문을 저장하기 때문에 물리적 데이터를 따로 저장하지는 않습니다. 따라서 뷰를 SELECT문의 FROM절에 사용하면 특정 테이블을 조회하는 것과 같은 효과를 얻을 수 있습니다. 다음 SELECT문을 VW_EMP20이란 이름의 뷰로 생성한 경우를 예로 살펴보겠습니다.

```
SELECT EMPNO, ENAME, JOB, DEPTNO
  FROM EMP
 WHERE DEPTNO = 20;
```

위 SELECT문은 부서 번호가 20인 사원의 사원 번호, 사원 이름, 직책, 부서 번호를 출력합니다. 이 SELECT문을 저장한 VW_EMP20을 생성하면 다음과 같이 SELECT문으로 VW_EMP20 뷰를 테이블처럼 조회할 수 있습니다. 마치 서브쿼리를 사용한 것 같습니다.

| 뷰 | 서브쿼리 |
|---|---|
| SELECT *<br>  FROM VW_EMP20; | SELECT *<br>  FROM(SELECT EMPNO, ENAME, JOB, DEPTNO<br>          FROM EMP<br>         WHERE DEPTNO = 20); |

## 뷰의 사용 목적(편리성)

뷰와 서브쿼리를 비교한 후 '그러면 뷰를 굳이 쓸 필요가 없지 않나?'라는 생각이 들 수도 있습니다. 하지만 뷰는 크게 다음 두 가지 목적을 위해 주로 사용합니다.

1. 편리성 : SELECT문의 복잡도를 완화하기 위해
2. 보안성 : 테이블의 특정 열을 노출하고 싶지 않을 경우

실무에서 사용하는 SELECT문은 이 책의 예제와 같이 짧게 몇 줄로 이루어진 것도 있지만 길게는 A4 용지 몇 장을 꽉 채울 정도의 분량으로 이루어진 경우도 어렵지 않게 찾아볼 수 있습니다. 이렇듯 많은 분량의 SELECT문 여러 개의 결과 값을 다시 조인하고 서브쿼리로 WHERE 조건식에도 사용한다면 전체 SELECT문은 훨씬 더 커질 것입니다.

또한 이후 수정이 필요하거나 다른 개발자가 코드를 처음부터 파악해야 하는 경우에 적잖은 시간과 노력이 든다는 것도 생각해야 합니다. 이럴 때 여러 SQL문에서 자주 활용하는 SELECT문을 뷰로 저장해 놓은 후 다른 SQL문에서 활용하면 전체 SQL문의 복잡도를 완화하고 본래 목적의 메인 쿼리에 집중할 수 있어 편리합니다.

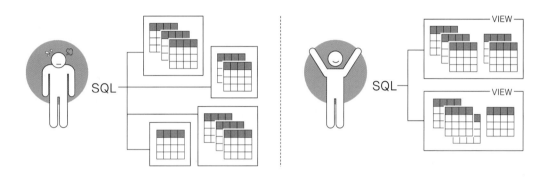

## 뷰의 사용 목적(보안성)

뷰를 사용하는 또 다른 중요한 이유는 데이터 보안과 관련이 있습니다. VW_EMP20 뷰가 저장한 SELECT문은 20번 부서 사원의 사원 번호, 이름, 직책, 부서 번호를 출력합니다. SCOTT 계정이 소유한 EMP 테이블의 데이터를 다른 사용자가 조회하는 일이 생겼을 때를 생각해 보죠.

이 다른 사용자는 EMP 테이블의 사원 번호, 이름, 직책, 부서 번호 데이터만 열람할 수 있으면 원하는 작업을 할 수 있다고 가정해 보겠습니다. EMP 테이블에는 급여(SAL)나 추가 수당(COMM)과 같이 아무에게나 노출하기에는 예민한 데이터가 존재합니다. 때로는 주민등록번호처럼 담당자 이외에 노출이 허용되지 않는 중요한 개인 정보 데이터가 존재할 수도 있습니다. 이럴 때 해당 사용자에게 특정 테이블의 전체 조회 권한을 부여하는 것은 데이터 보안에 위협이 될 수 있으므로 주의해야 합니다. 테이블의 일부 데이터 또는 조인이나 여러 함수 등으로 가공을 거친 데이터만 SELECT하는 뷰 열람 권한을 제공하는 것이 불필요한 데이터 노출을 막을 수 있기 때문에 더 안전한 방법입니다.

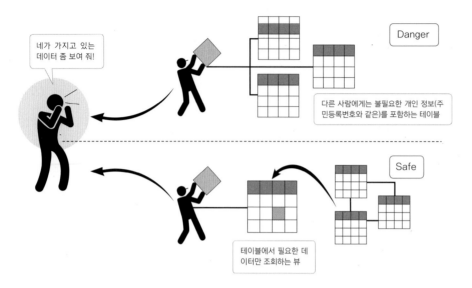

# 뷰 생성

뷰는 CREATE문으로 생성할 수 있습니다. SCOTT 계정은 뷰 생성 권한이 없으므로 SYSTEM 계정으로 접속한 후 다음 명령어를 사용하여 SCOTT 계정에 권한을 부여해 주어야 합니다.

> **실습 13-14**  뷰를 생성하기 위해 계정 변경 접속하기(SQL*PLUS)

```
01   SQLPLUS SYSTEM/oracle

02   GRANT CREATE VIEW TO SCOTT;
```

:: 결과 화면

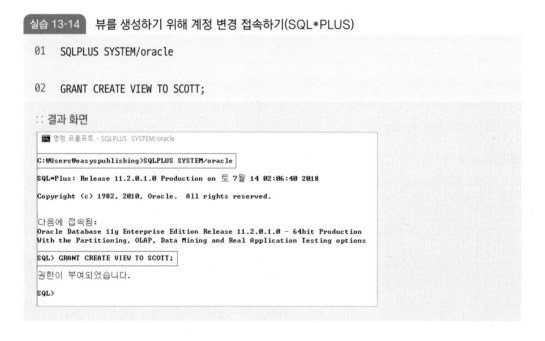

권한 부여가 완료되었다면 토드에서 SCOTT 계정으로 접속하여 뷰를 생성해 보겠습니다. 다음은 CREATE문의 기본 형식입니다.

```
CREATE [OR REPLACE] [FORCE ¦ NOFORCE] VIEW 뷰 이름 (열 이름1, 열 이름2, …)      기본 형식
         ❶            ❷     ❸           ❹        ❺
    AS (저장할SELECT문)
              ❻
[WITH CHECK OPTION [CONSTRAINT 제약 조건]]
          ❼
[WITH READ ONLY [CONSTRAINT 제약 조건]];
        ❽
```

| 요소 | 설명 |
|---|---|
| ❶ OR REPLACE | 같은 이름의 뷰가 이미 존재할 경우에 현재 생성할 뷰로 대체하여 생성(선택) |
| ❷ FORCE | 뷰가 저장할 SELECT문의 기반 테이블이 존재하지 않아도 강제로 생성(선택) |
| ❸ NOFORCE | 뷰가 저장할 SELECT문의 기반 테이블이 존재할 경우에만 생성(기본값)(선택) |
| ❹ 뷰 이름 | 생성할 뷰 이름을 지정(필수) |
| ❺ 열 이름 | SELECT문에 명시된 이름 대신 사용할 열 이름 지정(생략 가능)(선택) |
| ❻ 저장할 SELECT문 | 생성할 뷰에 저장할 SELECT문 지정(필수) |
| ❼ WITH CHECK OPTION | 지정한 제약 조건을 만족하는 데이터에 한해 DML 작업이 가능하도록 뷰 생성 (선택) |
| ❽ WITH READ ONLY | 뷰의 열람, 즉 SELECT만 가능하도록 뷰 생성(선택) |

앞에서 뷰를 설명하면서 예로 든 VW_EMP20 뷰를 다음과 같이 만들어 보죠.

`실습 13-15`   뷰 생성하기(토드)

```
01   CREATE VIEW VW_EMP20
02     AS (SELECT EMPNO, ENAME, JOB, DEPTNO
03          FROM EMP
04         WHERE DEPTNO = 20);
```

VW_EMP20 뷰가 잘 생성되었는지 알아보려면 USER_VIEWS 데이터 사전을 조회해 보면 됩니다.

`실습 13-16`   생성한 뷰 확인하기(토드)

```
01   SELECT *
02     FROM USER_VIEWS;
```

실습 13-16의 SELECT문을 토드에서 실행한 결과를 보면 TEXT 열의 데이터가 제대로 나오지 않습니다.

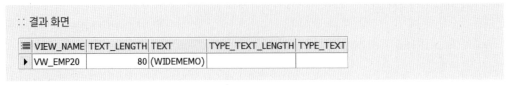

| | VIEW_NAME | TEXT_LENGTH | TEXT | TYPE_TEXT_LENGTH | TYPE_TEXT |
|---|---|---|---|---|---|
| ▶ | VW_EMP20 | 80 | (WIDEMEMO) | | |

데이터의 일부 열만 표시했습니다.

ⓖ TEXT 열의 자료형이 LONG으로 지정되어 나오지 않으므로 토드 위쪽 메뉴의 [View → Toad Options → Data Grids → Data]의 Preview CLOB and LONG data 옵션을 체크해 주면 됩니다.

하지만 SQL*PLUS에서 USER_VIEW로 조회하면 VW_EMP20 뷰에 저상된 SELECT문을 다음과 같이 확인할 수 있습니다.

**실습 13-17** 생성한 뷰 내용 확인하기(SCOTT 계정으로 접속했을 때)

```
01   SELECT VIEW_NAME, TEXT_LENGTH, TEXT
02     FROM USER_VIEWS;
```

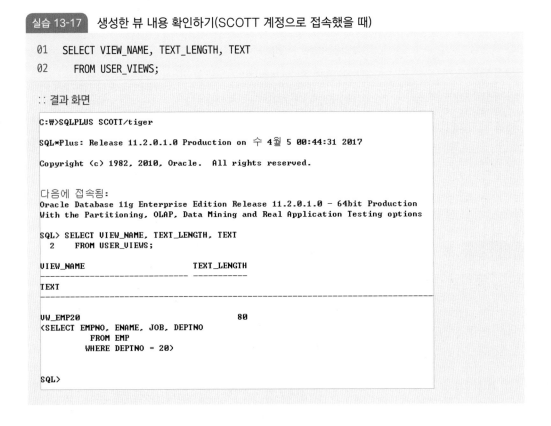

```
C:₩>SQLPLUS SCOTT/tiger

SQL*Plus: Release 11.2.0.1.0 Production on 수 4월 5 00:44:31 2017

Copyright (c) 1982, 2010, Oracle.  All rights reserved.


다음에 접속됨:
Oracle Database 11g Enterprise Edition Release 11.2.0.1.0 - 64bit Production
With the Partitioning, OLAP, Data Mining and Real Application Testing options

SQL> SELECT VIEW_NAME, TEXT_LENGTH, TEXT
  2    FROM USER_VIEWS;

VIEW_NAME                         TEXT_LENGTH
------------------------------ -----------
TEXT
--------------------------------------------------------------------------------

VW_EMP20                                   80
(SELECT EMPNO, ENAME, JOB, DEPTNO
        FROM EMP
        WHERE DEPTNO = 20)


SQL>
```

이렇게 생성한 뷰는 앞에서 언급한 대로 SELECT문의 FROM절에서 테이블처럼 지정하여 사용할 수 있습니다. VW_EMP20 뷰는 EMP 테이블 하나만 조회하는 SELECT문을 저장하지만 여러 테이블을 조인하거나 서브쿼리를 사용한 좀 더 복합적인 SELECT문도 뷰에 저장할 수 있다는 것을 기억하세요.

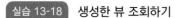 **실습 13-18** 생성한 뷰 조회하기

```
01  SELECT *
02    FROM VW_EMP20;
```

:: 결과 화면

| EMPNO | ENAME | JOB | DEPTNO |
|---|---|---|---|
| ▶ 7369 | SMITH | CLERK | 20 |
| 7566 | JONES | MANAGER | 20 |
| 7788 | SCOTT | ANALYST | 20 |
| 7876 | ADAMS | CLERK | 20 |
| 7902 | FORD | ANALYST | 20 |

 부서 번호가 30인 사원 정보의 모든 열을 출력하는 VM_EMP30ALL 뷰를 작성하는 다음 SQL문
의 빈칸을 채워 보세요.

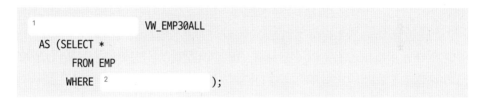

```
1                        VW_EMP30ALL
    AS (SELECT *
          FROM EMP
         WHERE 2              );
```

정답 1. CREATE VIEW 2. DEPTNO = 30

## 뷰 삭제

뷰를 삭제할 때 DROP문을 사용합니다. 생성한 VW_EMP20 뷰를 삭제해 볼까요?

**실습 13-19** 뷰 삭제하기

```
01  DROP VIEW VW_EMP20;
```

VW_EMP20 뷰를 삭제한 후 USER_VIEWS 데이터 사전을 조회해 보면 뷰가 삭제되었음을
알 수 있습니다. 뷰는 실제 데이터가 아닌 SELECT문만 저장하므로 뷰를 삭제해도 테이블이
나 데이터가 삭제되는 것은 아닙니다.

:: 결과 화면

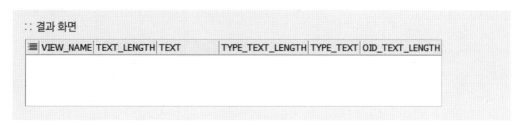

| VIEW_NAME | TEXT_LENGTH | TEXT | TYPE_TEXT_LENGTH | TYPE_TEXT | OID_TEXT_LENGTH |
|---|---|---|---|---|---|
| | | | | | |

뷰는 SELECT문만 저장하는 객체이기 때문에 데이터 삽입·수정·삭제 같은 데이터 조작어 사용이 불가능할 것이라 생각할 수 있지만, 의외로 뷰에도 데이터 조작어를 직접 사용할 수 있는 경우가 있습니다. 하지만 뷰를 통한 테이블 데이터 조작이 가능하려면 여러 가지 조건을 만족해야 하고 테이블을 설계할 때 누락된 내용이 있으면 뷰를 통한 데이터 조작으로 인해 적합하지 않은 데이터가 생길 수도 있으므로 자주 사용하는 편은 아닙니다.

이는 뷰의 주 목적이 물리적 데이터를 저장하지 않고 SELECT문만 저장함으로써 테이블의 데이터를 열람하는 것이기 때문입니다. 이 책에서 다루지는 않지만 데이터를 따로 저장하는 것이 허용되는 구체화 뷰(materialized view)도 존재합니다.

## 인라인 뷰를 사용한 TOP-N SQL문

CREATE문을 통해 객체로 만들어지는 뷰 외에 SQL문에서 일회성으로 만들어서 사용하는 뷰를 인라인 뷰(inline view)라고 합니다. SELECT문에서 사용되는 서브쿼리, WITH절에서 미리 이름을 정의해 두고 사용하는 SELECT문 등이 이에 해당합니다.

◎ 인라인 뷰를 사용한 서브쿼리와 WITH절은 09장에서 다루었습니다.

이 인라인 뷰와 ROWNUM을 사용하면 ORDER BY절을 통해 정렬된 결과 중 최상위 몇 개 데이터만을 출력하는 것이 가능합니다. ROWNUM을 알아보기 위해 다음 SELECT문을 실행하여 결과를 확인해 보세요.

**실습 13-20** ROWNUM을 추가로 조회하기

```
01  SELECT ROWNUM, E.*
02    FROM EMP E;
```

다음 결과 화면을 살펴보면 ROWNUM 열은 EMP 테이블에 존재하지는 않지만 ROWNUM 열의 데이터가 숫자로 출력되고 있음을 확인할 수 있습니다.

:: 결과 화면

| ≣ | ROWNUM | EMPNO | ENAME | JOB | MGR | HIREDATE | SAL | COMM | DEPTNO |
|---|--------|-------|-------|-----|-----|----------|-----|------|--------|
| ▶ | 1 | 7369 | SMITH | CLERK | 7902 | 1980/12/17 | 800 | | 20 |
| | 2 | 7499 | ALLEN | SALESMAN | 7698 | 1981/02/20 | 1600 | 300 | 30 |
| | 3 | 7521 | WARD | SALESMAN | 7698 | 1981/02/22 | 1250 | 500 | 30 |
| | 4 | 7566 | JONES | MANAGER | 7839 | 1981/04/02 | 2975 | | 20 |
| | 5 | 7654 | MARTIN | SALESMAN | 7698 | 1981/09/28 | 1250 | 1400 | 30 |
| | 6 | 7698 | BLAKE | MANAGER | 7839 | 1981/05/01 | 2850 | | 30 |
| | 7 | 7782 | CLARK | MANAGER | 7839 | 1981/06/09 | 2450 | | 10 |
| | 8 | 7788 | SCOTT | ANALYST | 7566 | 1987/04/19 | 3000 | | 20 |
| | 9 | 7839 | KING | PRESIDENT | | 1981/11/17 | 5000 | | 10 |
| | 10 | 7844 | TURNER | SALESMAN | 7698 | 1981/09/08 | 1500 | 0 | 30 |
| | 11 | 7876 | ADAMS | CLERK | 7788 | 1987/05/23 | 1100 | | 20 |
| | 12 | 7900 | JAMES | CLERK | 7698 | 1981/12/03 | 950 | | 30 |
| | 13 | 7902 | FORD | ANALYST | 7566 | 1981/12/03 | 3000 | | 20 |
| | 14 | 7934 | MILLER | CLERK | 7782 | 1982/01/23 | 1300 | | 10 |

ROWNUM은 의사 열(pseudo column)이라고 하는 특수 열입니다. 의사 열은 데이터가 저장
되는 실제 테이블에 존재하지는 않지만 특정 목적을 위해 테이블에 저장되어 있는 열처럼 사
용 가능한 열을 뜻합니다.

◉ ROWNUM 외에 인덱스와 밀접하게 연관된 ROWID도 대표적인 의사 열입니다. 자세한 내용은 오라클 공식 문서(docs.
oracle.com/cd/B28359_01/server.111/b28286/pseudocolumns.htm#SQLRF0025)를 참고하세요.

ROWNUM 열 데이터 번호는 테이블에 저장된 행이 조회된 순서대로 매겨진 일련번호입니
다. 여기에서 ORDER BY절을 사용하여 내림차순 급여로 EMP 테이블을 다시 조회해 보겠습
니다.

[실습 13-21] EMP 테이블을 SAL 열 기준으로 정렬하기

```
01   SELECT ROWNUM, E.*
02     FROM EMP E
03   ORDER BY SAL DESC;
```

실습 13-21의 결과 화면에서 데이터를 급여 기준으로 정렬(내림차순)했지만 ROWNUM은 앞
에서 사용한 SELECT문의 행 번호와 같은 번호로 매겨져 있다는 것을 눈여겨봅시다.
ROWNUM은 데이터를 하나씩 추가할 때 매겨지는 번호이므로 ORDER BY절을 통해 정렬
해도 유지되는 특성이 있습니다.

| ≡ | ROWNUM | EMPNO | ENAME | JOB | MGR | HIREDATE | SAL | COMM | DEPTNO |
|---|--------|-------|-------|-----|-----|----------|-----|------|--------|
| ▶ | 9 | 7839 | KING | PRESIDENT | | 1981/11/17 | 5000 | | 10 |
| | 13 | 7902 | FORD | ANALYST | 7566 | 1981/12/03 | 3000 | | 20 |
| | 8 | 7788 | SCOTT | ANALYST | 7566 | 1987/04/19 | 3000 | | 20 |
| | 4 | 7566 | JONES | MANAGER | 7839 | 1981/04/02 | 2975 | | 20 |
| | 6 | 7698 | BLAKE | MANAGER | 7839 | 1981/05/01 | 2850 | | 30 |
| | 7 | 7782 | CLARK | MANAGER | 7839 | 1981/06/09 | 2450 | | 10 |
| | 2 | 7499 | ALLEN | SALESMAN | 7698 | 1981/02/20 | 1600 | 300 | 30 |
| | 10 | 7844 | TURNER | SALESMAN | 7698 | 1981/09/08 | 1500 | 0 | 30 |
| | 14 | 7934 | MILLER | CLERK | 7782 | 1982/01/23 | 1300 | | 10 |
| | 3 | 7521 | WARD | SALESMAN | 7698 | 1981/02/22 | 1250 | 500 | 30 |
| | 5 | 7654 | MARTIN | SALESMAN | 7698 | 1981/09/28 | 1250 | 1400 | 30 |
| | 11 | 7876 | ADAMS | CLERK | 7788 | 1987/05/23 | 1100 | | 20 |
| | 12 | 7900 | JAMES | CLERK | 7698 | 1981/12/03 | 950 | | 30 |
| | 1 | 7369 | SMITH | CLERK | 7902 | 1980/12/17 | 800 | | 20 |

이 특성을 인라인 뷰에서 적용하면 정렬된 SELECT문의 결과 순번을 매겨서 출력할 수 있습니다. 서브쿼리를 인라인 뷰로 사용한 SELECT문과 WITH절의 인라인 뷰를 사용한 SELECT문의 결과는 같습니다.

**실습 13-22** 인라인 뷰(서브쿼리 사용)

```
01    SELECT ROWNUM, E.*
02      FROM (SELECT *
03              FROM EMP E
04             ORDER BY SAL DESC) E;
```

**실습 13-23** 인라인 뷰(WITH절 사용)

```
01    WITH E AS (SELECT * FROM EMP ORDER BY SAL DESC)
02    SELECT ROWNUM, E.*
03      FROM E;
```

다음 결과에서 ORDER BY절로 정렬(SAL 열의 내림차순)된 SELECT문의 데이터가 메인쿼리의 SELECT문에서 한 행씩 순서대로 ROWNUM이 매겨져 정렬된 순서 그대로 번호가 매겨진 것을 확인할 수 있습니다.

:: 결과 화면(실습 13-22, 13-23의 실행 결과가 동일)

| ROWNUM | EMPNO | ENAME | JOB | MGR | HIREDATE | SAL | COMM | DEPTNO |
|---|---|---|---|---|---|---|---|---|
| 1 | 7839 | KING | PRESIDENT | | 1981/11/17 | 5000 | | 10 |
| 2 | 7902 | FORD | ANALYST | 7566 | 1981/12/03 | 3000 | | 20 |
| 3 | 7788 | SCOTT | ANALYST | 7566 | 1987/04/19 | 3000 | | 20 |
| 4 | 7566 | JONES | MANAGER | 7839 | 1981/04/02 | 2975 | | 20 |
| 5 | 7698 | BLAKE | MANAGER | 7839 | 1981/05/01 | 2850 | | 30 |
| 6 | 7782 | CLARK | MANAGER | 7839 | 1981/06/09 | 2450 | | 10 |
| 7 | 7499 | ALLEN | SALESMAN | 7698 | 1981/02/20 | 1600 | 300 | 30 |
| 8 | 7844 | TURNER | SALESMAN | 7698 | 1981/09/08 | 1500 | 0 | 30 |
| 9 | 7934 | MILLER | CLERK | 7782 | 1982/01/23 | 1300 | | 10 |
| 10 | 7521 | WARD | SALESMAN | 7698 | 1981/02/22 | 1250 | 500 | 30 |
| 11 | 7654 | MARTIN | SALESMAN | 7698 | 1981/09/28 | 1250 | 1400 | 30 |
| 12 | 7876 | ADAMS | CLERK | 7788 | 1987/05/23 | 1100 | | 20 |
| 13 | 7900 | JAMES | CLERK | 7698 | 1981/12/03 | 950 | | 30 |
| 14 | 7369 | SMITH | CLERK | 7902 | 1980/12/17 | 800 | | 20 |

마지막으로 급여가 높은 상위 세 명의 데이터만 출력하려면 ROWNUM을 WHERE절 조건으로 지정하면 됩니다. 인라인 뷰를 사용한 TOP-N 추출은 활용 빈도가 높으니 꼭 기억해 두세요.

**실습 13-24** 인라인 뷰로 TOP-N 추출하기(서브쿼리 사용)

```
01  SELECT ROWNUM, E.*
02    FROM (SELECT *
03            FROM EMP E
04          ORDER BY SAL DESC) E
05   WHERE ROWNUM <= 3;
```

**실습 13-25** 인라인 뷰로 TOP-N 추출하기(WITH절 사용)

```
01  WITH E AS (SELECT * FROM EMP ORDER BY SAL DESC)
02  SELECT ROWNUM, E.*
03    FROM E
04   WHERE ROWNUM <= 3;
```

:: 결과 화면(실습 13-24, 13-25의 실행 결과가 동일)

| ROWNUM | EMPNO | ENAME | JOB | MGR | HIREDATE | SAL | COMM | DEPTNO |
|---|---|---|---|---|---|---|---|---|
| 1 | 7839 | KING | PRESIDENT | | 1981/11/17 | 5000 | | 10 |
| 2 | 7788 | SCOTT | ANALYST | 7566 | 1987/04/19 | 3000 | | 20 |
| 3 | 7902 | FORD | ANALYST | 7566 | 1981/12/03 | 3000 | | 20 |

# 13-4 규칙에 따라 순번을 생성하는 시퀀스

### 시퀀스란?

시퀀스(sequence)는 오라클 데이터베이스에서 특정 규칙에 맞는 연속 숫자를 생성하는 객체입니다. 은행이나 병원의 대기 순번표와 마찬가지로 번호를 사용해야 하는 사용자에게 계속 다음 번호를 만들어 주는 역할을 합니다.

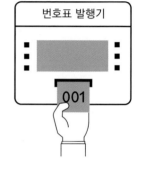

단지 연속하는 새로운 번호를 만드는 일이라면 다음과 같이 MAX 함수에 1을 더한 값을 사용해도 상관없을 것입니다. 이 방식은 실제로 연속하는 숫자로 이루어진 웹 서비스의 새로운 게시판 번호나 상품 주문 번호 등을 생성할 때 종종 생성하는 방식입니다.

```
SELECT MAX(글 번호) + 1
  FROM 게시판 테이블
```

하지만 이 방식은 테이블 데이터가 많아질수록 가장 큰 데이터를 찾고 새로운 번호를 계산하는 시간이 함께 늘어나므로 아쉬운 부분이 있습니다. 또한 동시에 여러 곳에서 새로운 번호를 요구했을 경우에 SELECT문의 결과 값이 같게 나와 번호가 중복될 수도 있습니다.
이와 비교하여 시퀀스는 단순히 번호 생성을 위한 객체이지만 지속적이고 효율적인 번호 생성이 가능하므로 여러모로 자주 사용하는 객체입니다.

### 시퀀스 생성

시퀀스 역시 CREATE문으로 생성하며 다음과 같이 다양한 옵션을 지정할 수 있습니다.

```
CREATE SEQUENCE 시퀀스 이름 —❶                                              기본 형식
[INCREMENT BY n] —❷
[START WITH n] —❸
[MAXVALUE n ¦ NOMAXVALUE] —❹
[MINVALUE n ¦ NOMINVALUE] —❺
[CYCLE ¦ NOCYCLE] —❻
[CACHE n ¦ NOCACHE] —❼
```

| 번호 | 설명 |
|---|---|
| ❶ | 생성할 시퀀스 이름 지정. 아래 절(❷ ~ ❼)들을 지정하지 않았을 경우 1부터 시작하여 1만큼 계속 증가하는 시퀀스가 생성(필수) |
| ❷ | 시퀀스에서 생성할 번호의 증가 값(기본값은 1)(선택) |
| ❸ | 시퀀스에서 생성할 번호의 시작 값(기본값은 1)(선택) |
| ❹ | 시퀀스에서 생성할 번호의 최댓값 지정, 최댓값은 시작 값(START WITH) 이상, 최솟값(MINVALUE)을 초 괏값으로 지정. NOMAXVALUE로 지정하였을 경우 오름차순이면 $10^{27}$, 내림차순일 경우 -1로 설정(선택) |
| ❺ | 시퀀스에서 생성할 번호의 최솟값 지정, 최솟값은 시작 값(START WITH) 이하, 최댓값(MAXVALUE) 미만 값 으로 지정. NOMINVALUE로 지정하였을 경우 오름차순이면 1, 내림차순이면 $-10^{26}$으로 설정(선택) |
| ❻ | 시퀀스에서 생성한 번호가 최댓값(MAXVALUE)에 도달했을 경우 CYCLE이면 시작 값(START WITH)에 서 다시 시작, NOCYCLE이면 번호 생성이 중단되고, 추가 번호 생성을 요청하면 오류 발생(선택) |
| ❼ | 시퀀스가 생성할 번호를 메모리에 미리 할당해 놓은 수를 지정, NOCACHE는 미리 생성하지 않도록 설정. 옵션을 모두 생략하면 기본값은 20(선택) |

시퀀스를 사용하기 위해 DEPT 테이블과 열 구성은 같고 데이터는 없는 DEPT_SEQUENCE 테이블을 생성해 보죠.

**실습 13-26** DEPT 테이블을 사용하여 DEPT_SEQUENCE 테이블 생성하기

```
01   CREATE TABLE DEPT_SEQUENCE
02      AS SELECT *
03          FROM DEPT
04          WHERE 1 <> 1;

05   SELECT * FROM DEPT_SEQUENCE;
```

:: 결과 화면

| DEPTNO | DNAME | LOC |
|---|---|---|
| | | |

기존의 DEPT 테이블에서 부서 번호(DEPTNO)는 10으로 시작해서 10씩 증가했습니다. 이와 같이 번호가 매겨질 수 있도록 오른쪽과 같이 시퀀스를 생성해 봅시다. 시퀀스 생성을 확인하기 위해 다음과 같이 USER_SEQUENCES 데이터 사전을 조회하여 확인해 보세요.

실습 13-27 시퀀스 생성하기

```
01   CREATE SEQUENCE SEQ_DEPT_SEQUENCE
02     INCREMENT BY 10
03     START WITH 10
04     MAXVALUE 90
05     MINVALUE 0
06     NOCYCLE
07     CACHE 2;
```

실습 13-28 생성한 시퀀스 확인하기

```
01   SELECT *
02     FROM USER_SEQUENCES;
```

:: 결과 화면(실습 13-28 결과)

| SEQUENCE_NAME | MIN_VALUE | MAX_VALUE | INCREMENT_BY | CYCLE_FLAG | ORDER_FLAG | CACHE_SIZE | LAST_NUMBER |
|---|---|---|---|---|---|---|---|
| SEQ_DEPT_SEQUENCE | 0 | 90 | 10 | N | N | 2 | 10 |

## 시퀀스 사용

생성된 시퀀스를 사용할 때는 [시퀀스 이름.CURRVAL]과 [시퀀스 이름.NEXTVAL]을 사용할 수 있습니다. CURRVAL은 시퀀스에서 마지막으로 생성한 번호를 반환하며 NEXTVAL는 다음 번호를 생성합니다. 그리고 CURRVAL은 시퀀스를 생성하고 바로 사용하면 번호가 만들어진 적이 없으므로 오류가 납니다.

먼저 SEQ_DEPT_SEQUENCE 시퀀스를 사용하여 DEPT_SEQUENCE 테이블에 새로운 부서를 추가하려면 다음과 같이 INSERT문에 NEXTVAL을 사용합니다. 시작 값(STRAT WITH)이 10이므로 부서 번호가 10으로 삽입되었음을 알 수 있습니다.

실습 13-29 시퀀스에서 생성한 순번을 사용한 INSERT문 실행하기

```
01   INSERT INTO DEPT_SEQUENCE (DEPTNO, DNAME, LOC)
02   VALUES (SEQ_DEPT_SEQUENCE.NEXTVAL, 'DATABASE', 'SEOUL');

03   SELECT * FROM DEPT_SEQUENCE ORDER BY DEPTNO;
```

:: 결과 화면

| DEPTNO | DNAME | LOC |
|---|---|---|
| 10 | DATABASE | SEOUL |

CURRVAL을 사용하면 가장 마지막으로 생성된 순번, 즉 10이 반환되는 것도 확인해 보세요.

실습 13-30  가장 마지막으로 생성된 시퀀스 확인하기

```
01  SELECT SEQ_DEPT_SEQUENCE.CURRVAL
02    FROM DUAL;
```

:: 결과 화면

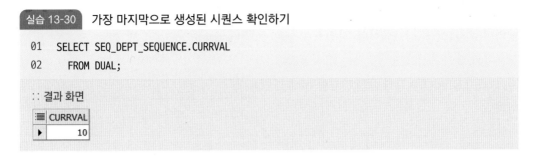

| CURRVAL |
|---|
| ▶  10 |

실습 13-29의 INSERT문을 시퀀스의 NEXTVAL을 사용하여 부서 번호가 90번에 이를 때까지 실행해 보죠(실습 13-29의 INSERT문을 9번 실행하기). 그 후 다시 실행하면 최댓값(MAXVALUE)이 이미 생성되었고 NOCYCLE 옵션으로 순환되지 않도록 설정하였으므로 오류가 납니다.

실습 13-31  시퀀스에서 생성한 순번을 반복 사용하여 INSERT문 실행하기

```
01  INSERT INTO DEPT_SEQUENCE (DEPTNO, DNAME, LOC)
02  VALUES (SEQ_DEPT_SEQUENCE.NEXTVAL, 'DATABASE', 'SEOUL');

03  SELECT * FROM DEPT_SEQUENCE ORDER BY DEPTNO;
```

:: 결과 화면

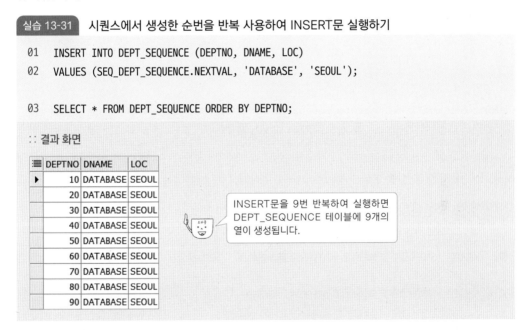

| DEPTNO | DNAME | LOC |
|---|---|---|
| ▶  10 | DATABASE | SEOUL |
| 20 | DATABASE | SEOUL |
| 30 | DATABASE | SEOUL |
| 40 | DATABASE | SEOUL |
| 50 | DATABASE | SEOUL |
| 60 | DATABASE | SEOUL |
| 70 | DATABASE | SEOUL |
| 80 | DATABASE | SEOUL |
| 90 | DATABASE | SEOUL |

INSERT문을 9번 반복하여 실행하면 DEPT_SEQUENCE 테이블에 9개의 열이 생성됩니다.

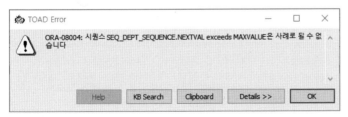

TOAD Error                                        —  □  ✕

⚠  ORA-08004: 시퀀스 SEQ_DEPT_SEQUENCE.NEXTVAL exceeds MAXVALUE은 사례로 될 수 없습니다

Help    KB Search    Clipboard    Details >>    OK

시퀀스 최댓값 90에 도달 후 다시 INSERT문을 실행하면 시퀀스는 번호를 더 생성하지 못합니다.

## 시퀀스 수정

ALTER 명령어로 시퀀스를 수정하고 DROP 명령어로 시퀀스를 삭제합니다. 시퀀스 수정은 오른쪽과 같이 옵션을 재설정하는 데 사용합니다. 그리고 START WITH 값은 변경할 수 없습니다.

```
ALTER SEQUENCE 시퀀스 이름
[INCREMENT BY n]
[MAXVALUE n | NOMAXVALUE]
[MINVALUE n | NOMINVALUE]
[CYCLE | NOCYCLE]
[CACHE n | NOCACHE]
```

앞에서 생성한 시퀀스인 SEQ_DEPT_SEQUENCE의 최댓값(MAXVALUE)을 99, 증가 값(INCREMENT BY)을 3, 그리고 NOCYCLE 대신 CYCLE 옵션을 주어 오른쪽과 같이 수정해 볼까요?

**실습 13-32** 시퀀스 옵션 수정하기

```
01  ALTER SEQUENCE SEQ_DEPT_SEQUENCE
02    INCREMENT BY 3
03    MAXVALUE 99
04    CYCLE;
```

**실습 13-33** 옵션을 수정한 시퀀스 조회하기

```
01  SELECT *
02    FROM USER_SEQUENCES;
```

:: 결과 화면(실습 13-33 결과)

| SEQUENCE_NAME | MIN_VALUE | MAX_VALUE | INCREMENT_BY | CYCLE_FLAG | ORDER_FLAG | CACHE_SIZE | LAST_NUMBER |
|---|---|---|---|---|---|---|---|
| ► SEQ_DEPT_SEQUENCE | 0 | 99 | 3 | Y | N | 2 | 93 |

시퀀스를 수정한 후 실습 13-34와 같이 다시 INSERT문을 실행해 결과를 확인해 보세요.

**실습 13-34** 수정한 시퀀스를 사용하여 INSERT문 실행하기

```
01  INSERT INTO DEPT_SEQUENCE (DEPTNO, DNAME, LOC)
02  VALUES (SEQ_DEPT_SEQUENCE.NEXTVAL, 'DATABASE', 'SEOUL');

03  SELECT * FROM DEPT_SEQUENCE ORDER BY DEPTNO;
```

:: 결과 화면

| DEPTNO | DNAME | LOC |
|---|---|---|
| ► 10 | DATABASE | SEOUL |
| 20 | DATABASE | SEOUL |
| 30 | DATABASE | SEOUL |
| 40 | DATABASE | SEOUL |
| 50 | DATABASE | SEOUL |
| 60 | DATABASE | SEOUL |
| 70 | DATABASE | SEOUL |
| 80 | DATABASE | SEOUL |
| 90 | DATABASE | SEOUL |
| 93 | DATABASE | SEOUL |

수정된 시퀀스의 증가 값 때문에 새로 추가된 마지막 열의 DEPTNO 값은 100이 아닌 93이 되었습니다.

실습 13-35의 INSERT문을 몇 번 더 반복 실행하면 96, 99(MAXVALUE) 번호가 생성된 후 CYCLE 옵션으로 인해 최솟값(MINVALUE)이 0에서 다시 3씩 증가되는 것을 확인할 수 있습니다.

실습 13-35 CYCLE 옵션을 사용한 시퀀스의 최댓값 도달 후 수행 결과 확인하기

```
01    INSERT INTO DEPT_SEQUENCE (DEPTNO, DNAME, LOC)
02    VALUES (SEQ_DEPT_SEQUENCE.NEXTVAL, 'DATABASE', 'SEOUL');

03    SELECT * FROM DEPT_SEQUENCE ORDER BY DEPTNO;
```

:: 결과 화면

| DEPTNO | DNAME | LOC |
|---|---|---|
| 0 | DATABASE | SEOUL |
| 3 | DATABASE | SEOUL |
| 10 | DATABASE | SEOUL |
| 20 | DATABASE | SEOUL |
| 30 | DATABASE | SEOUL |
| 40 | DATABASE | SEOUL |
| 50 | DATABASE | SEOUL |
| 60 | DATABASE | SEOUL |
| 70 | DATABASE | SEOUL |
| 80 | DATABASE | SEOUL |
| 90 | DATABASE | SEOUL |
| 93 | DATABASE | SEOUL |
| 96 | DATABASE | SEOUL |
| 99 | DATABASE | SEOUL |

새로 추가된 열의 DEPTNO 값이 99(시퀀스의 최댓값)가 되면 다시 0(시퀀스의 최솟값)부터 3씩 증가되어 열이 추가됩니다.

## 시퀀스 삭제

DROP SEQUENCE를 사용하면 시퀀스를 삭제할 수 있습니다. 생성한 SEQ_DEPT_SEQUENCE 시퀀스를 삭제해 보죠. 시퀀스를 삭제해도 시퀀스를 사용(SEQ_DEPT_SEQUENCE.NEXTVAL)하여 추가된 데이터는 삭제되지 않는다는 것도 눈여겨보세요.

실습 13-36 시퀀스 삭제 후 확인하기

```
01    DROP SEQUENCE SEQ_DEPT_SEQUENCE;

02    SELECT * FROM USER_SEQUENCES;
```

:: 결과 화면

| SEQUENCE_NAME | MIN_VALUE | MAX_VALUE | INCREMENT_BY | CYCLE_FLAG | ORDER_FLAG | CACHE_SIZE | LAST_NUMBER |
|---|---|---|---|---|---|---|---|
| | | | | | | | |

# 13-5 공식 별칭을 지정하는 동의어

## 동의어란?

동의어(synonym)는 테이블·뷰·시퀀스 등 객체 이름 대신 사용할 수 있는 다른 이름을 부여하는 객체입니다. 주로 테이블 이름이 너무 길어 사용이 불편할 때 좀 더 간단하고 짧은 이름을 하나 더 만들어 주기 위해 사용합니다. 동의어를 만들기 위해서는 CREATE문을 사용하며 다음과 같이 작성합니다.

| 요소 | 설명 |
|---|---|
| ❶ PUBLIC | 동의어를 데이터베이스 내 모든 사용자가 사용할 수 있도록 설정. 생략할 경우 동의어를 생성한 사용자만 사용 가능(PUBLIC으로 생성되어도 본래 객체의 사용 권한이 있어야 사용 가능)(선택) |
| ❷ 동의어 이름 | 생성할 동의어 이름(필수) |
| ❸ 사용자. | 생성할 동의어의 본래 객체 소유 사용자를 지정. 생략할 경우 현재 접속한 사용자로 지정(선택) |
| ❹ 객체이름 | 동의어를 생성할 대상 객체 이름(필수) |

생성한 동의어는 SELECT, INSERT, UPDATE, DELETE 등 다양한 SQL문에서 사용할 수 있습니다.

◎ 동의어는 여러 종류의 객체와 SQL문에서 사용할 수 있지만 본문에서는 이 책에서 소개한 객체 및 SQL문만 명시하였습니다. 더 자세한 동의어 사용은 오라클 공식 문서(docs.oracle.com/cd/B28359_01/server.111/b28286/statements_7001.htm#SQLRF01401)를 참고하세요.

동의어는 SELECT문의 SELECT절, FROM절에서 사용한 열 또는 테이블 별칭과 유사하지만, 오라클 데이터베이스에 저장되는 객체이기 때문에 일회성이 아니라는 점에서 차이가 납니다. 동의어 생성 역시 권한을 따로 부여해야 하기 때문에 다음과 같이 SQL*PLUS에서 SYSTEM에 접속하여 SCOTT 계정에 동의어 생성 권한을 부여해 보세요. PUBLIC SYNONYM 권한도 따로 부여해 주어야 합니다.

권한 부여하기(SQL*PLUS)

```
01   SQLPLUS SYSTEM/oracle

02   GRANT CREATE SYNONYM TO SCOTT;

03   GRANT CREATE PUBLIC SYNONYM TO SCOTT;
```

:: 결과 화면

```
C:\ 명령 프롬프트 - SQLPLUS SYSTEM/oracle

C:\Users\easyspublishing>SQLPLUS SYSTEM/oracle

SQL*Plus: Release 11.2.0.1.0 Production on 토 7월 14 02:08:39 2018

Copyright (c) 1982, 2010, Oracle.  All rights reserved.

다음에 접속됨:
Oracle Database 11g Enterprise Edition Release 11.2.0.1.0 - 64bit Production
With the Partitioning, OLAP, Data Mining and Real Application Testing options

SQL> GRANT CREATE SYNONYM TO SCOTT;
권한이 부여되었습니다.

SQL> GRANT CREATE PUBLIC SYNONYM TO SCOTT;
권한이 부여되었습니다.

SQL>
```

SYSTEM 계정으로 접속하여 SCOTT 계정에 권한을 부여해야 합니다.


## 동의어 생성

동의어 생성 권한을 부여했다면 토드에서 SCOTT 계정으로 접속하여 다음과 같이 EMP 테이블에 동의어 E를 만들어 보죠.

실습 13-38   EMP 테이블의 동의어 생성하기(토드)

```
01   CREATE SYNONYM E
02      FOR EMP;
```

E 동의어로 SELECT문을 실행하면 EMP 테이블의 데이터가 조회됩니다.

실습 13-39   E 테이블 전체 내용 조회하기(토드)

```
01   SELECT * FROM E;
```

| EMPNO | EN... | JOB | MGR | HIREDATE | SAL | COMM | DEPTNO |
|---|---|---|---|---|---|---|---|
| 7369 | SMITH | CLERK | 7902 | 1980/12/17 | 800 | | 20 |
| 7499 | ALLEN | SALESMAN | 7698 | 1981/02/20 | 1600 | 300 | 30 |
| 7521 | WARD | SALESMAN | 7698 | 1981/02/22 | 1250 | 500 | 30 |
| 7566 | JONES | MANAGER | 7839 | 1981/04/02 | 2975 | | 20 |
| 7654 | MARTIN | SALESMAN | 7698 | 1981/09/28 | 1250 | 1400 | 30 |
| 7698 | BLAKE | MANAGER | 7839 | 1981/05/01 | 2850 | | 30 |
| 7782 | CLARK | MANAGER | 7839 | 1981/06/09 | 2450 | | 10 |
| 7788 | SCOTT | ANALYST | 7566 | 1987/04/19 | 3000 | | 20 |
| 7839 | KING | PRESIDENT | | 1981/11/17 | 5000 | | 10 |
| 7844 | TURNER | SALESMAN | 7698 | 1981/09/08 | 1500 | 0 | 30 |
| 7876 | ADAMS | CLERK | 7788 | 1987/05/23 | 1100 | | 20 |
| 7900 | JAMES | CLERK | 7698 | 1981/12/03 | 950 | | 30 |
| 7902 | FORD | ANALYST | 7566 | 1981/12/03 | 3000 | | 20 |
| 7934 | MILLER | CLERK | 7782 | 1982/01/23 | 1300 | | 10 |

## 동의어 삭제

DROP SYNONYM을 사용하여 동의어를 삭제합니다. 생성한 E 동의어를 삭제해 볼까요?

실습 13-40   동의어 삭제하기(토드)

```
01   DROP SYNONYM E;
```

동의어를 삭제하면 E 동의어로 SELECT를 할 수 없지만 EMP 테이블 이름과 데이터에는 아무 영향을 주지 않습니다.

지금까지 오라클 데이터베이스 객체에 대해 알아보았습니다. 이 책에서는 오라클 데이터베이스에서 제공하는 많은 객체들 중에서 사용 빈도가 높은 객체들과 필수적인 사용법을 소개하고 있습니다. 여기에서 소개한 내용만으로도 기본 업무를 수행하기에 충분하지만, 이후 주어진 업무에 따라 각 객체의 더 자세한 사용법이나 다른 객체의 사용법이 필요해질 수 있으므로 이 장의 내용을 꼭 익히고 넘어가세요.

**Q1** 다음 SQL문을 작성해 보세요.

① EMP 테이블과 같은 구조의 데이터를 저장하는 EMPIDX 테이블을 만들어 보세요.

② 생성한 EMPIDX 테이블의 EMPNO 열에 IDX_EMPIDX_EMPNO 인덱스를 만들어 보세요.

③ 마지막으로 인덱스가 잘 생성되었는지 적절한 데이터 사전 뷰를 통해 확인해 보세요.

**Q2** 문제 1번에서 생성한 EMPIDX 테이블의 데이터 중 급여(SAL)가 1500 초과인 사원들만 출력하는 EMPIDX_OVER15K 뷰를 생성해 보세요. 이 이름을 가진 뷰가 이미 존재할 경우에 새로운 내용으로 대체 가능해야 합니다. EMPIDX_OVER15K 뷰는 사원 번호, 사원 이름, 직책, 부서 번호, 급여, 추가 수당 열을 가지고 있습니다. 추가 수당 열의 경우에 추가 수당이 존재하면 O, 존재하지 않으면 X로 출력합니다.

:: 결과 화면

| EMPNO | ENAME | JOB | DEPTNO | SAL | COMM |
|---|---|---|---|---|---|
| 7499 | ALLEN | SALESMAN | 30 | 1600 | O |
| 7566 | JONES | MANAGER | 20 | 2975 | X |
| 7698 | BLAKE | MANAGER | 30 | 2850 | X |
| 7782 | CLARK | MANAGER | 10 | 2450 | X |
| 7788 | SCOTT | ANALYST | 20 | 3000 | X |
| 7839 | KING | PRESIDENT | 10 | 5000 | X |
| 7902 | FORD | ANALYST | 20 | 3000 | X |

**Q3** 다음 세 가지 SQL문을 작성해 보세요.

① DEPT 테이블과 같은 열과 행 구성을 가지는 DEPTSEQ 테이블을 작성해 보세요.

② 생성한 DEPTSEQ 테이블의 DEPTNO 열에 사용할
시퀀스를 오른쪽 특성에 맞게 생성해 보세요.

> 부서 번호의 시작 값 : 1
>
> 부서 번호의 증가 : 1
>
> 부서 번호의 최댓값 : 99
>
> 부서 번호의 최솟값 : 1
>
> 부서 번호 최댓값에서 생성 중단
>
> 캐시 없음

③ 마지막으로 생성한 DEPTSEQ를 사용하여 오른쪽과
같이 세 개 부서를 차례대로 추가해 보세요.

| 부서 이름(DNAME) | 부서 위치(LOC) |
|---|---|
| DATABASE | SEOUL |
| WEB | BUSAN |
| MOBILE | ILSAN |

:: 결과 화면

| ≡ DEPTNO | DNAME | LOC |
|---|---|---|
| ▶ 10 | ACCOUNTING | NEW YORK |
| 20 | RESEARCH | DALLAS |
| 30 | SALES | CHICAGO |
| 40 | OPERATIONS | BOSTON |
| 1 | DATABASE | SEOUL |
| 2 | WEB | BUSAN |
| 3 | MOBILE | ILSAN |

정답 이지스퍼블리싱 홈페이지에서 확인하세요.

# 제약 조건

제약 조건(constraint)은 테이블에 저장할 데이터를 제약하는 특수한 규칙을 뜻합니다. 제약 조건을 설정한 열에는 조건에 맞지 않는 데이터를 저장할 수 없습니다. 이 제약 조건은 데이터 베이스 데이터의 정확성을 유지하기 위한 목적으로 사용하며 12장에서 살펴본 데이터 정의어 (DDL)로 설정할 수 있습니다. 이 장에서는 여러 제약 조건의 종류와 그 특성을 살펴보고 사용 방법을 알아보겠습니다.

이 장에서 꼭 익혀야 할 것

• 제약 조건의 종류와 의미

• 테이블을 생성할 때 제약 조건 지정 방법

# 14-1 제약 조건 종류

## 제약 조건이란?

오라클에서 사용하는 제약 조건은 테이블의 특정 열에 지정합니다. 제약 조건을 지정한 열에 제약 조건에 부합하지 않는 데이터를 저장할 수 없습니다. 제약 조건 지정 방식에 따라 기존 데이터의 수정이나 삭제 가능 여부도 영향을 받습니다.

예를 들어 로그인에 사용할 아이디나 이메일 주소를 중복되지 않도록 설정할 수 있습니다. 또는 회원 가입할 때 이름, 생년월일 등의 데이터는 필수 입력 항목으로 두어 빈값(NULL)을 허용하지 않도록 지정할 수 있습니다.

오라클 데이터베이스에서 사용하는 제약 조건은 다음과 같습니다.

| 종류 | 설명 |
|---|---|
| NOT NULL | 지정한 열에 NULL을 허용하지 않습니다. NULL을 제외한 데이터의 중복은 허용됩니다. |
| UNIQUE | 지정한 열이 유일한 값을 가져야 합니다. 즉 중복될 수 없습니다. 단 NULL은 값의 중복에서 제외됩니다. |
| PRIMARY KEY | 지정한 열이 유일한 값이면서 NULL을 허용하지 않습니다. PRIMARY KEY는 테이블에 하나만 지정 가능합니다. |
| FOREIGN KEY | 다른 테이블의 열을 참조하여 존재하는 값만 입력할 수 있습니다. |
| CHECK | 설정한 조건식을 만족하는 데이터만 입력 가능합니다. |

### 🔵 한 발 더 나가기! 데이터 무결성이란?

데이터 무결성(data integrity)은 데이터베이스에 저장되는 데이터의 정확성과 일관성을 보장한다는 의미이며 이를 위해 항상 유지해야 하는 기본 규칙을 가지고 있습니다. 제약 조건은 이러한 데이터 무결성을 지키기 위한 안전장치로서 중요한 역할을 합니다. 그리고 테이블 데이터의 삽입(insert), 수정(update), 삭제(delete) 등 모든 과정에서 지켜야 합니다. 다음 표는 데이터 무결성의 종류를 정리해 놓은 것입니다.

| 종류 | 설명 |
|---|---|
| 영역 무결성<br>(domain integrity) | 열에 저장되는 값의 적정 여부를 확인. 자료형, 적절한 형식의 데이터, NULL 여부같은<br>정해 놓은 범위를 만족하는 데이터임을 규정 |
| 개체 무결성<br>(entity integrity) | 테이블 데이터를 유일하게 식별할 수 있는 기본키는 반드시 값을 가지고 있어야 하며<br>NULL이 될 수 없고 중복될 수도 없음을 규정 |
| 참조 무결성<br>(referential integrity) | 참조 테이블의 외래키 값은 참조 테이블의 기본키로서 존재해야 하며 NULL이 가능 |

ⓖ 데이터 무결성의 자세한 내용은 관계형 데이터 모델 관련 서적 및 자료를 참고하세요.

이러한 무결성을 보장하기 위해 오라클에서는 앞에서 살펴본 다섯 가지 제약 조건을 제공합니다. 제약 조건은 데이터베이스 설계 시점, 즉 테이블을 생성할 때 주로 지정합니다. 하지만 테이블 생성 후에도 추가·변경·삭제할 수 있습니다. 따라서 제약 조건은 데이터 정의어(DDL)에서 활용합니다.

# 14-2 빈값을 허락하지 않는 NOT NULL

## 테이블을 생성하며 제약 조건 지정

NOT NULL은 특정 열에 데이터의 중복 여부와는 상관없이 NULL의 저장을 허용하지 않는 제약 조건입니다. 반드시 열에 값이 존재해야만 하는 경우에 지정합니다. 우선, 다음과 같이 NOT NULL 제약조건을 지정하는 열을 포함된 테이블을 생성합시다. NOT NULL 제약 조건은 열 이름과 자료형 뒤에 NOT NULL 키워드를 명시하여 지정합니다.

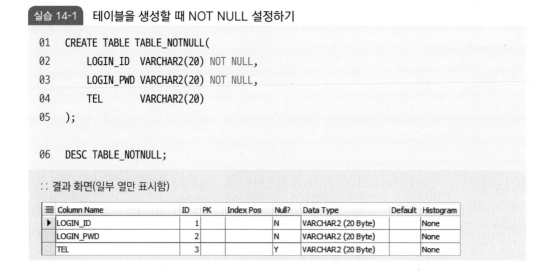

**실습 14-1**   테이블을 생성할 때 NOT NULL 설정하기

```
01   CREATE TABLE TABLE_NOTNULL(
02       LOGIN_ID  VARCHAR2(20) NOT NULL,
03       LOGIN_PWD VARCHAR2(20) NOT NULL,
04       TEL       VARCHAR2(20)
05   );


06   DESC TABLE_NOTNULL;
```

:: 결과 화면(일부 열만 표시함)

| Column Name | ID | PK | Index Pos | Null? | Data Type | Default | Histogram |
|---|---|---|---|---|---|---|---|
| ▶ LOGIN_ID | 1 | | | N | VARCHAR2 (20 Byte) | | None |
| LOGIN_PWD | 2 | | | N | VARCHAR2 (20 Byte) | | None |
| TEL | 3 | | | Y | VARCHAR2 (20 Byte) | | None |

LOGIN_ID, LOGIN_PWD 열을 NOT NULL로 지정했습니다. 이 두 열은 INSERT문을 통해 신규 데이터를 삽입할 때 NULL 값을 입력할 경우 다음과 같이 오류가 발생합니다.

**실습 14-2**   제약 조건이 NOT NULL인 열에 NULL 값 넣어보기

```
01   INSERT INTO TABLE_NOTNULL (LOGIN_ID, LOGIN_PWD, TEL)
02   VALUES ('TEST_ID_01', NULL, '010-1234-5678');
```

:: 결과 화면

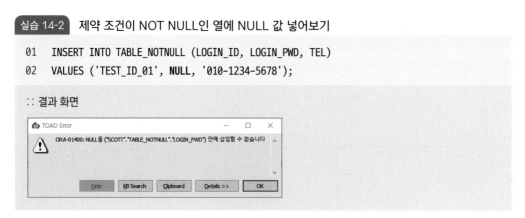

즉 LOGIN_ID, LOGIN_PWD 열은 반드시 NULL이 아닌 값을 지정하도록 강제로 지정하고 있습니다. 반면에 TEL 열은 별다른 제약 조건을 지정하지 않았으므로 값을 지정하지 않아도 오류가 발생하지 않습니다.

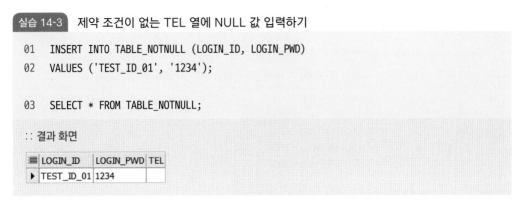

**실습 14-3** 제약 조건이 없는 TEL 열에 NULL 값 입력하기

```
01   INSERT INTO TABLE_NOTNULL (LOGIN_ID, LOGIN_PWD)
02   VALUES ('TEST_ID_01', '1234');

03   SELECT * FROM TABLE_NOTNULL;
```

:: 결과 화면

| LOGIN_ID | LOGIN_PWD | TEL |
|---|---|---|
| ▶ TEST_ID_01 | 1234 | |

◎ TEL 열을 비워둠으로써 NULL을 암시적으로 삽입하고 있습니다.

열의 제약 조건으로 NOT NULL을 지정하면 UPDATE문을 사용하여 LOGIN_ID 또는 LOGIN_PWD 열 값을 NULL로 수정하는 것도 불가능합니다. 제약 조건을 지정한 열은 항상 해당 제약 조건을 만족해야 하므로 신규 데이터의 삽입뿐만 아니라 기존 데이터의 수정 및 삭제에도 영향을 줍니다.

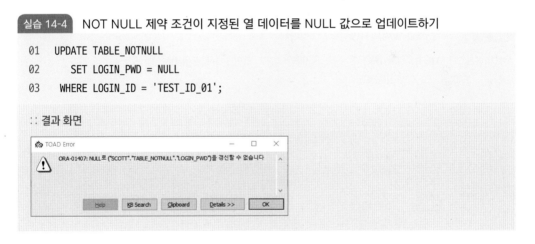

**실습 14-4** NOT NULL 제약 조건이 지정된 열 데이터를 NULL 값으로 업데이트하기

```
01   UPDATE TABLE_NOTNULL
02      SET LOGIN_PWD = NULL
03   WHERE LOGIN_ID = 'TEST_ID_01';
```

:: 결과 화면

TOAD Error

ORA-01407: NULL로 ("SCOTT"."TABLE_NOTNULL"."LOGIN_PWD")을 갱신할 수 없습니다

Help   KB Search   Clipboard   Details >>   OK

## 제약 조건 확인

지정한 제약 조건 정보를 확인하려면 다음과 같은 USER_CONSTRAINTS 데이터 사전을 활용합니다.

| 열 이름 | 설명 |
|---|---|
| OWNER | 제약 조건 소유 계정 |
| CONSTRAINT_NAME | 제약 조건 이름(직접 지정하지 않을 경우 오라클이 자동으로 지정함) |
| CONSTRAINT_TYPE | 제약 조건 종류<br>C : CHECK, NOT NULL<br>U : UNIQUE<br>P : PRIMARY KEY<br>R : FOREIGN KEY |
| TABLE_NAME | 제약 조건을 지정한 테이블 이름 |

다음 SELECT문을 사용하면 SCOTT 계정 소유의 제약 조건을 확인할 수 있습니다. 실습 14-1에서 제약 조건을 포함한 CREATE문을 통해 생성한 제약 조건을 살펴보면 실습 14-5의 결과 화면(빨간색 상자로 표시한 부분)과 같습니다. CONSTRAINT_NAME 열에 각 제약 조건 이름이 출력되며, 실습 14-1에서는 제약 조건의 이름을 따로 지정하지 않았으므로 오라클에 의해 자동으로 이름이 지정된 것을 확인할 수 있습니다.

**실습 14-5** 제약 조건 살펴보기(SCOTT 계정)

```
01   SELECT OWNER, CONSTRAINT_NAME, CONSTRAINT_TYPE, TABLE_NAME
02     FROM USER_CONSTRAINTS;
```

:: 결과 화면

| OWNER | CONSTRAINT_NAME | CONSTRAINT_TYPE | TABLE_NAME |
|---|---|---|---|
| SCOTT | SYS_C0015544 | C | TABLE_NOTNULL |
| SCOTT | SYS_C0015545 | C | TABLE_NOTNULL |
| SCOTT | FK_DEPTNO | R | EMP |
| SCOTT | PK_DEPT | P | DEPT |
| SCOTT | PK_EMP | P | EMP |

◎ 여러분이 실행한 실습의 결과 화면을 살펴보면 CONSTRAINT_NAME 열 이름이 책의 결과와 다를 수 있습니다. 왜냐하면 EMP 테이블 및 DEPT 테이블에는 이미 제약 조건이 지정되어 있기 때문입니다.

## 제약 조건 이름 직접 지정

TABLE_NOTNULL 테이블에 지정한 제약 조건은 이름을 따로 지정해 주지 않아 오라클에서 자동으로 이름이 지정되었습니다. 제약 조건에 이름을 직접 지정하려면 다음과 같이 CONSTRAINT 키워드를 사용합니다.

**실습 14-6** 테이블을 생성할 때 제약 조건에 이름 지정하기

```
01  CREATE TABLE TABLE_NOTNULL2(
02      LOGIN_ID  VARCHAR2(20) CONSTRAINT TBLNN2_LGNID_NN NOT NULL,
03      LOGIN_PWD VARCHAR2(20) CONSTRAINT TBLNN2_LGNPW_NN NOT NULL,
04      TEL       VARCHAR2(20)
05  );
06
    SELECT OWNER, CONSTRAINT_NAME, CONSTRAINT_TYPE, TABLE_NAME
07    FROM USER_CONSTRAINTS;
```

:: 결과 화면

| OWNER | CONSTRAINT_NAME | CONSTRAINT_TYPE | TABLE_NAME |
|-------|-----------------|-----------------|------------|
| SCOTT | SYS_C0015544 | C | TABLE_NOTNULL |
| SCOTT | SYS_C0015545 | C | TABLE_NOTNULL |
| SCOTT | TBLNN2_LGNID_NN | C | TABLE_NOTNULL2 |
| SCOTT | TBLNN2_LGNPW_NN | C | TABLE_NOTNULL2 |
| SCOTT | FK_DEPTNO | R | EMP |
| SCOTT | PK_DEPT | P | DEPT |
| SCOTT | PK_EMP | P | EMP |

USER_CONSTRAINTS 데이터 사전을 조회하면 제약 조건 이름(CONSTRAINT_NAME)이 실습 14-6에서 지정한 대로 저장되어 있는 것을 확인할 수 있습니다.

**실무 꿀팁!**

**실무에서 제약 조건 이름을 지정할 때**
오라클이 자동으로 지정해 주는 이름은 제약 조건이 많아진 후 찾기 어려워질 수 있으므로 실무에서는 이름 붙이는 규칙을 정하여 제약 조건 이름을 직접 지정하는 경우가 많습니다.

## 이미 생성한 테이블에 제약 조건 지정

앞에서 보았듯이 제약 조건은 저장할 데이터에 제한을 주는 규칙으로 작용합니다. 이러한 특성으로 인해 제약 조건은 데이터와 테이블을 설계하는 시점, 즉 데이터베이스 사용 주기에서 비교적 초기에 지정하는 것이 일반적입니다. 하지만 경우에 따라 이미 생성되어 있는 테이블에 제약 조건을 추가하거나 제약 조건을 변경 또는 삭제해야 하는 경우도 종종 생깁니다.

생성한 테이블에 제약 조건 추가하기

NOT NULL 제약 조건의 추가는 ALTER 명령어와 MODIFY 키워드를 사용합니다. 먼저 실습 14-1에서 생성한 TABLE_NOTNULL 테이블의 TEL 열에 NOT NULL 제약 조건을 추가해 보겠습니다. 제약 조건 추가에 앞서 실습 14-3을 통해 TEL 열에 NULL이 저장된 데이터가 이미 존재하고 있음을 기억해 보세요.

| ≡ LOGIN_ID | LOGIN_PWD | TEL |
|---|---|---|
| ▶ TEST_ID_01 | 1234 | |

다음은 TABLE_NOTNULL 테이블의 TEL 열에 NOT NULL 제약 조건을 추가하는 명령어입니다.

**실습 14-7**    TEL 열에 NOT NULL 제약 조건 추가하기

```
01    ALTER TABLE TABLE_NOTNULL
02    MODIFY(TEL NOT NULL);
```

위 실습을 실행하면 다음과 같이 오류가 발생하고 제약 조건 추가는 실패합니다. 이는 제약 조건 대상이 되는 열이 가진 데이터 중 추가하려는 제약 조건에 맞지 않는 데이터가 존재하기 때문입니다. 여기에서는 열 데이터에 NULL을 허용하지 않는 NOT NULL 제약 조건을 추가하려 했는데, 이미 TEL 열의 데이터 중 NULL 값이 존재하기 때문에 제약 조건이 추가되지 않은 것입니다. 제약 조건 추가를 위한 명령어를 잘 작성했어도 제약 조건과 맞지 않는 데이터가 이미 있다면 제약 조건 지정이 실패한다는 사실을 잊지 마세요.

그러면 다음 UPDATE문으로 기존 TEL 열을 NULL이 아닌 데이터로 수정해 봅시다.

**실습 14-8**    TEL 열 데이터 수정하기

```
01    UPDATE TABLE_NOTNULL
02       SET TEL = '010-1234-5678'
03     WHERE LOGIN_ID = 'TEST_ID_01';

04    SELECT * FROM TABLE_NOTNULL;
```

:: 결과 화면

| ≡ LOGIN_ID | LOGIN_PWD | TEL |
|---|---|---|
| ▶ TEST_ID_01 | 1234 | 010-1234-5678 |

그리고 실습 14-7에서 실패했던 TEL 열에 NOT NULL 제약 조건을 다시 지정해 보겠습니다.

NOT NULL 제약 조건 추가하기

```
01  ALTER TABLE TABLE_NOTNULL
02  MODIFY(TEL NOT NULL);

03  SELECT OWNER, CONSTRAINT_NAME, CONSTRAINT_TYPE, TABLE_NAME
04    FROM USER_CONSTRAINTS;
```

TABLE_NOTNULL 테이블의 TEL 열에 NULL을 가진 데이터가 없으므로 NOT NULL 제약
조건이 별다른 오류 없이 지정되는 것을 확인할 수 있습니다. USER_CONSTRAINTS 데이
터 사전을 통해 생성된 제약 조건을 확인해 주세요.

:: 결과 화면

| OWNER | CONSTRAINT_NAME | CONSTRAINT_TYPE | TABLE_NAME |
|-------|-----------------|-----------------|------------|
| SCOTT | SYS_C0015544 | C | TABLE_NOTNULL |
| SCOTT | SYS_C0015545 | C | TABLE_NOTNULL |
| SCOTT | TBLNN2_LGNID_NN | C | TABLE_NOTNULL2 |
| SCOTT | TBLNN2_LGNPW_NN | C | TABLE_NOTNULL2 |
| SCOTT | SYS_C0015548 | C | TABLE_NOTNULL |

CONSTRAINT_TYPE이 C면 NOT NULL 또는 CHECK라는 뜻입니다.

### 생성한 테이블에 제약 조건 이름 직접 지정해서 추가하기

제약 조건 이름을 직접 지정하려면 CREATE와 마찬가지로 CONSTRAINT 키워드를 사용하
면 됩니다. 실습 14-6에서 생성한 TABLE_NOTNULL2 테이블의 TEL 열에 이름을 직접 지
정하여 제약 조건(NOT NULL)을 추가해 보겠습니다.

제약 조건에 이름 지정해서 추가하기

```
01  ALTER TABLE TABLE_NOTNULL2
02  MODIFY(TEL CONSTRAINT TBLNN_TEL_NN NOT NULL);

03  SELECT OWNER, CONSTRAINT_NAME, CONSTRAINT_TYPE, TABLE_NAME
04    FROM USER_CONSTRAINTS;
```

:: 결과 화면

| | OWNER | CONSTRAINT_NAME | CONSTRAINT_TYPE | TABLE_NAME |
|---|---|---|---|---|
| ▶ | SCOTT | SYS_C0015544 | C | TABLE_NOTNULL |
| | SCOTT | SYS_C0015545 | C | TABLE_NOTNULL |
| | SCOTT | TBLNN2_LGNID_NN | C | TABLE_NOTNULL2 |
| | SCOTT | TBLNN2_LGNPW_NN | C | TABLE_NOTNULL2 |
| | SCOTT | SYS_C0015548 | C | TABLE_NOTNULL |
| | SCOTT | TBLNN_TEL_NN | C | TABLE_NOTNULL2 |

**실습 14-11**  TABLE_NOTNULL2 테이블 열 구조 확인하기

```
01  DESC TABLE_NOTNULL2;
```

:: 결과 화면(일부 열만 표시함)

| | Column Name | ID | PK | Index Pos | Null? | Data Type | Default | Histogram | Num Distinct |
|---|---|---|---|---|---|---|---|---|---|
| ▶ | LOGIN_ID | 1 | | | N | VARCHAR2 (20 Byte) | | None | |
| | LOGIN_PWD | 2 | | | N | VARCHAR2 (20 Byte) | | None | |
| | TEL | 3 | | | N | VARCHAR2 (20 Byte) | | None | |

## 생성한 제약 조건의 이름 변경하기

이미 생성한 제약 조건 이름을 변경하려면 ALTER 명령어에 RENAME CONSTRAINT 키워드를 사용합니다.

**실습 14-12**  이미 생성된 제약 조건 이름 변경하기

```
01  ALTER TABLE TABLE_NOTNULL2
02  RENAME CONSTRAINT TBLNN_TEL_NN TO TBLNN2_TEL_NN;

03  SELECT OWNER, CONSTRAINT_NAME, CONSTRAINT_TYPE, TABLE_NAME
04    FROM USER_CONSTRAINTS;
```

:: 결과 화면

| | OWNER | CONSTRAINT_NAME | CONSTRAINT_TYPE | TABLE_NAME |
|---|---|---|---|---|
| ▶ | SCOTT | SYS_C0015544 | C | TABLE_NOTNULL |
| | SCOTT | SYS_C0015545 | C | TABLE_NOTNULL |
| | SCOTT | TBLNN2_LGNID_NN | C | TABLE_NOTNULL2 |
| | SCOTT | TBLNN2_LGNPW_NN | C | TABLE_NOTNULL2 |
| | SCOTT | SYS_C0015548 | C | TABLE_NOTNULL |
| | SCOTT | TBLNN2_TEL_NN | C | TABLE_NOTNULL2 |
| | SCOTT | FK_DEPTNO | R | EMP |
| | SCOTT | PK_DEPT | P | DEPT |
| | SCOTT | PK_EMP | P | EMP |

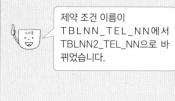

제약 조건 이름이 TBLNN_TEL_NN에서 TBLNN2_TEL_NN으로 바뀌었습니다.

## 제약 조건 삭제

ALTER 명령어에 DROP CONSTRAINT 키워드를 사용하면 지정한 제약 조건을 삭제할 수 있습니다.

제약 조건 삭제하기

```
01  ALTER TABLE TABLE_NOTNULL2
02  DROP CONSTRAINT TBLNN2_TEL_NN;

03  DESC TABLE_NOTNULL2;
```

제약 조건을 삭제하면 다음과 같이 TEL 열은 NULL이 저장될 수 있는 열이 됩니다.

:: 결과 화면(일부 열만 표시함)

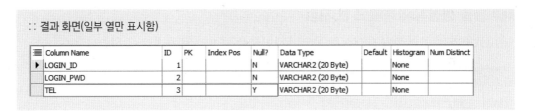

| Column Name | ID | PK | Index Pos | Null? | Data Type | Default | Histogram | Num Distinct |
|---|---|---|---|---|---|---|---|---|
| ▶ LOGIN_ID | 1 | | | N | VARCHAR2 (20 Byte) | | None | |
| LOGIN_PWD | 2 | | | N | VARCHAR2 (20 Byte) | | None | |
| TEL | 3 | | | Y | VARCHAR2 (20 Byte) | | None | |

1분
복습

이미 존재하는 테이블의 특정 열에 NOT NULL 제약 조건을 추가하는 다음 코드의 빈칸을 채워 보세요.

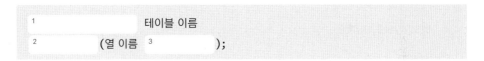

```
1 [          ]  테이블 이름
2 [     ]  (열 이름  3 [          ]  );
```

정답 1. ALTER TABLE 2. MODIFY 3. NOT NULL

# 14-3 중복되지 않는 값 UNIQUE

UNIQUE 제약 조건은 열에 저장할 데이터의 중복을 허용하지 않고자 할 때 사용합니다. NULL은 값이 존재하지 않음을 의미하기 때문에 중복 대상에서는 제외됩니다. 즉 UNIQUE 제약 조건을 지정한 열에 NULL은 여러 개 존재할 수 있습니다. UNIQUE 지정 방법은 NOT NULL 제약 조건과 동일합니다.

## 테이블을 생성하며 제약 조건 지정

UNIQUE 제약 조건 역시 CREATE문으로 테이블을 생성할 때 지정할 수 있습니다.

**실습 14-14  제약 조건 지정하기(테이블을 생성할 때)**

```
01   CREATE TABLE TABLE_UNIQUE(
02       LOGIN_ID  VARCHAR2(20) UNIQUE,
03       LOGIN_PWD VARCHAR2(20) NOT NULL,
04       TEL       VARCHAR2(20)
05   );

06   DESC TABLE_UNIQUE;
```

:: 결과 화면

| Column Name | ID | PK | Index Pos | Null? | Data Type | Default | Histogram | Num Distinct | Num Nulls | Density |
|---|---|---|---|---|---|---|---|---|---|---|
| ▶ LOGIN_ID | 1 | | 1 | Y | VARCHAR2 (20 Byte) | | None | | | |
| LOGIN_PWD | 2 | | | N | VARCHAR2 (20 Byte) | | None | | | |
| TEL | 3 | | | Y | VARCHAR2 (20 Byte) | | None | | | |

## 제약 조건 확인

USER_CONSTRAINTS 데이터 사전에서 CONSTRAINT_TYPE 열 값이 U일 경우에 UNIQUE 제약 조건을 의미한다는 것을 기억해 보세요.

**실습 14-15  USER_CONSTRAINTS 데이터 사전 뷰로 제약 조건 확인하기**

```
01   SELECT OWNER, CONSTRAINT_NAME, CONSTRAINT_TYPE, TABLE_NAME
02     FROM USER_CONSTRAINTS
03    WHERE TABLE_NAME = 'TABLE_UNIQUE';
```

:: 결과 화면

| OWNER | CONSTRAINT_NAME | CONSTRAINT_TYPE | TABLE_NAME |
|-------|-----------------|-----------------|--------------|
| ▶ SCOTT | SYS_C0015610 | C | TABLE_UNIQUE |
| SCOTT | SYS_C0015611 | U | TABLE_UNIQUE |

WHERE절을 통해 TABLE_UNIQUE 테이블의 제약 조건만 조회합니다.

## 중복을 허락하지 않는 UNIQUE

UNIQUE 제약 조건을 지정한 LOGIN_ID 열은 중복 값이 저장되지 않습니다. 그러면 이 내용을 확인하기 위해 먼저 INSERT문으로 데이터를 넣어 보죠.

**실습 14-16** TABLE_UNIQUE 테이블에 데이터 입력하기

```
01    INSERT INTO TABLE_UNIQUE(LOGIN_ID, LOGIN_PWD, TEL)
02    VALUES('TEST_ID_01', 'PWD01', '010-1234-5678');

03    SELECT * FROM TABLE_UNIQUE;
```

:: 결과 화면

| LOGIN_ID | LOGIN_PWD | TEL |
|----------|-----------|--------------|
| ▶ TEST_ID_01 | PWD01 | 010-1234-5678 |

그리고 LOGIN_ID가 같은 값을 가진 다음 INSERT문을 실행해 보죠.

**실습 14-17** LOGIN_ID 열에 중복되는 데이터 넣기

```
01    INSERT INTO TABLE_UNIQUE (LOGIN_ID, LOGIN_PWD, TEL)
02    VALUES ('TEST_ID_01', 'PWD01', '010-1234-5678');
```

:: 결과 화면

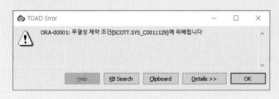

실습 14-17에서는 실습 14-16과 같은 내용의 데이터를 넣고 있습니다. 하지만 UNIQUE 제약 조건이 지정되어 있는 LOGIN_ID 열 때문에 위와 같이 오류가 발생합니다.

실습 14-18 TABLE_UNIQUE 테이블에 데이터 입력하기

```
01    INSERT INTO TABLE_UNIQUE(LOGIN_ID, LOGIN_PWD, TEL)
02    VALUES('TEST_ID_02', 'PWD01', '010-1234-5678');

03    SELECT * FROM TABLE_UNIQUE;
```

> LOGIN_PWD 열은 NOT NULL 조건만 지정되어 있어서 중복은 허용됩니다.

:: 결과 화면

| LOGIN_ID | LOGIN_PWD | TEL |
|---|---|---|
| ▶ TEST_ID_01 | PWD01 | 010-1234-5678 |
| TEST_ID_02 | PWD01 | 010-2345-6789 |

실습 14-17과 달리 LOGIN_ID에 다른 값을 지정한 경우는 문제없이 잘 실행됩니다. 여기에서 유심히 살펴봐야 하는 내용은 LOGIN_PWD 열입니다. 이 열에 NOT NULL 제약 조건을 지정하여 중복 값이 있어도 문제가 발생하지 않습니다. NOT NULL은 열 값이 NULL만 아니면 되니까요.

## UNIQUE 제약 조건과 NULL 값

UNIQUE 제약 조건은 열 값의 중복은 허용하지 않지만 NULL 저장은 가능합니다. NULL은 존재하지 않는 값 또는 해당 사항이 없다는 의미로 사용되는 특수한 값이므로 NULL과 NULL을 비교했을 때 값이 같은지를 확인할 수 없습니다. 즉 NULL은 데이터 중복의 의미를 부여할 수 없습니다. 따라서 UNIQUE 제약 조건이 지정된 열에는 NULL이 여러 개 존재할 수 있습니다.

실습 14-19 UNIQUE 제약 조건이 지정된 열에 NULL 값 입력하기

```
01    INSERT INTO TABLE_UNIQUE(LOGIN_ID, LOGIN_PWD, TEL)
02    VALUES(NULL, 'PWD01', '010-2345-6789');

03    SELECT * FROM TABLE_UNIQUE;
```

:: 결과 화면

| LOGIN_ID | LOGIN_PWD | TEL |
|---|---|---|
| ▶ TEST_ID_01 | PWD01 | 010-1234-5678 |
| TEST_ID_02 | PWD01 | 010-2345-6789 |
| | PWD01 | 010-2345-6789 |

만약 UPDATE문을 사용하여 LOGIN_ID 열에 이미 존재하는 값(TEST_ID_01)을 지정할 경우에 실행 후 중복 데이터가 발생하므로 다음과 같이 실행되지 않습니다.

```
01  UPDATE TABLE_UNIQUE
02    SET LOGIN_ID='TEST_ID_01'
03  WHERE LOGIN_ID IS NULL;
```

:: 결과 화면

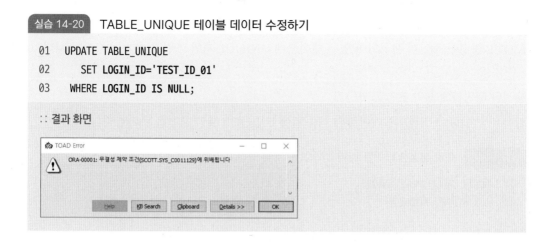

## 테이블을 생성하며 제약 조건 이름 직접 지정

UNIQUE 제약 조건 역시 제약 조건 이름을 지정할 수 있으며 지정하지 않으면 오라클이 자동으로 제약 조건 이름을 정해 줍니다.

실습 14-21  테이블을 생성할 때 UNIQUE 제약 조건 설정하기

```
01  CREATE TABLE TABLE_UNIQUE2(
02    LOGIN_ID  VARCHAR2(20) CONSTRAINT TBLUNQ2_LGNID_UNQ UNIQUE,
03    LOGIN_PWD VARCHAR2(20) CONSTRAINT TBLUNQ2_LGNPW_NN NOT NULL,
04    TEL       VARCHAR2(20)
05  );
```

USER_CONSTRAINTS 데이터 사전을 조회하면 제약 조건 이름이 앞에서 지정한 대로 저장되어 있는 것을 확인할 수 있습니다.

실습 14-22  생성한 UNIQUE 제약 조건 확인하기(USER_CONSTRAINTS 사용)

```
01  SELECT OWNER, CONSTRAINT_NAME, CONSTRAINT_TYPE, TABLE_NAME
02    FROM USER_CONSTRAINTS
03  WHERE TABLE_NAME LIKE 'TABLE_UNIQUE%';
```

:: 결과 화면(실습 14-22)

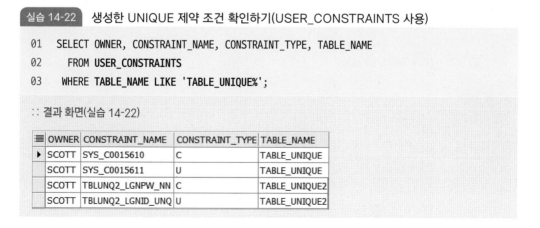

| OWNER | CONSTRAINT_NAME | CONSTRAINT_TYPE | TABLE_NAME |
|-------|-----------------|-----------------|------------|
| SCOTT | SYS_C0015610 | C | TABLE_UNIQUE |
| SCOTT | SYS_C0015611 | U | TABLE_UNIQUE |
| SCOTT | TBLUNQ2_LGNPW_NN | C | TABLE_UNIQUE2 |
| SCOTT | TBLUNQ2_LGNID_UNQ | U | TABLE_UNIQUE2 |

## 이미 생성한 테이블에 제약 조건 지정

ALTER 명령어로 이미 생성되어 있는 테이블에 UNIQUE 제약 조건을 추가할 수 있습니다.

### 생성한 테이블에 제약 조건 추가하기

다음은 TABLE_UNIQUE 테이블의 TEL 열에 UNIQUE 제약 조건을 추가합니다.

**실습 14-23**  이미 생성한 테이블 열에 UNIQUE 제약 조건 추가하기

```
01  ALTER TABLE TABLE_UNIQUE
02  MODIFY(TEL UNIQUE);
```

:: 결과 화면

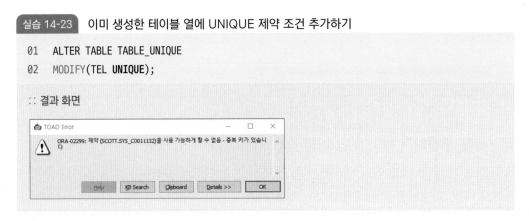

실습 14-23을 실행하면 오류가 발생하여 제약 조건 추가가 실패합니다. 왜냐하면 TEL 열에 이미 중복된 열이 있기 때문입니다. NOT NULL과 마찬가지로 제약 조건을 추가할 때 해당 열에 추가하려는 제약 조건에 맞지 않는 데이터가 존재할 경우 제약 조건 추가는 실행되지 못합니다. 하지만 UPDATE문을 통해 TEL 열의 모든 값을 NULL로 수정한 후에 다시 ALTER문을 실행해 보면 문제없이 실행됩니다. 왜냐하면 UNIQUE는 NULL 중복 여부를 따지지 않기 때문입니다. 그리고 NULL이 아닌 중복 값만 바꾸어도 결과는 같습니다.

**실습 14-24**  TEL 열 값을 모두 NULL 값으로 변경하기

```
01  UPDATE TABLE_UNIQUE
02    SET TEL = NULL;

03  SELECT * FROM TABLE_UNIQUE;
```

:: 결과 화면

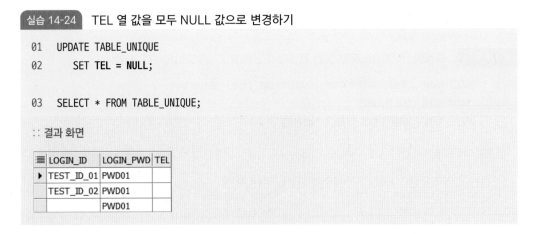

**실습 14-25** TEL 값에 UNIQUE 제약 조건 설정하기

```
01  ALTER TABLE TABLE_UNIQUE
02  MODIFY(TEL UNIQUE);
```

:: 결과 화면

| OWNER | CONSTRAINT_NAME | CONSTRAINT_TYPE | TABLE_NAME |
|---|---|---|---|
| SCOTT | SYS_C0015610 | C | TABLE_UNIQUE |
| SCOTT | SYS_C0015611 | U | TABLE_UNIQUE |
| SCOTT | SYS_C0015616 | U | TABLE_UNIQUE |
| SCOTT | TBLUNQ2_LGNPW_NN | C | TABLE_UNIQUE2 |
| SCOTT | TBLUNQ2_LGNID_UNQ | U | TABLE_UNIQUE2 |

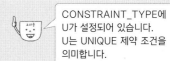
CONSTRAINT_TYPE에 U가 설정되어 있습니다. U는 UNIQUE 제약 조건을 의미합니다.

제약 조건을 확인할 때는 실습 14-22를 다시 한번 실행해 보세요.

### 생성한 테이블에 제약 조건 이름 직접 지정하거나 바꾸기

UNIQUE 제약 조건 역시 이름을 직접 지정할 수 있으며 이후에 이름을 바꿀 수도 있습니다.

**실습 14-26** UNIQUE 제약 조건 이름 직접 지정하기

```
01  ALTER TABLE TABLE_UNIQUE2
02  MODIFY(TEL CONSTRAINT TBLUNQ_TEL_UNQ UNIQUE);

03  SELECT OWNER, CONSTRAINT_NAME, CONSTRAINT_TYPE, TABLE_NAME
04    FROM USER_CONSTRAINTS
05   WHERE TABLE_NAME LIKE 'TABLE_UNIQUE%';
```

:: 결과 화면

| OWNER | CONSTRAINT_NAME | CONSTRAINT_TYPE | TABLE_NAME |
|---|---|---|---|
| SCOTT | SYS_C0015610 | C | TABLE_UNIQUE |
| SCOTT | SYS_C0015611 | U | TABLE_UNIQUE |
| SCOTT | SYS_C0015616 | U | TABLE_UNIQUE |
| SCOTT | TBLUNQ2_LGNPW_NN | C | TABLE_UNIQUE2 |
| SCOTT | TBLUNQ2_LGNID_UNQ | U | TABLE_UNIQUE2 |
| SCOTT | TBLUNQ_TEL_UNQ | U | TABLE_UNIQUE2 |

**실습 14-27** 이미 만들어져 있는 UNIQUE 제약 조건 이름 수정하기

```
01  ALTER TABLE TABLE_UNIQUE2
02  RENAME CONSTRAINT TBLUNQ_TEL_UNQ TO TBLUNQ2_TEL_UNQ;

03  SELECT OWNER, CONSTRAINT_NAME, CONSTRAINT_TYPE, TABLE_NAME
04    FROM USER_CONSTRAINTS
05   WHERE TABLE_NAME LIKE 'TABLE_UNIQUE%';
```

| OWNER | CONSTRAINT_NAME | CONSTRAINT_TYPE | TABLE_NAME |
|-------|-----------------|-----------------|------------|
| SCOTT | SYS_C0015610 | C | TABLE_UNIQUE |
| SCOTT | SYS_C0015611 | U | TABLE_UNIQUE |
| SCOTT | SYS_C0015616 | U | TABLE_UNIQUE |
| SCOTT | TBLUNQ2_LGNPW_NN | C | TABLE_UNIQUE2 |
| SCOTT | TBLUNQ2_LGNID_UNQ | U | TABLE_UNIQUE2 |
| SCOTT | TBLUNQ2_TEL_UNQ | U | TABLE_UNIQUE2 |

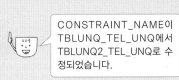

CONSTRAINT_NAME이 TBLUNQ_TEL_UNQ에서 TBLUNQ2_TEL_UNQ로 수정되었습니다.

## 제약 조건 삭제

UNIQUE 제약 조건 삭제 역시 ALTER 명령어에 DROP CONSTRAINT 키워드를 사용합니다.

**실습 14-28  제약 조건 삭제하기**

```
01  ALTER TABLE TABLE_UNIQUE2
02  DROP CONSTRAINT TBLUNQ2_TEL_UNQ;

03  SELECT OWNER, CONSTRAINT_NAME, CONSTRAINT_TYPE, TABLE_NAME
04    FROM USER_CONSTRAINTS
05   WHERE TABLE_NAME LIKE 'TABLE_UNIQUE%';
```

TBLUNQ2_TEL_UNQ 제약 조건이 삭제되었음을 알 수 있습니다.

:: 결과 화면

| OWNER | CONSTRAINT_NAME | CONSTRAINT_TYPE | TABLE_NAME |
|-------|-----------------|-----------------|------------|
| SCOTT | SYS_C0011128 | C | TABLE_UNIQUE |
| SCOTT | SYS_C0011129 | U | TABLE_UNIQUE |
| SCOTT | SYS_C0011133 | U | TABLE_UNIQUE |
| SCOTT | TBLUNQ2_LGNPW_NN | C | TABLE_UNIQUE2 |
| SCOTT | TBLUNQ2_LGNID_UNQ | U | TABLE_UNIQUE2 |

**1분 복습**

이미 존재하는 테이블의 특정 열에 UNIQUE 제약 조건을 추가하는 다음 코드의 빈칸을 채워 보세요.

| 1 | 테이블 이름 |
|---|---|
| 2  (열 이름  3  ); | |

정답 1. ALTER TABLE 2. MODIFY 3. UNIQUE

# 14-4 유일하게 하나만 있는 값 PRIMARY KEY

PRIMARY KEY 제약 조건은 UNIQUE와 NOT NULL 제약 조건의 특성을 모두 가지는 제약 조건입니다. 즉 데이터 중복을 허용하지 않고 NULL도 허용하지 않습니다. NULL이 아닌 유일한 값을 가지므로 주민등록번호나 EMP 테이블의 사원 번호같이 테이블의 각 행을 식별하는 데 활용됩니다. PRIMARY KEY 제약 조건은 테이블에 하나밖에 지정할 수 없습니다. 그리고 특정 열을 PRIMARY KEY로 지정하면 해당 열에는 자동으로 인덱스가 만들어집니다.

ⓒ 하지만 PRIMARY KEY로 적합한 특성을 가졌다 할지라도 주민등록번호와 같은 예민한 개인 정보를 의미하는 데이터는 PRIMARY KEY로 지정하지 않습니다.

## 테이블을 생성하며 제약 조건 지정하기

테이블 PRIMARY KEY(기본키) 제약 조건은 앞에서 살펴본 제약 조건처럼 CREATE문으로 테이블을 생성하면서 지정할 수 있습니다.

> **실습 14-29**　테이블을 생성할 때 특정 열에 PRIMARY KEY 설정하기

```
01   CREATE TABLE TABLE_PK(
02       LOGIN_ID  VARCHAR2(20) PRIMARY KEY,
03       LOGIN_PWD VARCHAR2(20) NOT NULL,
04       TEL       VARCHAR2(20)
05   );

06   DESC TABLE_PK;
```

:: 결과 화면

| Column Name | ID | PK | Index Pos | Null? | Data Type | Default | Histogram | Num Distinct | Num Nulls | Density |
|---|---|---|---|---|---|---|---|---|---|---|
| ▶ LOGIN_ID | 1 | 1 | 1 | N | VARCHAR2 (20 Byte) | | None | | | |
| LOGIN_PWD | 2 | | | N | VARCHAR2 (20 Byte) | | None | | | |
| TEL | 3 | | | Y | VARCHAR2 (20 Byte) | | None | | | |

테이블을 만들었으니 USER_CONSTRAINTS 데이터 사전도 확인해 볼까요?

**실습 14-30** 생성한 PRIMARY KEY 확인하기

```
01  SELECT OWNER, CONSTRAINT_NAME, CONSTRAINT_TYPE, TABLE_NAME
02    FROM USER_CONSTRAINTS
03    WHERE TABLE_NAME LIKE 'TABLE_PK%';
```

:: 결과 화면

| OWNER | CONSTRAINT_NAME | CONSTRAINT_TYPE | TABLE_NAME |
|-------|-----------------|-----------------|------------|
| SCOTT | SYS_C0015692 | C | TABLE_PK |
| SCOTT | SYS_C0015693 | P | TABLE_PK |

CONSTRAINT_TYPE에 P가 설정되어 있습니다.
P는 PRIMARY KEY 제약 조건을 의미합니다.

PRIMARY KEY 제약 조건은 특정 테이블의 데이터를 식별하는 유일한 값이라는 뜻입니다. 이 때문에 SELECT문을 통한 검색에 자주 활용되므로 PRIMARY KEY 제약 조건을 지정한 열에는 자동으로 인덱스가 만들어진다는 것을 기억하세요. 다음은 USER_INDEXES 데이터 사전을 조회한 결과입니다.

**실습 14-31** 생성한 PRIMARY KEY를 통해 자동 생성된 INDEX 확인하기

```
01  SELECT INDEX_NAME, TABLE_OWNER, TABLE_NAME
02    FROM USER_INDEXES
03    WHERE TABLE_NAME LIKE 'TABLE_PK%';
```

:: 결과 화면

| INDEX_NAME | TABLE_OWNER | TABLE_NAME |
|------------|-------------|------------|
| SYS_C0015693 | SCOTT | TABLE_PK |

USER_INDEXES를 통해 TABLE_PK 테이블에 인덱스가 생성되었음을 알 수 있습니다.

## 테이블을 생성하며 제약 조건 이름 직접 지정하기

다른 제약 조건과 마찬가지로 PRIMARY KEY 역시 제약 조건의 이름을 직접 지정할 수 있습니다.

**실습 14-32** 제약 조건의 이름을 직접 지정하여 테이블 생성하기

```
01  CREATE TABLE TABLE_PK2(
02      LOGIN_ID  VARCHAR2(20) CONSTRAINT TBLPK2_LGNID_PK PRIMARY KEY,
03      LOGIN_PWD VARCHAR2(20) CONSTRAINT TBLPK2_LGNPW_NN NOT NULL,
04      TEL       VARCHAR2(20)
05  );

06  DESC TABLE_PK2;
```

:: 결과 화면

| Column Name | ID | PK | Index Pos | Null? | Data Type | Default | Histogram | Num Distinct | Num Nulls | Density |
|---|---|---|---|---|---|---|---|---|---|---|
| ▸ LOGIN_ID | 1 | 1 | 1 | N | VARCHAR2 (20 Byte) | | None | | | |
| LOGIN_PWD | 2 | | | N | VARCHAR2 (20 Byte) | | None | | | |
| TEL | 3 | | | Y | VARCHAR2 (20 Byte) | | None | | | |

오른쪽 화면은 실습 14-32에서 지정
한 제약 조건을 확인하기 위해 실습
14-30을 다시 실행한 결과입니다.

| | OWNER | CONSTRAINT_NAME | CONSTRAINT_TYPE | TABLE_NAME |
|---|---|---|---|---|
| ▸ | SCOTT | SYS_C0015692 | C | TABLE_PK |
| | SCOTT | SYS_C0015693 | P | TABLE_PK |
| | SCOTT | TBLPK2_LGNPW_NN | C | TABLE_PK2 |
| | SCOTT | TBLPK2_LGNID_PK | P | TABLE_PK2 |

오른쪽 아래 화면의 PRIMARY KEY 제약 조건 지정으로 자동 생성된 인덱스를 확인해 보
세요(실습 14-31을 다시 실행한 결과). 그리고 제약 조건과 같은 이름이 붙여진 것도 눈여겨보
세요. 사실 실습 14-29에서 제약 조건의 이름을 지정하지 않았을 때도 오라클이 자동으로
생성한 이름이 인덱스(INDEX_NAME)에 사용되
었음을 알 수 있습니다.

| | INDEX_NAME | TABLE_OWNER | TABLE_NAME |
|---|---|---|---|
| ▸ | TBLPK2_LGNID_PK | SCOTT | TABLE_PK2 |
| | SYS_C0015693 | SCOTT | TABLE_PK |

## PRIMARY KEY 제약 조건을 지정한 열 확인(중복 값을 입력했을 때)

PRIMARY KEY 제약 조건을 지정한 열에는 중복 값과 NULL이 허용되지 않습니다. 그러면
다음 데이터를 입력한 후 똑같은 값을 입력했을 때 중복 값의 허용 여부를 살펴보겠습니다.

**실습 14-33** TABLE_PK 테이블에 데이터 입력하기

```
01   INSERT INTO TABLE_PK(LOGIN_ID, LOGIN_PWD, TEL)
02   VALUES('TEST_ID_01', 'PWD01', '010-1234-5678');

03   SELECT * FROM TABLE_PK;
```

:: 결과 화면

| LOGIN_ID | LOGIN_PWD | TEL |
|---|---|---|
| ▸ TEST_ID_01 | PWD01 | 010-1234-5678 |

**실습 14-34** TABLE_PK 테이블에 중복되는 데이터 입력하기

```
01   INSERT INTO TABLE_PK(LOGIN_ID, LOGIN_PWD, TEL)
02   VALUES('TEST_ID_01', 'PWD02', '010-2345-6789');
```

:: 결과 화면

PRIMARY KEY 제약 조건이 지정되어 있는 열은 중복을 허용하지 않습니다.

## PRIMARY KEY 제약 조건을 지정한 열 확인(NULL 값을 입력했을 때)

**실습 14-35** NULL 값을 명시적으로 입력하기

```
01   INSERT INTO TABLE_PK(LOGIN_ID, LOGIN_PWD, TEL)
02   VALUES(NULL, 'PWD02', '010-2345-6789');
```

**실습 14-36** NULL 값을 암시적으로 입력하기

```
01   INSERT INTO TABLE_PK(LOGIN_PWD, TEL)
02   VALUES('PWD02', '010-2345-6789');
```

:: 결과 화면(실습 14-35, 14-36의 실행 결과가 같음)

PRIMARY KEY 제약 조건이 지정되어 있는 NULL 값을 허용하지 않습니다.

여기에서는 사용 방법을 생략했지만 PRIMARY KEY 제약 조건 역시 ALTER문의 MODIFY, RENAME, DROP을 통해 추가·수정·이름 변경·삭제 등의 수행이 가능합니다. PRIMARY KEY 제약 조건은 테이블 데이터를 식별하는 유일한 값을 뜻하므로 일반적으로 테이블의 생성 시점에 확정되는 경우가 대부분입니다. 즉 ALTER문을 사용하는 경우가 드물죠. 그리고 테이블에 이미 PRIMARY KEY 제약 조건이 지정되어 있다면 다른 열에는 추가할 수 없습니다. 또 PRIMARY KEY 제약 조건을 지정하려는 열에 중복 값이나 NULL이 있을 경우에도 동작하지 않는다는 점을 기억해 주세요.

| EMPNO | ENAME | JOB | MGR | HIREDATE | SAL | COMM | DEPTNO |
|---|---|---|---|---|---|---|---|
| 7369 | SMITH | CLERK | 7902 | 1980-12-17 | 800 | | 20 |
| 7499 | ALLEN | SALESMAN | 7698 | 1981-02-20 | 1600 | 300 | 30 |
| 7521 | WARD | SALESMAN | 7698 | 1981-02-22 | 1250 | 500 | 30 |
| 7566 | JONES | MANAGER | 7839 | 1981-04-02 | 2975 | | 20 |
| 7654 | MARTIN | SALESMAN | 7698 | 1981-09-28 | 1250 | 1400 | 30 |
| 7698 | BLAKE | MANAGER | 7839 | 1981-05-01 | 2850 | | 30 |
| 7782 | CLARK | MANAGER | 7839 | 1981-06-09 | 2450 | | 10 |
| 7788 | SCOTT | ANALYST | 7566 | 1987-04-19 | 3000 | | 20 |
| 7839 | KING | PRESIDENT | | 1981-11-17 | 5000 | | 10 |
| 7844 | TURNER | SALESMAN | 7698 | 1981-09-08 | 1500 | 0 | 30 |
| 7876 | ADAMS | CLERK | 7788 | 1987-05-23 | 1100 | | 20 |
| 7900 | JAMES | CLERK | 7698 | 1981-12-03 | 950 | | 30 |
| 7902 | FORD | ANALYST | 7566 | 1981-12-03 | 3000 | | 20 |
| 7934 | MILLER | CLERK | 7782 | 1982-01-23 | 1300 | | 10 |

| DEPTNO | DNAME | LOC |
|---|---|---|
| 10 | ACCOUNTING | NEW YORK |
| 20 | RESEARCH | DALLAS |
| 30 | SALES | CHICAGO |
| 40 | OPERATIONS | BOSTON |

따라서 다음과 같이 EMP 테이블에 DEPTNO 열 값을 50으로 지정하고 INSERT문을 사용하면 오류가 나서 실행되지 않습니다. 50은 DEPT 테이블의 DEPTNO 열에 저장되어 있지 않은 값이니까요.

실습 14-38   FOREIGN KEY가 참조하는 열에 존재하지 않는 데이터 입력하기

```
01  INSERT INTO EMP(EMPNO, ENAME, JOB, MGR, HIREDATE, SAL, COMM, DEPTNO)
02  VALUES(9999, '홍길동', 'CLERK', '7788', TO_DATE('2017/04/30', 'YYYY/MM/DD'), 1200, NULL, 50);
```

오류 메시지에 언급한 '부모 키가 없습니다'라는 말은 DEPT 테이블의 DEPTNO 열에 50이 존재하지 않는다는 뜻입니다. 참조 대상 테이블을 부모, 참조하는 테이블을 자식으로 표현한다는 것도 기억해 주세요.

:: 결과 화면

DEPT 테이블이 부모, EMP 테이블이 자식 테이블이 됩니다.

## FOREIGN KEY 지정하기

FOREIGN KEY 지정은 지금까지 살펴본 제약 조건을 지정하는 방법과 비슷합니다. 참조 대상을 지정하는 문법을 추가하여 다음과 같이 작성합니다.

```
CREATE TABLE 테이블 이름(                              기본 형식
   ...(다른 열 정의),
   열 자료형 CONSTRAINT [제약 조건 이름] REFERENCES 참조 테이블(참조할 열)
);
```

오른쪽과 같이 제약 조건 이름을 지정하지 않고 FOREIGN KEY를 정의할 수 있습니다.

```
CREATE TABLE 테이블 이름(
   ...(다른 열 정의),
   열 자료형 REFERENCES 참조 테이블(참조할 열)
);
```

열을 모두 정의한 후 제약 조건을 지정하려면 오른쪽과 같이 마지막에 CONSTRAINT 키워드를 사용하면 됩니다.

```
CREATE TABLE 테이블 이름(
   ...(다른 열 정의),
   CONSTRAINT [제약 조건 이름] FOREIGN KEY(열)
   REFERENCES 참조 테이블(참조할 열)
);
```

그러면 EMP 및 DEPT 테이블과 열 구성이 같은 테이블을 만들어 볼까요? 먼저 참조 대상이 될 DEPT_FK 테이블을 다음과 같이 생성합시다.

### 실습 14-39  DEPT_FK 테이블 생성하기

```
01   CREATE TABLE DEPT_FK(
02   DEPTNO NUMBER(2) CONSTRAINT DEPTFK_DEPTNO_PK PRIMARY KEY,
03   DNAME  VARCHAR2(14),
04   LOC    VARCHAR2(13)
05   );

06   DESC DEPT_FK;
```

:: 결과 화면(일부 열만 표시함)

| Column Name | ID | PK | Index Pos | Null? | Data Type | Default | Histogram | Num Distinct | Num Nulls | Density |
|---|---|---|---|---|---|---|---|---|---|---|
| DEPTNO | 1 | 1 | 1 | N | NUMBER (2) | | None | | | |
| DNAME | 2 | | | Y | VARCHAR2 (14 Byte) | | None | | | |
| LOC | 3 | | | Y | VARCHAR2 (13 Byte) | | None | | | |

이제 DEPT_FK 테이블의 DEPTNO 열을 참조하는 FOREIGN KEY 제약 조건을 정의한 EMP 테이블을 만들어 봅시다.

**EMP_FK 테이블 생성하기**

```
01   CREATE TABLE EMP_FK(
02     EMPNO       NUMBER(4) CONSTRAINT EMPFK_EMPNO_PK PRIMARY KEY,
03     ENAME       VARCHAR2(10),
04     JOB         VARCHAR2(9),
05     MGR         NUMBER(4),
06     HIREDATE    DATE,
07     SAL         NUMBER(7,2),
08     COMM        NUMBER(7,2),
09     DEPTNO      NUMBER(2) CONSTRAINT EMPFK_DEPTNO_FK REFERENCES DEPT_FK (DEPTNO)
10   );

11   DESC EMP_FK;
```

:: 결과 화면(일부 열만 표시함)

| Column Name | ID | PK | Index Pos | Null? | Data Type | Default | Histogram | Num Distinct | Num Nulls | Density |
|---|---|---|---|---|---|---|---|---|---|---|
| EMPNO | 1 | 1 | 1 | N | NUMBER (4) | | None | | | |
| ENAME | 2 | | | Y | VARCHAR2 (10 Byte) | | None | | | |
| JOB | 3 | | | Y | VARCHAR2 (9 Byte) | | None | | | |
| MGR | 4 | | | Y | NUMBER (4) | | None | | | |
| HIREDATE | 5 | | | Y | DATE | | None | | | |
| SAL | 6 | | | Y | NUMBER (7,2) | | None | | | |
| COMM | 7 | | | Y | NUMBER (7,2) | | None | | | |
| DEPTNO | 8 | | | Y | NUMBER (2) | | None | | | |

EMP_FK 테이블의 DEPTNO 열은 이제 DEPT_FK 테이블의 DEPTNO 열을 참조하는 FOREIGN KEY 제약 조건이 지정되었습니다.

### FOREIGN KEY 지정할 때 유의점

테이블을 만들고 나서 DEPT_FK 테이블에는 데이터가 아직 없는 상태입니다. 이로 인해 EMP_FK 테이블에 데이터를 추가할 때 부서 번호(DEPTNO)를 지정하면 오류가 나서 실행되지 않습니다. 앞에서 살펴본 대로 EMP_FK 테이블의 DEPTNO 열은 DEPT_FK 테이블의 DEPTNO를 참조하기 때문에 DEPT_FK 테이블의 DEPTNO 열에 존재하지 않는 값을 사용하는 것은 불가능합니다.

EMP_FK 테이블에 데이터 삽입하기(DEPTNO 데이터가 아직 DEPT_FK 테이블에 없을 때)

```
01  INSERT INTO EMP_FK
02  VALUES(9999, 'TEST_NMAME', 'TEST_JOB', NULL, TO_DATE('2001/01/01', 'YYYY/MM/DD'),
        3000, NULL, 10);
```

:: 결과 화면

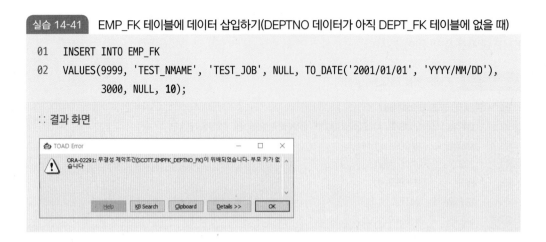

DEPT_FK 테이블에 다음과 같이 데이터를 삽입한 후 다시 EMP_FK에 데이터를 삽입해 볼까요? 먼저 DEPT_FK에 10번 부서 데이터를 삽입합니다.

DEPT_FK에 데이터 삽입하기

```
01  INSERT INTO DEPT_FK
02  VALUES(10, 'TEST_DNAME', 'TEST_LOC');

03  SELECT * FROM DEPT_FK;
```

:: 결과 화면

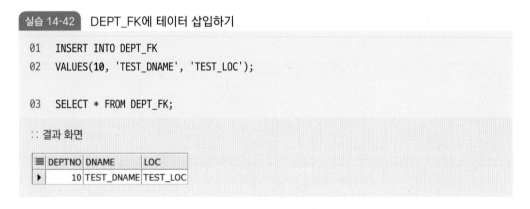

| | DEPTNO | DNAME | LOC |
|---|---|---|---|
| ▶ | 10 | TEST_DNAME | TEST_LOC |

그리고 실습 14-41에서 실행에 실패한 EMP_FK 테이블의 INSERT문을 다시 실행해 보면 이제 정상적으로 실행되는 것을 알 수 있습니다.

EMP_FK 테이블에 데이터 삽입하기

```
01  INSERT INTO EMP_FK
02  VALUES(9999, 'TEST_NMAME', 'TEST_JOB', NULL, TO_DATE('2001/01/01', 'YYYY/MM/DD'),
        3000, NULL, 10);

03  SELECT * FROM EMP_FK;
```

:: 결과 화면

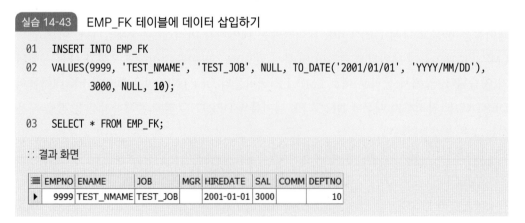

| | EMPNO | ENAME | JOB | MGR | HIREDATE | SAL | COMM | DEPTNO |
|---|---|---|---|---|---|---|---|---|
| ▶ | 9999 | TEST_NMAME | TEST_JOB | | 2001-01-01 | 3000 | | 10 |

## FOREIGN KEY로 참조 행 데이터 삭제하기

현재 DEPT_FK 테이블에는 10번 부서 데이터가 저장되어 있고 EMP_FK 테이블에는 이 10
번 부서를 참조하는 데이터가 있습니다. 이 경우에 DEPT_FK 테이블의 DEPTNO 열에 저장
된 10번 부서 데이터는 삭제할 수 없습니다.

**실습 14-44** DEPT_FK 테이블의 10번 부서 데이터 삭제하기

```
01   DELETE FROM DEPT_FK
02   WHERE DEPTNO = 10;
```

:: 결과 화면

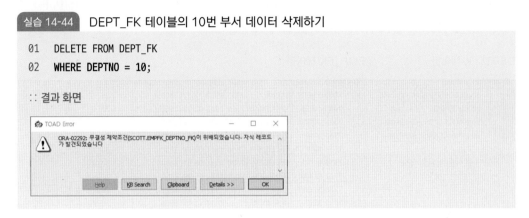

오류가 발생하는 이유는 자식 레코드, 즉 삭제하려는 DEPTNO 값을 참조하는 데이터가 존재
하기 때문입니다. DEPT_FK 테이블의 데이터를 삭제하려면 다음 방법 중 한 가지를 사용해
야 합니다.

> 1. 현재 삭제하려는 열 값을 참조하는 데이터를 먼저 삭제한다.
>    ex) EMP_FK 테이블의 DEPTNO가 10번인 데이터를 삭제한 후 DEPT_FK 테이블의 10번 부서 삭제
>
> 2. 현재 삭제하려는 열 값을 참조하는 데이터를 수정한다.
>    ex) EMP_FK 테이블의 DEPTNO가 10번인 데이터를 다른 부서 번호 또는 NULL로 변경한 후
>        DEPT_FK 테이블의 10번 부서 삭제
>
> 3. 현재 삭제하려는 열을 참조하는 자식 테이블의 FOREIGN KEY 제약 조건을 해제한다.

하지만 위 방법은 삭제할 데이터를 참조하는 데이터의 수정 또는 삭제 작업을 선행해야 하므
로 다소 귀찮은 작업이 될 것입니다. 그리고 FOREIGN KEY 제약 조건을 해제할 수 없는 경
우도 종종 있으므로 이미 제약 조건으로 연결된 데이터의 삭제는 꽤나 까다로운 일입니다.
따라서 제약 조건을 처음 지정할 때 다음과 같이 추가 옵션을 지정하는 방법을 사용하기도 합
니다. 이 방법은 데이터 삭제와 더불어 삭제할 데이터를 참조하는 처리를 어떻게 할지 정할
수 있습니다.

## 열 데이터를 삭제할 때 이 데이터를 참조하고 있는 데이터도 함께 삭제

CONSTRAINT [제약 조건 이름] REFERENCES 참조 테이블(참조할 열) ON DELETE CASCADE

DEPT_FK 테이블의 DEPTNO 열 값이 10인 데이터를 삭제하면 이를 참조하는 EMP_FK 테이블의 DEPTNO 열 값이 10인 데이터도 함께 삭제합니다.

**DEPT_FK 테이블**

| DEPTNO | DNAME | LOC |
|---|---|---|
| 10 | ACCOUNTING | NEW YORK |
| 20 | RESEARCH | DALLAS |
| 30 | SALES | CHICAGO |
| 40 | OPERATIONS | BOSTON |

10번 부서를 삭제할 경우

**EMP_FK 테이블**

| EMPNO | ENAME | JOB | MGR | HIREDATE | SAL | COMM | DEPTNO |
|---|---|---|---|---|---|---|---|
| 7369 | SMITH | CLERK | 7902 | 1980-12-17 | 800 | | 20 |
| 7499 | ALLEN | SALESMAN | 7698 | 1981-02-20 | 1600 | 300 | 30 |
| 7521 | WARD | SALESMAN | 7698 | 1981-02-22 | 1250 | 500 | 30 |
| 7566 | JONES | MANAGER | 7839 | 1981-04-02 | 2975 | | 20 |
| 7654 | MARTIN | SALESMAN | 7698 | 1981-09-28 | 1250 | 1400 | 30 |
| 7698 | BLAKE | MANAGER | 7839 | 1981-05-01 | 2850 | | 30 |
| 7782 | CLARK | MANAGER | 7839 | 1981-06-09 | 2450 | | 10 |
| 7788 | SCOTT | ANALYST | 7566 | 1987-04-19 | 3000 | | 20 |
| 7839 | KING | PRESIDENT | | 1981-11-17 | 5000 | | 10 |
| 7844 | TURNER | SALESMAN | 7698 | 1981-09-08 | 1500 | 0 | 30 |
| 7876 | ADAMS | CLERK | 7788 | 1987-05-23 | 1100 | | 20 |
| 7900 | JAMES | CLERK | 7698 | 1981-12-03 | 950 | | 30 |
| 7902 | FORD | ANALYST | 7566 | 1981-12-03 | 3000 | | 20 |
| 7934 | MILLER | CLERK | 7782 | 1982-01-23 | 1300 | | 10 |

10번 부서에 속한 사원 데이터 함께 삭제

## 열 데이터를 삭제할 때 이 데이터를 참조하는 데이터를 NULL로 수정

CONSTRAINT [제약 조건 이름] REFERENCES 참조 테이블(참조할 열) ON DELETE SET NULL

DEPT_FK 테이블의 DEPTNO 열 값이 10인 데이터를 삭제하면 이를 참조하는 EMP_FK 테이블의 DEPTNO 열 값이 10인 데이터를 NULL로 수정합니다.

**DEPT_FK 테이블**

| DEPTNO | DNAME | LOC |
|---|---|---|
| 10 | ACCOUNTING | NEW YORK |
| 20 | RESEARCH | DALLAS |
| 30 | SALES | CHICAGO |
| 40 | OPERATIONS | BOSTON |

10번 부서를 삭제할 경우

**EMP_FK 테이블**

| EMPNO | ENAME | JOB | MGR | HIREDATE | SAL | COMM | DEPTNO |
|---|---|---|---|---|---|---|---|
| 7369 | SMITH | CLERK | 7902 | 1980-12-17 | 800 | | 20 |
| 7499 | ALLEN | SALESMAN | 7698 | 1981-02-20 | 1600 | 300 | 30 |
| 7521 | WARD | SALESMAN | 7698 | 1981-02-22 | 1250 | 500 | 30 |
| 7566 | JONES | MANAGER | 7839 | 1981-04-02 | 2975 | | 20 |
| 7654 | MARTIN | SALESMAN | 7698 | 1981-09-28 | 1250 | 1400 | 30 |
| 7698 | BLAKE | MANAGER | 7839 | 1981-05-01 | 2850 | | 30 |
| 7782 | CLARK | MANAGER | 7839 | 1981-06-09 | 2450 | | 10 |
| 7788 | SCOTT | ANALYST | 7566 | 1987-04-19 | 3000 | | 20 |
| 7839 | KING | PRESIDENT | | 1981-11-17 | 5000 | | 10 |
| 7844 | TURNER | SALESMAN | 7698 | 1981-09-08 | 1500 | 0 | 30 |
| 7876 | ADAMS | CLERK | 7788 | 1987-05-23 | 1100 | | 20 |
| 7900 | JAMES | CLERK | 7698 | 1981-12-03 | 950 | | 30 |
| 7902 | FORD | ANALYST | 7566 | 1981-12-03 | 3000 | | 20 |
| 7934 | MILLER | CLERK | 7782 | 1982-01-23 | 1300 | | 10 |

NULL NULL NULL

10번 부서에 속한 사원의 DEPTNO 열 값을 NULL로 변경 참조 데이터를 지정하는 FOREIGN KEY 제약 조건도 PRIMARY KEY 제약 조건과 마찬가지로 테이블을 설계하는 시점에 결정이 나는 경우가 많습니다. 따라서 ALTER문을 사용한 제약 조건의 추가·변경·삭제 등 여러 기능을 수행할 수 있지만 이 책에서는 많이 쓰이는 CREATE문 사용법만 소개합니다. 좀 더 자세한 사용 방법을 알고 싶다면 오라클 공식 문서 (docs.oracle.com/cd/E11882_01/server.112/e41084/clauses002.htm#SQLRF52180)를 참고하세요.

 **다음 빈칸을 채우며 복습해 보세요.**

¹제 _____ 은 어떤 테이블에 저장할 데이터 특성을 정의하는 데 사용하는 특수한 규칙을 뜻합니다.

오라클 데이터베이스에서 사용할 수 있는 ¹제 _____ 은 다섯 가지가 있는데요. 지정한 열에 NULL 값을 제외한 값의 중복이 불가능한 ²U _____, NULL을 허용하지 않는 ³N _____, 다른 테이블의 열을 참조하는 ⁴F _____ KEY, NULL 값과 데이터의 중복을 모두 허용하지 않는 ⁵P _____ KEY가 있습니다.

정답 1. 제약 조건 2. UNIQUE 3. NOT NULL 4. FOREIGN 5. PRIMARY

# 14-6 데이터 형태와 범위를 정하는 CHECK

CHECK 제약 조건은 열에 저장할 수 있는 값의 범위 또는 패턴을 정의할 때 사용합니다. 예를 들어 시간을 저장할 열 데이터는 0에서 23까지의 숫자만 허용합니다. CHECK 제약 조건 역시 다른 제약 조건과 마찬가지로 지정할 수 있습니다. 다음 CREATE문으로 LOGIN_PWD 열에 이름을 직접 입력하여 CHECK 제약 조건을 지정해 보겠습니다.

**실습 14-45** 테이블을 생성할 때 CHECK 제약 조건 설정하기

```
01   CREATE TABLE TABLE_CHECK(
02       LOGIN_ID  VARCHAR2(20) CONSTRAINT TBLCK_LOGINID_PK PRIMARY KEY,
03       LOGIN_PWD VARCHAR2(20) CONSTRAINT TBLCK_LOGINPW_CK CHECK (LENGTH(LOGIN_PWD) > 3),
04       TEL       VARCHAR2(20)
05   );

06   DESC TABLE_CHECK;
```

CHECK 키워드 다음의 LENGTH(LOGIN_PWD) > 3은 LOGIN_PWD 열 길이가 3 이상인 데이터만 저장 가능하다는 뜻입니다. 즉 비밀번호는 3글자 이상만 저장할 수 있도록 제한을 둔 것입니다.

ⓒ CHECK 제약 조건은 단순 연산뿐만 아니라 함수 활용도 가능합니다.

:: 결과 화면(일부 열만 표시함)

| Column Name | ID | PK | Index Pos | Null? | Data Type | Default | Histogram | Num Distinct | Num Nulls | Density |
|---|---|---|---|---|---|---|---|---|---|---|
| ▶ LOGIN_ID | 1 | 1 | 1 | N | VARCHAR2 (20 Byte) | | None | | | |
| LOGIN_PWD | 2 | | | Y | VARCHAR2 (20 Byte) | | None | | | |
| TEL | 3 | | | Y | VARCHAR2 (20 Byte) | | None | | | |

지정한 CHECK 제약 조건 때문에 다음 INSERT문은 실행되지 않습니다. 왜냐하면 비밀번호가 CHECK 제약 조건에서 지정한 3자리를 넘지 않기 때문입니다.

**실습 14-46** CHECK 제약 조건에 맞지 않는 예

```
01   INSERT INTO TABLE_CHECK
02   VALUES ('TEST_ID', '123', '010-1234-5678');
```

:: 결과 화면

하지만 INSERT문에 비밀번호를 4자리로 지정하면 오류 없이 실행됩니다.

실습 14-47    CHECK 제약 조건에 맞는 예

```
01   INSERT INTO TABLE_CHECK
02   VALUES ('TEST_ID', '1234', '010-1234-5678');

03   SELECT * FROM TABLE_CHECK;
```

:: 결과 화면

| LOGIN_ID | LOGIN_PWD | TEL |
|----------|-----------|-----|
| ▶ TEST_ID | 1234 | 010-1234-5678 |

CHECK 제약 조건은 USER_CONSTRAINTS 데이터 사전에서 확인할 수 있습니다.
CONSTRAINT_TYPE 열 값이 C이므로 NOT NULL, CHECK 제약 조건은 모두 C로 출력됩니다.

실습 14-48    CHECK 제약 조건 확인하기

```
01   SELECT OWNER, CONSTRAINT_NAME, CONSTRAINT_TYPE, TABLE_NAME
02     FROM USER_CONSTRAINTS
03    WHERE TABLE_NAME LIKE 'TABLE_CHECK';
```

:: 결과 화면

| OWNER | CONSTRAINT_NAME | CONSTRAINT_TYPE | TABLE_NAME |
|-------|-----------------|-----------------|------------|
| ▶ SCOTT | TBLCK_LOGINPW_CK | C | TABLE_CHECK |
| SCOTT | TBLCK_LOGINID_PK | P | TABLE_CHECK |

# 14-7 기본값을 정하는 DEFAULT

제약 조건과는 별개로 특정 열에 저장할 값이 지정되지 않았을 경우에 기본값(default)을 지정할 수 있는데요. 이때 사용되는 키워드가 DEFAULT입니다.

**실습 14-49** 테이블을 생성할 때 DEFAULT 제약 조건 설정하기

```
01  CREATE TABLE TABLE_DEFAULT(
02      LOGIN_ID  VARCHAR2(20) CONSTRAINT TBLCK2_LOGINID_PK PRIMARY KEY,
03      LOGIN_PWD VARCHAR2(20) DEFAULT '1234',
04      TEL       VARCHAR2(20)
05  );

06  DESC TABLE_DEFAULT;
```

:: 결과 화면

| Column Name | ID | PK | Index Pos | Null? | Data Type | Default | Histogram |
|---|---|---|---|---|---|---|---|
| ▶ LOGIN_ID | 1 | 1 | 1 | N | VARCHAR2 (20 Byte) | | None |
| LOGIN_PWD | 2 | | | Y | VARCHAR2 (20 Byte) | '1234' | None |
| TEL | 3 | | | Y | VARCHAR2 (20 Byte) | | None |

일부 열만 표시했습니다.

이제 다음 두 INSERT문을 실행하여 지정한 기본값이 잘 들어가는지 확인해 보죠.

**실습 14-50** DEFAULT로 지정한 기본값이 입력되는 INSERT문 확인하기

```
01  INSERT INTO TABLE_DEFAULT VALUES ('TEST_ID', NULL, '010-1234-5678');

02  INSERT INTO TABLE_DEFAULT (LOGIN_ID, TEL) VALUES ('TEST_ID2', '010-1234-5678');

03  SELECT * FROM TABLE_DEFAULT;
```

:: 결과 화면

| LOGIN_ID | LOGIN_PWD | TEL |
|---|---|---|
| ▶ TEST_ID | | 010-1234-5678 |
| TEST_ID2 | 1234 | 010-1234-5678 |

◎ INSERT문도 SELECT문도 각각 실행합니다.

명시적으로 NULL을 지정한 첫 번째 INSERT문을 실행했을 때는 LOGIN_PWD 열이 비어 있습니다. 그리고 두 번째 INSERT문처럼 LOGIN_PWD 열 값을 지정하지 않으면 기본값인 1234가 들어가는 것을 확인할 수 있습니다.

---

### ● 한발더나가기! 제약 조건 비활성화, 활성화

제약 조건은 데이터 무결성을 보장하는 데 중요한 역할을 합니다. 하지만 신규 기능 개발 또는 테스트 같은 특정 업무를 수행해야 할 때 제약 조건이 걸림돌이 되는 경우가 종종 생깁니다. 이때 여러 필요에 의해 제약 조건을 비활성화하거나 비활성화되어 있는 제약 조건을 다시 활성화할 수 있습니다. 비활성화에는 DISABLE절을, 활성화에는 ENABLE절을 다음과 같이 사용합니다.

```
ALTER TABLE 테이블 이름
DISABLE [NOVALIDATE / VALIDATE(선택)] CONSTRAINT 제약조건이름;
```

```
ALTER TABLE 테이블 이름
ENABLE [NOVALIDATE / VALIDATE(선택)] CONSTRAINT 제약조건이름;
```

제약 조건의 비활성화와 활성화는 이 책에서 따로 다루지 않지만 제약 조건의 제한을 일시적으로 풀어 주는 방법이 존재한다는 점을 기억해 두면 도움이 됩니다. 좀 더 자세한 내용은 오라클 공식 문서 (docs.oracle.com/cd/E11882_01/server.112/e41084/clauses002.htm#SQLRF52180)를 참고하세요.

---

**Q1** DEPT_CONST 테이블과 EMP_CONST 테이블을 다음과 같은 특성 및 제약 조건을 지정하여 만들어 보세요.

① DEPT_CONST 테이블

| 열 이름 | 자료형 | 길이 | 제약 조건 | 제약 조건 이름 |
|---|---|---|---|---|
| DEPTNO | 정수형 숫자 | 2 | PRIMARY KEY | DEPTCONST_DEPTNO_PK |
| DNAME | 가변형 문자열 | 14 | UNIQUE | DEPTCONST_DNAME_UNQ |
| LOC | 가변형 문자열 | 13 | NOT NULL | DEPTCONST_LOC_NN |

② EMP_CONST 테이블

| 열 이름 | 자료형 | 길이 | 제약 조건 | 제약 조건 이름 |
|---|---|---|---|---|
| EMPNO | 정수형 숫자 | 4 | PRIMARY KEY | EMPCONST_EMPNO_PK |
| ENAME | 가변형 문자열 | 10 | NOT NULL | EMPCONST_ENAME_NN |
| JOB | 가변형 문자열 | 9 | - | - |
| TEL | 가변형 문자열 | 20 | UNIQUE | EMPCONST_TEL_UNQ |
| HIREDATE | 날짜 | - | - | - |
| SAL | 소수점 둘째자리 숫자 | 7 | CHECK : 급여는 1000~9999만 입력 가능 | EMPCONST_SAL_CHK |
| COMM | 소수점 둘째자리 숫자 | 7 | - | - |
| DEPTNO | 정수형 숫자 | 2 | FOREIGN KEY | EMPCONST_DEPTNO_FK |

③ 테이블 생성 후 데이터 사전 뷰를 사용하여 다음과 같이 두 테이블의 제약 조건을 확인해 보세요.

:: 결과 화면

| TABLE_NAME | CONSTRAINT_NAME | CONSTRAINT_TYPE |
|---|---|---|
| DEPT_CONST | DEPTCONST_DEPTNO_PK | P |
| DEPT_CONST | DEPTCONST_DNAME_UNQ | U |
| DEPT_CONST | DEPTCONST_LOC_NN | C |
| EMP_CONST | EMPCONST_DEPTNO_FK | R |
| EMP_CONST | EMPCONST_EMPNO_PK | P |
| EMP_CONST | EMPCONST_ENAME_NN | C |
| EMP_CONST | EMPCONST_SAL_CHK | C |
| EMP_CONST | EMPCONST_TEL_UNQ | U |

정답 이지스퍼블리싱
홈페이지에서 확인하세요.

15

# 사용자, 권한, 롤 관리

지금까지 SCOTT 계정의 여러 객체를 활용하여 다양한 SQL문을 사용해 보았습니다. 이 장에서는 SCOTT 계정 같은 오라클 사용자 그리고 각 사용자 권한을 관리하는 기본 명령어를 간단히 알아보겠습니다.

15-1 사용자 관리
15-2 권한 관리
15-3 롤 관리

이 장에서 꼭 익혀야 할 것

- 사용자와 권한 관리의 필요성
- 객체 권한의 부여와 취소
- 롤 개념

# 15-1 사용자 관리

## 사용자란?

오라클 데이터베이스를 활용하여 새로운 서비스를 구축한다면 테이블을 비롯한 여러 객체가 필요할 것입니다. 지금까지 여러 SQL문을 사용한 SCOTT 계정으로 접속하여 필요한 테이블과 객체를 생성하여 활용할 수도 있습니다. 하지만 SCOTT 계정은 오라클 데이터베이스를 공부해 본 사람이라면 대부분 비밀번호까지 알고 있는 계정이기 때문에 주요 데이터를 보관하고 관리하기에는 보안 위험이 있습니다. 따라서 SCOTT 계정 외에 오라클 데이터베이스에 접속할 수 있는 새로운 계정이 필요합니다. 이렇게 오라클 데이터베이스에서는 데이터베이스에 접속하여 데이터를 관리하는 계정을 사용자(USER)로 표현합니다.

## 사용자 관리가 필요한 이유

데이터를 활용한 서비스 규모가 크거나 작은 규모의 여러 서비스를 통합한 방식 등 실무에서 사용하는 여러 종류의 서비스는 한 사용자가 관리하기에는 데이터 분량이 너무 방대하거나 구조가 복잡해지는 경우가 많습니다. 따라서 업무 분할과 효율, 보안을 고려하여 업무에 따라 여러 사용자들을 나눕니다.

오라클 데이터베이스는 테이블·인덱스·뷰 등 여러 객체가 사용자별로 생성되므로 업무별 사용자를 생성한 후에 각 사용자 업무에 맞는 데이터 구조를 만들어 관리하는 방식을 사용할 수 있습니다. 반대로 대표 사용자를 통해 업무에 맞는 데이터 구조를 먼저 정의한 뒤에 사용할 수 있는 데이터 영역을 각 사용자에게 지정해 줄 수도 있습니다.

## 데이터베이스 스키마란?

데이터베이스에서 데이터 간 관계, 데이터 구조, 제약 조건 등 데이터를 저장 및 관리하기 위해 정의한 데이터베이스 구조의 범위를 스키마(schema)를 통해 그룹 단위로 분류합니다.

오라클 데이터베이스에서는 스키마와 사용자를 구별하지 않고 사용하기도 합니다. 사용자는 데이터를 사용 및 관리하기 위해 오라클 데이터베이스에 접속하는 개체를 뜻하고, 스키마는 오라클 데이터베이스에 접속한 사용자와 연결된 객체를 의미합니다. 지금까지 사용한 SCOTT 계정을 예로 들면 SCOTT은 사용자이고 SCOTT이 생성한 테이블·뷰·제약 조건·인덱스·시퀀스·동의어 등 데이터베이스에서 SCOTT 계정으로 만든 모든 객체는 SCOTT의 스키마가 됩니다.

## 사용자 생성

오라클 사용자를 생성할 때는 CREATE USER문을 사용합니다. 다음과 같이 CREATE USER 명령어에는 사용할 수 있는 옵션이 여러 가지 있습니다. 기본적으로 사용자 이름과 패스워드만 지정해 주면 사용자를 생성할 수 있습니다.

```
CREATE USER 사용자 이름(필수)                                          기본 형식
IDENTIFIED BY 패스워드(필수)
DEFAULT TABLESPACE 테이블 스페이스 이름(선택)
TEMPORARY TABLESPACE 테이블 스페이스(그룹) 이름(선택)
QUOTA 테이블 스페이스크기 ON 테이블 스페이스 이름(선택)
PROFILE 프로파일 이름(선택)
PASSWORD EXPIRE(선택)
ACCOUNT [LOCK/UNLOCK](선택);
```

ⓒ 이 책에서는 사용자를 생성할 때 필요한 기본 옵션만 사용할 것입니다. 좀 더 자세한 내용을 알고 싶다면 오라클 공식 문서(docs.oracle.com/cd/B28359_01/server.111/b28286/statements_8003.htm#SQLRF01503)를 참고하세요.

하지만 다음 명령어는 SCOTT 계정으로 접속한 상태에서는 실행되지 않습니다. 사용자를 생성할 권한이 없기 때문이죠.

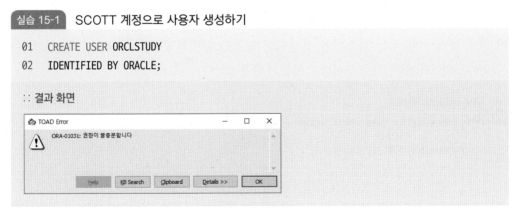

실습 15-1  SCOTT 계정으로 사용자 생성하기

```
01   CREATE USER ORCLSTUDY
02     IDENTIFIED BY ORACLE;
```

:: 결과 화면

TOAD Error
ORA-01031: 권한이 불충분합니다
Help    KB Search    Clipboard    Details >>    OK

SCOTT 계정으로 접속해 있을 때는 CREATE USER 명령어가 실행되지 않습니다.

사용자 생성은 일반적으로 데이터베이스 관리 권한을 가진 사용자가 권한을 가지고 있습니다. 오라클 데이터베이스를 설치할 때 자동으로 생성된 SYS, SYSTEM이 데이터베이스 관리 권한을 가진 사용자입니다.

여기에서는 SQL*PLUS를 통해 SYSTEM 사용자로 접속해 보겠습니다. 오라클 데이터베이스를 설치할 때 SYSTEM 사용자의 패스워드를 oracle로 지정했습니다. SYSTEM 사용자로 접속한 후 다음 CREATE USER문을 다시 실행해 보죠.

**실습 15-2** SYSTEM 사용자로 접속 후 사용자 생성하기(SQL*PLUS)

```
01    CREATE USER ORCLSTUDY
02    IDENTIFIED BY ORACLE;
```

:: 결과 화면

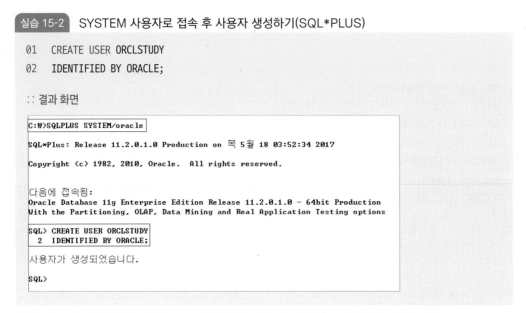

```
C:₩>SQLPLUS SYSTEM/oracle

SQL*Plus: Release 11.2.0.1.0 Production on 목 5월 18 03:52:34 2017

Copyright (c) 1982, 2010, Oracle.  All rights reserved.


다음에 접속됨:
Oracle Database 11g Enterprise Edition Release 11.2.0.1.0 - 64bit Production
With the Partitioning, OLAP, Data Mining and Real Application Testing options

SQL> CREATE USER ORCLSTUDY
  2  IDENTIFIED BY ORACLE;
사용자가 생성되었습니다.

SQL>
```

이 장은 여러 계정 사용의 편의를 위해 SQL*PLUS에서 실행하고 있습니다. 하지만 토드를 사용해도 상관없습니다.

하지만 CONN 명령어를 사용해 새로 생성한 ORCLSTUDY 사용자로 접속을 시도하면 접속이 되지 않습니다. 이는 사용자가 생성되긴 했지만 데이터베이스 연결을 위한 권한, 즉 CREATE SESSION 권한을 부여받지 못했기 때문입니다.

```
SQL> CONN ORCLSTUDY/ORACLE
ERROR:
ORA-01045: user ORCLSTUDY lacks CREATE SESSION privilege; logon denied


경고: 이제는 ORACLE에 연결되어 있지 않습니다.
SQL>
```

다시 SYSTEM 사용자로 접속하여 다음 명령어를 실행해 봅시다. GRANT문은 권한을 부여하기 위해 사용하는 명령어로 조금 후에 자세히 살펴보겠습니다. 여기에 사용된 GRANT문은 CREATE SESSION 권한을 ORCLSTUDY 사용자에게 부여하고 있으며, 이는 데이터베이스 접속 권한을 주겠다는 의미입니다.

실습 15-3 SYSTEM 사용자로 접속 후 ORCLSTUDY 사용자에게 권한 부여하기

```
01  GRANT CREATE SESSION TO ORCLSTUDY;
```

:: 결과 화면

```
SQL> CONN SYSTEM/oracle
연결되었습니다.
SQL> GRANT CREATE SESSION TO ORCLSTUDY;

권한이 부여되었습니다.

SQL>
```

이제 ORCLSTUDY 사용자로 다음과 같이 데이터베이스에 접속할 수 있습니다. ORCLSTUDY
사용자가 SCOTT 계정처럼 테이블을 만들고 데이터를 사용하려면 몇몇 권한이 더 필요합니
다. 먼저 사용자 관련 명령어를 살펴본 후 알
아보겠습니다.

```
SQL> CONN ORCLSTUDY/ORACLE
연결되었습니다.
SQL>
```

## 사용자 정보 조회

사용자 또는 사용자 소유 객체 정보를 얻기 위해 다음과 같이 데이터 사전을 사용할 수 있습
니다.

```
SELECT * FROM ALL_USERS
 WHERE USERNAME = 'ORCLSTUDY';
```

```
SELECT * FROM DBA_USERS
 WHERE USERNAME = 'ORCLSTUDY';
```

```
SELECT * FROM DBA_OBJECTS
 WHERE OWNER = 'ORCLSTUDY';
```

## 오라클 사용자의 변경과 삭제

### 오라클 사용자 변경

앞에서 사용자를 생성할 때는 CREATE USER문을 사용했는데요. 사용자 정보를 변경할 때
에는 ALTER USER문을 사용합니다. 앞에서 생성한 ORCLSTUDY 사용자의 패스워드를
ORCL로 변경해 볼까요?

**실습 15-4** 사용자 정보(패스워드) 변경하기

```
01  ALTER USER ORCLSTUDY
02  IDENTIFIED BY ORCL;
```

:: 결과 화면

```
SQL> CONN SYSTEM/oracle
연결되었습니다.
SQL> ALTER USER ORCLSTUDY
  2  IDENTIFIED BY ORCL;

사용자가 변경되었습니다.

SQL>
```

당연한 이야기이지만 ALTER USER문을 통해 패스워드를 변경하면 기존 패스워드로는 접속할 수 없고 새 패스워드를 써야만 합니다. 그리고 사용자 생성과 마찬가지로 사용자 정보 변경도 SYSTEM 사용자로 수행하고 있다는 점 잊지 마세요.

```
SQL> CONN ORCLSTUDY/ORACLE
ERROR:
ORA-01017: invalid username/password; logon denied


경고: 이제는 ORACLE에 연결되어 있지 않습니다.
SQL> CONN ORCLSTUDY/ORCL
연결되었습니다.
SQL>
```

◎ ALTER USER문의 좀 더 자세한 내용을 알고 싶다면 오라클 공식 문서(docs.oracle.com/cd/B28359_01/server.111/b28286/statements_4003.htm#SQLRF01103)와 다른 자료 및 서적을 참고하세요.

## 오라클 사용자 삭제

DROP USER문을 사용하여 사용자를 삭제합니다. 만약 삭제하려는 사용자가 다른 곳에서 접속되어 있다면 삭제되지 않는다는 점도 주의하세요.

**실습 15-5** 사용자 삭제하기

```
01  DROP USER ORCLSTUDY;
```

:: 결과 화면

```
SQL> CONN SYSTEM/oracle
연결되었습니다.
SQL> DROP USER ORCLSTUDY;

사용자가 삭제되었습니다.

SQL>
```

◎ DROP USER문으로 데이터베이스 관리 권한을 가진 SYS, SYSTEM 등의 사용자를 삭제하지 않도록 주의하세요.

오라클 사용자와 객체 모두 삭제

사용자 스키마에 객체가 있을 경우에 CASCADE 옵션을 사용하여 사용자와 객체를 모두 삭제할 수 있습니다.

**실습 15-6**   사용자와 객체 모두 삭제하기

```
01   DROP USER ORCLSTUDY CASCADE;
```

◉ DROP USER문은 오라클 공식 문서(docs.oracle.com/cd/B28359_01/server.111/b28286/statements_9008.htm#SQLRF01811)에서 좀 더 자세한 성보를 확인할 수 있습니다.

 ORCLSTUDY 사용자의 패스워드를 ORASTDY로 변경하는 다음 SQL문의 코드를 채워 보세요.

```
¹                    ORCLSTUDY
IDENTIFIED BY ²                  ;
```

정답 1. ALTER USER 2. ORASTDY

# 15-2 권한 관리

데이터베이스에 보관 및 관리되는 데이터는 대부분 데이터를 소유한 특정 단체 또는 기업에게 재산 이상 가치를 가지는 경우가 많습니다. 따라서 데이터를 안전하게 보관하고 특정 데이터에 대해서 관련된 사용자만 데이터를 사용 및 관리할 수 있는 보안 장치가 필요합니다. 사용자 이름과 패스워드를 통해 데이터베이스 접속을 허가하는 것이 그 첫 번째가 됩니다.

하지만 특정 사용자 정보를 통해 데이터베이스에 접속하는 것만으로 데이터베이스의 모든 데이터를 사용할 수 있다면 여전히 데이터 안전을 보장하기는 어려울 것입니다. 따라서 데이터베이스는 접속 사용자에 따라 접근할 수 있는 데이터 영역과 권한을 지정해 줄 수 있는데요. 오라클에서는 권한을 시스템 권한(system privilege)과 객체 권한(object privilege)으로 분류하고 있습니다. 이제 이 두 가지 권한의 특성과 더불어 권한을 부여하고 회수하는 방법을 알아보겠습니다.

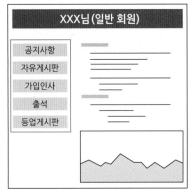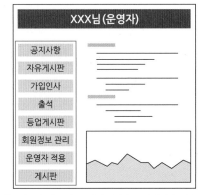

인터넷 카페의 경우 접속 사용자 등급에 따라 사용 가능한 메뉴가 다른데요. 데이터베이스도 이처럼 접속 사용자에 따라 사용 가능한 데이터가 달라지도록 설정할 수 있습니다. 바로 '권한'을 이용해서 말이죠.

### 시스템 권한이란?

오라클 데이터베이스의 시스템 권한(system privilege)은 사용자 생성과 정보 수정 및 삭제, 데이터베이스 접근, 오라클 데이터베이스의 여러 자원과 객체 생성 및 관리 등의 권한을 포함합니다. 이러한 내용은 데이터베이스 관리 권한이 있는 사용자가 부여할 수 있는 권한입니다. 다음은 시스템 권한의 일부이며 ANY 키워드가 들어 있는 권한은 소유자에 상관없이 사용 가능한 권한을 의미합니다.

| 시스템 권한 분류 | 시스템 권한 | 설명 |
| --- | --- | --- |
| USER(사용자) | CREATE USER | 사용자 생성 권한 |
| | ALTER USER | 생성된 사용자의 정보 수정 권한 |
| | DROP USER | 생성된 사용자의 삭제 권한 |
| SESSION(접속) | CREATE SESSION | 데이터베이스 접속 권한 |
| | ALTER SESSION | 데이터베이스 접속 상태에서 환경 값 변경 권한 |
| TABLE(테이블) | CREATE TABLE | 자신의 테이블 생성 권한 |
| | CREATE ANY TABLE | 임의의 스키마 소유 테이블 생성 권한 |
| | ALTER ANY TABLE | 임의의 스키마 소유 테이블 수정 권한 |
| | DROP ANY TABLE | 임의의 스키마 소유 테이블 삭제 권한 |
| | INERT ANY TABLE | 임의의 스키마 소유 테이블 데이터 삽입 권한 |
| | UPDATE ANY TABLE | 임의의 스키마 소유 테이블 데이터 수정 권한 |
| | DELETE ANY TABLE | 임의의 스키마 소유 테이블 데이터 삭제 권한 |
| | SELECT ANY TABLE | 임의의 스키마 소유 테이블 데이터 조회 권한 |
| INDEX(인덱스) | CREATE ANY INDEX | 임의의 스키마 소유 테이블의 인덱스 생성 권한 |
| | ALTER ANY INDEX | 임의의 스키마 소유 테이블의 인덱스 수정 권한 |
| | DROP ANY INDEX | 임의의 스키마 소유 테이블의 인덱스 삭제 권한 |
| VIEW(뷰) | (생략) | 뷰와 관련된 여러 권한 |
| SEQUENCE(시퀀스) | (생략) | 시퀀스와 관련된 여러 권한 |
| SYNONYM(동의어) | (생략) | 동의어와 관련된 여러 권한 |
| PROFILE(프로파일) | (생략) | 사용자 접속 조건 지정과 관련된 여러 권한 |
| ROLE(롤) | (생략) | 권한을 묶은 그룹과 관련된 여러 권한 |
| 이하 생략 | | |

ⓒ 오라클 데이터베이스에서 정의하는 권한에 대한 더욱 자세한 정보는 오라클 공식 문서(docs.oracle.com/cd/B28359_01/server.111/b28286/statements_9013.htm#BGBCIIEG)를 참고하세요.

## 시스템 권한 부여

앞에서 CREATE USER문을 통해 사용자를 처음 생성한 후 데이터베이스 접속을 허가하기 위해 다음 명령어를 실행했습니다. 이 명령어는 ORCLSTUDY 사용자에게 CREATE SESSION 권한을 부여하겠다는 뜻입니다.

```
GRANT CREATE SESSION TO ORCLSTUDY;
```

이처럼 시스템 권한을 부여할 때 다음과 같이 GRANT문을 사용합니다.

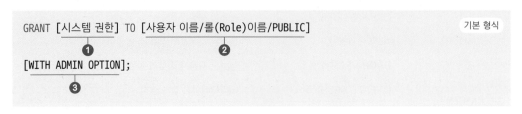

GRANT [시스템 권한] TO [사용자 이름/롤(Role)이름/PUBLIC]    기본 형식
          ❶                        ❷

[WITH ADMIN OPTION];
          ❸

| 번호 | 설명 |
|---|---|
| ❶ | 오라클 데이터베이스에서 제공하는 시스템 권한을 지정합니다. 한 번에 여러 종류의 권한을 부여하려면 쉼표 (,)로 구분하여 권한 이름을 여러 개 명시해 주면 됩니다(필수). |
| ❷ | 권한을 부여하려는 대상을 지정합니다. 사용자 이름을 지정해 줄 수도 있고, 이후 소개할 롤(role)을 지정할 수도 있습니다. 여러 사용자 또는 롤에 적용할 경우 쉼표(,)로 구분합니다. PUBLIC은 현재 오라클 데이터베이스의 모든 사용자에게 권한을 부여하겠다는 의미입니다(필수). |
| ❸ | WITH ADMIN OPTION은 현재 GRANT문을 통해 부여받은 권한을 다른 사용자에게 부여할 수 있는 권한도 함께 부여받습니다. 현재 사용자가 권한이 사라져도, 권한을 재부여한 다른 사용자의 권한은 유지됩니다(선택). |

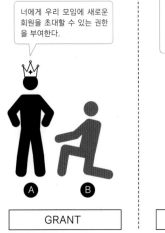

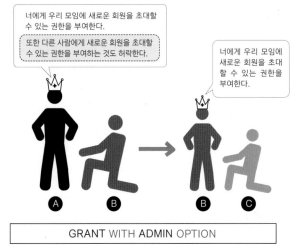

WITH ADMIN OPTION을 사용하면 부여받은 권한을 다른 사용자에게 부여할 수 있게 됩니다. 데이터베이스 관리 권한이 없는 사용자라도 말이죠.

DROP 명령어로 ORCLSTUDY를 지웠다면 다시 CREATE USER 명령어로 생성해 볼까요? 그리고 GRANT문으로 권한을 부여해 보겠습니다. SQL*PLUS에 SYSTEM으로 접속하여 ORCLSTUDY 사용자를 생성합니다.

SYSTEM 계정으로 접속하여 사용자(ORCLSTUDY) 생성하기(SQL*PLUS)

```
01   CREATE USER ORCLSTUDY
02   IDENTIFIED BY ORACLE;
```

다음과 같이 GRANT문을 통해 ORCLSTUDY 사용자에게 데이터베이스 접속 권한과 테이블 생성 권한을 부여합니다.

사용자 권한 부여하기(SQL*PLUS)

```
01   GRANT RESOURCE, CREATE SESSION, CREATE TABLE TO ORCLSTUDY;
```

:: 결과 화면

```
SQL> CREATE USER ORCLSTUDY
  2  IDENTIFIED BY ORACLE;
사용자가 생성되었습니다.

SQL> GRANT CREATE SESSION, CREATE TABLE TO ORCLSTUDY;
권한이 부여되었습니다.

SQL>
```

ORCLSTUDY 사용자로 데이터베이스 접속과 테이블 생성이 가능해졌음을 알 수 있습니다. ORCLSTUDY 소유 테이블을 생성했으므로 INSERT, SELECT문을 사용할 수 있다는 점도 눈여겨보세요.

```
SQL> CONN ORCLSTUDY/ORACLE
연결되었습니다.
SQL> CREATE TABLE TEMP1 (
  2    COL1  VARCHAR2(20),
  3    COL2  VARCHAR2(20)
  4  );
테이블이 생성되었습니다.

SQL> INSERT INTO TEMP1 VALUES ('USER', 'GRANT_TEST');
1 개의 행이 만들어졌습니다.

SQL> SELECT * FROM TEMP1;

COL1                 COL2
-------------------- --------------------
USER                 GRANT_TEST

SQL>
```

GRANT에 사용된 RESOURCE 키워드

RESOURCE는 오라클 데이터베이스에서 제공하는 롤(role) 중 하나입니다. 롤은 여러 권한을 하나의 이름으로 묶어 권한 부여 관련 작업을 간편하게 하려고 사용합니다. 앞에서 예제를 통해 생성한 ORCLSTUDY 사용자는 CREATE USER문에서 비밀번호만을 지정하여 생성했습니다.

만약 GRANT문에 RESOURCE를 지정하지 않는다면, ORCLSTUDY 사용자에게 테이블 생성 권한을 부여해도 CREATE문으로 테이블을 생성할 수 없거나 테이블이 생성되더라도 INSERT문에서 다음과 같은 오류 메시지를 출력하며 동작하지 않는 경우가 발생합니다.

```
ORA-01950: 테이블 스페이스 USERS 권한이 없습니다.
```

오류 메시지에서 테이블 스페이스는 테이블이 저장되는 공간을 의미하며 따로 지정하지 않으면 기본 테이블 스페이스 USERS가 할당됩니다. 위 오류는 이 테이블 스페이스의 사용 영역을 정하지 않아 발생하는 오류입니다. RESOURCE 롤에는 사용자를 생성할 때 사용 테이블 스페이스의 영역을 무제한 사용 가능(UNLIMITED TABLESPACE)하게 해 주는 권한이 포함되어 있기 때문에, RESOURCE 롤을 GRANT문에 추가하면 별 문제없이 사용자가 테이블을 생성하고 신규 데이터를 저장할 수 있습니다. 하지만 테이블 스페이스의 영역 사용에 한계를 두지 않는 UNLIMITED TABLESPACE 권한은 엄밀한 관리가 필요한 경우에 적절하지 않으므로 사용자를 생성 및 수정할 때 QUOTA절로 사용 영역에 제한을 두기도 합니다.

```
ALTER USER ORCLSTUDY
QUOTA 2M ON USERS;
```

이러한 이슈 때문에 오라클 데이터베이스 12C 버전에서는 RESOURCE 롤에 UNLIMITED TABLESPACE 권한을 부여하지 않습니다.

## 시스템 권한 취소

GRANT 명령어로 부여한 권한의 취소는 REVOKE 명령어를 사용합니다.

```
REVOKE [시스템 권한] FROM [사용자 이름/롤(Role)이름/PUBLIC];                기본 형식
```

REVOKE문을 사용하여 ORCLSTUDY 사용자의 RESOURCE, CREATE TABLE 권한을 취소해 보죠.

```
SQL> CONN SYSTEM/oracle
연결되었습니다.
SQL> REVOKE RESOURCE, CREATE TABLE FROM ORCLSTUDY;

권한이 취소되었습니다.

SQL>
```

권한이 취소된 ORCLSTUDY 사용자는 더 이상 테이블을 생성할 수 없습니다.

```
SQL> CONN ORCLSTUDY/ORACLE
연결되었습니다.
SQL> CREATE TABLE TEMP2 (
  2    COL1  VARCHAR2(20),
  3    COL2  VARCHAR2(20)
  4  );
CREATE TABLE TEMP2 (
*
1행에 오류:
ORA-01031: 권한이 불충분합니다

SQL>
```

## 객체 권한이란?

객체 권한(object privilege)은 특정 사용자가 생성한 테이블·인덱스·뷰·시퀀스 등과 관련된 권한입니다. 예를 들어 SCOTT 소유 테이블에 ORCLSTUDY 사용자가 SELECT나 INSERT 등의 작업이 가능하도록 허용할 수 있습니다. 다음은 주로 사용하는 객체 권한 중 일부입니다.

| 객체 권한 분류 | 객체 권한 | 설명 |
|---|---|---|
| TABLE(테이블) | ALTER | 테이블 변경 권한 |
| | DELETE | 테이블 데이터 삭제 권한 |
| | INDEX | 테이블 인덱스 생성 권한 |
| | INSERT | 테이블 데이터 삽입 권한 |
| | REFERENCES | 참조 데이터 생성 권한 |
| | SELECT | 테이블 조회 권한 |
| | UPDATE | 테이블 데이터 수정 권한 |
| VIEW(뷰) | DELETE | 뷰 데이터 삭제 권한 |
| | INSERT | 뷰 데이터 삽입 권한 |
| | REFERENCES | 참조 데이터 생성 권한 |
| | SELECT | 뷰 조회 권한 |
| | UPDATE | 뷰 데이터 수정 권한 |

| SEQUENCE(시퀀스) | ALTER | 시퀀스 수정 권한 |
| | SELECT | 시퀀스의 CURRVAL과 NEXTVAL 사용 권한 |
| PROCEDURE(프로시저) | (생략) | 프로시저 관련 권한 |
| FUNCTION(함수) | (생략) | 함수 관련 권한 |
| PACKAGE(패키지) | (생략) | 패키지 관련 권한 |
| 이하 생략 | | |

◎ 오라클 데이터베이스에서 정의한 객체 권한의 상세 정보가 필요하다면 오라클 공식 문서(docs.oracle.com/cd/B28359_01/server.111/b28286/statements_9013.htm#BGBCIIEG)를 참고하세요.

## 객체 권한 부여

객체 권한 부여 역시 GRANT문을 사용합니다.

```
GRANT [객체 권한/ALL PRIVILEGES] ─❶                          기본 형식
   ON [스키마.객체 이름] ─❷
   TO [사용자 이름/롤(Role)이름/PUBLIC] ─❸
   [WITH GRANT OPTION]; ─❹
```

| 번호 | 설명 |
|---|---|
| ❶ | 오라클 데이터베이스에서 제공하는 객체 권한을 지정합니다. 한 번에 여러 종류의 권한을 부여하려면 쉼표 (,)로 구분하여 권한을 여러 개 명시해 주면 됩니다. ALL PRIVILEGES는 객체의 모든 권한을 부여함을 의미합니다(필수). |
| ❷ | 권한을 부여할 대상 객체를 명시합니다(필수). |
| ❸ | 권한을 부여하려는 대상을 지정합니다. 사용자 이름을 지정해 줄 수도 있고 이후 소개할 롤(role)을 지정할 수도 있습니다. 여러 사용자 또는 롤에 적용할 경우 쉼표(,)로 구분합니다. PUBLIC은 현재 오라클 데이터베이스의 모든 사용자에게 권한을 부여하겠다는 의미입니다(필수). |
| ❹ | WITH GRANT OPTION은 현재 GRANT문을 통해 부여받은 권한을 다른 사용자에게 부여할 수 있는 권한도 함께 부여받습니다. 현재 권한을 부여받은 사용자의 권한이 사라지면, 다른 사용자에게 재부여된 권한도 함께 사라집니다(선택). |

그러면 SCOTT 계정으로 접속하여 새로운 테이블을 하나 만든 후 ORCLSTUDY 사용자에게 해당 테이블의 SELECT, INSERT 권한을 부여해 볼까요?

ORCLSTUDY 사용자에게 TEMP 테이블 권한 부여하기

```
01   CONN SCOTT/tiger

02   CREATE TABLE TEMP(
03     COL1 VARCHAR(20),
04     COL2 VARCHAR(20)
05   );

06   GRANT SELECT ON TEMP TO ORCLSTUDY;

07   GRANT INSERT ON TEMP TO ORCLSTUDY;
```

:: 결과 화면

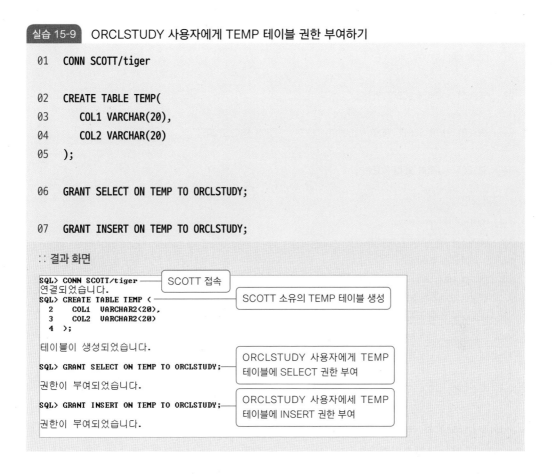

위 결과 화면에서는 SELECT와 INSERT 권한을 두 개의 GRANT문으로 나누어 객체 권한을 부여했지만 다음과 같이 쉼표(,)로 구분하여 한 번에 지정할 수도 있습니다.

ORCL에게 TEMP 테이블의 여러 권한을 한 번에 부여하기

```
01   GRANT SELECT, INSERT ON TEMP
02     TO ORCLSTUDY;
```

이제 SCOTT 계정의 TEMP 테이블 사용을 허가받은 ORCLSTUDY 사용자로 접속해 보죠. SELECT문과 INSERT문도 실행해 보겠습니다.

ORCLSTUDY로 사용 권한을 부여받은 TEMP 테이블 사용하기

```
01   CONN ORCLSTUDY/ORACLE

02   SELECT * FROM SCOTT.TEMP;

03   INSERT INTO SCOTT.TEMP VALUES('TEXT', 'FROM ORCLSTUDY');

04   SELECT * FROM SCOTT.TEMP;
```

:: 결과 화면

```
SQL> CONN ORCLSTUDY/ORACLE
연결되었습니다.
SQL> SELECT * FROM SCOTT.TEMP;

선택된 레코드가 없습니다.

SQL> INSERT INTO SCOTT.TEMP VALUES('TEXT', 'FROM ORCLSTUDY');

1 개의 행이 만들어졌습니다.

SQL> SELECT * FROM SCOTT.TEMP;

COL1                 COL2
-------------------- --------------------
TEXT                 FROM ORCLSTUDY

SQL>
```

ORCLSTUDY 사용자의 소유는 아니지만 SCOTT 계정의 TEMP 테이블을 조회하고 INSERT도 가능해졌습니다.

😊 ORCLSTUDY 사용자로 접속한 상태에서 COMMIT을 한 후 SCOTT 계정으로 접속하여 TEMP 테이블을 조회해 보면 INSERT된 데이터를 확인할 수 있습니다.

## 객체 권한 취소

객체 권한의 취소도 시스템 권한과 마찬가지로 REVOKE문을 사용합니다.

```
REVOKE  [객체 권한/ALL PRIVILEGES](필수)                          기본 형식
    ON  [스키마.객체 이름](필수)
  FROM  [사용자 이름/롤(Role) 이름/PUBLIC](필수)
[CASCADE CONSTRAINTS/FORCE](선택);
```

😊 REVOKE문의 CASCADE CONSTRAINTS와 FORCE 옵션의 자세한 내용은 오라클 공식 문서(docs.oracle.com/cd/B28359_01/server.111/b28286/statements_9020.htm#SQLRF01609)를 참고하세요.

그러면 다시 SCOTT 계정으로 접속하여 ORCLSTUDY 사용자에게 부여한 TEMP 테이블 사용 권한을 취소해 볼까요?

ORCLSTUDY에 부여된 TEMP 테이블 사용 권한 취소하기

```
01   CONN SCOTT/tiger

02   REVOKE SELECT, INSERT ON TEMP FROM ORCLSTUDY;
```

:: 결과 화면

```
SQL> CONN SCOTT/tiger
연결되었습니다.
SQL> REVOKE SELECT, INSERT ON TEMP FROM ORCLSTUDY;

권한이 취소되었습니다.

SQL>
```

REVOKE로 권한을 취소하면 ORCLSTUDY 사용자는 더 이상 SCOTT 계정의 TEMP 테이블을 사용할 수 없게 됩니다.

ORCLSTUDY로 권한 철회된 TEMP 테이블 조회하기(실패)

```
01   CONN ORCLSTUDY/ORACLE

02   SELECT * FROM SCOTT.TEMP;
```

:: 결과 화면

```
SQL> CONN ORCLSTUDY/ORACLE
연결되었습니다.
SQL> SELECT * FROM SCOTT.TEMP;
SELECT * FROM SCOTT.TEMP
                     *
1행에 오류:
ORA-00942: 테이블 또는 뷰가 존재하지 않습니다

SQL>
```

 다음 빈칸을 채우며 복습해 보세요.

오라클에서는 새로운 사용자를 생성하기 위해 <u>1</u> 문을 사용합니다. 생성된 계정에는 여러 가지 권한을 부여할 수 있습니다. 권한을 부여하기 위해서 사용하는 명령어는 <u>2</u> 이며, 부여한 권한을 취소하기 위해서는 <u>3</u> 명령어를 사용합니다.

정답 1. CREATE USER 2. GRANT 3. REVOKE

# 15-3 롤 관리

## 롤이란?

앞에서 ORCLSTUDY 사용자를 생성하고 여러 가지 권한을 부여하고 취소해 보았습니다. 사용자는 데이터베이스에서 어떤 작업을 진행하기 위해 해당 작업과 관련된 권한을 반드시 부여받아야 합니다.

하지만 신규 생성 사용자는 아무런 권한이 없으므로 오라클 데이터베이스에서 제공하는 다양한 권한을 일일이 부여해 주어야 합니다. 이러한 불편한 점을 해결하기 위해 롤(role)을 사용합니다. 롤은 여러 종류의 권한을 묶어 놓은 그룹을 뜻합니다. 롤을 사용하면 여러 권한을 한 번에 부여하고 해제할 수 있으므로 권한 관리 효율을 높일 수 있습니다.

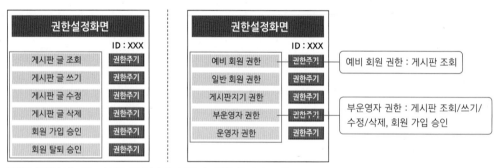

권한을 일일이 주는 것보다 롤을 만들어서 여러 종류의 권한을 한 번에 부여한다.

롤은 오라클 데이터베이스를 설치할 때 기본으로 제공되는 사전 정의된 롤(predefined roles)과 사용자 정의 롤(user roles)로 나뉩니다.

## 사전 정의된 롤

### CONNECT 롤

사용자가 데이터베이스에 접속하는 데 필요한 CREATE SESSION 권한을 가지고 있습니다. 오라클 9i 버전까지는 다음 8가지 권한을 가지고 있었지만 10g 버전부터 CREATE SESSION 권한만 있습니다.

```
ALTER SESSION, CREATE CLUSTER, CREATE DATABASE LINK, CREATE SEQUENCE, CREATE SESSION,
CREATE SYNONYM, CREATE TABLE, CREATE VIEW
```

## RESOURCE 롤

사용자가 테이블, 시퀀스를 비롯한 여러 객체를 생성할 수 있는 기본 시스템 권한을 묶어 놓은 롤입니다.

```
CREATE TRIGGER, CREATE SEQUENCE, CREATE TYPE, CREATE PROCEDURE, CREATE CLUSTER,
CREATE OPERATOR, CREATE INDEXTYPE, CREATE TABLE
```

보통 새로운 사용자를 생성하면 CONNECT 롤과 RESOURCE 롤을 부여하는 경우가 많습니다. CONNECT 롤에서 뷰를 생성하는 CREATE VIEW 권한과 동의어를 생성하는 CREATE SYNONYM 권한이 제외되었기 때문에 뷰와 동의어 생성 권한을 사용자에게 부여하려면 이 두 권한을 따로 부여해 주어야 합니다.

◎ 12장에서 뷰와 동의어를 생성하기 위해 SCOTT 계정에 GRANT 명령어를 사용한 것을 떠올려 보세요.

## DBA 롤

데이터베이스를 관리하는 시스템 권한을 대부분 가지고 있습니다. 오라클 11g 버전 기준 202개 권한을 가진 매우 강력한 롤입니다. 그 밖에도 사전 정의된 롤은 여러 종류가 있습니다.

◎ 좀 더 자세한 내용을 알고 싶다면 오라클 공식 문서(docs.oracle.com/cd/B28359_01/network.111/b28531/authorization.htm#DBSEG004)를 참고하세요.

## 사용자 정의 롤

사용자 정의 롤은 필요에 의해 직접 권한을 포함시킨 롤을 뜻합니다. 다음 절차를 따라 롤을 생성해서 사용할 수 있습니다.

---

① CREATE ROLE문으로 롤을 생성합니다.
② GRANT 명령어로 생성한 롤에 권한을 포함시킵니다.
③ GRANT 명령어로 권한이 포함된 롤을 특정 사용자에게 부여합니다.
④ REVOKE 명령어로 롤을 취소시킵니다.

---

## 롤 생성과 권한 포함

롤을 생성하려면 데이터 관리 권한이 있는 사용자가 필요하므로 SYSTEM 계정으로 접속하여 ROLESTUDY 롤을 생성하겠습니다. 롤을 생성한 후 GRANT 명령어로 권한을 포함시킬 수 있습니다.

😊 이미 존재하는 롤도 포함시킬 수 있습니다.

ROLESTUDY 롤에는 CONNECT 롤, RESOURCE 롤 그리고 뷰와 동의어 생성을 위한 CREATE VIEW, CREATE SYNONYM 권한이 포함되었습니다.

`실습 15-14` SYSTEM 계정으로 ROLESTUDY 롤 생성 및 권한 부여하기

```
01   CONN SYSTEM/oracle

02   CREATE ROLE ROLESTUDY;

03   GRANT CONNECT, RESOURCE, CREATE VIEW, CREATE SYNONYM
04     TO ROLESTUDY;
```

:: 결과 화면

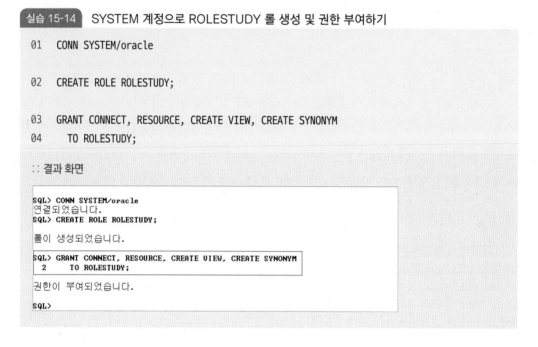

```
SQL> CONN SYSTEM/oracle
연결되었습니다.
SQL> CREATE ROLE ROLESTUDY;

롤이 생성되었습니다.

SQL> GRANT CONNECT, RESOURCE, CREATE VIEW, CREATE SYNONYM
  2     TO ROLESTUDY;
권한이 부여되었습니다.

SQL>
```

이렇게 완성된 롤을 GRANT 명령어로 사용자에게 부여할 수 있습니다. 다음과 같이 앞에서 생성한 ORCLSTUDY 사용자에게 ROLESTUDY 롤을 적용할 수 있습니다.

`실습 15-15` ORCLSTUDY 사용자에게 롤(ROLESTUDY) 부여하기

```
01   GRANT ROLESTUDY TO ORCLSTUDY;
```

:: 결과 화면

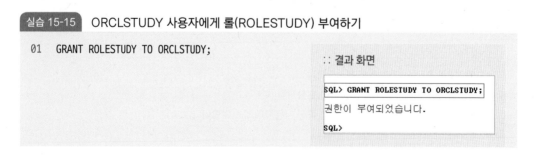

```
SQL> GRANT ROLESTUDY TO ORCLSTUDY;
권한이 부여되었습니다.
SQL>
```

## 부여된 롤과 권한 확인

ORCLSTUDY 사용자에 현재 부여된 권한과 롤을 확인하려면 USER_SYS_PRIVS, USER_

ROLE_PRIVS 데이터 사전을 사용하면 됩니다. 데이터 관리 권한을 가진 계정은 DBA_SYS_PRIVS, DBA_ROLE_PRIVS를 사용해도 됩니다.

**실습 15-16** ORCLSTUDY에 부여된 롤과 권한 확인하기

```
01   CONN ORCLSTUDY/ORACLE
02   SELECT * FROM USER_SYS_PRIVS;
03   SELECT * FROM USER_ROLE_PRIVS;
```

:: 결과 화면

```
SQL> CONN ORCLSTUDY/ORACLE
연결되었습니다.
SQL> SELECT * FROM USER_SYS_PRIVS;

USERNAME                      PRIVILEGE                        ADM
----------------------------- -------------------------------- ---
ORCLSTUDY                     CREATE SESSION                   NO

SQL> SELECT * FROM USER_ROLE_PRIVS;

USERNAME                      GRANTED_ROLE                 ADM DEF OS_
----------------------------- ---------------------------- --- --- ---
ORCLSTUDY                     ROLESTUDY                    NO  YES NO

SQL>
```

☺ DBA_ROLE_PRIVS와 DBA_SYS_PRIVS 데이터 사전을 조회하려면 [WHERE GRANTEE = 'ORCLSTUDY'] 조건을 사용하세요.

### 부여된 롤 취소

GRANT 명령어로 부여한 ROLE을 취소할 때 REVOKE 문을 사용합니다.

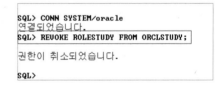

```
SQL> CONN SYSTEM/oracle
연결되었습니다.
SQL> REVOKE ROLESTUDY FROM ORCLSTUDY;

권한이 취소되었습니다.

SQL>
```

### 롤 삭제

롤 삭제는 DROP 명령어를 사용합니다. 롤을 삭제하면 해당 롤을 부여받은 모든 사용자의 롤이 취소(REVOKE)됩니다.

```
SQL> DROP ROLE ROLESTUDY;

롤이 삭제되었습니다.

SQL>
```

이 장에서는 오라클의 사용자, 권한, 롤의 생성 및 기본 관리 방법을 알아보았습니다. 앞에서 살펴본 SQL문과 달리 생소한 내용이 많아 다소 난해한 느낌을 많이 받았을 텐데요. 데이터베이스 관리 업무를 담당하지 않는 이상 이 장의 내용은 업무에서 사용해야 하는 경우가 그리 많지 않습니다. 이 책에서 소개하고 있는 권한 관리의 기본 내용을 숙지하고 이후 좀 더 깊이 있는 내용이 필요할 때 공식 문서 등의 자료를 참고해 주세요.

**Q1** 다음 조건을 만족하는 SQL문을 작성해 보세요.
① SYSTEM 계정으로 접속하여 PREV_HW 계정을 생성해 보세요.
② 비밀번호는 ORCL로 지정합니다. 접속 권한을 부여하고 PREV_HW 계정으로 접속이 잘되는
지 확인해 보세요.

```
C:\Users\easyspublishing>SQLPLUS PREV_HW/ORCL

SQL*Plus: Release 11.2.0.1.0 Production on 월 7월 9 04:02:29 2018

Copyright (c) 1982, 2010, Oracle.  All rights reserved.


다음에 접속됨:
Oracle Database 11g Enterprise Edition Release 11.2.0.1.0 - 64bit Production
With the Partitioning, OLAP, Data Mining and Real Application Testing options

SQL>
```

**Q2** SCOTT 계정으로 접속하여 위에서 생성한 PREV_HW 계정에 SCOTT 소유의 EMP, DEPT,
SALGRADE 테이블에 SELECT 권한을 부여하는 SQL문을 작성해 보세요. 권한을 부여했으면
PREV_HW 계정으로 SCOTT의 EMP, DEPT, SALGRADE 테이블이 잘 조회되는지 확인해
보세요.

**Q3** SCOTT 계정으로 접속하여 PREV_HW 계정에 SALGRADE 테이블의 SELECT 권한을 취소
하는 SQL문을 작성해 보세요. 권한의 변경이 완료되면 다음과 같이 PREV_HW 계정으로
SALGRADE 테이블의 조회 여부를 확인해 봅시다.

```
C:\Users\easyspublishing>SQLPLUS PREV_HW/ORCL

SQL*Plus: Release 11.2.0.1.0 Production on 월 7월 9 04:02:29 2018

Copyright (c) 1982, 2010, Oracle.  All rights reserved.


다음에 접속됨:
Oracle Database 11g Enterprise Edition Release 11.2.0.1.0 - 64bit Production
With the Partitioning, OLAP, Data Mining and Real Application Testing options

SQL> SELECT * FROM SCOTT.SALGRADE;
SELECT * FROM SCOTT.SALGRADE
                     *
1행에 오류:
ORA-00942: 테이블 또는 뷰가 존재하지 않습니다


SQL> _
```

정답 이지스퍼블리싱 홈페이지에서 확인하세요.

넷째
마당

# PL/SQL 배우기

넷째마당에서는 SQL문만으로 해결하기 어려운 작업을 수행하기 위해 오라클에서 제공하는 PL/SQL 프로그래밍 언어에 대해 간략히 알아보겠습니다. 일반적으로 PL/SQL은 데이터 구조뿐만 아니라 데이터를 사용하는 업무 지식 및 용도를 알고 있어야 활용이 가능한데요. 이러한 이유로 데이터베이스를 활용하는 업무에 합류한 지 얼마 되지 않았다면 SQL문보다 PL/SQL문의 사용 빈도가 다소 낮을 것입니다. 이 책에서 소개하고 있는 PL/SQL의 기본 개념과 사용 방법을 시작으로 자신의 업무에 적합한 PL/SQL 사용법을 익혀 나갑시다.

# PL/SQL 기초

PL/SQL은 SQL만으로는 구현이 어렵거나 구현 불가능한 작업을 수행하기 위해 오라클에서 제공하는 프로그래밍 언어입니다. 변수·조건 처리·반복 처리 등 다른 프로그래밍 언어에서도 제공하는 다양한 기능을 사용할 수 있는데요. 이 장에서는 PL/SQL 작성 방법과 실행 등 기본 사용 방법을 알아보겠습니다. 무료로 제공되는 토드 제품 버전에 따라 PL/SQL 사용에 제한 이 있으므로 SQL*PLUS를 통해 예제를 확인해 주세요.

16-1 PL/SQL 구조
16-2 변수와 상수
16-3 조건 제어문
16-4 반복 제어문

이 장에서 꼭 익혀야 할 것

- 블록 구조
- 변수 선언 방법
- IF 조건문 사용 방법
- 반복문 사용 방법

# 16-1 PL/SQL 구조

## 블록이란?

PL/SQL은 데이터베이스 관련 특정 작업을 수행하는 명령어와 실행에 필요한 여러 요소를 정의하는 명령어 등으로 구성되며, 이러한 명령어를 모아 둔 PL/SQL 프로그램의 기본 단위를 블록(block)이라고 합니다.

| 구성 키워드 | 필수/선택 | 설명 |
|---|---|---|
| DECLARE(선언부) | 선택 | 실행에 사용될 변수·상수·커서 등을 선언 |
| BEGIN(실행부) | 필수 | 조건문·반복문·SELECT·DML·함수 등을 정의 |
| EXCEPTION(예외 처리부) | 선택 | PL/SQL 실행 도중 발생하는 오류(예외 상황)를 해결하는 문장 기술 |

☺ 작성을 끝낸 PL/SQL은 END 키워드로 종료를 명시합니다.

위 구성을 기반으로 작성한 PL/SQL 블록의 기본 형식은 다음과 같습니다.

```
DECLARE                                                    기본 형식
   [실행에 필요한 여러 요소 선언];
BEGIN
   [작업을 위해 실제 실행하는 명령어];
EXCEPTION
   [PL/SQL수행 도중 발생하는 오류 처리];
END;
```

선언부와 예외 처리부는 생략 가능하지만 실행부는 반드시 존재해야 합니다. 필요에 따라 PL/SQL 블록 안에 다른 블록을 포함할 수도 있습니다. 이를 중첩 블록(nested block)이라고 합니다.

## Hello, PL/SQL 출력하기

먼저 가장 간단한 형태의 PL/SQL문을 작성하여 실행해 보겠습니다. 살펴볼 예제는 SQL*PLUS에서 Hello, PL/SQL! 문장을 화면에 출력해 보는 예제입니다.

PL/SQL 실행 결과를 화면에 출력하기 위해 다음과 같이 SERVEROUTPUT 환경 변수 값을 ON으로 변경해 주어야 합니다. PUT_LINE은 화면 출력을 위해 오라클에서 기본으로 제공하며 DBMS_OUTPUT 패키지에 속해 있습니다. 작성한 PL/SQL문에는 선언부와 예외 처리부가 생략되어 있고 마지막에 슬래시(/)가 작성되어 있음을 눈여겨보세요.

---

**실습 16-1**   Hello PL/SQL 출력하기
• 완성 파일 16-1.sql

```
01   SET SERVEROUTPUT ON; -- 실행 결과를 화면에 출력
02   BEGIN
03     DBMS_OUTPUT.PUT_LINE('Hello, PL/SQL!');
04   END;
05   /
```

:: 결과 화면

```
SQL> SET SERVEROUTPUT ON;
SQL> BEGIN
  2    DBMS_OUTPUT.PUT_LINE('Hello, PL/SQL!');
  3  END;
  4  /
Hello, PL/SQL!

PL/SQL 처리가 정상적으로 완료되었습니다.

SQL>
```

이 장의 예제는 SQL*PLUS에서 실행합니다.

---

위 PL/SQL문의 실행 결과를 참고하여 PL/SQL문을 작성하고 실행하기 위해 다음 사항을 기억하세요.

---

1. PL/SQL 블록을 구성하는 DECLARE, BEGIN, EXCEPTION 키워드에는 세미콜론(;)을 사용하지 않습니다.
2. PL/SQL 블록의 각 부분에서 실행해야 하는 문장 끝에는 세미콜론(;)을 사용합니다.
   ex) DBMS_OUTPUT.PUT_LINE('Hello, PL/SQL!');
3. PL/SQL문 내부에서 한 줄 주석(--)과 여러 줄 주석(/* ~ */)을 사용할 수 있습니다. 그리고 이들 주석은 SQL문에서도 사용할 수 있습니다.
4. PL/SQL문 작성을 마치고 실행하기 위해 마지막에 슬래시(/)를 사용합니다.

---

◎ 토드 같은 응용 프로그램에서는 슬래시(/)를 사용하지 않고 PL/SQL문을 실행할 수 있습니다.

그리고 PL/SQL문을 작성하고 실행하기 전에 SET SERVEROUTPUT ON 명령어를 실행하여 PL/SQL문 결과를 화면에 출력하는 것을 잊지 마세요. SQL*PLUS 접속 계정이 변경되거나 접속이 끊어진 후 다시 SQL*PLUS를 실행하여 접속했다면 SET SERVEROUTPUT ON을 반드시 다시 실행해 주어야 PL/SQL 결과를 확인할 수 있습니다.

◎ 이 장 이후에 진행할 모든 PL/SQL문은 SET SERVEROUTPUT ON 명령어가 실행 중임을 가정하고 진행합니다.

## PL/SQL 주석

PL/SQL 주석은 PL/SQL 코드에 포함되어 있지만 실행되지 않는 문장을 뜻합니다. 그러니까 실행 결과에 아무 영향을 미치지 못하는 문장을 만들기 위해 사용하는 거죠. 일반적으로 특정 기호를 사용하여 코드 설명 또는 이력 등을 남겨 놓거나 일시적으로 실행되지 않기를 원하는 코드를 삭제하지 않고 남겨 두는 용도로 주석 영역을 지정합니다. PL/SQL에서 사용하는 주석은 다른 여러 프로그래밍 언어와 마찬가지로 한 줄 주석과 여러 줄 주석으로 나뉩니다.

| 종류 | 사용 기호 | 설명 |
|---|---|---|
| 한 줄 주석 | -- [주석 처리 내용] | 현재 줄만 주석 처리됩니다. |
| 여러 줄 주석 | /*<br>[주석 처리 내용]<br>*/ | /*에서 */까지 여러 줄에 걸쳐 주석 처리됩니다. |

실습 16-2의 실행 코드에서 V_EMPNO를 출력하는 문장을 다음과 같이 한 줄로 주석 처리해 보죠. 해당 문장은 주석으로 처리되어 실행되지 못하므로 결과에 V_EMPNO가 출력되지 않습니다.

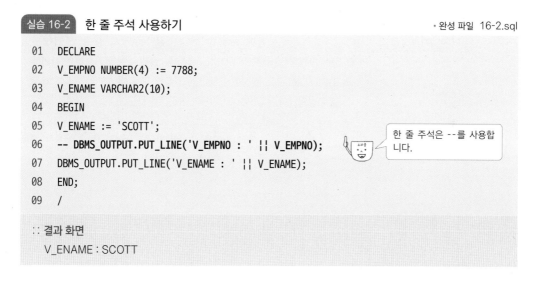

실습 16-2 ㅡ 한 줄 주석 사용하기 · 완성 파일 16-2.sql

```
01  DECLARE
02  V_EMPNO NUMBER(4) := 7788;
03  V_ENAME VARCHAR2(10);
04  BEGIN
05  V_ENAME := 'SCOTT';
06  -- DBMS_OUTPUT.PUT_LINE('V_EMPNO : ' || V_EMPNO);
07  DBMS_OUTPUT.PUT_LINE('V_ENAME : ' || V_ENAME);
08  END;
09  /
```

한 줄 주석은 --를 사용합니다.

:: 결과 화면
```
V_ENAME : SCOTT
```

이번에는 여러 줄 주석을 사용하여 V_EMPNO, V_ENAME을 출력하는 두 줄의 문장을 모두 주석 처리해 보죠. /* 기호로 시작하여 */ 기호로 끝나는 범위 안에 모든 문장은 실행되지 않으므로 결과로 아무것도 출력되지 않습니다.

```
01   DECLARE
02   V_EMPNO NUMBER(4) := 7788;
03   V_ENAME VARCHAR2(10);
04   BEGIN
05   V_ENAME := 'SCOTT';
06   /*
07   DBMS_OUTPUT.PUT_LINE('V_EMPNO : ' || V_EMPNO);
08   DBMS_OUTPUT.PUT_LINE('V_ENAME : ' || V_ENAME);
09   */
10   END;
11   /
```

여러 줄 주석은 /*으로 시작해서 */로 끝납니다.

주석은 이처럼 실행하지 않으려는 문장을 지정하는 데 사용하며 PL/SQL문 외에 앞에서 살펴본 SQL문에서도 그대로 사용할 수 있습니다.

 1분
복습

**다음 빈칸을 채우며 복습해 보세요.**

PL/SQL에서 여러 명령어를 모아 둔 프로그램의 기본 단위를 [1] 블　　　　　이라고 합니다. 기본 PL/SQL [1] 블　　　　　은 실행에 사용할 변수·상수·커서 등을 선언하는 [2] D　　　　　와 조건문·반복문·SELECT·DML·함수 등 실제 수행할 기능부를 정의하는 [3] B　　　　　, 그리고 PL/SQL으로 제작한 프로그램의 실행 도중 발생하는 오류를 처리하는 [4] E　　　　　로 구성됩니다.

정답 1. 블록 2. DECLARE 3. BEGIN 4. EXCEPTION

# 16-2 변수와 상수

## 변수 선언과 값 대입하기

변수(variable)는 데이터를 일시적으로 저장하는 요소로 이름과 저장할 자료형을 지정하여 선언부(DECLARE)에서 작성합니다. 선언부에서 작성한 변수는 실행부(BEGIN)에서 활용합니다.

### 기본 변수 선언과 사용

변수를 선언하는 기본 형식은 다음과 같습니다.

변수 이름 자료형 := 값 또는 값이 도출되는 여러 표현식;    기본 형식
  ❶    ❷  ❸       ❹

| 번호 | 설명 |
|---|---|
| ❶ | 데이터를 저장할 변수 이름을 지정합니다. 이 변수 이름을 통해 저장한 데이터를 사용하게 됩니다. |
| ❷ | 선언한 변수에 저장할 데이터의 자료형을 지정합니다. |
| ❸ | 선언한 변수에 값을 할당하기 위해 :=를 사용합니다. 이 기호는 오른쪽 값을 왼쪽 변수에 대입하겠다는 뜻입니다. 값을 할당하지 않고 변수 선언만 한다면 ❸, ❹는 생략할 수 있습니다. |
| ❹ | 변수에 저장할 첫 데이터 값이나 저장할 수 있는 값이 결과로 반환되는 표현식을 지정합니다. 이 값은 변수에 지정한 자료형과 맞아야 합니다. |

그러면 변수를 선언하고 값을 할당한 후 변수에 저장된 값을 출력하는 다음 PL/SQL문을 실행해 보죠. PL/SQL문에서 자료형을 지정하는 방법은 테이블 생성 방식과 비슷합니다. 작은따옴표(' ')로 묶인 문자열 데이터와 변수 값을 함께 출력할 때 SELECT문에서 열 데이터 간 연결을 위해 사용한 || 연산자도 눈여겨보세요.

**실습 16-4** 변수 선언 및 변수 값 출력하기    • 완성 파일 16-4.sql

```
01  DECLARE
02     V_EMPNO NUMBER(4) := 7788;
03     V_ENAME VARCHAR2(10);
04  BEGIN
05     V_ENAME := 'SCOTT';
```

```
06      DBMS_OUTPUT.PUT_LINE('V_EMPNO : ' || V_EMPNO);
07      DBMS_OUTPUT.PUT_LINE('V_ENAME : ' || V_ENAME);
08    END;
09    /
```

> || 연산자는 데이터 사이를 연결
> 하여 출력할 때 사용합니다.

:: 결과 화면
  V_EMPNO : 7788
  V_ENAME : SCOTT

01행 DECLARE 선언부를 시작합니다.

02행 V_EMPNO 변수를 NUMBER(4) 자료형으로 선언하며 7788 값을 할당합니다.

03행 V_ENAME 변수를 VARCHAR2(10) 자료형으로 선언합니다. V_ENAME 변수는 선언만 하고 값을 지정하지 않습니다.

04행 BEGIN 실행부를 시작합니다.

05행 선언만 한 V_ENAME 변수에 문자열 SCOTT를 저장합니다.

06~07행 V_EMPNO, V_ENAME 변수 값을 출력합니다.

08행 현재 블록을 종료합니다.

09행 작성한 PL/SQL문을 실행합니다.

### 상수 정의하기

저장한 값이 필요에 따라 변하는 변수와 달리 상수(constant)는 한번 저장한 값이 프로그램이 종료될 때까지 유지되는 저장 요소입니다. 상수를 선언할 때 다음과 같이 기존 변수 선언에 CONSTANT 키워드를 지정합니다.

변수 이름 CONSTANT 자료형 := 값 또는 값을 도출하는 여러 표현식;          기본 형식
  ❶        ❷     ❸  ❹           ❺

| 번호 | 설명 |
|---|---|
| ❶ | 데이터를 저장할 변수 이름을 지정합니다. 이 변수 이름을 통해 저장한 데이터를 사용하게 됩니다. |
| ❷ | 선언한 변수를 상수로 정의합니다. 즉 한번 저장한 값은 변하지 않습니다. |
| ❸ | 선언한 변수에 저장할 데이터의 자료형을 지정합니다. |
| ❹ | 선언한 변수에 값을 할당하기 위해 :=를 사용합니다. 이 기호는 오른쪽 값을 왼쪽 변수에 대입하겠다는 뜻입니다. 값을 할당하지 않고 변수를 선언만 한다면 ❸, ❹는 생략할 수 있습니다. |
| ❺ | 변수에 저장할 첫 데이터 값이나 저장할 수 있는 값을 결과로 반환하는 표현식을 지정합니다. 이 값은 변수에 지정한 자료형과 맞아야 합니다. |

**실습 16-5** 상수에 값을 대입한 후 출력하기　　　　　　　　　•완성 파일  16-5.sql

```
01   DECLARE
02      V_TAX CONSTANT NUMBER(1) := 3;
03   BEGIN
04      DBMS_OUTPUT.PUT_LINE('V_TEX : ' || V_TAX);
05   END;
06   /
```

> 상수로 선언한 V_TAX의 자료형은 NUMBER이기
> 때문에 숫자 3을 대입할 수 있습니다.

:: 결과 화면

　V_TEX : 3

## 변수의 기본값 지정하기

DEFAULT 키워드는 변수에 저장할 기본값을 지정합니다. 다음 ❸, ❹를 사용하여 변수의 기본값을 명시합니다.

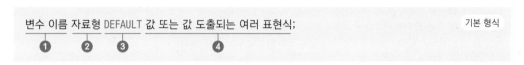

변수 이름　자료형　DEFAULT　값 또는 값 도출되는 여러 표현식;　　　기본 형식
　❶　　　❷　　　❸　　　　　　　❹

| 번호 | 설명 |
|---|---|
| ❶ | 데이터를 저장할 변수 이름을 지정합니다. 이 변수 이름을 통해 저장한 데이터를 사용하게 됩니다. |
| ❷ | 선언한 변수에 저장할 데이터의 자료형을 지정합니다. |
| ❸ | DEFAULT 키워드를 작성하여 변수의 기본값을 명시합니다. |
| ❹ | 변수에 저장할 첫 데이터 값이나 저장할 수 있는 값을 결과로 반환하는 표현식을 지정합니다. 이 값은 변수에 지정한 자료형과 맞아야 합니다. |

**실습 16-6** 변수에 기본값을 설정한 후 출력하기　　　　　　　•완성 파일  16-6.sql

```
01   DECLARE
02      V_DEPTNO NUMBER(2) DEFAULT 10;
03   BEGIN
04      DBMS_OUTPUT.PUT_LINE('V_DEPTNO : ' || V_DEPTNO);
05   END;
06   /
```

> 변수 V_DEPTNO의 기본값은
> 10으로 설정되었습니다.

:: 결과 화면

　V_DEPTNO : 10

## 변수에 NULL 값 저장 막기

특정 변수에 NULL이 저장되지 않게 하려면 NOT NULL 키워드를 사용합니다. PL/SQL에서 선언한 변수는 특정 값을 할당하지 않으면 NULL값이 기본으로 할당됩니다. 이러한 이유로 NOT NULL 키워드를 사용한 변수는 반드시 선언과 동시에 특정 값을 지정해 주어야 합니다.

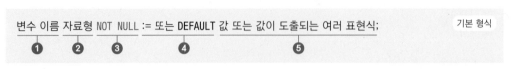

| 번호 | 설명 |
|---|---|
| ❶ | 데이터를 저장할 변수 이름을 지정합니다. 이 변수 이름을 통해 저장한 데이터를 사용하게 됩니다. |
| ❷ | 선언한 변수에 저장할 데이터의 자료형을 지정합니다. |
| ❸ | NOT NULL 키워드를 작성하여 변수에 NULL이 저장되지 못하도록 막습니다. |
| ❹, ❺ | 변수에 저장할 첫 데이터 값이나 저장할 수 있는 값을 결과로 반환하는 표현식을 지정합니다. 이 값은 변수에 지정한 자료형과 맞아야 합니다. 그리고 NULL이 아닌 값을 할당해야 합니다. DEFAULT 키워드를 함께 사용하여 변수의 기본값으로 설정할 수도 있습니다. |

:=를 사용하여 선언과 동시에 값을 할당하고 DEFAULT 키워드를 함께 사용하여 변수의 기본값으로 설정할 수도 있습니다.

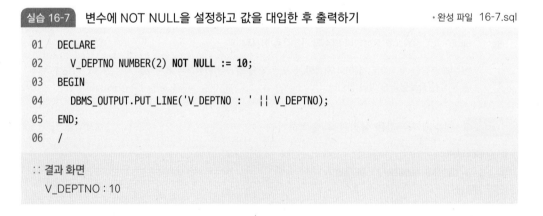

실습 16-7   변수에 NOT NULL을 설정하고 값을 대입한 후 출력하기    • 완성 파일 16-7.sql

```
01  DECLARE
02    V_DEPTNO NUMBER(2) NOT NULL := 10;
03  BEGIN
04    DBMS_OUTPUT.PUT_LINE('V_DEPTNO : ' || V_DEPTNO);
05  END;
06  /
```

:: 결과 화면
  V_DEPTNO : 10

실습 16-7에서 사용하고 있는 변수 V_DEPTNO의 자료형은 NUMBER이고 변수 값으로 NULL을 가질 수 없습니다.

**변수에 NOT NULL 및 기본값을 설정한 후 출력하기** • 완성 파일 16-8.sql

```
01   DECLARE
02      V_DEPTNO NUMBER(2) NOT NULL DEFAULT 10;
03   BEGIN
04      DBMS_OUTPUT.PUT_LINE('V_DEPTNO : ' ¦¦ V_DEPTNO);
05   END;
06   /
```

 변수 V_DEPTNO는 NULL을 가질
수 없고 기본값은 10입니다.

:: 결과 화면
　V_DEPTNO : 10

## 변수 이름 정하기

변수를 포함한 PL/SQL문에서 지정하는 객체 이름을 식별자(identifier)라고 합니다. 식별자에
이름을 붙이는 규칙은 다음과 같습니다.

---

1. 같은 블록 안에서 식별자는 고유해야 하며 중복될 수 없습니다.

2. 대·소문자를 구별하지 않습니다.

3. 테이블 이름 붙이는 규칙과 같은 규칙을 따릅니다.

　① 이름은 문자로 시작해야 합니다(한글도 가능하며 숫자로 시작할 수 없음).

　② 이름은 30byte 이하여야 합니다(영어는 30자, 한글은 15자까지 사용 가능).

　③ 이름은 영문자(한글 가능), 숫자(0-9), 특수문자($, #, _)를 사용할 수 있습니다.

　④ SQL 키워드는 테이블 이름으로 사용할 수 없습니다(SELECT, FROM 등은 테이블 이름으로 사용 불가).

---

## 변수의 자료형

변수에 저장할 데이터가 어떤 종류인지를 특정 짓기 위해 사용하는 자료형은 크게 스칼라
(scalar), 복합(composite), 참조(reference), LOB(Large OBject)로 구분됩니다. 여기에서는 스
칼라형과 참조형에 대해 알아보겠습니다.

### 스칼라형

스칼라형(scalar type)은 숫자, 문자열, 날짜 등과 같이 오라클에서 기본으로 정의해 놓은 자료
형으로 내부 구성 요소가 없는 단일 값을 의미합니다.

◎ 스칼라형은 C, Java 등의 프로그래밍 언어에서 원시(primitive) 자료형과 유사합니다.

스칼라형은 숫자·문자열·날짜·논리 데이터로 나뉘며 대표적인 스칼라형은 다음과 같습니다.

| 분류 | 자료형 | 설명 |
|---|---|---|
| 숫자 | NUMBER | 소수점을 포함할 수 있는 최대 38자리 숫자 데이터 |
| 문자열 | CHAR | 최대 32,767바이트 고정 길이 문자열 데이터 |
| | VARCHAR2 | 최대 32,767바이트 가변 길이 문자열 데이터 |
| 날짜 | DATE | 기원전 4712년 1월 1일부터 서기 9999년 12월 31일까지 날짜 데이터 |
| 논리 데이터 | BOOLEAN | PL/SQL에서만 사용할 수 있는 논리 자료형으로 true, false, NULL을 포함 |

◎ PL/SQL에 사용하는 자료형의 좀 더 자세한 내용은 오라클 공식 문서(docs.oracle.com/cd/B28359_01/app-dev.111/b28370/datatypes.htm#i46029)를 참조하세요.

앞에서 변수 선언 및 값을 대입하기 위해 작성하고 실행한 예제에 사용한 데이터는 모두 스칼라 자료형입니다.

### 참조형

참조형(reference type)은 오라클 데이터베이스에 존재하는 특정 테이블 열의 자료형이나 하나의 행 구조를 참조하는 자료형입니다. 열을 참조할 때 %TYPE, 행을 참조할 때 %ROWTYPE을 사용합니다. %TYPE의 사용법은 다음과 같습니다. %TYPE으로 선언한 변수는 지정한 테이블 열과 완전히 같은 자료형이 됩니다.

기본 형식

변수 이름 테이블이름.열이름%TYPE;
① ② ③

| 번호 | 설명 |
|---|---|
| ① | 데이터가 저장될 변수의 이름을 지정합니다. 이 변수 이름을 통해 저장된 데이터를 사용하게 됩니다. |
| ② | 특정 테이블에 속한 열의 이름을 명시합니다. ① 변수는 명시된 테이블의 열과 같은 크기의 자료형이 지정됩니다. |
| ③ | 앞에서 지정한 테이블의 열과 같은 자료형 및 크기임을 명시합니다. 이후 := 또는 DEFAULT 키워드를 사용하여 값을 먼저 지정해 줄 수도 있습니다. |

**실습 16-9** 참조형(열)의 변수에 값을 대입한 후 출력하기 • 완성 파일 16-9.sql

```
01  DECLARE
02    V_DEPTNO DEPT.DEPTNO%TYPE := 50;
03  BEGIN
04    DBMS_OUTPUT.PUT_LINE('V_DEPTNO : ' ¦¦ V_DEPTNO);
05  END;
06  /
```

특정 테이블에서 하나의 열이 아닌 행 구조 전체를 참조할 때 %ROWTYPE을 사용합니다.

기본 형식

변수 이름 테이블 이름%ROWTYPE;
❶      ❷         ❸

| 번호 | 설명 |
|------|------|
| ❶ | 데이터를 저장할 변수 이름을 지정합니다. 이 변수 이름을 통해 저장한 데이터를 사용하게 됩니다. |
| ❷ | 특정 테이블을 지정합니다. ❶ 변수는 명시된 테이블 열과 같은 종류의 데이터를 가지게 됩니다. |
| ❸ | %TYPE과는 달리 저장할 값을 직접 지정할 수 없습니다. |

다음은 %ROWTYPE을 활용하여 변수를 선언하고 있습니다. V_DEPTNO_ROW 변수가 DEPT 테이블의 행 구조를 참조하도록 선언되었습니다. 즉 V_DEPTNO_ROW 변수는 내부에 DEPTNO, DNAME, LOC 필드를 가지게 됩니다.

**실습 16-10** 참조형(행)의 변수에 값을 대입한 후 출력하기 • 완성 파일 16-10.sql

```
01  DECLARE
02    V_DEPT_ROW DEPT%ROWTYPE;
03  BEGIN
04    SELECT DEPTNO, DNAME, LOC INTO V_DEPT_ROW
05      FROM DEPT
06     WHERE DEPTNO = 40;
07    DBMS_OUTPUT.PUT_LINE('DEPTNO : ' || V_DEPT_ROW.DEPTNO);
08    DBMS_OUTPUT.PUT_LINE('DNAME : ' || V_DEPT_ROW.DNAME);
09    DBMS_OUTPUT.PUT_LINE('LOC : ' || V_DEPT_ROW.LOC);
10  END;
11  /
```

:: 결과 화면
DEPTNO : 40
DNAME : OPERATIONS
LOC : BOSTON

02행 V_DEPT_ROW 변수를 DEPT 테이블의 행 구조로 선언합니다. 이제 V_DEPT_ROW 변수는 내
부에 DEPTNO, DNAME, LOC 필드를 가지게 됩니다.

04행 INTO V_DEPT_ROW를 사용하여 DEPT 테이블의 SELECT문 결과 행을 V_DEPT_ROW에 대
입합니다. INSERT문과 마찬가지로 V_DEPT_ROW가 소유한 필드 개수 및 자료형과 SELECT
문 결과 열의 개수와 자료형은 같아야 합니다.

### 복합형, LOB형

스칼라형과 참조형 외에도 PL/SQL에서는 복합형(composite type)과 LOB형을 사용할 수 있
습니다. 이 중 복합형은 여러 종류 및 개수의 데이터를 저장하기 위해 사용자가 직접 정의하
는 자료형으로 컬렉션(collection), 레코드(record)로 구분되며 이 내용은 17장에서 다룹니다.

| 분류 | 자료형 | 설명 |
|------|--------|------|
| 컬렉션 | TABLE | 한 가지 자료형의 데이터를 여러 개 저장(테이블의 열과 유사) |
| 레코드 | RECORD | 여러 종류 자료형의 데이터를 저장(테이블의 행과 유사) |

Large Object를 의미하는 LOB형은 대용량의 텍스트·이미지·동영상·사운드 데이터 등 대
용량 데이터를 저장하기 위한 자료형으로 대표적으로 BLOB, CLOB 등이 있습니다.

◎ 복합형과 LOB형에 대해 더 많은 내용을 알고 싶다면 다음 오라클 문서를 확인해 주세요.
　복합형 : docs.oracle.com/cd/B28359_01/appdev.111/b28370/collections.htm#LNPLS005
　LOB형 : docs.oracle.com/cd/B28359_01/appdev.111/b28370/datatypes.htm#CIHJABDI

 **다음 빈칸을 채우며 복습해 보세요.**

> PL/SQL에서 많이 사용하는 자료형은 숫자·문자열·날짜 등과 같이 오라클 데이터베이스에서
> 기본으로 정의해 둔 단일 값을 저장하는 [1] 스　　　　　 이 있습니다. [2] 참　　　　　 은 오라
> 클 데이터베이스에 존재하는 특정 테이블 열의 자료형이나 하나의 행 구조를 참고하는 자료형입
> 니다.

정답 1. 스칼라형 2. 참조형

# 16-3 조건 제어문

특정 조건식을 통해 상황에 따라 실행할 내용을 달리하는 방식의 명령어를 조건문이라고 합니다. PL/SQL에서는 IF문과 CASE문을 사용할 수 있습니다.

## IF 조건문

PL/SQL에서 제공하는 IF 조건문은 다음과 같이 세 가지 방식을 사용할 수 있습니다.

| 종류 | 설명 |
|---|---|
| IF-THEN | 특정 조건을 만족하는 경우 작업 수행 |
| IF-THEN-ELSE | 특정 조건을 만족하는 경우와 반대 경우에 각각 지정한 작업 수행 |
| IF-THEN-ELSIF | 여러 조건에 따라 각각 지정한 작업 수행 |

### IF-THEN

여러 프로그래밍 언어에서 사용하는 단일 IF문과 같은 역할을 하는 IF-THEN문은 다음과 같이 사용합니다. 주어진 조건식의 결과 값이 true인 경우에는 작업을 수행하지만, false 또는 NULL일 경우에는 작업을 수행하지 않고 다음 내용을 실행합니다.

```
IF 조건식 THEN ─❶                          기본 형식
    수행할 명령어; ─❷
END IF; ─❸
```

| 번호 | 설명 |
|---|---|
| ❶ | true 또는 false 판별이 가능한 조건식을 지정합니다. 여러 연산자 및 함수를 사용할 수 있습니다. |
| ❷ | 조건식의 결과 값이 true일 때 실행할 명령어를 지정합니다. 여러 명령어 지정이 가능합니다 |
| ❸ | IF를 종료합니다. |

**변수에 입력한 값이 홀수인지 알아보기(입력 값이 홀수일 때)**　　• 완성 파일　16-11.sql

```
01  DECLARE
02    V_NUMBER NUMBER := 13;
03  BEGIN
04    IF MOD(V_NUMBER, 2) = 1 THEN
05      DBMS_OUTPUT.PUT_LINE('V_NUMBER는 홀수입니다!');
06    END IF;
07  END;
08  /
```

∷ 결과 화면
　V_NUMBER는 홀수입니다!

02행 V_NUMBER 변수에 13을 대입합니다.

04행 MOD 함수를 사용하여 V_NUMBER 값을 2로 나눈 나머지 값이 1인지 아닌지 검사합니다(V_
　　NUMBER에는 13이 저장되어 있으므로 결과 값은 true입니다).

05행 조건식의 결과 값이 true일 때 화면에 메시지를 출력합니다.

06행 IF문을 끝냅니다.

만약 위 예제에서 V_NUMBER 변수에 짝수인 14를 대입하면 실습 16-12와 같이 화면에 출력되는 내용이 없습니다. 짝수를 2로 나눈 나머지는 0이 되어 조건식의 결과 값이 false가 되기 때문이죠.

**변수에 입력된 값이 홀수인지 알아보기(입력 값이 짝수일 때)**　　• 완성 파일　16-12.sql

```
01  DECLARE
02    V_NUMBER NUMBER := 14;
03  BEGIN
04    IF MOD(V_NUMBER, 2) = 1 THEN
05      DBMS_OUTPUT.PUT_LINE('V_NUMBER는 홀수입니다!');
06    END IF;
07  END;
08  /
```

> 05행은 IF 조건문의 결과가 true일 때만 실행됩니다.

## IF-THEN-ELSE

IF-THEN-ELSE문은 지정한 조건식의 결과 값이 true일 경우에 실행할 명령어와 조건식의 결과 값이 true가 아닐 때 실행할 명령어를 각각 지정할 수 있습니다.

```
IF 조건식 THEN ──❶                                          기본 형식
    수행할 명령어; ──❷
ELSE
    수행할 명령어; ──❸
END IF; ──❹
```

| 번호 | 설명 |
|------|------|
| ❶ | true 또는 false 판별이 가능한 조건식을 지정합니다. 여러 연산자 및 함수 사용이 가능합니다. |
| ❷ | 조건식의 결과 값이 true일 경우 실행할 명령어를 지정합니다. 여러 명령어 지정이 가능합니다. |
| ❸ | 조건식의 결과 값이 true가 아닐 경우 실행할 명령어를 지정합니다. 여러 명령어 지정이 가능합니다. |
| ❹ | IF를 종료합니다. |

다음 PL/SQL문을 실행해 봅시다. V_NUMBER 변수에 짝수인 14를 대입하고 V_NUMBER
변수 값을 2로 나누면 나머지는 0이 되기 때문에 조건식 결과는 false가 됩니다. 즉 ELSE문에
지정된 명령어가 실행됩니다. IF-THEN-ELSE문은 특정 조건식의 만족 여부에 따른 두 가
지 상황에 각각 수행할 작업 내용을 지정할 수 있습니다.

**실습 16-13**  변수에 입력된 값이 홀수인지 짝수인지 알아보기(입력 값이 짝수일 때)   • 완성 파일 16-13.sql

```
01  DECLARE
02      V_NUMBER NUMBER := 14;
03  BEGIN
04      IF MOD(V_NUMBER, 2) = 1 THEN
05          DBMS_OUTPUT.PUT_LINE('V_NUMBER는 홀수입니다!');
06      ELSE
07          DBMS_OUTPUT.PUT_LINE('V_NUMBER는 짝수입니다!');
08      END IF;
09  END;
10  /
```

:: 결과 화면
    V_NUMBER는 짝수입니다!

02행 V_NUMBER 변수에 14를 대입합니다.
04행 MOD 함수를 사용하여 V_NUMBER 값을 2로 나눈 나머지 값이 1인지 아닌지 검사합니다(V_
    NUMBER에는 14가 저장되어 있으므로 결과 값은 false입니다).

06~07행 IF문에 지정한 조건식의 결과 값이 true가 아닐 경우에 수행할 명령어를 지정합니다.

## IF-THEN-ELSIF

결과 값이 true인지 아닌지 여부에 따라 두 가지 상황을 구현할 수 있는 IF-THEN-ELSE문과 달리 IF-THEN-ELSIF문은 여러 종류의 조건을 지정하여 각 조건을 만족하는 경우마다 다른 작업의 수행을 지정하는 것이 가능합니다.

```
IF 조건식 THEN ─①
    수행할 명령어; ─②
ELSIF 조건식 ─③
    수행할 명령어; ─④
ELSIF ─⑤
    수행할 명령어; ─⑥
...
ELSE ─⑦
    수행할 명령어; ─⑧
END IF; ─⑨
```
기본 형식

| 번호 | 설명 |
|------|------|
| ① ~ ② | ① 조건식의 결과 값이 true이면 ② 명령어를 수행하고(다음 ELSIF 및 ELSE문은 실행되지 않음) 조건식의 결과 값이 false면 다음 ELSIF 조건식으로 넘어갑니다. |
| ③ ~ ⑥ | ③ 조건식의 결과 값이 true이면 ④ 명령어를 수행하고(다음 ELSIF 및 ELSE문은 실행되지 않음) 조건식의 결과 값이 false이면 다음 ELSIF 또는 ELSE로 넘어갑니다. ⑤, ⑥ 과정도 같습니다. |
| ⑦ ~ ⑧ | ⑦ 위 IF, ELSIF 조건식의 결과 값이 어디에서도 true가 나오지 않는다면 ⑧ 명령어를 수행합니다. |
| ⑨ | IF를 종료합니다. |

다음 PL/SQL문은 점수에 따라 학점을 주기 위해 여러 조건식을 지정합니다. 위에서부터 다음으로 조건식을 하나씩 실행하여 true가 되는 영역의 작업이 수행될 것입니다. 점수가 60점이 되지 않는다면 모든 조건식을 지나치고 ELSE문의 명령어가 실행되어 F학점이 나옵니다.

실습 16-14 　입력한 점수가 어느 학점인지 출력하기(IF-THEN-ELSIF 사용)　　• 완성 파일 16-14.sql

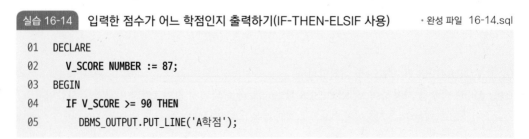

```
01  DECLARE
02    V_SCORE NUMBER := 87;
03  BEGIN
04    IF V_SCORE >= 90 THEN
05      DBMS_OUTPUT.PUT_LINE('A학점');
```

```
06      ELSIF V_SCORE >= 80 THEN
07        DBMS_OUTPUT.PUT_LINE('B학점');
08      ELSIF V_SCORE >= 70 THEN
09        DBMS_OUTPUT.PUT_LINE('C학점');
10      ELSIF V_SCORE >= 60 THEN
11        DBMS_OUTPUT.PUT_LINE('D학점');
12      ELSE
13        DBMS_OUTPUT.PUT_LINE('F학점');
14      END IF;
15    END;
16    /
```

:: 결과 화면

  B학점

## CASE 조건문

CASE 조건문도 IF조건문과 마찬가지로 조건식의 결과 값에 따라 여러 가지 수행 작업을 지정할 수 있습니다. IF-THEN-ELSIF문과 같이 조건식의 결과 값이 여러 가지일 때 CASE 조건문을 좀 더 단순하게 표현할 수 있습니다. CASE 조건문은 다음과 같이 두 가지 방식을 사용합니다.

| 종류 | 설명 |
|---|---|
| 단순 CASE문 | 비교 기준이 되는 조건의 값이 여러 가지일 때 해당 값만 명시하여 작업 수행 |
| 검색 CASE문 | 특정한 비교 기준 없이 여러 조건식을 나열하여 조건식에 맞는 작업 수행 |

### 단순 CASE

단순 CASE문은 비교 기준(여러 가지 결과 값이 나올 수 있는)이 되는 변수 또는 식을 명시합니다. 그리고 각 결과 값에 따라 수행할 작업을 지정합니다.

```
CASE 비교 기준 ─❶                                              기본 형식
   WHEN 값1 THEN ─❷
      수행할 명령어; ─❸
   WHEN 값2 THEN ─❹
      수행할 명령어; ─❺
   ...
   ELSE ─❻
      수행할 명령어; ─❼
END CASE; ─❽
```

| 번호 | 설명 |
|---|---|
| ❶ | ❶ 먼저 여러 결과 값이 나올 수 있는 비교 기준을 지정합니다. 변수 또는 여러 표현식을 지정할 수 있습니다. |
| ❷ ~ ❺ | ❷ 비교 기준의 결과 값이 값1과 일치하면 ❸ 작업을 수행하고 나머지 명령어를 건너뜁니다. ❹, ❺ 역시 같습니다. |
| ❻ ~ ❼ | ❻ 위의 WHEN에 일치하는 값을 찾지 못한다면 마지막으로 ELSE에 지정한 ❼ 작업을 수행합니다. |
| ❽ | CASE문을 끝냅니다. |

앞의 IF-THEN-ELSIF문에서 사용한 예제와 마찬가지로 학점을 출력하는 조건문을 CASE 조건문으로 구현해 볼까요? TRUNC(V_SCORE/10)을 비교 기준으로 V_SCORE 변수 값을 10으로 나눈 후 소수점을 버린 결과 값에 따라 학점을 출력할 수 있습니다.

**실습 16-15** 입력 점수에 따른 학점 출력하기(단순 CASE 사용)  · 완성 파일 16-15.sql

```
01  DECLARE
02    V_SCORE NUMBER := 87;
03  BEGIN
04    CASE TRUNC(V_SCORE/10)
05      WHEN 10 THEN DBMS_OUTPUT.PUT_LINE('A학점');
06      WHEN 9 THEN DBMS_OUTPUT.PUT_LINE('A학점');
07      WHEN 8 THEN DBMS_OUTPUT.PUT_LINE('B학점');
08      WHEN 7 THEN DBMS_OUTPUT.PUT_LINE('C학점');
09      WHEN 6 THEN DBMS_OUTPUT.PUT_LINE('D학점');
10      ELSE DBMS_OUTPUT.PUT_LINE('F학점');
11    END CASE;
12  END;
13  /
```

:: 결과 화면
  B학점

### 검색 CASE

검색 CASE문은 비교 기준을 명시하지 않고 각각의 WHEN 절에서 조건식을 명시한 후 해당 조건을 만족할 때 수행할 작업을 정해 줍니다.

```
CASE                                                          기본 형식
    WHEN 조건식1 THEN ─❶
        수행할 명령어; ─❷
    WHEN 조건식2 THEN ─❸
        수행할 명령어; ─❹
    ...
    ELSE ─❺
        수행할 명령어; ─❻
    END CASE;
```

| 번호 | 설명 |
|------|------|
| ❶ ~ ❹ | ❶ 조건식1의 결과 값이 true라면 ❷ 작업을 수행합니다. 나머지 명령어는 건너뜁니다. ❸ , ❹ 로 표현한 다른 WHEN절 역시 동일하게 동작합니다. |
| ❺ ~ ❻ | ❺ 먼저 실행한 WHEN절의 조건식을 만족하는 경우가 없다면 ❻ 작업을 수행합니다. |

실습 16-15와 마찬가지로 점수에 따른 학점을 출력하기 위해 다음과 같이 검색 CASE문을 사용할 수 있습니다. 이렇게 각 조건을 WHEN절에 명시하면 사실 IF-THEN-ELSIF와 큰 차이가 없습니다.

**실습 16-16** 입력 점수에 따른 학점 출력하기(검색 CASE 사용) • 완성 파일 16-16.sql

```
01   DECLARE                                              :: 결과 화면
02       V_SCORE NUMBER := 87;                               B학점
03   BEGIN
04       CASE
05         WHEN V_SCORE >= 90 THEN DBMS_OUTPUT.PUT_LINE('A학점');
06         WHEN V_SCORE >= 80 THEN DBMS_OUTPUT.PUT_LINE('B학점');
07         WHEN V_SCORE >= 70 THEN DBMS_OUTPUT.PUT_LINE('C학점');
08         WHEN V_SCORE >= 60 THEN DBMS_OUTPUT.PUT_LINE('D학점');
09         ELSE DBMS_OUTPUT.PUT_LINE('F학점');
10       END CASE;
11   END;
12   /
```

06장 오라클 함수에서 언급한 CASE문과 PL/SQL문의 CASE문은 사용 방법이 유사합니다. 하지만 SQL문에 사용하는 CASE문이 조건에 따라 특정 결과 값을 반환하는 것에 그치는 데 반해 PL/SQL문의 CASE 조건문은 조건에 따라 수행할 작업을 지정할 수 있다는 차이가 있습니다. SQL문의 CASE는 END로 종료되며 PL/SQL문의 CASE 조건문은 END CASE로 종료된다는 점도 기억해 주세요.

# 16-4 반복 제어문

반복문은 특정 작업을 반복하여 수행하고자 할 때 사용합니다. PL/SQL에서는 다음 네 가지 반복문을 제공하고 있습니다. 여기에서는 기본 LOOP, WHILE LOOP, FOR LOOP 반복문을 소개하겠습니다.

| 종류 | 설명 |
|---|---|
| 기본 LOOP | 기본 반복문 |
| WHILE LOOP | 특정 조건식의 결과를 통해 반복 수행 |
| FOR LOOP | 반복 횟수를 정하여 반복 수행 |
| Cusor FOR LOOP | 커서를 활용한 반복 수행 |

위에서 나열한 반복문 외에도 반복 수행을 중단시키거나 특정 반복 주기를 건너뛰는 다음 명령어도 함께 살펴보겠습니다.

| 종류 | 설명 |
|---|---|
| EXIT | 수행 중인 반복 종료 |
| EXIT-WHEN | 반복 종료를 위한 조건식을 지정하고 만족하면 반복 종료 |
| CONTINUE | 수행 중인 반복의 현재 주기를 건너뜀 |
| CONTINUE-WHEN | 특정 조건식을 지정하고 조건식을 만족하면 현재 반복 주기를 건너뜀 |

## 기본 LOOP

기본 LOOP문은 매우 간단한 형태의 반복문입니다. 반복을 위한 별다른 조건 없이 반복할 작업 내용을 지정해 줍니다.

```
LOOP                                                          기본 형식
    반복 수행 작업;
END LOOP;
```

기본 LOOP문은 반복의 종료 시점이나 조건식을 따로 명시하지 않으므로 지정한 작업을 무한히 반복 수행하게 됩니다. 이러한 현상을 무한 루프(Infinite Loop)라고 합니다. 하지만 수행 작업을 무한 반복해야 하는 경우는 많지 않으므로 대부분의 기본 LOOP문은 반복을 종료하는 EXIT 명령어를 함께 사용합니다.

그러면 기본 LOOP문을 활용한 실습 16-17을 실행해 볼까요? V_NUM 변수는 기본 LOOP문의 반복이 수행됨에 따라 값이 1씩 증가하며 EXIT-WHEN문을 사용하여 값이 4보다 클 때 반복을 종료하도록 구현합니다.

**실습 16-17  기본 LOOP 사용하기**                                      • 완성 파일  16-17.sql

```
01  DECLARE
02    V_NUM NUMBER := 0;
03  BEGIN
04    LOOP
05      DBMS_OUTPUT.PUT_LINE('현재 V_NUM : ' || V_NUM);
06      V_NUM := V_NUM + 1;
07      EXIT WHEN V_NUM > 4;
08    END LOOP;
09  END;
10  /
```

> 07행이 바로 반복 수행을 종료하는 조건문입니다.

:: 결과 화면

```
현재 V_NUM : 0
현재 V_NUM : 1
현재 V_NUM : 2
현재 V_NUM : 3
현재 V_NUM : 4
```

만약 EXIT-WHEN 대신 EXIT 문을 사용한다면 IF 조건문을 함께 사용하여 오른쪽과 같이 구현할 수 있습니다.

```
DECLARE
  V_NUM NUMBER := 0;
BEGIN
  LOOP
    DBMS_OUTPUT.PUT_LINE('현재 V_NUM : ' || V_NUM);
    V_NUM := V_NUM + 1;
    IF V_NUM > 4 THEN
      EXIT;
    END IF;
  END LOOP;
END;
/
```

## WHILE LOOP

WHILE LOOP문은 반복 수행 여부를 결정하는 조건식을 먼저 지정한 후 조건식의 결과 값이 true일 때 조건을 반복하고 false가 되면 반복을 끝냅니다.

```
WHILE 조건식 LOOP                                          기본 형식
    반복 수행 작업;
END LOOP;
```

실습 16-17에서 0부터 4까지 변수 값을 증가시킨 기본 LOOP문과 같은 작업을 수행하는 WHILE LOOP문을 제작해 보죠. 앞의 예제에서 EXIT-WHEN문에 명시한 조건과는 반대의 조건식 V_NUM〈4를 사용합니다. EXIT-WHEN문은 조건식의 결과 값이 true일 때 반복을 끝낸다는 뜻이므로 WHILE문은 조건식의 결과 값이 true가 될 때까지 반복을 수행하겠다는 의미입니다. 비슷하지만 정반대로 반복 여부를 결정하는 것입니다.

실습 16-18  WHILE LOOP 사용하기                      • 완성 파일  16-18.sql

```
01   DECLARE
02     V_NUM NUMBER := 0;
03   BEGIN
04     WHILE V_NUM < 4 LOOP
05       DBMS_OUTPUT.PUT_LINE('현재 V_NUM : ' || V_NUM);
06       V_NUM := V_NUM + 1;
07     END LOOP;
08   END;
09   /
```

:: 결과 화면
```
현재 V_NUM : 0
현재 V_NUM : 1
현재 V_NUM : 2
현재 V_NUM : 3
```

WHILE LOOP문은 반복 수행이 시작되기 전에 조건식을 검사하므로 조건식의 결과 값에 따라 단 한 번도 반복 수행되지 않을 수도 있음을 기억하세요.

# FOR LOOP

FOR LOOP문은 반복의 횟수를 지정할 수 있는 반복문으로 다음과 같은 형태로 작성합니다.
지정한 시작 값부터 1씩 증가하여 종료 값에 이를 때까지 작업을 반복 수행합니다. FOR 키워
드 다음에 작성한 i는 반복 수행 중의 시작 값과 종료 값 사이의 현재 숫자가 저장되는 특수한
변수로 카운터(counter)라고 합니다. 카운터는 선언부에서 정의하지 않고 FOR LOOP문에서
바로 정의하여 사용합니다. FOR LOOP문 안에서만 사용 가능하며, 값을 임의로 할당할 수
없고 현재 저장되어 있는 값을 참조만 할 수 있습니다.

```
FOR i IN 시작 값 .. 종료 값 LOOP                                    기본 형식
    반복 수행 작업;
END LOOP;
```

다음 FOR LOOP문은 0부터 4까지 총 다섯 번의 반복을 수행하는 반복문입니다. 반복이 수
행됨에 따라 카운터 값이 증가하고 있는 것을 확인해 주세요.

**실습 16-19**  WHILE LOOP 사용하기                              • 완성 파일  16-19.sql

```
01  BEGIN
02    FOR i IN 0..4 LOOP
03      DBMS_OUTPUT.PUT_LINE('현재 i의 값 : ' || i);
04    END LOOP;
05  END;
06  /
```

:: 결과 화면
```
현재 i의 값 : 0
현재 i의 값 : 1
현재 i의 값 : 2
현재 i의 값 : 3
현재 i의 값 : 4
```

시작 값에서 종료 값을 역순으로 반복하고 싶다면 다음과 같이 REVERSE 키워드를 사용합
니다. 하지만 FOR LOOP문에 사용하는 시작 값과 종료 값의 위치는 변하지 않으므로 주의
하세요.

```
FOR i IN REVERSE 시작 값 .. 종료 값 LOOP                          기본 형식
    반복 수행 작업;
END LOOP;
```

```
01   BEGIN
02     FOR i IN REVERSE 0..4 LOOP
03       DBMS_OUTPUT.PUT_LINE('현재 i의 값 : ' ¦¦ i);
04     END LOOP;
05   END;
06   /
```

:: 결과 화면

```
현재 i의 값 : 4
현재 i의 값 : 3
현재 i의 값 : 2
현재 i의 값 : 1
현재 i의 값 : 0
```

◎ REVERSE 키워드를 사용하여 역순으로 반복 수행을 지정할 때에도 시작 값과 종료 값의 지정 위치는 그대로입니다.

## CONTINUE문, CONTINUE-WHEN문

CONTINUE문과 CONTINUE-WHEN문은 오라클 11g 버전부터 사용할 수 있습니다. 반복 수행 중 CONTINUE가 실행되면 현재 반복 주기에 수행해야 할 남은 작업을 건너뛰고 다음 반복 주기로 바로 넘어가는 효과가 있습니다. EXIT, EXIT-WHEN문과 마찬가지로 CONTINUE는 즉시 다음 반복 주기로 넘어가고, CONTINUE-WHEN문은 특정 조건식을 만족할 때 다음 반복 주기로 넘어가게 됩니다.

앞의 FOR LOOP문에서 사용한 예제에 CONTINUE-WHEN문을 추가해 보죠. 실습16-21 을 살펴보면 조건식에는 MOD(i, 2) = 1을 지정했습니다. 현재 FOR LOOP문의 카운터 값을 2로 나눈 나머지 값이 1인 경우, 즉 카운터가 홀수이면 남은 명령문을 수행하지 않고 다음 반복 주기로 넘어가겠다는 뜻입니다. 카운터가 짝수일 때만 출력된 것을 확인해 주세요. CONTINUE문을 잘 활용하면 반복문의 분기 처리를 한층 간편하게 사용할 수 있습니다.

```
01   BEGIN
02     FOR i IN 0..4 LOOP
03       CONTINUE WHEN MOD(i, 2) = 1;
04       DBMS_OUTPUT.PUT_LINE('현재 i의 값 : ' ¦¦ i);
05     END LOOP;
06   END;
07   /
```

조건 제어문과 반복 제어문 외에도 GOTO문과 NULL문 같은 순차 제어문(sequential control)도 있습니다. PL/SQL 프로그래밍에서 크게 중요한 부분은 아니므로 이 책에서는 소개를 생략합니다. 좀 더 자세한 조건 제어문과 반복 제어문, 순차 제어문의 정보가 필요하다면 오라클 공식 문서(docs.oracle.com/cd/B28359_01/appdev.111/b28370/controlstructures.htm#LNPLS004)와 관련 자료를 참고하세요.

**Q1** 숫자 1부터 10까지의 숫자 중 오른쪽과 같이 홀수만 출력하는 PL/SQL 프로그램을 작성해 보세요.

```
SQL> SET SERVEROUTPUT ON;
SQL> BEGIN
. . . [PL/SQL 작성]
/
현재 i의 값 : 1
현재 i의 값 : 3
현재 i의 값 : 5
현재 i의 값 : 7
현재 i의 값 : 9
PL/SQL 처리가 정상적으로 완료되었습니다.
SQL>
```

**Q2** DEPT 테이블의 DEPTNO와 자료형이 같은 변수 V_DEPTNO를 선언합니다. 그리고 V_DEPTNO 변수 값에 10, 20, 30, 40을 대입했을 때 다음과 같이 부서 이름을 출력하는 프로그램을 작성해 보세요. 단 부서 번호가 10, 20, 30, 40이 아니면 N/A로 출력합니다.

```
SQL> SET SERVEROUTPUT ON;
SQL> DECLARE
     ... [변수 선언 및 값 대입]
     BEGIN
     ... [PL/SQL 작성]
     /
DNAME : ACCOUNTING
PL/SQL 처리가 정상적으로 완료되었습니다.
SQL>
```
V_DEPTNO 변수에 10을 대입했을 때

```
SQL> SET SERVEROUTPUT ON;
SQL> DECLARE
     ... [변수 선언 및 값 대입]
     BEGIN
     ... [PL/SQL 작성]
     /
DNAME : N/A
PL/SQL 처리가 정상적으로 완료되었습니다.
SQL>
```
V_DEPTNO 변수에 10, 20, 30, 40 이외의 값을 대입했을 때

정답 이지스퍼블리싱 홈페이지에서 확인하세요.

# 레코드와 컬렉션

오라클 데이터이스에서는 한 번에 여러 데이터를 관리하거나 저장하기 위해 레코드, 컬렉션 같은 자료형을 제공합니다. 이 장에서는 레코드와 컬렉션의 정의 및 사용법에 대해 살펴보겠습니다.

17-1  자료형이 다른 여러 데이터를 저장하는 레코드
17-1  자료형이 같은 여러 데이터를 저장하는 컬렉션

# 17-1 자료형이 다른 여러 데이터를 저장하는 레코드

## 레코드란?

레코드(record)는 자료형이 각기 다른 데이터를 하나의 변수에 저장하는 데 사용합니다. 기본 형식은 다음과 같습니다.

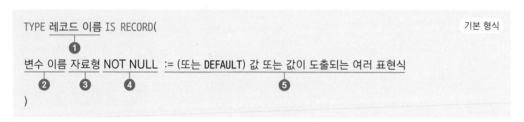

| 번호 | 설명 |
|------|------|
| ❶ | 저장할 레코드 이름을 지정합니다. |
| ❷ | 레코드 안에 포함할 변수를 지정합니다. 변수는 여러 개 지정할 수 있으며 각 변수는 쉼표(,)로 구분합니다. |
| ❸ | 지정한 변수의 자료형을 지정합니다. 이 자료형 역시 %TYPE, %ROWTYPE 지정이 가능합니다. |
| ❹ | 지정한 변수에 NOT NULL 제약 조건을 지정합니다(생략 가능). |
| ❺ | 기본값을 지정합니다(생략 가능). |

◎ C, C++, Java 같은 프로그래밍 언어의 구조체(Structure), 클래스(Class) 개념과 비슷합니다.

정의한 레코드는 지금까지 다룬 변수와 마찬가지로 기존 자료형처럼 사용할 수 있습니다. 레코드에 포함된 변수는 레코드 이름과 마침표(.)로 사용할 수 있습니다.

◎ 이 장의 모든 예제는 SQL*PLUS에서 실행합니다.

레코드 정의해서 사용하기 · 완성 파일 17-1.sql

```
01   DECLARE
02     TYPE REC_DEPT IS RECORD(
03       deptno NUMBER(2) NOT NULL := 99,
04       dname DEPT.DNAME%TYPE,
05       loc DEPT.LOC%TYPE
06     );
07     dept_rec REC_DEPT;
08   BEGIN
09     dept_rec.deptno := 99;
10     dept_rec.dname := 'DATABASE';
11     dept_rec.loc := 'SEOUL';
12     DBMS_OUTPUT.PUT_LINE('DEPTNO : ' || dept_rec.deptno);
13     DBMS_OUTPUT.PUT_LINE('DNAME : ' || dept_rec.dname);
14     DBMS_OUTPUT.PUT_LINE('LOC : ' || dept_rec.loc);
15   END;
16   /
```

> 07행의 dept_rec가 레코드 변수 이름입니다.

:: 결과 화면

```
DEPTNO : 99
DNAME : DATABASE
LOC : SEOUL
```

02~06행 레코드를 정의합니다.

07행 선언한 레코드형으로 변수를 선언합니다. 같은 레코드형으로 변수 여러 개를 선언할 수 있습니다.

09~11행 레코드형으로 선언한 변수 안에 포함된 변수에 값을 대입합니다.

12~14행 저장된 값을 사용할 때도 레코드형 변수 이름과 마침표(.)를 사용합니다.

## 레코드를 사용한 INSERT

PL/SQL문에서는 테이블에 데이터를 삽입하거나 수정하는 INSERT, UPDATE문에도 레코드를 사용할 수 있습니다. 레코드를 사용할 테이블 DEPT_RECORD를 먼저 만듭니다.

DEPT_RECORD 테이블 생성하기 · 완성 파일 17-2.sql

```
01   CREATE TABLE DEPT_RECORD
02   AS SELECT * FROM DEPT;
```

:: 결과 화면

테이블이 만들어졌습니다.

**실습 17-2** DEPT_RECORD 테이블 생성하기(생성된 테이블 조회)  • 완성 파일  17-2.sql

```
01   SELECT * FROM DEPT_RECORD;
```

:: 결과 화면

```
DEPTNO     DNAME           LOC
----------  --------------  ------------
   10      ACCOUNTING      NEW YORK
   20      RESEARCH        DALLAS
   30      SALES           CHICAGO
   40      OPERATIONS      BOSTON
```

기존 INSERT문에서는 삽입할 데이터를 VALUES절에 하나씩 명시하였습니다. 하지만 INSERT문에 레코드를 사용하면 VALUES절에 레코드 이름만 명시해도 됩니다. 그리고 선언한 레코드와 INSERT 대상이 되는 테이블의 데이터 개수, 자료형, 순서를 맞추어야 한다는 것도 함께 기억하세요.

**실습 17-3** 레코드를 사용하여 INSERT하기  • 완성 파일  17-3.sql

```
01   DECLARE
02     TYPE REC_DEPT IS RECORD(
03       deptno NUMBER(2) NOT NULL := 99,
04       dname DEPT.DNAME%TYPE,
05       loc DEPT.LOC%TYPE
06     );
07     dept_rec REC_DEPT;
08   BEGIN
09     dept_rec.deptno := 99;
10     dept_rec.dname := 'DATABASE';
11     dept_rec.loc := 'SEOUL';
12
13   INSERT INTO DEPT_RECORD
14   VALUES dept_rec;
15   END;
16   /
```

실습 17-3 레코드를 사용하여 INSERT하기(테이블 조회)　　　　　　　• 완성 파일 17-3.sql

```
01  SELECT * FROM DEPT_RECORD;
```

:: 결과 화면

```
DEPTNO     DNAME          LOC
---------- -------------- ------------
    10     ACCOUNTING     NEW YORK
    20     RESEARCH       DALLAS
    30     SALES          CHICAGO
    40     OPERATIONS     BOSTON
    99     DATABASE       SEOUL
```

## 레코드를 사용한 UPDATE

레코드는 UPDATE문에도 사용할 수 있습니다. 이 경우에 SET절은 ROW 키워드와 함께 레코드 이름을 명시합니다. 기존 UPDATE문에서는 SET절을 통해 변경할 열을 하나하나 지정한 것과 달리 레코드에 저장된 데이터를 사용하여 행 전체의 데이터를 바꿔 줍니다.

실습 17-4 레코드를 사용하여 UPDATE하기　　　　　　　　　　　• 완성 파일 17-4.sql

```
01  DECLARE
02    TYPE REC_DEPT IS RECORD(
03      deptno NUMBER(2) NOT NULL := 99,
04      dname DEPT.DNAME%TYPE,
05      loc DEPT.LOC%TYPE
06    );
07    dept_rec REC_DEPT;
08  BEGIN
09    dept_rec.deptno := 50;
10    dept_rec.dname := 'DB';
11    dept_rec.loc := 'SEOUL';
12
13    UPDATE DEPT_RECORD
14    SET ROW = dept_rec
15    WHERE DEPTNO = 99;
16  END;
17  /
```

```
01    SELECT * FROM DEPT_RECORD;
```

:: 결과 화면

| DEPTNO | DNAME | LOC |
|--------|-------|-----|
| 10 | ACCOUNTING | NEW YORK |
| 20 | RESEARCH | DALLAS |
| 30 | SALES | CHICAGO |
| 40 | OPERATIONS | BOSTON |
| 50 | DB | SEOUL |

## 레코드를 포함하는 레코드

레코드에 포함된 변수의 자료형을 지정할 때 다른 레코드를 지정할 수도 있습니다. 실습 17-5는 REC_DEPT, REC_EMP 두 개 레코드를 사용하고 있습니다. REC_EMP 레코드는 dinfo 변수에 REC_DEPT 레코드를 자료형으로 지정합니다. 레코드 역시 자료형이기 때문이죠. 변수에 레코드형을 적용했으므로 두 개의 마침표(.)로 값을 사용하고 있는 것을 눈여겨보세요. 이렇게 레코드 안에 또 다른 레코드를 포함한 형태를 중첩 레코드(nested record)라고 합니다.

```
01    DECLARE
02      TYPE REC_DEPT IS RECORD(
03        deptno DEPT.DEPTNO%TYPE,
04        dname DEPT.DNAME%TYPE,
05        loc DEPT.LOC%TYPE
06      );
07      TYPE REC_EMP IS RECORD(
08        empno EMP.EMPNO%TYPE,
09        ename EMP.ENAME%TYPE,
10        dinfo REC_DEPT
11      );
12      emp_rec REC_EMP;
13    BEGIN
14      SELECT E.EMPNO, E.ENAME, D.DEPTNO, D.DNAME, D.LOC
15
16        INTO emp_rec.empno, emp_rec.ename,
17          emp_rec.dinfo.deptno,
```

```
18          emp_rec.dinfo.dname,
19          emp_rec.dinfo.loc
20      FROM EMP E, DEPT D
21     WHERE E.DEPTNO = D.DEPTNO
22     AND E.EMPNO = 7788;
23     DBMS_OUTPUT.PUT_LINE('EMPNO : ' || emp_rec.empno);
24     DBMS_OUTPUT.PUT_LINE('ENAME : ' || emp_rec.ename);
25
26     DBMS_OUTPUT.PUT_LINE('DEPTNO : ' || emp_rec.dinfo.deptno);
27     DBMS_OUTPUT.PUT_LINE('DNAME : ' || emp_rec.dinfo.dname);
28     DBMS_OUTPUT.PUT_LINE('LOC : ' || emp_rec.dinfo.loc);
29   END;
30   /
```

:: 결과 화면

```
EMPNO : 7788
ENAME : SCOTT
DEPTNO : 20
DNAME : RESEARCH
LOC : DALLAS
```

# 17-2 자료형이 같은 여러 데이터를 저장하는 컬렉션

컬렉션은 특정 자료형의 데이터를 여러 개 저장하는 복합 자료형입니다. 여러 종류의 데이터를 하나로 묶어 사용하는 레코드를 테이블의 한 행처럼 사용한다면, 컬렉션은 열 또는 테이블과 같은 형태로 사용할 수 있습니다. PL/SQL에서 사용할 수 있는 컬렉션은 다음과 같이 세 가지 종류가 있습니다.

> • 연관 배열(associative array (or index by table))
> • 중첩 테이블(nested table)
> • VARRAY(variable-size array)

이 책에서는 위 세 가지 컬렉션 중 사용 빈도가 가장 높은 연관 배열을 알아보겠습니다.

😊 그 밖에 컬렉션의 자세한 내용은 오라클 공식 문서(docs.oracle.com/cd/B28359_01/appdev.111/b28370/collections.htm#LNPLS005)를 참고하세요.

## 연관 배열

연관 배열은 인덱스라고도 불리는 키(key), 값(value)으로 구성되는 컬렉션입니다. 중복되지 않은 유일한 키를 통해 값을 저장하고 불러오는 방식을 사용합니다. 연관 배열을 정의할 때 자료형이 TABLE인 변수를 다음과 같이 작성합니다.

기본 형식

TYPE 연관 배열 이름 IS TABLE OF 자료형 [NOT NULL]
     ❶                 ❷

INDEX BY 인덱스형;
     ❸

| 번호 | 설명 |
|---|---|
| ❶ | 작성할 연관 배열 이름을 지정합니다. |
| ❷ | 연관 배열 열에 사용할 자료형을 지정합니다. 이 자료형에는 VARCHAR2, DATE, NUMBER와 같은 단일 자료형을 지정할 수 있고 %TYPE, %ROWTYPE 같은 참조 자료형도 사용할 수 있습니다. NOT NULL 옵션을 사용할 수 있으며 생략 가능합니다. |
| ❸ | 키로 사용할 인덱스의 자료형을 지정합니다. BINARY_INTEGER, PLS_INTEGER 같은 정수 또는 VARCHAR2 같은 문자 자료형도 사용할 수 있습니다. |

이렇게 정의한 연관 배열은 레코드와 마찬가지로 특정 변수의 자료형으로서 사용할 수 있습니다. 먼저 간단한 형태의 연관 배열을 작성해 볼까요? 다음 연관 배열은 인덱스 값을 정수로 사용하여 값을 저장합니다.

◎ 다른 프로그래밍 언어가 익숙하다면 배열과 유사한 방식으로 사용 가능하다는 것을 알 수 있습니다.

**실습 17-6** 연관 배열 사용하기 · 완성 파일 17-6.sql

```
01  DECLARE
02    TYPE ITAB_EX IS TABLE OF VARCHAR2(20)
03  INDEX BY PLS_INTEGER;
04
05    text_arr ITAB_EX;
06
07  BEGIN
08    text_arr(1) := '1st data';
09    text_arr(2) := '2nd data';
10    text_arr(3) := '3rd data';
11    text_arr(4) := '4th data';
12
13    DBMS_OUTPUT.PUT_LINE('text_arr(1) : ' || text_arr(1));
14    DBMS_OUTPUT.PUT_LINE('text_arr(2) : ' || text_arr(2));
15    DBMS_OUTPUT.PUT_LINE('text_arr(3) : ' || text_arr(3));
16    DBMS_OUTPUT.PUT_LINE('text_arr(4) : ' || text_arr(4));
17  END;
18  /
```

:: 결과 화면
```
text_arr(1) : 1st data
text_arr(2) : 2nd data
text_arr(3) : 3rd data
text_arr(4) : 4th data
```

## 레코드를 활용한 연관 배열

연관 배열의 자료형에는 레코드를 사용할 수 있습니다. 이 경우에 다양한 자료형을 포함한 레코드를 여러 개 사용할 수 있으므로 마치 테이블과 같은 데이터 사용과 저장이 가능합니다.

**실습 17-7** 연관 배열 자료형에 레코드 사용하기 · 완성 파일 17-7.sql

```
01  DECLARE
02    TYPE REC_DEPT IS RECORD(
03      deptno DEPT.DEPTNO%TYPE,
```

```
04        dname DEPT.DNAME%TYPE
05    );
06
07    TYPE ITAB_DEPT IS TABLE OF REC_DEPT
08      INDEX BY PLS_INTEGER;
09
10    dept_arr ITAB_DEPT;
11    idx PLS_INTEGER := 0;
12
13  BEGIN
14    FOR i IN (SELECT DEPTNO, DNAME FROM DEPT) LOOP
15      idx := idx + 1;
16      dept_arr(idx).deptno := i.DEPTNO;
17      dept_arr(idx).dname := i.DNAME;
18
19      DBMS_OUTPUT.PUT_LINE(
20        dept_arr(idx).deptno || ' : ' || dept_arr(idx).dname);
21    END LOOP;
22  END;
23  /
```

만약 특정 테이블의 전체 열과 같은 구성을 가진 연관 배열을 제작한다면 다음과 같이 %ROWTYPE을 사용하는 것이 레코드를 정의하는 것보다 간편합니다.

**실습 17-8** %ROWTYPE으로 연관 배열 자료형 지정하기  • 완성 파일 17-8.sql

```
01  DECLARE
02    TYPE ITAB_DEPT IS TABLE OF DEPT%ROWTYPE
03      INDEX BY PLS_INTEGER;
04
05    dept_arr ITAB_DEPT;
06    idx PLS_INTEGER := 0;
07
08  BEGIN
09    FOR i IN(SELECT * FROM DEPT) LOOP
10      idx := idx + 1;
11      dept_arr(idx).deptno := i.DEPTNO;
12      dept_arr(idx).dname := i.DNAME;
13      dept_arr(idx).loc := i.LOC;
14
15      DBMS_OUTPUT.PUT_LINE(
```

```
16          dept_arr(idx).deptno || ' : ' ||
17          dept_arr(idx).dname || ' : ' ||
18          dept_arr(idx).loc);
19    END LOOP;
20  END;
21  /
```

:: 결과 화면
```
10 : ACCOUNTING : NEW YORK
20 : RESEARCH : DALLAS
30 : SALES : CHICAGO
40 : OPERATIONS : BOSTON
```

☺ 연관 배열을 이런 식으로 사용하는 것은 다음 장에서 배울 커서를 사용할 때도 동일하게 적용할 수 있습니다.

## 컬렉션 메서드

오라클에서는 컬렉션 사용상의 편의를 위해 몇 가지 서브프로그램을 제공하고 있습니다. 이를 컬렉션 메서드라고 합니다. 컬렉션 메서드는 컬렉션과 관련된 다양한 정보 조회 기능을 제공합니다. 이와 더불어 컬렉션 내의 데이터 삭제나 컬렉션 크기 조절을 위한 특정 조작도 가능합니다.

| 메서드 | 설명 |
|---|---|
| EXISTS(n) | 컬렉션에서 n인덱스의 데이터 존재 여부를 true/false로 반환합니다. |
| COUNT | 컬렉션에 포함되어 있는 요소 개수를 반환합니다. |
| LIMIT | 현재 컬렉션의 최대 크기를 반환합니다. 최대 크기가 없으면 NULL을 반환합니다. |
| FIRST | 컬렉션의 첫 번째 인덱스 번호를 반환합니다. |
| LAST | 컬렉션의 마지막 인덱스 번호를 반환합니다. |
| PRIOR(n) | 컬렉션에서 n인덱스 바로 앞 인덱스 값을 반환합니다. 대상 인덱스 값이 존재하지 않는다면 NULL을 반환합니다. |
| NEXT(n) | 컬렉션에서 n인덱스 바로 다음 인덱스 값을 반환합니다. 대상 인덱스 값이 존재하지 않는다면 NULL을 반환합니다. |
| DELETE | 컬렉션에 저장된 요소를 지우는 데 사용합니다. 다음 세 가지 방식으로 사용합니다.<br>• DELETE : 컬렉션에 저장되어 있는 모든 요소를 삭제합니다.<br>• DELETE(n) : n인덱스의 컬렉션 요소를 삭제합니다.<br>• DELETE(n, m) : n인덱스부터 m인덱스까지 요소를 삭제합니다. |
| EXTEND | 컬렉션 크기를 증가시킵니다. 연관 배열을 제외한 중첩 테이블과 VARRAY에서 사용합니다. |
| TRIM | 컬렉션 크기를 감소시킵니다. 연관 배열을 제외한 중첩 테이블과 VARRAY에서 사용합니다. |

컬렉션 메서드는 컬렉션형으로 선언한 변수에 마침표(.)와 함께 작성하여 사용할 수 있습니다.

```
01  DECLARE
02    TYPE ITAB_EX IS TABLE OF VARCHAR2(20)
03  INDEX BY PLS_INTEGER;
04
05    text_arr ITAB_EX;
06
07  BEGIN
08    text_arr(1) := '1st data';
09    text_arr(2) := '2nd data';
10    text_arr(3) := '3rd data';
11    text_arr(50) := '50th data';
12
13    DBMS_OUTPUT.PUT_LINE('text_arr.COUNT : ' || text_arr.COUNT);
14    DBMS_OUTPUT.PUT_LINE('text_arr.FIRST : ' || text_arr.FIRST);
15    DBMS_OUTPUT.PUT_LINE('text_arr.LAST : ' || text_arr.LAST);
16    DBMS_OUTPUT.PUT_LINE('text_arr.PRIOR(50) : ' || text_arr.PRIOR(50));
17    DBMS_OUTPUT.PUT_LINE('text_arr.NEXT(50) : ' || text_arr.NEXT(50));
18
19  END;
20  /
```

:: 결과 화면

```
text_arr.COUNT : 4
text_arr.FIRST : 1
text_arr.LAST : 50
text_arr.PRIOR(50) : 3
text_arr.NEXT(50) :
```

ⓒ text_arr.NEXT(50)은 50번 인덱스의 다음 인덱스가 존재하지 않으므로 NULL이 반환되어 값이 비어있는 상태로 출력됩니다.

**다음 빈칸을 채우며 복습해 보세요.**

오라클에서는 여러 가지 데이터를 하나의 자료형으로 지정하고 사용하기 위해 직접 정의하는 [1] 복　　　　　　　을 제공합니다. [2] 레　　　　　　형은 여러 종류의 자료형을 하나의 변수에 저장할 때 사용합니다. [3] 컬　　　　　　형은 특정 자료형의 데이터 여러 개를 하나의 변수에 저장할 때 사용합니다.

정답 1. 복합 자료형 2. 레코드 3. 컬렉션

Q1 다음과 같은 결과가 나오도록 PL/SQL문을 작성해 보세요.

① EMP 테이블과 같은 열 구조를 가지는 빈 테이블 EMP_RECORD를 생성하는 SQL문을 작성
해 보세요.

② EMP_RECORD 테이블에 레코드를 사용하여 새로운 사원 정보를 다음과 같이 삽입하는 PL/
SQL 프로그램을 작성해 보세요.

```
SQL> SET SERVEROUTPUT ON;
SQL> DECLARE
    ... [변수 선언 및 값 대입]
    BEGIN
    ... [PL/SQL 작성]
    END;
    /
PL/SQL 처리가 정상적으로 완료되었습니다.
SQL> SELECT * FROM EMP_RECORD;
    EMPNO ENAME JOB MGR HIREDATE SAL COMM
    ---------- ---------- --------- ---------- -------- ---------- ----------
    DEPTNO
    ----------
    1111 TEST_USER TEST_JOB 18/03/01 3000
    40
SQL>
```

**Q2** EMP 테이블을 구성하는 모든 열을 저장할 수 있는 레코드를 활용하여 연관 배열을 작성해 보세요. 그리고 저장된 연관 배열의 내용을 다음과 같이 출력해 보세요.

```
SQL> SET SERVEROUTPUT ON;
SQL> DECLARE
    ... [변수 선언 및 값 대입]
    BEGIN
    ... [PL/SQL 작성]
    END;
    /
7369 : SMITH : CLERK : 7902 : 80/12/17 : 800 : : 20
7499 : ALLEN : SALESMAN : 7698 : 81/02/20 : 1600 : 300 : 30
7521 : WARD : SALESMAN : 7698 : 81/02/22 : 1250 : 500 : 30
7566 : JONES : MANAGER : 7839 : 81/04/02 : 2975 : : 20
7654 : MARTIN : SALESMAN : 7698 : 81/09/28 : 1250 : 1400 : 30
7698 : BLAKE : MANAGER : 7839 : 81/05/01 : 2850 : : 30
7782 : CLARK : MANAGER : 7839 : 81/06/09 : 2450 : : 10
7788 : SCOTT : ANALYST : 7566 : 87/04/19 : 3000 : : 20
7839 : KING : PRESIDENT : : 81/11/17 : 5000 : : 10
7844 : TURNER : SALESMAN : 7698 : 81/09/08 : 1500 : 0 : 30
7876 : ADAMS : CLERK : 7788 : 87/05/23 : 1100 : : 20
7900 : JAMES : CLERK : 7698 : 81/12/03 : 950 : : 30
7902 : FORD : ANALYST : 7566 : 81/12/03 : 3000 : : 20
7934 : MILLER : CLERK : 7782 : 82/01/23 : 1300 : : 10
PL/SQL 처리가 정상적으로 완료되었습니다.
SQL>
```

정답 이지스퍼블리싱 홈페이지에서 확인하세요.

# 커서와 예외 처리

PL/SQL은 16장에서 소개한 기본 프로그래밍 언어의 특징뿐만 아니라 데이터를 더욱 효과적으로 사용할 수 있도록 여러 기능을 제공합니다. 이 장에서는 필요에 따라 PL/SQL 내부에서 SQL문의 실행 및 결과를 사용할 수 있는 강력한 기능을 제공하는 커서와 PL/SQL문을 실행할 때 발생할 수 있는 오류를 처리하는 예외 처리에 대해 알아보겠습니다.

18-1 특정 열을 선택하여 처리하는 커서
18-2 오류가 발생해도 프로그램이 비정상 종료되지 않도록 하는 예외 처리

이 장에서 꼭 익혀야 할 것

• 커서의 의미와 사용 방법
• 예외 처리의 의미와 사용 방법

# 18-1 특정 열을 선택하여 처리하는 커서

## 커서란?

커서(cursor)는 SELECT문 또는 데이터 조작어 같은 SQL문을 실행했을 때 해당 SQL문을 처리하는 정보를 저장한 메모리 공간을 뜻합니다.

◎ 메모리 공간은 Private SQL Area라고 부르며 정확히 표현하자면 커서는 이 메모리의 포인터를 말합니다.

커서를 사용하면 실행된 SQL문의 결과 값을 사용할 수 있습니다. 예를 들어 SELECT문의 결과 값이 여러 행으로 나왔을 때 각 행별로 특정 작업을 수행하도록 기능을 구현하는 것이 가능합니다. 오라클에 저장된 데이터 활용을 극대화할 수 있는 강력한 기능이죠. 커서는 사용 방법에 따라 명시적(explicit) 커서와 묵시적(implicit) 커서로 나뉩니다. 커서를 사용하기에 앞서 PL/SQL문에서 SELECT INTO를 통해 결과 행을 사용하는 방식을 먼저 살펴보겠습니다.

◎ 묵시적 커서는 암시적 커서라고도 부릅니다.

## SELECT INTO 방식

16장의 참조형을 설명하는 예제에서 SELECT INTO문을 이미 사용해 보았습니다. SELECT INTO문은 조회되는 데이터가 단 하나의 행일 때 사용 가능한 방식입니다. 커서는 결과 행이 하나이든 여러 개이든 상관없이 사용할 수 있습니다. SELECT INTO문은 SELECT절에 명시한 각 열의 결과 값을 다음과 같이 변수에 대입해 줍니다. 당연한 이야기이지만 SELECT절에 명시한 열과 INTO절에 명시한 변수는 그 개수와 자료형이 일치해야 합니다. 또한 INTO절을 제외한 나머지 부분은 SELECT문과 사용법이 같다는 것도 기억하세요. 그리고 WHERE, GROUP BY절도 사용할 수 있습니다.

```
SELECT 열1, 열2, ..., 열n INTO 변수1, 변수2, ..., 변수n    기본 형식
 FROM ...
```

다음 실습은 SELECT INTO문을 사용하여 DEPT 테이블의 40번 부서 데이터를 조회하고 각 열의 결과 값을 변수에 저장한 후 출력합니다.

**실습 18-1** SELECT INTO를 사용한 단일행 데이터 저장하기 · 완성 파일 18-1.sql

```
01  DECLARE
02    V_DEPT_ROW DEPT%ROWTYPE;
03  BEGIN
04    SELECT DEPTNO, DNAME, LOC INTO V_DEPT_ROW
05      FROM DEPT
06     WHERE DEPTNO = 40;
07    DBMS_OUTPUT.PUT_LINE('DEPTNO : ' ¦¦ V_DEPT_ROW.DEPTNO);
08    DBMS_OUTPUT.PUT_LINE('DNAME : ' ¦¦ V_DEPT_ROW.DNAME);
09    DBMS_OUTPUT.PUT_LINE('LOC : ' ¦¦ V_DEPT_ROW.LOC);
10  END;
11  /
```

:: 결과 화면
```
DEPTNO : 40
DNAME : OPERATIONS
LOC : BOSTON
```

◎ 출력 결과가 나오지 않는다면 SET SERVEROUTPUT ON 명령어의 실행을 확인해 주세요.

데이터 조회의 결과 값은 하나인 경우보다 여러 개인 경우가 흔하며 결과 행이 하나일지 여러 개일지 알 수 없는 경우도 존재하므로 대부분 커서를 활용합니다.

## 명시적 커서

먼저 명시적 커서의 사용법을 알아보겠습니다. 명시적 커서는 사용자가 직접 커서를 선언하고 사용하는 커서를 뜻합니다. 다음과 같은 단계를 거쳐 사용합니다.

| 단계 | 명칭 | 설명 |
|------|------|------|
| 1단계 | 커서 선언 (declaration) | 사용자가 직접 이름을 지정하여 사용할 커서를 SQL문과 함께 선언합니다. |
| 2단계 | 커서 열기 (open) | 커서를 선언할 때 작성한 SQL문을 실행합니다. 이때 실행한 SQL문에 영향을 받는 행을 active set라 합니다. |
| 3단계 | 커서에서 읽어온 데이터 사용 (fetch) | 실행된 SQL문의 결과 행 정보를 하나씩 읽어 와서 변수에 저장한 후 필요한 작업을 수행합니다. 각 행별로 공통 작업을 반복해서 실행하기 위해 여러 종류의 LOOP문을 함께 사용할 수 있습니다. |
| 4단계 | 커서 닫기 (close) | 모든 행의 사용이 끝나고 커서를 종료합니다. |

위 단계에 따라 PL/SQL문에서 명시적 커서를 작성하는 방법은 다음과 같습니다.

기본 형식

```
DECLARE
    CURSOR 커서 이름 IS SQL문; -- 커서 선언(Declaration)
BEGIN
    OPEN 커서 이름;           -- 커서 열기(Open)
    FETCH 커서이름 INTO 변수   -- 커서로부터 읽어온 데이터 사용(Fetch)
    CLOSE 커서이름;           -- 커서 닫기(Close)
END;
```

만약 커서에 여러 행이 조회되는 SELECT문을 사용할 때 필요에 따라 다양한 LOOP문을 활용하여 각 행에 필요한 작업을 반복 수행할 수 있는데요. 이제부터 명시적 커서를 사용하는 여러 방식을 알아봅시다.

### 하나의 행만 조회되는 경우

우선 커서에 지정한 SELECT문이 하나의 행만을 조회하는 때를 살펴보겠습니다. 앞에서 살펴보았던 SELECT INTO 방식과 차이점을 확인해 주세요.

하나의 행만이 조회되는 SELECT문을 커서로 지정하여 사용할 경우 SELECT INTO문을 사용할 때보다 복잡한 여러 단계를 작성해야 하므로 다소 번거로워 보입니다. 커서의 효용성은 조회되는 행이 여러 개일 때 극대화됩니다.

**실습 18-2** 단일행 데이터를 저장하는 커서 사용하기　　　　　• 완성 파일 18-2.sql

```
01   DECLARE
02   -- 커서 데이터를 입력할 변수 선언
03   V_DEPT_ROW DEPT%ROWTYPE;
04
05   -- 명시적 커서 선언(Declaration)
06   CURSOR c1 IS
07     SELECT DEPTNO, DNAME, LOC
08       FROM DEPT
09      WHERE DEPTNO = 40;
10
11   BEGIN
12   -- 커서 열기(Open)
13   OPEN c1;
14
15   -- 커서로부터 읽어온 데이터 사용(Fetch)
16   FETCH c1 INTO V_DEPT_ROW;
```

```
17
18    DBMS_OUTPUT.PUT_LINE('DEPTNO : ' || V_DEPT_ROW.DEPTNO);
19    DBMS_OUTPUT.PUT_LINE('DNAME : ' || V_DEPT_ROW.DNAME);
20    DBMS_OUTPUT.PUT_LINE('LOC : ' || V_DEPT_ROW.LOC);
21
22    -- 커서 닫기(Close)
23    CLOSE c1;
24
25    END;
26    /
```

:: 결과 화면
```
DEPTNO : 40
DNAME : OPERATIONS
LOC : BOSTON
```

03행 커서의 DEPT 테이블 조회 데이터를 저장할 변수를 선언합니다.

06~09행 사용할 SELECT문을 지정하여 커서의 이름(c1)을 선언합니다.

13행 c1 커서를 열어 Active Set를 식별합니다.

16행 FETCH INTO 문을 사용하여 Active Set에서 결과 행을 추출하고 INTO절에 명시한 V_DEPT_
ROW 변수에 대입합니다.

18~20행 V_DEPT_ROW 변수에 저장한 데이터를 출력(사용)합니다.

23행 커서에 지정한 SELECT문의 결과 행 처리가 모두 끝나면 커서를 닫습니다. 이후에 필요하다면 커
서를 다시 열어서 사용할 수 있습니다.


## 여러 행이 조회되는 경우 사용하는 LOOP문

커서에 지정한 SELECT문이 여러 행을 결과 값을 가질 경우에 여러 방식의 LOOP문을 사용
할 수 있습니다. 먼저 LOOP문을 사용해 보죠.

**실습 18-3** 여러 행의 데이터를 커서에 저장하여 사용하기(LOOP문 사용)    • 완성 파일 18-3.sql

```
01    DECLARE
02    -- 커서 데이터를 입력할 변수 선언
03    V_DEPT_ROW DEPT%ROWTYPE;
04
05    -- 명시적 커서 선언(Declaration)
06    CURSOR c1 IS
07      SELECT DEPTNO, DNAME, LOC
08        FROM DEPT;
09
```

```
10    BEGIN
11    -- 커서 열기(Open)
12    OPEN c1;
13
14    LOOP
15       -- 커서로부터 읽어온 데이터 사용(Fetch)
16       FETCH c1 INTO V_DEPT_ROW;
17
18       -- 커서의 모든 행을 읽어오기 위해 %NOTFOUND 속성 지정
19       EXIT WHEN c1%NOTFOUND;
20
21    DBMS_OUTPUT.PUT_LINE('DEPTNO : ' || V_DEPT_ROW.DEPTNO
22                    || ', DNAME : ' || V_DEPT_ROW.DNAME
23                    || ', LOC : ' || V_DEPT_ROW.LOC);
24    END LOOP;
25
26    -- 커서 닫기(Close)
27    CLOSE c1;
28
29    END;
30    /
```

:: 결과 화면

```
DEPTNO : 10, DNAME : ACCOUNTING, LOC : NEW YORK
DEPTNO : 20, DNAME : RESEARCH, LOC : DALLAS
DEPTNO : 30, DNAME : SALES, LOC : CHICAGO
DEPTNO : 40, DNAME : OPERATIONS, LOC : BOSTON
```

03행 커서의 DEPT 테이블 조회 데이터를 저장할 변수를 선언합니다.

06~08행 사용할 SELECT문을 지정하여 커서의 이름(c1)을 선언합니다.

12행 c1 커서를 열어 Active Set를 식별합니다.

14~24행 FETCH문으로 추출한 한 행씩 LOOP문으로 반복 작업(출력)을 수행합니다.

19행 커서의 모든 행을 사용한 후 LOOP문을 빠져나오기 위해 EXIT WHEN c1%NOT FOUND를 지정합니다.

여기에서 %NOTFOUND는 실행된 FETCH문에서 행을 추출했으면 false, 추출하지 않았으면 true를 반환합니다. 즉 FETCH문을 통해 더 이상 추출한 데이터가 없을 경우에 LOOP 반복이 끝납니다. %NOTFOUND 외에도 몇 가지 속성을 사용할 수 있으므로 다음 표를 참고하세요.

| 속성 | 설명 |
|---|---|
| 커서 이름%NOTFOUND | 수행된 FETCH문을 통해 추출된 행이 있으면 false, 없으면 true를 반환합니다. |
| 커서 이름%FOUND | 수행된 FETCH문을 통해 추출된 행이 있으면 true, 없으면 false를 반환합니다. |
| 커서 이름%ROWCOUNT | 현재까지 추출된 행 수를 반환합니다. |
| 커서 이름%ISOPEN | 커서가 열려(open) 있으면 true, 닫혀(close) 있으면 false를 반환합니다. |

### 여러 개의 행이 조회되는 경우(FOR LOOP문)

LOOP문을 사용하여 커서를 처리하는 방식은 커서 속성을 사용하여 반복 수행을 제어해야 합니다. 커서에 FOR LOOP문을 사용하면 좀 더 간편하게 여러 행을 다룰 수 있습니다. 커서 에서 FOR LOOP문은 다음과 같이 사용합니다.

```
FOR 루프 인덱스 이름 IN 커서 이름 LOOP          기본 형식
   결과 행별로 반복 수행할 작업;
END LOOP;
```

루프 인덱스(loop index)는 커서에 저장된 각 행이 저장되는 변수를 뜻하며 '.'을 통해 행의 각 필드에 접근할 수 있습니다. 예를 들어 커서에 저장할 SELECT문에 DEPTNO 열이 존재하고 이 커서를 사용하는 루프 인덱스 이름이 c1_rec일 경우, c1_rec.DEPTNO는 SELECT문을 통해 조회된 데이터의 각 행에 해당하는 DEPTNO 열의 데이터를 가리키게 됩니다.

커서에 FOR LOOP문을 사용하면 OPEN, FETCH, CLOSE문을 작성하지 않습니다. FOR LOOP를 통해 각 명령어를 자동으로 수행하므로 커서 사용 방법이 간단하다는 장점이 있습니다.

실습 18-4  FOR LOOP문을 활용하여 커서 사용하기                • 완성 파일  18-4.sql

```
01   DECLARE
02      -- 명시적 커서 선언(Declaration)
03      CURSOR c1 IS
04      SELECT DEPTNO, DNAME, LOC
05        FROM DEPT;
06
07   BEGIN
08      -- 커서 FOR LOOP 시작 (자동 Open, Fetch, Close)
09      FOR c1_rec IN c1 LOOP
10        DBMS_OUTPUT.PUT_LINE('DEPTNO : ' || c1_rec.DEPTNO
```

```
11                        || ', DNAME : ' || c1_rec.DNAME
12                        || ', LOC : ' || c1_rec.LOC);
13      END LOOP;
14
15    END;
16    /
```

:: 결과 화면
```
   DEPTNO : 10, DNAME : ACCOUNTING, LOC : NEW YORK
   DEPTNO : 20, DNAME : RESEARCH, LOC : DALLAS
   DEPTNO : 30, DNAME : SALES, LOC : CHICAGO
   DEPTNO : 40, DNAME : OPERATIONS, LOC : BOSTON
```

03~05행 사용할 SELECT문을 지정하여 커서의 이름(c1)을 선언합니다.
09~13행 커서에 FOR LOOP문을 통해 반복 작업(출력)을 수행합니다. 자동으로 OPEN, FETCH,
　　　　 CLOSE가 수행되므로 명시하지 않습니다.

커서 각 행을 c1_rec 루프 인덱스에 저장하므로 결과 행을 저장하는 변수 선언도 필요하지 않
습니다.

### 커서에 파라미터 사용하기

지금까지 살펴본 커서에 지정한 SQL문은 작성한 그대로 사용합니다. 하지만 고정 값이 아닌
직접 입력한 값 또는 상황에 따라 여러 값을 번갈아 사용하려면 다음과 같이 커서에 파라미터
를 지정할 수 있습니다.

```
CURSOR 커서 이름(파라미터 이름 자료형, ...) IS          기본 형식
SELECT ...
```

만약 DEPT 테이블의 부서 번호가 10번 또는 20번일 때 다른 수행을 하고 싶다면 다음과 같
이 커서의 OPEN을 각각 명시하여 실행합니다.

실습 18-5    파라미터를 사용하는 커서 알아보기                    • 완성 파일  18-5.sql

```
01    DECLARE
02      -- 커서 데이터를 입력할 변수 선언
03      V_DEPT_ROW DEPT%ROWTYPE;
04      -- 명시적 커서 선언(Declaration)
```

```
05    CURSOR c1 (p_deptno DEPT.DEPTNO%TYPE) IS
06      SELECT DEPTNO, DNAME, LOC
07        FROM DEPT
08        WHERE DEPTNO = p_deptno;
09    BEGIN
10      -- 10번 부서 처리를 위해 커서 사용
11      OPEN c1 (10);
12        LOOP
13          FETCH c1 INTO V_DEPT_ROW;
14          EXIT WHEN c1%NOTFOUND;
15          DBMS_OUTPUT.PUT_LINE('10번 부서 - DEPTNO : ' || V_DEPT_ROW.DEPTNO
16                              || ', DNAME : ' || V_DEPT_ROW.DNAME
17                              || ', LOC : ' || V_DEPT_ROW.LOC);
18        END LOOP;
19      CLOSE c1;
20      -- 20번 부서 처리를 위해 커서 사용
21      OPEN c1 (20);
22        LOOP
23          FETCH c1 INTO V_DEPT_ROW;
24          EXIT WHEN c1%NOTFOUND;
25          DBMS_OUTPUT.PUT_LINE('20번 부서 - DEPTNO : ' || V_DEPT_ROW.DEPTNO
26                              || ', DNAME : ' || V_DEPT_ROW.DNAME
27                              || ', LOC : ' || V_DEPT_ROW.LOC);
28        END LOOP;
29      CLOSE c1;
30    END;
31    /
```

:: 결과 화면

10번 부서 - DEPTNO : 10, DNAME : ACCOUNTING, LOC : NEW YORK
20번 부서 - DEPTNO : 20, DNAME : RESEARCH, LOC : DALLAS

05행 커서에서 사용할 파라미터(p_deptno)를 선언합니다.

08행 선언한 파라미터 p_deptno는 커서에 지정한 SELECT문의 WHERE절에서 DEPTNO열의 비교
값으로 사용됩니다.

11행 c1 커서에 파라미터가 지정되었으므로 OPEN할 때 c1(10)과 같이 자료형을 맞추어 파라미터에
값을 지정합니다. c1(10)은 10이 p_deptno 변수에 저장되므로 실행되는 SELECT문은 WHERE
절 조건식에서 WHERE DEPTNO = 10으로 대입됩니다.

21행 c1 커서에 20을 대입하여 실행합니다. 이 경우에 SELECT문을 실행하여 20번 부서 데이터를 조
회합니다.

만약 커서 실행에 필요한 파라미터 값을 사용자에게 직접 입력받고 싶다면 & 기호와 치환 변
수를 사용할 수 있습니다.

<table>
<tr><td>실습 18-6</td><td>커서에 사용할 파라미터 입력받기</td><td>• 완성 파일 18-6.sql</td></tr>
</table>

```
01  DECLARE
02    -- 사용자가 입력한 부서 번호를 저장하는 변수선언
03    v_deptno DEPT.DEPTNO%TYPE;
04    -- 명시적 커서 선언(Declaration)
05    CURSOR c1 (p_deptno DEPT.DEPTNO%TYPE) IS
06      SELECT DEPTNO, DNAME, LOC
07        FROM DEPT
08       WHERE DEPTNO = p_deptno;
09  BEGIN
10    -- INPUT_DEPTNO에 부서 번호 입력받고 v_deptno에 대입
11    v_deptno := &INPUT_DEPTNO;
12    -- 커서 FOR LOOP 시작. c1 커서에 v_deptno를 대입
13    FOR c1_rec IN c1(v_deptno) LOOP
14      DBMS_OUTPUT.PUT_LINE('DEPTNO : ' || c1_rec.DEPTNO
15                        || ', DNAME : ' || c1_rec.DNAME
16                        || ', LOC : ' || c1_rec.LOC);
17    END LOOP;
18  END;
19  /
```

:: 결과 화면
input_deptno의 값을 입력하십시오: 10
구 11: v_deptno := &INPUT_DEPTNO;
신 11: v_deptno := 10;
DEPTNO : 10, DNAME : ACCOUNTING, LOC : NEW YORK

03행 사용자가 직접 입력한 부서 번호를 저장하는 v_deptno 변수를 선언합니다.

05행 커서에 사용할 파라미터(p_deptno)를 선언합니다.

08행 선언한 파라미터 p_deptno는 커서에 지정된 SELECT문의 WHERE절에서 DEPTNO 열의 비교
    값으로 사용됩니다.

11행 &INPUT_DEPTNO를 사용하면 실행할 때 사용자에게 INPUT_DEPTNO에 들어갈 값의 입력
    을 요구할 수 있습니다. 사용자가 입력한 값을 그대로 v_deptno 변수에 저장합니다.

13행 c1 커서에 사용자가 입력한 부서 번호 값이 저장된 v_deptno 변수를 대입하여 실행합니다.
    WHEREE절에서 이 값을 사용합니다.

이 책에서는 따로 설명하고 있지 않지만 명시적 커서는 앞에서 살펴본 방식 외에도 커서를 사용할 때 커서 안의 행이 다른 세션에 의해 변경되지 않도록 잠금(lock) 기능을 제공하는 FOR UPDATE절, 커서를 통해 추출한 행에 DML명령어를 사용하는 WHERE CURRENT OF절 등 다양한 사용 방식이 있습니다.

◎ 명시적 커서의 좀 더 자세한 사용법은 오라클 공식 문서(docs.oracle.com/cd/E18283_01/appdev.112/e17126/explicit_cursor.htm)를 참고하세요.

## 묵시적 커서

묵시적 커서는 별다른 선언 없이 SQL문을 사용했을 때 오라클에서 자동으로 선언되는 커서를 뜻합니다. 따라서 사용자가 OPEN, FETCH, CLOSE를 지정하지 않습니다. PL/SQL문 내부에서 DML명령어나 SELECT INTO문 등이 실행될 때 자동으로 생성 및 처리됩니다.

◎ 여러 행의 결과를 가지는 커서는 명시적 커서로만 사용 가능합니다.

자동으로 생성되어 실행되는 묵시적 커서는 별다른 PL/SQL문을 작성하지 않아도 되지만, 다음 묵시적 커서의 속성을 사용하면 현재 커서의 정보를 확인할 수 있습니다. 커서가 자동으로 생성되므로 커서 이름을 지정하지 않고 SQL 키워드로 속성을 지정하며, 명시적 커서의 속성과 유사한 기능을 갖습니다.

| 속성 | 설명 |
|---|---|
| SQL%NOTFOUND | 묵시적 커서 안에 추출한 행이 있으면 false, 없으면 true를 반환합니다. DML 명령어로 영향을 받는 행이 없을 경우에도 true를 반환합니다. |
| SQL%FOUND | 묵시적 커서 안에 추출한 행이 있으면 true, 없으면 false를 반환합니다. DML 명령어로 영향을 받는 행이 있다면 true를 반환합니다. |
| SQL%ROWCOUNT | 묵시적 커서에 현재까지 추출한 행 수 또는 DML 명령어로 영향받는 행 수를 반환합니다. |
| SQL%ISOPEN | 묵시적 커서는 자동으로 SQL문을 실행한 후 CLOSE되므로 이 속성은 항상 false를 반환합니다. |

다음 예제는 묵시적 커서의 각 속성을 사용하여 현재 커서 상태를 확인합니다.

**실습 18-7** 묵시적 커서의 속성 사용하기 · 완성 파일 18-7.sql

```
01  BEGIN
02      UPDATE DEPT SET DNAME='DATABASE'
03          WHERE DEPTNO = 50;
04
05      DBMS_OUTPUT.PUT_LINE('갱신된 행의 수 : ' || SQL%ROWCOUNT);
06
```

```
07    IF (SQL%FOUND) THEN
08      DBMS_OUTPUT.PUT_LINE('갱신 대상 행 존재 여부 : true');
09    ELSE
10      DBMS_OUTPUT.PUT_LINE('갱신 대상 행 존재 여부 : false');
11    END IF;
12
13    IF (SQL%ISOPEN) THEN
14      DBMS_OUTPUT.PUT_LINE('커서의 OPEN 여부 : true');
15    ELSE
16      DBMS_OUTPUT.PUT_LINE('커서의 OPEN 여부 : false');
17    END IF;
18
19  END;
20  /
```

:: 결과 화면

갱신된 행의 수 : 0

갱신 대상 행 존재 여부 : false

커서의 OPEN 여부 : false

02~03행 DML을 실행하므로 묵시적 커서가 자동으로 생성된 후 실행됩니다. 50번 부서는 존재하지 않으므로 실제로 갱신되는 데이터는 없습니다.

05행 SQL%ROWCOUNT 속성을 사용하여 DML 대상이 되는 행 수를 반환합니다. 이번 예제는 50번 부서가 없으므로 대상 행은 0이 됩니다.

07~11행 조건문에 SQL%FOUND 속성을 대입하여 현재 갱신 대상이 존재하는지 검사합니다. 이 실습에서는 갱신 대상 행이 없으므로 false가 됩니다.

13~17행 조건문에 SQL%ISOPEN 속성을 대입하여 생성된 커서가 OPEN되어 있는지 여부를 검사합니다. 묵시적 커서는 자동으로 실행된 후 CLOSE되므로 결과는 false가 됩니다.

 **1분 복습** 다음 빈칸을 채우며 복습해 보세요.

오라클에서는 SELECT문과 DML 명령어의 실행 정보와 결과를 사용하기 위해 $^1$ 커 　　　　라는 메모리 공간을 사용할 수 있습니다.

$^1$ 커 　　　에는 두 가지 종류가 존재하는데요. 사용자가 직접 선언하여 사용하는 $^2$ 명 　　　　, 그리고 별다른 선언 없이 SQL문을 사용했을 때 오라클에서 자동으로 선언되는 $^3$ 묵 　　　　가 있습니다.

정답 1. 커서 2. 명시적 커서 3. 묵시적 커서

# 18-2 오류가 발생해도 프로그램이 비정상 종료 되지 않도록 하는 예외 처리

## 오류란?

오라클에서 SQL 또는 PL/SQL이 정상 수행되지 못하는 상황을 오류(error)라고 합니다. 이 오류는 크게 두 가지로 구분됩니다. 하나는 문법이 잘못되었거나 오타로 인한 오류로 컴파일 오류(compile Error), 문법 오류(syntax error)라고 합니다. 또 하나는 명령문의 실행 중 발생한 오류가 있습니다. 이 오류를 런타임 오류(runtime error) 또는 실행 오류(execute error)라고 부릅니다. 오라클에서는 이 두 가지 오류 중 후자, 즉 프로그램이 실행되는 도중 발생하는 오류를 예외(exception)라고 합니다. 먼저 예외가 발생하는 다음 PL/SQL문을 실행해 보죠.

**실습 18-8** 예외가 발생하는 PL/SQL          • 완성 파일  18-8.sql

```
01   DECLARE
02     v_wrong NUMBER;
03   BEGIN
04     SELECT DNAME INTO v_wrong
05       FROM DEPT
06      WHERE DEPTNO = 10;
07   END;
08   /
```

:: 결과 화면
```
DECLARE
*
1행에 오류 :
ORA-06502 : PL/SQL : 수치 또는 값 오류 : 문자를 숫자로 변환하는데 오류입니다
ORA-06512 : 4행
```

02행 숫자 데이터를 저장하는 v_wrong 변수를 선언합니다.

04행 SELECT INTO문을 통해 DEPT 테이블의 DNAME 열 값을 v_wrong 변수에 대입합니다. 하지만 DNAME 열은 문자열(VARCHAR2) 데이터이므로, NUMBER 자료형인 v_wrong 변수에 대입할 수 없고 예외가 발생합니다.

문자열 데이터를 숫자 자료형 변수에 대입하려고 했기 때문에 위 PL/SQL문은 예외가 발생하

고 비정상 종료됩니다. 이렇게 PL/SQL 실행 중 예외가 발생했을 때 프로그램이 비정상 종료되는 것을 막기 위해 특정 명령어를 PL/SQ문 안에 작성하는데 이를 '예외 처리'라고 합니다. 예외 처리는 PL/SQL문 안에서 EXCEPTION 영역에 필요 코드를 작성하는 것을 뜻합니다. 다음 실습은 실습 18-8에 예외 처리 코드를 추가한 예제입니다.

| 실습 18-9 | 예외를 처리하는 PL/SQL(예외 처리 추가) | • 완성 파일 18-9.sql |

```
01   DECLARE
02     v_wrong NUMBER;
03   BEGIN
04     SELECT DNAME INTO v_wrong
05       FROM DEPT
06      WHERE DEPTNO = 10;
07   EXCEPTION
08     WHEN VALUE_ERROR THEN
09       DBMS_OUTPUT.PUT_LINE('예외 처리 : 수치 또는 값 오류 발생');
10   END;
11   /
```

:: 결과 화면
예외 처리 : 수치 또는 값 오류 발생

07행 예외 처리부를 작성하였기 때문에 PL/SQL문을 실행할 때 오류가 발생하여도 프로그램이 비정상 종료되지 않습니다.

결과를 살펴보면 예외가 발생하였지만 PL/SQL문은 정상 처리되었음을 확인할 수 있습니다. 이렇게 EXCEPTION 키워드 뒤에 예외 처리를 위해 작성한 코드 부분을 예외 처리부 또는 예외 처리절이라고 합니다. 이 예외 처리부가 실행되면 예외가 발생한 코드 이후의 내용은 실행이 되지 않는다는 것을 기억하세요.

| 실습 18-10 | 예외 발생 후의 코드 실행 여부 확인하기 | • 완성 파일 18-10.sql |

```
01   DECLARE
02     v_wrong NUMBER;
03   BEGIN
04     SELECT DNAME INTO v_wrong
05       FROM DEPT
06      WHERE DEPTNO = 10;
07
08     DBMS_OUTPUT.PUT_LINE('예외가 발생하면 다음 문장은 실행되지 않습니다');
09
```

```
10   EXCEPTION
11     WHEN VALUE_ERROR THEN
12       DBMS_OUTPUT.PUT_LINE('예외 처리 : 수치 또는 값 오류 발생');
13   END;
14   /
```

:: 결과 화면

예외 처리 : 수치 또는 값 오류 발생

08행 발생한 예외를 EXCEPTION 작성을 통해 처리해도 이미 예외가 발생한 코드 이후의 내용은 실행되지 않습니다.

## 예외 종류

오라클에서 예외는 크게 내부 예외(internal exceptions)와 사용자 정의 예외(user-defined exceptions)로 나뉩니다. 내부 예외는 오라클에서 미리 정의한 예외를 뜻하며 사용자 정의 예외는 사용자가 필요에 따라 추가로 정의한 예외를 의미합니다. 내부 예외는 이름이 정의되어 있는 예외인 사전 정의된 예외(predefined name exceptions)와 이름이 정해지지 않은 예외로 다시 나뉩니다.

| 예외 종류 | | 설명 |
| --- | --- | --- |
| 내부 예외 (internal excpetions) | 사전 정의된 예외 (predefined name exceptions) | 내부 예외 중 예외 번호에 해당하는 이름이 존재하는 예외 |
| | 이름이 없는 예외 (unnamed exceptions) | 내부 예외 중 이름이 존재하지 않는 예외(사용자가 필요에 따라 이름을 지정할 수 있음) |
| 사용자 정의 예외(user-defined exceptions) | | 사용자가 필요에 따라 직접 정의한 예외 |

사전 정의된 예외는 비교적 자주 발생하는 예외에 이름을 붙여 놓은 것입니다. 다음은 그 예입니다.

| 예외 이름 | 예외 번호(SQLCODE) | 설명 |
| --- | --- | --- |
| ACCESS_INTO_NULL | ORA-06530 : -6530 | 초기화되지 않은 객체 속성 값 할당 |
| CASE_NOT_FOUND | ORA-06592 : -6592 | CASE문의 WHERE절에 조건이 없고 ELSE절도 없을 경우 |
| COLLECTION_IS_NULL | ORA-06531 : -6531 | 초기화되지 않은 중첩 테이블, VARRAY에 EXIT 외 컬렉션 메서드를 사용하려 할 경우 또는 초기화되지 않은 중첩 테이블이나 VARRAY에 값을 대입하려 할 경우 |

| CURSOR_ALREADY_OPEN | ORA-06511 : -6511 | 이미 OPEN된 커서를 OPEN 시도할 경우 |
|---|---|---|
| DUP_VAL_ON_INDEX | ORA-00001 : -1 | UNIQUE 인덱스가 있는 열에 중복된 값을 저장하려고 했을 경우 |
| INVALID_CURSOR | ORA-01001 : -1001 | OPEN되지 않은 커서를 CLOSE 시도하는 것과 같이 잘못된 커서 작업을 시도하는 경우 |
| INVALID_NUMBER | ORA-01722 : -1722 | 문자에서 숫자로의 변환이 실패했을 경우 |
| LOGIN_DENIED | ORA-01017 : -1017 | 사용자 이름이나 패스워드가 올바르지 않은 상태에서 로그인을 시도할 경우 |
| NO_DATA_FOUND | ORA-01403 : +100 | SELECT INTO문에서 결과 행이 하나도 없을 경우 |
| NOT_LOGGED_ON | ORA-01012 : -1012 | 데이터베이스에 접속되어 있지 않은 경우 |
| PROGRAM_ERROR | ORA-06501 : -6501 | PL/SQL 내부 오류가 발생했을 경우 |
| ROWTYPE_MISMATCH | ORA-06504 : -6504 | 호스트 커서 변수와 PL/SQL 커서 변수의 자료형이 호환되지 않을 경우 |
| SELF_IS_NULL | ORA-30625 : -30625 | 초기화되지 않은 오브젝트의 MEMBER 메서드를 호출한 경우 |
| STORAGE_ERROR | ORA-06500 : -6500 | PL/SQL 메모리가 부족하거나 문제가 발생한 경우 |
| SUBSCRIPT_BEYOND_COUNT | ORA-06533 : -6533 | 컬렉션의 요소 수보다 큰 인덱스를 사용하여 중첩 테이블이나 VARRAY의 요소 참조를 시도할 경우 |
| SUBSCRIPT_OUTSIDE_LIMIT | ORA-06532 : -6532 | 정상 범위외 인덱스 번호를 사용하여 중첩 테이블이나 VARRAY 요소 참조를 시도할 경우 |
| SYS_INVALID_ROWID | ORA-01410 : -1410 | 문자열을 ROWID로 변환할 때 값이 적절하지 않은 경우 |
| TIMEOUT_ON_RESOURCE | ORA-00051 : -51 | 자원 대기 시간을 초과했을 경우 |
| TOO_MANY_ROWS | ORA-01422 : -1422 | SELECT INTO문의 결과 행이 여러 개일 경우 |
| VALUE_ERROR | ORA-06502 : -6502 | 산술·변환·잘림·제약 조건 오류가 발생했을 경우 |
| ZERO_DIVIDE | ORA-01476 : -1476 | 숫자 데이터를 0으로 나누려고 했을 경우 |

이와 달리 이름 없는 예외는 ORA-XXXXX식으로 예외 번호는 있지만 이름이 정해져 있지 않은 예외를 뜻합니다. 이름이 없는 예외는 예외 처리부에서 사용하기 위해 이름을 직접 붙여서 사용합니다.

## 예외 처리부 작성

예외 처리부는 앞의 예제에서 보았듯이 EXCEPTION절에 필요한 코드를 사용하여 작성합니다. 다음과 같이 여러 예외를 명시하여 작성할 수 있습니다. WHEN으로 시작하는 절을 예외핸들러(exception handler)라고 하며, 발생한 예외 이름과 일치하는 WHEN절의 명령어를 수행합니다(IF THEN문처럼 여러 예외 핸들러 중 일치하는 하나의 예외 핸들러 명령어만 수행합니다). 수행할 명령어는 PL/SQL 실행부와 마찬가지로 여러 문법을 사용할 수 있습니다. OTHERS는 먼저 작성한 어느 예외와도 일치하는 예외가 없을 경우에 처리할 내용을 작성합니다(IF 조건문의 ELSE와 비슷하죠).

```
                                                              기본 형식
EXCEPTION
   WHEN 예외 이름1 [OR 예외 이름2 - ] THEN
      예외 처리에 사용할 명령어;
   WHEN 예외 이름3 [OR 예외 이름4 - ] THEN
      예외 처리에 사용할 명령어;
   ...
   WHEN OTHERS THEN
      예외 처리에 사용할 명령어;
```

### 사전 정의된 예외 사용

예외 핸들러에 사전 정의된 예외만을 사용할 때는 앞에서 살펴본 작성 방식대로 발생할 수 있는 예외를 명시합니다.

실습 18-11   사전 정의된 예외 사용하기                          • 완성 파일  18-11.sql

```
01   DECLARE
02     v_wrong NUMBER;
03   BEGIN
04     SELECT DNAME INTO v_wrong
05       FROM DEPT
06      WHERE DEPTNO = 10;
07
08     DBMS_OUTPUT.PUT_LINE('예외가 발생하면 다음 문장은 실행되지 않습니다');
09
10   EXCEPTION
11     WHEN TOO_MANY_ROWS THEN
12       DBMS_OUTPUT.PUT_LINE('예외 처리 : 요구보다 많은 행 추출 오류 발생');
13     WHEN VALUE_ERROR THEN
14       DBMS_OUTPUT.PUT_LINE('예외 처리 : 수치 또는 값 오류 발생');
```

```
15      WHEN OTHERS THEN
16          DBMS_OUTPUT.PUT_LINE('예외 처리 : 사전 정의 외 오류 발생');
17  END;
18  /
```

:: 결과 화면
예외 처리 : 수치 또는 값 오류 발생

## 이름 없는 예외 사용

만약 이름이 없는 내부 예외를 사용해야 한다면 이름을 직접 지정해 주어야 예외 처리부에서 사용할 수 있습니다. 이름을 직접 지어 줄 때 오른쪽과 같이 선언부에서 오라클 예외 번호와 함께 이름을 붙입니다. 이름이 정해진 예외는 사전 정의된 예외를 사용할 때와 마찬가지로 예외 처리부에서 지정한 이름으로 예외 핸들러에 작성합니다.

기본 형식
```
DECLARE
   예외 이름1 EXCEPTION;
   PRAGMA EXCEPTION_INIT(예외 이름1, 예외 번호);
   :
   :
EXCEPTION
   WHEN 예외 이름1 THEN
      예외 처리에 사용할 명령어;
   ...
END;
```

## 사용자 정의 예외 사용

사용자 정의 예외는 오라클에 정의되어 있지 않은 특정 상황을 직접 오류로 정의하는 방식입니다. 오른쪽과 같이 예외 이름을 정해 주고 실행부에서 직접 정의한 오류 상황이 생겼을 때 RAISE 키워드를 사용하여 예외를 직접 만들 수 있습니다. 이렇게 직접 만든 예외 역시 앞의 예외 처리와 마찬가지로 예외 처리부에서 예외 이름을 통해 수행할 내용을 작성해 줌으로써 처리합니다.

기본 형식
```
DECLARE
   사용자 예외 이름 EXCEPTION;
   ...
BEGIN
   IF 사용자 예외를 발생시킬 조건 THEN
      RAISE 사용자 예외 이름
   ...
   END IF;
EXCEPTION
   WHEN 사용자 예외 이름 THEN
      예외 처리에 사용할 명령어;
   ...
END;
```

## 오류 코드와 오류 메시지 사용

오류 처리부가 잘 작성되어 있다면 오류가 발생해도 PL/SQL은 정상 종료됩니다. PL/SQL문
의 정상 종료 여부와 상관없이 발생한
오류 내역을 알고 싶을 때 SQLCODE,
SQLERRM 함수를 사용합니다.

| 함수 | 설명 |
|---|---|
| SQLCODE | 오류 번호를 반환하는 함수 |
| SQLERRM | 오류 메시지를 반환하는 함수 |

SQLCODE와 SQLERRM은 PL/SQL에서만 사용 가능한 함수로 SQL문에서는 사용할 수 없
다는 것도 기억하세요.

**실습 18-12** 오류 코드와 오류 메시지 사용하기 · 완성 파일 18-12.sql

```
01  DECLARE
02    v_wrong NUMBER;
03  BEGIN
04    SELECT DNAME INTO v_wrong
05      FROM DEPT
06     WHERE DEPTNO = 10;
07
08    DBMS_OUTPUT.PUT_LINE('예외가 발생하면 다음 문장은 실행되지 않습니다');
09
10  EXCEPTION
11    WHEN OTHERS THEN
12      DBMS_OUTPUT.PUT_LINE('예외 처리 : 사전 정의 외 오류 발생');
13      DBMS_OUTPUT.PUT_LINE('SQLCODE : ' || TO_CHAR(SQLCODE));
14      DBMS_OUTPUT.PUT_LINE('SQLERRM : ' || SQLERRM);
15  END;
16  /
```

:: 결과 화면

예외 처리 : 사전 정의 외 오류 발생
SQLCODE : -6502
SQLERRM : ORA-06502: PL/SQL: 수치 또는 값 오류 : 문자를 숫자로 변환하는데
오류입니다

**Q1** 명시적 커서를 사용하여 EMP 테이블의 전체 데이터를 조회한 후 커서 안의 데이터가 다음과 같이 출력되도록 PL/SQL문을 작성해 보세요.
① LOOP를 사용한 방식
② FOR LOOP를 사용한 방식

```
SQL> SET SERVEROUTPUT ON;
SQL> DECLARE
      ... [변수 선언 및 값 대입]
      BEGIN
      ... [PL/SQL 작성]
      END;
      /
EMPNO : 7369, ENAME : SMITH, JOB : CLERK, SAL : 800, DEPTNO : 20
EMPNO : 7499, ENAME : ALLEN, JOB : SALESMAN, SAL : 1600, DEPTNO : 30
EMPNO : 7521, ENAME : WARD, JOB : SALESMAN, SAL : 1250, DEPTNO : 30
EMPNO : 7566, ENAME : JONES, JOB : MANAGER, SAL : 2975, DEPTNO : 20
EMPNO : 7654, ENAME : MARTIN, JOB : SALESMAN, SAL : 1250, DEPTNO : 30
EMPNO : 7698, ENAME : BLAKE, JOB : MANAGER, SAL : 2850, DEPTNO : 30
EMPNO : 7782, ENAME : CLARK, JOB : MANAGER, SAL : 2450, DEPTNO : 10
EMPNO : 7788, ENAME : SCOTT, JOB : ANALYST, SAL : 3000, DEPTNO : 20
EMPNO : 7839, ENAME : KING, JOB : PRESIDENT, SAL : 5000, DEPTNO : 10
EMPNO : 7844, ENAME : TURNER, JOB : SALESMAN, SAL : 1500, DEPTNO : 30
EMPNO : 7876, ENAME : ADAMS, JOB : CLERK, SAL : 1100, DEPTNO : 20
EMPNO : 7900, ENAME : JAMES, JOB : CLERK, SAL : 950, DEPTNO : 30
EMPNO : 7902, ENAME : FORD, JOB : ANALYST, SAL : 3000, DEPTNO : 20
EMPNO : 7934, ENAME : MILLER, JOB : CLERK, SAL : 1300, DEPTNO : 10
PL/SQL 처리가 정상적으로 완료되었습니다.
SQL>
```

이 장에서 배운 내용을 실습하며 정리하세요.

**Q2** 다음 PL/SQL문의 실행 중 발생하는 예외를 다음 결과와 같이 처리하는 예외 처리부를 완성하세요.

```
SQL> SET SERVEROUTPUT ON;
SQL> DECLARE
    v_wrong DATE;
  BEGIN
    SELECT ENAME INTO v_wrong
      FROM EMP
    WHERE EMPNO = 7369;

    DBMS_OUTPUT.PUT_LINE('예외가 발생하면 다음 문장은 실행되지 않습니다');

  EXCEPTION
    ... [예외 처리부 작성]
    END;
    /
오류가 발생하였습니다.[2018년03월26일 21시03분55초]
SQLCODE : -1841
SQLERRM : ORA-01841 : 년은 영이 아닌 -4713과 +4713 사이 값으로 지정해야 합니다.
PL/SQL 처리가 정상적으로 완료되었습니다.
SQL>
```

정답 이지스퍼블리싱 홈페이지에서 확인하세요.

# 저장 서브프로그램

지금까지 살펴본 PL/SQL 블록은 한번 작성하여 바로 실행하는 방식을 사용했습니다. 이 장에 서는 이름을 지정하여 오라클에 저장한 후 필요할 때마다 실행할 수 있는 PL/SQL 저장 서브프 로그램에 대해 알아보겠습니다.

19-1 저장 서브프로그램

19-2 프로시저

19-3 함수

19-4 패키지

19-5 트리거

이 장에서 꼭 익혀야 할 것

• 프로시저 작성 및 사용 방법

• 함수 작성 및 사용 방법

# 19-1 저장 서브프로그램

## 저장 서브프로그램이란?

앞 장에서 다룬 PL/SQL 블록은 작성한 내용을 단 한 번 실행하는 데 사용했습니다. 이런 블록을 이름이 정해져 있지 않은 PL/SQL 블록이라는 의미로 익명 블록(anonymous block)이라고 부릅니다. 익명 블록은 오라클에 저장되지 않기 때문에 한 번 실행한 뒤에 다시 실행하려면 PL/SQL 블록을 다시 작성하여 실행해야 합니다.

◎ 이렇게 매번 내용을 작성하는 것은 불편하기 때문에 실행할 내용을 따로 파일(.sql)에 저장하여 실행하기도 하지만 오라클에 저장되는 것은 아니죠.

그런데 PL/SQL로 만든 프로그램을 주기적으로 또는 필요할 때마다 여러 번 사용해야 하는 상황이 빈번히 발생합니다. 이럴 경우에 PL/SQL 프로그램을 오라클에 저장해 두면 필요할 때마다 수행할 내용을 작성하지 않고 실행할 수 있으므로 여러모로 편리합니다. 이렇게 여러 번 사용할 목적으로 이름을 지정하여 오라클에 저장해 두는 PL/SQL 프로그램을 저장 서브프로그램(stored subprogram)이라고 합니다.

익명 블록과 달리 저장 서브프로그램은 오라클에 저장하여 공유할 수 있으므로 메모리·성능·재사용성 등 여러 면에서 장점이 있습니다. 다음은 익명 블록과 저장 서브프로그램의 차이점입니다.

| | 익명 블록 | 저장 서브프로그램 |
|---|---|---|
| 이름 | 이름 없음 | 이름 지정 |
| 오라클 저장 | 저장할 수 없음 | 저장함 |
| 컴파일 | 실행할 때마다 컴파일 | 저장할 때 한 번 컴파일 |
| 공유 | 공유할 수 없음 | 공유하여 사용 가능 |
| 다른 응용 프로그램에서의 호출 가능 여부 | 호출할 수 없음 | 호출 가능 |

오라클에서는 용도에 따라 여러 가지 방식으로 저장 서브프로그램을 구현할 수 있는데 대표적인 구현 방식은 프로시저·함수·패키지·트리거입니다. 그러면 각 유형별로 사용법을 알아볼까요?

| 서브프로그램 | 용도 |
|---|---|
| 저장 프로시저<br>(stored procedure) | 일반적으로 특정 처리 작업 수행을 위한 서브프로그램으로 SQL문에서는 사용할 수 없습니다. |
| 저장 함수<br>(stored function) | 일반적으로 특정 연산을 거친 결과 값을 반환하는 서브프로그램으로 SQL문에서 사용할 수 있습니다. |
| 패키지<br>(package) | 저장 서브프로그램을 그룹화하는 데 사용합니다. |
| 트리거<br>(trigger) | 특정 상황(이벤트)이 발생할 때 자동으로 연달아 수행할 기능을 구현하는 데 사용합니다. |

 다음은 저장 서브프로그램에 대한 내용입니다. 내용이 참인지 거짓인지 판단해 보세요.

1. 저장 서브프로그램은 오라클 내에 저장할 수 있다.
2. 실행할 때마다 컴파일을 한다.
3. 다른 응용 프로그램에서 호출할 수 없다.

정답 1. 참 2. 거짓 3. 거짓

# 19-2 프로시저

저장 프로시저(stored procedure)는 특정 처리 작업을 수행하는 데 사용하는 저장 서브프로그램으로 용도에 따라 파라미터를 사용할 수 있고 사용하지 않을 수도 있습니다.

◎ 이후 저장 프로시저는 '프로시저'로 표기하겠습니다.

## 파라미터를 사용하지 않는 프로시저

### 프로시저 생성하기

작업 수행에 별다른 입력 데이터가 필요하지 않을 경우에 파라미터를 사용하지 않는 프로시저를 사용합니다. 다음과 같이 CREATE [OR REPLACE] PROCEDURE를 사용해 만들 수 있습니다. 앞에서 다룬 익명 블록과 마찬가지로 프로시저도 선언부, 실행부, 예외 처리부로 이루어져 있음을 눈여겨보세요.

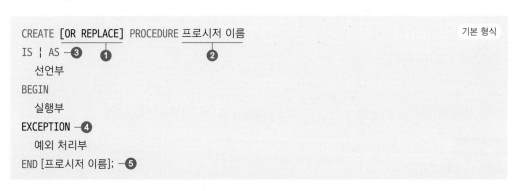

| 번호 | 설명 |
|---|---|
| ❶ | 지정한 프로시저 이름을 가진 프로시저가 이미 존재하는 경우에 현재 작성한 내용으로 대체합니다. 즉 덮어 쓴다는 뜻이며 생략 가능한 옵션입니다. |
| ❷ | 저장할 프로시저의 고유 이름을 지정합니다. 같은 스키마 내에서 중복될 수 없습니다. |
| ❸ | 선언부를 시작하기 위해 IS 또는 AS 키워드를 사용합니다. 선언부가 존재하지 않더라도 반드시 명시합니다. DECLARE 키워드는 사용하지 않습니다. |
| ❹ | 예외 처리부는 생략 가능합니다. |
| ❺ | 프로시저 생성의 종료를 뜻하며 프로시저 이름은 생략 가능합니다. |

그러면 기본 형식에 따라 SQL*PLUS에 SCOTT 계정으로 접속하여 프로시저를 생성해 보죠.

프로시저 생성하기 • 완성 파일 19-1.sql

```
01   CREATE OR REPLACE PROCEDURE pro_noparam
02   IS
03     V_EMPNO NUMBER(4) := 7788;
04     V_ENAME VARCHAR2(10);
05   BEGIN
06     V_ENAME := 'SCOTT';
07     DBMS_OUTPUT.PUT_LINE('V_EMPNO : ' || V_EMPNO);
08     DBMS_OUTPUT.PUT_LINE('V_ENAME : ' || V_ENAME);
09   END;
10   /
```

:: 결과 화면
프로시저가 생성되었습니다.

## SQL*PLUS로 프로시저 실행하기

생성한 프로시저는 SQL*PLUS에서 바로 사용하거나 다른 PL/SQL 블록에서 실행할 수 있습니다. SQL*PLUS에서 실행할 때 다음과 같이 EXECUTE 명령어를 사용합니다.

```
EXECUTE 프로시저 이름;
```

EXECUTE 명령어를 사용하여 만든 pro_noparam 프로시저를 실행합니다.

생성한 프로시저 실행하기 • 완성 파일 19-2.sql

```
01   SET SERVEROUTPUT ON;
02   EXECUTE pro_noparam;
```

:: 결과 화면
V_EMPNO : 7788
V_ENAME : SCOTT

## PL/SQL 블록에서 프로시저 실행하기

특정 PL/SQL 블록에서 이미 만들어져 있는 프로시저를 실행한다면 오른쪽과 같이 실행부에 실행할 프로시저 이름을 지정합니다.

```
BEGIN
  프로시저 이름;
END;
```

여기에서는 익명 블록에서 pro_noparam 프로시저를 실행해 보겠습니다.

**익명 블록에서 프로시저 실행하기**　　　　　　　　　　　• 완성 파일 19-3.sql

```
01  BEGIN
02    pro_noparam;
03  END;
04  /
```

:: 결과 화면
```
V_EMPNO : 7788
V_ENAME : SCOTT
```

◎ 출력 결과가 나오지 않는다면 실행 전 SET SERVEROUTPUT ON 명령어의 실행을 확인해 주세요.

### 프로시저 내용 확인하기

이미 저장되어 있는 프로시저를 포함하여 서브프로그램의 소스 코드 내용을 확인하려면 USER_SOURCE 데이터 사전에서 조회합니다.

| USER_SOURCE의 열 | 설명 |
| --- | --- |
| NAME | 서브프로그램(생성 객체) 이름 |
| TYPE | 서브프로그램 종류(PROCEDURE, FUNCTION 등) |
| LINE | 서브프로그램에 작성한 줄 번호 |
| TEXT | 서브프로그램에 작성한 소스 코드 |

다음은 토드로 만든 pro_noparam 프로시저를 USER_SOURCE에서 조회한 결과입니다.

**USER_SOURCE를 통해 프로시저 확인하기(토드)**　　　　• 완성 파일 19-4.sql

```
01  SELECT *
02    FROM USER_SOURCE
03    WHERE NAME = 'PRO_NOPARAM';
```

:: 결과 화면

| NAME | TYPE | LINE | TEXT |
| --- | --- | --- | --- |
| ▶ PRO_NOPARAM | PROCEDURE | 1 | PROCEDURE pro_noparam |
| PRO_NOPARAM | PROCEDURE | 2 | IS |
| PRO_NOPARAM | PROCEDURE | 3 | V_EMPNO NUMBER(4) := 7788; |
| PRO_NOPARAM | PROCEDURE | 4 | V_ENAME VARCHAR2(10); |
| PRO_NOPARAM | PROCEDURE | 5 | BEGIN |
| PRO_NOPARAM | PROCEDURE | 6 | V_ENAME := 'SCOTT'; |
| PRO_NOPARAM | PROCEDURE | 7 | DBMS_OUTPUT.PUT_LINE('V_EMPNO : ' \|\| V_EMPNO); |
| PRO_NOPARAM | PROCEDURE | 8 | DBMS_OUTPUT.PUT_LINE('V_ENAME : ' \|\| V_ENAME); |
| PRO_NOPARAM | PROCEDURE | 9 | END; |

SQL*PLUS에서 사용한다면 TEXT 열을 조회해 주면 됩니다.

**실습 19-5** USER_SOURCE를 통해 프로시저 확인하기(SQL*PLUS) • 완성 파일 19-5.sql

```
01   SELECT TEXT
02     FROM USER_SOURCE
03    WHERE NAME = 'PRO_NOPARAM';
```

:: 결과 화면

```
TEXT
------------------------------------------------

PROCEDURE pro_noparam
IS
 V_EMPNO NUMBER(4) := 7788;
 V_ENAME VARCHAR2(10);
BEGIN
 V_ENAME := 'SCOTT';
 DBMS_OUTPUT.PUT_LINE('V_EMPNO : ' || V_EMPNO);
 DBMS_OUTPUT.PUT_LINE('V_ENAME : ' || V_ENAME);
END;

9개의 행이 선택되었습니다.
```

### 프로시저 삭제하기

DROP PROCEDURE 명령어로 프로시저를 삭제할 수 있습니다.

**실습 19-6** 프로시저 삭제하기 • 완성 파일 19-6.sql

```
01   DROP PROCEDURE PRO_NOPARAM;
```

:: 결과 화면

프로시저가 삭제되었습니다.

이미 저장되어 있는 프로시저의 소스 코드를 변경할 때에는 CREATE OR REPLACE PROCEDURE 명령어로 프로시저를 재생성합니다. ALTER PROCEDURE는 프로시저의 소스 코드 내용을 재컴파일하는 명령어이므로 작성한 코드 내용을 변경하지 않습니다.

ⓒ ALTER PROCEDURE 명령어의 자세한 내용은 오라클 문서(docs.oracle.com/cd/B28359_01/appdev.111/b28370/alter_procedure.htm#LNPLS99997)를 참고하세요.

## 파라미터를 사용하는 프로시저

프로시저를 실행하기 위해 입력 데이터가 필요한 경우에 파라미터를 정의할 수 있습니다. 파라미터는 여러 개 작성할 수 있으며 다음과 같은 형식으로 사용합니다.

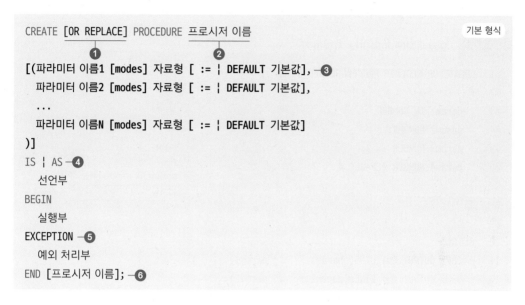

기본 형식

```
CREATE [OR REPLACE] PROCEDURE 프로시저 이름
            ❶                          ❷
[(파라미터 이름1 [modes] 자료형 [ := | DEFAULT 기본값], ─❸
   파라미터 이름2 [modes] 자료형 [ := | DEFAULT 기본값],
   ...
   파라미터 이름N [modes] 자료형 [ := | DEFAULT 기본값]
)]
IS | AS ─❹
   선언부
BEGIN
   실행부
EXCEPTION ─❺
   예외 처리부
END [프로시저 이름]; ─❻
```

| 번호 | 설명 |
|---|---|
| ❶ | 지정한 프로시저 이름을 가진 프로시저가 이미 존재하는 경우에 현재 작성한 내용으로 대체합니다. 즉 덮어쓴다는 뜻이며 생략 가능한 옵션입니다. |
| ❷ | 저장할 프로시저의 고유 이름을 지정합니다. 같은 스키마 내에서 중복될 수 없습니다. |
| ❸ | 실행에 필요한 파라미터를 정의합니다. 파라미터는 쉼표(,)로 구분하여 여러 개 지정할 수 있습니다. 기본값과 모드(modes)는 생략 가능합니다. 자료형은 자릿수 지정 및 NOT NULL 제약 조건 사용이 불가능합니다. |
| ❹ | 선언부를 시작하기 위해 IS 또는 AS 키워드를 사용합니다. 선언부가 존재하지 않더라도 반드시 명시합니다. DECLARE 키워드는 사용하지 않습니다. |
| ❺ | 예외 처리부는 생략 가능합니다. |
| ❻ | 프로시저 생성의 종료를 뜻하며 프로시저 이름은 생략 가능합니다. |

파라미터를 지정할 때 사용하는 모드는 IN, OUT, IN OUT 세 가지가 있는데요. 각 모드 지정에 따른 파라미터 지정 방식을 살펴볼까요?

| 파라미터 모드 | 설명 |
|---|---|
| IN | 지정하지 않으면 기본값으로 프로시저를 호출할 때 값을 입력받습니다. |
| OUT | 호출할 때 값을 반환합니다. |
| IN OUT | 호출할 때 값을 입력받은 후 실행 결과 값을 반환합니다. |

## IN 모드 파라미터

프로시저 실행에 필요한 값을 직접 입력받는 형식의 파라미터를 지정할 때 IN을 사용합니다. IN은 기본값이기 때문에 생략 가능합니다. 다음은 파라미터 네 개를 지정하고 param3, param4에는 기본값을 지정하는 코드입니다.

**실습 19-7**  프로시저에 파라미터 지정하기 · 완성 파일 19-7.sql

```
01  CREATE OR REPLACE PROCEDURE pro_param_in
02  (
03    param1 IN NUMBER,
04    param2 NUMBER,
05    param3 NUMBER := 3,
06    param4 NUMBER DEFAULT 4
07  )
08  IS
09
10  BEGIN
11    DBMS_OUTPUT.PUT_LINE('param1 : ' || param1);
12    DBMS_OUTPUT.PUT_LINE('param2 : ' || param2);
13    DBMS_OUTPUT.PUT_LINE('param3 : ' || param3);
14    DBMS_OUTPUT.PUT_LINE('param4 : ' || param4);
15  END;
16  /
```

> param3과 param4에는 각각 기본값이 지정되어 있습니다.

:: 결과 화면

프로시저가 생성되었습니다.

지정된 파라미터가 네 개이므로 실행할 때 다음과 같이 네 개 값을 지정하여 실행할 수 있습니다.

**실습 19-8**  파라미터를 입력하여 프로시저 사용하기 · 완성 파일 19-8.sql

```
01  EXECUTE pro_param_in(1,2,9,8);
```

:: 결과 화면

param1 : 1
param2 : 2
param3 : 9
param4 : 8

파라미터 param3, param4는 기본값이 지정되어 있는 상태이므로 호출할 때 값을 지정하지 않아도 실행이 가능합니다. 다음과 같이 두 개 값만 지정하여 프로시저를 실행하면 기본값이 지정된 param3, param4는 기본값이 출력되고 두 값은 param1, param2 파라미터에 순서 대로 입력됩니다.

| 실습 19-9 | 기본값이 지정된 파라미터 입력을 제외하고 프로시저 사용하기 | · 완성 파일 19-9.sql |

```
01   EXECUTE pro_param_in(1, 2);
```

:: 결과 화면
```
param1 : 1
param2 : 2
param3 : 3
param4 : 4
```

param1, param2 파라미터는 기본값이 지정되어 있지 않습니다. 만약 pr_parma_in 프로시 저를 호출 할 때 기본값이 지정되지 않은 파라미터 수보다 적은 수의 값을 지정하면 프로시저 실행은 실패하게 되므로 유의하기 바랍니다.

| 실습 19-10 | 실행에 필요한 개수보다 적은 파라미터를 입력하여 프로시저 실행하기 | · 완성 파일 19-10.sql |

```
01   EXECUTE pro_param_in(1);
```

:: 결과 화면
```
BEGIN pro_param_in(1); END;

*
1행에 오류:
ORA-06550: 줄 1, 열7:PLS-00306: 'PRO_PARAM_IN' 호출할 때 인수의 개수나 유형이 잘못되었습니다
ORA-06550: 줄 1, 열7:PL/SQL: Statement ignored
```

만약 위 예와는 달리 기본값이 지정된 파라미터와 지 정되지 않은 파라미터의 순서가 섞여 있다면 기본값이 지정되지 않은 파라미터까지 값을 입력해 주어야 합니다. 즉 오른쪽과 같이 파라미터가 지정되어 있다면 프 로시저를 실행할 때 최소한 세 개 값을 입력해 주어야 합니다.

```
(
    param1 IN NUMBER,
    param2 NUMBER := 3,
    param3 NUMBER,
    param4 NUMBER DEFAULT 4
)
```

하지만 파라미터 종류나 개수가 많아지면 이러한 방식은 다소 불편할 수 있습니다. 그래서 다음과 같이 =>를 사용하여 파라미터 이름에 직접 값을 대입하는 방식도 사용합니다.

**파라미터 이름을 활용하여 프로시저에 값 입력하기**          • 완성 파일  19-11.sql

```
01   EXECUTE pro_param_in(param1 => 10, param2 => 20);
```

```
:: 결과 화면
   param1 : 10
   param2 : 20
   param3 : 3
   param4 : 4
```

이와 같이 파라미터에 값을 지정할 때는 다음 세 가지 지정 방식을 사용할 수 있습니다.

| 종류 | 설명 |
|---|---|
| 위치 지정 | 지정한 파라미터 순서대로 값을 지정하는 방식 |
| 이름 지정 | => 연산자로 파라미터 이름을 명시하여 값을 지정하는 방식 |
| 혼합 지정 | 일부 파라미터는 순서대로 값만 지정하고 일부 파라미터는 => 연산자로 값을 지정하는 방식(11g부터 사용 가능) |

## OUT 모드 파라미터

OUT 모드를 사용한 파라미터는 프로시저 실행 후 호출한 프로그램으로 값을 반환합니다. 사원 번호를 입력받아 사원 이름과 급여를 반환하는 pro_param_out 프로시저를 생성해 보죠.

**OUT 모드 파라미터 정의하기**          • 완성 파일  19-12.sql

```
01   CREATE OR REPLACE PROCEDURE pro_param_out
02   (
03     in_empno IN EMP.EMPNO%TYPE,
04     out_ename OUT EMP.ENAME%TYPE,
05     out_sal OUT EMP.SAL%TYPE
06   )
07   IS
08
09   BEGIN
10     SELECT ENAME, SAL INTO out_ename, out_sal
11       FROM EMP
12      WHERE EMPNO = in_empno;
13   END pro_param_out;
14   /
```

```
:: 결과 화면
프로시저가 생성되었습니다.
```

OUT 모드로 지정한 두 파라미터 out_ename, out_sal은 pro_param_out 프로시저를 실행한 후 값이 반환됩니다. 이렇게 반환되는 값을 다음과 같이 또 다른 PL/SQL 블록에서 받아서 처리할 수 있습니다. 변수 두 개를 선언하여 pro_param_out 프로시저의 반환 값을 대입하는 것도 눈여겨보세요.

**실습 19-13** OUT 모드 파라미터 사용하기 · 완성 파일 19-13.sql

```
01  DECLARE
02    v_ename EMP.ENAME%TYPE;
03    v_sal EMP.SAL%TYPE;
04  BEGIN
05    pro_param_out(7788, v_ename, v_sal);
06    DBMS_OUTPUT.PUT_LINE('ENAME : ' || v_ename);
07    DBMS_OUTPUT.PUT_LINE('SAL : ' || v_sal);
08  END;
09  /
```

:: 결과 화면
```
ENAME : SCOTT
SAL : 3000
```

### IN OUT 모드 파라미터

IN OUT 모드로 선언한 파라미터는 IN, OUT으로 선언한 파라미터 기능을 동시에 수행합니다. 즉 값을 입력받을 때와 프로시저 수행 후 결과 값을 반환할 때 사용합니다.

**실습 19-14** IN OUT 모드 파라미터 정의하기 · 완성 파일 19-14.sql

```
01  CREATE OR REPLACE PROCEDURE pro_param_inout
02  (
03    inout_no IN OUT NUMBER
04  )
05  IS
06
07  BEGIN
08    inout_no := inout_no * 2;
09  END pro_param_inout;
10  /
```

:: 결과 화면
```
프로시저가 생성되었습니다.
```

OUT 모드로 선언된 파라미터와 마찬가지로 IN OUT 모드로 선언된 파라미터 역시 다른 PL/SQL 블록에서 데이터를 대입받아 사용할 수 있습니다.

실습 19-15 IN OUT 모드 파라미터 사용하기 • 완성 파일 19-15.sql

```
01   DECLARE
02     no NUMBER;
03   BEGIN
04     no := 5;
05     pro_param_inout(no);
06     DBMS_OUTPUT.PUT_LINE('no : ' || no);
07   END;
08   /
```

:: 결과 화면

no : 10

 다음은 파라미터를 갖는 프로시저의 여러 모드와 그 설명입니다. 개념에 알맞은 설명을 연결해 보세요.

1. IN          • • ① 호출할 때 값을 입력받은 후 실행 결과 값을 반환합니다.
2. OUT         • • ② 지정하지 않으면 기본값으로 프로시저를 호출할 때 값을 입력받습니다.
3. IN OUT      • • ③ 호출할 때 값을 반환합니다.

정답 1.② 2.③ 3.①

## 프로시저 오류 정보 확인하기

앞의 여러 실습에서 다양한 프로시저를 생성해 보았습니다. 아마도 오타나 문법 실수로 프로시저가 제대로 생성되지 않아 다시 만들어야 했던 독자도 있을 겁니다. 그런 독자들을 위해 프로시저를 생성할 때 발생하는 오류를 확인하는 방법을 살펴보겠습니다. 이 방법은 다른 서브프로그램의 오류에도 똑같이 적용할 수 있습니다. 먼저 다음과 같이 오류가 발생하는 프로시저 생성 문장을 실행해 보죠.

실습 19-16 생성할 때 오류가 발생하는 프로시저 알아보기 • 완성 파일 19-16.sql

```
01   CREATE OR REPLACE PROCEDURE pro_err
02   IS
03     err_no NUMBER;
04   BEGIN
05     err_no = 100;
```

```
06      DBMS_OUTPUT.PUT_LINE('err_no : ' ¦¦ err_no);
07   END pro_err;
08   /
```

:: 결과 화면
경고 : 컴파일 오류와 함께 프로시저가 생성되었습니다.

'컴파일 오류와 함께 프로시저가 생성되었습니다.'라는 메시지와 함께 프로시저를 만들 때 오류가 발생했음을 알 수 있습니다. 서브프로그램을 만들 때 발생한 오류는 SHOW ERRORS 명령어와 USER_ERRORS 데이터 사전을 조회하여 확인할 수 있습니다.

### SHOW ERRORS로 오류 확인

SQL*PLUS에서 발생한 오류를 확인하는 가장 간단한 방법은 SHOW ERRORS 명령어를 사용하는 것입니다. SHOW ERRORS 명령어는 가장 최근에 생성되거나 변경된 서브프로그램의 오류 정보를 출력합니다. 여기에서는 다섯 번째 줄에서 오류가 발생했음을 알 수 있습니다.

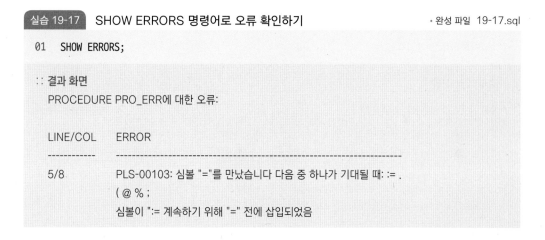

실습 19-17    SHOW ERRORS 명령어로 오류 확인하기                        • 완성 파일  19-17.sql

```
01   SHOW ERRORS;
```

:: 결과 화면
PROCEDURE PRO_ERR에 대한 오류:

```
LINE/COL    ERROR
-----------  -----------------------------------------------------------------
5/8          PLS-00103: 심볼 "="를 만났습니다 다음 중 하나가 기대될 때: := .
             ( @ % ;
             심볼이 ":= 계속하기 위해 "=" 전에 삽입되었음
```

SHOW ERRORS 명령어는 줄여서 SHOW ERR로 사용할 수도 있습니다. 만약 최근에 발생한 프로그램 오류가 아니라 특정 프로그램의 오류 정보를 확인하고 싶다면 다음과 같이 프로그램 종류와 이름을 추가로 지정하면 됩니다. 이번 예제는 프로시저로 생성했으므로 PROCEDURE를 붙여 줍니다.

```
SHOW ERR 프로그램 종류 프로그램 이름;
SHOW ERR PROCEDURE pro_err;
```

## USER_ERRORS로 오류 확인

토드 같은 응용 프로그램을 사용하고 있다면 USER_ERRORS 데이터 사전을 조회하여 오류
정보를 확인할 수 있습니다.

**실습 19-18**    USER_ERRORS로 오류 확인하기      • 완성 파일 19-18.sql

```
01   SELECT *
02     FROM USER_ERRORS
03    WHERE NAME = 'PRO_ERR';
```

:: 결과 화면(SQL*PLUS)

| NAME | TYPE | SEQUENCE | LINE | POSITION |
|------|------|----------|------|----------|

TEXT

----------------------------------------------------------------------------

| ATTRIBUTE | MESSAGE_NUMBER |
|-----------|----------------|

| PRO_ERR | PROCEDURE | 1 | 5 | 8 |

PLS-00103: 심볼 "="를 만났습니다 다음 중 하나가 기대될 때 : := . ( @ % ;

심볼이 ":= 계속하기 위해 "=" 전에 삽입되었음

| ERROR | 103 |
|-------|-----|

:: 결과 화면(토드)

| NAME | TYPE | SEQUENCE | LINE | POSITION | TEXT | ATTRIBUTE | MESSAGE_NUMBER |
|------|------|----------|------|----------|------|-----------|----------------|
| ▶ PRO_ERR | PROCEDURE | 1 | 5 | 11 | PLS-00103: 심볼 "="를 만났습니다 다음 중 하나가 기대될 때 : := . ( @ % ;... | ERROR | 103 |

# 19-3 함수

오라클 함수는 크게 내장 함수(built-in function)와 사용자 정의 함수(user defined function)로 분류할 수 있고 그중 자주 사용하는 내장 함수를 06장과 07장에서 소개했습니다.

이번에는 PL/SQL을 사용하여 함수를 직접 정의하는 방법을 알아보죠. 함수 제작 방식은 먼저 살펴본 프로시저 제작 방식과 비슷한 면이 많아 혼동하는 경우도 많은데 먼저 프로시저와 함수의 차이점을 살펴보겠습니다.

| 특징 | 프로시저 | 함수 |
|---|---|---|
| 실행 | EXECUTE 명령어 또는 다른 PL/SQL 서브프로그램 내에서 호출하여 실행 | 변수를 사용한 EXECUTE 명령어 또는 다른 PL/SQL 서브프로그램에서 호출하여 실행하거나 SQL문에서 직접 실행 가능 |
| 파라미터 지정 | 필요에 따라 지정하지 않을 수도 있고 여러 개 지정할 수도 있으며 IN, OUT, IN OUT 세 가지 모드를 사용할 수 있음 | 프로시저와 같게 지정하지 않을 수도 있고 여러 개 지정할 수 있지만 IN 모드(또는 생략)만 사용 |
| 값의 반환 | 실행 후 값의 반환이 없을 수도 있고 OUT, IN OUT 모드의 파라미터 수에 따라 여러 개 값을 반환할 수 있음 | 반드시 하나의 값을 반환해야 하며 값의 반환은 프로시저와 달리 OUT, IN OUT 모드의 파라미터를 사용하는 것이 아니라 RETURN절과 RETURN문을 통해 반환 |

위 표에서 알 수 있듯이 함수는 프로시저와 달리 SQL문에서도 사용할 수 있다는 특징이 있습니다. RETURN절과 RETURN문을 통해 반드시 하나의 값을 반환해야 한다는 것을 기억하세요.

## 함수 생성하기

함수 생성은 프로시저와 마찬가지로 CREATE [OR REPLACE] 명령어와 FUNCTION 키워드를 명시하여 생성합니다. 앞에서 다룬 프로시저와 작성 방식이나 문법 면에서는 별 차이가 없습니다. 다만 함수는 반환 값의 자료형과 실행부에서 반환할 값을 RETURN절 및 RETURN문으로 명시해야 하죠. 실행부의 RETURN문이 실행되면 함수 실행은 즉시 종료된다는 것도 기억하세요.

```
CREATE [OR REPLACE] FUNCTION 함수 이름
[(파라미터 이름1 [IN] 자료형1, ─❶
  파라미터 이름2 [IN] 자료형2,
  ...
  파라미터 이름N [IN] 자료형N
)]
RETURN 자료형 ─❷
IS | AS
  선언부
BEGIN
  실행부
  RETURN (반환 값); ─❸
EXCEPTION
  예외 처리부
END [함수 이름];
```

| 번호 | 설명 |
|---|---|
| ❶ | 함수 실행에 사용할 입력 값이 필요하면 파라미터를 지정합니다. 파라미터 지정은 생략 가능하며 필요에 따라 여러 개 정의할 수 있습니다. 프로시저와 달리 IN 모드만 지정합니다. :=, DEFAULT 옵션으로 기본값을 지정할 수도 있습니다. |
| ❷ | 함수의 실행 후 반환 값의 자료형을 정의합니다. |
| ❸ | 함수의 반환 값을 지정합니다. |

## 🔵 한 발 더 나가기! 함수의 파라미터에 OUT, IN OUT 모드 사용

함수에서 파라미터를 지정하는 방식은 프로시저와 달리 IN 모드만을 사용한다고 했는데요. 엄밀히 말하면 함수에도 OUT, IN OUT 모드의 파라미터를 지정할 수 있습니다. 하지만 함수에 OUT, IN OUT 모드의 파라미터가 지정되어 있으면 SQL문에서는 사용할 수 없는 함수가 됩니다. 즉 프로시저와 다를 바 없는 함수가 되는 것이죠. 이러한 이유와 부작용 때문에 오라클에서도 함수 파라미터에 OUT, IN OUT 모드를 사용하지 말라고(avoid) 권장합니다.

비슷한 맥락으로 SQL문에 사용할 함수는 반환 값의 자료형을 SQL문에서 사용할 수 없는 자료형으로 지정할 수 없으며 트랜잭션을 제어하는 명령어(TCL, DDL) 또는 DML 명령어도 사용할 수 없습니다.

그러면 함수를 생성해 볼까요? 다음은 급여 값을 입력받아 세금을 제한 실수령액을 계산하는 함수입니다.

실습 19-19　함수 생성하기　• 완성 파일 19-19.sql

```
01   CREATE OR REPLACE FUNCTION func_aftertax(
02     sal IN NUMBER
03   )
04   RETURN NUMBER
05   IS
06     tax NUMBER := 0.05;
07   BEGIN
08     RETURN (ROUND(sal - (sal * tax)));
09   END func_aftertax;
10   /
```

:: 결과 화면

함수가 생성되었습니다.

## 함수 실행하기

생성된 함수는 익명 블록 또는 프로시저 같은 저장 서브프로그램, SQL문에서 사용할 수 있습니다. PL/SQL로 실행할 때는 함수 반환 값을 대입받을 변수가 필요합니다.

### PL/SQL로 함수 실행하기

함수는 실행 후 하나의 값을 반환하므로 PL/SQL로 구현한 프로그램 안에 반환 값을 받기 위한 변수를 선언하여 사용합니다.

실습 19-20　PL/SQL에서 함수 사용하기　• 완성 파일 19-20.sql

```
01   DECLARE
02     aftertax NUMBER;
03   BEGIN
04     aftertax := func_aftertax(3000);
05     DBMS_OUTPUT.PUT_LINE('after-tax income : ' || aftertax);
06   END;
07   /
```

:: 결과 화면

after-tax income : 2850

## SQL문에서 함수 실행하기

SQL문에서 제작한 함수를 사용하는 방식은 기존 오라클의 내장 함수와 같은데요. DUAL 테이블에 다음과 같이 값을 직접 입력하여 사용할 수 있습니다.

---

**실습 19-21** SQL에서 함수 사용하기 • 완성 파일 19-21.sql

```
01  SELECT func_aftertax(3000)
02    FROM DUAL;
```

:: 결과 화면

```
FUNC_AFTERTAX(3000)
-----------------------------
               2850
```

---

함수에 정의한 파라미터와 자료형이 일치한다면 내장 함수와 마찬가지로 특정 열 또는 열 데이터 간에 연산 가공된 데이터를 입력하는 것도 가능합니다.

---

**실습 19-22** 함수에 테이블 데이터 사용하기 • 완성 파일 19-22.sql

```
01  SELECT EMPNO, ENAME, SAL, func_aftertax(SAL) AS AFTERTAX
02    FROM EMP;
```

:: 결과 화면

| EMPNO | ENAME | SAL | AFTERTAX |
|---|---|---|---|
| 7369 | SMITH | 800 | 760 |
| 7499 | ALLEN | 1600 | 1520 |
| 7521 | WARD | 1250 | 1188 |
| 7566 | JONES | 2975 | 2826 |
| 7654 | MARTIN | 1250 | 1188 |
| 7698 | BLAKE | 2850 | 2708 |
| 7782 | CLARK | 2450 | 2328 |
| 7788 | SCOTT | 3000 | 2850 |
| 7839 | KING | 5000 | 4750 |
| 7844 | TURNER | 1500 | 1425 |
| 7876 | ADAMS | 1100 | 1045 |
| 7900 | JAMES | 950 | 903 |
| 7902 | FORD | 3000 | 2850 |
| 7934 | MILLER | 1300 | 1235 |

14개의 행이 선택되었습니다.

---

## 함수 삭제하기

다른 객체와 마찬가지로 DROP FUNCTION 명령어를 사용하여 함수를 삭제합니다.

**실습 19-23** 함수 삭제하기 • 완성 파일 19-23.sql

```
01  DROP FUNCTION func_aftertax;
```

:: 결과 화면
함수가 삭제되었습니다.

다음은 함수의 대한 설명입니다. 틀린 내용을 골라 보세요.

1. SQL문에서 직접 실행이 가능하다.
2. IN, OUT, IN OUT모드를 모두 사용할 수 있다.
3. 반드시 하나의 값을 반환해야 한다.
4. 값을 반환할 때는 RETURN절 또는 RETURN문을 사용해야 한다.

정답 2

# 19-4 패키지

패키지(package)는 업무나 기능 면에서 연관성이 높은 프로시저, 함수 등 여러 개의 PL/SQL 서브프로그램을 하나의 논리 그룹으로 묶어 통합·관리하는 데 사용하는 객체를 뜻합니다. 앞에서 다룬 프로시저나 함수 등은 각각 개별 기능을 수행하기 위해 제작 후 따로 저장했습니다. 패키지를 사용하여 서브프로그램을 그룹화하면 다음과 같은 장점이 있습니다.

| 장점 | 설명 |
|---|---|
| 모듈성 | 서브프로그램을 포함한 여러 PL/SQL 구성 요소를 모듈화할 수 있습니다. 모듈성은 잘 묶어 둔다는 뜻으로 프로그램의 이해를 쉽게 하고 패키지 사이의 상호 작용을 더 간편하고 명료하게 해 주는 역할을 합니다. 즉 PL/SQL로 제작한 프로그램의 사용 및 관리에 큰 도움을 줍니다. |
| 쉬운 응용 프로그램 설계 | 패키지에 포함할 서브프로그램은 완벽하게 완성되지 않아도 정의가 가능합니다. 이 때문에 전체 소스 코드를 다 작성하기 전에 미리 패키지에 저장할 서브프로그램을 지정할 수 있으므로 설계가 수월해집니다. |
| 정보 은닉 | 제작 방식에 따라 패키지에 포함하는 서브프로그램의 외부 노출 여부 또는 접근 여부를 지정할 수 있습니다. 즉 서브프로그램을 사용할 때 보안을 강화할 수 있습니다. |
| 기능성 향상 | 패키지 내부에는 서브프로그램 외에 변수·커서·예외 등도 각 세션이 유지되는 동안 선언해서 공용(public)으로 사용할 수 있습니다. 예를 들어 특정 커서 데이터는 세션이 종료되기 전까지 보존되므로 여러 서브프로그램에서 사용할 수 있습니다. |
| 성능 향상 | 패키지를 사용할 때 패키지에 포함한 모든 서브프로그램이 메모리에 한 번에 로딩되는데 메모리에 로딩된 후의 호출은 디스크 I/O를 일으키지 않으므로 성능이 향상됩니다. |

장점으로 기술한 내용이 다소 어렵게 느껴질 수도 있지만 PL/SQL 서브프로그램의 제작·사용·관리·보안·성능 등에 좋은 영향을 끼친다는 정도로 이해해도 괜찮습니다.

## 패키지 구조와 생성

패키지는 프로시저, 함수와 달리 보통 두 부분으로 나누어 제작하는데요. 하나는 명세(specification) 또 하나는 본문(body)이라고 부릅니다.

## 패키지 명세

패키지 명세는 패키지에 포함할 변수, 상수, 예외, 커서 그리고 PL/SQL 서브프로그램을 선언하는 용도로 작성합니다. 패키지 명세에 선언한 여러 객체는 패키지 내부뿐만 아니라 외부에서도 참조할 수 있습니다.

```
CREATE [OR REPLACE] PACKAGE 패키지 이름                          기본 형식
IS ¦ AS
    서브프로그램을 포함한 다양한 객체 선언
END [패키지 이름];
```

그러면 패키지 명세를 작성해 볼까요? 다음 패키지 명세는 변수 한 개, 함수 한 개, 프로시저 두 개를 선언합니다.

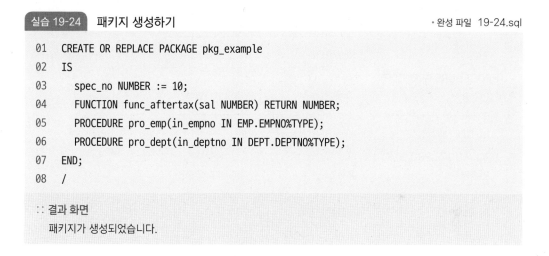

실습 19-24  패키지 생성하기                                •완성 파일 19-24.sql

```
01  CREATE OR REPLACE PACKAGE pkg_example
02  IS
03    spec_no NUMBER := 10;
04    FUNCTION func_aftertax(sal NUMBER) RETURN NUMBER;
05    PROCEDURE pro_emp(in_empno IN EMP.EMPNO%TYPE);
06    PROCEDURE pro_dept(in_deptno IN DEPT.DEPTNO%TYPE);
07  END;
08  /
```

:: 결과 화면

패키지가 생성되었습니다.

이미 생성되어 있는 패키지 명세의 코드를 확인하거나 선언한 서브프로그램을 확인하려면 USER_SOURCE 데이터 사전을 조회하거나 DESC 명령어를 활용할 수 있습니다.

실습 19-25  패키지 명세 확인하기(USER_SOURCE 데이터 사전으로 조회)    •완성 파일 19-25.sql

```
01  SELECT TEXT
02    FROM USER_SOURCE
03  WHERE TYPE = 'PACKAGE'
04    AND NAME = 'PKG_EXAMPLE';
```

:: 결과 화면

```
TEXT
-----------------------------------------------------
PACKAGE pkg_example
```

```
IS
   spec_no NUMBER := 10;
   FUNCTION func_aftertax(sal NUMBER) RETURN NUMBER;
   PROCEDURE pro_emp(in_empno IN EMP.EMPNO%TYPE);
   PROCEDURE pro_dept(in_deptno IN DEPT.DEPTNO%TYPE);
END;


7개 행이 선택되었습니다.
```

실습 19-26 **패키지 명세 확인하기(DESC 명령어로 조회)**  • 완성 파일 19-26.sql

```
01   DESC pkg_example;
```

:: 결과 화면

FUNCTION FUNC_AFTERTAX RETURNS NUMBER

| 인수명 | 유형 | 기본 내부/외부? |
| --- | --- | --- |
| SAL | NUMBER | IN |

PROCEDURE PRO_DEPT

| 인수명 | 유형 | 기본 내부/외부? |
| --- | --- | --- |
| IN_DEPTNO | NUMBER(2) | IN |

PROCEDURE PRO_EMP

| 인수명 | 유형 | 기본 내부/외부? |
| --- | --- | --- |
| IN_EMPNO | NUMBER(4) | IN |

## 패키지 본문

패키지 본문에는 패키지 명세에서 선언한 서브프로그램 코드를 작성합니다. 그리고 패키지
명세에 선언하지 않은 객체나 서브프로그램을 정의하는 것도 가능합니다. 이때 패키지 본문
에만 존재하는 프로그램은 패키지 내부에서만 사용할 수 있습니다. 패키지 본문 이름은 패키
지 명세 이름과 같게 지정해야 합니다.

기본 형식
```
CREATE [OR REPLACE] PACKAGE BODY 패키지 이름
IS ¦ AS
   패키지 명세에서 선언한 서브프로그램을 포함한 여러 객체를 정의
   경우에 따라 패키지 명세에 존재하지 않는 객체 및 서브프로그램도 정의 가능
END [패키지 이름];
```

실습 19-24에서 생성한 패키지 명세 pkg_example의 패키지 본문을 작성해 보죠. 본문에서는 패키지 명세에 선언한 함수와 프로시저를 기술하고 body_no 변수를 선언합니다. body_no 변수는 pkg_example 패키지 안에서만 사용할 수 있습니다.

**실습 19-27** 패키지 본문 생성하기 • 완성 파일 19-27.sql

```
01   CREATE OR REPLACE PACKAGE BODY pkg_example
02   IS
03     body_no NUMBER := 10;
04
05     FUNCTION func_aftertax(sal NUMBER) RETURN NUMBER
06       IS
07         tax NUMBER := 0.05;
08       BEGIN
09         RETURN (ROUND(sal - (sal * tax)));
10     END func_aftertax;
11
12     PROCEDURE pro_emp(in_empno IN EMP.EMPNO%TYPE)
13       IS
14         out_ename EMP.ENAME%TYPE;
15         out_sal EMP.SAL%TYPE;
16       BEGIN
17         SELECT ENAME, SAL INTO out_ename, out_sal
18           FROM EMP
19          WHERE EMPNO = in_empno;
20
21         DBMS_OUTPUT.PUT_LINE('ENAME : ' || out_ename);
22         DBMS_OUTPUT.PUT_LINE('SAL : ' || out_sal);
23     END pro_emp;
24
25     PROCEDURE pro_dept(in_deptno IN DEPT.DEPTNO%TYPE)
26       IS
27         out_dname DEPT.DNAME%TYPE;
28         out_loc DEPT.LOC%TYPE;
29       BEGIN
30         SELECT DNAME, LOC INTO out_dname, out_loc
31           FROM DEPT
32          WHERE DEPTNO = in_deptno;
33
34         DBMS_OUTPUT.PUT_LINE('DNAME : ' || out_dname);
35         DBMS_OUTPUT.PUT_LINE('LOC : ' || out_loc);
```

```
36        END pro_dept;
37    END;
38    /
```

:: 결과 화면
패키지 본문이 생성되었습니다.

### 서브프로그램 오버로드

기본적으로 서브프로그램 이름은 중복될 수 없습니다. 하지만 같은 패키지에서 사용하는 파라미터의 개수, 자료형, 순서가 다를 경우에 한해서만 이름이 같은 서브프로그램을 정의할 수 있습니다. 이를 서브프로그램 오버로드(subprogram overload)라고 합니다. 서브프로그램 오버로드는 보통 같은 기능을 수행하는 여러 서브프로그램이 입력 데이터를 각각 다르게 정의할 때 사용합니다. 또한 서브프로그램 종류가 같아야 오버로드가 가능합니다. 즉 특정 프로시저를 오버로드할 때 반드시 이름이 같은 프로시저로 정의해야 합니다. 프로시저와 이름이 같은 함수를 정의할 수는 없습니다.

기본 형식
```
CREATE [OR REPLACE] PACKAGE 패키지 이름
IS | AS
    서브프로그램 종류 서브프로그램 이름(파라미터 정의);
    서브프로그램 종류 서브프로그램 이름(개수나 자료형, 순서가 다른 파라미터 정의);
END [패키지 이름];
```

다음 실습은 사원 번호 또는 사원 이름을 입력받아 사원 이름과 급여를 출력하기 위해 pro_emp 프로시저를 오버로드하는 패키지와 패키지 본문을 생성합니다.

실습 19-28    프로시저 오버로드하기                              • 완성 파일 19-28.sql
```
01    CREATE OR REPLACE PACKAGE pkg_overload
02    IS
03        PROCEDURE pro_emp(in_empno IN EMP.EMPNO%TYPE);
04        PROCEDURE pro_emp(in_ename IN EMP.ENAME%TYPE);
05    END;
06    /
```

:: 결과 화면
패키지가 생성되었습니다.

```
01   CREATE OR REPLACE PACKAGE BODY pkg_overload
02   IS
03     PROCEDURE pro_emp(in_empno IN EMP.EMPNO%TYPE)
04       IS
05         out_ename EMP.ENAME%TYPE;
06         out_sal EMP.SAL%TYPE;
07       BEGIN
08         SELECT ENAME, SAL INTO out_ename, out_sal
09           FROM EMP
10          WHERE EMPNO = in_empno;
11
12         DBMS_OUTPUT.PUT_LINE('ENAME : ' || out_ename);
13         DBMS_OUTPUT.PUT_LINE('SAL : ' || out_sal);
14     END pro_emp;
15
16     PROCEDURE pro_emp(in_ename IN EMP.ENAME%TYPE)
17       IS
18         out_ename EMP.ENAME%TYPE;
19         out_sal EMP.SAL%TYPE;
20       BEGIN
21         SELECT ENAME, SAL INTO out_ename, out_sal
22           FROM EMP
23          WHERE ENAME = in_ename;
24
25         DBMS_OUTPUT.PUT_LINE('ENAME : ' || out_ename);
26         DBMS_OUTPUT.PUT_LINE('SAL : ' || out_sal);
27     END pro_emp;
28
29   END;
30   /
```

:: 결과 화면
패키지 본문이 생성되었습니다.

 다음 설명의 패키지의 장점 중 어떤 내용에 대한 설명인지 골라 보세요.

> 제작 방식에 따라 패키지에 포함하는 서브프로그램의 외부 노출 여부 또는 접근 여부를 지정할 수
> 있습니다. 즉 서브프로그램을 사용할 때 보안을 강화할 수 있습니다.
>
> 1. 모듈성　　2. 성능 향상　　3. 쉬운 응용 프로그램 설계　　4. 정보 은닉

정답 4

## 패키지 사용하기

패키지를 통해 그룹화된 변수, 상수, 예외, 커서 그리고 PL/SQL
서브프로그램은 패키지 이름과 마침표(.)와 사용할 객체 이름
으로 사용할 수 있습니다.

패키지 이름.객체 이름;

다음은 pkg_example, pkg_overload 패키지의 서브프로그램을 실행한 결과입니다.

**실습 19-30** 패키지에 포함된 서브프로그램 실행하기 • 완성 파일 19-30.sql

```
01  BEGIN
02    DBMS_OUTPUT.PUT_LINE('--pkg_example.func_aftertax(3000)--');
03    DBMS_OUTPUT.PUT_LINE('after-tax:' || pkg_example.func_aftertax(3000));
04
05    DBMS_OUTPUT.PUT_LINE('--pkg_example.pro_emp(7788)--');
06    pkg_example.pro_emp(7788);
07
08    DBMS_OUTPUT.PUT_LINE('--pkg_example.pro_dept(10)--' );
09    pkg_example.pro_dept(10);
10
11    DBMS_OUTPUT.PUT_LINE('--pkg_overload.pro_emp(7788)--' );
12    pkg_overload.pro_emp(7788);
13
14    DBMS_OUTPUT.PUT_LINE('--pkg_overload.pro_emp(''SCOTT'')--' );
15    pkg_overload.pro_emp('SCOTT');
16  END;
17  /
```

:: 결과 화면

```
--pkg_example.func_aftertax(3000)--
after-tax:2850
--pkg_example.pro_emp(7788)--
ENAME : SCOTT
SAL : 3000
--pkg_example.pro_dept(10)--
DNAME : ACCOUNTING
LOC : NEW YORK
--pkg_overload.pro_emp(7788)--
ENAME : SCOTT
SAL : 3000
--pkg_overload.pro_emp('SCOTT')--
ENAME : SCOTT
SAL : 3000
```

## 패키지 삭제하기

두 가지 방식을 사용하여 패키지를 삭제할 수 있습니다. 패키지 명세와 본문을 한 번에 삭제하거나 패키지 본문만 삭제할 수도 있습니다. 하지만 패키지에 포함된 서브프로그램을 따로 삭제하는 것은 불가능합니다. CREATE OR REPLACE문을 활용하여 패키지 안의 객체 또는 서브프로그램을 수정 및 삭제할 수 있습니다.

```
패키지 명세와 본문을 한 번에 삭제하기
DROP PACKAGE 패키지 이름;

패키지의 본문만을 삭제
DROP PACKAGE BODY 패키지 이름;
```

---

### ◉ 한 발 더 나가기! 오라클 제공 패키지란?

오라클 함수는 오라클에서 기본으로 제공하는 내장 함수와 필요에 따라 직접 정의하는 사용자 정의 함수로 구분합니다. 패키지 역시 앞서 살펴본 실습처럼 사용자가 직접 그룹화할 서브프로그램을 정의하여 제작할 수도 있고, 오라클에서 기본으로 제공하는 패키지를 사용할 수도 있습니다. 오라클에서 제공하는 패키지 종류는 무척 많은데요. 이 책은 오라클에서 제공하는 패키지를 소개하고 있지 않으므로 자세한 내용이 필요하다면 오라클 공식 문서(docs.oracle.com/cd/B28359_01/appdev.111/b28419/intro.htm#ARPLS001)를 참고하세요.

---

# 19-5 트리거

## 트리거란?

오라클에서 트리거(trigger)는 데이터베이스 안의 특정 상황이나 동작, 즉 이벤트가 발생할 경우에 자동으로 실행되는 기능을 정의하는 PL/SQL 서브프로그램입니다.

◎ trigger를 사전에서 찾아보면 총의 방아쇠, 계기 등 연속성을 가지는 어떤 동작의 시작점이라는 뜻입니다.

예를 들어 어떤 테이블의 데이터를 특정 사용자가 변경하려 할 때 해당 데이터나 사용자 기록을 확인한다든지 상황에 따라 데이터를 변경하지 못하게 막는 것이 가능합니다. 오라클 데이터베이스가 가동하거나 종료할 때 데이터베이스 관리자 등 관련 업무자에게 메일을 보내는 기능도 구현할 수 있습니다. 이러한 트리거를 통해 연관 데이터 작업을 잘 정의해 두면 다음과 같은 장점이 있습니다.

> 1. 데이터와 연관된 여러 작업을 수행하기 위해 여러 PL/SQL문 또는 서브프로그램을 일일이 실행해야 하는 번거로움을 줄일 수 있습니다. 즉 데이터 관련 작업을 좀 더 간편하게 수행할 수 있습니다.
>
> 2. 제약 조건(constraints)만으로 구현이 어렵거나 불가능한 좀 더 복잡한 데이터 규칙을 정할 수 있어 더 수준 높은 데이터 정의가 가능합니다.
>
> 3. 데이터 변경과 관련된 일련의 정보를 기록해 둘 수 있으므로 여러 사용자가 공유하는 데이터 보안성과 안정성 그리고 문제가 발생했을 때 대처 능력을 높일 수 있습니다.

하지만 트리거는 특정 작업 또는 이벤트 발생으로 다른 데이터 작업을 추가로 실행하기 때문에 무분별하게 사용하면 데이터베이스 성능을 떨어뜨리는 원인이 되므로 주의가 필요합니다. 트리거는 테이블·뷰·스키마·데이터베이스 수준에서 다음과 같은 이벤트에 동작을 지정할 수 있습니다.

> - 데이터 조작어(DML) : INSERT, UPDATE, DELETE
> - 데이터 정의어(DDL) : CREATE, ALTER, DROP
> - 데이터베이스 동작 : SERVERERROR, LOGON, LOGOFF, STARTUP, SHUTDOWN

그리고 이렇게 트리거가 발생할 수 있는 이벤트 종류에 따라 오라클은 트리거를 다음과 같이 구분합니다.

| 종류 | 설명 |
|---|---|
| DML트리거 | INSERT, UPDATE, DELETE와 같은 DML 명령어를 기점으로 동작함 |
| DDL 트리거 | CREATE, ALTER, DROP과 같은 DDL 명령어를 기점으로 동작함 |
| INSTEAD OF 트리거 | 뷰(View)에 사용하는 DML 명령어를 기점으로 동작함 |
| 시스템(system) 트리거 | 데이터베이스나 스키마 이벤트로 동작함 |
| 단순(simple) 트리거 | 다음 각 시점(timing point)에 동작함<br>• 트리거를 작동시킬 문장이 실행되기 전 시점<br>• 트리거를 작동시킬 문장이 실행된 후 시점<br>• 트리거를 작동시킬 문장이 행에 영향을 미치기 전 시점<br>• 트리거를 작동시킬 문장이 행에 영향을 준 후 시점 |
| 복합(compound) 트리거 | 단순 트리거의 여러 시점에 동작함 |

이 책에서는 가장 사용 빈도가 높은 DML 트리거를 예로 간단한 트리거를 제작해 보겠습니다.

☺ 좀 더 다양한 트리거의 사용법은 오라클 공식 문서(docs.oracle.com/cd/B28359_01/appdev.111/b28370/triggers.htm#LNPLS020)를 참고하세요.

## DML 트리거

### DML 트리거 형식

DML 트리거는 특정 테이블에 DML 명령어를 실행했을 때 작동하는 트리거입니다. 기본 형식은 다음과 같습니다.

```
CREATE [OR REPLACE] TRIGGER 트리거 이름 ─①                    기본 형식
BEFORE ¦ AFTER ─②
INSERT ¦ UPDATE ¦ DELETE ON 테이블 이름 ─③
REFERENCING OLD as old ¦ New as new ─④
FOR EACH ROW WHEN 조건식 ─⑤
FOLLOWS 트리거 이름2, 트리거 이름3 ...─⑥
ENABLE ¦ DISABLE ─⑦


DECLARE
    선언부
BEGIN
    실행부
```

```
EXCEPTION
    예외 처리부
END;
```

| 번호 | 설명 |
|:---:|:---|
| ❶ | 트리거 이름을 명시하고 트리거를 생성합니다. 트리거 내용을 갱신하려면 OR REPLACE 키워드를 함께 명시합니다. |
| ❷ | 트리거가 작동할 타이밍을 지정합니다. BEFORE는 DML 명령어가 실행되기 전 시점, AFTER는 DML 명령어가 실행된 후 시점에 트리거가 작동합니다. |
| ❸ | 지정한 테이블에 트리거가 작동할 DML 명령어를 작성합니다. 여러 종류의 DML 명령어를 지정할 경우에는 OR로 구분합니다. |
| ❹ | DML로 변경되는 행의 변경 전 값과 변경 후 값을 참조하는 데 사용합니다(생략 가능). |
| ❺ | 트리거를 실행하는 DML 문장에 한 번만 실행할지 DML 문장에 의해 영향받는 행별로 실행할지를 지정합니다. 생략하면 트리거는 DML 명령어가 실행할 때 한 번만 실행합니다. 생략하지 않고 사용할 경우, DML 명령어에 영향받는 행별로 트리거를 작동하되 WHEN 키워드를 함께 사용하면 DML 명령어에 영향받는 행 중 트리거를 작동시킬 행을 조건식으로 지정할 수 있습니다. |
| ❻ | 오라클 11g부터 사용 가능한 키워드로서 여러 관련 트리거의 실행 순서를 지정합니다(생략 가능). |
| ❼ | 오라클 11g부터 사용 가능한 키워드로서 트리거의 활성화·비활성화를 지정합니다(생략 가능). |

## DML 트리거의 제작 및 사용(BEFORE)

트리거를 작성해 볼까요? 먼저 DML문을 실행하기 전에 트리거가 작동하는 BEFORE 트리거를 작성해 보죠. 트리거를 적용할 테이블을 다음과 같이 EMP 테이블을 복사하여 생성합니다.

**실습 19-31** EMP_TRG 테이블 생성하기 · 완성 파일 19-31.sql

```
01   CREATE TABLE EMP_TRG
02       AS SELECT * FROM EMP;
```

:: 결과 화면
테이블이 생성되었습니다.

생성된 EMP_TRG 테이블에 DML 명령어를 실행하기 직전에 작동할 트리거를 다음과 같이 만들어 보죠. trg_emp_nodml_weekend 트리거는 주말에 EMP_TRG 테이블에 DML 명령어를 사용하면 오류를 일으키고 DML 명령어 실행을 취소합니다.

**DML 실행 전에 수행할 트리거 생성하기**     • 완성 파일 19-32.sql

```
01  CREATE OR REPLACE TRIGGER trg_emp_nodml_weekend
02  BEFORE
03  INSERT OR UPDATE OR DELETE ON EMP_TRG
04  BEGIN
05    IF TO_CHAR(sysdate, 'DY') IN ('토', '일') THEN
06      IF INSERTING THEN
07        raise_application_error(-20000, '주말 사원정보 추가 불가');
08      ELSIF UPDATING THEN
09        raise_application_error(-20001, '주말 사원정보 수정 불가');
10      ELSIF DELETING THEN
11        raise_application_error(-20002, '주말 사원정보 삭제 불가');
12      ELSE
13        raise_application_error(-20003, '주말 사원정보 변경 불가');
14      END IF;
15    END IF;
16  END;
17  /
```

:: 결과 화면

트리거가 생성되었습니다.

01행 트리거 이름(trg_emp_nodml_weekend)을 지정합니다.

02행 DML 명령어를 사용하기 전 실행할 BEFORE 트리거를 정의합니다.

03행 EMP_TRG 테이블을 대상으로 INSERT, UPDATE, DELETE 명령어가 실행될 때 트리거가 작동합니다.

05행 DML을 실행하는 시점이 토요일이나 일요일일 경우를 의미합니다.

06행 INSERT 명령어가 실행되었을 경우를 의미합니다.

07행 주말에 INSERT가 발생했을 경우 raise_application_error 프로시저를 사용하여 사용자 정의 예외를 발생시킵니다. 사용자 정의 예외의 첫 번째 파라미터는 예외 코드를 의미하며 사용자 정의 예외 코드는 -20000 ~ 20999 범위를 사용할 수 있습니다.

08행 UPDATE 명령어가 실행되었을 경우를 의미합니다.

10행 DELETE 명령어가 실행되었을 경우를 의미합니다.

이제 트리거가 작동하도록 EMP_TRG 테이블에 DML 명령어를 사용해 봅시다. 트리거는 특정 이벤트 발생할 때 자동으로 작동하는 서브프로그램이므로 프로시저나 함수와 같이 EXECUTE 또는 PL/SQL 블록에서 따로 실행하지는 못한다는 점도 기억해 주세요. 먼저 오라클 데이터베이스가 설치된 OS의 날짜를 평일로 변경해 준 후 다음과 같이 EMP_TRG 테이블에 UPDATE문을 사용해 보죠. 평일의 경우 DML 명령어가 문제없이 잘 실행되는 것을 확인할 수 있습니다.

◎ 만약에 윈도우 사용자라면 작업 표시줄의 날짜를 변경해 주면 됩니다.

**실습 19-33** 평일 날짜로 EMP_TRG 테이블 UPDATE하기 •완성 파일 19-33.sql

```
01   UPDATE emp_trg SET sal = 3500 WHERE empno = 7788;
```

:: 결과 화면
1행이 갱신되었습니다.

이번에는 날짜를 토요일이나 일요일로 변경해서 실행해 보겠습니다. 트리거 내부에서 주말에 DML 명령어가 실행되면 오류를 발생시키고 있으므로 오류 메시지와 함께 DML 명령어의 실행이 취소됨을 알 수 있습니다.

**실습 19-34** 주말 날짜에 EMP_TRG 테이블 UPDATE하기 •완성 파일 19-34.sql

```
01   UPDATE emp_trg SET sal = 3500 WHERE empno = 7788;
```

:: 결과 화면
UPDATE emp_trg SET sal = 3500 WHERE empno = 7788
*
1행에 오류:
ORA-20001: 주말 사원정보 수정 불가
ORA-06512: "SCOTT.TRG_EMP_NODML_WEEKEND", 6행
ORA-04088: 트리거 'SCOTT.TRG_EMP_NODML_WEEKEND'의 수행시 오류

## DML 트리거의 제작 및 사용(AFTER)

이번에는 DML 명령어가 실행된 후 작동하는 AFTER 트리거를 제작해 봅시다. 앞에서 생성한 EMP_TRG 테이블에 DML 명령어가 실행될 경우 테이블에 수행된 DML 명령어의 종류, DML을 실행시킨 사용자, DML 명령어가 수행된 날짜와 시간을 저장할 EMP_TRG_LOG 테이블을 다음과 같이 생성해 주세요.

**실습 19-35** EMP_TRG_LOG 테이블 생성하기 •완성 파일 19-35.sql

```
01   CREATE TABLE EMP_TRG_LOG(
02       TABLENAME VARCHAR2(10),    -- DML이 수행된 테이블 이름
03       DML_TYPE VARCHAR2(10),     -- DML 명령어의 종류
```

```
04     EMPNO NUMBER(4),           -- DML 대상이 된 사원 번호
05     USER_NAME VARCHAR2(30),    -- DML을 수행한 USER 이름
06     CHANGE_DATE DATE           -- DML이 수행된 날짜
07   );
```

:: 결과 화면

테이블이 생성되었습니다.

그리고 EMP_TRG 테이블에 DML 명령어를 수행한 후 EMP_TRG_LOG 테이블에 EMP_
TRG 테이블 데이터의 변경 사항을 기록하는 트리거를 생성합니다.

**실습 19-36** DML 실행 후 수행할 트리거 생성하기 · 완성 파일 19-36.sql

```
01   CREATE OR REPLACE TRIGGER trg_emp_log
02   AFTER
03   INSERT OR UPDATE OR DELETE ON EMP_TRG
04   FOR EACH ROW
05
06   BEGIN
07
08     IF INSERTING THEN
09       INSERT INTO emp_trg_log
10       VALUES ('EMP_TRG', 'INSERT', :new.empno,
11                SYS_CONTEXT('USERENV', 'SESSION_USER'), sysdate);
12
13     ELSIF UPDATING THEN
14       INSERT INTO emp_trg_log
15       VALUES ('EMP_TRG', 'UPDATE', :old.empno,
16                SYS_CONTEXT('USERENV', 'SESSION_USER'), sysdate);
17
18     ELSIF DELETING THEN
19       INSERT INTO emp_trg_log
20       VALUES ('EMP_TRG', 'DELETE', :old.empno,
21                SYS_CONTEXT('USERENV', 'SESSION_USER'), sysdate);
22     END IF;
23   END;
24   /
```

:: 결과 화면

트리거가 생성되었습니다.

02행 DML 명령어를 사용한 후 실행할 AFTER 트리거를 정의합니다.

03행 EMP_TRG 테이블을 대상으로 INSERT, UPDATE, DELETE 명령어를 실행한 후 트리거가 작동합니다.

04행 FOR EACH ROW 키워드를 통해 DML 명령어의 대상이 되는 행별로 트리거가 작동합니다.

08행 INSERT 명령어를 실행했을 때를 뜻합니다.

09행 EMP_TRG_LOG 테이블에 EMP_TRG 테이블의 INSERT 실행 내역을 저장합니다. :new.empno는 새로 추가된 empno 값을 뜻합니다. SYS_CONTEXT('USERENV', 'SESSION_USER')는 현재 데이터베이스에 접속 중인 사용자를 의미합니다.

13행 UPDATE 명령어가 실행되었을 때를 뜻합니다.

14행 EMP_TRG_LOG 테이블에 EMP_TRG 테이블의 UPDATE 실행 내역을 저장합니다. :old.empno는 변경 전 empno 값을 의미합니다.

18행 DELETE 명령어가 실행되었을 때를 뜻합니다.

19행 EMP_TRG_LOG 테이블에 EMP_TRG 테이블의 DELETE 실행 내역을 저장합니다.

이제 EMP_TRG 테이블에 DML 명령어를 사용한 후 EMP_TRG_LOG 테이블의 변화를 살펴볼까요? 먼저 EMP_TRG 테이블에 INSERT문을 사용하여 새로운 사원을 추가해 보죠.

---

**실습 19-37** EMP_TRG 테이블에 INSERT 실행하기 · 완성 파일 19-37.sql

```
01   INSERT INTO EMP_TRG
02   VALUES(9999, 'TestEmp', 'CLERK', 7788,
03        TO_DATE('2018-03-03', 'YYYY-MM-DD'), 1200, null, 20);
```

:: 결과 화면
1개 행이 만들어졌습니다.

😊 trg_emp_nodml_weekend 트리거가 등록되어 있는 상태라면 주말 날짜에는 위 INSERT문이 실행되지 않습니다.

---

**실습 19-38** EMP_TRG 테이블에 INSERT 실행하기(COMMIT하기) · 완성 파일 19-38.sql

```
01   COMMIT;
```

:: 결과 화면
커밋이 완료되었습니다.

---

결과를 살펴보면 EMP_TRG 테이블에 사원이 추가되었음을 확인할 수 있고 EMP_TRG_LOG 테이블에는 EMP_TRG 테이블에 INSERT가 실행된 내용이 기록되어 있습니다.

😊 가독성을 위해 이번 예제는 SELECT문을 토드에서 실행한 결과를 사용합니다.

**EMP_TRG 테이블의 INSERT 확인하기**

• 완성 파일 19-39.sql

```
01   SELECT *
02     FROM EMP_TRG;
```

:: 결과 화면

| EMPNO | ENAME | JOB | MGR | HIREDATE | SAL | COMM | DEPTNO |
|---|---|---|---|---|---|---|---|
| 7369 | SMITH | CLERK | 7902 | 1980-12-17 | 800 | | 20 |
| 7499 | ALLEN | SALESMAN | 7698 | 1981-02-20 | 1600 | 300 | 30 |
| 7521 | WARD | SALESMAN | 7698 | 1981-02-22 | 1250 | 500 | 30 |
| 7566 | JONES | MANAGER | 7839 | 1981-04-02 | 2975 | | 20 |
| 7654 | MARTIN | SALESMAN | 7698 | 1981-09-28 | 1250 | 1400 | 30 |
| 7698 | BLAKE | MANAGER | 7839 | 1981-05-01 | 2850 | | 30 |
| 7782 | CLARK | MANAGER | 7839 | 1981-06-09 | 2450 | | 10 |
| 7788 | SCOTT | ANALYST | 7566 | 1987-04-19 | 3000 | | 20 |
| 7839 | KING | PRESIDENT | | 1981-11-17 | 5000 | | 10 |
| 7844 | TURNER | SALESMAN | 7698 | 1981-09-08 | 1500 | 0 | 30 |
| 7876 | ADAMS | CLERK | 7788 | 1987-05-23 | 1100 | | 20 |
| 7900 | JAMES | CLERK | 7698 | 1981-12-03 | 950 | | 30 |
| 7902 | FORD | ANALYST | 7566 | 1981-12-03 | 3000 | | 20 |
| 7934 | MILLER | CLERK | 7782 | 1982-01-23 | 1300 | | 10 |
| 9999 | TestEmp | CLERK | 7788 | 2018-03-03 | 1200 | | 20 |

**EMP_TRG_LOG 테이블의 INSERT 기록 확인하기**

• 완성 파일 19-40.sql

```
01   SELECT *
02     FROM EMP_TRG_LOG;
```

:: 결과 화면

| TABLENAME | DML_TYPE | EMPNO | USER_NAME | CHANGE_DATE |
|---|---|---|---|---|
| EMP_TRG | INSERT | 9999 | SCOTT | 2018-07-13 오후 10:50:49 |

이번에는 UPDATE문을 사용해 보죠. MGR이 7788로 지정된, 즉 SCOTT이 상급자인 사원
들을 변경해 보죠.

**EMP_TRG 테이블에 UPDATE 실행하기**

• 완성 파일 19-41.sql

```
01   UPDATE EMP_TRG
02     SET SAL = 1300
03   WHERE MGR = 7788;
```

:: 결과 화면
```
2행이 갱신되었습니다.
```

◎ 실습 19-38과 마찬가지로 trg_emp_nodml_weekend 트리거가 등록되어 있는 상태이고 실습한 날짜가 주말이라면
UPDATE문 역시 실행되지 않습니다.

EMP_TRG 테이블에 UPDATE 실행하기(COMMIT하기)　　　　　• 완성 파일 19-41.sql

```
01  COMMIT;
```

:: 결과 화면

커밋이 완료되었습니다.

SCOTT이 상급인 사원은 바로 전에 INSERT문을 통해 추가한 TestEmp와 기존에 존재하고 있던 ADAMS이므로 두 사원의 급여 데이터가 변경되었습니다. 두 개 행이 DML문에 영향을 받았으므로 트리거에 지정한 FOR EACH ROW 옵션으로 트리거는 두 번 실행합니다. 즉 변경된 TestEmp, ADAMS의 UPDATE 정보가 각각 EMP_TRG_LOG 테이블에 저장되는 것이죠.

| EMPNO | ENAME | JOB | MGR | HIREDATE | SAL | COMM | DEPTNO |
|---|---|---|---|---|---|---|---|
| 7369 | SMITH | CLERK | 7902 | 1980-12-17 | 800 | | 20 |
| 7499 | ALLEN | SALESMAN | 7698 | 1981-02-20 | 1600 | 300 | 30 |
| 7521 | WARD | SALESMAN | 7698 | 1981-02-22 | 1250 | 500 | 30 |
| 7566 | JONES | MANAGER | 7839 | 1981-04-02 | 2975 | | 20 |
| 7654 | MARTIN | SALESMAN | 7698 | 1981-09-28 | 1250 | 1400 | 30 |
| 7698 | BLAKE | MANAGER | 7839 | 1981-05-01 | 2850 | | 30 |
| 7782 | CLARK | MANAGER | 7839 | 1981-06-09 | 2450 | | 10 |
| 7788 | SCOTT | ANALYST | 7566 | 1987-04-19 | 3000 | | 20 |
| 7839 | KING | PRESIDENT | | 1981-11-17 | 5000 | | 10 |
| 7844 | TURNER | SALESMAN | 7698 | 1981-09-08 | 1500 | 0 | 30 |
| 7876 | ADAMS | CLERK | 7788 | 1987-05-23 | 1300 | | 20 |
| 7900 | JAMES | CLERK | 7698 | 1981-12-03 | 950 | | 30 |
| 7902 | FORD | ANALYST | 7566 | 1981-12-03 | 3000 | | 20 |
| 7934 | MILLER | CLERK | 7782 | 1982-01-23 | 1300 | | 10 |
| 9999 | TestEmp | CLERK | 7788 | 2018-03-03 | 1300 | | 20 |

| TABLENAME | DML_TYPE | EMPNO | USER_NAME | CHANGE_DATE |
|---|---|---|---|---|
| EMP_TRG | INSERT | 9999 | SCOTT | 2018-07-13 오후 10:50:49 |
| EMP_TRG | UPDATE | 7876 | SCOTT | 2018-07-13 오후 10:54:43 |
| EMP_TRG | UPDATE | 9999 | SCOTT | 2018-07-13 오후 10:54:43 |

비교적 간단한 형태의 트리거를 구현해 보았는데 이 예제를 통해 트리거가 어떤 역할을 하는 서브프로그램인지 이해했다면 여기에서는 충분합니다. 오라클에서는 예제에서 소개한 방식 외에도 여러 가지 방식의 트리거를 정의할 수 있으므로 오라클 공식 문서나 인터넷 검색 그리고 PL/SQL 전문 서적 등의 자료를 보고 익혀 가길 바랍니다.

## 트리거 관리

### 트리거 정보 조회

트리거 정보를 확인하려면 USER_TRIGGERS 데이터 사전을 조회합니다.

---

**실습 19-42**   USER_TRIGGERS로 트리거 정보 조회하기   • 완성 파일 19-42.sql

```
01  SELECT TRIGGER_NAME, TRIGGER_TYPE, TRIGGERING_EVENT, TABLE_NAME, STATUS
02    FROM USER_TRIGGERS;
```

:: 결과 화면

| TRIGGER_NAME | TRIGGER_TYPE | TRIGGERING_EVENT | TABLE_NAME | STATUS |
|---|---|---|---|---|
| TRG_EMP_LOG | AFTER EACH ROW | INSERT OR UPDATE OR DELETE | EMP_TRG | ENABLED |
| TRG_EMP_NODML_WEEKEND | BEFORE STATEMENT | INSERT OR UPDATE OR DELETE | EMP_TRG | ENABLED |

---

## 트리거 변경

ALTER TRIGGER 명령어로 트리거 상태를 변경할 수 있습니다. 특정 트리거를 활성화 또는 비활성화하려면 ALTER TRIGGER 명령어에 ENABLE 또는 DISABLE 옵션을 지정합니다.

```
ALTER TRIGGER 트리거 이름 ENABLE | DISABLE;
```

특정 테이블과 관련된 모든 트리거의 상태를 활성화하거나 비활성화하는 것도 가능한데요. 이 경우는 ALTER TABLE 명령어를 사용합니다.

```
특정 테이블과 관련된 모든 트리거의 상태 활성화
ALTER TABLE 테이블 이름 ENABLE ALL TRIGGERS;

특정 테이블과 관련된 모든 트리거의 상태 비활성화
ALTER TABLE 테이블 이름 DISABLE ALL TRIGGERS;
```

## 트리거 삭제

다른 오라클 객체와 마찬가지로 DROP문을 사용하여 트리거를 삭제할 수 있습니다.

```
DROP TRIGGER 트리거 이름;
```

Q1 다음과 같은 결과가 나오도록 내용을 작성해 보세요.
① DEPT 테이블의 부서 번호(DEPTNO)를 입력 값으로 받은 후 부서 번호(DEPTNO), 부서 이름
(DNAME), 지역(LOC)을 출력하는 프로시저 pro_dept_in을 작성해 보세요.

② pro_dept_in 프로시저를 통해 출력된 부서 번호(DEPTNO), 부서 이름(DNAME), 지역(LOC)
을 다음과 같이 출력하는 PL/SQL 프로그램을 작성해 보세요.

```
SQL> SET SERVEROUTPUT ON;
SQL> CREATE OR REPLACE PROCEDURE pro_dept_in
     (
        ... [변수 선언]
     )
     IS
     BEGIN
        ... [PL/SQL 작성]
     END pro_dept_in;
     /

프로시저가 생성되었습니다.

SQL> DECLARE
        ... [변수 선언]
     BEGIN
        ... [pro_dept_in 프로시저를 사용하는 PL/SQL 작성]
     END;
   /
부서 번호 : 10
부서 이름 : ACCOUNTING
지역 : NEW YORK
```

**Q2** 다음과 같은 결과가 나오도록 내용을 작성해 보세요.

SELECT문에서 사용할 수 있는 함수 func_date_kor를 작성합니다. func_date_kor 함수는 DATE 자료형 데이터를 입력받아 다음과 같이 YYYY년MM월DD일 형태의 데이터를 출력합니다.

```
SQL> SET SERVEROUTPUT ON;
SQL> CREATE OR REPLACE FUNCTION func_date_kor(
        ... [변수 선언]
     )
        ... [반환 값 설정]
     IS
     BEGIN
        ... [PL/SQL 작성]
     END func_date_kor;
     /

함수가 생성되었습니다.

SQL> SELECT ENAME, func_date_kor(HIREDATE) AS HIREDATE
  2      FROM EMP
  3      WHERE EMPNO = 7369;


ENAME
----------
HIREDATE
--------------------------------------------------------------------------------
SMITH
1980년12월17일
```

**Q3** 다음과 같은 결과가 나오도록 내용을 작성해 보세요.

① DEPT 테이블과 같은 열 구조 및 데이터를 가진 DEPT_TRG 테이블을 작성해 보세요.

② DEPT_TRG 테이블에 DML 명령어를 사용한 기록을 저장하는 DEPT_TRG_LOG 테이블을 다음과 같이 작성해 보세요.

DEPT_TRG_LOG 테이블

| 열이름 | 자료형 | 길이 | 설명 |
|---|---|---|---|
| TABLENAME | 가변형 문자열 | 10 | DML을 수행한 테이블 이름 |
| DML_TYPE | 가변형 문자열 | 10 | DML 명령어 종류 |
| DEPTNO | 정수형 숫자 | 2 | DML 대상 부서 번호 |
| USER_NAME | 가변형 문자열 | 30 | DML을 수행한 USER 이름 |
| CHANGE_DATE | 날짜 | - | DML을 수행한 날짜 |

③ DEPT_TRG 테이블에 DML명령 수행 기록을 DEPT_TRG_LOG에 저장하는 트리거 TRG_DEPT_LOG를 작성해 보세요.

TRG_DEPT_LOG 트리거 작성

```
SQL> SET SERVEROUTPUT ON;
SQL> CREATE OR REPLACE TRIGGER trg_dept_log
       ... [트리거 작성]
     END;
     /

트리거가 생성되었습니다.

SQL>
```

DEPT_TRG 테이블의 DML 명령어 사용 및 DEPT_TRG_LOG 테이블 결과 확인

```
SQL> INSERT INTO DEPT_TRG VALUES(99, 'TEST_DNAME', 'SEOUL');

1개 행이 만들어졌습니다.

SQL> UPDATE DEPT_TRG SET LOC='TEST_LOC' WHERE DEPTNO = 99;

1행이 갱신되었습니다.

SQL> DELETE FROM DEPT_TRG WHERE DEPTNO = 99;

1행이 삭제되었습니다.

SQL> SELECT * FROM DEPT_TRG;

    DEPTNO  DNAME           LOC
---------- --------------- --------------
        10  ACCOUNTING      NEW YORK
        20  RESEARCH        DALLAS
        30  SALES           CHICAGO
        40  OPERATIONS      BOSTON

SQL> SELECT * FROM DEPT_TRG_LOG;

TABLENAME   DML_TYPE     DEPTNO  USER_NAME                        CHANGE_D
---------- ----------  ---------- -------------------------------  --------
DEPT_TRG    INSERT          99  SCOTT                            18/03/27
DEPT_TRG    UPDATE          99  SCOTT                            18/03/27
DEPT_TRG    DELETE          99  SCOTT                            18/03/27
SQL>
```

정답 이지스퍼블리싱 홈페이지에서 확인하세요.

**기초 단계**

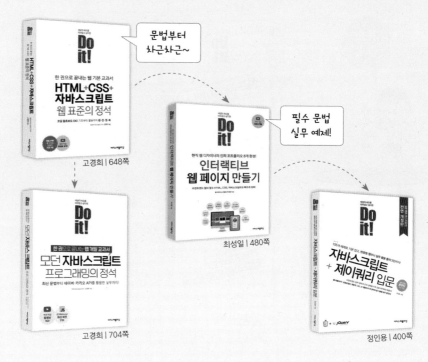

문법부터 차근차근~

한 권으로 끝내는 웹 기본 교과서
**HTML+CSS+ 자바스크립트 웹 표준의 정석**
고경희 | 648쪽

현직 웹 디자이너의 진짜 포트폴리오 최초 완성!
**인터랙티브 웹 페이지 만들기**
최성일 | 480쪽

필수 문법 실무 예제!

한 권으로 끝내는 웹 개발 교과서
**모던 자바스크립트 프로그래밍의 정석**
고경희 | 704쪽

**자바스크립트 + 제이쿼리 입문**
정인용 | 400쪽

**응용 단계**

**반응형 웹 페이지 만들기**
김운아 | 344쪽

**클론 코딩 줌 zoom**
니꼴라스, 강윤호 | 296쪽

**클론코딩 영화 평점 웹서비스**
니꼴라스, 김형태 | 248쪽

**클론 코딩 트위터**
니꼴라스, 김준혁 | 256쪽

나는 어떤 코스가 적합할까?

## A 웹 퍼블리셔가 되고 싶은 사람

- Do it! HTML+CSS+자바스크립트 웹 표준의 정석
- Do it! 인터랙티브 웹 만들기
- Do it! 자바스크립트+제이쿼리 입문
- Do it! 반응형 웹 페이지 만들기
- Do it! 웹 사이트 기획 입문

## B 웹 개발자가 되고 싶은 사람

- Do it! HTML+CSS+자바스크립트 웹 표준의 정석
- Do it! 모던 자바스크립트 프로그래밍의 정석
- Do it! 클론 코딩 줌
- Do it! 클론 코딩 영화 평점 웹서비스 만들기
- Do it! 클론 코딩 트위터
- Do it! 리액트 프로그래밍 정석

## Basic Programming Course
# 기초 프로그래밍 코스 | 파이썬, C 언어, 자바로 시작하는 프로그래밍!
기초 단계를 독파한 후 응용 단계로 넘어가세요!

**기초 단계**

박응용 | 360쪽

김성엽 | 576쪽

김동형 | 856쪽

시바타 보요 저, 강민 역 | 408쪽

시바타 보요 저, 강민 역 | 452쪽

시바타 보요 저, 강민 역 | 424쪽

**응용 단계**

김창현 | 296쪽

강성윤 | 720쪽

김종관 | 564쪽

나는 어떤 코스가 적합할까?

## A 파이썬 개발자가 되고 싶은 사람

- Do it! 파이썬 생활 프로그래밍
- Do it! 점프 투 장고
- Do it! 점프 투 플라스크
- Do it! 장고+부트스트랩 파이썬 웹 개발의 정석

## B 자바·코틀린 개발자가 되고 싶은 사람

- Do it! 자바 완전 정복
- Do it! 자바 프로그래밍 입문
- Do it! 코틀린 프로그래밍
- Do it! 안드로이드 앱 프로그래밍 — 개정 8판
- Do it! 깡샘의 안드로이드 앱 프로그래밍 with 코틀린 — 개정 2판

# 인공지능 & 데이터 분석 코스

인공지능, 데이터 분석도 Do it! 시리즈와 함께!
주어진 순서대로 차근차근 독파해 보세요!

인공
지능

박해선 | 328쪽

Do it!
정직하게 코딩하며 배우는
**딥러닝 입문**

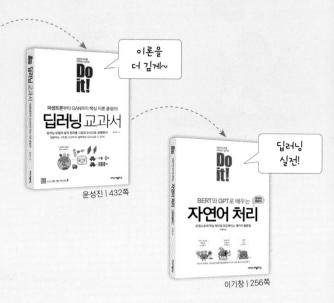

이론을
더 깊게~

딥러닝
실전!

Do it!
파셉트론부터 GAN까지 핵심 이론 총망라!
**딥러닝 교과서**

윤성진 | 432쪽

Do it!
BERT와 GPT로 배우는
**자연어 처리**

이기창 | 256쪽

데이터
분석

Do it!
쉽게 배우는
**R 데이터 분석**

김영우 | 376쪽

Do it!
쉽게 배우는
**R 텍스트 마이닝**

김영우 | 344쪽

Do it!
쉽게 배우는
**파이썬 데이터 분석**

김영우 | 472쪽

Do it!
공공데이터로 배우는
**R 데이터 분석** with 샤이니

김철민 | 248쪽

나는 어떤
코스가
적합할까?

**A** 인공지능 개발자가 되고 싶은 사람

- Do it! 점프 투 파이썬
- Do it! 정직하게 코딩하며 배우는
  딥러닝 입문
- Do it! 딥러닝 교과서
- Do it! BERT와 GPT로 배우는
  자연어 처리

**B** 데이터 분석가가 되고 싶은 사람

- Do it! 쉽게 배우는 파이썬 데이터 분석
- Do it! 쉽게 배우는 R 데이터 분석
- Do it! 쉽게 배우는 R 텍스트 마이닝
- Do it! 데이터 분석을 위한 판다스 입문
- Do it! R 데이터 분석 with 샤이니
- Do it! 첫 통계 with 베이즈

# 앱 프로그래밍 코스

Application Programming Course

자바, 코틀린, 스위프트로 시작하는 앱 프로그래밍!
나만의 앱을 만들어 보세요!

기초
단계

김동형 | 856쪽

황영덕 | 680쪽

송호정, 이범근 | 696쪽

정재곤 | 800쪽

강성윤 | 720쪽

응용
단계

조준수 | 500쪽

전예홍 | 856쪽

김응석 | 576쪽

나는 어떤
코스가
적합할까?

## A 빠르게 앱을 만들고 싶은 사람

- Do it! 안드로이드 앱 프로그래밍
  — 개정 8판
- Do it! 깡샘의 안드로이드 앱
  프로그래밍 with 코틀린 — 개정 2판
- Do it! 스위프트로 아이폰 앱 만들기
  입문 — 개정 7판
- Do it! 플러터 앱 프로그래밍 — 개정판

## B 앱 개발 실력을 더 키우고 싶은 사람

- Do it! 자바 완전 정복
- Do it! 코틀린 프로그래밍
- Do it! 리액트 네이티브 앱 프로그래밍
- Do it! 프로그레시브 웹앱 만들기
- Do it! 깡샘의 플러터&다트 프로그래밍